普通高等学校应用型教材
会 计

财务报表分析

第 2 版

王玉红 编著

中国人民大学出版社
·北京·

前　言

党的二十大报告明确指出，“深入实施科教兴国战略、人才强国战略、创新驱动发展战略”。为了全面贯彻党的教育方针，落实立德树人根本任务，进一步加强教材建设与管理，本教材以推进教育数字化为契机开展了修订工作。在此次修订中，我们特别注重融入中华优秀传统文化中的经济思想精华，通过潜移默化的方式将思政元素融入教学生态，引导读者深刻领会“把马克思主义基本原理同中国具体实际相结合、同中华优秀传统文化相结合”的重大意义，掌握财务报表分析的理论精髓，知行合一，成为具备财务报表分析实践能力的资深人士。

我从事财务报表分析相关教学二十余年，其间作为核心成员参与了东北财经大学“财务分析”课程的建设，积累了丰富的教学经验，并获得多项荣誉。2004 年，该课程被评选为省级、国家级精品课程；2005 年，基于该精品课程构建的“全方位、立体化财务分析教学资源系统”获得国家级教学成果奖二等奖、辽宁省教学成果奖一等奖；2013 年，该课程被进一步评定为国家级资源共享课；2018 年至 2019 年，我积极参与了在线开放课程（慕课）的研发工作，该课程随后在中国大学慕课平台正式上线；2020 年，我因在教学方面的杰出贡献，被授予省级线下一流本科课程负责人的荣誉称号。

本教材是我多年教学实践和经验的结晶，以党的二十大精神为指导，在学术目标上秉承财务分析理论的系统性原则，在内容编排上严格追求严谨性、探索性和创新性。基于此，本教材在编写时注重突出以下特色：

第一，聚焦中国实践，紧跟学科前沿。本教材基于财务报表分析理论与实践，通过跨专业、跨学科的方式，将会计学、财务管理、管理学、经济学等知识有机结合并灵活应用，建立了多重逻辑分析方法，拓展了内容的广度和深度。同时，本教材注重阐述具有中国特色的财务报表分析内容，以中国上市公司实际案例为依托，以一个完整的案例贯穿全书，以客车行业的龙头企业宇通客车的案例为主导，以另外三家客车行业企业的案例为辅助，针对几乎所有的分析内容进行了长达 11 年的趋势对比分析。通过大量数据和图表，以及行业对比分析，本教材反映了财务报表分析实践发展的最新成就，紧密跟踪学科前沿动态，从而使理论知识具有更强的实践指导性，扩展了读者对财务报表分析这一复杂领域的认知维度。

第二，知识体系全面，分析思路缜密。本教材深入贯彻习近平新时代中国特色社会主义思想，全面彰显了先进的教育理念和正确的价值观。本教材以构建财务报表分析基本框架为核心，每一章都设定了明确的学习目标，各章节内容之间逻辑紧密衔接，蕴含着不同知识点的分析路径和独特见解。例如，在所有者权益变动表分析中，以所有者权益变动率为切入点，融合了利润表分析和财务管理中的股利政策分析；营运能力分析整合了盈利能力分析、资产负债表分析以及存货结构分析；流动比率分析结合了流动资产结构和流动负债结构的深入剖析；战略分析则巧妙地融合了市场营销学和管理学的理论精髓。在学术层面，本教材继承了财务报表分析理论的全面性、完整性和系统性，深入揭示了该领域的发展脉络和最新成果；在实践层面，本教材力求突破同类教材内容的传统束缚，依据案例特色，深挖关键点和异常点，从而构建出独到的分析思路，助力读者构建起全新的知识体系。此外，本教材还通过剖析典型案例，并融入中华优秀传统文化元素，引导学生树立正确的价值观和人生观。

第三，突出教学本质，适配多层次人才培养需求。本教材案例典型且鲜活，内容丰富且分析深入。层层递进、环环相扣的分析思路是本教材的精髓，这便于教师因材施教，并创新性地采用以案例为主导的教学模式。本教材倡导以问题为导向和线索，引导学生在分析过程中自主发现问题，并追根溯源。这里的问题并非主观臆设，而是基于全面、系统的分析内容，自然提炼并“导向”出具有针对性的分析结果的“真问题”。例如，通过趋势分析抓住关键点，构建所有者权益变动表的分析思路；以毛利率为例，深入剖析案例，形成条理清晰的分析思路等。本教材注重启发学生带着问题去分析和探索，鼓励学生独立思考，帮助学生摆脱“一听就会，一分析却无从下手”的学习困境。本教材不仅使学生能够真正学以致用，激发他们的学习兴趣、积极性、创新性和创造力，而且着重培养学生的独立思考能力，提升他们整理数据、独立分析、撰写分析报告等综合能力和解决现实问题的能力，从而全方位提升学生的综合素质和软实力。

第四，突出案例特点，求真务实，深学笃用。财务报表分析的难点在于实际应用，本教材依据案例特点，精选能够反映企业或行业核心特征的报表项目和财务指标，有重点地进行全面深入的分析。同时，本教材灵活运用多种分析方法，充分利用图表辅助说明，通过多角度、多项目、多指标的趋势对比分析，深入挖掘企业经营的个性化特征及行业共性特征。本教材抽丝剥茧，从表面现象深入问题本质，由表及里地剖析数据背后的原因，如第二章中的应收账款分析、存货分析等内容。此外，根据案例特点，本教材在指标分析方面进行了创新，如第七章创造性地分解了流动资产周转率的影响因素，并层层深入剖析，探寻指标变动的根本原因。

第五，融入非财务信息，提升信息价值。为提高财务报表信息的质量与实用价值，避免单纯局限于财务数据，本教材在财务报表分析中创新性地融入了非财务信息，旨在使分析结论更加贴近企业复杂多变的客观实际。例如，在第二章的存货分析中，增加了生产能力利用率分析以及客车行业的产销量市场分析等内容。在教学实践中，常常存在战略分析、会计分析与财务指标分析相互割裂的情形。为了解决这个问题，本教材基于管理学理论与方法，大量充实了战略分析理论并与实际案例相结合，将企业战略分析置于最后一章，旨在将企业会计分析、财务指标分析与战略分析融为一个有机整体。

第六，丰富配套数字资源，增强课程教学拓展性。遵循党的二十大报告中关于推进教育数字化的新理念，本教材图文并茂，数字资源丰富。这不但极大地激发了学生的学习兴趣和积极性，而且为教师构筑生动的教学情境提供了便利。通过学习本教材，学生不仅能够洞察不同企业的经营特性及其独特之处，还能总结提炼出行业发展的普遍规律和特征，从而有效培养学生的综合分析能力和批判性思维。此外，本教材还配备了丰富的习题与多媒体 PPT 等数字资源，以满足学生个性化学习需求及在线获取拓展资源的需求，并为教师开展混合式教学模式提供有力支持。

本教材第 2 版对各章节内容和分析思路进行了重新梳理，新增了思维导图，并增加了 2021—2022 年的数据，同时，补充了第十一章“业绩评价及应用”，以使教材内容更加全面、系统。此外，对教材配套资源进行了丰富，在各章节均增加了即测即评习题库，这一举措极大地方便了教授与学习。

在本教材第 2 版出版之际，我首先要感谢两位恩师：一位是我的硕士生导师欧阳清教授，另一位是我的博士生导师张先治教授。正是这两位财务分析界的资深前辈、权威专家和学者的引领，我才得以踏入财务报表分析这一领域。两位恩师不仅传道授业解惑，带领我在高层次的专业领域不断成长，更以言传身教的方式，培养了我严谨认真、脚踏实地的学术态度。我取得今天的成就，既离不开两位恩师的悉心培养，也受益于东北财经大学会计学院财务分析教研室几代人的共同努力与深厚学术积累。欧阳清教授在世时曾给予我诸多鼓励与支持；张先治教授审阅了本教材的部分章节，并提出了宝贵的修改意见。

本教材新增的第十一章由山东农业工程学院的朱慧婷老师负责编写。多位研究生参与了本教材中数据的整理与更新、图表绘制以及内容校对等工作。我一边写作，一边指导学生，学生们也因此受益匪浅。他们不仅提升了分析能力，还进一步夯实了专业基础，提高了专业水平。

此外，我要特别感谢多年来与我并肩作战、互相交流、共同成长的同行、同事，以及那些曾为本教材贡献力量的学生。同时，我也要向沈阳跃客教育科技有限公司及 VDC 平台表达衷心的感谢，感谢它们提供的数据支持和宝贵的信息资源。最后，我还要感谢中国人民大学出版社的信任、理解与大力支持，这使得本教材的出版成为可能。特别地，我要衷心感谢一直默默关心我、鼓励我的年迈母亲和已经离世的慈爱父亲，他们的支持是我不断前行的动力。

本教材围绕创新教学模式、丰富案例资源、倡导学术道德、完善数字资源等几大核心要点进行构建，内容详实，案例典型且生动，为读者提供了广阔的思维拓展空间。因此，本教材非常适合作为高等院校 MPAcc、MEM/MBA、应用统计专业硕士、金融专业硕士等研究生课程的教材，也适合作为会计学、财务管理、资产评估、审计、工商管理、金融学等相关专业本科生课程的教材，同时也可作为企业财务人员、管理人员等实务工作者学习财务报表分析的重要参考书目。

在本次修订过程中，我更新了数据、完善了内容，旨在使教材更加贴近实际，并惠及更多读者。尽管在写作过程中我已竭尽全力，反复核对数据与校对文字，力求结论严谨无误，但由于个人学识有限，谬误之处在所难免，敬请广大专家、读者不吝赐教，批评指正。

王玉红

目　录

第一章

Chapter 1 财务报表分析概论

思维导图

- **财务报表分析概论**
  - **财务报表分析的内涵和构建思路**
    - 财务报表分析的内涵、意义及目的
      - 财务报表分析的内涵和意义
      - 财务报表分析的目的
    - 财务报表分析基本框架的构建思路
      - 企业目标与财务目标
      - 财务目标与财务活动
      - 财务活动与财务报表
      - 财务报表与财务指标
      - 财务指标与财务效果
  - **财务报表分析程序**
    - 明确分析目标，选择分析对象
    - 制订分析计划，收集整理信息
    - 以财务报表为核心的会计分析
    - 以会计分析为基础的财务指标分析
    - 企业战略分析
    - 撰写财务报表分析报告
  - **财务报表分析方法**
    - 水平分析法
    - 结构分析法
    - 趋势分析法
      - 定基指数
      - 环比指数
    - 比率分析法
    - 因素分析法
      - 连环替代法
      - 差额计算法
    - 图解分析法
  - **财务报表分析基础**
    - 定期报告和年度报告
    - 财务报告和财务报表
    - 财务报表的信息作用
      - 资产负债表及其信息作用
      - 利润表及其信息作用
      - 所有者权益变动表及其信息作用
      - 现金流量表及其信息作用
      - 财务报表附注及其信息作用
    - 审计报告和内部控制报告
    - 上市公司财务报表分析监管法规依据
    - 财务报表分析评价标准

□ 学习目标

1. 掌握财务报表分析的内涵，明确财务报表分析的意义和目的；
2. 掌握财务报表分析基本框架的构建思路和财务报表分析程序；
3. 掌握财务报表分析方法即水平分析法、结构分析法、趋势分析法、比率分析法、因素分析法和图解分析法的内涵和基本原理；
4. 明确定期报告和年度报告、财务报告和财务报表与财务报表分析的关系，以及审计报告和审计意见类型；
5. 掌握财务报表的信息作用和财务报表分析评价标准；
6. 了解内部控制和内部控制评价报告，以及上市公司财务报表分析监管法规依据；
7. 增强法治观念和道德观念，树立服务社会、造福社会的价值理念。

第一节 财务报表分析的内涵和构建思路

一、财务报表分析的内涵、意义及目的

（一）财务报表分析的内涵和意义

1. 财务报表分析的内涵

财务报表分析是一门经济应用型学科，指分析主体为实现分析目标，以财务报表资料为主，以其他相关资料为辅，采用一系列专门的分析技术和方法，对企业等经济组织过去和现在有关财务活动及其结果的有效性和可靠性进行分析，为企业的利益相关者了解企业过去、评价企业现状、预测企业未来等，提供正确决策、管理控制和合理监督等所需的信息或依据。

2. 财务报表分析的意义

从不同的角度来看，财务报表分析的作用各不相同。从财务报表分析的服务对象来看，财务报表分析不仅对企业内部的生产经营管理具有重要作用，还对企业外部的投资决策、贷款决策、赊销决策、采购决策等具有深远意义；从财务报表分析的职能作用来看，它对于正确预测、决策、计划、控制、考核、评价都有着重要的作用。下面主要从财务报表分析在全面了解企业过去、客观反映企业现状以及预测和判断企业未来方面的作用加以阐述。

（1）全面了解企业过去。正确评价过去是分析现在和预测未来的基础。财务报表分析是利用企业过去和现在的财务报表等信息资料，采用具体的分析方法，全面及时地掌握企业过去的经营状况、业绩状况，总结企业取得的成绩，指出企业存在

的问题及问题产生的主观原因或者客观原因等，进而对症下药。这不仅对正确评价企业过去的经营业绩十分有益，还能对企业投资者和债权人的行为产生积极的影响，为企业利益相关者提供决策依据。

（2）客观反映企业现状。财务会计报表和管理会计报表等资料是对企业各项生产经营活动的综合反映，但会计报表的格式及提供的数据往往是根据会计的特点和管理的一般需要而设计的，因此不可能提供不同目的报表使用者所需要的各方面数据资料。财务报表分析可以根据不同分析主体的分析目的，采用不同的分析手段和方法，得出反映企业四张主表和财务指标的各专题分析结论，以及综合反映企业经营状况、综合绩效等方面的结论，这对于全面客观反映和评价企业的现状具有重要作用。

（3）预测和判断企业未来发展。在全面了解企业过去和分析现状的基础上，财务报表分析更重要的任务是预测和判断企业未来的发展状况与趋势，这也是财务报表分析面临的最大挑战。通过财务报表分析，从财务数据出发，建立缜密的分析思路和逻辑体系，可以减少预测的风险和不确定性，尽量避免预测和判断失误。同时，基于财务报表分析的结果，结合其他学科知识，结合业务分析，为企业经营分析奠定基础，最终使分析结论更具有价值，预测和判断的结果更加综合且符合企业实际。因此，展望未来才是财务报表分析的核心要义。

可见，全面分析评价企业的过去和现状固然重要，但这些毕竟已成为历史。然而，财务报表分析信息使用者所要求的信息大部分是面向未来的，这是信息提供者必须明确和面对的事实。

（二）财务报表分析的目的

财务报表分析受分析主体和服务对象的制约。财务报表分析的目的是满足不同分析主体和服务对象的信息需求。

1. 从企业投资者的角度看

作为企业的投资者，股东或所有者进行财务报表分析的根本目的是通过深入考察企业的盈利能力和盈利质量，同时结合企业的现金流量、营运能力和增长能力等，评估自身的投资收益和资本保值增值情况等。此外，作为委托代理关系中的委托人，企业所有者通过财务报表分析也可以评价企业经营者的受托责任履行情况、经营业绩，发现经营过程中存在的问题和风险，确保企业未来良性发展。

2. 从企业债权人的角度看

企业债权人进行财务报表分析的目的与企业投资者不同，其重点关注企业的偿债能力。债权人不仅要求能够及时收回债权本金，而且要求得到相应的利息收益。因此，从债权人角度进行财务报表分析，首先关注的是其债权能否及时足额收回；其次分析债务人作为偿还债务保障的资产流动性、盈利能力和现金流量状况等是否与其债务风险程度相适应。

3. 从企业经营者的角度看

企业经营者进行财务报表分析的目的具有综合性和全面性。从对企业所有者负责的角度，经营者不仅关注企业的盈利能力，更关注企业盈利的原因和盈利质量，目的是创造更大的企业价值，同时及时发现企业经营管理中存在的问题、不足和风险等。一旦企业陷入困境和危机，经营者需要及时采取有效措施加以应对，使企业的盈利能力持续稳定提升。

4. 从其他利益相关者的角度看

除上述企业投资者、债权人和经营者之外，国家行政管理与监督部门、企业的供应商和客户、同行业企业等，出于维护自身利益的需要，不仅关注企业的盈利能力、偿债能力、营运能力和增长能力，还关注企业的信息质量、信用状况、支付能力、行业地位、发展前景等。

二、财务报表分析基本框架的构建思路

财务报表分析作为一门经济应用型学科，拥有其独立的框架体系。本教材基于企业目标①→财务目标→财务活动→财务报表→财务指标→财务效果的思路，构建财务报表分析的基本框架。

（一）企业目标与财务目标

研究企业财务目标时，首先应明确企业目标。从根本上说，企业目标应与企业所有者的目标相一致。由于企业所有者是资本所有者，因此，企业目标应与企业资本所有者目标相一致，即实现资本的保值与增值。关于财务目标有多种观点，但其根本都是追求股东权益或企业价值的最大化。由此可见，财务目标服务于企业目标。财务报表分析作为对企业财务活动及其结果的分析，其目标必然与企业财务目标相一致。

（二）财务目标与财务活动

企业追求财务目标的过程正是企业进行财务活动的过程。企业财务活动及其过程与财务目标之间的关系如表1-1所示。

表1-1 财务活动及其过程与财务目标的关系

财务活动	财务活动过程	财务目标
筹资活动	资本的来源或取得过程	选择最佳筹资方式，获取最低资本成本
投资活动	资产的取得过程	把握投资方向，充分利用资产
经营活动	资本的耗费和收回过程	合理利用资源，创造更多价值
分配活动	资本退出经营或利润分配的过程	科学分配，兼顾各方利益

（三）财务活动与财务报表

企业财务活动的结果是财务报表，财务报表的核心是四张会计报表。这些会计

① 本章节中所涉及的企业目标，仅站在财务角度阐述。

报表从静态到动态，从遵循权责发生制到收付实现制，全面系统地反映了企业的财务活动过程。围绕财务报表展开分析属于会计分析，也是本教材的核心内容。企业财务活动与财务报表的关系如表 1-2 所示。

表 1-2　财务活动与财务报表的关系

财务报表	特点	内容	财务活动
资产负债表	静态	反映财务状况	投资和筹资活动
利润表	动态	反映经营成果	经营活动
所有者权益变动表	动态	反映所有者权益变动情况	股权筹资和分配活动
现金流量表	动态	反映现金及现金等价物的流入和流出	经营、投资和筹资活动

（四）财务报表与财务指标

财务报表不仅能直接反映企业财务活动，而且能间接揭示财务活动的运行效率或能力，具体包括盈利能力、营运能力、偿债能力和增长能力。这四种能力通常以财务指标来体现，而财务报表是财务指标计算与分析的基础。财务指标分析和会计分析都是本教材的主要内容。企业财务报表与财务指标的关系如表 1-3 所示。

表 1-3　财务报表与财务指标的关系

财务指标类别	内容	财务报表
盈利能力指标	反映企业获取利润的能力	资产负债表、利润表
营运能力指标	反映企业资产使用效率	资产负债表、利润表
偿债能力指标	反映企业偿还债务的能力	资产负债表、现金流量表
增长能力指标	反映企业持续发展或增长的能力	资产负债表、利润表

（五）财务指标与财务效果

党的二十大报告强调高质量发展。企业财务报表是财务活动的结果，而财务指标是根据财务报表计算的，其不仅能够反映企业的财务效果，更是衡量企业财务目标实现程度的标尺和高质量发展的标志。因此，从财务目标到财务活动、财务报表、财务指标和财务效果的循环，构成了财务报表分析的基本框架，其思路如图 1-1 所示。

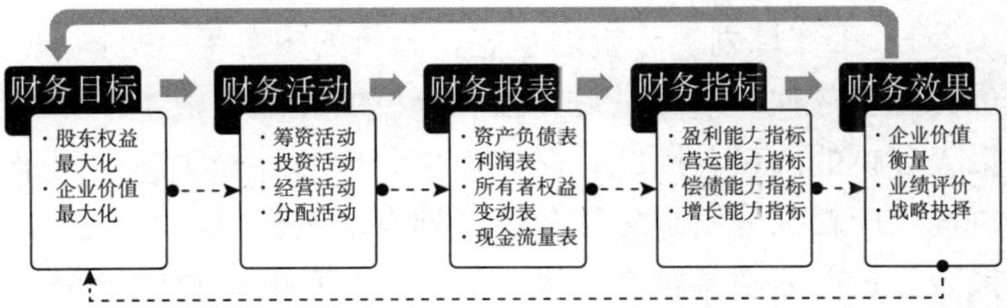

图 1-1　从财务目标到财务效果的循环图

第一节
即测即评

第二节 财务报表分析程序

财务报表分析程序是指进行财务报表分析的一般步骤和基本顺序，是进行财务报表分析的前提，也是进行财务报表分析之前必须明确和掌握的内容，否则财务报表分析将无从切入。本教材将财务报表分析程序归纳为以下六个步骤。

一、明确分析目标，选择分析对象

从方法论上讲，围绕分析目标对财务数据进行归纳梳理，进而理清分析思路是财务报表分析的关键点和难点。明确财务报表分析目标是财务报表分析程序的出发点，在进行任何财务分析之前都需要明确分析目标，进而有序展开。财务报表分析目标必然受财务报表分析主体和服务对象的制约。财务报表分析主体可能是企业投资者、债权人、经营者及其他相关经济组织或个人。由于不同分析主体和服务对象进行财务报表分析的目的和关注点有所不同，即便面对同一分析对象所需信息的深度和广度也有差异，因此，只有明确了分析目标，才能合理选择分析对象，并进行后续其他步骤。

为了便于收集整理信息和查找资料，在明确财务报表分析目标的基础上，需要确定并选择分析对象。以课堂案例教学为例，分析对象通常以在内地上市的公司为主，不包括在香港上市的公司（主要是考虑到会计准则的差异以及汇率等因素的影响）。此外，我们可以限定行业范围，如排除金融业等；明确企业特征，如尽量选择产品或者服务单一、避免多元化经营的企业；若多数企业有多种产品同时经营，则尽量选择产品集中在同一细分行业的企业。另外，选择处于上升期的企业等也是明智之举。

二、制订分析计划，收集整理信息

凡事预则立，不预则废。在明确为何要进行财务报表分析的基础上，还需要制订一份周密的分析计划，其内容包括财务报表分析的人员信息（如人员组成、专业特长及分工等）、工作计划、分析的企业、分析的内容等（见图1-2）。

巧妇难为无米之炊。信息是财务报表分析的基础和根本依据，其数量和质量决定着财务报表分析的质量。因此，财务报表分析的过程实际上就是信息收集、整理和使用的过程，应根据分析目标和分析计划有序进行。

财务报表分析所需信息种类繁多，如何在海量的信息中捕捉有价值的信息，是财务报表分析的关键步骤。这些信息主要包括企业会计信息、统计与业务信息，企业定期报告和临时报告，重大公告，国家经济政策与法规信息（如近年来国家各部委联合发布的关于调整新能源汽车推广应用财政补贴政策的若干规定以及相关行业

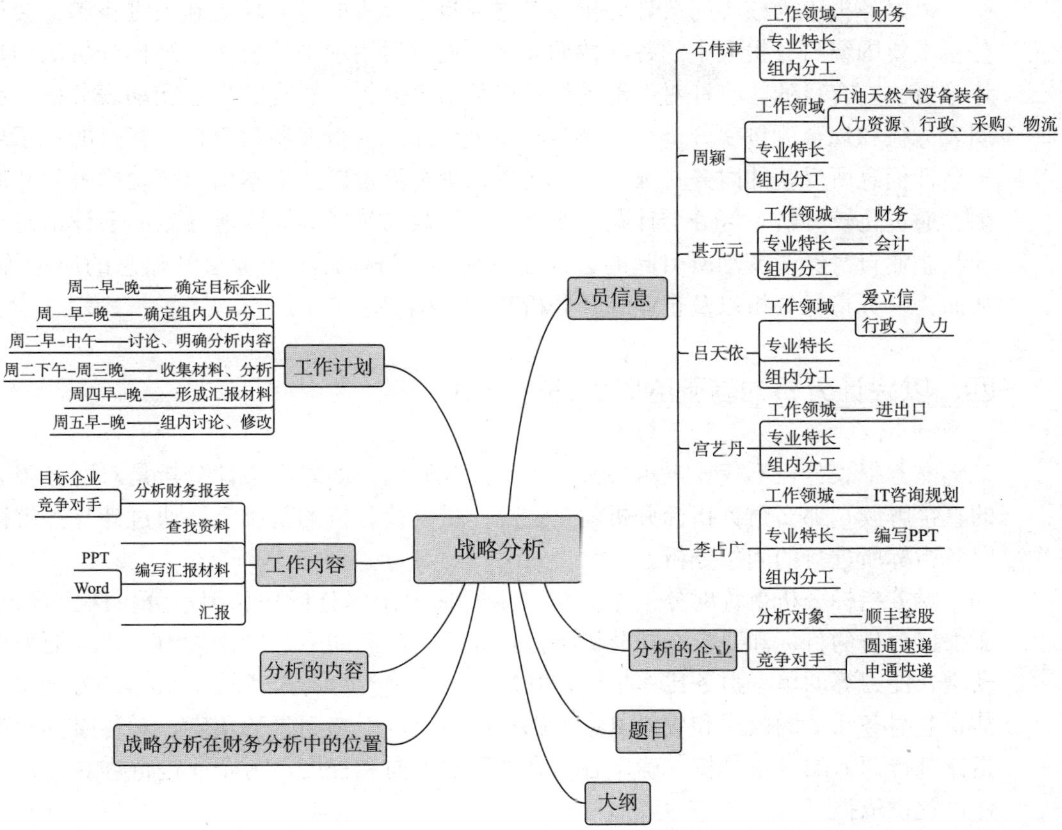

图 1-2　顺丰控股小组战略分析计划思维导图

管理标准），市场信息，行业报告，上市公司研报，证监会监管问询函等。如果从企业外部视角进行分析，上市公司年报无疑是财务报表分析的核心信息。但需要注意的是，年报内容虽丰富，但并不能包括分析者所需的所有信息。

《关于 2022 年新能源汽车推广应用财政补贴政策的通知》

三、以财务报表为核心的会计分析

一些财务报表分析教材的体系是基于哈佛框架，或者将企业战略分析作为会计分析和财务效率分析的基础和导向。然而，在多年的教学实践中，我们发现企业战略分析与财务报表分析存在明显的脱节，财务报表分析的结论难以与企业战略相结合。其原因有三点：一是企业战略抉择基本依靠个人的学识和经验判断；二是财务报表分析的传统框架无法应对企业战略提出的复杂问题；三是财务报表分析在反映市场状况方面存在不足。因此，本教材创新性地将战略分析的内容安排在会计分析和财务效率分析之后，旨在在财务数据分析和战略分析之间架设一个桥梁，探索如何将企业综合分析的结果转化为企业战略的选项，或者为信息使用者的预测与决策提供帮助。

以财务报表为核心的会计分析，是财务报表分析的核心环节和关键步骤。会计分析主要围绕财务报表中的各项数据展开，通过运用水平分析法、结构分析法和趋势分析法，有目的、有针对性地进行资产负债表分析、所有者权益变动表分析、利润表分析和现金流量表分析，并结合附注进行深入的报表项目分析，其目的在于揭示会计信息所反映的财务状况、经营成果、现金流量以及资本增值变动的程度和原因。通过比较分析，区分会计准则变更、会计政策选择等原因所导致的会计信息差异与企业自身经营变动所引起的会计信息差异，进而评价企业会计信息的质量等，从而为财务指标分析以及企业综合分析奠定基础。

四、以会计分析为基础的财务指标分析

财务报表分析不仅要揭示现象，更要探究原因。如果说会计分析是对财务报表的直接解读，那么财务指标分析就是在高质量会计分析的基础上，通过计算并解读财务指标所进行的间接分析。

财务指标分析也称财务效率分析，主要采用比率分析法和因素分析法。首先，需根据分析的目标和要求选择分析指标，如反映盈利能力、偿债能力、营运能力以及增长能力等的单一财务比率指标；其次，应正确计算各财务比率指标，为全面评估企业财务活动的效率和效果奠定基础；最后，从影响因素的角度，对各财务比率指标进行深入的定量分析，确定各因素的影响方向和程度，为企业进行客观的财务评价提供依据。

财务指标分析还可以在单一财务比率指标分析的基础上，将定量分析结果、定性分析判断以及实际调查情况结合起来，进行财务综合分析与评价，最终得出财务报表分析综合结论。

五、企业战略分析

企业战略分析旨在通过对企业所在行业或拟进入行业的分析，明确企业的市场地位及应采取的发展战略。企业战略分析的关键在于企业如何根据外部环境分析的结果和自身优势及能力的分析，正确选择未来的发展方向，使自身保持持久的竞争优势和盈利能力。因此，如何协调企业战略分析与会计分析、财务指标分析之间的关系是财务报表分析的关键。

六、撰写财务报表分析报告

财务报表分析报告是指财务报表分析主体对企业在一定时期内的财务活动及其结果等进行分析与评价后所形成的书面报告。撰写财务报表分析报告是财务报表分析程序的最后步骤，也是对财务报表分析工作的总结。

通常，财务报表分析报告包括以下基本内容：（1）基本财务情况。通过综合全

面的财务报表分析，得出企业会计分析和财务效率分析的基本结论。（2）主要成绩，分析难点。对企业经营管理中取得的成绩及原因进行阐述；围绕分析目标，明确哪些内容能够分析透彻，哪些内容因条件限制只能依据信息和数据进行判断性决策，这是分析中的难点。（3）企业存在的问题。通过分析找出企业面临的关键问题、内在矛盾及原因，这是企业财务报表分析的核心任务。（4）改进措施意见。对于发现的问题，必须提出切实可行的改进意见。在解决实际问题时，通常不能局限于本学科知识，而应围绕分析对象的实际需要展开，这具有较大的挑战性。

应当明确的是，财务报表分析报告的结构和内容与财务报表不同，并没有固定的模式，但应满足以下基本要求：（1）突出重点，兼顾一般。财务报表分析报告必须满足分析的目的和要求，抓住重点和关键问题并深入分析主客观原因，同时做到主次分明，兼顾一般。（2）注重时效，客观可靠。时效性和客观性是财务报表分析报告的价值所在，如果报告过时或弄虚作假，就会造成决策失误。（3）报告内容清楚，文字简练。财务报表分析报告必须思路清晰，结构合理，论点明确，论据充分，分析透彻，言简意赅。

第二节
即测即评

第三节　财务报表分析方法

如果说财务报表分析程序旨在解决分析思路的问题，那么财务报表分析方法则是解决如何分析的问题。财务报表分析方法主要包括水平分析法、结构分析法、趋势分析法、比率分析法、因素分析法和图解分析法等。其中，水平分析法、结构分析法和趋势分析法主要应用于会计分析，比率分析法和因素分析法主要应用于财务指标分析，图解分析法应用范围较为广泛，各种方法可以结合使用。掌握财务报表分析方法是开展财务报表分析工作的基础。

一、水平分析法

水平分析法也称会计报表分析方法，是指将企业报告期（实际分析期）的财务信息与企业基期（前期或历史某一时期）的财务信息进行比较，研究其变动情况的分析方法。作为会计分析的基本方法之一，其核心要点是将会计报表中不同时期的同项数据进行对比。对比的方式主要有以下几种：

一是计算绝对值增减变动额，即

$$\text{绝对值变动额}=\text{报告期某项目实际数}-\text{基期同项目实际数}$$

二是计算绝对值增减变动率，即

$$\text{绝对值变动率}=\frac{\text{某项目绝对值变动额}}{\text{基期同项目实际数}}\times 100\%$$

三是计算对总额影响百分比，即

$$对总额影响百分比=\frac{各项目绝对值变动额}{基期总项目实际数}\times 100\%$$

在应用水平分析法时，应同时进行绝对值变动额和绝对值变动率两种形式的对比，以避免得出错误的结论。绝对值变动率高，未必影响大，因为可能受基期标准的影响。因此，结合对总额影响百分比的分析，可以在分析各项目变动程度的基础上，判断其对总额的影响程度，即在没有进行结构分析的情况下，判断该项目的重要性。此外，当水平分析法应用于不同企业之间的对比时，应注意可比性问题。以宇通客车股份有限公司（简称宇通客车）为例，其2022年资产、负债和资产负债率水平分析见表1-4。可知，2022年宇通客车资产总额同比减少216 830万元，降幅为6.74%；负债总额同比减少142 126万元，降幅为8.45%，使权益总额减少4.42%。资产负债率减少0.96个百分点，降幅为1.84%。通过进一步分析，可以评价资产、负债各项目变动的原因。具体内容见第二章中资产负债表水平分析。

表1-4　2022年宇通客车资产、负债和资产负债率水平分析表　　金额单位：万元

项目	2022年	2021年	绝对值变动情况		对总额影响（%）
			变动额	变动率（%）	
资产总额	2 999 759	3 216 589	−216 830	−6.74	−6.74
负债总额	1 540 151	1 682 277	−142 126	−8.45	−4.42*
资产负债率（%）	51.34	52.30	−0.96	−1.84	

*负债总额本期变动对总额的影响=变动额÷基期权益总额（与资产总额相等）×100%=−142 126÷3 216 589×100%=−4.42%。

注：本书所有数据尾数存在差异皆因四舍五入，特此说明。

需要注意的是，如果基期数值为负数，在计算绝对值变动率时，基期数值应采用绝对数，并根据该项目的实际意义进行反映，否则可能会得出相反的结论；如果基期数值为零，则无须计算绝对值变动率。

二、结构分析法

结构分析法也称垂直分析法，是指以会计报表中的某个项目作为比较的基准（100%），通过计算各组成项目占比较基准的百分比来反映各项目与总体之间的关系及其变动情况的分析方法。结构分析法也是会计分析的基本方法，其核心要点是确定会计报表中各项目占比较基准的百分比，即

$$某项目的比重=\frac{该项目金额}{比较基准金额}\times 100\%$$

经过结构分析法处理后的会计报表，通常称为同度量报表、总体结构报表或共同比报表等。其中，同度量资产负债表以资产总额为比较基准，同度量利润表通常以营业收入为比较基准。一般而言，项目比重越大，说明其重要程度越高。2021—

2022年宇通客车资产结构分析见表1-5。可知，2022年宇通客车的流动资产占比同比下降1.20个百分点，非流动资产占比同比上升1.20个百分点。对于资产结构变动的原因，可进一步分析，详见第二章中资产负债表结构分析。

表1-5　2021—2022年宇通客车资产结构分析表　金额单位：万元

项目	2022年	2021年	2022年占比（%）	2021年占比（%）	差额（%）
流动资产	1 899 818	2 075 618	63.33	64.53	−1.20
非流动资产	1 099 941	1 140 971	36.67	35.47	1.20
资产总额	2 999 759	3 216 589	100.00	100.00	—

三、趋势分析法

趋势分析法是指根据企业连续三个及以上不同时期的分析资料，将不同时期的相同项目或财务指标进行比较，以确定其增减变动情况和趋势的分析方法。趋势分析法的关键在于分析时期的长短，其核心要点是计算趋势指数并分析评价指数的变动趋势及其合理性，以预测未来的发展趋势。

通常，趋势指数的计算有以下两种方法。

1. 定基指数

定基指数是指基期固定，各个时期都以固定基期为标准计算的指数。它可以反映某一现象的长期动态及其总体发展趋势。

$$定基指数=\frac{分析期数据}{固定基期数据}\times 100$$

以2016年为基期，计算河南双汇投资发展股份有限公司（简称双汇发展）负债项目定基指数（见表1-6）。可知，2016—2021年双汇发展负债项目中，非流动负债定基指数呈增加趋势，特别是2021年已达797，变化较突出，其主要原因是企业租赁负债大幅增加。流动负债和负债总额2016—2019年的定基指数也呈增加趋势，但2020年均下降，说明流动负债下降是导致负债总额下降的主要原因。双汇发展各年流动负债和负债总额定基指数基本相近，说明流动负债变化是影响负债总额变化的主要因素（除2021年负债总额定基指数变化方向与非流动负债定基指数一致以外）。

表1-6　2016—2022年双汇发展负债项目定基指数趋势表

项目	2016年	2017年	2018年	2019年	2020年	2021年	2022年
流动负债（亿元）	61.76	74.07	81.31	112.84	99.95	99.74	135.01
流动负债定基指数	100	120	132	183	162	161	219
非流动负债（亿元）	1.07	2.15	2.18	2.34	5.76	8.53	7.29
非流动负债定基指数	100	201	204	219	538	797	681

续表

项目	2016 年	2017 年	2018 年	2019 年	2020 年	2021 年	2022 年
负债总额（亿元）	62.83	76.22	83.49	115.18	105.71	108.27	142.30
负债总额定基指数	100	121	133	183	168	172	226

2. 环比指数

环比指数是指各时期均以前一期为基期计算的指数。它可以反映某一现象逐期变动的趋势。

$$环比指数=\frac{分析期数据}{前一期数据}\times 100$$

依据表1-6中的数据，计算2016—2022年双汇发展负债项目环比指数（见表1-7）。可知，双汇发展2016—2022年各负债项目环比指数均呈波浪式变化，但波动幅度有所不同。非流动负债环比指数在85～250之间波动；流动负债和负债总额环比指数相近，均在89～140之间变动。从整体趋势看，流动负债环比指数变化是影响负债总额环比指数变化的主要因素。

表1-7 2016—2022年双汇发展负债项目环比指数趋势表

项目	2016 年	2017 年	2018 年	2019 年	2020 年	2021 年	2022 年
流动负债环比指数	121	120	110	139	89	100	135
非流动负债环比指数	136	201	101	107	246	148	85
负债总额环比指数	121	121	110	138	92	102	131

需要注意的是，基期为0或负数，报告期为正数，计算定基指数或者环比指数时需要关注正负号的问题，否则计算出来的指数没有意义或者不符合实际。

四、比率分析法

比率分析法是指将财务报表上的相关数据相互比较以求出比率，从而反映数据之间的关系，并用于分析和评价企业财务活动的分析方法。其优点是简单明了、可比性强，是财务指标分析的基本方法。

比率分析法所涉及的指标通常包括盈利能力指标、营运能力指标、偿债能力指标和增长能力指标。这些指标的呈现形式主要有：百分率、比率和分数等。在分析过程中，分析人员往往会将比率进行各种各样的比较，目前常用的是中位数法。中位数法是指先将相关企业按某一特定比率的高低顺序排列；然后划出最低和最高的各25%，处于中间位置的50%就是中位数比率，也可将中位数再分为上中位数25%和下中位数25%；最后依据企业比率的位置进行评价。该方法适用于同行业企业分析。

比率分析法在财务报表分析中的应用广泛，详见本书的第六～九章。

五、因素分析法

因素分析法是指依据分析指标与其影响因素之间的关系，确定各因素对分析指标差异影响程度的分析方法。它具体可分为连环替代法和差额计算法。

（一）连环替代法

连环替代法是指确定引起某个分析指标变动的各因素影响程度的分析方法。掌握了连环替代法的步骤就掌握了这种分析方法的关键。

1. 连环替代法的步骤

（1）建立指标体系，确定分析对象。这通常通过指标分解法来实现，首先确定分析指标与其影响因素之间的关系；然后根据分解指标分别建立报告期与基期数值的两个指标体系，并以报告期与基期数值之差作为分析对象。

（2）连环顺序替代，计算替代结果。以基期指标体系为计算基础，用报告期指标体系中每一因素的实际数顺序替代其相应的基期数，每次替代一个因素，替代后的因素被保留。有几个因素替代几次，并计算每次替代后的结果。

（3）比较替代结果，确定影响程度。比较顺序替代结果，即将每次替代所计算的结果与这一因素被替代前的结果进行对比，二者之差就是替代因素对分析对象的影响程度。

（4）检验分析结果，得出分析结论。将各因素对分析指标的影响额相加，其和应等于分析对象。如果二者相等，说明分析结果可能正确；如果二者不相等，说明分析结果一定有误。最后分析原因，得出结论。

例 1-1

2021—2022 年某企业产品产量、材料单耗和材料单价以及材料费用的相关信息如表 1-8 所示。

表 1-8　2021—2022 年某企业材料费用数据表

指标	2021 年	2022 年
材料费用（元）	4 000	4 620
产品产量（件）	100	110
材料单耗（千克）	8	7
材料单价（元）	5	6

要求：分析各因素变动对材料费用的影响程度。

（1）指标分解，建立指标体系并确定分析对象

材料费用＝产量×单位产品材料费用

＝产量×材料单耗×材料单价

基期材料费用＝基期产量×基期材料单耗×基期材料单价

=100×8×5=4 000(元)

报告期材料费用=实际产量×实际材料单耗×实际材料单价

=110×7×6=4 620(元)

分析对象=报告期材料费用－基期材料费用

=4 620－4 000=620(元)

(2) 连环顺序替代。

基期指标体系：100×8×5=4 000(元)

替代第一个因素：110×8×5=4 400(元)

替代第二个因素：110×7×5=3 850(元)

替代第三个因素：110×7×6=4 620(元)

(3) 比较替代结果。

产品产量影响：4 400－4 000=400(元)

材料单耗影响：3 850－4 400=－550(元)

材料单价影响：4 620－3 850=770(元)

(4) 检验分析结果，得出结论。

400+(－550)+770=620(元)

通过上述计算和分析可以发现，在影响材料费用的三个因素中，产品产量、材料单价是导致材料费用增加的因素，分别导致材料费用增加400元和770元；材料单耗是影响材料费用减少的因素，导致材料费用减少550元；三者综合影响导致材料费用增加620元。对于各因素变化的主客观原因，还需要进一步深入分析。

2. 应用连环替代法应注意的问题

(1) 因素分解的相关性。分析指标与其影响因素之间必须有实际经济意义，各影响因素的变动应能说明分析指标差异产生的原因。另外，具有经济意义的因素分解式也并非唯一，同一个经济指标从不同角度可能分解为不同的具有经济意义的因素分解式。因此，在进行因素分解时，应根据分析的目的和要求，确定合适的因素分解式，以便找到导致分析指标变动的真正原因，这是连环替代法实施过程中的难点和关键点。

(2) 分析前提的假定性。为保证分析结果的准确性，当分析某一因素对指标差异的影响时，必须假定其他因素保持不变，否则就不能准确区分各单一因素对分析对象的具体影响程度。

(3) 因素替代的顺序性。在进行因素替代时，通常需要按照一定的顺序，如数量指标在前，质量指标在后；重要因素在前，次要因素在后等。一般来说，替代顺序靠前的因素对经济指标的影响不受其他因素的影响或受影响较小，顺序靠后的因素中可能含有其他因素共同作用的成分，因此将对分析指标影响较大并能明确责任的因素放在前面进行替代更为合理。

(4) 顺序替代的连环性。在确定各因素变动对分析对象的影响时，需要将某因素替代后的结果与该因素替代前的结果对比，形成一个环环相扣的分析链条。这种方法既能保证各因素对分析对象影响结果的可分性，又便于检验分析结果的准确性。

（二）差额计算法

差额计算法是指直接利用各影响因素的报告期与基期数值的差额，在假定其他因素不变的条件下，计算各因素对分析指标影响程度的分析方法。它是连环替代法的一种简化形式，也是因素分析法的一种具体应用。差额计算法因素分析的原理与连环替代法相同，区别在于分析步骤，差额计算法是将连环替代法中的第三步和第四步合并为一步的简化方法。

例1-2

根据表1-8提供的数据，运用差额计算法来分析各因素变动对材料费用的影响程度。

分析对象：4 620－4 000＝620(元)

因素分析：

产品产量的影响：(110－100)×8×5＝400(元)
材料单耗的影响：110×(7－8)×5＝－550(元)
材料单价的影响：110×7×(6－5)＝770(元)
检验分析结果：400－550＋770＝620(元)

可见，差额计算法与连环替代法的计算结果相同，但差额计算法的计算过程更简洁。需要注意的是，并非所有连环替代法都可按上述差额计算法的方式进行简化。特别是在各影响因素之间关系复杂、不是连乘的情况下，运用差额计算法必须慎重，此时建议采用连环替代法。同时，应用连环替代法应注意的问题，同样适用于差额计算法。

六、图解分析法

图解分析法也称图解法，是财务报表分析中常用的方法之一。严格来说，图解分析法与上述五种方法不同，它并不是一种独立的分析方法，而是财务报表分析方法的直观表达方式。它能够将水平分析法、结构分析法、趋势分析法、因素分析法等复杂分析方法的结果用图形的形式呈现出来。其作用在于能清晰、形象、直观地反映复杂财务活动的过程和结果。

1. 对比分析柱形图

对比分析柱形图又称长条图，是指以长方形的长度为变量，对某一分析对象连续多期数据进行对比，以分析各期数据之间差异的图形表达方式（见图1-3）。

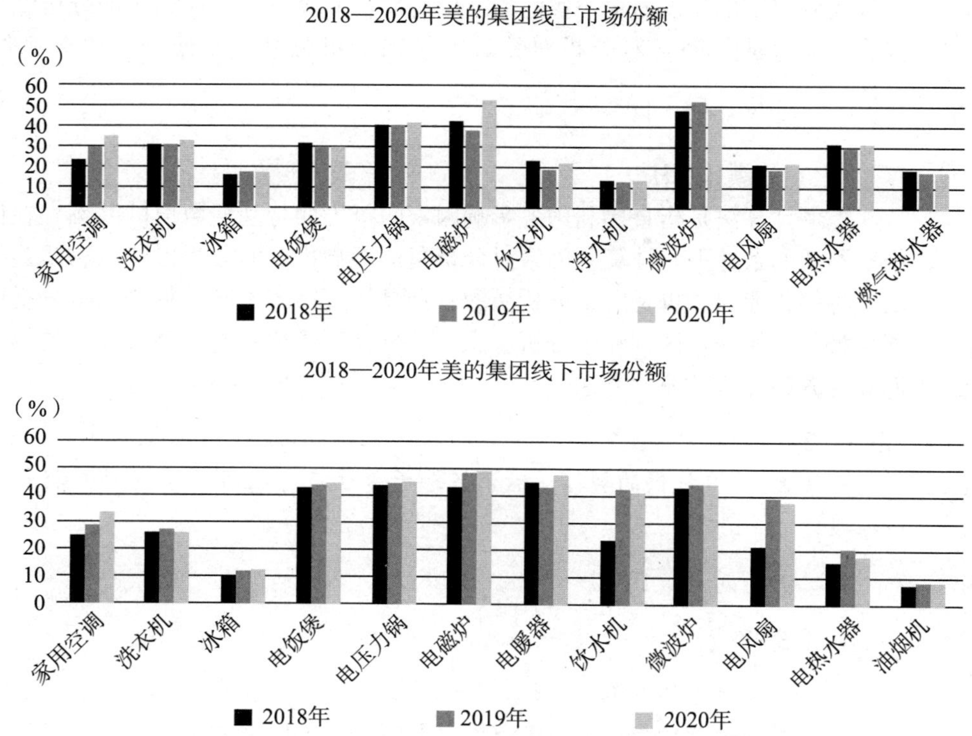

图1-3　2018—2020年美的集团线上线下产品市场份额图

由图1-3可知，2018—2020年美的集团线下小家电产品市场占有率较高，除油烟机、电风扇以外，小家电产品市场份额均高于40%，具有明显的市场优势；洗衣机、冰箱、电热水器等大家电的市场份额均低于30%，但家用空调的市场份额增长较快，2020年已超过30%，说明市场开发成果明显。美的集团线上市场的成功在很大程度上得益于其前瞻性的互联网战略，电压力锅、电磁炉、微波炉等小家电产品线上市场份额均高于40%。除洗衣机、电热水器等大家电及净水机线上优势明显，电暖器、饮水机、油烟机线下优势明显以外，其他产品线上线下市场份额大体一致。纵观美的集团线上线下市场总体情况，电饭煲、电压力锅、电磁炉、微波炉等小家电产品市场份额较高，稳定在30%～55%。

2. 结构分析饼形图

结构分析饼形图，是指展示结构分析中各组成部分所占比例的图形表达方式（见图1-4）。通过观察可知，在2022年中通客车的流动资产结构中，应收款项占比最高，为49.84%；货币资金占比紧随其后，为27.91%。深入分析中通客车2022年资产负债表结构，可以发现中通客车的资产以流动资产为主。在资产负债表分析部分，还可以绘制中通客车不同时期的流动资产结构图以及同行业不同企业同一时期的流动资产结构图，以进一步分析中通客车流动资产结构的变动情况及原因、同行业企业流动资产内部结构的差异，以及应收款项占比高的原因及趋势变动等。

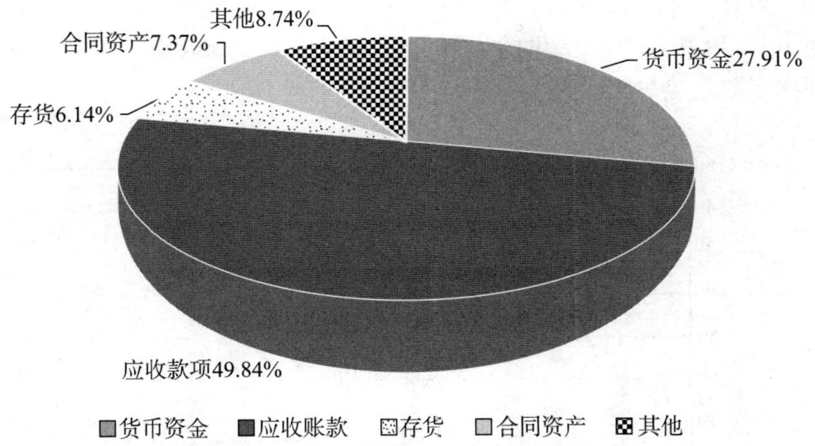

图 1-4 2022 年中通客车流动资产结构图

3. 趋势分析折线图

趋势分析折线图，是指以折线的升降反映数据变动趋势的图形表达方式（见图 1-5）。通过观察可知，在北新建材、兔宝宝、东方雨虹和三棵树这四家企业中，北新建材和兔宝宝的流动比率波动较大。具体来说，兔宝宝 2016 年的流动比率高达 3.44，波动区间为 1.01～3.44；北新建材流动比率的波动区间为 1.02～2.44；东方雨虹流动比率较高，波动区间为 1.41～1.91；三棵树流动比率较低，波动区间为 0.80～1.14。从 2018 年起，三棵树、兔宝宝和东方雨虹的流动比率变动相对稳定，五年平均值未超过 1.60。北新建材流动比率各年平均值为 1.76，略高于其他三家企业。在评估这四家企业各年的短期偿债能力时，除了关注流动比率，还应结合流动资产和流动负债的具体结构，以进一步分析。

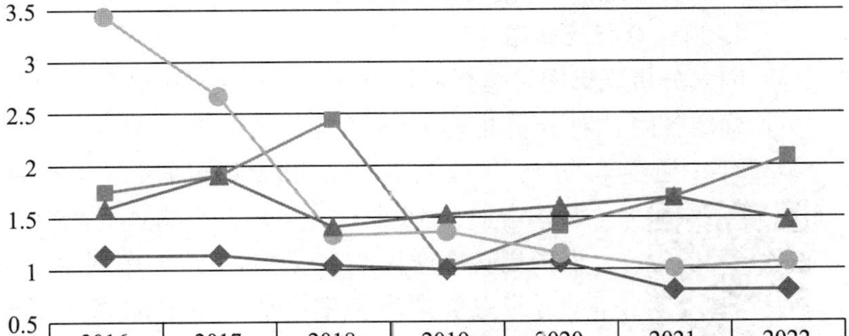

	2016	2017	2018	2019	2020	2021	2022
北新建材	1.75	1.91	2.44	1.02	1.40	1.69	2.08
三棵树	1.14	1.14	1.04	1.00	1.07	0.80	0.80
兔宝宝	3.44	2.67	1.33	1.36	1.15	1.01	1.07
东方雨虹	1.59	1.91	1.41	1.53	1.60	1.69	1.47

图 1-5 2016—2022 年北新建材与同行业可比企业流动比率对比图

另外，还可以将对比分析柱形图和趋势分析折线图结合在一起应用。根据表 1－6 和表 1－7 所提供的数据，绘制 2016—2022 年双汇发展负债项目定基指数、环比指数趋势对比图（见图 1－6）。

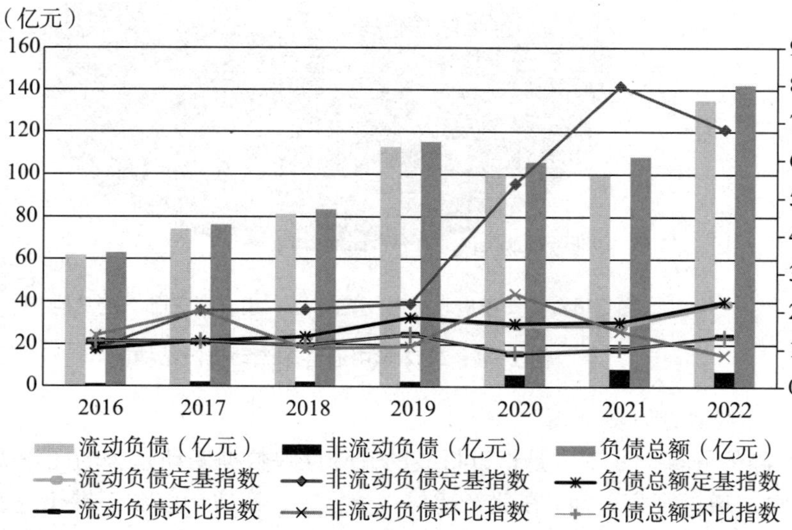

图 1－6　2016—2022 年双汇发展负债项目定基指数、环比指数趋势对比图

由图 1－6 可知，2017—2022 年双汇发展各负债项目定基指数均等于或高于环比指数。其中，非流动负债定基指数波动幅度相对较大，且从 2020 年起上升趋势明显，并在 2021 年达到了峰值。流动负债和负债总额的定基指数、环比指数基本重合，趋势总体相近，导致图 1－6 中原本应有的六条折线，实际呈现出四条折线。再结合柱形图可以看出，双汇发展负债项目以流动负债为主，因此，流动负债的变化是影响负债总额变化趋势的主要原因。

4. 因素分析逻辑图

因素分析逻辑图，是指通过因素分解直接反映分析指标与其影响因素之间的关系，确定各因素对分析指标差异影响程度的图形表达方式（见图 1－7）。可知，2022 年中通客车的净资产收益率相比 2021 年增加 12.01 个百分点，其中总资产净利率增加 3.18 个百分点，在影响总资产净利率的两个因素中，总资产周转率增加 0.10 次，而销售净利率增加 6.65 个百分点，说明导致总资产净利率增加的主要原因是销售净利率增加。此外，权益乘数下降 0.13 是导致净资产收益率下降的原因之一。对于销售净利率上升以及总资产周转率和权益乘数下降的具体原因，还需要结合财务报表进一步分析。

第三节
即测即评

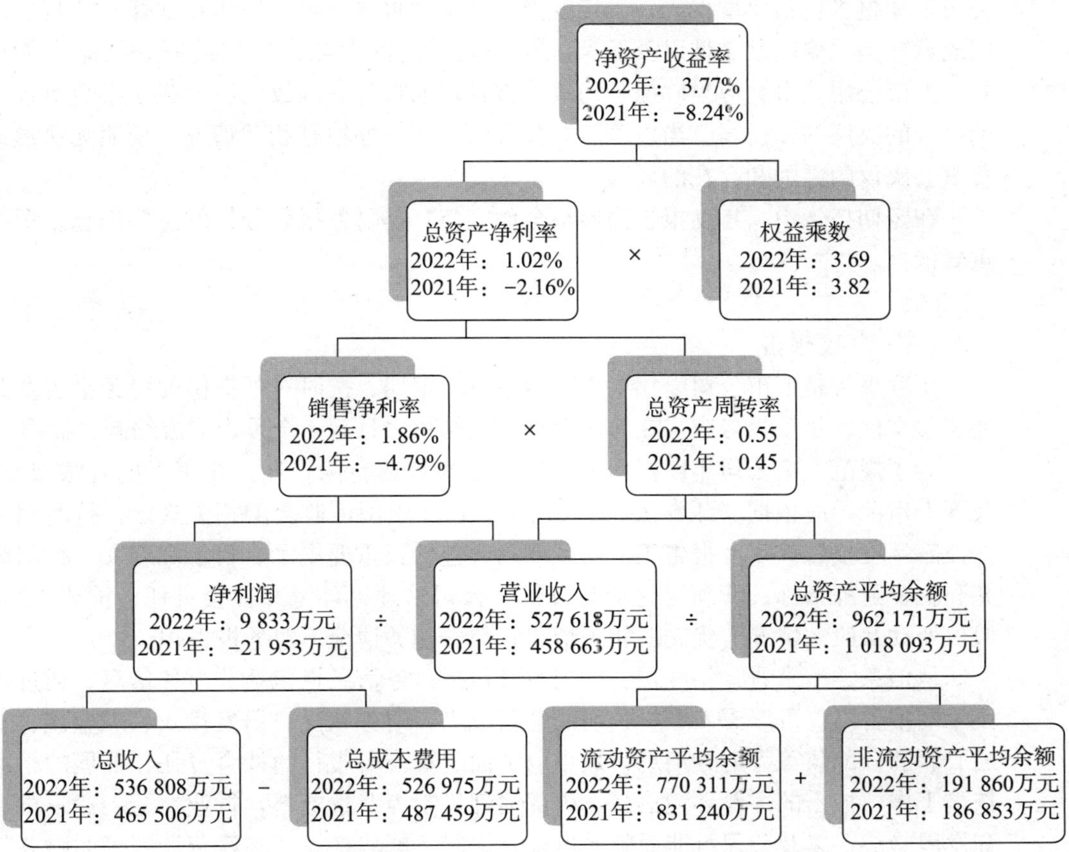

图1-7　2021年和2022年中通客车杜邦财务分析体系对比图

第四节　财务报表分析基础

财务报表分析基础主要包括财务报表分析所需的主要信息，如定期报告和年度报告；财务报告和财务报表；财务报表的信息作用；审计报告和审计意见类型；内部控制和内部控制评价报告；上市公司财务报表分析监管法规依据；财务报表分析评价标准。

一、定期报告和年度报告

(一) 定期报告

上市公司的信息披露体系主要由定期报告和临时报告构成。根据《上海证券交易所股票上市规则（2020年12月修订）》《深圳证券交易所股票上市规则（2020年修订）》《深圳证券交易所创业板股票上市规则（2020年12月修订）》的规定，上市公司定期报告包括年度报告、半年度报告和季度报告。公司应当在法律、法规、部门规章、其他规范性文件以及股票上市规则规定的期限内完成编制并披露定期报告。上市公司董事会应当确保公司按时披露定期报告。因故无法形成董事会审议定期报告的决议的，公司应当以董事会公告的形式对外披露相关情况，说明无法形成董事会决议的原因和存在的风险。

在定期报告中，年度报告内容最全面完整，是财务报表分析的主要信息来源和重要依据。

（二）年度报告

年度报告是上市公司以年度为时间单位，定期、按时对外提供的财务报告及其他相关文件。年度报告应当在每个会计年度结束之日起 4 个月内完成编制并披露。

为了规范上市公司年度报告的编制及信息披露行为，保护投资者的合法权益，我国上市公司应依据《证券法》《公司法》以及中国证监会的相关规定，按时编制并披露年度报告。年度报告正文的主要内容包括：重要提示、目录和释义；公司简介和主要财务指标；管理层讨论与分析；公司治理；环境和社会责任；重要事项；股份变动及股东情况；优先股相关情况；债券相关情况；财务报告。①

从信息类型来看，年度报告的内容既包括财务信息也包括非财务信息。通过研读年度报告不仅可以深入分析公司的经营成果、财务状况、研发投入、现金流、普通股利润分配政策等财务信息，还可以全面了解公司履行的社会责任、开展的精准扶贫工作、披露的主要环境信息、内部治理机制等背景资料，行业情况、竞争格局和发展趋势，以及公司可能面临的风险、未来发展战略规划和经营计划等非财务信息。这些信息既是进行财务报表分析的基础，也是预测公司未来经营业绩和财务状况的依据。

上市公司年度报告中的财务报告应当经具有执行证券、期货相关业务资格的会计师事务所审计。由此可见，财务报告在年度报告中具有举足轻重的地位。

二、财务报告和财务报表

（一）财务报告

财务报告又称财务会计报告，是指企业对外提供的反映企业某一特定日期的财务状况和某一会计期间的经营成果、现金流量等系统的会计信息文件，具体包括财务报表和其他应当在财务报告中披露的相关信息和资料。财务报告应遵循会计法规体系，如财务报表的编制应依据《企业会计准则——基本准则》和各项具体会计准则。

---

① 依据中国证监会公布的《公开发行证券的公司信息披露内容与格式准则第 2 号——年度报告的内容与格式（2021 年修订）》。

财务报告至少包括以下几个核心要点：(1) 财务报告是对外报告，其服务对象主要是投资者、债权人等外部使用者，专门为了满足内部管理需要的报告不属于财务报告的范畴；(2) 财务报告应当综合反映企业的生产经营状况，包括某一时点的财务状况和某一时期的经营成果与现金流量等信息，以描绘出企业经济活动的整体面貌；(3) 财务报告必须形成一个系统的文件，不应是零星的或者不完整的信息集合。

上市公司应当按要求在年度报告中披露审计报告正文和经审计的财务报表。由此可见，财务报表是财务报告的核心。财务报告信息质量会直接影响财务报表分析的结论，财务报告信息的相关性、准确性、完整性、及时性等对提高财务报表分析质量至关重要。然而，需要注意的是，财务报告信息的相关性、可靠性并不等同于财务报表分析结论的相关性和可靠性。

(二) 财务报表

财务报表是对企业财务状况、经营成果和现金流量的结构性表述。财务报表应当至少包括资产负债表、利润表、现金流量表、所有者权益（或股东权益）变动表和附注。

上市公司在年度报告中应披露的经审计的财务报表，包括公司近两年的比较资产负债表、比较利润表、比较现金流量表、比较所有者权益（或股东权益）变动表和财务报表附注。编制合并财务报表的公司，除提供合并财务报表，还应当提供母公司财务报表。财务报表附注应当按照中国证监会制定的有关财务报告的规定编制。

在经济全球化背景下，以高质量财务报表为核心的财务报告，能够产生多样化信息，为投资者、债权人和其他利益相关者做出合理的决策提供支持，具有重要的意义和价值。财务报告与财务报表之间的关系如图 1-8 所示。

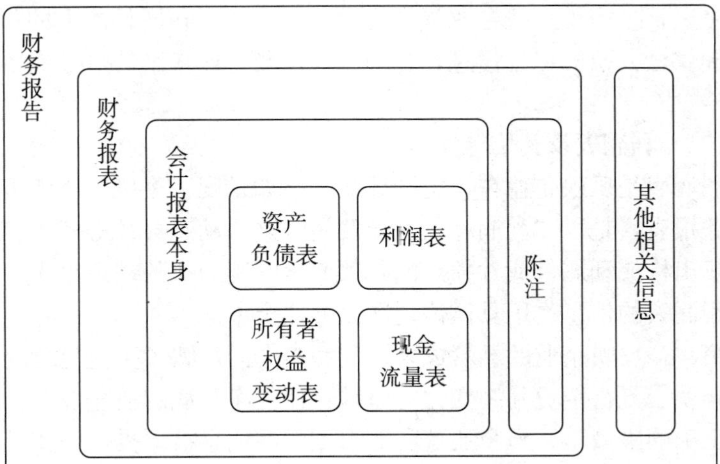

图 1-8　财务报告与财务报表关系图

三、财务报表的信息作用

（一）资产负债表及其信息作用

资产负债表也称财务状况表，是反映企业在某一特定日期（通常为各会计期末，即月末、季末、半年末、年末）财务状况的报表。它以“资产＝负债＋所有者权益”这一会计等式为依据，按照一定的分类标准和顺序，把企业在一定日期的资产、负债、所有者权益各项目予以适当排列，浓缩成一张静态报表，因此是反映企业财务状况的快照。

资产负债表所反映的信息主要体现在以下几个方面：

第一，反映企业的资产规模、结构和来源。资产负债表能够提供企业在某一特定日期所拥有的资产总额、结构和来源等财务状况信息，反映企业所处行业特征和生产经营特点，有利于分析企业各资产项目的质量、资本结构的合理性、财务风险以及资产对债务的保障程度等。进一步地，通过分析资产规模和结构的变化及原因，可以预测企业未来的财务状况。

第二，反映企业债务水平和结构。资产负债表能够展示企业在某一特定日期所负担的债务总额及其结构，表明企业未来需要用多少资产或劳务来清偿债务以及所需的时间，反映企业的短期、长期偿债能力和实际支付能力，有助于预测企业未来的财务安全程度，为企业的信贷决策提供依据。

第三，反映企业所有者权益结构和资本增值潜力。资产负债表能够揭示企业在某一特定日期所拥有的净资产数额以及企业所有者权益的构成，反映企业的资本结构和财务实力，有助于分析企业实现资本保值增值的能力，为企业的投资决策提供依据。

第四，与其他报表相结合提供综合信息。将资产负债表信息与利润表信息相结合，可以直接提供反映企业盈利能力、营运能力和增长能力的信息，从而为信息使用者提供全方位的综合信息，有助于其预测企业未来的财务效率趋势。

（二）利润表及其信息作用

利润表是反映企业在一定会计期间（如月度、季度、半年度、年度）经营成果的财务报表，是以“利润＝收入－费用”这一动态会计等式为依据，按照一定的步骤计算出构成利润（或亏损）的各项要素编制而成的动态报表。

利润表的信息作用具体体现在以下几个方面：

第一，反映企业的经营成果。利润表全面反映了企业经营业绩的主要来源和构成，有助于分析企业利润变化的原因、评估净利润的质量及其持续性，从而有利于做出正确的决策，并为企业盈利能力方面的信息披露提供坚实基础。

第二，反映并预测企业的获利能力。利润表所提供的营业利润、利润总额、净利润等企业经营成果的详细信息，有助于了解和评价企业在不同发展阶段的获利状况，掌握企业各环节的经营业绩，判断其未来经营的发展趋势，预测企业未来的盈利能力。

第三，为投资者、经营者提供投资决策有用信息。投资者、经营者最关注企业的盈利能力，利润表所提供的信息对于分析企业的经营业绩和盈利能力，以及评价企业的经营潜力及发展前景具有重要意义。基于这些信息，投资者、经营者可以更加科学地决定是否投资或追加投资、投资的方向、投资的规模等。

第四，评价企业业绩，判断企业价值。利润表可以反映企业的盈亏状况，根据其提供的信息，能够及时、准确地发现企业生产经营管理各环节存在的问题和不足；通过进一步挖掘问题的根源，有助于客观评价企业业绩；通过深入分析企业效益质量，可以对企业资本保值增值能力做出合理评价。

（三）所有者权益变动表及其信息作用

所有者权益变动表也称股东权益变动表，是反映构成所有者权益各组成部分当期增减变动情况的报表，包括反映企业会计政策变更和会计差错更正的累积影响金额、当期实现的净利润情况、其他综合收益状况、所有者投入和减少资本情况、企业利润分配情况以及所有者权益内部结转情况等。

所有者权益变动表的信息作用具体体现在以下几个方面：

第一，提供综合收益信息。所有者权益变动表将企业综合收益项目单独列出，能够反映综合收益理念及其构成。综合收益基于资产负债观，明确了净利润和反映股东价值的净资产之间的关系。所有者权益变动表信息不仅能够反映企业的经营业绩，而且能够揭示企业资产和价值增加的途径。

第二，反映所有者权益变化根源。所有者权益变动表不仅反映所有者权益总量的增减变动信息，还反映所有者权益增减变动的重要结构性信息，特别是直接计入所有者权益的利得和损失。这有助于信息使用者理解所有者权益增减变动的根源，进而对企业的资本保值增值情况做出正确判断。

第三，为利润表和资产负债表提供辅助信息。所有者权益变动表中的“其他综合收益”项目与利润表中的相应项目相辅相成；“利润分配”项目是对利润表信息的补充；所有者权益结构变动信息直接关联资产负债表，详细记录了所有者权益具体项目变动的过程及其原因。因此，分析所有者权益变动表，有利于完善并丰富利润表和资产负债表信息。

（四）现金流量表及其信息作用

现金流量表是指反映企业一定时期内经营活动、投资活动和筹资活动对其现金及现金等价物所产生影响的财务报表。现金流量表既能够反映如何将权责发生制下的盈利信息调整为收付实现制下的现金流量信息，也能够通过列示现金及现金等价物的来源、运用、增加和减少来反映企业的资金变动情况，以便信息使用者分析和评价企业获取现金及现金等价物的能力，并据以预测企业未来的现金流量。

现金流量表的信息作用具体体现在以下几个方面：

第一，反映企业整体现金流量的来龙去脉。企业经济活动的三个方面——经营活动、投资活动和筹资活动，均会影响企业的现金流量，从而影响企业的财务状况和盈利质量。通过分析现金流量表，可以明确企业现金从哪里来、到哪里去以及现金流入和流出的原因，进而判断企业资金是否充足、资金来源是否有保障、资金运用是否合理。

第二，提供企业盈利能力和支付能力信息。通过现金流量表，并结合利润表、资产负债表，计算分析财务指标，可以准确评估企业获取现金的能力、及时偿还到期债务的能力以及支付股利和进行必要的固定资产投资的能力等，有利于增强投资者和债权人的信心，以便对企业资金筹措和运用做出合理判断。

第三，提供企业盈利质量的信息。与利润表信息相结合，即将现金流量表中经营活动产生的现金流量净额与利润表中的净利润进行比较，可以从现金流量角度获得净利润的质量信息，评价企业的盈利能力和盈利质量，从而为信息使用者提供全方位的综合信息。

第四，预测企业未来的现金状况。如果现金流量表中各部分现金流量结构合理，且现金流入、流出无重大异常波动，一般说明企业的整体财务状况良好。通过深入分析现金流量表及其他财务信息，可以准确评估企业未来获取或支付现金的能力以及企业产生现金净流量的能力，有利于企业编制现金流量计划、预测未来现金状况，并为利益相关者评价企业未来现金流量和做出决策提供必要信息。

（五）财务报表附注及其信息作用

财务报表附注是指对资产负债表、利润表、现金流量表和所有者权益变动表等报表中列示项目的文字描述或明细资料，以及对未能在这些报表中列示的项目的说明等。它是财务报表不可或缺的组成部分，可以使报表使用者全面了解企业的财务状况、经营成果和现金流量。

财务报表项目是高度浓缩的会计信息，由于经济业务存在复杂性和企业在编制财务报表时可能采用了不同的会计政策，因此，企业需要通过财务报表附注对企业的基本情况、财务报表的编制基础、遵循企业会计准则情况、重要会计政策和会计估计、会计政策和会计估计变更以及差错更正、报表重要项目以及其他重要事项进行解释说明。此外，企业应当在附注中披露有助于财务报表使用者评价企业管理资本的目标、政策及程序的信息，终止经营的收入、费用、利润总额、所得税费用和净利润，以及归属于母公司所有者的终止经营利润。

财务报表附注的信息作用主要体现在以下两个方面：

第一，与主表信息相辅相成。财务报表附注相对报表本身而言更灵活，可以弥补表内信息的局限，使表内信息更容易理解、更相关。四张主表是根本，附注是补充，处于从属地位；没有主表，附注的功能就无法实现；而没有附注恰当的延伸、补充和说明，主表的功能也难以全面有效地发挥。两者相辅相成，共同构成了一个完善的有机整体，提高了财务报表体系的层次和信息质量。

第二，增强会计信息的可理解性、完整性和可比性。财务报表附注拓展了报表本身的信息内容，打破了四张主表中的项目必须既符合会计要素的定义又同时满足相关性和可比性的限制，克服了项目必须用货币计量的局限性。它借助多种计量手段、属性及格式，适当披露无法纳入表内的信息，将文字说明辅以统计资料或定性信息，使定量、定性信息相结合，弥补了财务信息的不足，有利于全面反映企业面临的机会与风险，从量和质两个角度对企业经济事项进行完整反映，保证了信息的完整性和可理解性，更好地满足了信息使用者的决策需求。通过揭示企业会计政策的变更原因及事后的影响，附注可以使不同行业或同一行业不同企业的会计信息更具可比性，从而便于企业之间进行对比分析。

四、审计报告和内部控制评价报告

（一）审计报告和审计意见类型

1. 审计报告内涵

审计报告是指注册会计师根据审计准则的规定，在执行审计工作的基础上，对财务报表发表审计意见的书面文件。审计报告是进行财务报表分析的重要信息，甚至有人将审阅审计报告作为财务报表分析的首要步骤，这充分说明了审计报告的重要性。审计报告是反映财务报告是否公正表述的独立性、权威性意见。

2. 审计意见类型

审计报告按其发表审计意见的类型，分为无保留意见审计报告和非无保留意见审计报告。

（1）无保留意见审计报告。无保留意见是指当注册会计师认为财务报表在所有重大方面按照适用的财务报告编制基础编制并实现公允反映时发表的审计意见。为了形成审计意见，针对财务报表整体是否不存在由于舞弊或错误导致的重大错报，注册会计师应当得出结论，确定是否已就此获取合理保证。注册会计师如果认为财务报表在所有重大方面按照适用的财务报告编制基础的规定编制并实现公允反映，应当发表无保留意见审计报告。

首先，注册会计师应当评价财务报表是否在所有重大方面按照适用的财务报告编制基础的规定编制。在评价时，注册会计师应当考虑被审计单位会计实务的质量，包括表明管理层的判断可能出现偏向的迹象。此外，注册会计师还应当依据适用的财务报告编制基础特别评价以下内容：第一，财务报表是否恰当披露了所选择和运用的重要会计政策；第二，所选择和运用的会计政策是否符合适用的财务报告编制基础，并适合被审计单位的具体情况；第三，管理层做出的会计估计是否合理；第四，财务报表列报的信息是否具有相关性、可靠性、可比性和可理解性；第五，财务报表是否做出充分披露，使预期使用者能够理解重大交易和事项对财务报表所传递信息的影响；第六，财务报表使用的术语（包括各财务报表的标题）是否适当。

其次，注册会计师在评价财务报表是否实现公允反映时，应当考虑以下方面：一是财务报表的总体列报（包括披露）、结构和内容是否合理；二是财务报表是否公允地反映了相关交易和事项。

（2）非无保留意见审计报告。非无保留意见包括保留意见、否定意见和无法表示意见。当存在下列情形之一时，注册会计师应当在审计报告中发表非无保留意见：① 根据获取的审计证据，得出财务报表整体存在重大错报的结论（保留意见或否定意见）；② 无法获取充分、适当的审计证据，不能得出财务报表整体不存在重大错报的结论（保留意见或无法表示意见）。非无保留意见审计报告，是指对财务报表发表保留意见、否定意见或无法表示意见的审计报告。

第一，保留意见审计报告。当存在下列情形之一时，注册会计师应当发表保留意见审计报告：

① 在获取充分、适当的审计证据后，注册会计师认为错报单独或汇总起来对财务报表影响重大，但不具有广泛性；

② 注册会计师无法获取充分、适当的审计证据以作为形成审计意见的基础，但认为未发现的错报（如存在）对财务报表可能产生的影响重大，但不具有广泛性。

第二，否定意见审计报告。当注册会计师在获取充分、适当的审计证据后，认为错报单独或汇总起来对财务报表的影响重大且具有广泛性，应当发表否定意见。

第三，无法表示意见审计报告。当注册会计师无法获取充分、适当的审计证据以作为形成审计意见的基础，但认为未发现的错报（如存在）对财务报表可能产生的影响重大且具有广泛性，应当发表无法表示意见审计报告。

在极少数情况下，可能存在多个不确定事项。尽管注册会计师对每个单独的不确定事项获取了充分、适当的审计证据，但由于不确定事项之间可能存在相互影响，以及可能对财务报表产生累积影响，注册会计师不可能对财务报表形成审计意见。在这种情况下，注册会计师应当发表无法表示意见审计报告。

（二）内部控制和内部控制评价报告

内部控制是由企业董事会、监事会、经理层和全体员工实施的旨在实现控制目标的过程。内部控制的目标是合理保证企业经营管理合法合规、资产安全、财务报告及相关信息真实完整，提高经营效率和效果，促进企业实现发展战略。内部控制涉及公司的组织结构、业务环节和信息系统等方面，也是重要的财务报表分析信息来源。

为了评价内部控制设计和执行的有效性，企业应当由董事会或者类似机构围绕内部环境、风险评估、控制活动、信息与沟通和内部监督等要素，对内部控制设计和运行情况的有效性进行全面评价；对内部控制缺陷进行初步认定，并按其影响程度分为重大缺陷、重要缺陷和一般缺陷。上市公司在完成内部控制评价后，应当编制内部控制自我评估报告，连同会计师事务所对内部控制自我评估报告的核实评价意见，与年度报告同时披露。

企业编制的内部控制评价报告，至少应当涵盖下列内容：（1）董事会对内部控制报告真实性的声明；（2）内部控制评价工作的总体情况；（3）内部控制评价的依据；

（4）内部控制评价的范围；（5）内部控制评价的程序和方法；（6）内部控制缺陷及其认定情况；（7）内部控制缺陷的整改情况及重大缺陷拟采取的整改措施；（8）内部控制有效性的结论。

课程思政：由内部控制缺陷引发的典型违法案例

五、上市公司财务报表分析监管法规依据

党的二十大报告特别强调“坚持全面依法治国，推进法治中国建设”。全面依法治国是国家治理的一场深刻革命，关系党执政兴国，关系人民幸福安康，关系党和国家长治久安。必须更好发挥法治固根本、稳预期、利长远的保障作用，在法治轨道上全面建设社会主义现代化国家。上市公司监管法规和相关政策，也是财务报表分析的依据。

（一）上市公司监管法规体系

我国资本市场法律法规体系庞杂，上市公司监管法律体系主要包括法律、行政法规与法规性文件、部门规章和规范性文件等四个层级。

1. 法律

主要包括《中华人民共和国公司法》《中华人民共和国证券法》《中华人民共和国企业国有资产法》《中华人民共和国合伙企业法》《中华人民共和国反垄断法》等。

2. 行政法规与法规性文件

主要包括《股票发行与交易管理暂行条例》《中华人民共和国公司登记管理条例》《企业国有资产监督管理暂行条例》《国有资产评估管理办法》等。

3. 部门规章

主要包括持股、激励与分红，信息披露，再融资（含权益分类），并购重组，国资监管，公司治理，内部控制，现场检查和其他等九个方面。具体有《上市公司股权激励管理办法》《关于修改上市公司现金分红若干规定的决定》《上市公司信息披露管理办法》《上市公司重大资产重组管理办法》《关于外国投资者并购境内企业的规定》《上市公司国有股权监督管理办法》《金融企业国有资产转让管理办法》等。

4. 规范性文件等

主要包括《关于进一步落实上市公司现金分红有关事项的通知》《公开发行证券的公司信息披露编报规则》《上市公司治理准则》等。

（二）上市公司融资相关政策规定

《上市公司证券发行管理办法》

依据《上市公司证券发行管理办法》的规定，上市公司配股（向原股东配售股份）、增发（向不特定对象公开募集股份）、可转换公司债券（依法公开发行的、在一定期间内依据约定的条件可以转换成股份的公司债券）发行的一般条件包括：最近三个会计年度连续盈利；最近二十四个月内曾公开发行证券的，不存在发

行当年营业利润比上年下降50%以上的情形；最近三年以现金方式累计分配的利润不少于最近三年实现的年均可分配利润的30%；最近三年及一期财务报表未被注册会计师出具保留意见、否定意见或无法表示意见的审计报告；被注册会计师出具带强调事项段的无保留意见审计报告的，所涉及的事项对发行人无重大不利影响或者在发行前重大不利影响已经消除。

此外，配股、增发、可转换公司债券还有各自发行的特定条件、特点和关注点等。如可转换公司债券发行的特定条件包括：最近三个会计年度加权平均净资产收益率平均不低于6%；本次发行后累计公司债券余额不超过最近一期期末净资产额的40%；最近三个会计年度实现的年均可分配利润不少于公司债券一年的利息；期限1～6年，公司与主承销商协商确定；应当提供担保，但是最近一期末经审计的净资产不低于15亿元的公司除外；委托有资格的资信评级机构进行信用评级和跟踪评级；每张面值100元。

非公开发行股票（采用非公开方式向特定对象发行股票）还有发行对象、锁定期的限制；拟发行对象为境外战略投资者的，必须事先取得商务部的原则同意函，中国证监会发行部才会受理。此外，非公开发行股票还涉及价格要求、特点、发行风险、认购对价等，其特点是增加公司股份并有效募集资金。发行条件中没有业绩等财务指标要求，相比公开发行品种的发行条件更加宽松，但同时存在一定的发行失败风险。值得注意的是，发行人最近一年及一期财务报表被注册会计师出具保留意见、否定意见或无法表示意见的审计报告不得进行非公开发行股票，保留意见、否定意见或无法表示意见所涉及事项的重大影响已经消除或者本次发行涉及重大资产重组的除外。

六、财务报表分析评价标准

确立财务报表分析评价标准是财务报表分析的一项重要内容。针对同一分析对象采用不同的财务报表分析评价标准，可能会得出不同的分析结论。因此，正确确定或选择财务报表分析评价标准，对于发现问题、找出差距、准确评价具有十分重要的意义与作用。在财务报表分析中，常采用以下几种评价标准。

（一）历史标准

历史标准是指以企业过去某一时期的实际业绩为标准，反映企业的历史经营水平。这一标准具有灵活性，可以选择上期实际业绩、企业历史最佳业绩或历史任意一期实际业绩作为参考。在财务报表分析中，常见的做法是将本年实际业绩与上年实际业绩进行对比，此时企业上年的业绩就是历史标准。

历史标准优点明显：一是比较可靠，数据容易积累；二是具有较高的可比性。但也有不足：一是比较保守，企业的现实要求与历史要求可能不同；二是历史标准适用范围较窄，只能说明企业自身的发展变化。对于外部财务报表分析，仅用历史标准远远不够。

（二）行业标准

行业标准是指反映行业基本水平的标准。在财务报表分析中，行业标准的应用广泛，可以明确企业在行业中的地位与竞争态势。

在运用行业标准时，应注意考虑三个方面：第一，同行业企业之间并不一定具有可比性，要选择产品、经营或规模等相近的企业进行比较；第二，针对大型跨行业经营的企业，不适合采用行业统一标准，应根据企业特点进行分部报告和分析；第三，同行业企业如果采用不同的会计方法，也会影响比较结果。

（三）预算标准

预算标准是指以企业根据自身经营条件或经营状况所预先制订的计划或预算为标准。对于企业内部财务报表分析，预算标准更有优越性，尤其适用于分析、考核和评价企业各级、各部门经营者的经营业绩及其对企业总体目标实现的影响。同时，预算标准可将行业标准与历史标准相结合，比较全面地反映企业的状况。但是，预算标准对于外部财务报表分析作用不明显；预算标准的确定是难点，受人为因素影响较大，往往缺乏客观依据。

此外，经验标准也是财务指标分析中常用的一种标准。经验标准是在大量实践经验的基础上通过检验得出的。例如，流动比率的经验标准为 2∶1；速动比率的经验标准是 1∶1 等。有人将经验标准称为绝对标准，认为它适用于所有公司、行业、时间和环境。实际上，经验标准仅适用于一般情况，并不适用于所有领域或情况。例如，假设存在两家企业，其中一家企业的流动比率大于 2∶1，但如果其信用政策宽松，导致存在大量应收账款及积压物资和产品，那么其流动性可能并不理想；另一家企业的流动比率小于 2∶1，但如果在应收账款、存货及现金管理方面表现出色，那么其流动性可能反而更强。因此，在应用经验标准时，必须结合企业的实际情况，不能生搬硬套。

在财务报表分析中，可以采用上述单一评价标准，也可以综合应用各种评价标准，进而从不同角度对企业进行全面分析和评价，以得出客观、正确的结论。

第四节
即测即评

□ 思考题

1. 简述财务报表分析基本框架的构建思路，以及财务活动与财务报表之间的关系。

2. 如何理解和应用财务报表分析程序？

3. 为什么说以财务报表为核心的会计分析是财务报表分析的核心步骤和重中之重？

4. 财务报表分析有哪些基本方法？简述每种方法的内涵和基本原理。

5. 简述财务报表分析的内涵和不同主体的分析目的。

6. 如何撰写财务报表分析报告？

□ 分析题

1. 通过本章的学习，请根据财务报表分析程序，下载2012—2022年宇通客车年报信息，关注和了解宇通客车和客车行业，为后续分析奠定基础。

2. 建议各班级分成每组4～6人的案例分析小组，并在我国A股资本市场选择一家公司作为本课程案例分析对象，下载并阅读近5年的案例公司年度报告，了解公司相关信息；选择三家同行业可比公司，并下载可比公司年度报告，以了解行业相关信息，为后续分析做好准备。

第二章 Chapter 2 资产负债表分析

□ 思维导图

- 资产负债表分析
  - 资产负债表分析的目的
    - 分析企业财务状况的变动情况和变动原因
    - 正确评价企业的会计政策
    - 合理判断企业的盈利质量
    - 发现企业财务状况中的关键点和疑点
  - 资产负债表整体分析
    - 资产负债表水平分析
      - 资产负债表水平分析表的编制
      - 资产负债表变动情况的分析思路
    - 资产负债表结构分析
      - 资产负债表结构分析表的编制
      - 资产负债表结构分析的思路
      - 客车行业企业资产结构对比分析
  - 资产质量分析
    - 流动资产主要项目分析
      - 货币资金分析
      - 应收账款分析
      - 存货分析
    - 非流动资产主要项目分析——固定资产分析
      - 固定资产分析要点
      - 宇通客车固定资产规模分析
      - 客车行业企业固定资产对比分析
  - 财务风险分析
    - 负债结构风险分析
      - 负债结构分析的影响因素
      - 典型负债结构分析评价
    - 主要负债项目风险分析
      - 应付款项分析
      - 合同负债分析
  - 表外资源分析
    - 人力资源分析
      - 宇通客车人员构成及受教育程度分析
      - 客车行业企业人员构成及受教育程度综合对比分析
    - 市场资源和优势分析
      - 市场资源分析
      - 品牌、技术和产品优势分析

□ 学习目标

1. 了解资产负债表分析的目的和内容；
2. 掌握资产负债表水平分析的内容、思路和应用；
3. 掌握资产负债表结构分析的内容、思路和应用；
4. 掌握流动资产主要项目分析的内容、要点和应用；
5. 掌握非流动资产主要项目分析的内容、要点和应用；
6. 掌握负债结构风险分析和主要负债项目风险分析的内容和应用；
7. 理解资产负债表表外资源分析的内容和应用；
8. 培养关注企业财务健康状况的意识，理解个人成长与国家、社会经济发展之间的关系，编制并分析个人的“资产负债表”。

第一节 资产负债表分析的目的

资产负债表分析以资产负债表和附注为主要分析对象，旨在分析企业会计对财务状况的反映程度，揭示企业资产和权益的变动情况和变动原因，评价会计信息的质量，对资产负债表中的重要项目、资产质量以及财务风险做出恰当的评价，最大限度地满足报表使用者的决策需要。

一、分析企业财务状况的变动情况和变动原因

在企业的经营过程中，资产总规模和各资产项目会发生变动，与之相对应的权益规模也会发生变动。资产负债表只是静态地反映企业在某一时点的财务状况。企业在经过一段时期的经营后，资产、负债及所有者权益发生了怎样的变化，变化的原因是什么，这种变化对企业未来经营会产生什么影响等，只有通过资产负债表分析才能做出合理的解释和评价。

二、正确评价企业的会计政策

企业的会计核算必须在会计准则指导下进行，但企业在会计政策选择上也有相当的灵活性，如存货的计价方法、折旧政策的选择等。采用的会计政策不同，呈现在资产负债表上的结果也往往不同，有时甚至可能掩盖企业的真实财务状况。因此，在分析资产负债表时，应特别关注企业选择会计政策的动机及其合理性，判断企业是否利用会计政策选择达到某种会计目的。通过深入分析资产负债表相关项目的异常变动，科学判断这些变动是企业生产经营活动的结果，还是企业会计政策选

择的结果，既可以消除对企业会计信息的疑惑，也可以避免得出错误的分析结论。

三、合理判断企业的盈利质量

资产的真实性及其计价基础的合理性，直接关系到企业盈利质量的高低。如果企业虚盈实亏，必然表现为对资产的高估或对负债的低估。通过资产负债表分析，可以揭示资产负债表数据所体现的财务状况与真实财务状况之间的差异，通过差异调整，修正资产负债表数据，尽可能防范会计信息失真，以保证财务报表分析结论的可靠性。同时，资产质量是检验企业盈利质量的“试金石”，资产质量低劣往往说明企业盈利存在虚增的可能性，反之，虚增利润同样会影响资产质量。因此，深入分析资产负债表项目与盈利质量的关系（见图 2－1），对于全面把握企业的财务状况至关重要。

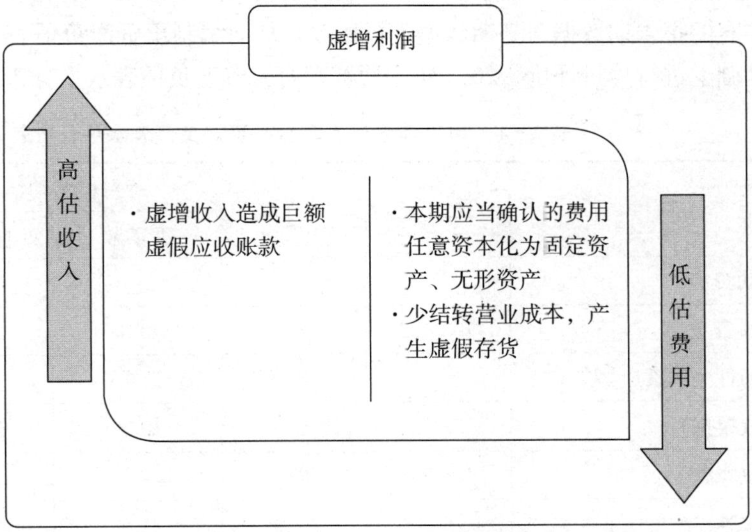

图 2－1　资产负债表项目与盈利质量关系图

四、发现企业财务状况中的关键点和疑点

通过资产负债表整体分析、项目分析以及同行业企业对比分析，可以发现企业或行业财务状况中的共同点、关键点和疑点，进而判断这些问题是企业自身的财务问题，还是行业特征或整体现象；明确企业具备哪些优势和劣势，是否存在财务困境，以及企业财务状况是否体现了其经营策略等。这些信息为其他主表分析、财务指标深度融合分析奠定了基础。

第一节
即测即评

第二节　资产负债表整体分析

资产负债表整体分析主要包括资产负债表水平分析和结构分析。

一、资产负债表水平分析

资产负债表水平分析，是指通过对比企业各项资产、负债和所有者权益报告期与基期的数据，揭示其变动情况及差异，进而分析其差异产生的原因。

（一）资产负债表水平分析表的编制

资产负债表水平分析的资料依据是企业的资产负债表。通过水平分析法，将资产负债表的报告期数据与基期数据进行比较，从而编制出资产负债表水平分析表，并在此基础上进行分析评价。2022 年宇通客车合并资产负债表水平分析表如表 2-1 所示。

表 2-1　2022 年宇通客车合并资产负债表水平分析表　　金额单位：万元

项目	2022 年	2021 年	绝对值变动情况		对总额影响（%）
			变动额	变动率（%）	
流动资产：					
货币资金	703 462	563 130	140 332	24.92	4.36
交易性金融资产	2	38 759	−38 757	−99.99	−1.20
应收票据	26 664	16 085	10 579	65.77	0.33
应收账款	408 968	553 147	−144 179	−26.07	−4.48
应收款项融资	6 226	30 234	−24 008	−79.41	−0.75
预付款项	67 342	44 186	23 156	52.41	0.72
其他应收款	91 617	100 555	−8 938	−8.89	−0.28
存货	489 355	610 613	−121 258	−19.86	−3.77
合同资产	52 880	26 753	26 127	97.66	0.81
持有待售资产		13 430	−13 430	−100.00	−0.42
一年内到期的非流动资产	36 760	39 843	−3 083	−7.74	−0.10
其他流动资产	16 542	38 885	−22 343	−57.46	−0.69
流动资产合计	1 899 818	2 075 618	−175 800	−8.47	−5.47
非流动资产：					
债权投资	39 183	43 081	−3 898	−9.05	−0.12
长期应收款	8 129	23 903	−15 774	−65.99	−0.49

续表

项目	2022年	2021年	绝对值变动情况		对总额影响(%)
			变动额	变动率（%）	
长期股权投资	99 694	89 652	10 042	11.20	0.31
其他权益工具投资	171 559	229 815	−58 256	−25.35	−1.81
其他非流动金融资产	13 250		13 250	不可比	0.41
固定资产	416 137	408 059	8 078	1.98	0.25
在建工程	27 643	74 533	−46 890	−62.91	−1.46
使用权资产	1 377	1 807	−430	−23.80	−0.01
无形资产	156 486	121 397	35 089	28.90	1.09
商誉	10	10	0	0.00	0.00
长期待摊费用	18	70	−52	−74.29	0.00
递延所得税资产	165 505	145 992	19 513	13.37	0.61
其他非流动资产	950	2 652	−1 702	−64.18	−0.05
非流动资产合计	1 099 941	1 140 971	−41 030	−3.60	−1.28
资产总计	2 999 759	3 216 589	−216 830	−6.74	−6.74
流动负债：					
短期借款					
交易性金融负债	4 589		4 589	不可比	0.14
应付票据	230 377	324 230	−93 853	−28.95	−2.92
应付账款	519 718	502 563	17 155	3.41	0.53
预收款项	1 039	555	484	87.21	0.02
合同负债	130 957	175 542	−44 585	−25.40	−1.39
应付职工薪酬	83 638	81 033	2 605	3.21	0.08
应交税费	20 489	20 212	277	1.37	0.01
其他应付款	217 922	251 464	−33 542	−13.34	−1.04
持有待售负债		16	−16	−100.00	0.00
一年内到期的非流动负债	676	651	25	3.84	0.00
其他流动负债	48 613	36 733	11 830	32.16	0.37
流动负债合计	1 258 018	1 393 048	−135 030	−9.69	−4.20
非流动负债：					
长期借款					
租赁负债	366	775	−409	−52.77	−0.01

续表

项目	2022 年	2021 年	绝对值变动情况		对总额影响（%）
			变动额	变动率（%）	
预计负债	199 017	191 307	7 710	4.03	0.24
递延收益	66 916	80 899	−13 983	−17.28	−0.43
递延所得税负债	15 834	16 248	−414	−2.55	−0.02
非流动负债合计	282 133	289 229	−7 096	−2.45	−0.22
负债合计	1 540 151	1 682 277	−142 126	−8.45	−4.42
所有者权益（或股东权益）：					
实收资本（或股本）	221 394	226 293	−4 899	−2.16	−0.15
其他权益工具					
其中：优先股					
永续债					
资本公积	149 445	178 791	−29 346	−16.41	−0.91
减：库存股		34 245	−34 245	−100.00	1.06
其他综合收益	25 430	75 319	−49 889	−66.24	−1.55
专项储备	515	539	−24	−4.45	0.00
盈余公积	303 816	294 892	8 924	3.03	0.28
未分配利润	746 662	780 275	−33 613	−4.31	−1.04
归属于母公司所有者权益（或股东权益）合计	1 447 262	1 521 864	−74 602	−4.90	−2.32
少数股东权益	12 346	12 448	−102	−0.82	0.00
所有者权益（或股东权益）合计	1 459 608	1 534 312	−74 704	−4.87	−2.32
负债和所有者权益（或股东权益）总计	2 999 759	3 216 589	−216 830	−6.74	−6.74

注：表中数据存在尾数差异，皆四舍五入所致，全书余同。

（二）资产负债表变动情况的分析思路

资产总额反映了企业资产的存量规模，其规模大小应满足企业正常的经营活动，并与权益规模相适应。因此，对资产负债表变动情况的分析应从资产和权益两个方面进行。

1. 资产角度的分析思路

第一，分析资产总额的变动情况和原因。分析资产各类别、各项目的变动状况、变动的主要方面和原因，然后从总体上评价企业资产在报告期内的变化。

第二，确定重点类别和重点项目。分析时，首先要注意变动幅度较大、变动异常的资产类别或项目；其次，根据资产类别或项目变动对资产总额的影响确定分析重点。某资产类别或项目对资产总额的影响程度，取决于该类别或项目本身的变动程度及其在资产总额中所占的比重。

第三，特别关注会计政策、会计估计变动的影响。由于会计准则为企业灵活选择会计政策和会计估计留有一定的空间，因此，分析时应重点关注企业财务状况的变动是企业经营活动的结果，还是会计政策、会计估计的变更或是会计处理的随意性所造成的后果，以保证财务报表分析结论的正确性。

根据表 2-1，对 2022 年宇通客车资产总额变动情况做分析评价。2022 年宇通客车资产总额同比减少 216 830 万元，降幅为 6.74%，说明宇通客车报告期内的资产规模有一定幅度的下降。进一步分析发现：

(1) 流动资产减少是导致资产总额减少的主要原因。2022 年宇通客车流动资产同比减少 175 800 万元，降幅为 8.47%，使资产总额下降 5.47%；非流动资产同比减少 41 030 万元，降幅为 3.60%，使资产总额下降 1.28%。可见，二者共同作用导致资产总额减少，且流动资产减少对资产总额的影响更大。

(2) 流动资产减少通常会降低企业的流动性。2022 年宇通客车流动资产减少主要是应收账款和存货减少所致，两者同比分别减少 144 179 万元和 121 258 万元，降幅分别为 26.07%和 19.86%，分别使资产总额下降 4.48%和 3.77%。同时，货币资金增加 140 332 万元，增幅为 24.92%，使资产总额上升 4.36%。这三个项目对资产总额的影响均在 3.00%以上，是影响流动资产和资产总额变动的主要因素。

(3) 非流动资产减少是导致资产总额减少的次要原因。2022 年宇通客车非流动资产减少使资产总额下降 1.28%，其中，对资产总额影响相对较大的项目包括在建工程、其他权益工具投资和无形资产。其中，在建工程同比减少 46 890 万元，降幅为 62.91%；其他权益工具投资减少 58 256 万元，降幅为 25.35%，两者分别使资产总额下降 1.46%和 1.81%；无形资产增加 35 089 万元，增幅为 28.90%，使资产总额增长 1.09%。这三个项目对资产总额的影响均在 1.00%以上。

2. 权益角度的分析思路

第一，分析评价权益总额的变动情况和原因。分析权益总额及负债和所有者权益各类别、各项目的变动状况和主要原因，然后从总体上评价企业在报告期内权益的变化。

第二，确定重点类别和重点项目。分析时，应关注变动幅度较大或对权益总额变动影响较大的重点类别和重点项目，为进一步深入分析明确方向。

第三，关注权益项目变动的后果。资产总额等于负债总额与所有者权益总额之和，如果资产的增幅大于所有者权益的增幅，表明企业债务负担加重，这可能是企业筹资政策变动引起的，但后果是企业偿债保证程度下降，偿债压力加大。因此，不仅要分析权益项目发生了怎样的变动，而且要评价这种变动对资产的影响，为进一步分析资产的变动原因提供依据。

根据表2-1，对2022年宇通客车权益总额变动情况进行分析评价。2022年宇通客车权益总额与资产总额的变动规模和变动幅度一致，是负债总额和所有者权益总额共同减少的结果。进一步分析发现：

（1）2022年宇通客车负债总额同比减少142 126万元，降幅为8.45%，使权益总额下降4.42%；所有者权益总额同比减少74 704万元，降幅为4.87%，使权益总额下降2.32%。可见，负债总额的减少大于所有者权益总额的减少，其是导致权益总额减少的主要原因。

（2）流动负债减少是导致负债总额减少的主要原因。2022年宇通客车流动负债同比减少135 030万元，降幅为9.69%，使权益总额下降4.20%。其中，应付票据减少93 853万元，降幅为28.95%；合同负债减少44 585万元，降幅为25.40%；其他应付款减少33 542万元，降幅为13.34%。这三个项目对权益总额的影响均大于1.00%，是导致流动负债、负债总额以及权益总额减少的主要因素。非流动负债同比减少7 096万元，对权益总额的影响仅为-0.22%。

（3）在所有者权益项目中，归属于母公司所有者权益同比减少74 602万元，降幅为4.90%，使权益总额下降2.32%，它也是导致所有者权益总额减少的主要原因。其中，其他综合收益减少最多，同比减少49 889万元，降幅为66.24%，使权益总额下降1.55%；其次是未分配利润和资本公积，均使权益总额下降1.00%左右。此外，库存股减少34 245万元，降幅为100%，使权益总额增加1.06%①。

需要注意的是，资产负债表中资产和权益各项目的变动既可能是企业经营活动的结果，也可能是企业会计政策、会计估计变更或者会计处理的灵活性、随意性所造成的后果。因此，还需要结合资产和权益各项目的变动情况进行深入分析，才能揭示数据变动背后的真正原因。

另外，对资产负债表水平分析表的分析评价还应结合资产负债表结构分析、资产负债表趋势分析、资产负债表附注分析和资产负债表项目分析，以及结合所有者权益变动表、利润表和现金流量表的相关内容进行分析。

3. 资产变动原因分析思路

企业通常通过举债、追加投资以及留存收益等方式解决资金来源问题。因此，探究资产变动原因可以从这些方面入手。

（1）举债的影响。如果企业资产规模发生变动，且这种变动仅依赖举债，那么在增加负债的同时增加资产会导致负债比重提高，债务负担加重。在所有者权益总额不变时，企业举债还会引起资本结构发生变化，提高资产负债率，加大财务杠杆作用。然而，财务杠杆是一把“双刃剑”，它在提高企业盈利的同时，也会增加企业的财务风险。

（2）追加投资的影响。如果企业资产规模扩张仅依赖吸收投资，那么在增加所有者权益的同时会增加资产。在企业负债总额不变时，企业追加投资必然会降低资产负债率，改变资本结构，增强财务实力，提高债务保障程度，进而降低财务风

① 由于库存股是所有者权益总额中的一个减项，库存股减少会导致所有者权益增加。

险。但这些结果与企业自身经营无关。

（3）留存收益的影响。如果企业资产规模的扩张仅依赖留存收益的增加，那么其结果与追加投资相同，但性质完全不同。追加投资属于企业外部“输血”，而留存收益的增加则是企业依靠自身的主观努力，是企业自身经营盈利的结果，也是资产增加的最佳途径。

通常，企业资产变动的原因是以上三种情况的组合，可以根据案例对象的实际情况进行分析评价。根据上述2022年宇通客车合并资产负债表水平分析的过程，可见宇通客车在报告期内资产规模减少是负债总额和留存收益总额共同减少所致，其中，负债减少降低了资产负债率，具体原因还需要结合项目分析进一步探讨。

二、资产负债表结构分析

资产负债表结构分析，是指通过将资产负债表中的各项目分别与资产总额或权益总额进行对比，反映资产负债表各项目之间的相互关系及各项目所占的比重，深入分析企业的资产结构、负债结构和所有者权益结构，揭示资产结构和资本结构的变动情况及其变动的合理性，探索企业资产结构和资本结构优化的新思路。

（一）资产负债表结构分析表的编制

资产负债表结构分析的资料依据也是资产负债表。采用结构分析法时，可以从静态和动态两个角度编制资产负债表结构分析表。从静态角度编制，就是仅以报告期的资产负债表为分析对象，从总体上分析资产负债表结构状况；从动态角度编制，就是分别以报告期和一期或多期基期的资产负债表为分析对象，编制多期的资产负债表结构分析表，这样不仅能从总体上分析资产负债表结构状况，还可以对比不同年份资产负债表结构变动状况。

2021—2022年宇通客车合并资产负债表结构分析表如表2-2所示。

表2-2　2021—2022年宇通客车合并资产负债表结构分析表　金额单位：万元

项目	2022年	2021年	2022年占比（%）	2021年占比（%）	变动情况（%）
流动资产：					
货币资金	703 462	563 130	23.45	17.51	5.94
交易性金融资产	2	38 759	0.00	1.20	−1.20
应收票据	26 664	16 085	0.89	0.50	0.39
应收账款	408 968	553 147	13.63	17.20	−3.57
应收款项融资	6 226	30 234	0.21	0.94	−0.73
预付款项	67 342	44 186	2.24	1.37	0.87
其他应收款	91 617	100 555	3.05	3.13	−0.08

续表

项目	2022年	2021年	2022年占比（%）	2021年占比（%）	变动情况（%）
存货	489 355	610 613	16.31	18.98	－2.67
合同资产	52 880	26 753	1.76	0.83	0.93
持有待售资产		13 430	0.00	0.42	－0.42
一年内到期的非流动资产	36 760	39 843	1.23	1.24	－0.01
其他流动资产	16 542	38 885	0.55	1.21	－0.66
流动资产合计	1 899 818	2 075 618	63.33	64.53	－1.20
非流动资产：					
债权投资	39 183	43 081	1.31	1.34	－0.03
长期应收款	8 129	23 903	0.27	0.74	－0.47
长期股权投资	99 694	89 652	3.32	2.79	0.53
其他权益工具投资	171 559	229 815	5.72	7.14	－1.42
其他非流动金融资产	13 250		0.44	0.00	0.44
固定资产	416 137	408 059	13.87	12.69	1.18
在建工程	27 643	74 533	0.92	2.32	－1.40
使用权资产	1 377	1 807	0.05	0.06	－0.01
无形资产	156 486	121 397	5.22	3.77	1.45
商誉	10	10	0.00	0.00	0.00
长期待摊费用	18	70	0.00	0.00	0.00
递延所得税资产	165 505	145 992	5.52	4.54	0.98
其他非流动资产	950	2 652	0.03	0.08	－0.05
非流动资产合计	1 099 941	1 140 971	36.67	35.47	1.20
资产总计	2 999 759	3 216 589	100.00	100.00	0.00
流动负债：					
短期借款					
交易性金融负债	4589		0.15	0.00	0.15
应付票据	230 377	324 230	7.68	10.08	－2.40
应付账款	519 718	502 563	17.33	15.62	1.71
预收款项	1 039	555	0.03	0.02	0.01
合同负债	130 957	175 542	4.37	5.46	－1.09
应付职工薪酬	83 638	81 033	2.79	2.52	0.27

续表

项目	2022 年	2021 年	2022 年占比（%）	2021 年占比（%）	变动情况（%）
应交税费	20 489	20 212	0.68	0.63	0.05
其他应付款	217 922	251 464	7.26	7.82	−0.56
持有待售负债		16	0.00	0.00	0.00
一年内到期的非流动负债	676	651	0.02	0.02	0.00
其他流动负债	48 613	36 783	1.62	1.14	0.48
流动负债合计	1 258 018	1 393 048	41.94	43.31	−1.37
非流动负债：					
长期借款					
租赁负债	366	775	0.01	0.02	−0.01
预计负债	199 017	191 307	6.63	5.95	0.68
递延收益	66 916	80 899	2.23	2.52	−0.29
递延所得税负债	15 834	16 248	0.53	0.51	0.02
非流动负债合计	282 133	289 229	9.41	8.99	0.42
负债合计	1 540 151	1 682 277	51.34	52.30	−0.96
所有者权益（或股东权益）：					
实收资本（或股本）	221 394	226 293	7.38	7.04	0.34
其他权益工具					
其中：优先股					
永续债					
资本公积	149 445	178 791	4.98	5.56	−0.58
减：库存股		34 245	0.00	1.06	−1.06
其他综合收益	25 430	75 319	0.85	2.34	−1.49
专项储备	515	539	0.02	0.02	0.00
盈余公积	303 816	294 892	10.13	9.17	0.96
未分配利润	746 662	780 275	24.89	24.26	0.63
归属于母公司所有者权益（或股东权益）合计	1 447 262	1 521 864	48.25	47.31	0.94
少数股东权益	12 346	12 448	0.41	0.39	0.02
所有者权益（或股东权益）合计	1 459 608	1 534 312	48.66	47.70	0.96
负债和所有者权益（或股东权益）总计	2 999 759	3 216 589	100.00	100.00	0.00

由表2-2可知，2022年宇通客车的流动资产和非流动资产占资产总额的比重分别为63.33%和36.67%，同比分别下降和增加了1.20个百分点，说明宇通客车的资产结构以流动资产为主，且报告期内资产的流动性略有下降。2022年负债和所有者权益占权益总额的比重分别为51.34%和48.66%，说明公司的权益结构以负债为主。其中，负债占比同比下降0.96个百分点，主要原因是流动负债占比下降了1.37个百分点；所有者权益占比同比增加0.96个百分点，主要原因是归属于母公司所有者权益占比同比增加了0.94个百分点。

（二）资产负债表结构分析的思路

资产负债表结构分析可以从以下三个主要方面进行。

1. 资产结构分析

（1）静态角度分析。资产结构通常会体现企业的生产经营特点和所处的行业特征。从静态角度分析企业资产的配置情况时，应特别关注报告期内流动资产和非流动资产的比重以及各自重要项目的构成，以判断企业资产的流动性，进而对企业资产结构的合理性做出评价。一般而言，企业流动资产的变现能力强，风险较小；非流动资产的变现能力和弹性较弱，风险较大。然而，对于企业资产结构是否合理的评判，没有统一的绝对标准，可以结合同行业企业的数据进行对比分析。

2022年宇通客车资产结构如图2-2所示。可知，宇通客车的流动资产占比为63.33%，而非流动资产只占36.67%，说明企业资产结构以流动资产为主，资产的流动性较强。至于资产结构是否合理，还需要进行动态分析和行业对比分析。

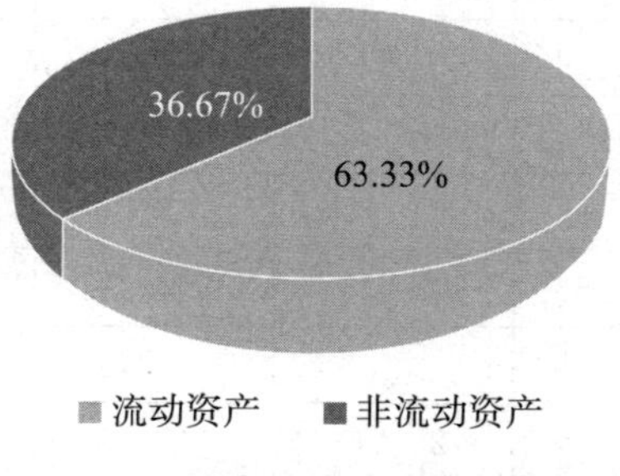

图2-2 2022年宇通客车资产结构图

（2）动态角度分析。从动态角度分析，可以了解不同时点企业的资产结构及其变化情况，进而对企业资产结构的稳定性做出评价。

2012—2022年宇通客车资产结构如图2-3所示。可知，宇通客车的流动资产占比在2012—2019年始终保持在70%以上，从2020年开始占比下降到70%以下。整体来看，宇通客车近三年的流动资产占比逐年下降，其流动性是否也逐年下滑，还应根据流动资产的结构变化进行分析来得出结论。

综上所述，从动态角度仅仅通过前后几期数据的对比，只能观察到资产结构的变化情况，依然不足以说明其变动是否合理。因此，还可以选择其他比较标准，如与行业的平均水平或同行业可比企业相同年份的资产结构进行比较，从而进一步分析判断其变动的合理性。

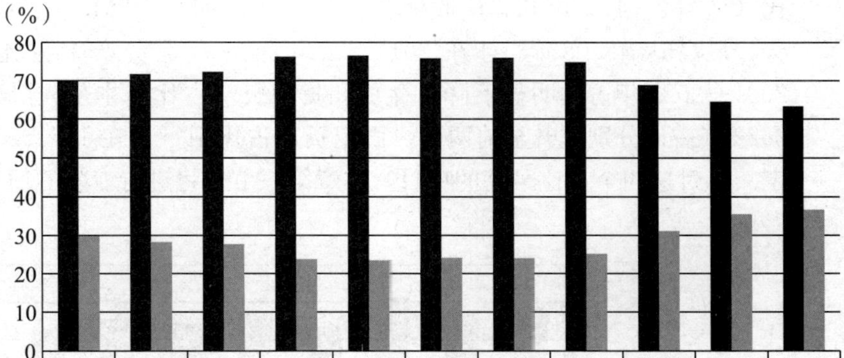

	2012	2013	2014	2015	2016	2017	2018	2019	2020	2021	2022
■ 流动资产	70.15	71.73	72.30	76.26	76.55	75.85	76.00	74.85	68.88	64.53	63.33
■ 非流动资产	29.85	28.27	27.70	23.74	23.45	24.15	24.00	25.15	31.12	35.47	36.67

图 2-3 2012—2022 年宇通客车资产结构图

(3) 重要资产项目结构分析。除了上述静态、动态两个分析角度，还可以根据企业资产构成的特点，选择占比较大的一类资产或几项资产进行重点分析。例如，通过分析流动资产内部结构，可以了解流动资产的分布和配置状况、资产的流动性及支付能力等。

根据宇通客车 2020—2022 年合并资产负债表信息，选取资产总额中占比最高的前六个项目进行分析（见表 2-3）。可知，在近三年宇通客车的资产结构中，流动资产占比逐年减少，但仍处于主要地位，各年占比均超过 63%。其中，货币资金占比呈波浪式增加的趋势，2022 年占比为 23.45%，是占比最高的项目。与之相反，应收账款占比逐年减少，从 2020 年的最高占比 26.87% 降到 2022 年的 13.63%，位居第四。2020 年无形资产占比位居第六，但在 2021 年和 2022 年被递延所得税资产超越。总体来看，流动性最强的货币资金占比增加以及应收账款占比逐年减少，说明宇通客车资产的流动性并未下降。

表 2-3 2020—2022 年宇通客车主要资产项目结构表

项目	占比（%）			项目	占比（%）		
	2022 年	2021 年	2020 年		2022 年	2021 年	2020 年
货币资金	23.45	17.51	18.46	其他权益工具投资	5.72	7.14	6.63
应收账款	13.63	17.20	26.87	固定资产	13.87	12.69	12.39
存货	16.31	18.98	15.06	递延所得税资产	5.52	4.54	
				无形资产			3.73
流动资产合计	63.33	64.53	68.88	非流动资产合计	36.67	35.47	31.12

注：本表展示了 2021—2022 年宇通客车资产总额中占比最高的前六个项目，其中，递延所得税资产占比在 2021 年和 2022 年均超过了无形资产。

若将时间轴拉长，从动态角度观察 2012—2022 年宇通客车四项主要资产的占比（见图2-4）。可知，应收账款占比变化最明显，2012—2017年总体呈上升趋势，最高达48.08%，且在2014—2020年一直是资产中占比最高的项目，但2021—2022年占比明显下降。存货和货币资金占比基本呈先降后升之势，2021—2022年占比分别上升至前两位。固定资产占比则一直在10%～20%之间，相对稳定。针对这四个占比最高的项目，本章第三节还将进行专门的项目分析。

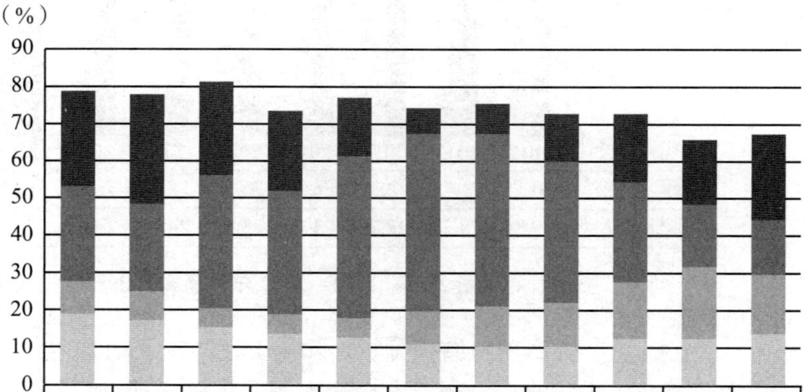

	2012	2013	2014	2015	2016	2017	2018	2019	2020	2021	2022
■货币资金/总资产	25.97	30.15	25.25	22.23	15.98	6.88	7.91	12.89	18.46	17.51	23.45
■应收账款/总资产	25.78	22.63	36.03	33.01	42.81	48.08	46.94	37.85	26.87	17.20	13.63
■存货/总资产	8.65	7.60	4.87	5.13	5.47	8.50	10.42	11.95	15.06	18.98	16.31
■固定资产/总资产	18.40	17.62	15.24	13.51	12.91	11.01	10.36	10.37	12.39	12.69	13.87

图2-4　2012—2022年宇通客车主要资产项目结构图

（4）固定资产与流动资产的比例关系。固流结构，通常是指企业固定资产与流动资产之间的比例关系。一般而言，企业的固定资产与流动资产之间只有保持合理的比例结构，才能将资源转化为现实的生产能力，否则，就有可能造成部分生产能力闲置或加工能力不足。企业可以从以下三种固流结构政策中进行选择：

第一，适中的固流结构政策。在这种政策下，固定资产存量与流动资产存量的比例保持在行业平均水平。企业的盈利水平、风险程度相对适中。

第二，保守的固流结构政策。在这种政策下，流动资产的比例较高。由于增加了流动资产，企业资产的流动性提高，资产风险因此降低，但可能导致盈利水平下降。

第三，激进的固流结构政策。在这种政策下，固定资产的比例较高。增加固定资产会相应提高企业的盈利水平，但同时可能会导致企业资产的流动性降低，资产风险因此提高。

2012—2022年四家客车企业固流结构对比如图2-5。可知，2012年宇通客车的固流比例最高，为0.31，之后逐年下降，到2019年达到谷底，为0.14；从2017年至2022年，安凯客车的固流比例一直是四家企业中最高的；金龙汽车的固流比例始终保持在较低水平；中通客车2012—2017年的固流比例波动较大，之后较平稳。总体而言，四家企业的固流比例在0.08～0.32之间波动，绝大多数年份在

0.20 以内，说明四家企业的流动资产占比较高，资产的流动性强，资产风险较低。然而，从 2018 年开始，四家企业的固流比例均呈上升趋势，这意味着它们的资产风险也在逐渐上升。尽管固定资产占比较低可能会对企业的盈利水平产生影响，但具体影响程度还应结合企业的生产经营特点进行深入分析。总之，四家企业均采用了保守的固流结构政策，且这一政策选择具有明显的行业特征。

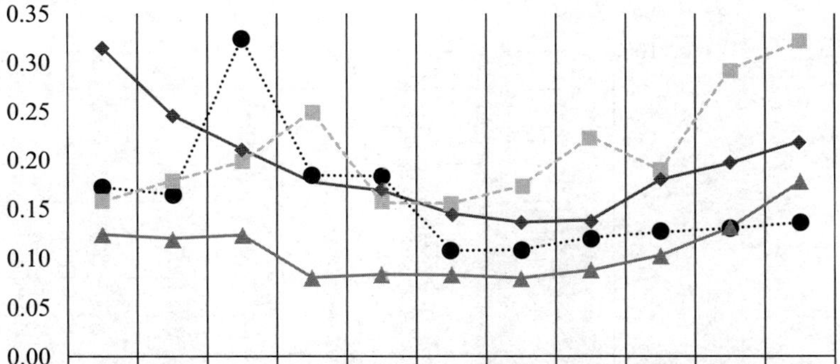

	2012	2013	2014	2015	2016	2017	2018	2019	2020	2021	2022
宇通客车	0.31	0.25	0.21	0.18	0.17	0.15	0.14	0.14	0.18	0.20	0.22
金龙汽车	0.12	0.12	0.12	0.08	0.08	0.08	0.08	0.09	0.10	0.13	0.18
中通客车	0.17	0.16	0.32	0.18	0.18	0.11	0.11	0.12	0.13	0.13	0.14
安凯客车	0.16	0.18	0.20	0.25	0.15	0.16	0.17	0.22	0.19	0.29	0.32

图 2-5　2012—2022 年四家客车企业固流结构对比图

2. 资本结构分析

（1）静态角度分析。从静态角度分析企业资本的构成，可以评估企业的财务实力、财务风险以及资本结构的合理性。

2022 年宇通客车资本结构如图 2-6 所示。可知，宇通客车的所有者权益和负债占比相差无几，其中负债占比为 51.34%，比所有者权益占比高 2.68 个百分点。

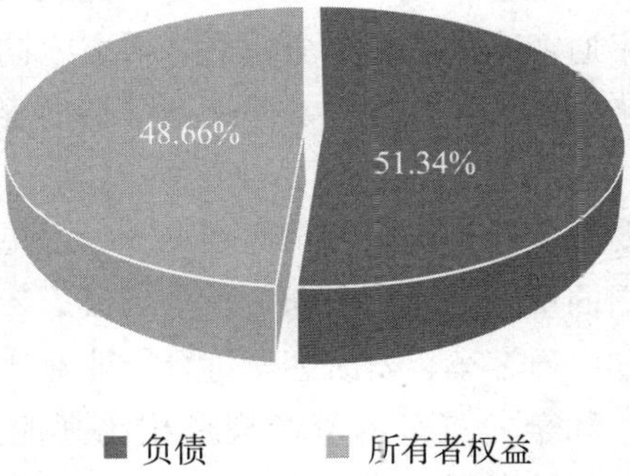

图 2-6　2022 年宇通客车资本结构图

（2）动态角度分析。从动态角度分析企业资本结构的变动情况，可以探究资本结构调整的原因及其对所有者权益可能产生的影响。

2012—2022年宇通客车资本结构如图2-7所示。① 可知，从2014年起，宇通客车的负债占比始终处于50%以上，说明其资本结构中债务融资占相对主导地位。随着负债占比的不断增加，企业的财务风险越来越大。总体来看，宇通客车自2020年开始，负债占比逐年下降，而所有者权益占比逐年上升，这表明企业的财务风险在逐步减小。

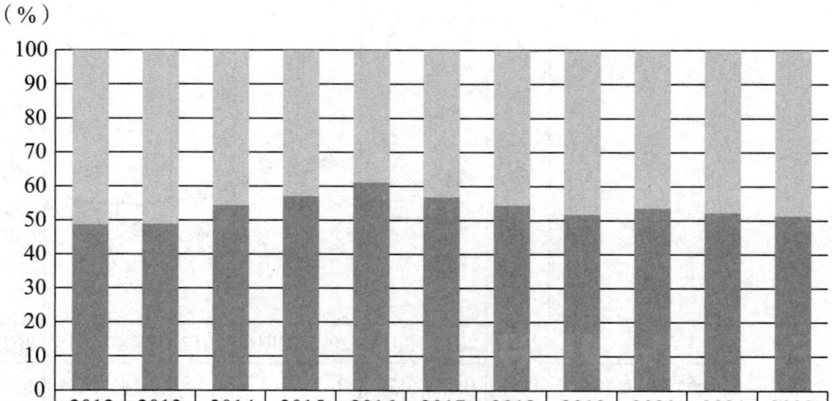

	2012	2013	2014	2015	2016	2017	2018	2019	2020	2021	2022
所有者权益	51.26	51.09	45.59	42.93	38.91	43.15	45.57	48.21	46.36	47.70	48.66
负债	48.74	48.91	54.41	57.07	61.09	56.85	54.43	51.79	53.64	52.30	51.34

图2-7　2012—2022年宇通客车资本结构图

（三）客车行业企业资产结构对比分析

1. 引入同行业企业对比分析的必要性

如果仅仅分析宇通客车自身的财务数据，会存在一定的局限性：第一，很难量化判断具体项目或者指标的合理性；第二，合理的项目和指标依赖于行业水平，但行业数据往往难以获取；第三，行业平均值只能说明企业在行业中的相对位置。

因此，在对宇通客车进行相关分析后，再引入同行业企业进行对比分析尤为重要，目的是进一步探索行业共性以及验证所分析内容的合理性。

2. 宇通客车可比对象的选择

本教材的主要案例分析对象是宇通客车。为了更全面地分析宇通客车的资产结构，根据业务范围的重合度、资产和负债的规模等，选择客车行业另外三家上市公司，即金龙汽车、中通客车、安凯客车进行行业对比分析。四家企业的资产结构相似，虽然宇通客车和金龙汽车的资产规模相比其他两家企业更大，但并非过于悬殊，因此，它们之间具有可比性。

在完成对宇通客车资产结构的静态分析，发现其资产结构的特点之后，再结合

① 本教材趋势分析主要基于2012—2022年的数据。宇通客车个别年份的本年期末数与下年期初数存在不一致的情况。为确保分析的准确性，我们遵循及时性原则，在所有涉及此类情况的对比分析中，均使用了追溯调整后的数据。调整幅度较大的年份主要有2012年、2013年和2019年，而2017年仅对管理费用进行了调整。

动态分析深入了解其特点的持续性。随后，从个案转入行业对比分析，2022 年四家客车企业资产结构对比如图 2-8 所示。

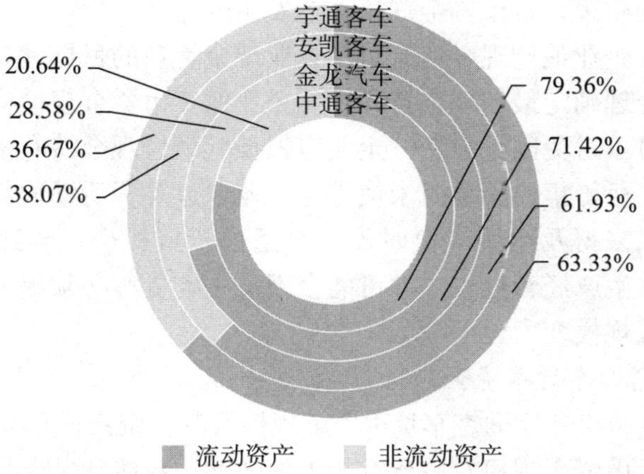

图 2-8　2022 年四家客车企业资产结构对比图

由图 2-8 可知，2022 年四家客车企业的资产结构大致相似，均以流动资产为主。其中，中通客车的流动资产占比最高，为 79.36%；安凯客车的占比最低，为 61.93%。总体来看，这四家客车企业资产的流动性较强。那么，在资产结构中，各项资产的质量又如何呢？

第二节
即测即评

第三节　资产质量分析

一、流动资产主要项目分析

在流动资产中，通常以货币资金、应收债权和存货为主要项目。结合宇通客车资产结构的特点，可以发现在资产总额中占比较高的前四个项目中，货币资金、应收账款和存货恰好均属于流动资产。

（一）货币资金分析

货币资金是企业流动性最强、最有活力的资产，通常被看作企业的“血液”，同时又是获利能力最低的资产，其规模不当会对企业的生产经营产生不利影响。

1. 影响货币资金规模的主要因素

第一，行业特点以及所处的融资环境。不同行业的企业，由于行业性质的差异，其货币资金规模会有差异。同时，如果企业运用货币资金的能力较强、信用状况较好、资金融通渠道畅通、能够灵活调度资金等，则货币资金的规模可以维持在较低水平。

第二，资产规模与业务收支规模。通常企业的资产规模越大、业务量越大，货币资金规模也就越大。企业销售规模的扩大是货币资金增加的先决条件，而如果企业改变信用政策，货币资金规模也会发生变化。

第三，企业最佳现金持有量。企业现金管理的目标就是平衡资产的流动性和盈利能力，合理确定最佳现金持有量。企业的货币资金规模应既能满足企业正常经营需要，又可以避免闲置浪费。企业应根据其最佳现金持有量确定货币资金规模。

第四，所筹集的资金尚未使用。企业通过筹资活动取得货币资金后，可能会因时间关系未来得及运用或暂时没有合适的投资机会，导致形成货币资金余额。同时，企业在生产经营过程中，可能会因集中购货等必须提前筹备资金，这也会使货币资金存量规模变大。

2. 宇通客车货币资金分析

2012—2022年宇通客车货币资金规模及其占资产比重如图2-9所示。可知，宇通客车的货币资金规模及占比有较大的波动，总体呈先降后升之势。其中，2017年货币资金规模最小，占比也降至最低点，仅为6.88%；2013年占比达到最高，为30.15%；2022年规模最大，占比却位列第三，为23.45%。作为客车行业的龙头企业，为何宇通客车的货币资金占比有两年不足10%？2016—2017年货币资金占比为何呈断崖式下滑？是企业对货币资金的需求发生了变化，还是存在其他驱动因素？同行业企业的表现如何？

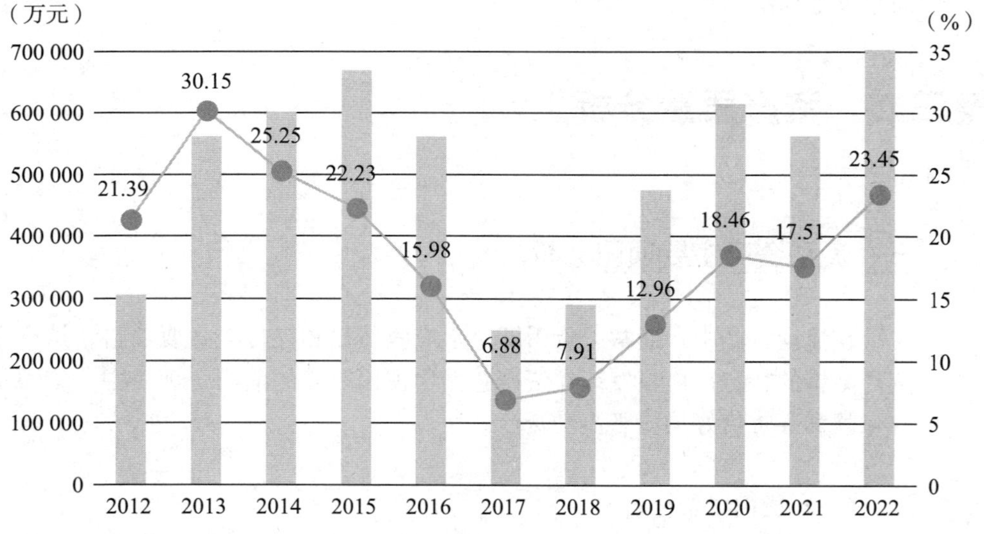

图2-9　2012—2022年宇通客车货币资金及其占资产比重图

（1）客车行业企业货币资金规模对比分析。2012—2022年四家客车企业货币资金规模对比如图2-10所示。可知，2013—2016年宇通客车的货币资金规模在四家企业中最大，2015年达到峰值后开始下滑，2017年降至谷底，但从2018年开始逐渐回升，并在2022年达到最高水平。金龙汽车的货币资金规模也呈波浪式起伏，但相对于宇通客车整体表现较平稳。中通客车和安凯客车的货币资金规模相对较小，且变化幅度较小。需要注意的是，对于规模不同的企业，仅依靠绝对数进行比较可能会得出错误的结论。

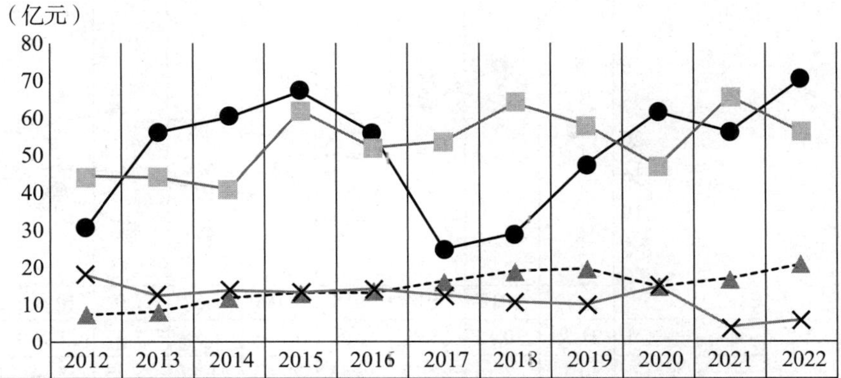

	2012	2013	2014	2015	2016	2017	2018	2019	2020	2021	2022
宇通客车	30.55	56.13	60.16	66.99	56.15	24.88	29.12	47.58	61.51	56.31	70.35
金龙汽车	44.46	44.03	40.95	62.00	52.02	53.63	63.91	58.00	46.89	65.76	56.14
中通客车	7.30	8.17	11.84	13.21	13.16	16.25	19.02	19.58	14.83	17.00	20.75
安凯客车	17.90	12.46	13.81	13.29	14.16	12.53	10.68	10.03	14.79	4.06	5.80

图 2-10　2012—2022 年四家客车企业货币资金规模对比图

(2) 客车行业企业货币资金占资产比重对比分析。2012—2022 年四家客车企业货币资金占资产比重对比如图 2-11 所示。可知，金龙汽车的货币资金占比相对既高又稳，多数年份处于领先地位，除 2020 年以外，其余年均在 20%以上；安凯客车的货币资金占比波动较大，2020 年达到峰值；中通客车与宇通客车的货币资金占比相对较低。结合图 2-7 显示宇通客车近五年所有者权益占权益比重平均为 47.30%，以及宇通客车负债成本结构分析表（见表 2-7），可知宇通客车几乎没有有息负债。而同期其他三家企业的所有者权益占比远低于宇通客车，这说明三家企业的负债占比过高，因此，它们需要保留一定的货币资金以满足企业举债经营的需要。这是宇通客车在同行业中货币资金占比最低的原因之一。

另外，结合第四章利润表分析以及第五章现金流量表分析，可以发现宇通客车并不存在资金紧张的情况。由于货币资金与企业销售规模有关，因此，有必要进一步分析货币资金与营业收入之间的关系。

(3) 客车行业企业货币资金与营业收入关系对比分析。2012—2022 年四家客车企业货币资金占营业收入比重对比如图 2-12 所示。可知，安凯客车的货币资金占营业收入比重相对较高，波动范围在 23%～47%；金龙汽车的占比相对稳定，且总体呈增加之势，波动范围在 19%～43%；中通客车的占比在 14%～40%之间波动，2022 年在四家企业中最高；宇通客车的占比最低，波动范围在 7%～33%。总之，四家客车企业货币资金占营业收入比重与货币资金占资产比重的趋势基本一致，说明各企业的货币资金占资产比重受营业收入的影响较大。

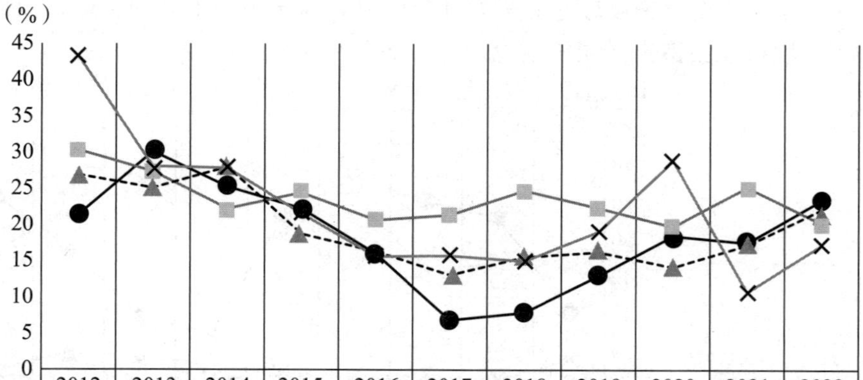

	2012	2013	2014	2015	2016	2017	2018	2019	2020	2021	2022
宇通客车	21.39	30.15	25.25	22.23	15.98	6.88	7.91	12.96	18.46	17.51	23.45
金龙汽车	30.33	27.36	22.22	24.43	20.65	21.37	24.75	22.34	19.77	25.21	20.23
中通客车	26.92	25.09	28.01	18.72	16.28	13.08	15.53	16.22	14.14	17.21	22.15
安凯客车	43.15	28.09	27.86	21.53	15.60	15.71	14.98	19.07	28.93	10.72	17.20

图 2-11 2012—2022 年四家客车企业货币资金占资产比重对比图

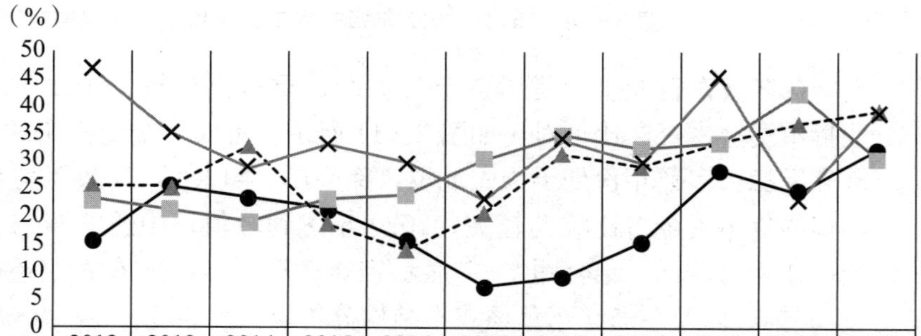

	2012	2013	2014	2015	2016	2017	2018	2019	2020	2021	2022
宇通客车	15.46	25.29	23.38	21.46	15.67	7.49	9.17	15.60	28.34	24.24	32.27
金龙汽车	23.20	21.15	19.11	23.10	23.83	30.24	34.94	32.42	33.60	42.65	30.78
中通客车	25.44	25.39	32.78	18.57	14.22	20.70	31.29	29.05	33.64	37.06	39.33
安凯客车	46.61	35.21	28.55	33.05	29.77	23.00	33.94	29.70	45.36	22.78	38.95

图 2-12 2012—2022 年四家客车企业货币资金占营业收入比重对比图

（二）应收账款分析

应收账款是指企业因履行了合同中的单项履约义务，应向客户无条件收取合同对价的权利。该权利仅取决于时间流逝因素，以及销售产品、材料，提供劳务、作业等业务，应向购货单位或接受劳务、作业单位收取货款及劳务补偿的要求权。应收账款因企业提供商业信用而产生，所以存在一定的坏账风险。

1. 影响应收账款的主要因素

第一，企业的销售规模。在其他条件不变时，应收账款会随销售规模的增加而同步增加。

第二，企业的收账效率。当企业采取较严格的收账政策或收账工作得力时，应收账款的规模就会相对较小；反之，则会相对较大。

第三，应收账款的质量。企业存在长期挂账且难以收回的账款，或客户因发生财务困难而暂时难以偿还所欠货款等，都会导致应收账款的质量不高，进而使应收账款的规模增大。

2. 应收账款分析要点

第一，分析企业应收账款的变动情况和原因。针对应收账款规模，利用水平分析法计算其变动额和变动率。结合应收账款账龄分析，以及企业是否存在应收账款巨额冲销等，判断应收账款的质量。

第二，分析会计政策变更和会计估计变更的影响。如果企业在应收账款方面的会计估计发生变更，应收账款就会发生变化。例如，在坏账损失的核算上，改变坏账计提比例，应收账款余额就会因此而变化。

第三，分析企业是否利用应收账款调节利润。（1）关注应收账款不正常的增长。通过对比前期数据及同行业企业数据，重点分析会计期末突发性应收账款。如果企业的应收账款变动率超过营业收入变动率，就可以初步判断应收账款存在不合理增长的倾向，应进一步分析其变动的具体原因。（2）关注应收账款中涉及关联方的金额及其所占比例。关联方的应收账款金额增长异常或所占比例过大，可能是企业利用关联交易进行利润调节的信号。（3）特别关注企业是否存在应收账款的巨额冲销行为。巨额冲销关联方应收账款通常是不正常的行为，可能意味着企业在还历史旧账，或者为今后盈余管理扫清障碍。

3. 宇通客车应收账款分析

（1）宇通客车应收账款及其变动率趋势分析。2012—2022 年宇通客车应收账款及其变动率趋势如图 2-13 所示。可知，宇通客车应收账款在 2012—2017 年不断增加，变动率均为正值，且在 15%～104%之间大幅波动；从 2018 年开始逐步减少，变动率由正转负，且 2019—2022 年降幅在 19%～39%之间。这一变化主要受两方面因素的影响：一是新能源客车销售收入很大一部分来自新能源汽车国家推广补贴，而该补贴以应收账款的形式获得；二是营业收入的波动。随着补贴逐步退坡，应收账款逐渐减少，货币资金相应增加。2020 年和 2021 年应收账款出现大幅下降的原因是疫情导致营业收入下降，同时新能源汽车国家推广补贴减少。

2012—2022 年宇通客车应收账款账龄占比如表 2-4 所示。可知，2012—2018 年账龄在 2 年以内的应收账款占比均在 94%以上；账龄在 1 年以内的应收账款占比在 2017 年以前均在 86%以上，从 2017 年开始占比降到 66%以下；账龄为 1～2 年的应收账款占比在 2017—2019 年均在 30%以上；账龄为 2～3 年的应收账款在 2019—2022 年占比相比以前年份较高，在 5%～11%之间。从 2020 年开始，应收账款账龄时间明显拉长，3～4 年应收账款占比在 2020 年达到了 8.84%；2021 年 3 年以上的应收账款占比为 18.50%；2022 年 4 年以上的应收账款占比高达 20%以上。总体而言，宇通客车应收账款账龄在 2019 年以前以 2 年以内为主，2019 年延长到 3 年以内，之后逐渐延长到 5 年以上。

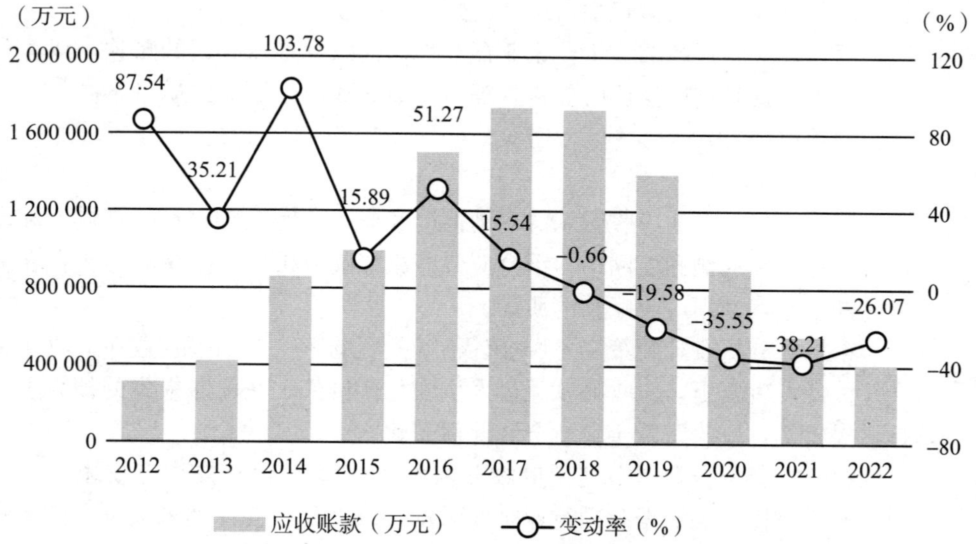

图2-13　2012—2022年宇通客车应收账款及其变动率趋势图

表2-4　2012—2022年宇通客车应收账款账龄占比表（%）

账龄	2012年	2013年	2014年	2015年	2016年	2017年	2018年	2019年	2020年	2021年	2022年
1年以内	91.72	86.18	90.69	87.64	90.13	65.55	64.48	55.71	54.80	54.99	56.06
1～2年	5.81	10.93	6.73	11.09	9.12	31.74	30.03	32.90	24.93	21.08	11.26
2～3年	2.43	1.26	1.74	0.83	0.49	2.63	3.80	9.91	10.20	5.44	7.18
3～4年	0.00	1.63	0.05	0.43	0.02	0.07	1.65	0.61	8.84	6.07	3.14
4～5年	0.04		0.79	0.01	0.24	0.01	0.03	0.54	0.82	11.03	6.88
5年以上				0.00				0.33	0.40	1.40	15.48

（2）宇通客车应收账款受新能源汽车国家推广补贴影响分析。2015—2022年宇通客车应收账款扣除补贴前后占资产比重对比如图2-14所示。可知，在未扣除新能源汽车国家推广补贴的情况下，宇通客车应收账款占比呈先升后降的趋势，具体来说，这一比例在2017年达到峰值48.08%，从2019年起出现断崖式下降。扣除补贴后，应收账款占比围绕20%上下波动，说明新能源汽车国家推广补贴政策对宇通客车应收账款具有较大的冲击和影响。若没有补贴的影响，应收账款占比相对较低，且变动趋势更加平缓，这表明公司的生产经营具有一定的稳定性。2020年以后，随着补贴退坡力度的加大，补贴金额对应收账款的影响越来越小，应收账款扣除补贴前后占资产的比重的曲线也越来越接近。

（3）宇通客车应收账款与新能源汽车国家推广补贴关系分析。2015—2022年宇通客车应收账款与新能源汽车国家推广补贴关系如图2-15所示。可知，2017—2022年宇通客车的应收账款规模逐年下降，这一变化与图2-13反映的情况相吻合。从2017年起，新能源汽车国家推广补贴标准下调，新能源汽车国家推广补贴

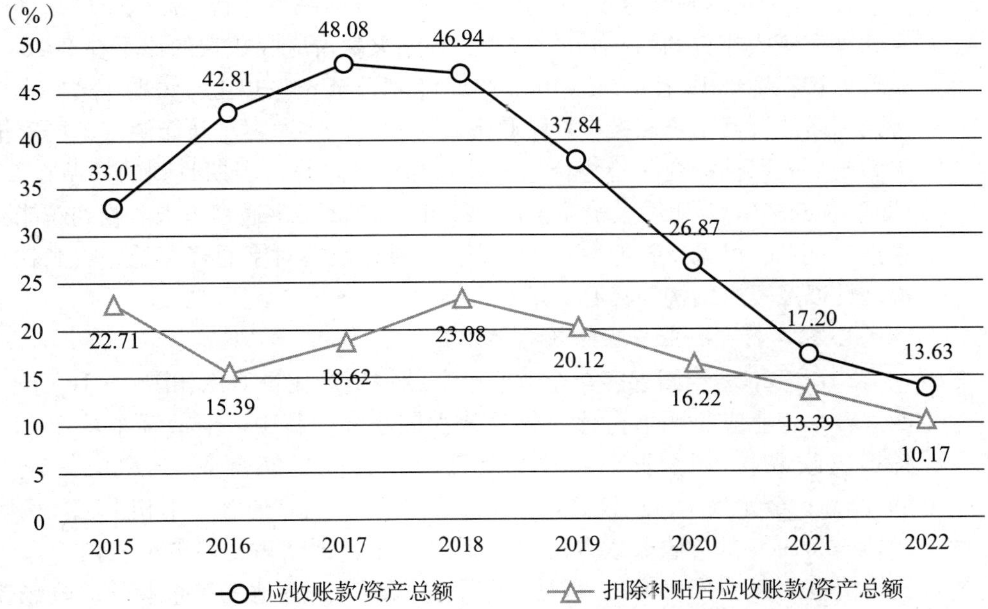

图 2-14 2015—2020 年宇通客车应收账款扣除补贴前后占资产比重对比图

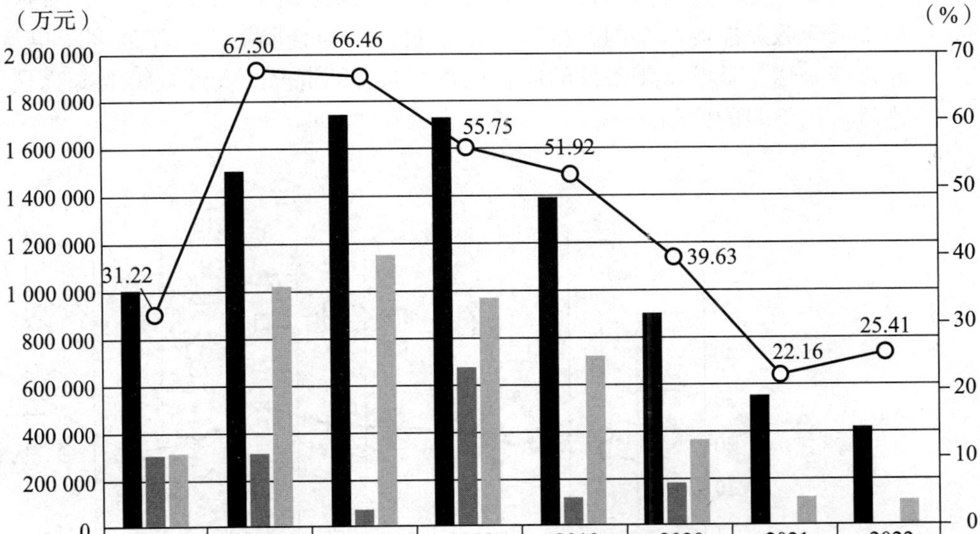

	2015	2016	2017	2018	2019	2020	2021	2022
应收账款（万元）	994 896	1 504 932	1 738 810	1 727 323	1 389 097	895 227	553 147	408 968
当期收到的新能源汽车国家推广补贴（万元）	303 664	309 488	68 093	669 707	117 583	171 743	0	0
新能源汽车国家推广补贴欠款部分（万元）	310 565	1 015 875	1 155 567	963 055	721 284	354 755	122 565	103 929
新能源汽车国家推广补贴欠款/应收账款（%）	31.22%	67.50%	66.46%	55.75%	51.92%	39.63%	22.16%	25.41%

应收账款（万元） 新能源汽车国家推广补贴欠款部分（万元）
当期收到的新能源汽车国家推广补贴（万元） 新能源汽车国家推广补贴欠款/应收账款（%）

图 2-15 2015—2022 年宇通客车应收账款与新能源汽车国家推广补贴关系图

欠款在2017年达到峰值1 155 567万元后，逐年减少。新能源汽车国家推广补贴是宇通客车应收账款的第一大“客户”，补贴欠款占应收账款的比重在2015—2022年始终保持在22%以上，2016年和2017年攀升至66%以上，说明宇通客车应收账款规模与新能源汽车国家推广补贴政策直接相关。宇通客车新能源汽车国家推广补贴欠款与应收账款的变化趋势相似，呈先升后降之势；当期收到的补贴在2018年达到峰值669 707万元后大幅缩水，2021年、2022年宇通客车未能收到新能源汽车国家推广补贴。可见，新能源汽车国家推广补贴政策对宇通客车的应收账款、资产的流动性以及资产结构均具有一定的影响。

4. 客车行业企业应收账款对比分析

2012—2022年四家客车企业应收账款占资产比重对比如图2-16所示。可知，四家客车企业应收账款占比总体趋势大同小异。其中，中通客车从2015年开始，各年应收账款占比均在33%以上且高于其他三家企业，于2018年达到峰值58.22%；金龙汽车占比较高，且从2017年开始与宇通客车不相上下，两家企业在2014—2019年的应收账款占比均在33%以上；即使占比最低的安凯客车，各年占比均值也达到了22.69%。可见，除了安凯客车，其他三家企业的应收账款占比大多数年份在30%以上，这属于行业共性。2018年以后这四家企业的应收账款占比明显下降，这与从2017年开始的新能源汽车国家推广补贴退坡密切相关，说明四家企业的应收账款占比受补贴政策的影响较大。同时，自2020年起，中通客车因会计政策变更，在首次执行日将原列示在应收账款中但不满足无条件收款权且尚未申报的应收新能源汽车国家推广补贴重新列示为合同资产。宇通客车也从2021年起，将未达到补贴申领条件的应收账款纳入合同资产。会计政策的变化是导致应收账款占比下降的原因之一。

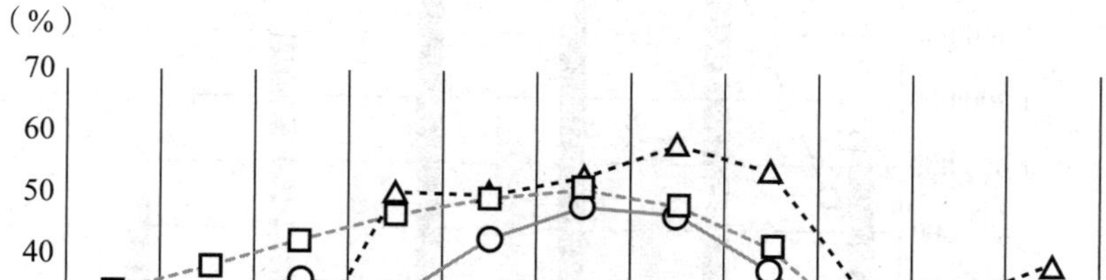

	2012	2013	2014	2015	2016	2017	2018	2019	2020	2021	2022
—○— 宇通客车	21.82	22.63	36.03	33.01	42.81	48.08	46.94	37.84	26.87	17.20	13.63
--□-- 金龙汽车	33.77	37.96	42.42	46.57	49.40	50.93	48.37	41.62	28.29	15.23	18.20
--△-- 中通客车	25.77	19.97	22.52	50.29	49.94	52.94	58.22	54.05	33.93	33.57	39.55
—×— 安凯客车	14.03	18.49	18.93	23.46	24.33	25.17	29.21	21.54	18.79	28.21	27.44

图2-16　2012—2022年四家客车企业应收账款占资产比重对比图

此外，其他三家企业的应收账款均受到了新能源汽车国家推广补贴政策的影响，其应收账款与新能源汽车国家推广补贴之间的关系，可以参照宇通客车的案例进一步深入分析。

同时，根据案例分析对象的资产结构特点，还可以针对应收票据、其他应收款、坏账准备等项目进行深入分析，分析时均可以参考应收账款的分析思路和分析内容。

（三）存货分析

1. 存货分析要点

存货是企业最重要的流动资产之一，是企业生产经营活动重要的物质基础。存货的变动对流动资产和企业生产经营活动以及资产负债表和利润表均具有较大影响。

（1）分析存货的规模与变动情况。存货的变动主要受企业生产经营方面的影响，如生产经营规模的扩大或缩小、资产利用效率的高低、资产周转速度的快慢、存货管理水平的高低等。存货的规模与变动情况分析，主要是为了评价各类存货的变动情况、变动趋势及变动原因。

（2）分析存货的结构与变动情况。存货按其性质可以分为材料存货、在产品存货和产成品存货。存货的结构是指各类存货在存货总额中的比重，应根据其在企业再生产过程中的作用，有针对性地分析。例如，材料类存货会保持在再生产正常进行的最低水平；在产品存货必须保证生产过程的连续性，在企业正常经营条件下，应保持相对稳定的比例；而产成品存货则必须压缩到最低限度。

（3）分析变动较大的重点项目。在正常情况下，存货结构会保持相对的稳定性。因此，分析时，应关注企业生产经营过程中是否有异常情况发生，特别要注意对变动较大的项目进行重点分析，以便深入挖掘变动原因，并及时采取有针对性的措施。

2. 宇通客车存货结构分析

（1）宇通客车存货占资产比重分析。2012—2022 年宇通客车存货占资产比重如图 2－17 所示。可知，宇通客车的存货占比在 2012—2017 年呈先降后升之势，各年占比均在 10%以下；从 2018 年开始占比逐年增加，各年均超过 10%，2021 年达到峰值，为 18.98%，2022 年有所回落，降至 16.31%。宇通客车的存货占比是否合理？存货占比逐年上升的原因是什么？为了解决这些疑问，还需要分析存货的构成，以及与同行业企业进行对比分析。

（2）宇通客车存货构成及变动分析。2020—2022 年宇通客车存货构成、结构及变动情况如表 2－5 所示。可知，宇通客车的存货主要有原材料、在产品、库存商品、开发成本和开发产品（看作一项）等。其中，开发成本和开发产品占比一直在 50%以上；原材料占比从 2020 年的不足 20%，增加到 2021 年的近 30%；在产品和库存商品占比相对较低，各年均不足 10%。由于开发成本和开发产品源自子公司房地产开发业务，而合同履约成本（工程施工）源自子公司建筑业务，因此两者均与宇通客车的主营业务无直接关联。那么，宇通客车存货结构中占比最高的项目是与主营业务无关的“开发成本和开发产品”，且近三年占比均在 50%以上，这说明了什么？其他年份的情况如何？

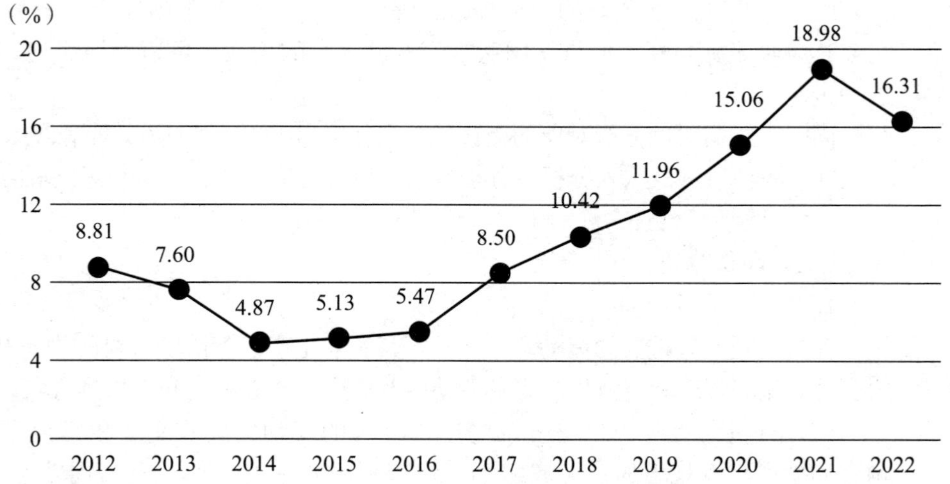

图 2-17　2012—2022 年宇通客车存货占资产比重图

表 2-5　2020—2022 年宇通客车存货构成、结构及变动表

项目	金额（万元）			结构（%）				
	2020 年	2021 年	2022 年	2020 年	2021 年	2022 年	2020—2021 年变动情况	2021—2022 年变动情况
原材料	97 160	198 723	140 616	18.75	31.70	27.87	12.95	−3.83
在产品	28 833	35 298	41 658	5.56	5.63	8.26	0.07	2.63
自制半成品	4 113	5 766	3 455	0.79	0.92	0.68	0.13	−0.24
库存商品	49 623	62 648	28 754	9.57	10.00	5.70	0.43	−4.30
开发成本	221 167	205 387	190 888	42.67	32.77	37.84	−9.90	5.07
开发产品	112 990	116 007	97 842	21.80	18.51	19.39	−3.29	0.88
合同履约成本（工程施工）	4 453	2 949	1 289	0.86	0.47	0.26	−0.39	−0.21
存货总额	518 339	626 778	504 502	100.00	100.00	100.00	—	—

（3）宇通客车存货结构分析。2012—2022 年宇通客车存货明细项目结构如图 2-18 所示。2012—2015 年宇通客车的存货主要由原材料、在产品和库存商品构成。总体来看，原材料占比最高，在 30%～45%之间波动；库存商品占比次之，在 27%～48%之间波动；在产品占比在 13%～27%之间波动。从 2015 年开始，宇通客车存货明细中新增开发成本项目，初始占比为 10.82%，之后异军突起，2016 年达到 43.24%，其显著增长的主要原因是宇通客车的子公司进行了房地产开发①。

① 通过查阅财务报表附注，可知 2016 年开发成本的明细项目是“宇通鼎新家园”和“待开发土地”。根据宇通客车 2016 年 3 月 30 日发布的《郑州宇通客车股份有限公司关于职工住房安置项目投资的公告》，“宇通鼎新家园”是由宇通客车委托全资子公司郑州崇信置业有限公司建设的职工住房项目，该项目于 2018 年 10 月竣工。此外，2019 年宇通客车竞得郑州经开区 288 亩土地。

开发产品项目占比从无到有说明从 2019 年开始各年均有房地产开发项目完工并转化为产成品。工程施工和合同履约成本从 2018 年才出现且占比较小，在分析时可以忽略不计。总之，宇通客车 2016—2022 年的存货项目以开发成本和开发产品为主，其中 2016—2019 年各年占比之和逐渐上升，2019 年达到峰值 65.07%；2021—2022 年原材料占比有所回升，但仍明显低于开发成本和开发产品之和，这说明从 2016 年开始，在宇通客车的存货结构中非主营业务在逐渐侵蚀主营业务。

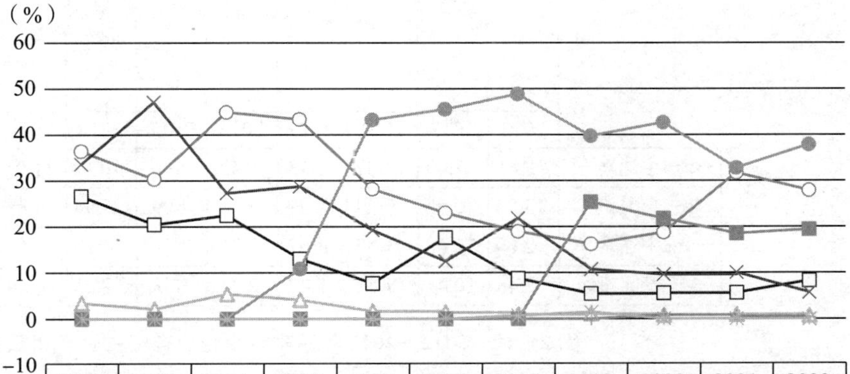

	2012	2013	2014	2015	2016	2017	2018	2019	2020	2021	2022
原材料	36.43	30.32	44.92	43.36	28.17	22.98	18.95	16.22	18.75	31.70	27.87
在产品	26.61	20.47	22.45	13.00	7.67	17.64	8.73	5.43	5.56	5.63	8.26
自制半成品	3.39	2.15	5.36	4.09	1.66	1.38	0.95	1.07	0.79	0.92	0.68
库存商品	33.57	47.07	27.26	28.73	19.25	12.47	21.80	10.73	9.57	10.00	5.70
开发成本	0.00	0.00	0.00	10.82	43.24	45.54	48.83	39.74	42.67	32.77	37.84
开发产品	0.00	0.00	0.00	0.00	0.00	0.00	0.00	25.33	21.80	18.51	19.39
工程施工	0.00	0.00	0.00	0.00	0.00	0.00	0.73	1.48	0.00	0.00	0.00
合同履约成本	0.00	0.00	0.00	0.00	0.00	0.00	0.00	0.00	0.86	0.47	0.26

图 2-18　2012—2022 年宇通客车存货明细项目结构图

3. 客车行业企业存货结构对比分析

（1）客车行业企业存货占比对比分析。宇通客车的存货占资产的比重一直不足 20%，是宇通客车自身的特点，还是行业共性？为了解答这一问题，对比分析 2012—2022 年四家客车企业存货占资产比重，如图 2-19 所示。可知，宇通客车的存货在 2013—2014 年占比最低，之后逐渐上升，到 2017 年占比最高，并一直持续至 2022 年。从 2016 年起，其他三家企业的存货占比均不足 10%，其中中通客车和安凯客车的存货占比较低，大多数年份低于 5%。宇通客车从 2017 年起存货占比高于其他三家企业，主要是非经营性因素所致。

（2）金龙汽车存货结构分析。2012—2022 年金龙汽车存货明细项目结构如图 2-20 所示。可知，金龙汽车的存货以库存商品为主，占比在 34%～58%之间波动，2015 年、2016 年和 2019 年占比较突出，均在 50%以上；原材料次之，占比在 20%～40%之间波动；在产品占比与原材料较接近，但总体上低于原材料占比；发

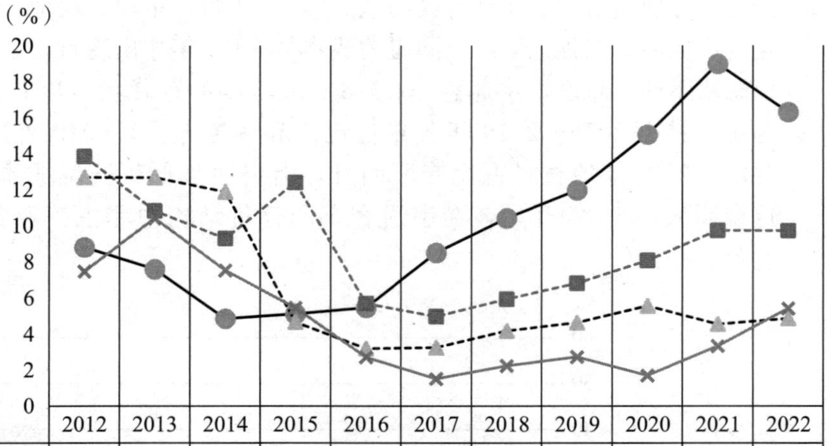

	2012	2013	2014	2015	2016	2017	2018	2019	2020	2021	2022
宇通客车	8.81	7.60	4.87	5.13	5.47	8.50	10.42	11.96	15.06	18.98	16.31
金龙汽车	13.85	10.83	9.29	12.39	5.70	4.99	5.94	6.81	8.07	9.73	9.71
中通客车	12.69	12.68	11.87	4.67	3.21	3.26	4.19	4.64	5.57	4.56	4.87
安凯客车	7.48	10.41	7.52	5.47	2.73	1.53	2.25	2.74	1.71	3.35	5.43

图2-19　2012—2022年四家客车企业存货占资产比重对比图

出商品是从2020年才开始出现的项目，其占比在5%以下。

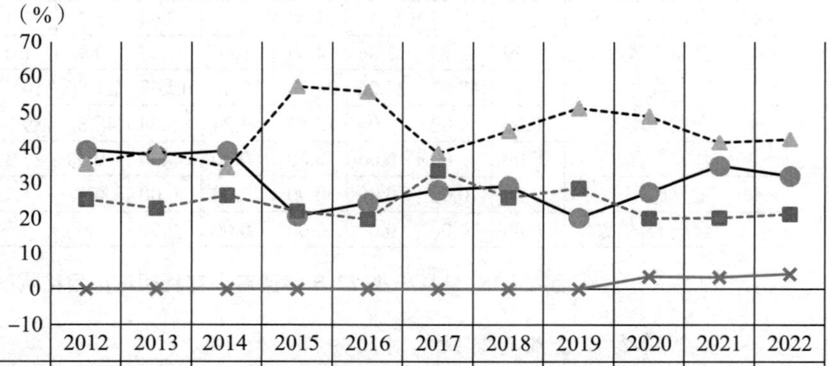

	2012	2013	2014	2015	2016	2017	2018	2019	2020	2021	2022
原材料	39.37	37.89	39.13	20.76	24.48	28.09	29.14	20.32	27.48	34.84	31.98
在产品	25.41	22.96	26.54	22.13	19.87	33.50	25.99	28.56	20.17	20.27	21.34
库存商品	35.22	39.14	34.33	57.11	55.65	38.41	44.87	51.12	48.88	41.61	42.49
发出商品	0.00	0.00	0.00	0.00	0.00	0.00	0.00	0.00	3.46	3.28	4.19

图2-20　2012—2022年金龙汽车存货明细项目结构图

(3) 中通客车存货结构分析。2012—2022年中通客车存货明细项目结构如图2-21所示。可知，中通客车的存货以原材料为主，占比在23%～65%之间波动，从2019年开始占比逐年增加，稳居首位；库存商品次之，占比在21%～62%之间且波动幅度较大，峰值出现在2017年，占比为61.15%，最低值出现在2022年，占比为20.14%；在产品占比在13%～34%之间波动；发出商品和房地产开发成本均属于偶尔出现的存货项目，不是中通客车存货结构的常态组成部分。

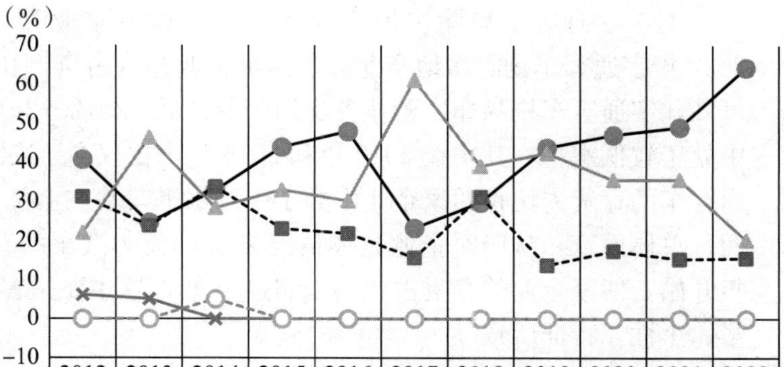

	2012	2013	2014	2015	2016	2017	2018	2019	2020	2021	2022
原材料	40.78	24.62	32.80	43.98	48.02	23.21	29.72	43.84	47.11	49.10	64.32
在产品	31.18	23.85	33.79	23.02	21.83	15.64	31.21	13.73	17.36	15.31	15.54
库存商品	21.91	46.42	28.33	33.00	30.15	61.15	39.07	42.42	35.53	35.59	20.14
房地产开发成本	6.13	5.11	0.00	0.00	0.00	0.00	0.00	0.00	0.00	0.00	0.00
发出商品	0.00	0.00	5.09	0.00	0.00	0.00	0.00	0.00	0.00	0.00	0.00

图 2-21　2012—2022 年中通客车存货明细项目结构图

(4) 安凯客车存货结构分析。2012—2022 年安凯客车存货明细项目结构如图 2-22 所示。可知，安凯客车的存货以库存商品为主，尤其是从 2016 年开始，各年占比均在 63%以上，其中 2019 年和 2022 年最为突出，占比均超过 80%；原材料次之，占比在 11%～51%之间，波动幅度较大；在产品占比在 1%～25%之间，波动相对平缓；发出商品、周转材料和委托加工物资占比均不足 3%，且 2019—2022 年均为 0①。

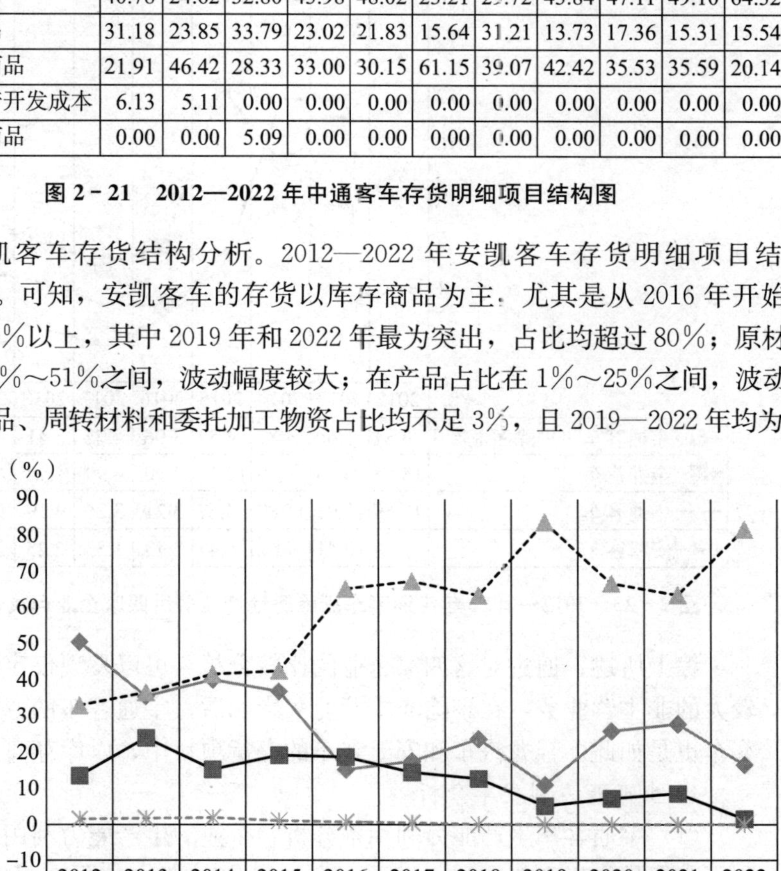

	2012	2013	2014	2015	2016	2017	2018	2019	2020	2021	2022
原材料	50.53	35.51	40.14	36.86	15.29	17.63	23.82	11.07	26.00	27.92	16.65
在产品	13.61	24.11	15.36	19.29	18.81	14.55	12.75	5.17	7.24	8.62	1.57
库存商品	33.00	36.56	41.68	42.56	65.19	67.34	63.36	83.76	66.75	63.46	81.70
周转材料	1.54	1.69	1.94	1.05	0.71	0.48	0.07	0.00	0.00	0.00	0.00

图 2-22　2012—2022 年安凯客车存货明细项目结构图

① 在图 2-22 中，由于发出产品、委托加工物资项目在 2018—2022 年占比均为 0，且之前年份占比也均未超过 3%，因此省略。

（5）宇通客车剔除房地产业务后与同行业企业存货结构对比分析。2012—2022 年宇通客车剔除房地产业务后四家企业存货占资产比重对比如图 2－23 所示。可知，宇通客车剔除非主营业务房地产业务后，2012—2016 年存货占比在四家企业中处于较低水平，其中在 2012 年和 2016 年占比仅高于安凯客车。2017 年以后，宇通客车的存货占比在四家企业中处于中等水平，基本上位于金龙汽车与中通客车之间。总体而言，从四家企业整体情况来看，金龙汽车的存货占比最高，但从 2016 年开始，四家企业的存货占比均未超过 10%，这主要是客车行业的定制生产、小批量、个性化特征所致。

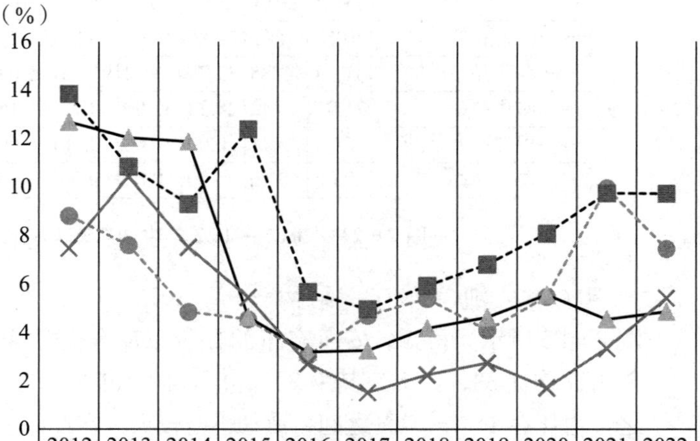

	2012	2013	2014	2015	2016	2017	2018	2019	2020	2021	2022
宇通客车（剔除房地产）	8.81	7.60	4.87	4.57	3.06	4.72	5.41	4.11	5.49	9.93	7.44
金龙汽车	13.85	10.83	9.29	12.39	5.70	4.99	5.94	6.81	8.07	9.73	9.71
中通客车	12.69	12.03	11.87	4.67	3.21	3.26	4.19	4.64	5.57	4.56	4.87
安凯客车	7.48	10.41	7.52	5.47	2.73	1.53	2.25	2.74	1.71	3.35	5.43

图 2－23　2012—2022 年宇通客车剔除房地产业务后四家企业存货占资产比重对比图

综上所述，通过对这四家企业的比较分析，可以发现仅宇通客车存货中有占比较大的非主营业务，在剔除非主营业务影响后，宇通客车的原材料占比最高，中通客车也是如此。金龙汽车和安凯客车的存货项目中，以库存商品为主。

4. 生产能力利用率分析

（1）宇通客车生产能力利用率分析。企业的生产能力利用状况可以用生产能力利用率衡量。生产能力利用率是指企业一定时期内实际产量与设计生产能力的比值，能够体现现有生产能力的利用程度。2015—2022 年宇通客车生产能力利用率如图 2－24 所示。[①] 可知，2018 年之前，宇通客车的生产能力利用率都在 100%以

① 本部分生产能力利用率借鉴了国家统计局统计全国产能利用率的方法，即首先计算出每个企业的产能利用率，然后用每个企业的实际产能占比作为权数进行计算。在本例中，根据宇通客车的年报信息，先计算出各个工厂的生产能力利用率，然后根据每个工厂的实际产量占总产量的比重进行加权求出各年的生产能力利用率。金龙汽车的生产能力利用率数据也是如此。

上，说明宇通客车多数年份的生产处于满负荷运行状态；从 2018 年开始下降，2021 年略有回升，2022 年继续下降至 50.67%。2015—2017 年宇通客车的生产能力利用率连续三年超过 100%，这不禁让人疑问，为什么不扩大产能？2020—2022 年生产能力利用率总体呈下降趋势的原因是什么？2020 年和 2022 年生产能力利用率较上一年均明显下降是否有相同原因？

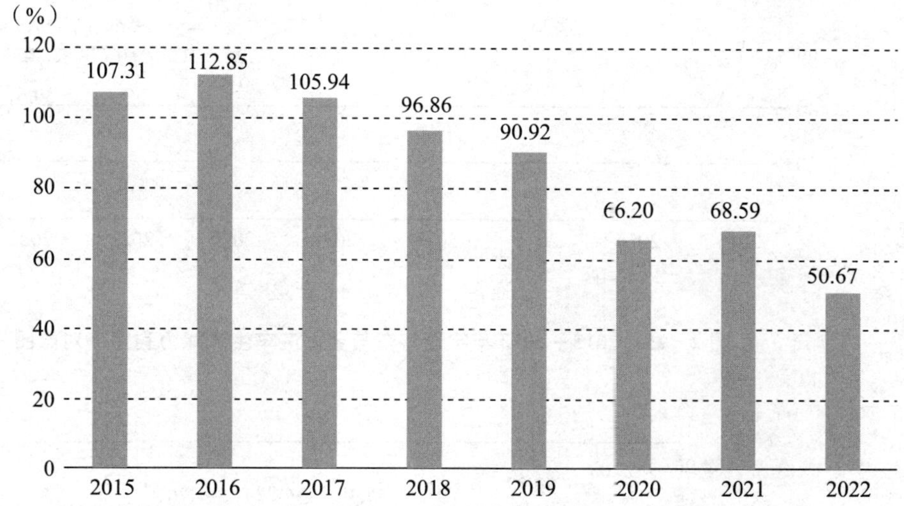

图 2-24　2015—2022 年宇通客车生产能力利用率

(2) 宇通客车与金龙汽车生产能力利用率对比分析。在四家可比企业中，由于中通客车和安凯客车缺少生产能力利用率信息，因此，选择宇通客车和金龙汽车 2015—2022 年的生产能力利用率数据进行对比，如图 2-25 所示。可知，2015 年两家企业的生产能力利用率均在 100%以上；之后，金龙汽车的生产能力利用率从 2016 年开始，宇通客车从 2017 年开始，总体呈下降趋势。整体来看，宇通客车的生产能力利用率在大多数年份（2016—2020 年）高于金龙汽车，仅在 2015 年和 2021—2022 年低于金龙汽车。其中，2021 年两家企业的生产能力利用率均降到了 70%左右，2022 年更是大幅降至 60%以下，其主要原因是什么呢？

5. 客车行业产量市场分析

(1) 中国客车行业产量及其变动率分析。生产能力利用率与企业实际产量有关，2014—2022 年中国客车行业产量及其变动率趋势如图 2-26 所示。① 可知，2014—2020 年中国客车行业产量总体呈逐年减少的趋势，即从 2014 年的 52.96 万辆减少到 2020 年的 40.68 万辆，2021 年略有回升。以 2014 年为基期，2015—2020 年中国客车行业产量累积负增长高达 17.92%，2021 年产量变动率转为正值，达到了 13.14%。2022 年，受补贴政策变化及国内经济形势变化等多种因素的影响，客车行业产量为 40.68 万辆，变动率为−17.28%。

① 关于中国客车行业产量数据，目前只收集到 2014—2022 年。数据来源为中国汽车工业协会官网。

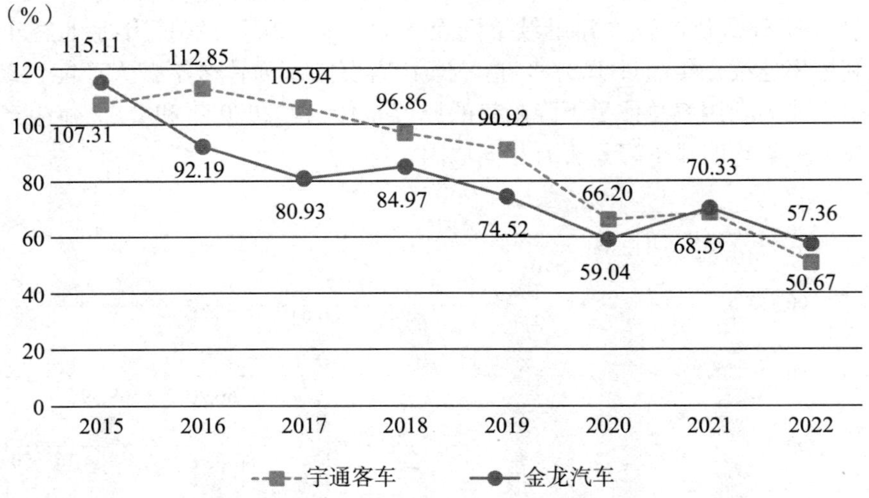

图2-25　2015—2022年宇通客车与金龙汽车生产能力利用率对比图

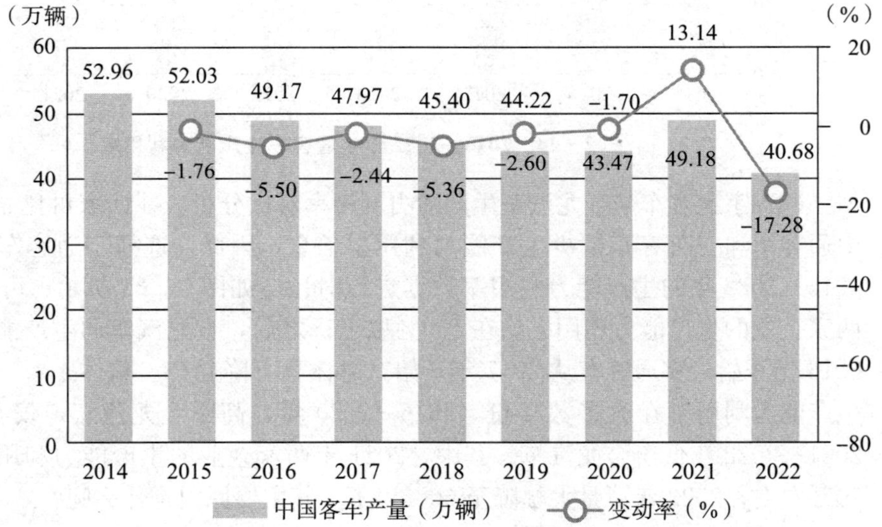

图2-26　2014—2022年中国客车行业产量及其变动率趋势图

（2）宇通客车产量及其变动率分析。2014—2022年宇通客车产量及其变动率趋势如图2-27所示。可知，2014—2016年宇通客车的产量逐年增加，从2017年开始逐年减少。产量变动率从2016年开始直线下滑，且从2017年开始，除2021年以外，均为负值。整体来看，产量变动率从2015年的最高值13.91%降到了2022年的最低值－29.49%，这说明宇通客车作为行业龙头企业，产量开始下降的时间比行业晚。2017—2022年宇通客车各年的产量变动率均低于客车行业，且2022年其降幅明显大于客车行业。由于生产能力利用率是企业一定时期内实际产量与设计生产能力的比值，除2021年外，2017—2022年的产量一直在下降，说明生产能力利用率计算公式中的分子一直在减小（暂不考虑设计生产能力），这意味着在此期间，产量减少是导致宇通客车生产能力利用率下降的原因之一，两者的关系如图 2－28 所示。

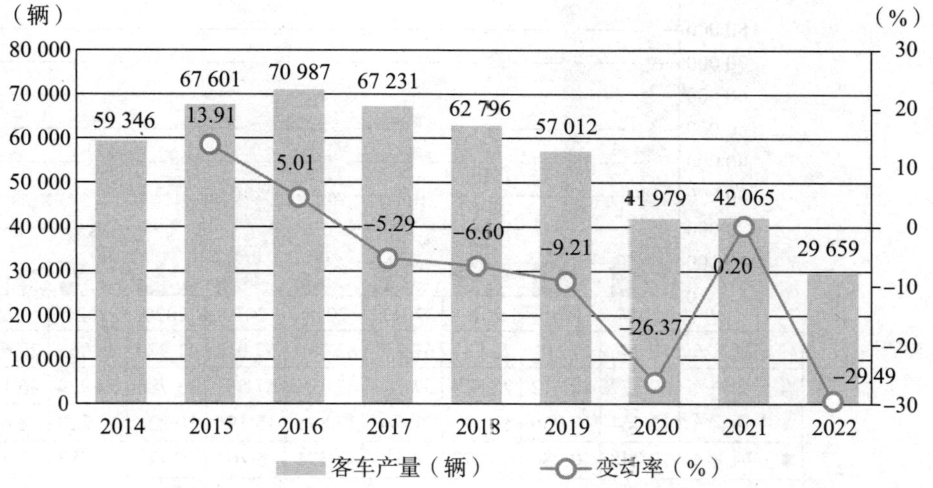

图 2－27　2014—2022 年宇通客车产量及其变动率趋势图

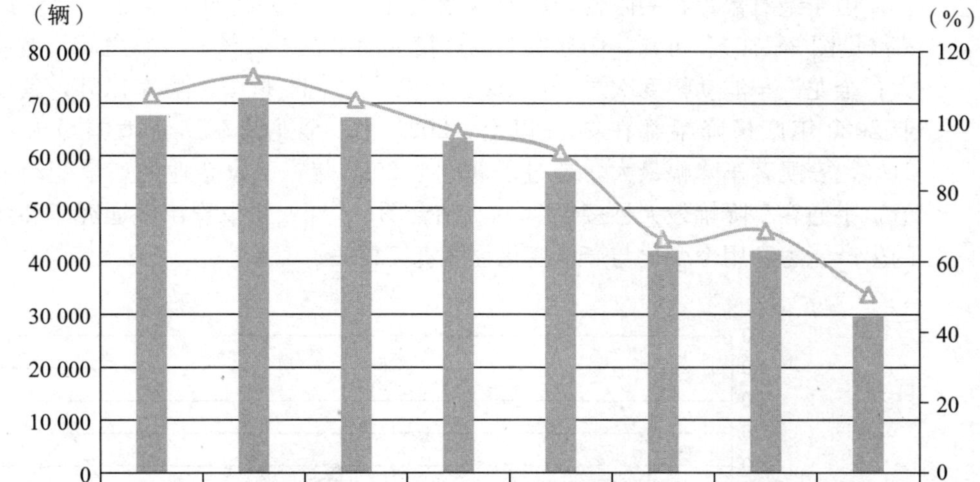

	2015	2016	2017	2018	2019	2020	2021	2022
宇通客车产量（万辆）	67 601	70 987	67 231	62 796	57 012	41 979	42 065	29 659
生产能力利用率（%）	107.31	112.85	105.94	96.86	90.92	66.20	68.59	50.67

宇通客车产量（万辆）　生产能力利用率（%）

图 2－28　2015—2022 年宇通客车产量与生产能力利用率关系图

（3）客车行业企业产量分析。2014—2022 年四家客车企业产量规模对比如图 2－29 所示。可知，金龙汽车在产量上占据领先地位，仅在 2017 年和 2018 年低于宇通客车；宇通客车产量在大多数年份位居第二，2018—2020 年产量几乎与金龙汽车持平；中通客车产量始终排名第三；安凯客车产量最低。四家企业的共同点是，产量均在 2017 年前后出现不同程度的减少。

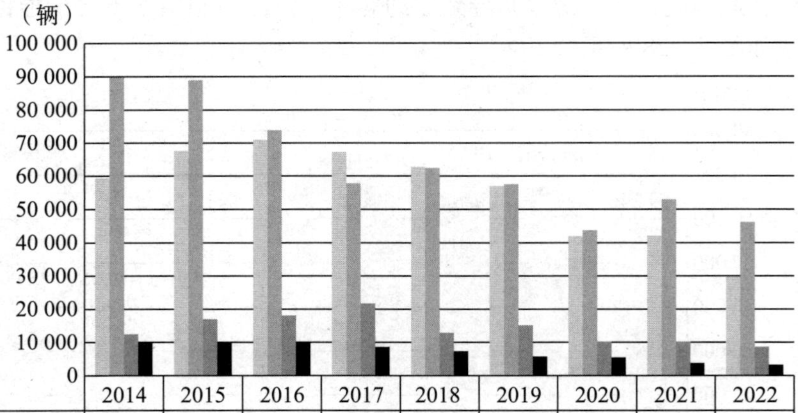

	2014	2015	2016	2017	2018	2019	2020	2021	2022
宇通客车	59 346	67 601	70 987	67 231	62 796	57 012	41 979	42 065	29 659
金龙汽车	89 777	89 012	73 878	57 790	62 398	57 551	43 786	52 979	46 172
中通客车	12 464	17 036	18 097	21 687	12 891	15 196	10 228	10 220	8 674
安凯客车	10 248	10 080	10 270	8 618	7 374	5 762	5 472	3 782	3 262

图 2-29 2014—2022年四家客车企业产量规模对比图

由于绝对数存在局限性，因此继续对比2014—2022年四家客车企业产量变动率（见图2-30）。可知，中通客车的产量变动率在－41%～37%之间，波动幅度最大；金龙汽车波动幅度次之，在－24%～21%之间。除安凯客车以外，其他三家企业2020年产量降幅都在20%以上。2021年，金龙汽车产量增幅最大，达到了21%，安凯客车降幅最大，超过了30%。2022年，四家企业的产量变动率均为负值，宇通客车降幅最大且接近30%。结合图2-25，可以看出宇通客车和金龙汽车的生产能力利用率变化与产量变化程度直接相关。

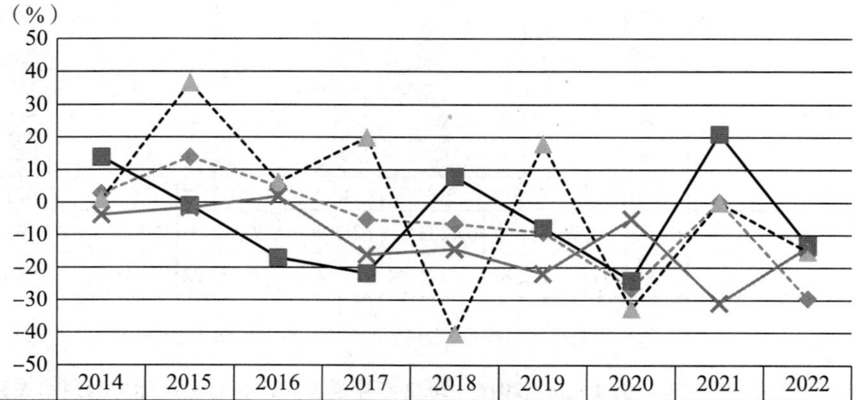

	2014	2015	2016	2017	2018	2019	2020	2021	2022
宇通客车	2.83	13.91	5.01	−5.29	−6.60	−9.21	−26.37	0.20	−29.49
金龙汽车	13.90	−0.85	−17.00	−21.78	7.97	−7.77	−23.92	21.00	−12.85
中通客车	0.87	36.68	6.23	19.84	−40.56	17.88	−32.69	−0.08	−15.13
安凯客车	−3.79	−1.64	1.88	−16.09	−14.43	−21.86	−5.03	−30.88	−13.75

图 2-30 2014—2022年四家客车企业产量变动率对比图

6. 客车行业销量市场分析

(1) 中国客车行业销量及其变动率分析。产量和销量密切相关，2014—2022年[①]中国客车行业销量及其变动率如图2-31所示。可知，中国客车行业的销量与产量趋势类似，整体呈下降趋势；除2021年以外，其余年份的销量变动率均为负值。尤其是2022年，受新冠疫情等多种因素叠加的影响，销量变动幅度显著增大。2020年，与产量变动率略有回升不同，销量变动率持续下滑，全年销量为43.01万辆，相比2014年下降18.77%。尽管2021年销量及其变动率均有所回升，但2022年销量大幅跳水，降幅高达64.20%。这说明整个客车行业不景气，市场需求不振。

图2-31　2014—2022年中国客车行业销量及其变动率趋势图

(2) 宇通客车销量及其变动率分析。2014—2022年宇通客车销量及其变动率趋势如图2-32所示。可知，除2019年宇通客车的销量下降但变动率有所回升以外，其余年份的变化趋势与产量及其变动率基本一致。宇通客车销量开始下降以及变动率出现负值的时间都是2017年，比客车行业晚两年，但总体下降趋势与客车行业的整体趋势基本一致。

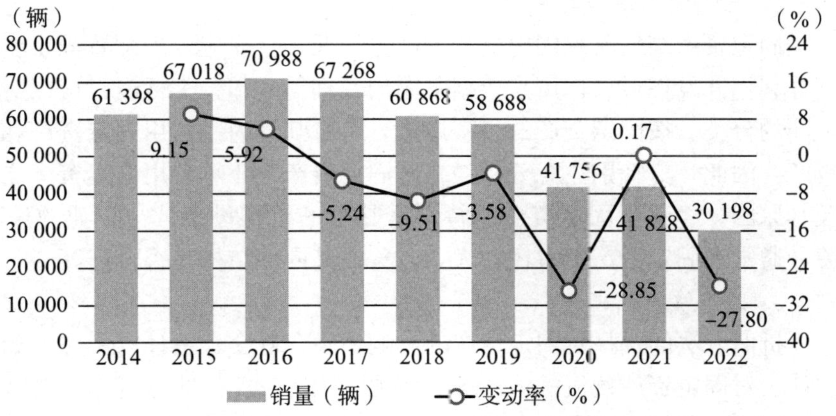

图2-32　2014—2022年宇通客车销量及其变动率趋势图

① 关于中国客车行业销量数据，目前只收集到2014—2022年。数据来源为中国汽车工业协会官网以及华经情报网。

总体而言，宇通客车的产销量下降及原因虽属于非财务信息，但对财务信息影响较大，这正是财务报表分析和市场分析的结合点。产销量的变化会影响企业的营业收入和利润，因此，应结合利润表分析内容。

二、非流动资产主要项目分析——固定资产分析

在宇通客车2022年占资产总额比例较高的六个项目中，属于非流动资产的有固定资产、其他权益工具投资和递延所得税资产。其中，固定资产排名第三，占比超过13%，其他权益工具投资和递延所得税资产占比均低于6%。因此，本部分将固定资产作为非流动资产主要项目进行重点分析。

（一）固定资产分析要点

固定资产是指为生产商品、提供劳务、出租或经营管理而持有的，使用寿命超过一年的，单位价值较高的有形资产。固定资产是最重要的生产资料之一，对企业的盈利能力有重大影响。固定资产分析要点如下：

1. 固定资产规模与变动情况分析

可以从固定资产原值与变动情况、固定资产净值与变动情况两个方面入手。

第一，固定资产原值及变动情况分析。固定资产原值反映企业固定资产的历史成本和规模，其变动受当期固定资产增加和减少的影响。

第二，固定资产净值及变动情况分析。固定资产净值的变动取决于固定资产原值和折旧两个因素，而折旧变动取决于折旧政策的选择。因此，分析固定资产净值及变动情况，就是分析固定资产原值变动和固定资产折旧变动对固定资产净值的影响。

2. 固定资产结构与变动情况分析

固定资产结构反映固定资产的配置情况，企业应合理配置固定资产，使其得到充分利用并发挥最大作用。根据不同的管理需要和分类标准，可以对固定资产进行不同的分类。按固定资产的经济用途，可将其分为经营用固定资产和非经营用固定资产，因此，应特别注意分析经营用固定资产与非经营用固定资产之间的比例变化及其原因。经营用固定资产，特别是其中的机器设备，与企业的生产经营直接相关，通常在固定资产中占比较大，应关注其内部结构是否合理等。

3. 固定资产折旧分析

折旧方法的选择对固定资产的影响还隐含着会计估计的影响，如对折旧年限的估计、对固定资产残值的估计等。因此，固定资产折旧分析应注重以下几个方面：

第一，分析固定资产折旧方法的合理性。重点关注固定资产折旧方法是否符合企业实际，是否存在利用固定资产折旧方法的选择，以达到调整固定资产净值和利润的目的。

第二，分析企业固定资产折旧政策的连续性。固定资产折旧方法一经确定，一

般不得随意变更。因此，应重点关注折旧方法是否发生变更，变更理由是否充分，以及变更对企业产生的影响等。

第三，分析固定资产预计使用年限和预计净残值确定的合理性。企业在固定资产未发生减少的情况下，可以通过延长固定资产使用年限来减少折旧费用，以达到扭亏或增盈的目的。因此，应关注固定资产使用年限和预计净残值的估计是否合理、合法，是否符合企业实际。

4. 固定资产减值准备分析

所有的减值准备既会影响资产负债表又会影响利润表。企业经营所处的经济、技术或者法律等环境，以及资产所在市场在当期或者将在近期发生重大变化，或企业经营管理不善等原因，往往会导致固定资产创造未来经济利益的能力大幅下降，从而引发固定资产减值。固定资产减值由有形损耗或无形损耗造成。因此，在进行固定资产减值准备分析时，应注意固定资产减值准备变动对固定资产的价值及折旧方法的影响。如果企业的固定资产实际上已经发生减值，但企业未计提或少计提固定资产减值准备，不仅会虚增固定资产的价值和企业的利润，而且会夸大企业的生产能力。

（二）宇通客车固定资产规模分析

2012—2022 年宇通客车固定资产原值及其变动率趋势如图 2－33 所示。可知，宇通客车的固定资产原值一直在增加，表明固定资产规模在逐年扩大。但固定资产原值变动率从 2012 年的高峰 116.68%骤降到 2013 年的 8.59%，在 2014 年增幅达到 28.52%之后呈明显下降趋势，2017 年降到谷底 0.68%，随后几年虽然略有回升但均未超过 10%。通过深入分析发现，宇通客车固定资产增加（包括购入和自建的固定资产）的主要原因是新能源技术改造项目、新能源基地销售中心项目与研发中心项目等在建工程的转入。这些新增固定资产主要以与生产经营相关的项目为主，说明宇通客车注重与新能源有关的固定资产投入。

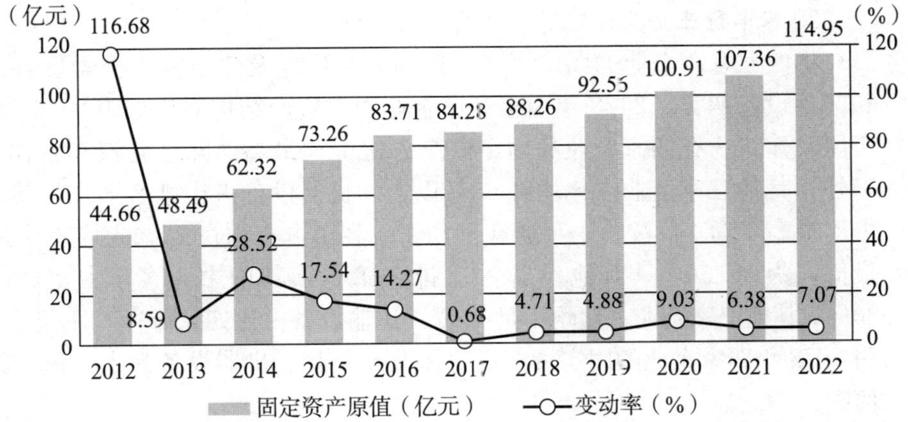

图 2－33 2012—2022 年宇通客车固定资产原值及其变动率趋势图

需要说明的是，如果企业在建工程在资产总额中占比较高，也可以单独分析，并重点关注其与固定资产、存货以及生产能力利用率之间的关系。

（三）客车行业企业固定资产对比分析

1. 客车行业企业固定资产规模对比分析

2012—2022年四家客车企业固定资产原值变动率对比如图2-34所示。可知，除宇通客车在2012年、中通客车在2014年固定资产原值变动率分别出现了极端值以外，这四家企业的固定资产原值变动率基本呈波浪式变动。其中，安凯客车的变动率下降趋势最明显，有四年的变动率出现了负值，2020年降幅高达25.78%；中通客车的变动率仅在2020年出现负值，达到了7.98%；宇通客车和金龙汽车各年的变动率均为正值，金龙汽车2021—2022年的变动率在四家企业中处于领先水平。

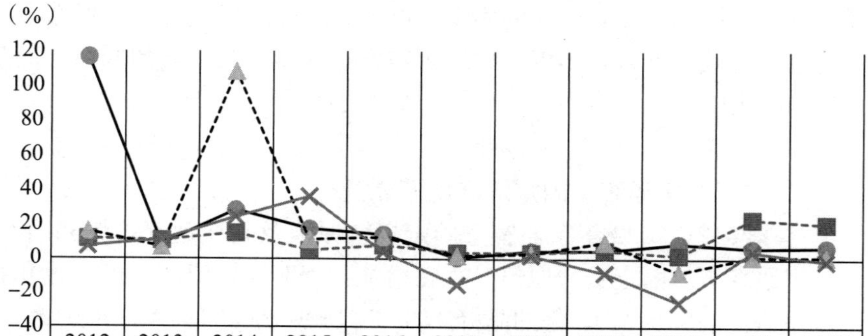

	2012	2013	2014	2015	2016	2017	2018	2019	2020	2021	2022
宇通客车	116.68	8.59	28.52	17.54	14.27	0.68	4.71	4.88	9.03	6.38	7.07
金龙汽车	11.73	10.76	15.09	5.04	7.98	3.80	3.72	5.10	2.21	23.39	20.66
中通客车	16.03	6.91	108.25	11.31	12.67	1.91	3.11	9.91	−7.98	1.48	1.42
安凯客车	7.33	11.11	24.36	36.30	4.04	−15.52	2.06	−8.31	−25.78	4.40	−1.11

图2-34　2012—2022年四家客车企业固定资产原值变动率对比图

2. 客车行业企业固定资产结构对比分析

将四家客车企业的固定资产大致划分为房屋及建筑物、机器设备、运输工具和其他设备四类。2022年四家客车企业固定资产结构对比如表2-6所示。可知，房屋及建筑物在四家企业的固定资产占比中均最高，除金龙汽车占比为53.05%以外，其他三家企业占比均在62%以上。机器设备占比排名第二，其中金龙汽车占比最高，为44.72%，宇通客车和安凯客车占比均在25%左右，中通客车占比最低，为15.30%。其他设备占比排名第三，其中中通客车占比最高，超过了20%，其他三家企业占比均不足10%。运输设备占比四家企业均不足1%。以上说明2022年四家企业的固定资产以房屋及建筑物、机器设备为主，那么其他年份如何呢？

表 2-6　2022 年四家客车企业固定资产结构对比表

项目	房屋及建筑物	机器设备	运输工具	其他设备
宇通客车（万元）	274 896	102 172	3 329	35 191
占比（%）	66.15	24.58	0.80	8.47
金龙汽车（万元）	186 336	157 103	2 004	5 820
占比（%）	53.05	44.72	0.57	1.66
中通客车（万元）	63 013	15 470	503	22 096
占比（%）	62.34	15.30	0.50	21.86
安凯客车（万元）	44 230	17 656	489	4 633
占比（%）	66.01	26.35	0.73	6.91

3. 宇通客车固定资产结构分析

2012—2022 年宇通客车固定资产明细项目结构对比如图 2-35 所示。可知，宇通客车的固定资产以房屋及建筑物为主，2012—2017 年占比稳步增加，从 51.84% 增至 71.06%，并在 2018—2022 年大多维持在 65%以上；机器设备次之，占比在 22%～33%之间，大多数年份在 25%左右；其他设备占比基本低于 10%；运输工具占比最低，各年均在 4%以下。从 2015 年开始，宇通客车的房屋及建筑物与机器设备占比之和均在 90%以上。

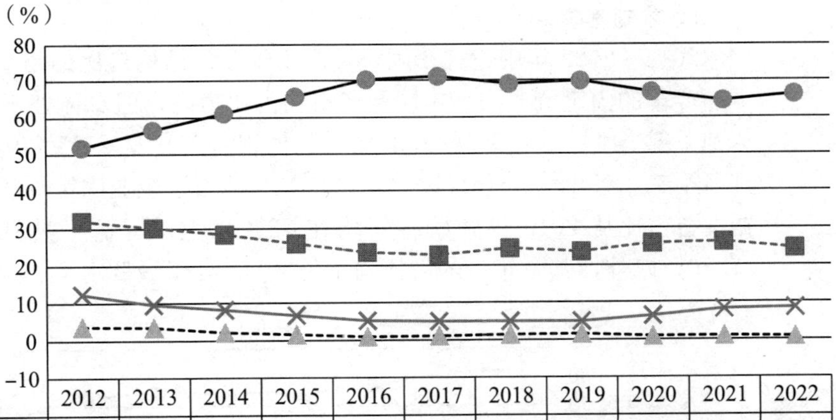

	2012	2013	2014	2015	2016	2017	2018	2019	2020	2021	2022
房屋及建筑物	51.84	56.63	61.14	65.70	70.23	71.06	69.00	69.82	66.79	64.49	66.15
机器设备	32.09	30.25	28.48	26.03	23.60	22.85	24.61	23.69	25.89	26.30	24.58
运输工具	3.75	3.54	2.18	1.60	0.94	1.09	1.41	1.56	0.96	1.04	0.80
其他设备	12.32	9.58	8.20	6.67	5.25	5.00	4.98	4.94	6.36	8.17	8.47

图 2-35　2012—2022 年宇通客车固定资产明细项目结构对比图

4. 金龙汽车固定资产结构分析

2012—2022 年金龙汽车固定资产明细项目结构对比如图 2-36 所示。可知，除 2019—2020 年金龙汽车的机器设备占比最高以外，其他年份均以房屋及建筑物为主，房屋及建筑物与机器设备占比之和各年均在 90%以上。运输工具和其他设备的占比各年均在 6%之下。

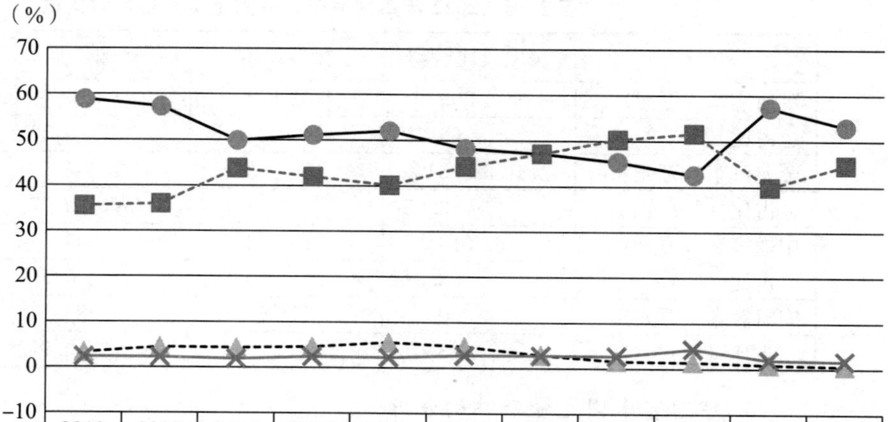

	2012	2013	2014	2015	2016	2017	2018	2019	2020	2021	2022
房屋及建筑物	58.86	57.28	49.91	51.08	52.03	48.24	47.18	45.38	42.59	57.26	53.05
机器设备	35.55	36.03	43.85	41.97	40.17	44.32	47.16	50.30	51.65	39.90	44.72
运输工具	3.28	4.45	4.34	4.57	5.55	4.70	2.89	1.59	1.45	0.92	0.57
其他设备	2.31	2.24	1.90	2.38	2.25	2.74	2.77	2.73	4.31	1.92	1.66

图 2-36　2012—2022 年金龙汽车固定资产明细项目结构对比图

5. 中通客车固定资产结构分析

2012—2022年中通客车固定资产明细项目结构对比如图2-37所示。可知，在中通客车的固定资产中，房屋及建筑物占比最高，但总体处于下降趋势，占比最高达到了82.47%，最低为62.34%；其他设备占比从2015年开始整体呈上升趋势，排名第二，各年均在16%以上，这是与其他三家企业固定资产结构的不同之处；机器设备占比从2019年开始各年均在12%以上；运输工具占比除在2014年达到15.86%以外，其余年份的占比均不足2%，处于最低水平。

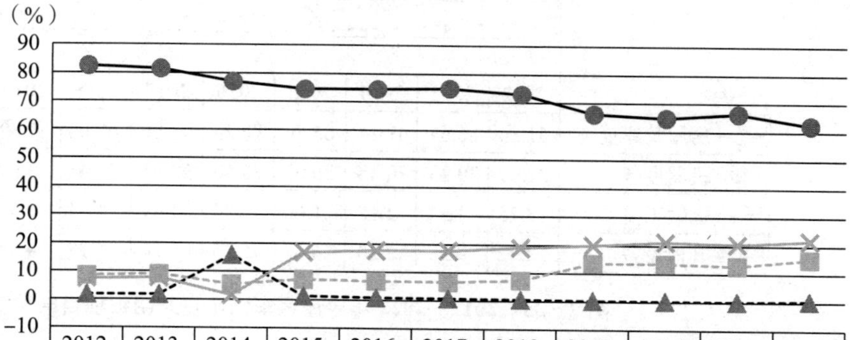

	2012	2013	2014	2015	2016	2017	2018	2019	2020	2021	2022
房屋及建筑物	82.47	81.53	77.07	74.53	74.58	74.85	73.00	66.08	64.81	66.33	62.34
机器设备	8.40	9.02	5.44	7.24	6.79	6.64	7.41	13.60	13.59	12.91	15.30
运输工具	1.78	1.77	15.86	1.34	0.98	0.80	0.58	0.33	0.31	0.20	0.50
其他设备	7.35	7.68	1.63	16.89	17.65	17.71	19.00	19.99	21.29	20.57	21.86

图 2-37　2012—2022 年中通客车固定资产明细项目结构对比图

6. 安凯客车固定资产结构分析

2012—2022年安凯客车固定资产明细项目结构对比如图2-38所示。可知，在安凯客车的固定资产中，房屋及建筑物占比始终排名第一，且大多数年份在65%左右；机器设备占比2012—2017年呈先升后降之势，从2017年开始，围绕25%上下波动；其他设备占比呈下降趋势，大多数年份在6%左右；运输工具占比最低，2016年以后始终处于1%以下。与宇通客车相同的是，从2015年开始，安凯客车的房屋及建筑物与机器设备占比之和均在90%以上。

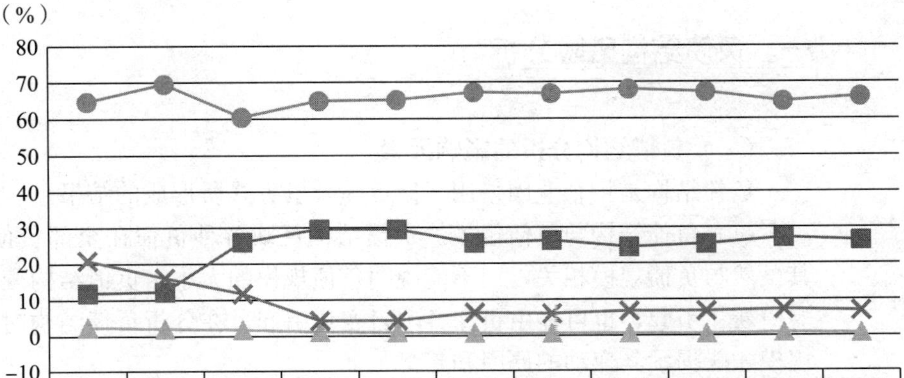

	2012	2013	2014	2015	2016	2017	2018	2019	2020	2021	2022
房屋及建筑物	64.72	69.52	60.46	64.91	65.15	67.15	66.36	68.03	67.30	64.73	66.01
机器设备	11.90	12.29	26.02	29.63	29.51	25.68	26.36	24.52	25.36	27.12	26.35
运输工具	2.51	2.09	1.79	1.18	1.00	0.79	0.64	0.62	0.54	0.88	0.73
其他设备	20.87	16.10	11.73	4.28	4.34	6.38	6.14	6.83	6.81	7.27	6.91

图2-38 2012—2022年安凯客车固定资产明细项目结构对比图

此外，还可以按照固定资产的经济用途分类，即经营用固定资产和非经营用固定资产进行结构分析。

总之，在四家客车企业中，固定资产的主要项目为房屋及建筑物和机器设备，这是客车行业企业正常生产经营活动顺利进行的基础，也是企业创造价值的物质保障。

综上所述，在进行资产项目分析时，除了上述提及的项目，还可以根据所分析案例对象资产结构的特点，选择金额较大或者变动较大且对资产总额影响较大的项目进行深入分析；注意剔除偶发性事件对报表的影响；在观察某一项目变动趋势时，最好结合相关项目进行对比分析；注意分析资产的质量及其变动情况和变动原因；通过将水平分析、结构分析和趋势分析相结合、个案分析与同行业企业对比分析相结合、静态分析和动态分析相结合、历史标准和行业标准相结合，最终得出深入客观、全面、综合的结论。

第三节
即测即评

第四节　财务风险分析

财务风险又称违约风险，是指企业因无法按期支付负债筹资应负担的利息或本金而倒闭的可能性。财务风险分析包括负债结构风险分析和主要负债项目风险分析两个方面。

一、负债结构风险分析

（一）负债结构分析的影响因素

负债结构是指企业因采用不同负债筹资方式所形成的结果。

（1）负债结构与负债规模。负债结构反映各种负债在全部负债中的构成情况，其虽然与负债规模相关，但不能说明负债规模的大小。负债结构变化既可能由负债规模变化引起，也可能由负债各项目变化引起。在分析负债结构时，只有结合负债规模才能揭示其变动的原因和趋势。

（2）负债结构与负债成本。企业举债必须付出代价，不仅要按期归还本金，还要支付利息。企业在筹集资金时，总是希望付出最少的代价，对资金成本的权衡会影响企业筹资方式的选择，进而对负债结构产生影响。

（3）负债结构与资产结构。通常非流动资产占比较高的企业应少利用流动负债，多利用非流动负债或发行股票筹集资金；反之，流动资产占比较高的企业，则可更多地利用流动负债筹集资金。

（4）负债结构与行业特点。利用流动负债筹集的资金主要用于存货等流动资产的周转，而流动资产的占用水平主要取决于企业所处的行业。当非流动负债与流动负债的利率相差较少时，企业一般倾向于利用非流动负债；反之，当非流动负债的利率远高于流动负债时，企业会倾向于利用流动负债，以降低资金成本。

（二）典型负债结构分析评价

基于不同的负债分类方式，可以形成不同的负债结构。

1. 负债期限结构分析

负债按照偿还期限长短，可分为流动负债和非流动负债。负债的期限结构可以用流动负债和非流动负债在负债总额中的占比来表示。2012—2022 年宇通客车负债结构如图 2-39 所示。可知，宇通客车的负债以流动负债为主，各年占比均在 80%以上。但流动负债占比呈先升后降之势，由 2014 年的峰值 95.34%下降到 2022 年的谷底 81.68%。非流动负债占比在 2018 年以前不足 10%，从 2014 年开始逐年上升，2018—2022 年均在 11%以上。为探究负债结构变动的原因，应进一步对流动负债和非流动负债结构进行分析。

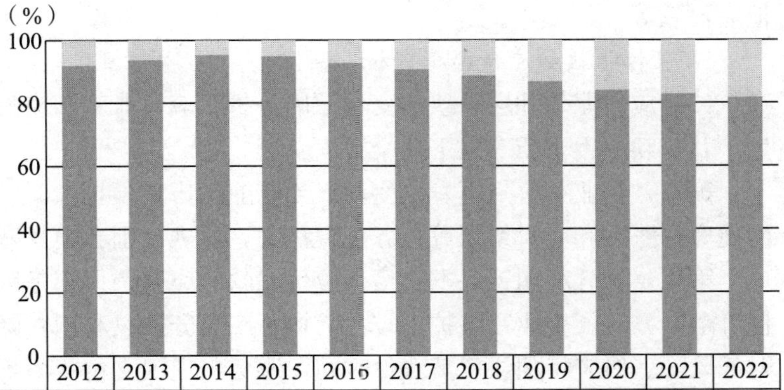

	2012	2013	2014	2015	2016	2017	2018	2019	2020	2021	2022
非流动负债	7.99	6.27	4.66	5.13	7.24	9.28	11.31	13.25	15.97	17.19	18.32
流动负债	92.01	93.73	95.34	94.87	92.76	90.72	88.69	86.75	84.03	82.81	81.68

图 2-39　2012—2022 年宇通客车负债结构图

2. 负债成本结构分析

负债根据其成本的不同，可分为无成本负债、低成本负债和高成本负债。无成本负债主要指企业的商业信用，如应付账款、应付票据、合同负债、其他应付款等；低成本负债主要指银行借款、融资租赁等；高成本负债主要指企业发行的债券。低成本负债和高成本负债均有助于企业实现杠杆经营，虽具有一定风险，但通过合理控制可以提高企业的盈利能力。

2012—2022 年宇通客车负债成本结构如表 2-7 所示。可知，宇通客车的负债以无成本负债为主，各年占比均在 94%以上，2018—2022 年占比接近甚至达到了 100%，说明企业负债的资金成本较低，能够充分利用商业信用。虽然无成本负债偿还压力较小，但一旦出现偿还问题，可能会对企业信誉具有较大的影响。

表 2-7　2012—2022 年宇通客车负债成本结构表（%）

项目	2012 年	2013 年	2014 年	2015 年	2016 年	2017 年	2018 年	2019 年	2020 年	2021 年	2022 年
无成本负债	94.82	97.79	100.00	100.00	100.00	96.14	99.88	100.00	99.58	100.00	100.00
低成本负债	2.94	2.16	—	—	—	3.75	0.02	—	0.42	—	—
高成本负债	2.24	0.05	—	—	—	0.10	0.09	—	—	—	—
负债合计	100.00	100.00	100.00	100.00	100.00	100.00	100.00	100.00	100.00	100.00	100.00

二、主要负债项目风险分析

根据 2021—2022 年宇通客车合并资产负债表结构分析表，从中选取在权益总额中占比较大或变动较大的重点负债项目进行深入分析。这些项目主要包括应付账款、应付票据、其他应付款、预计负债和合同负债等。

(一) 应付款项分析

应付款项包括应付账款、应付票据、应付职工薪酬、应交税费、应付股利和其他应付款等。

1. 应付账款和应付票据分析

（1）应付账款和应付票据变动原因分析。应付账款和应付票据因商品交易而产生，其变动原因主要有以下几个方面：

第一，企业销售规模发生变动。当企业销售规模扩大时，会增加存货需求，从而使应付账款和应付票据等债务规模扩大；反之，则会使其减小。

第二，充分利用无成本负债。应付账款和应付票据都是因商业信用而产生的无代价融资方式。企业在维护信誉的前提下应充分加以利用，降低负债的融资成本和财务风险。但应特别注意其偿付时间，避免出现因支付能力不足而导致影响企业信誉的情况发生。

第三，提供商业信用的企业信用政策发生变化。如果企业的供应商放宽了信用政策和收账政策，加上企业上下游产业链优势明显，则应付账款和应付票据等的规模就会扩大；反之，就会减小。

（2）宇通客车应付账款规模变动分析。从 2021—2022 年宇通客车合并资产负债表结构分析表中可以看出，应付账款在负债项目中占比最大。2012—2022 年宇通客车应付账款的规模及其变动率趋势如图 2-40 所示。可知，宇通客车应付账款的规模呈波浪式变动。具体来说，应付账款规模在 2012—2016 年逐年扩大，且在 2016 年达到峰值 103.71 亿元，原因是销售规模扩大和应付材料款增加，说明宇通客车对供应商的议价能力强。之后，应付账款规模呈波浪式减少，表明企业占用供应商的资金明显减少，意味着企业对上游供应商的话语权减弱。变动率在 2017 年以前均为正值，且每年增幅都在 20%以上；从 2017 年开始出现负值，尤其是 2017 年和 2019 年应付账款降幅均在 20%以上，这对宇通客车的现金流量造成了巨大压力（见第五章）；从 2020 年开始降幅减小且 2022 年变动率由负转正。究其从 2017 年开始下降的原因：一是企业销售规模变动，宇通客车 2017 年营业收入同比减少了 7.33%（见图 2-44）；二是与供应商的关系有优势，能够占用供应商的资金；三是充分利用了无成本资金，2018—2022 年无成本负债占比均在 99.50%以上（见表 2-7）。

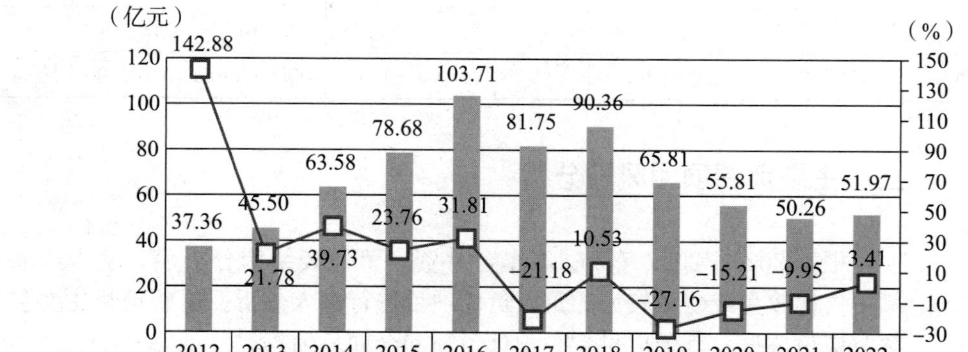

	2012	2013	2014	2015	2016	2017	2018	2019	2020	2021	2022
应付账款	37.36	45.50	63.58	78.68	103.71	81.75	90.36	65.81	55.81	50.26	51.97
变动率	142.88	21.78	39.73	23.76	31.81	−21.18	10.53	−27.16	−15.21	−9.95	3.41

图 2-40　2012—2022 年宇通客车应付账款规模及其变动率趋势图

（3）宇通客车应付账款和应付票据占比分析。从2021—2022年宇通客车合并资产负债表结构分析表中可以看出，应付票据在负债项目中占比排名第二。2012—2022年宇通客车应付账款和应付票据占权益比重如图2-41所示。可知，宇通客车应付账款和应付票据占权益比重呈山峰状。在2016年，这一比重达到峰值44.83%，大部分年份占比均在30%以上，表明企业在商业信用方面具有一定的优势。但2016年以后，这一比重逐年下降，2022年降到谷底，但仍在25%以上，因此，应分别针对应付账款和应付票据的具体内容变化，深入挖掘变化原因。

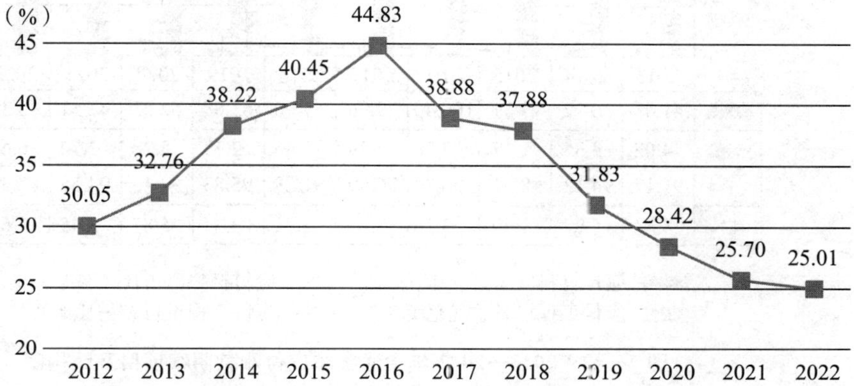

图2-41　2012—2022年宇通客车应付账款和应付票据占权益比重图

（4）宇通客车应付账款明细项目及结构分析。2013—2022年宇通客车应付账款明细项目及结构如图2-42所示。可知，宇通客车的应付账款主要由应付材料款和应付工程设备款构成。其中，应付材料款占据了主导地位，除2022年其占比低于90%以外，其余各年均在91%以上。从2019年开始，应付材料款逐年减少，占比总体呈下降趋势，这是宇通客车应付账款减少的主要原因。应付账款中的应付工程设备款与企业因扩大产能而建造厂房、购买设备等有关，2020年和2021年宇通客车的应付账款中有6%左右的金额与固定资产和在建工程有关，尤其是在2022年应付工程设备款占比明显增加，达到了峰值12.69%。

（5）宇通客车应付票据明细项目及结构分析。2012—2022年宇通客车应付票据明细项目及结构如图2-43所示。可知，宇通客车应付票据在2016—2017年以商业承兑汇票为主，而其他年份均以银行承兑汇票为主，其中，银行承兑汇票仅在2018年为84.05%，其余各年均在90%以上。这一数据一方面说明了企业实力雄厚，信誉卓著，能够履行承诺并到期付款；另一方面也反映了企业与供应商之间的关系有微妙变化，特别是在2016年和2017年宇通客车相对于供应商有更多的话语权。

（6）宇通客车应付账款与营业收入规模对比分析。应付账款与企业采购、生产和销售等活动密切相关，2012—2022年宇通客车应付账款变动率与营业收入变动率对比如图2-44所示。可知，宇通客车的应付账款变动率除2012年出现极端值以外，其他年份与营业收入变动率整体趋势大体一致。2016年以前，两者均为正值，

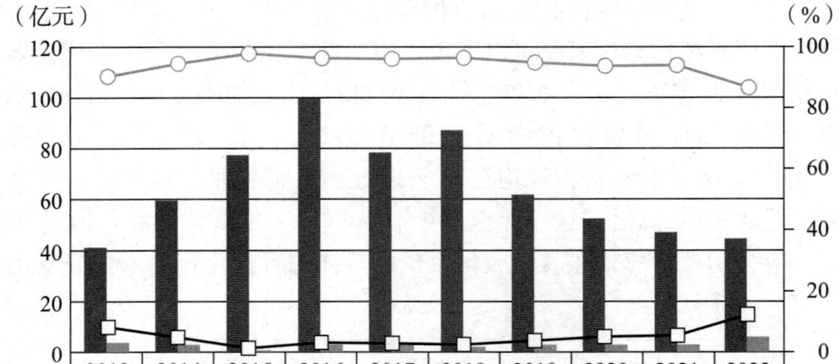

	2013	2014	2015	2016	2017	2018	2019	2020	2021	2022
应付材料款（亿元）	41.48	60.22	77.51	100.40	78.96	87.90	62.68	52.53	47.51	45.38
应付工程设备款（亿元）	4.02	3.35	1.17	3.28	2.79	2.45	2.73	3.28	2.74	6.60
应付材料款占比（%）	91.17	94.73	98.51	96.84	96.59	97.28	95.83	94.13	94.55	87.31
应付工程设备款占比（%）	8.83	5.27	1.49	3.16	3.41	2.72	4.17	5.87	5.45	12.69

应付材料款（亿元）　应付材料款占比（%）
应付工程设备款（亿元）　应付工程设备款占比（%）

图 2-42　2013—2022 年宇通客车应付账款明细项目及结构图

注：宇通客车从 2014 年开始在年度报告中披露应付账款明细，而 2013 年的数据是根据 2014 年年度报告中的期初余额补充的。

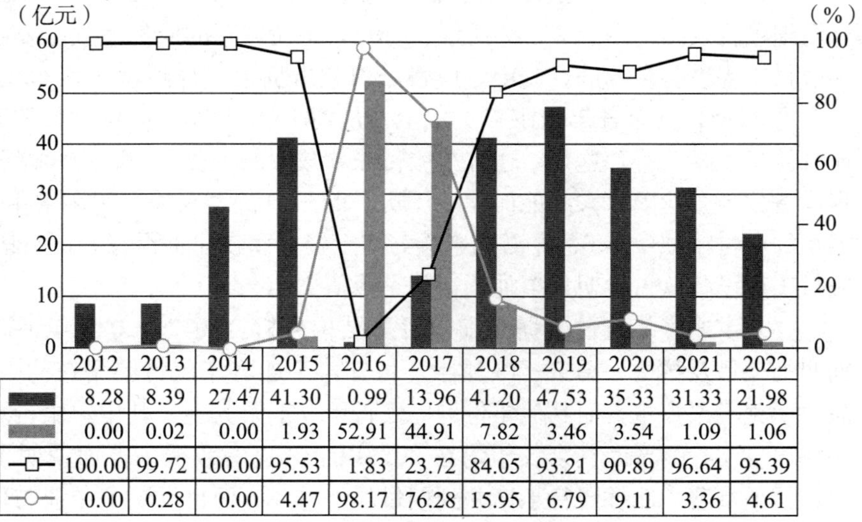

	2012	2013	2014	2015	2016	2017	2018	2019	2020	2021	2022
银行承兑汇票（亿元）	8.28	8.39	27.47	41.30	0.99	13.96	41.20	47.53	35.33	31.33	21.98
商业承兑汇票（亿元）	0.00	0.02	0.00	1.93	52.91	44.91	7.82	3.46	3.54	1.09	1.06
银行承兑汇票占比（%）	100.00	99.72	100.00	95.53	1.83	23.72	84.05	93.21	90.89	96.64	95.39
商业承兑汇票占比（%）	0.00	0.28	0.00	4.47	98.17	76.28	15.95	6.79	9.11	3.36	4.61

银行承兑汇票（亿元）　银行承兑汇票占比（%）
商业承兑汇票（亿元）　商业承兑汇票占比（%）

图 2-43　2012—2022 宇通客车应付票据明细项目及结构图

且营业收入变动率各年均低于应付账款变动率；2016 年之后，除个别年份两者为正值以外，大部分年份两者均为负值，且存在变动方向不一致的情况，需要注意的是，2017 年和 2019 年应付账款降幅均在 20%以上。结合前面分析的宇通客车产量规模及其变动率趋势，可以推断是产量减少导致采购量减少，进而使得应付账款变动率下降。

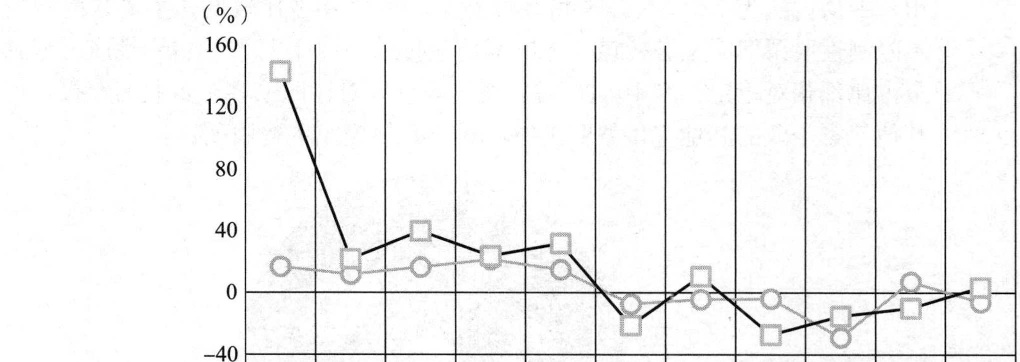

	2012	2013	2014	2015	2016	2017	2018	2019	2020	2021	2022
营业收入变动率	16.72	11.79	16.45	21.31	14.87	−7.33	−4.44	−3.95	−28.82	7.04	−6.17
应付账款变动率	142.88	21.78	39.73	23.76	31.81	−21.18	10.53	−27.16	−15.21	−9.95	3.41

图 2－44　2012—2022 年宇通客车应付账款变动率与营业收入变动率对比图

2. 其他应付款分析

其他应付款是指与企业的主营业务没有直接关系的应付、暂收其他单位或个人的款项。在企业资产负债表中，其他应付款的规模不应过大，占比不应过高。对其他应付款分析的重点有：第一，其他应付款规模、结构与变动是否正常；第二，是否存在长期占用关联方资金的现象；第三，是否通过其他应付款操纵利润。

（1）宇通客车其他应付款规模变动分析。从 2021—2022 年宇通客车合并资产负债表结构分析表中可以看出，其他应付款各年占比均在 7%以上，在负债项目中排名第三。2020—2022 年宇通客车其他应付款水平分析如表 2－8 所示。可知，宇通客车 2021 年其他应付款同比增加 28 187 万元，增幅为 14.63%，主要是预提成本费用增加所致；2022 年其他应付款同比减少 33 542 万元，降幅为 13.34%，主要是限制性股票回购义务减少所致。为了更准确地判断宇通客车其他应付款规模是否合理，还应进一步分析其构成。

表 2－8　2020—2022 年宇通客车其他应付款水平分析表

项目	金额（万元）			变动额（万元）		变动率（%）	
	2022 年	2021 年	2020 年	2021—2022 年	2020—2021 年	2021—2022 年	2020—2021 年
质保金	19 906	22 012	23 164	−2 106	−1 152	−9.57	−4.97
费用性应付款	25 506	32 245	24 859	−6 739	7 376	−20.90	29.71
预提成本费用	172 510	166 646	144 683	5 864	21 963	3.52	15.18
限制性股票回购义务		30 561					
合计	217 922	251 464	192 706	−33 542	28 187	−13.34	14.63

(2) 宇通客车其他应付款结构分析。2020—2022年宇通客车其他应付款的结构如图2-45所示。可知，宇通客车其他应付款中各年占比最高的均为预提成本费用，平均占比为73.33%。值得注意的是，2021年占比较低，主要是由于当年新增了限制性股票回购义务，该义务在其他应付款中占比12%。费用性应付账款和质保金占比都相对稳定，在10%左右。通过研读、对比四家客车企业的年报，可以发现其他三家企业的其他应付款明细中，并没有预提成本费用项目。

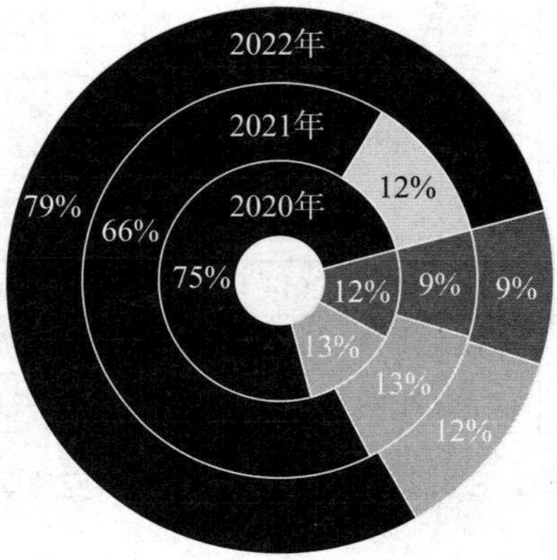

图2-45 2020—2022年宇通客车其他应付款结构图

2013—2022年宇通客车其他应付款明细中预提成本费用占比如表2-9所示。可知，宇通客车2013—2022年预提成本费用占比在42%～80%之间，平均占比高达62.96%。由于宇通客车在同行业中固定资产规模较大，因此根据权责发生制原则对固定资产的修理费用进行了预提。

表2-9 2013—2022年宇通客车其他应付款中预提成本费用占比表 金额单位：万元

项目	2013年	2014年	2015年	2016年	2017年	2018年	2019年	2020年	2021年	2022年
其他应付款	69 807	116 357	121 120	129 064	135 712	165 198	182 100	192 706	251 464	217 922
预提成本费用	29 982	66 118	70 378	79 097	84 986	91 142	131 262	144 684	166 646	172 510
占比（%）	42.95	56.82	58.11	61.29	62.62	55.17	72.08	75.08	66.27	79.16

注：宇通客车2012年年报中其他应付款的分类与后续年份不同，故从2013年开始分析。

（二）合同负债分析

1. 合同负债的内涵和分析重点

合同负债是指企业已收或应收客户对价而应向客户转让商品的义务，如企业在转让承诺的商品之前已收取的款项、企业向客户预收的购货订金或部分货款等。企业确认合同负债不以是否收到款项为前提，而以合同中履约义务的确立为前提。

合同负债分析的重点包括：第一，合同负债规模与变动是否正常。合同负债的规模能够反映企业与客户之间的关系以及企业的优势。第二，企业商业信用政策是否发生变化。第三，合同负债与营业收入的关系。不同规模企业合同负债的绝对值无法直接进行横向比较，但可以通过比较合同负债占营业收入的比重，分析企业的核心优势。一般来说，合同负债占营业收入的比重越高，说明客户预付账款越多。第四，企业核心优势的变化。企业占用客户资金越多，说明企业在行业中的地位越高，越有优势。

自 2020 年起，上市公司开始实施修订后的收入准则。根据这一准则，预收账款中扣除预收定金后已收客户对价而应向客户转让商品或提供劳务的部分重分类至“合同负债”和“其他流动负债”科目。

2. 宇通客车合同负债规模变动分析

2012—2022 年宇通客车预收账款或合同负债变动率与营业收入变动率对比如图 2 - 46 所示。可知，宇通客车 2012—2022 年的预收账款或合同负债和营业收入各年均有不同程度的变化，相比而言，预收账款或合同负债变化幅度更大。2012—2015 年宇通客车的营业收入与预收账款逐年增长，预收账款或合同负债变动率在 2013 年达到峰值 121.05%之后大幅减少，并在 2016—2018 年连续三年呈现负增长，而 2019 年又恢复上升趋势，随后在 2020 年再次下降。2019 年预收账款或合同负债变动率增加则是由于职工住房项目预售款增加，与主营业务收入无关。

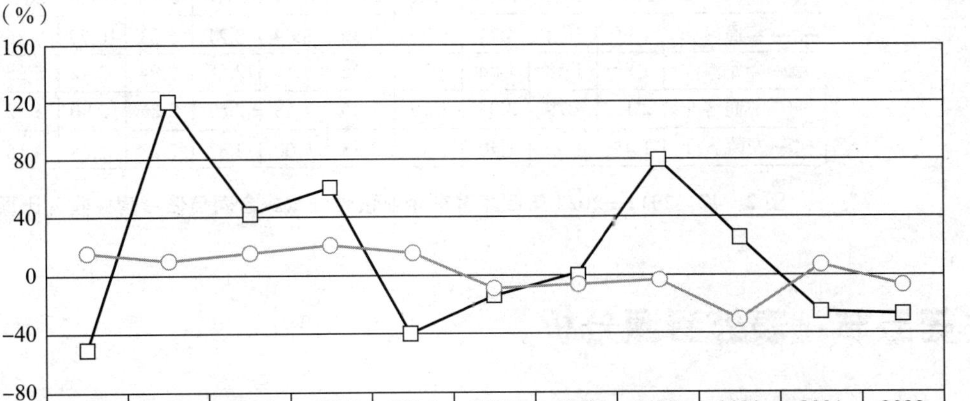

	2012	2013	2014	2015	2016	2017	2018	2019	2020	2021	2022
营业收入变动率	16.72	11.79	16.45	21.31	14.87	−7.33	−4.44	−3.95	−28.82	7.04	−6.17
预收账款或合同负债变动率	−47.80	121.05	42.38	59.61	−38.84	−13.15	−0.72	80.23	27.19	−24.88	−25.40

—○— 营业收入变动率　—□— 预收账款或合同负债变动率

图 2 - 46　2012—2022 年宇通客车预收账款或合同负债变动率与营业收入变动率对比图

注：2020 年宇通客车开始实施新修订的收入准则，因此本部分分析中 2012—2019 年的变动率使用资产负债表中的预收款项金额计算，2020—2022 年使用资产负债表中的合同负债金额计算。其他三家企业同样适用。

3. 客车行业企业预收账款或合同负债占营业收入比重对比分析

2012—2022 年四家客车企业预收账款或合同负债占营业收入比重对比如图 2 - 47 所示。可知，虽然 2012—2022 年宇通客车预收账款或合同负债占营业收入比重有所波动，但除个别年份以外，其在行业中始终处于领先地位，这说明宇通客车行业

第四节
即测即评

地位优势明显，能够更多地占用客户的资金。

综上所述，负债项目分析除了以上项目，还可以根据所分析案例对象的负债结构特点，选择金额较大或者变动较大且对资产总额影响较大的项目进行深入分析，如短期借款、长期借款等。同样地，宇通客车的预计负债也可以比照上述项目进行分析。

此外，关于资产负债表中所有者权益项目的分析，请参见第三章所有者权益变动表分析。

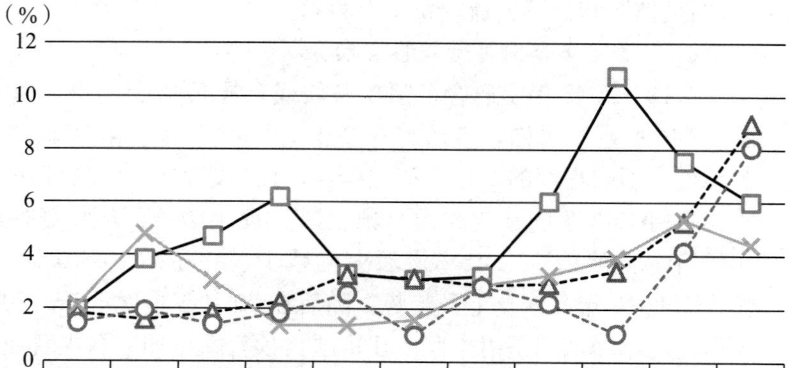

	2012	2013	2014	2015	2016	2017	2018	2019	2020	2021	2022
宇通客车	1.95	3.84	4.71	6.20	3.30	3.09	3.21	6.03	10.77	7.56	6.01
金龙汽车	1.83	1.58	1.84	2.25	3.26	3.14	2.88	2.94	3.42	5.25	8.98
中通客车	2.12	4.79	3.04	1.36	1.36	1.58	2.87	3.26	3.90	5.32	4.39
安凯客车	1.45	1.93	1.40	1.83	2.55	1.00	2.83	2.23	1.08	4.15	8.05

图 2-47　2012—2022 年四家客车企业预收账款或合同负债占营业收入比重图

第五节　表外资源分析

按照会计准则的规定，资产负债表仅反映企业按历史成本计量属性所核算的现实资产和权益，不反映企业的人力资源、市场资源及其优势等，而这些资源将对企业未来的财务状况具有重大影响，因此，它们也是财务报表分析关注的内容。

一、人力资源分析

党的二十大报告提出建设人才强国的总体目标。近年来，宇通客车始终坚持不断引进海内外高层次人才，充分发挥高端人才的引领作用，全力打造人才高地，推动企业创新发展。

（一）宇通客车人员构成及受教育程度分析

2022 年宇通客车在职员工总数为 13 039 人，其人员构成如图 2-48 所示。可知，生产人员为 6 328 人，占总人数的 48.53%；企业拥有行业一流的研发队伍，技术人员为 2 823 人，占总人数的 21.65%。

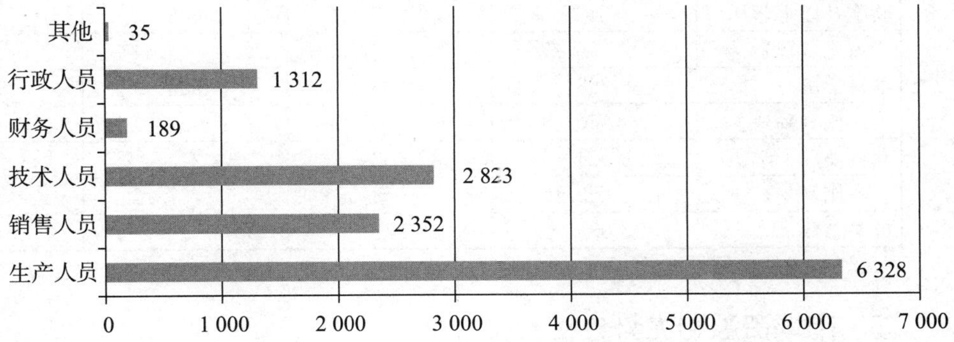

图 2-48　2022 年宇通客车人员构成情况图

2022 年宇通客车拥有博士学位的员工 22 人，硕士学位的员工 508 人。其人员受教育程度如图 2-49 所示。可知，从教育类别来看，宇通客车本科学历的员工数量最多，为 5 298 人，占比 41%；硕士及以上学历的员工合计 817 人，占比 6%；专科及以下学历的员工数量为 6 924 人，占比 53%。客车行业其他企业人员构成及受教育程度又如何呢?

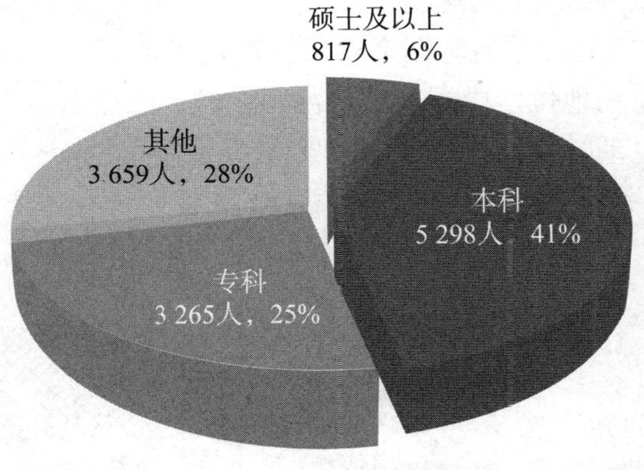

图 2-49　2022 年宇通客车人员受教育程度构成图

（二）客车行业企业人员构成及受教育程度综合对比分析

2022 年四家客车企业员工总人数、受教育程度及构成对比如表 2-10 所示。可知，宇通客车的员工人数最多，金龙汽车员工规模与其相近，均超过万人；中通客车和安凯客车员工规模相近，均为两三千人。宇通客车的员工受教育程度最高，硕士及以上和本科学历占比均最高；四家企业均以专科及以下学历人员为主，除宇通客车占比低于 54%以外，其他三家企业占比均在 67%以上。综上说明宇通客车在员工规模及员工受教育程度上均优于其他三家企业。

表2-10　2022年四家客车企业员工构成及受教育程度对比表　单位：人

项目	宇通客车	金龙汽车	中通客车	安凯客车
硕士及以上学历	817	287	146	44
占比（%）	6.27	2.55	4.41	2.17
本科学历	5 298	3 283	923	555
占比（%）	40.63	29.13	27.87	27.42
专科及以下学历	6 924	7 702	2 243	1 425
占比（%）	53.10	68.33	67.72	70.41
员工总数	13 039	11 272	3 312	2 024

二、市场资源和优势分析

（一）市场资源分析

宇通客车是一家集客车产品研发、制造与销售为一体的大型制造业企业，主要产品可满足5米至18米不同长度客车的市场需求。企业拥有134个系列的完整产品链，在公路客运、旅游客运、公交客运、团体通勤、校车服务、景区观光、机场摆渡、自动驾驶微循环、客车专用车等多个细分市场均占据重要地位。

客车信息网统计数据显示，2022年中国6米以上客车全年累计销量占比如图2-50所示。可知，宇通客车全年累计销量排名第一，占比为26.98%，一家独大，居客车行业龙头地位。中通客车、苏州金龙、金旅客车、金龙汽车、福田欧辉、比亚迪、中车电动、开沃汽车、安凯客车分别位居第2～10名，前10名占比之和达到83.04%，说明该行业的垄断程度较高。

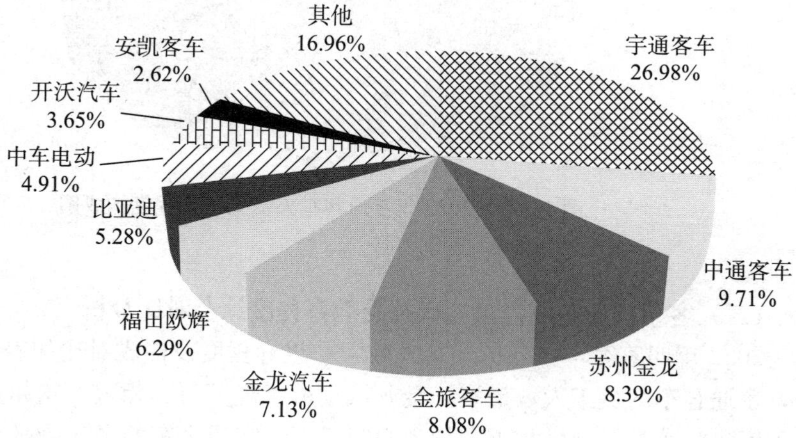

图2-50　2022年中国6米以上客车全年累计销量占比图

（二）品牌、技术和产品优势分析

2022年，宇通客车荣登《中国500最具价值品牌》排行榜、《财富》中国500

强，并被评为“2022年卡思（CAACS）调查客车品牌第一名”。此外，公司还相继荣获了2021年企业标准“领跑者”、全国产品和服务质量诚信示范企业、2022年度国家知识产权示范企业、国家级服务型制造示范企业等荣誉称号，并以优质的服务和强劲的产品力荣获十二星级服务能力持续有效验证——CTEAS认证证书，持续为客户创造价值。

宇通客车通过多年的自主研发和系统的技术创新，具有领先技术和产品优势。在新能源领域，公司以纯电动、插电式混合动力、燃料电池客车研发和产业化为主线，基于“全生命周期成本最低”的开发理念，以攻克行业共性关键技术“电驱动、电控、电池”为自主攻关的切入点。历经十余年的技术攻关，宇通客车在自动驾驶技术、车联网及智能网联云平台技术、多场景燃料电池动力系统等方面取得多个重大突破。截至2022年年底，宇通客车新能源和智能网联技术累计获得授权专利（包括发明、实用新型、外观设计）及软件著作权共计1 614件，其中发明专利420件，软件著作权194件。

党的二十大报告指出，我国成为一百四十多个国家和地区的主要贸易伙伴，货物贸易总额居世界第一，吸引外资和对外投资居世界前列，形成更大范围、更宽领域、更深层次对外开放格局。宇通客车的业务覆盖国内所有市县市场及全球主要的客车进口国家。公司以直销为主，经销为辅，以订单模式提供标准化及定制化的产品。近年来，公司正在从“制造型＋销售产品”向“制造服务型＋解决方案”进行转型，独创了中国制造出口的“宇通模式”，成为中国汽车工业由产品输出走向“技术输出”的业务模式创新典范，帮助部分国家提升了本地客车制造能力。公司产品已批量销售至全球40多个国家和地区，引领中国客车工业昂首走向全球，成为中国制造的一张闪亮“名片”。

第五节
即测即评

思考题

1. 简述资产变动原因的分析思路。
2. 如何从资产角度分析评价资产负债表的变动情况和原因？
3. 简述资产负债表结构变动情况的分析思路。
4. 简述引入同行业企业对比分析的必要性。
5. 简述应收账款的分析思路和分析内容。
6. 宇通客车资产结构具有什么特征？客车行业其他企业资产结构特征有什么？这些特征是如何形成的？
7. 宇通客车2016—2022年存货构成中“开发成本”“开发产品”两个项目占存货项目的比重均在45%以上且2016—2019年逐渐增加。这一现象主要是由哪种业务活动导致的？其与宇通客车的主营业务是否有关？
8. 2015—2020年宇通客车获得的新能源汽车国家推广补贴与应收账款的关系

说明了什么？有什么风险和后果？

9. 为什么说应收账款占比超过 30%是客车行业企业的普遍现象？

10. 金龙汽车、中通客车和安凯客车的存货结构与宇通客车有什么不同？各家企业的存货结构有什么特点？

11. 宇通客车 2015—2019 年生产能力利用率基本在 100%上下浮动，这是否意味着公司需要扩大产能？2020 年其生产能力利用率下降到 70%以下，2022 年更是下降到 50%左右，这一变化是产能扩大还是其他因素所致？

12. 宇通客车负债结构具有哪些特点？为何在负债构成中未见短期借款和长期借款？

13. 从表外资源的角度来看，宇通客车及其他三家客车企业各自拥有哪些优势？

14. 简述应付账款和应付票据的分析思路和分析内容。

□ 分析题

1. 针对第一章章后分析题所选 A 股上市公司及三家同行业可比公司，根据本章所学内容，对案例公司的资产负债表进行实战分析。

2. 保利发展控股集团股份有限公司（简称保利发展）致力于“打造具有卓越竞争力的不动产生态平台”，其以不动产投资开发、资产运营、资本运作为基础，提供基于行业生态系统的综合服务。公司业务遍布全球一百余座城市，且在房地产开发领域长期稳居央企龙头地位。2018—2022 年保利发展主要资产项目数据如表 2-11 所示。

表 2-11　2018—2022 年保利发展主要资产项目数据表　　单位：亿元

项目	2018 年	2019 年	2020 年	2021 年	2022 年
货币资金	1 134.31	1 394.19	1 460.08	1 713.84	1 765.37
其他应收款	1 193.52	1 331.25	1 532.45	1 578.49	1 574.26
存货	4 745.05	5 840.01	7 414.75	8 096.56	8 778.93
预付账款	260.45	427.51	421.97	426.86	225.56
其他流动资产	307.17	354.31	485.03	618.56	613.28
流动资产合计	7 664.81	9 369.22	11 362.26	12 473.42	13 004.01
长期股权投资	484.89	590.46	725.50	950.89	1 062.50
投资性房地产	198.90	195.10	212.32	272.95	307.85
非流动资产合计	800.12	962.87	1 151.49	1 525.91	1 700.64
资产总计	8 464.94	10 332.09	12 513.75	13 999.33	14 704.64

要求：针对保利发展 2018—2022 年主要资产项目数据，请进行 2022 年水平分析、2018—2022 年结构分析，并为占比最高的资产项目设计分析内容和思路。

第三章 所有者权益变动表分析

Chapter 3

思维导图

- 所有者权益变动表分析
  - 所有者权益变动表分析的目的
    - 有助于获得企业资本保值增值信息
    - 有助于分析和评价企业全面收益信息
    - 有助于进一步提高企业会计信息的相关性
  - 所有者权益变动表整体分析
    - 所有者权益变动表水平分析
      - 所有者权益变动表水平分析的含义
      - 所有者权益变动表水平分析表的编制和分析
    - 所有者权益变动表结构分析
      - 所有者权益变动表结构分析的含义
      - 所有者权益变动表结构分析表的编制和分析
    - 以问题为导向的所有者权益变动原因分析
      - 寻找问题的切入点
      - 抓住关键点构建分析思路
      - 宇通客车所有者权益变动率下降原因分析
      - 客车行业企业所有者权益变动率下降原因分析
  - 所有者权益变动表项目分析
    - 从“上年年末余额”调整到“本年年初余额”项目分析
      - “会计政策变更”项目分析
      - “前期差错更正”项目分析
    - “本期增减变动金额”项目分析
      - “综合收益总额”项目分析
      - “所有者投入和减少资本”项目分析
      - “利润分配”项目分析
      - “所有者权益内部结转”项目分析

学习目标

1. 了解所有者权益变动表分析的目的和内容；
2. 掌握所有者权益变动表水平分析的内容、方法和应用；
3. 掌握所有者权益变动表结构分析的内容、方法和应用；
4. 掌握所有者权益变动表主要项目分析的内容和要点；
5. 理解当期净利润增减与所有者权益变动额之间的关系；
6. 理解会计政策变更与前期差错更正对所有者权益变动表的影响；
7. 理解股利政策对所有者权益变动表的影响；

8. 培养以保护中小股东利益为核心的价值观，树立尊重投资者的企业文化和市场文化理念。

第一节 所有者权益变动表分析的目的

所有者权益变动表是指反映一定期间内企业所有者权益变动情况的报表。企业资产在剔除负债后所有者享有的“剩余价值”，即所有者权益。它是股东投入资本及其在企业经营过程中形成的增值，体现了企业资本规模及发展潜力的信息，是企业实现可持续发展、完成自身战略目标的资本基础。所有者权益变动表不但与资产负债表、利润表和现金流量表相互补充，还是继“利润表观念”和“资产负债表观念”之后“全面收益观念”的集中体现。综合经济学，我们将资本划分为实物资本、人力资本和道德资本三种形态，而这三种资本实质上相辅相成，共同构成了企业资本的完整内涵。实物资本（包括金融资本）是最直观、最易被理解的资本形态。人力资本往往是经过教育、培训和长时间的积累形成的技能、知识。只相信实物资本才能生财是最浅层的经济学，进一步认识到人力资本能够生财是比较深入的经济学，相信道德资本能够生财，才是最彻底、最安全、最和谐的经济学。①

一、有助于获得企业资本保值增值信息

编制所有者权益变动表体现了企业所有者权益和受托责任日益受到重视。所有者权益变动表实质上是对企业“剩余价值”的计量，反映了企业资本保值增值的结果以及对企业债权人的保障程度。股东权益增减变动应符合企业价值最大化的财务管理目标以及财务报表分析目标的要求。通过该表，可以增强对企业资本保值增值过程和结果的分析，识别并理清报表期间所有者权益各个项目的变动规模与结构，判断其变动的趋势性、合法性与合理性，从而准确理解所有者权益增减变动的根源。该表能够准确反映企业的“剩余价值”，以及企业通过资本运营实现的资本保值增值的结果，有助于会计信息使用者对股东“剩余价值”的质量进行评价。更重要的是，它为信息使用者提供了股东价值是否增长及其原因的全面信息。

同时，所有者权益变动表还可以反映股权分置、股利分配、再筹资等财务政策对所有者权益的影响。财务报表分析者通过深入了解企业自有资本的经营状况，结合对企业其他报表与附注的分析，并考虑企业所处的生命周期阶段、行业特点、经营环境以及自身的资源与能力，可以评估自有资本管理活动的效率与效果，进而恰当地评价企业资本保值增值活动的成果。

---

① 钟永圣．中国经典经济学．2版．北京：中国财政经济出版社，2023：196.

二、有助于分析和评价企业全面收益信息

所有者权益变动表中的综合收益总额，能够提供净利润和其他综合收益信息，进而提供了全面收益信息。这一指标能够客观反映企业全面收益的构成情况，提高企业盈利信息的透明度，减少企业利润操纵空间，为保护投资者利益和资本市场健康发展提供保障。全面收益信息将企业当期的经营成果与资本利得相结合，不仅能对资产负债表信息进行补充，还能揭示企业利润分配的去向和金额，为利润表提供辅助信息，使所有者权益变动表成为资产负债表与利润表之间的桥梁。

三、有助于进一步提高企业会计信息的相关性

所有者权益变动表突出反映了会计政策变更和前期差错更正对所有者权益本年年初余额的影响，这一特性增强了财务报表信息的相关性。此外，所有者权益变动表与资产负债表、利润表之间存在较强的关联性，使得企业的财务报表体系更趋全面、完整。通过对所有者权益变动表的分析，可以将这三张主表紧密结合起来，不仅能对企业自有资本运作进行评价，还能结合资本结构及其经营效率，更深入地揭示企业的发展潜力，从而获得与投资、信贷、监管及其他经济决策相关的信息，对企业未来发展潜力与潜在风险做出更有效的预测和判断，为信息使用者提供更具决策价值的信息。

第一节
即测即评

第二节 所有者权益变动表整体分析

所有者权益变动表整体分析，包括所有者权益变动表水平分析、所有者权益变动表结构分析和以问题为导向的所有者权益变动原因分析。

一、所有者权益变动表水平分析

（一）所有者权益变动表水平分析的含义

所有者权益变动表水平分析，是指采用水平分析方法，将所有者权益各个项目的报告期数与基期数进行对比，分析企业所有者权益总额和各具体项目的增减变动情况、变动差异及变动原因，判断所有者权益各个项目变动的合理性与合法性，并结合企业自身的资源状况、环境条件、优势及产业背景等分析企业资本保值增值情况，以及存在的主要问题，借以进行相关决策的过程。实际上，所有者权益变动表本身就是水平分析表，只是缺少变动率项目，在分析时需要予以补充。

（二）所有者权益变动表水平分析表的编制和分析

党的二十大报告强调，“必须坚持问题导向”“增强问题意识”“不断提出真正解决问题的新理念新思路新办法”。根据宇通客车年度报告信息，编制 2022 年合并所有者权益变动表水平分析表，如表 3－1 所示。

由表 3－1 可知，宇通客车 2022 年所有者权益减少 74 703 万元，降幅为 4.87%。其中，归属于母公司股东权益减少 74 601 万元，降幅为 4.90%；少数股东权益减少 102 万元，降幅为 0.82%。这些数据表明，归属于母公司股东权益变动是导致所有者权益下降的主要原因。从所有者权益构成项目来看，除盈余公积增加 8 924 万元，增幅为 3.03%；库存股减少 34 245 万元，降幅为 100%以外，其他项目均有不同程度的减少。其中，其他综合收益减少 49 889 万元，降幅最大达 66.24%；未分配利润减少 33 613 万元、资本公积减少 29 346 万元，这些都是导致所有者权益下降的主要因素，也是造成宇通客车 2022 年资本贬值的主要原因。

二、所有者权益变动表结构分析

（一）所有者权益变动表结构分析的含义

所有者权益变动表结构分析，是对所有者权益变动表中各项目的变动额占所有者权益变动总额的比重，以及所有者权益各项目的期初结构和期末结构进行分析，从而揭示企业所有者权益内部结构的状况，从静态角度判断所有者权益变动表项目构成的合理性，以及从动态角度判断不同时期所有者权益内部结构及其合理性。在此基础上，结合企业与所属行业的特点，分析所有者权益各项目的变动原因，并评价企业所有者权益各项目的重要性等。

（二）所有者权益变动表结构分析表的编制和分析

根据宇通客车年度报告信息，编制 2022 年合并所有者权益变动表结构分析表，如表 3－2 所示。

由表 3－2 可知，在宇通客车 2022 年所有者权益变动表各项目年初、年末结构中，归属于母公司所有者权益占比均在 99%以上。其中，未分配利润占比最高，均在 50%以上，其次是盈余公积，占比在 20%左右，说明在宇通客车归属于母公司所有者权益中，留存收益所占比重高达 71.97%（20.81%＋51.16%），企业所有者权益主要来源于自身盈利；实收资本（或股本）和资本公积占比分别在 15%和 10%左右，说明在归属于母公司所有者权益中，依靠筹资“输血”形成的实收资本（或股本）和资本公积占比为 25.41%（15.17%＋10.24%）；其他项目占比较小，均低于 5%。可见，宇通客车所有者权益以归属于母公司所有者权益为主，且主要依靠企业自身盈利；少数股东权益占比极低，不足 1%。

从本年增减变动构成比重来看，宇通公司的所有者权益变动以归属于母公司所有者权益为主，占比为 99.86%。其中，其他综合收益占比最高，达到 66.78%，其

表 3-1　2022 年宇通客车合并所有者权益变动表水平分析表

金额单位：万元

项目	归属于母公司所有者权益								少数股东权益	所有者权益合计
	实收资本（或股本）	资本公积	减：库存股	其他综合收益	专项储备	盈余公积	未分配利润	小计		
一、上年年末余额	226 293	178 791	34 245	75 319	539	294 892	780 275	1 521 864	12 448	1 534 312
加：会计政策变更	—	—	—	—	—	—	—	—	—	—
前期差错更正	—	—	—	—	—	—	—	—	—	—
二、本年年初余额	226 293	178 791	34 245	75 319	539	294 892	780 275	1 521 864	12 448	1 534 312
三、本年增减变动金额	−4 899	−29 346	−34 245	−49 889	−23	8 924	−33 613	−74 601	−102	−74 703
（一）综合收益总额		—	—	−39 686	—	—	75 914	36 228	866	37 094
（二）所有者投入和减少资本	−4 899	−29 346	−34 245	—	—	—	—	—	—	—
1. 所有者投入的普通股	−4 899	−29 346	−34 245	—	—	—	—	—	—	—
（三）利润分配	—	—	—	—	—	8 072	−118 812	−110 740	−969	−111 709
1. 提取盈余公积	—	—	—	—	—	8 072	−8 072	—	—	—
2. 对所有者（或股东）的分配	—	—	—	—	—	—	−110 697	−110 697	−989	−111 686
3. 其他	—	—	—	—	—	—	−43	−43	20	−23
（四）所有者权益内部结转	—	—	—	−10 203	—	851	9 352	—	—	—
1. 其他综合收益结转留存收益	—	—	—	−10 203	—	851	9 352	—	—	—
（五）专项储备	—	—	—	—	−23	—	—	−23	—	−23
1. 本期提取	—	—	—	—	1 620	—	—	1 620	—	1 620
2. 本期使用	—	—	—	—	1 643	—	—	1 643	—	1 643
（六）其他	—	—	—	—	—	—	−67	−67	—	−67
四、本年年末余额	221 394	149 445	—	25 430	515	303 816	746 663	1 447 263	12 346	1 459 609
五、本年增减变动率（%）	−2.16	−16.41	−100.00	−66.24	−4.27	3.03	−4.31	−4.90	−0.82	−4.87

注：本年增减变动金额＝本年年末余额－本年年初余额；本年增减变动率＝各项目本年增减变动金额÷各项目本年年初余额×100%。

表 3-2　2022 年宇通客车合并所有者权益变动表结构分析表

金额单位：万元

项目	归属于母公司所有者权益								少数股东权益	所有者权益合计
	实收资本（或股本）	资本公积	减：库存股	其他综合收益	专项储备	盈余公积	未分配利润	小计		
一、本年年初余额	226 293	178 791	34 245	75 319	539	294 892	780 275	1 521 864	12 448	1 534 312
二、本年年末余额	221 394	149 445	—	25 430	515	303 816	746 663	1 447 263	12 346	1 459 609
三、本年增减变动金额	−4 899	−29 346	−34 245	−49 889	−23	8 924	−33 613	−74 601	−102	−74 703
四、本年增减变动构成比重（%）	6.56	39.28	45.84	66.78	0.03	−11.95	45.00	99.86	0.14	100.00
五、本年年初结构（%）	14.75	11.65	2.23	4.91	0.04	19.22	50.86	99.19	0.81	100.00
六、本年年末结构（%）	15.17	10.24	—	1.74	0.04	20.81	51.16	99.15	0.85	100.00
七、本年结构变动情况（%）	0.42	−1.41	−2.23	−3.17	—	1.59	0.30	−0.04	0.04	—

注：本年增减变动构成比重（%）=各项目本年增减变动金额÷本年增减变动金额所有者权益合计（−74 703 万元）×100%；本年年初结构（%）=各项目本年年初余额÷本年年初余额所有者权益合计（1 534 312 万元）×100%；本年年末结构（%）=各项目本年年末余额÷本年年末余额所有者权益合计（1 459 609 万元）×100%；本年结构变动情况（%）=本年年末结构−本年年初结构。

大幅下降是导致宇通客车2022年归属于母公司所有者权益减少的最重要原因，但该项目占比不足5%，需关注其是否具有持续性（因为其他综合收益属于利得，具有偶然性）；未分配利润占比为45%，是影响所有者权益变动的重要因素；资本公积占比为39.28%，也占据了所有者权益变动的较大分额。此外，盈余公积占比为-11.95%，库存股占比为45.84%，这两个项目在本年增减变动构成比重中属于抵减项目，是导致归属于母公司所有者权益增加的因素。少数股东权益占比仅为0.14%，几乎可以忽略不计。

此外，在表3-2的最后一行，我们运用结构分析法与水平分析法相结合的方式，反映了本年所有者权益结构的变动情况。从数据中可以看出，宇通客车2022年所有者权益变动表各项目本年结构变动均在4%以下，占比最高的三个项目，即未分配利润、盈余公积和实收资本（或股本）相比上年占比均略有增加。

三、以问题为导向的所有者权益变动原因分析

（一）寻找问题的切入点

2022年宇通客车所有者权益总额减少是偶然现象，还是一种趋势，仅凭一年的水平分析难以得出确切结论。因此，需要分析2012—2022年宇通客车所有者权益及其变动率的趋势（见图3-1）。从图3-1中的数据可以看出，宇通客车的所有者权益在2012—2019年逐年增加，变动率均为正值，且在5%～30%之间波动。其中，2013年和2015年所有者权益变动率较高，均在19%以上；2016年有明显下降，为5.72%，随后几年总体呈波浪式下滑趋势。从2020年开始，所有者权益逐年减少，变动率也由正转负，2020年降幅最大达到12.73%。

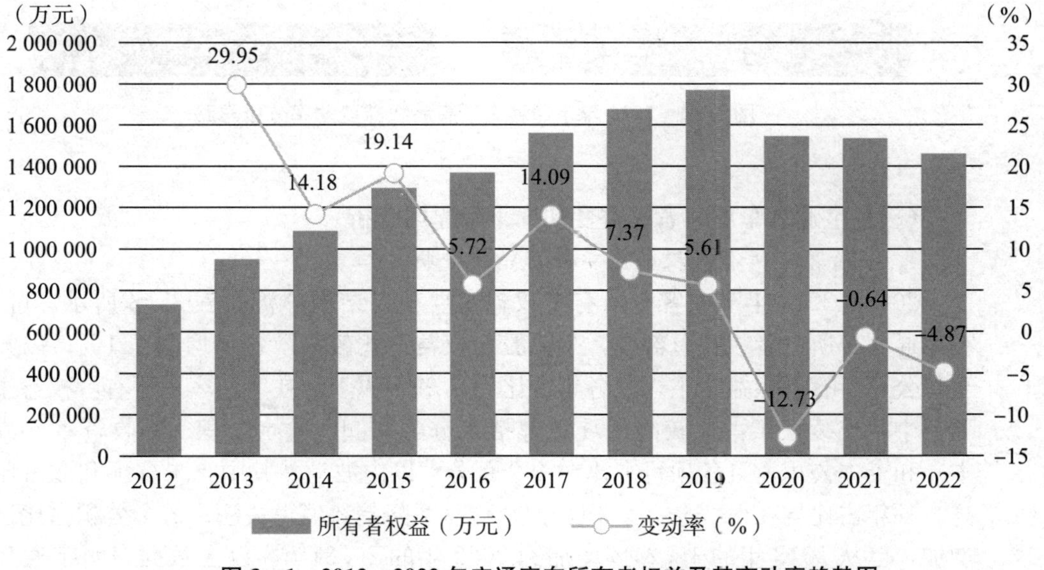

图3-1　2012—2022年宇通客车所有者权益及其变动率趋势图

2016年宇通客车所有权益变动率分析思路及所有者权益主要项目结构分析

如果单独分析宇通客车2020年以前任何一年的所有者权益变动情况，均可以得出变动额和变动率同时增加、资本实现增值的结论。但通过上述趋势分析，不难发现宇通客车所有者权益变动率总体呈波浪式下降趋势，特别是2014年、2016年和2020年降幅都在13个百分点以上，它们是宇通客车财务状况变化的关键转折点。因此，在进行财务报表分析时，一定要将绝对数分析和相对数分析相结合，静态分析和动态分析相结合，趋势分析要有足够的时间长度；在分析中发现问题，以发现的异常点、关键点为主要线索，并带着问题进一步探索，由表及里，步步深入，从而设计出更加合理、有效的分析思路和分析内容。

（二）抓住关键点构建分析思路

为了确保分析的时效性，以2022年为核心，层层递进地构建分析思路，具体如图3-2所示。

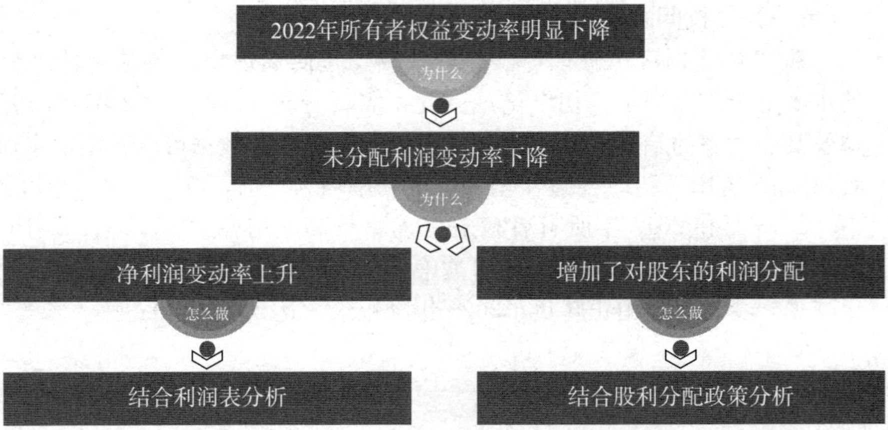

图3-2　2022年宇通客车所有者权益变动率分析思路

（三）宇通客车所有者权益变动率下降原因分析

1. 宇通客车所有者权益主要项目结构分析

2018—2022年宇通客车所有者权益主要项目结构分析如表3-3所示。可知，在宇通客车所有者权益总额中，少数股东权益占比较小，各年均低于1%；以归属于母公司所有者权益为主，其各年占比均在99%以上。在宇通客车所有者权益主要项目中，连续五年占比较高的项目包括未分配利润、盈余公积、实收资本（或股本）和资本公积，且各项目占比在4个百分点以内波动。其中，未分配利润占比最高，各年占比均在50%以上，但占比总体呈下降趋势值得关注；盈余公积占比逐年增加，已从2018年的15.24%增加到2022年的20.81%。以上数据表明宇通客车所有者权益各项目结构较为稳定，利润积累具有一定的稳健性。

表 3-3　2018—2022 年宇通客车所有者权益主要项目结构分析表

项目		占比（%）					占比变动（%）			
		2022 年	2021 年	2020 年	2019 年	2018 年	2021—2022 年	2020—2021 年	2019—2020 年	2018—2019 年
归属于母公司所有者权益	实收资本（或股本）	15.17	14.75	14.34	12.51	13.21	0.42	0.41	1.83	−0.70
	其他权益工具	0.00	0.00	0.00	5.65	5.97	0.00	0.00	−5.65	−0.32
	资本公积	10.24	11.65	8.23	7.30	7.63	−1.41	3.42	0.93	−0.33
	减：库存股	0.00	2.23	0.00	0.00	0.00	−2.23	2.23	0.00	0.00
	其他综合收益	1.74	4.91	4.12	0.55	0.00	−3.17	0.79	3.57	0.55
	专项储备	0.04	0.04	0.04	0.02	0.02	0.00	0.00	0.02	0.00
	盈余公积	20.81	19.22	18.20	15.46	15.24	1.59	1.02	2.74	0.22
	未分配利润	51.16	50.86	54.38	57.71	57.24	0.30	−3.52	−3.33	0.47
	小计	99.15	99.19	99.29	99.21	99.31	−0.04	−0.10	0.08	−0.10
少数股东权益		0.85	0.81	0.71	0.79	0.69	0.04	0.10	−0.08	0.10
所有者权益合计		100.00	100.00	100.00	100.00	100.00	—	—	—	—

2. 宇通客车所有者权益主要项目及其变动率分析

选取表 3-3 中宇通客车所有者权益中占比较高的实收资本（或股本）、盈余公积和未分配利润三个项目的 2012—2022 年数据，构建规模趋势图（见图 3-3）。可知，宇通客车的所有者权益与未分配利润总体变动趋势基本一致，且在 2012—2019 年逐年增加，但在 2016 年增势暂缓；从 2020 年开始均逐年减少。实收资本（或股本）和盈余公积总体变化相对较小，趋势平缓，但盈余公积呈逐年增加趋势。以上数据说明未分配利润是影响宇通客车所有者权益变化的主要因素。

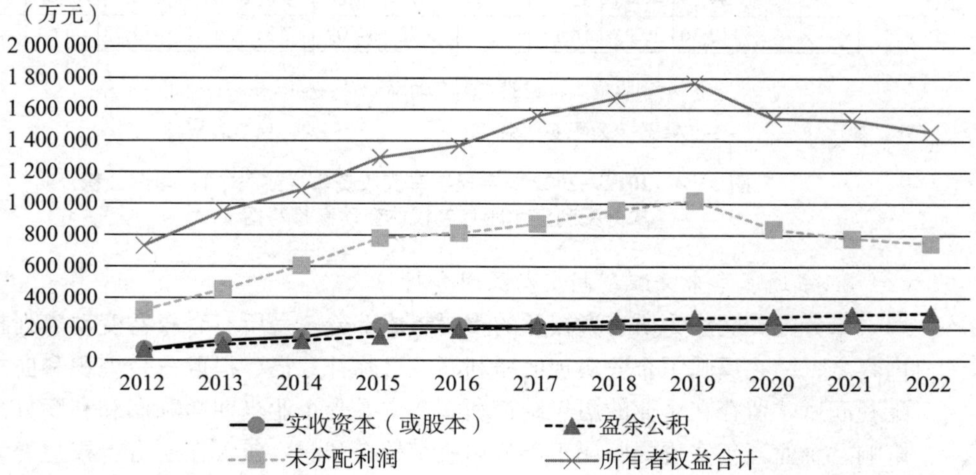

图 3-3　2012—2022 年宇通客车所有者权益主要项目规模趋势图

2012—2022年宇通客车所有者权益中占比较大的三个项目——实收资本（或股本）、盈余公积和未分配利润的变动率趋势如图3-4所示。可知，三个项目的变动率总体呈波浪式下滑趋势。其中，实收资本（或股本）在2016—2020年未发生变动，变动率为0。盈余公积变动率在2013年较高，但在此之后至2016年相对较平稳，且均在23%以上；从2017年开始明显下降，从两位数的16.55%下降到2018年以后的个位数，2020年变动率降至最低，仅为2.75%，这与净利润变动率趋势完全吻合（见图4-2），说明随着净利润的逐年下降，尽管盈余公积提取额在逐年增加，但增幅总体呈下降趋势。未分配利润变动率在2012—2015年逐年下滑，但各年均在29%以上；2016年呈断崖式下滑，由两位数直接降到4.18%，降幅接近25个百分点；2020年因突发新冠疫情，变动率由正转负，降幅高达17.78%。可见，未分配利润变动率与所有者权益变动率总体趋势基本一致，未分配利润变动是影响所有者权益变动的最主要原因。那么，导致未分配利润变动的原因又是什么呢？

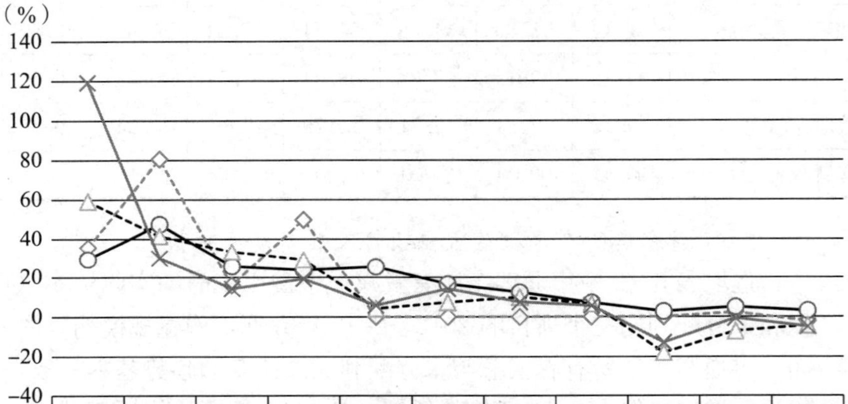

	2012	2013	2014	2015	2016	2017	2018	2019	2020	2021	2022
--◇--	35.66	80.59	15.99	49.86	0.00	0.00	0.00	0.00	0.00	2.21	−2.16
—○—	29.36	47.62	25.68	23.81	25.49	16.55	12.30	7.09	2.75	4.94	3.03
--△--	59.29	41.48	33.32	29.11	4.18	7.28	9.85	6.49	−17.78	−7.08	−4.31
—×—	119.30	29.95	14.18	19.14	5.72	14.09	7.37	5.61	−12.73	−0.64	−4.87

--◇-- 实收资本（或股本）变动率　--△-- 未分配利润变动率

—○— 盈余公积变动率　—×— 所有者权益变动率

图3-4　2012—2022年宇通客车实收资本（或股本）、盈余公积、未分配利润和所有者权益变动率趋势图

3. 宇通客车未分配利润变动原因分析

未分配利润作为所有者权益的重要组成部分，是所有者权益变动表列报的主要内容之一。它反映了企业实现的净利润经过弥补亏损、提取盈余公积和向投资者分配利润后，留存在企业的历年结存利润，主要受企业当期净利润和利润分配政策的影响。企业当年实现的归属于母公司股东的净利润，包含在所有者权益变动表纵向栏“综合收益总额”项目中，并与横向栏归属于母公司所有者权益项目下的“未分配利润”项目相对应。

（1）宇通客车净利润和未分配利润关系分析。2012—2022 年宇通客车净利润和未分配利润的变动额及变动率对比如图 3－5 所示。可知，2012—2019 年未分配利润绝对额一直呈增长趋势，变动率均为正值。2016 年是一个关键时点，2016 年以前未分配利润变动额逐年增加，但变动率逐年下降，且大部分年份在 30％以上；而净利润变动额和变动率均呈波浪式变动。到了 2016 年，净利润变动率和未分配利润变动率均明显下降，同比分别下降 20.91 个百分点和 24.93 个百分点。2016 年以后，除 2020 年以外两者趋势出现明显背离，2017—2019 年宇通客车净利润一路下滑，各年的变动额和变动率均为负值；而未分配利润变动额和变动率均为正值，但相比之前年份均有明显下滑，各年的变动率均在 10％以内。2020 年两个项目的变动额和变动率均为负值，且均达到了历史低谷，未分配利润减少了 181 542 万元，甚至超过了净利润的减少额，是未分配利润变动率由正转负的关键节点，降幅高达 17.78％。2020 年以后，宇通客车的未分配利润与净利润变动趋势完全相反，说明未分配利润除了受净利润影响，还受其他因素的影响。关于净利润及其变动的原因，详见第四章利润表分析。而未分配利润的变动，除受净利润的影响外，还受企业股利政策的影响。

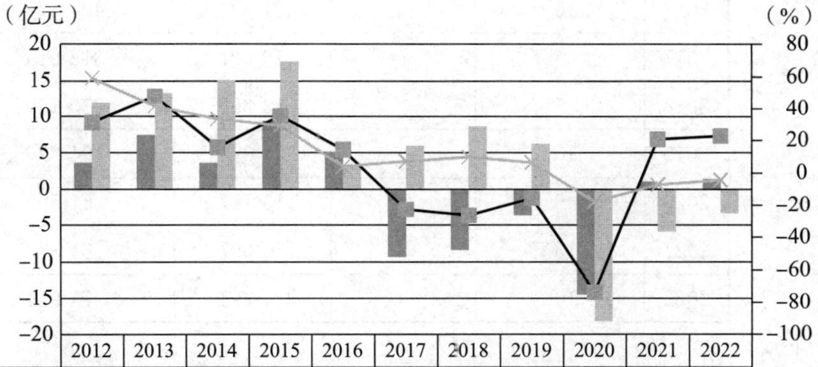

	2012	2013	2014	2015	2016	2017	2018	2019	2020	2021	2022
净利润变动额（亿元）	3.67	7.41	3.62	9.35	5.15	−9.34	−8.39	−3.64	−14.40	1.07	1.42
未分配利润变动额（亿元）	11.94	13.31	15.12	17.61	3.26	5.92	8.60	6.22	−18.10	−5.94	−3.36
净利润变动率（%）	31.07	47.82	15.79	35.25	14.34	−22.78	−26.50	−15.62	−73.63	20.74	22.75
未分配利润变动率（%）	59.29	41.48	33.32	29.11	4.18	7.28	9.85	6.49	−17.78	−7.08	−4.31

图 3－5　2012—2022 年宇通客车净利润和未分配利润变动额及变动率对比图

（2）宇通客车利润分配政策和净利润关系分析。2012—2022 年宇通客车利润分配方案如表 3－4 所示，现金分红与净利润的关系如图 3－6 所示。可知，宇通客车历来重视对股东的利润分配，除 2013 年以外，现金分红占比均在 30％以上。自 2017 年以来，宇通客车在归属于上市公司普通股股东的净利润明显下降的情况下，依然增加现金分红金额。特别是从 2019 年开始，现金分红占比均超过 110％，这意味着公司不仅将当年的净利润全部分配给股东，还需要动用期初未分配利润来支持分红，从而导致期末未分配利润减少。2020 年宇通客车在净利润严重下滑的背景下，依然保持了与 2017—2018 年相同的利润分配政策，现金分红约为当年净利润的 2.19 倍。尽管 2022 年归属于上市公司普通股股东净利润略有回升，但现金分红占比高达 291.64%。值得注意的是，2020—2022 年宇通客车的净利润每年都在增加，且增幅均在 20%以上，但这些增长并未使利润规模达到 2017—2019 年的水平，然而各年现金分红却与 2017—2019 年基本保持一致。虽然高派现会受到投资者的追捧，但宇通客车将 100%以上的利润用于现金分红这一做法是否合适，值得深入分析。

表 3-4　2012—2022 年宇通客车利润分配方案表　　金额单位：万元

分红年度	每 10 股派息数（元，含税）	每 10 股转增数（股）	现金分红金额（含税）	合并报表中归属于上市公司普通股股东净利润	占合并报表中归属于上市公司普通股股东净利润的比重（%）
2012	7	8	49 370	154 972	31.86
2013	5		63 685	226 296	28.14
2014	10	5	147 733	261 262	56.55
2015	15		332 091	353 522	93.94
2016	10		221 394	404 375	54.75
2017	5		110 697	312 919	35.38
2018	5		110 697	230 149	48.10
2019	10		221 394	194 226	113.99
2020	5		113 147	51 599	219.28
2021	5		110 697	61 379	180.35
2022	10		221 394	75 914	291.64

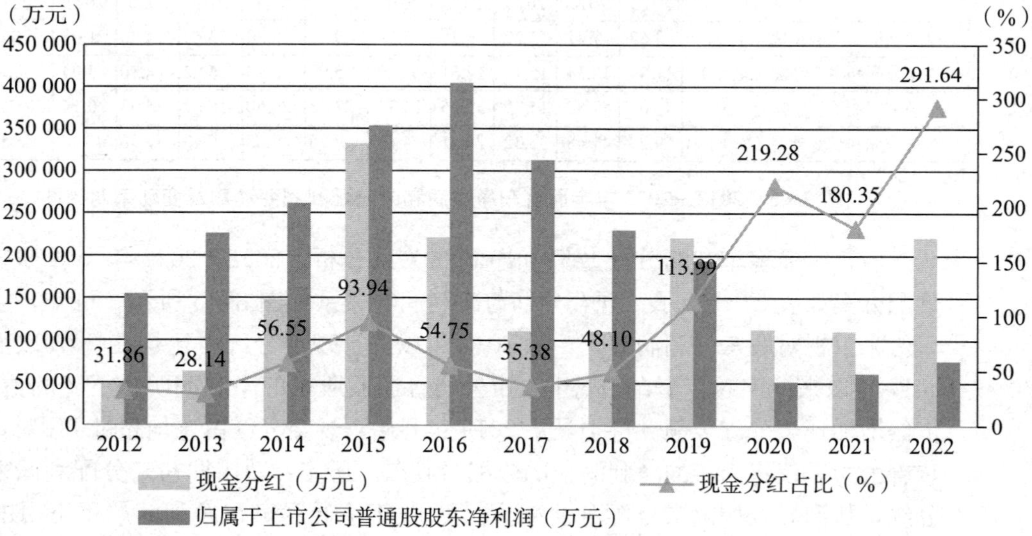

图 3-6　2012—2022 年宇通客车现金分红与净利润关系图

(3) 2016年宇通客车未分配利润变动原因分析。2016年宇通客车未分配利润水平分析如表3-5所示。可知，宇通客车期初未分配利润变动额为176 148万元，变动率为29.11%，这说明宇通客车在之前的经营中积累了雄厚的财务基础。2016年宇通客车的净利润增加50 853万元，增幅为14.38%，远低于应付普通股股利的增加额（184 358万元）及其增幅（124.79%），但其在提取法定盈余公积和支付应付普通股股利之后依然还有剩余，导致期末未分配利润高于年初。然而，期末未分配利润变动额和变动率相比期初均大幅下降，变动率降至4.18%，主要原因是应付普通股股利大幅增加，这说明了股利分配政策对未分配利润以及所有者权益影响巨大。

表3-5　2016年宇通客车未分配利润水平分析表　　金额单位：万元

项目	2016年	2015年	变动额	变动率（%）
期初未分配利润	781 205	605 057	176 148	29.11
加：本期归属于母公司所有者的净利润	404 375	353 522	50 853	14.38
减：提取法定盈余公积	39 634	29 899	9 735	32.56
应付普通股股利	332 091	147 733	184 358	124.79
转作股本的普通股股利以前年度分配股利转回	0	258	−258	−100.00
期末未分配利润	813 855	781 205	32 650	4.18

结合现金流量表分析中得出的结论，宇通客车在2016年前后的投资活动现金流出减少。同时，利润表和资产负债表分析也表明，宇通客车营业收入产生经营活动现金能力较强，营业收入质量较高，且持有较多的货币资金，这为发放现金股利提供了充足的资金支持。

(4) 2020年宇通客车未分配利润变动原因分析。2020年是宇通客车未分配利润变动率由正转负的关键时点，其未分配利润水平分析如表3-6所示。可知，2020年宇通客车期初未分配利润同比增加60 196万元，增幅为6.26%；期末未分配利润同比减少181 543万元，降幅为17.78%。出现这一显著变化的主要原因是归属于母公司所有者的净利润同比减少142 627万元，降幅为73.43%；应付普通股股利同比增加110 697万元，增幅为100%。由于宇通客车2020年实现的净利润在提取法定盈余公积后不足以承担应付普通股股利，因此必须借助期初未分配利润。与2019年相比，这些项目的变动幅度较大。综上所述，净利润的减少和应付普通股股利的增加，是导致宇通客车2020年期末未分配利润低于期初未分配利润的主要原因。

表3-6　2020年宇通客车未分配利润水平分析表　　金额单位：万元

项目	2020年	2019年	变动额	变动率(%)
期初未分配利润	1 021 248	961 052	60 196	6.26
加：本期归属于母公司所有者的净利润	51 599	194 226	−142 627	−73.43

续表

项目	2020年	2019年	变动额	变动率(%)
减：提取法定盈余公积	7 752	17 876	−10 124	−56.63
应付普通股股利	221 394	110 697	110 697	100.00
其他利润分配	5 500	5 500	0	0.00
其他综合收益结转留存收益	−1 631	−43	−1 588	−3 693.02
其他	127	0	127	
期末未分配利润	839 705	1 021 248	−181 543	−17.78

（5）2022年宇通客车未分配利润变动原因分析。2022年宇通客车未分配利润与净利润变动趋势完全相反，其未分配利润水平分析如表3-7所示。可知，2022年期初未分配利润同比减少59 431万元，降幅为7.08%。尽管如此，在本年度内，归属于母公司所有者的净利润和其他综合收益结转留存收益的增加、提取法定盈余公积的减少，都是导致期末未分配利润增加的有利因素。此外，应付普通股股利期末与期初金额相同，没有变化。综合以上因素，期末未分配利润同比减少33 612万元，降幅为4.31%。结合表3-6可以发现，从2020年开始宇通客车的期末未分配利润连续三年低于期初未分配利润，未分配利润变动率持续为负值。这表明尽管公司在某些年份实现了净利润的增长，但这些增长无法承担企业的高额股利分配，必须依靠之前未分配利润的积累。而期初未分配利润减少和持续高股利分配政策是导致宇通客车期末未分配利润变动率下降的主要原因。

表3-7　2022年宇通客车未分配利润水平分析表　　金额单位：万元

项目	2022年	2021年	变动额	变动率（%）
期初未分配利润	780 275	839 706	−59 431	−7.08
加：本期归属于母公司所有者的净利润	75 914	61 379	14 535	23.68
减：提取法定盈余公积	8 924	13 578	−4 654	−34.28
应付普通股股利	110 697	110 697	0	0.00
其他利润分配	43		43	—
其他综合收益结转留存收益	−10 203	−4 180	−6 023	144.09
其他	67	713	−646	−90.60
期末未分配利润	746 661	780 277	−33 616	−4.31

综上所述，2020年以前，宇通客车所有者权益增加的主要原因是未分配利润增加，而未分配利润增加主要源于净利润增加，这说明宇通客车经营业绩好，资本保值增值能力较强。所有者权益增加又是影响企业资产变动的主要原因，这表明企业经营状况良好，财务风险小，整体实力较强。从2020年开始，宇通客车所有者权益逐年减少的主要原因是未分配利润减少，而未分配利润减少主要源于净利润整

体规模较以前年度的大幅下滑，同时各年现金分红均在当年净利润的 1.8 倍以上。

通过以上分析，可以发现无论当年净利润水平如何，宇通客车在面临突发事件和外部环境冲击时，依然秉持连贯的高派现股利政策，这一方面说明企业信誉度较高、经营稳健、净利润质量高、现金流充沛，同时也传达出企业管理层对未来有信心和对股东回馈的高度重视；但另一方面，这也引发了我们对于宇通客车作为客车行业的龙头企业，是否应将更多的资本积累用于生产经营等方面的思考。

（四）客车行业企业所有者权益变动率下降原因分析

（1）客车行业企业所有者权益总额对比分析。2012—2022 年四家客车企业所有者权益总额对比如图 3－7 所示。可知，宇通客车作为客车行业的龙头企业，在所有者权益总额上始终保持较明显的领先优势，且与排名第二的金龙汽车之间的差距较大。中通客车和安凯客车的所有者权益规模较小，与宇通客车和金龙汽车存在明显差距。从 2020 年开始，这四家企业的所有者权益总额呈减少趋势，排名末位的安凯客车尤其明显。

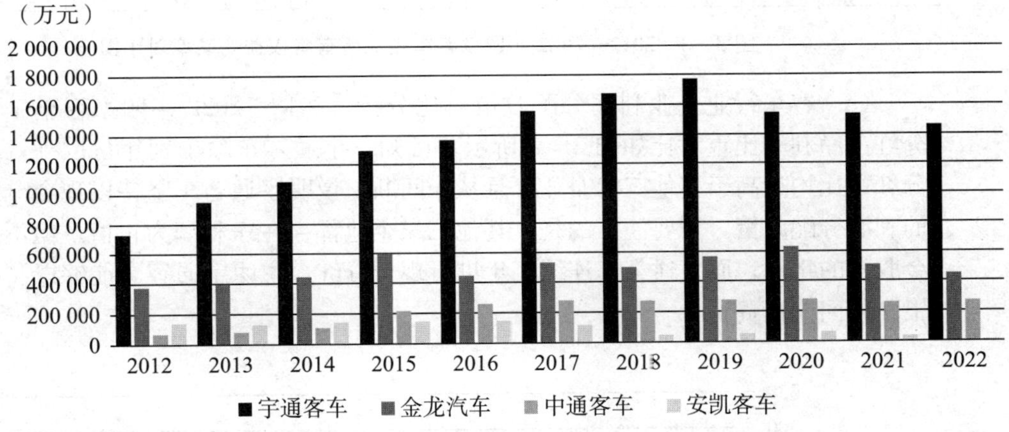

图 3－7　2012—2022 年四家客车企业所有者权益总额对比图

（2）客车行业企业所有者权益变动率对比分析。2012—2022 年四家客车企业所有者权益变动率对比如图 3－8 所示。可知，2018 年以前，宇通客车和中通客车的所有者权益变动率虽然有所波动但均为正值，说明这两家企业的资本一直在增值；金龙汽车和安凯客车在个别年份的所有者权益变动率为负值，显示出其资本增值具有不稳定性。2018 年只有宇通客车的所有者权益变动率为正值，而安凯客车降幅最大，高达 60.16％；2020 年只有宇通客车的所有者权益变动率为负值，降幅为 12.73％，且在四家企业中变动率最低。综合分析其原因：一是 2020 年新冠疫情突发对客车行业冲击较大，导致宇通客车的净利润大幅下滑；二是在净利润下滑的同时，宇通客车仍然以历史最高现金分红占比（214.53％）发放现金股利，导致未分配利润变动率和所有者权益变动率均首次由正转负。2020 年以后，四家企业的所有者权益变动率基本均为负值，其中，宇通客车和中通客车降幅相对较小，安凯客车降幅最大且波动幅度也最大，这说明四家企业均存在不同程度的资本贬值问题，应予以重视。

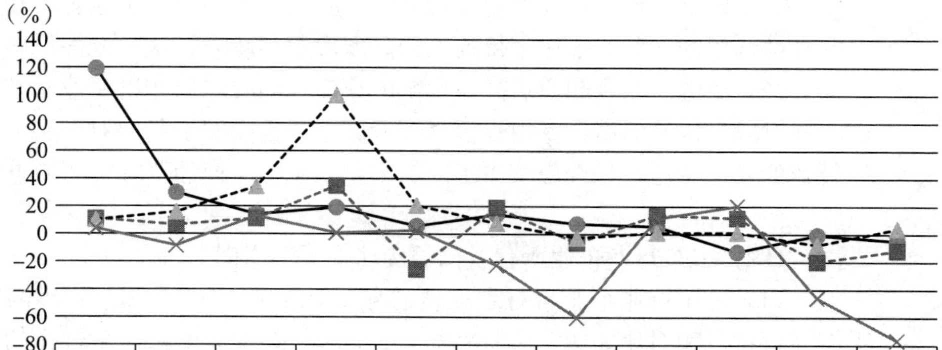

	2012	2013	2014	2015	2016	2017	2018	2019	2020	2021	2022
宇通客车	119.30	29.95	14.18	19.14	5.72	14.09	7.37	5.61	−12.73	−0.64	−4.87
金龙汽车	11.02	6.43	11.07	34.94	−25.54	19.16	−6.33	13.88	11.78	−19.72	−11.73
中通客车	10.07	15.75	34.27	99.95	20.66	7.71	−2.65	1.02	1.20	−7.66	4.04
安凯客车	3.99	−8.57	12.92	0.70	2.39	−22.52	−60.16	11.39	20.40	−45.91	−76.46

图3－8　2012—2022年四家客车企业所有者权益变动率对比图

（3）客车行业企业利润分配政策对比分析。2012—2022年四家客车企业现金分红占净利润比重对比如图3－9所示。可知，宇通客车除个别年份以外，其现金分红占比均远高于其他三家企业，且从未间断，说明宇通客车坚持以现金分红为主的利润分配政策。需要注意的是，其他三家企业都存在净利润为正值，但不分配现金股利的年份；而宇通客车连续多年进行现金分红，说明宇通客车能够以“真金白银”来回馈投资者。

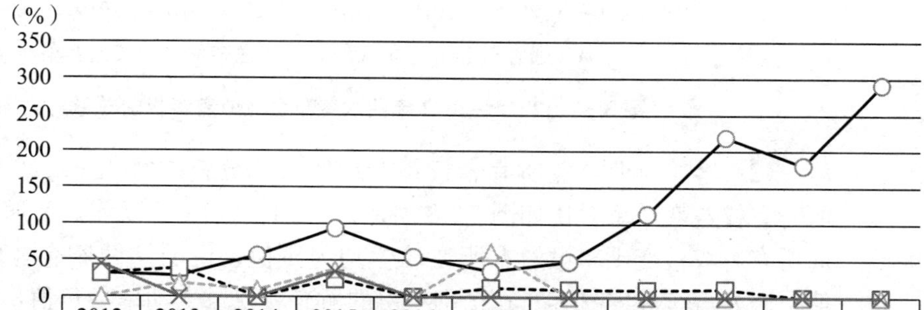

	2012	2013	2014	2015	2016	2017	2018	2019	2020	2021	2022
宇通客车	31.86	28.14	56.55	93.94	54.75	35.38	48.10	113.99	219.28	180.35	291.64
金龙汽车	31.66	38.55	0.00	23.81	0.00	12.67	10.31	9.88	11.24	0.00	0.00
中通客车	0.00	18.26	9.38	37.12	0.00	62.02	0.00	0.00	0.00	0.00	0.00
安凯客车	44.35	0.00	0.00	34.57	0.00	0.00	0.00	0.00	0.00	0.00	0.00

图3－9　2012—2022年四家客车企业现金分红占净利润比重对比图

巴菲特的投资“三要三不要”理念之一就是：要投资那些始终把股东利益放在首位的企业。事实上，巴菲特也总是青睐那些经营稳健、讲究诚信、分红回报高的企业，以最大限度地规避股价波动，确保资本的保值增值。作为上市公司，只有一直坚持将股东利益放在首位，诚信经营，业绩优良，并持续回馈股东，才能在资本市场上获得更好的发展。

第二节
即测即评

第三节 所有者权益变动表项目分析

所有者权益变动表项目分析，是对组成所有者权益的各主要项目进行具体剖析与对比，分析其变动成因、变动的合理性与合法性。

一、从“上年年末余额”调整到“本年年初余额”项目分析

一般情况下，会计报表中本年年初余额应等于上年年末余额。但是，在所有者权益变动表中，上年年末余额与本年年初余额之间可能存在差异。这是因为，如果企业年度内发生会计政策变更和前期差错更正等事项，需要对上年所有者权益进行调整，即企业在上年年末余额的基础上，将会计政策变更和前期差错更正的影响金额，在所有者权益变动表中单独列示，从而将上年年末余额调整为本年年初余额，用公式表示为：上年年末余额＋会计政策变更＋前期差错更正＝本年年初余额。

(一)“会计政策变更”项目分析

会计政策变更旨在提供更可靠、更相关的会计信息，应当采用追溯调整法处理，即将会计政策变更累积影响数调整列报至前期最早期初留存收益，并相应调整其他相关项目的期初余额和列报前期披露的其他比较数据，但确定该项会计政策变更累积影响数不切实可行的除外。因此，会计政策变更将直接影响期初盈余公积和未分配利润，从而使所有者权益出现变动，变更的影响额在本项目中反映。同时，会计政策变更涉及相关的资产、负债项目的调整，将导致资产负债结构发生变化。为准确反映这些变化，需对相关项目的数额进行相应调整。所有者权益变动表详细列示了会计政策变更所带来的影响，这有助于分析者获得与决策相关的会计信息。

宇通客车在2012—2013年未发生会计政策变更，而在2014—2022年会计政策发生了多次变更，变更的具体内容及影响项目如表3-8所示。可知，除2019年以外，宇通客车其他各年的会计政策变更均未影响所有者权益变动表，在这些年份中，表中的上年年末余额均与本年年初余额相等。

表3-8　2014—2022年宇通客车会计政策变更内容表

年份	会计政策变更内容	影响项目
2014	根据新修订的《企业会计准则第2号——长期股权投资》，原成本法核算的对被投资单位不具有控制、共同控制或重大影响，并在活跃市场中没有报价、公允价值不能可靠计量的权益性投资重分类至“可供出售金融资产”科目	资产负债表：长期股权投资、可供出售金融资产
2017	将原计入“营业外收入”“营业外支出”下的非流动资产处置损益计入“资产处置收益”，并对可比期间的比较数据进行调整	利润表：资产处置收益、营业外收入
2017	与本公司日常活动相关的政府补助，计入“其他收益”，不再计入“营业外收入”	利润表：其他收益、营业外收入
2018	财政部于2018年6月15日发布了《关于修订印发2018年度一般企业财务报表格式的通知》（财会〔2018〕15号），对一般企业财务报表格式进行了修订，公司对财务报表格式进行相应变更，并对可比期间的比较数据进行了调整	资产负债表：应收票据、应收账款、应收股利、其他应收款等
2019	自2019年1月1日起执行财政部2017年修订的《企业会计准则第22号——金融工具确认和计量》《企业会计准则第23号——金融资产转移》《企业会计准则第24号——套期会计》《企业会计准则第37号——金融工具列报》	所有者权益变动表：其他综合收益、递延所得税负债、盈余公积、未分配利润
2019	自2019年6月10日起执行财政部2019年修订的《企业会计准则第7号——非货币性资产交换》，自2019年6月17日起执行财政部2019年修订的《企业会计准则第12号——债务重组》	该项会计政策变更采用未来适用法处理，对公司生产经营无影响
2020	自2020年1月1日起执行财政部2017年修订的《企业会计准则第14号——收入》	资产负债表：预收款项、合同负债、其他流动负债、其他应付款、预计负债； 利润表：营业收入、营业成本、销售费用、财务费用、所得税费用、净利润
2021	自2021年1月1日起执行财政部2018年修订的《企业会计准则第21号——租赁》，自2021年2月2日起执行财政部2021年发布的《企业会计准则解释第14号》	资产负债表：其他流动资产、使用权资产、租赁负债、递延所得税资产、递延所得税负债； 利润表：所得税费用
2022	公司自2022年1月1日起执行财政部2021年发布的《企业会计准则解释第15号》，自2022年12月13日起执行财政部2022年发布的《企业会计准则解释第16号》	—

由表3-8可知，宇通客车自2019年起执行财政部新修订的金融工具准则，于2019年1月1日将账面价值为148 916万元的可供出售金融资产，从原金融工具准则下的可供出售金融资产指定为以公允价值计量且其变动计入其他综合收益的金融资产，并在财务报表中列报为其他权益工具投资，这一变更直接影响了所有者权

益。2019 年宇通客车因会计政策变更导致所有者权益项目变动情况如表 3－9 所示。

表 3－9　2019 年宇通客车因会计政策变更导致所有者权益项目变动情况表

金额单位：万元

项目	其他综合收益	盈余公积	未分配利润	所有者权益合计
一、上年年末余额	68	255 388	959 051	1 675 617
加：会计政策变更	72	230	2 066	2 368
二、本年年初余额	140	255 618	961 117	1 677 985

由表 3－9 可知，宇通客车 2019 年相应调增其他综合收益 72 万元、盈余公积 230 万元、未分配利润 2 066 万元，导致所有者权益总额增加 2 368 万元，也使这三个项目本年年初余额与上年年末余额之间出现差异。

总之，无论何种原因引起的企业会计政策变更，均会导致企业不同会计年度之间的财务信息不可比，因此，财务报表分析者应予以特别关注。

（二）"前期差错更正"项目分析

前期差错是指由于没有运用或错误运用下列两种信息，从而对前期财务报表造成省略或错报：（1）编报前期财务报告时，预期能够取得并加以考虑的可靠信息；（2）前期财务报告批准报出时能够取得的可靠信息。分析时，应结合报表中的数据与附注中的注释综合分析差错产生的深层原因，结合企业的客观环境与行业情况考虑差错对其生产经营的影响。另外，企业为达到某些目的（如获得 IPO 资格或满足债务融资条件等），而通过前期差错更正实现盈余调整的行为屡见不鲜，因此，还应结合相关资料对所有者权益变动表进行全面深入分析，及时发现操纵和调整行为，以避免对企业资本保值增值能力和效果产生误解。

宇通客车 2012—2022 年年度报告均未披露会计差错的信息，这说明宇通客车在这 11 年间未发生会计差错，会计信息质量较高。

总之，会计政策变更和前期差错更正可能会导致所有者权益变动表中的"上年年末余额"与"本年年初余额"不一致，因此，对会计政策变更和前期差错更正累积影响数的分析十分重要，不仅要确定两者对企业财务状况和经营成果产生的影响，而且要揭示其中是否存在人为操纵或蓄意调整利润的行为，以准确评估会计信息的质量。

二、"本年增减变动金额"项目分析

能够引起所有者权益本年增减变动的因素主要有综合收益总额、所有者投入和减少资本、利润分配以及专项储备[①]等。这些因素之间存在以下关系：

① 如果高危行业企业按国家规定提取安全生产费，则应当在资产负债表中的所有者权益项下的"其他综合收益"项目与"盈余公积"项目之间增设"专项储备"项目，以反映企业提取的安全生产费期末余额。另外，参照合并资产负债表中"专项储备"项目的列示，也应在合并所有者权益变动表中单列该项目。

本年所有者权益变动额 = 综合收益总额 + 所有者投入资本 − 所有者减少资本 − 利润分配 + 专项储备

（一）“综合收益总额”项目分析

所有者权益变动表纵向栏之一的“综合收益总额”，是影响所有者权益本年增减变动金额的重要项目，包括净利润和其他综合收益两项内容。

1. 宇通客车综合收益变动情况分析

2012—2022年宇通客车综合收益及其变动率如图3-10所示。可知，宇通客车的综合收益总额在2012—2016年呈逐年增长的趋势，但变动率有较大波动，具体在14%～52%之间波动。从2017年开始，宇通客车的综合收益总额一路下滑，变动率也由正转负，且一直为负值。那么，宇通客车的综合收益主要来自哪里？是净利润，还是其他综合收益？为了更准确地了解宇通客车的综合收益状况，需要进一步分析综合收益的构成。

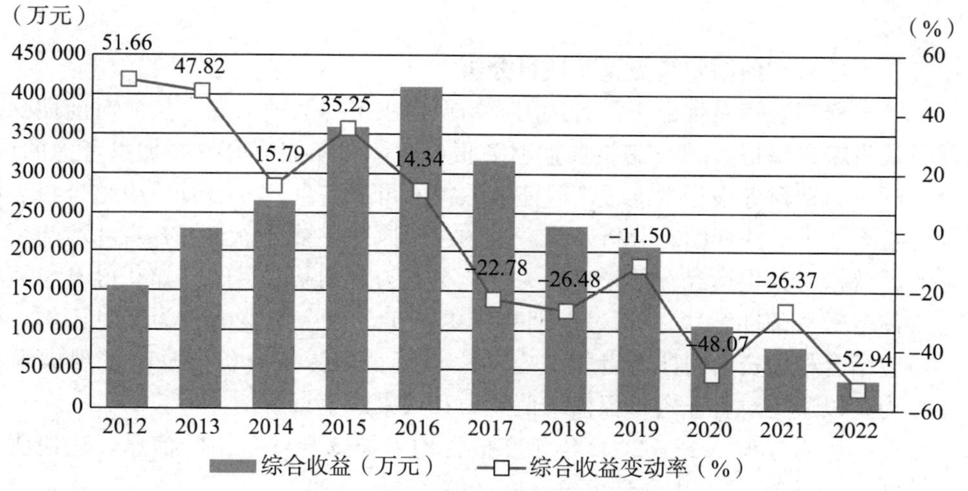

图3-10　2012—2022年宇通客车综合收益及其变动率趋势图

2. 宇通客车综合收益构成分析

2012—2022年宇通客车综合收益构成如图3-11所示。可知，2019年以前，宇通客车的综合收益主要由净利润构成。2019年以后，由于其他综合收益的增加以及净利润的大幅减少，共同导致净利润在综合收益中所占比重的下降，在2020—2021年尤其突出。这表明宇通客车综合收益的构成不再完全依赖于净利润。净利润不仅是企业经营成果的重要体现，还是资本增值或贬值的主要原因之一，但其他综合收益的影响也不容忽视。

3. 宇通客车综合收益和净利润关系分析

2012—2022年宇通客车净利润变动率与综合收益变动率对比如图3-12所示。可知，2019年以前，两者的变动趋势基本一致，说明宇通客车的综合收益主要受净利润变动的影响。从2019年开始，两者的变动趋势出现差异，说明在此期间综

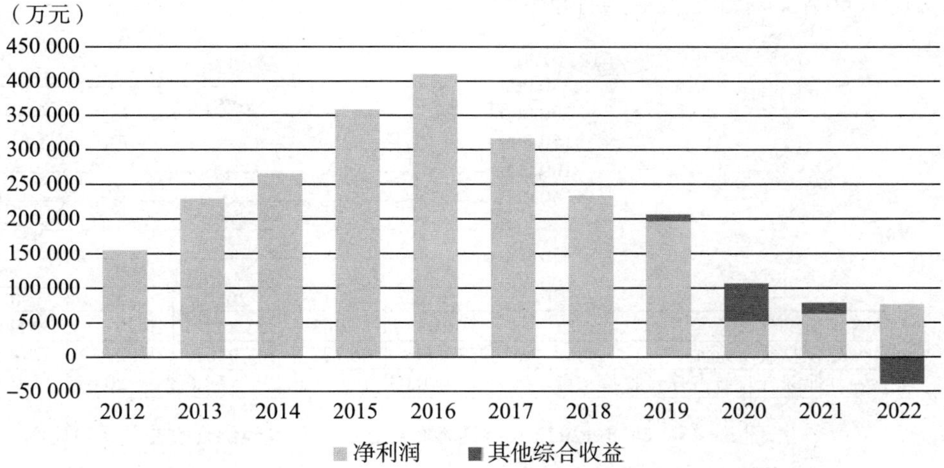

图 3-11 2012—2022 年宇通客车综合收益构成图

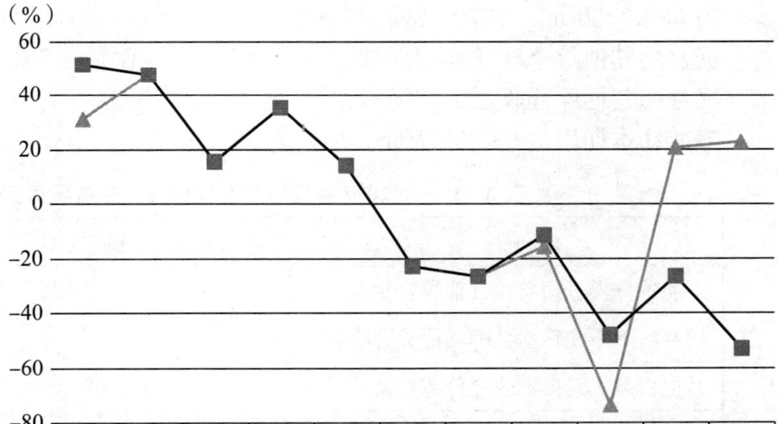

	2012	2013	2014	2015	2016	2017	2018	2019	2020	2021	2022
净利润变动率	31.07	47.82	15.79	35.25	14.34	−22.78	−26.50	−15.62	−73.63	20.74	22.75
综合收益变动率	51.66	47.82	15.79	35.25	14.34	−22.78	−26.48	−11.50	−48.07	−26.37	−52.94

图 3-12 2012—2022 年宇通客车净利润变动率与综合收益变动率对比图

合收益变动率不仅受净利润变动率的影响，明显还受其他因素的影响。

4. 宇通客车综合收益和其他综合收益关系分析

其他综合收益是反映企业当年根据企业会计准则规定未在损益中确认的各项利得和损失扣除所得税影响后的净额，列示在所有者权益变动表横向栏“其他综合收益”项目中。其他综合收益主要包括按照权益法核算的在被投资单位其他综合收益中所享有的份额、现金流量套期工具产生的利得（或损失）、外币财务报表折算差额等。

宇通客车从 2018 年开始产生其他综合收益，2018—2022 年宇通客车综合收益与其他综合收益对比如图 3－13 所示。可知，2018 年，宇通客车的其他综合收益对综合收益的影响较小，几乎可以忽略不计。2020—2022 年其他综合收益与综合收益的变动趋势基本一致，特别是在 2020 年其他综合收益占综合收益的比重为

51.60%，对综合收益具有重要影响。

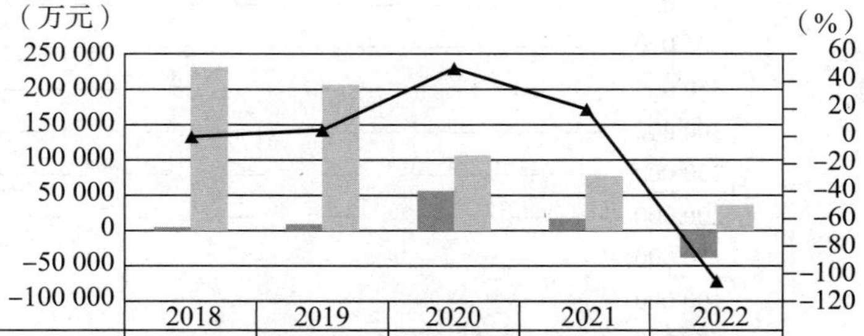

	2018	2019	2020	2021	2022
其他综合效益（万元）	68	9 668	55 238	16 269	-39 686
综合收益（万元）	232 906	206 127	107 046	78 820	37 095
其他综合收益占综合收益比重（%）	0.03	4.69	51.60	20.64	−106.98

图 3-13　2018—2022 年宇通客车综合收益与其他综合收益关系对比图

进一步对宇通客车 2020 年其他综合收益各项目变动情况进行分析，如表 3-10 所示。可知，2020 年，宇通客车的其他综合收益期初余额为 9 764 万元，期末余额为 63 600 万元，本期增加了 53 836 万元，增幅为 551.37%。其中，不能重分类进损益的其他综合收益本期增加了 53 836 万元，增幅为 551.37%；权益法下不能转损益的其他综合收益由 23 万元减少至 0，降幅为 100%；其他权益工具投资公允价值变动本期增加 53 859 万元，增幅为 552.91%。

表 3-10　2020 年宇通客车其他综合收益各项目变动分析表　金额单位：万元

项目	期初余额	期末余额	本期变动额	变动率（%）
不能重分类进损益的其他综合收益	9 764	63 600	53 836	551.37
权益法下不能转损益的其他综合收益	23	0	−23	−100.00
其他权益工具投资公允价值变动	9 741	63 600	53 859	552.91
其他权益工具终止确认				
其他综合收益合计	9 764	63 600	53 836	551.37

（二）“所有者投入和减少资本”项目分析

“所有者投入和减少资本”项目反映企业当期所有者资本的变动情况。

1. 所有者投入资本项目分析

所有者投入资本项目反映企业接受投资者投资形成的实收资本（或股本）、资本溢价（或股本溢价），列示在所有者权益变动表横向栏“实收资本（或股本）”项目中。我国相关法律法规对所有者投入资本的金额确定、实际出资流程、计量标注、信息披露与资金运用等方面均设定了严格的规范，这既有利于企业稳健经营，评价企业对原始资本的保值增值的能力，也有助于保障债权人利益。因此，对该项目不但要分析其当期的变动情况，也需关注历史数据。

2012—2022 年宇通客车实收资本（或股本）规模及其占所有者权益比重趋势如图 3-14 所示。可知，2012—2015 年宇通客车的实收资本（或股本）及其占比均呈逐年增长的趋势，占比由2012年的9.64%增加到2015年的17.11%；2016—2020年实收资本（或股本）规模较为平稳，但2016—2019年占比呈下降趋势；从2020年开始占比逐年回升。除2012年以外，实收资本（或股本）占比始终维持在12%～18%之间。

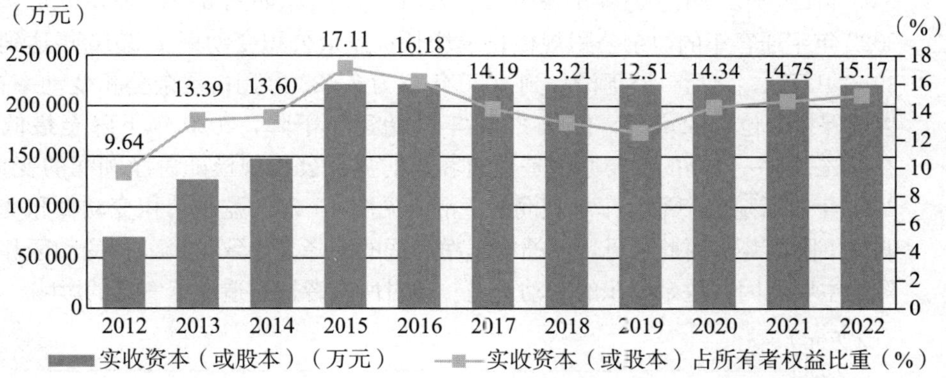

图3-14 2012—2022年宇通客车实收资本（或股本）规模及其占所有者权益比重趋势图

2. 股份支付计入所有者权益的金额项目分析

股份支付计入所有者权益的金额项目反映企业处于等待期中的权益结算的股份支付当年计入资本公积的金额，列示在所有者权益变动表横向栏“资本公积”项目中。股份支付不仅有助于企业留住具备特殊技能的人员，还能有效激励或补偿职工，以换取职工为企业提供的服务，并对外传递良好信号。

如果企业股份支付计入所有者权益的金额对所有者权益变动表影响较大，可将其作为重点项目进行深入分析。例如，分析股份支付增减变动情况和结构，可以判断股份支付的核算方法是否正确，是否出于有利于企业可持续发展的目的，而并非企业管理层为了自身利益；分析股份支付与企业当期资本保值增值之间的关系，可以揭示股份支付对所有者权益变动的影响及贡献。

3. 所有者减少资本项目分析

所有者减少资本项目反映企业当期因回购或注销股份和减少注册资本等行为所导致的资本减少情况，列示在所有者权益变动表横向栏“实收资本（或股本）”项目中。从维护债权人的合法权益和保障企业经营稳定性的角度出发，我国相关法律法规对所有者减少资本的行为设定了严格的规范，分析时应特别注重股东当期减少资本的目的、合理性以及对所有者权益的影响。

（三）“利润分配”项目分析

“利润分配”项目反映企业当年对所有者（或股东）分配的利润（或股利）和按照规定提取的盈余公积，列示在所有者权益变动表横向栏“未分配利润”和“盈余公积”项目中。

1. 提取盈余公积项目分析

盈余公积是指企业按照规定从净利润中提取的、存留于企业内部、具有特定用途的各种积累资金，包括法定盈余公积和任意盈余公积。宇通客车依据公司章程，按母公司净利润的10%计提法定盈余公积。

2012—2022年宇通客车盈余公积及其变动趋势如图3-15所示。可知，2012—2022年宇通客车的盈余公积规模持续增长；盈余公积变动额于2016年达到峰值，为39 634万元，之后一路下滑，到2020年仅为7 523万元；盈余公积变动率在2019年以前保持两位数的增长，但从2017年开始逐年下降，2020年下降至最低点，仅为2.75%。这一变动的主要原因是宇通客车的盈余公积规模随着净利润的变化而变化，2016年以后随着宇通客车净利润的下滑（见图4-2），盈余公积变动额和变动率也呈明显下降趋势。由此可见，宇通客车净利润的下降是导致盈余公积变动额和变动率下降的主要原因，盈余公积的变动又进一步对所有者权益造成了一定的影响。

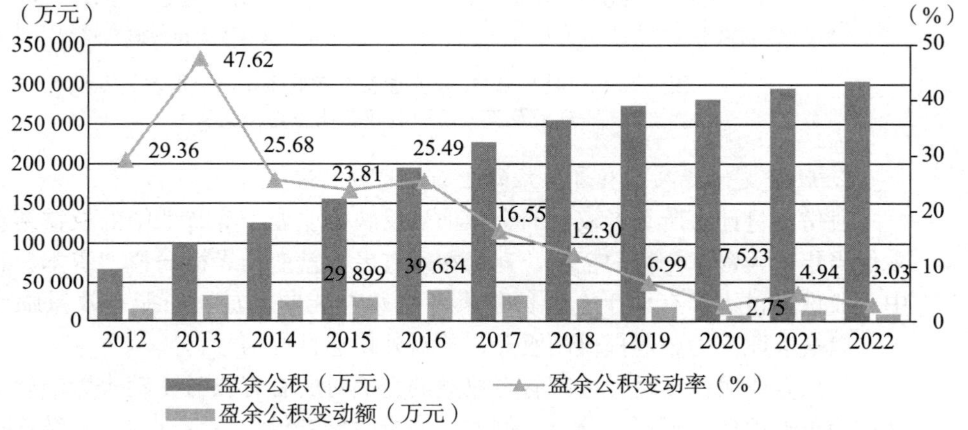

图3-15 2012—2022年宇通客车盈余公积及其变动趋势图

2. 对所有者（或股东）的分配项目分析

企业可供分配的利润在扣除应提取的法定盈余公积、任意盈余公积等后，即为可供所有者（或股东）分配的利润。这部分利润的分配遵循一定的顺序：首先，支付优先股股利；其次，支付普通股股利，即企业按利润分配方案向普通股股东分配现金股利，或者向投资者进行其他形式的利润分配。经过上述分配后，剩余部分为未分配利润（或未弥补亏损）。未分配利润可留待以后年度进行分配。若企业发生亏损，可以按规定由以后年度利润进行弥补。

第三节
即测即评

（四）“所有者权益内部结转”项目分析

“所有者权益内部结转”项目反映不影响当年所有者权益总额的所有者权益各组成部分之间当年的增减变动情况，包括资本公积转增资本（或股本）、盈余公积转增资本（或股本）、其他综合收益结转留存收益、盈余公积弥补亏损等。这些项目之间的结转，虽不会改变所有者权益总额，但会影响所有者权益信息质量。

□ 思考题

1. 在案例分析中，如何发现问题？如何以问题为导向针对所有者权益变动表进行分析？

2. 宇通客车所有者权益变动表分析的关键点是什么？如何构建分析思路？

3. 宇通客车所有者权益主要项目分析包括哪些内容？为什么？

4. 简述未分配利润变动的可能原因。

5. 宇通客车从 2019 年开始将 110%以上的利润用于现金分红是否合适？有何利弊？谁是最大的受益者？

6. 所有者权益变动表从“上年年末余额”调整到“本年年初余额”项目分析的关键点是什么？

7. 所有者权益变动表“本年增减变动金额”项目分析包括哪些内容？分析的重点是什么？

8. 宇通客车的净利润与未分配利润之间存在怎样的关系？

9. 简述“综合收益总额”项目的分析内容和分析思路。

□ 分析题

1. 针对第一章章后分析题所选 A 股上市公司及三家同行业可比公司，根据本章所学内容，对其所有者权益变动表进行实战分析。

2. 2015—2022 年四家建材企业所有者权益变动率对比如图 3-16 所示。

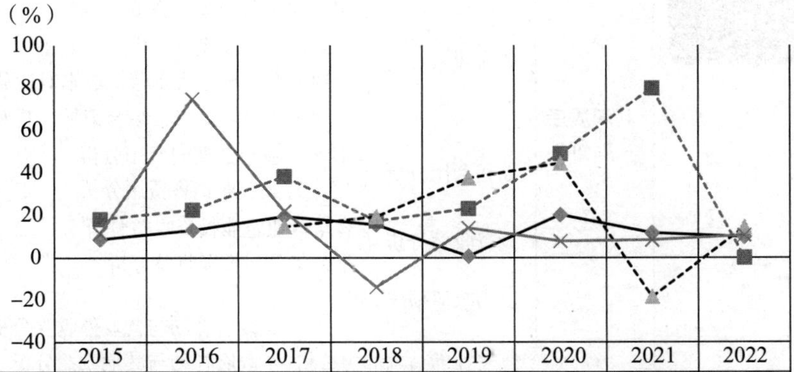

	2015	2016	2017	2018	2019	2020	2021	2022
北新建材	8.64	12.98	19.42	15.55	0.72	20.21	11.70	9.82
东方雨虹	18.16	22.57	38.27	17.32	23.14	48.91	79.92	0.00
三棵树	0.00	0.00	14.55	19.33	37.53	44.46	–18.47	14.33
兔宝宝	11.32	74.83	21.81	–13.80	14.03	7.74	8.36	10.56

图 3-16　2015—2022 年四家建材企业所有者权益变动率对比图

要求：请根据图 3-16 分析四家建材企业所有者权益变动率的行业共性和企业个性，并以北新建材为例，设计所有者权益变动率的分析内容和分析思路。

第四章 利润表分析

Chapter 4

思维导图

- 利润表分析
  - 利润表分析的目的
    - 正确评价企业各方面的经营业绩
    - 及时准确地发现企业经营管理中存在的问题
    - 为投资者和债权人的决策提供正确信息
  - 利润表整体分析
    - 利润表水平分析
      - 利润表水平分析表的编制和分析
      - 客车行业企业净利润变动原因分析
      - 宇通客车主要利润项目变动原因分析
      - 宇通客车营业利润变动原因分析
      - 宇通客车毛利变动原因分析
    - 利润表结构分析
      - 利润表结构分析表的编制
      - 利润表结构分析思路
  - 利润质量分析
    - 营业收入分析
      - 营业收入构成分析
      - 新能源汽车国家推广补贴对客车行业企业营业收入影响分析
      - 营业收入与应收账款关系分析
      - 营业收入操纵分析
      - 营业收入预测分析
    - 营业成本分析
      - 宇通客车营业成本分析
      - 金龙汽车营业成本分析
      - 宇通客车与金龙汽车营业成本对比分析
      - 宇通客车与金龙汽车结合销量、营业成本对比分析
    - 期间费用分析
      - 客车行业企业期间费用分析
      - 客车行业企业销售费用分析
    - 投资收益分析
      - 客车行业企业投资收益分析
      - 雅戈尔公司投资收益分析
    - 信用减值损失分析
    - 政府补助与利润表分析
      - 政府补助与营业外收支分析
      - 政府补助与其他收益分析
      - 新能源汽车国家推广补贴对净利润影响分析
  - 利润表分部分析和产品销售利润分析
    - 利润表分部分析
      - 报告分部增减变动分析
      - 报告分部结构变动分析
    - 产品销售利润分析
      - 影响产品销售利润的因素
      - 产品销售利润因素分析的步骤和方法
      - 产品销售利润因素分析案例

学习目标

1. 了解利润表分析的目的和内容；
2. 掌握利润表水平分析的内容、方法和应用；
3. 掌握利润表结构分析的内容、方法和应用；
4. 掌握判断利润质量的思路、内容和要点；
5. 掌握识别利润表主要项目的方法，并对其进行分析评价；
6. 理解利润表分部分析和产品销售利润分析的内容和要点；
7. 提升专业素养和职业道德水平，借助中华优秀传统文化明确财富的本质是道德，以“德本财末”的理念提升思想境界。

课程思政：2022年证监稽查20起典型违法案例

第一节　利润表分析的目的

利润通常是指企业在一定会计期间的经营成果，包括收入减去费用后的净额以及直接计入当期损益的利得和损失。利润不仅是企业和社会积累财富与扩大再生产的重要源泉，也是企业进行投资与经营决策的重要依据，它能够综合反映企业的经营业绩。利润是企业综合实力和发展质量的直接成果，企业的高质量发展是中国经济高质量发展的微观基础。明确利润本身的作用，是利润表分析的基础，利润表分析正是使利润发挥作用的途径。这完全符合党的二十大报告中提出的“高质量发展是全面建设社会主义现代化国家的首要任务”。

一、正确评价企业各方面的经营业绩

由于利润受多方因素的影响，因此通过对利润表各组成部分的分析，可以准确揭示企业运营过程中各环节对利润的影响。例如，通过利润表水平分析和结构分析，可以明确企业利润的构成和来源，分析各步骤利润增减变动和结构变动的原因，进而满足正确评价企业全方位、各环节业绩的要求。

二、及时准确地发现企业经营管理中存在的问题

通过利润表分析不仅能看到企业已经取得的成绩，还能够发现企业在经营管理和利润形成的各环节存在的问题或不足。例如，通过企业与行业净利润变动率的趋势对比分析，不仅可以发现企业净利润变动的异常点，还可以判断是企业的自身问题，还是行业共性问题，从而抓住问题的核心和关键，有针对性地采取全面改善企业经营管理的策略，促使企业利润不断良性增长。

三、为投资者和债权人的决策提供正确信息

第一节
即测即评

由于企业产权关系的复杂性及管理体制的多样性，社会各界对企业的关注度日益提升，尤其是在经济利益上关心企业的利润。投资者和债权人也是如此，他们通过分析企业利润表，揭示影响企业利润的关键因素，透过数字深入挖掘企业真实的经营成果和利润的质量，判断企业的行业地位、竞争优势、经营潜力及发展前景等，从而做出正确的投资与信贷决策。

第二节　利润表整体分析

一、利润表水平分析

利润表水平分析，是指对利润表中各项目的增减变动情况、变动差异进行的分析。利润表水平分析采用水平分析法，将利润表的报告期数与基期数进行比较，编制利润表水平分析表，其分析目的在于揭示净利润增减变动的原因。

利润表变动情况的分析思路，是从净利润的变动入手，然后针对利润总额，再到营业利润以及影响营业利润的各项目，逐步分析其变动的主要方面和原因，从总体上评价企业报告期各步骤的利润。

（一）利润表水平分析表的编制和分析

根据宇通客车年度报告提供的利润表数据资料，编制2022年宇通客车合并利润表水平分析表，如表4-1所示。

表4-1　2022年宇通客车合并利润表水平分析表　　金额单位：万元

项目	2022年	2021年	变动额	变动率（%）
一、营业总收入	2 179 896	2 323 346	−143 450	−6.17
其中：营业收入	2 179 896	2 323 346	−143 450	−6.17
二、营业总成本	2 114 908	2 320 113	−205 205	−8.84
其中：营业成本	1 682 312	1 890 101	−207 789	−10.99
税金及附加	22 464	27 229	−4 765	−17.50
销售费用	163 900	169 475	−5 575	−3.29
管理费用	84 625	89 359	−4 734	−5.30
研发费用	169 431	156 077	13 354	8.56
财务费用	−7 824	−12 128	4 304	35.49

续表

项目	2022年	2021年	变动额	变动率（%）
加：其他收益	43 347	41 531	1 816	4.37
投资收益	15 325	12 477	2 848	22.83
公允价值变动收益	−1 725	4 078	−5 803	−142.30
信用减值损失	−44 144	3 091	−47 235	−1 528.15
资产减值损失	−12 609	−11 714	−895	−7.64
资产处置收益	5 399	803	4 596	572.35
三、营业利润	70 581	53 499	17 082	31.93
加：营业外收入	3 286	5 070	−1 784	−35.19
减：营业外支出	3 091	4 223	−1 132	−26.81
四、利润总额	70 776	54 346	16 430	30.23
减：所得税费用	−6 005	−8 205	2 200	26.81
五、净利润	76 781	62 551	14 230	22.75
1. 归属于母公司股东的净利润	75 914	61 378	14 536	23.68
2. 少数股东损益	866	1 173	−307	−26.17
六、其他综合收益的税后净额	−39 686	11 719	−51 405	−438.65
七、综合收益总额	37 095	74 270	−37 175	−50.05
（一）归属母公司所有者的综合收益总额	36 229	73 097	−36 868	−50.44
（二）归属于少数股东的综合收益总额	866	1 173	−307	−26.17
八、每股收益（元）				
（一）基本每股收益	0.34	0.28	0.06	21.43
（二）稀释每股收益	0.34	0.28	0.06	21.43

根据表 4-1 可知，2022 年宇通客车的营业利润、利润总额和净利润较上年均有所增加，反映了公司盈利能力的提升。

(1) 净利润分析。净利润是企业所有者最终取得的可供所有者分配或使用的财务成果。2022 年，宇通客车的净利润较上年增加 14 230 万元，增幅为 22.75%。其中，归属于母公司股东的净利润比上年增加 14 536 万元，增幅为 23.68%，是净利润增加的主要因素。净利润的增加主要得益于利润总额的增加，2022 年利润总额比上年增加 16 430 万元，增幅为 30.23%。尽管所得税费用比上年增加 2 200 万元，是净利润增加的不利因素，但对净利润的影响较小，不足以抵消利润总额增加带来的正面效应，最终净利润增加。

(2) 利润总额分析。利润总额是企业全部的税前财务成果，它不仅反映了营业利润的变化，还体现了营业外收支的影响。2022 年，宇通客车的利润总额较上年增加，主要得益于营业利润的大幅增长。营业利润本期增加 17 082 万元，增幅为 31.93%。同时，营业外支出的减少使利润总额增加 1 132 万元，对利润总额产生了有利影响。尽管营业外收入减少 1 784 万元对利润总额产生了不利影响，但总体来看，营业利润的增加和营业外支出的减少共同推动了利润总额的增长。

（3）营业利润分析。营业利润是企业计算利润的第一步，通常也是一定时期内企业盈利最主要、最稳定的来源。2022 年，宇通客车的营业利润较上年增加，主要原因是营业成本大幅减少，达到了 207 789 万元。尽管营业收入也有所减少，但营业成本减少的金额更多、降幅更大，因此扩大了毛利空间。值得注意的是，营业收入和营业成本同时减少说明销售萎缩。信用减值损失增加了 47 235 万元，是导致营业利润减少的主要因素。2022 年宇通客车营业利润影响因素及其变动程度如图 4－1 所示。

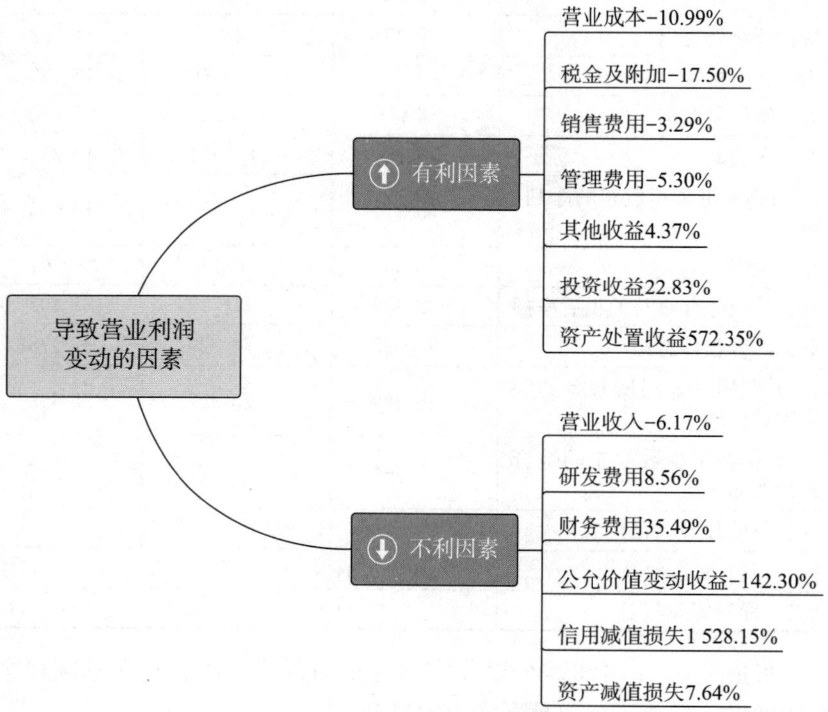

图 4－1　2022 年宇通客车营业利润影响因素及其变动程度图

注：在计算营业利润时，信用减值损失和资产减值损失均为加项，因此二者金额上的减少，实际上导致了营业利润的下降。

由图 4－1 可知，宇通客车 2022 年营业利润的增加是多个影响因素增减相抵共同作用的结果。

除上述利润表中的三个关键项目以外，宇通客车在 2022 年的基本每股收益和稀释每股收益相比上年均增长了 0.06 元，增幅均为 21.43%，这反映了公司盈利能力的增强以及对股东回报的提升。其他综合收益的税后净额减少了 51 405 万元，降幅为 438.65%，但由于净利润的增加，两者共同作用最终导致综合收益总额仅比上年减少了 37 175 万元，降幅为 50.05%。此外，为了更深入地了解公司的财务状况，还应根据利润表附注资料对利润表中的重点项目进行具体分析。

上述仅对一年的利润表进行水平分析可能会忽略一些问题，因此可以选择利润表中的关键项目进行趋势分析。

（二）客车行业企业净利润变动原因分析

1. 宇通客车净利润及变动原因分析

通过研究表 4－1 可以发现，2022 年宇通客车的营业利润、利润总额和净利润的增长幅度比较接近。因此，选择净利润项目进一步做趋势分析。2012—2022 年宇通客车净利润及其变动率趋势如图 4－2 所示。

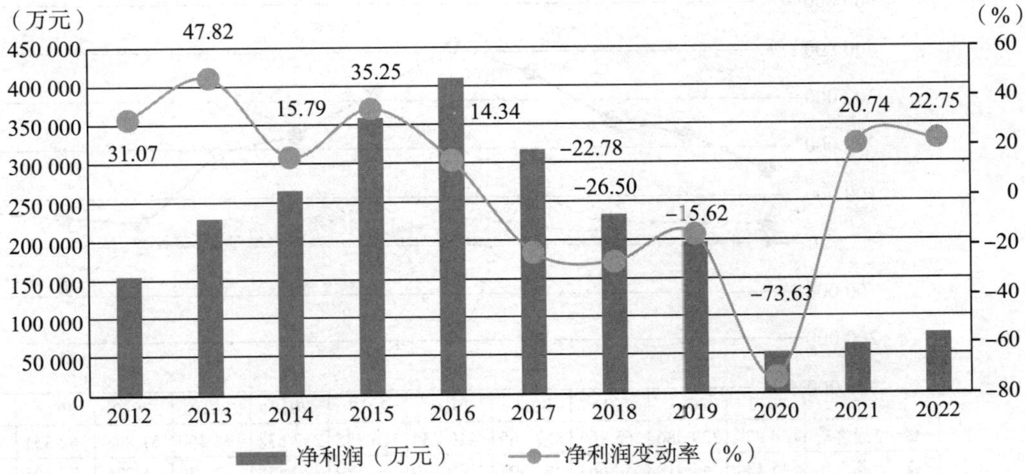

图 4－2　2012—2022 年宇通客车净利润及其变动率趋势图

由图 4－2 可知，从绝对数来看，宇通客车的净利润呈先升后降再升之势，其中 2012—2016 年逐年增加，并在 2016 年达到 410 234 万元的峰值，2017—2020 年逐年下降且在 2020 年降到 51 808 万元的谷底，2020 年以后，净利润开始平稳回升。从相对数来看，以 2017 年和 2020 年为时间节点，2017 年以前各年的净利润变动率均为正值，其中 2014 年和 2016 年净利润变动率在 15%左右，其余年份均在 30%以上；但 2017—2020 年各年的净利润变动率均为负值，波动区间为－74%～－15%；2020 年以后，净利润变动率由负转正，且各年均超过了 20%。可见，宇通客车的净利润变动率整体呈明显的波浪式变动趋势。为什么从 2017 年开始，宇通客车的净利润大幅减少，以及净利润变动率由正转负？为什么从 2021 年开始，净利润变动率回升，由负转正？通过以上分析发现的这些关键点，是宇通客车独有的现象，还是客车行业的共同特征？为了解答这些问题，需要进一步做行业分析。

2. 客车行业企业净利润及变动原因对比分析

（1）客车行业企业净利润规模比较分析。2012—2022 年四家客车企业净利润规模对比如图 4－3 所示。可知，宇通客车的净利润在 2016 年达到峰值 410 234 万元，之后逐年减少，直至 2021 年开始回升。在客车行业中，宇通客车始终处于领先地位并保持盈利状态。金龙汽车因子公司苏州金龙公司受到财政部、工信部的处罚，自2016年9月起无法承接新能源客车订单。同时，对于苏州金龙在2016年1—9月已销售的新能源汽车，由于截至资产负债表日无法满足收入确认条件，相关的应收新能源汽车中央财政补助和地方财政补助冲减了销售收入，导致金龙汽车的营业收入大幅下滑，亏损189 440万元，这一事件成为企业的一个污点。尽管如此，2020年以前，金龙汽车的净利润规模相较于中通客车和安凯客车而言，仍然具有一定的优势。中通客车的净利润规模较小，仅在2021年发生亏损。安凯客车的净利润规模最小，且不稳定，有五年发生亏损。

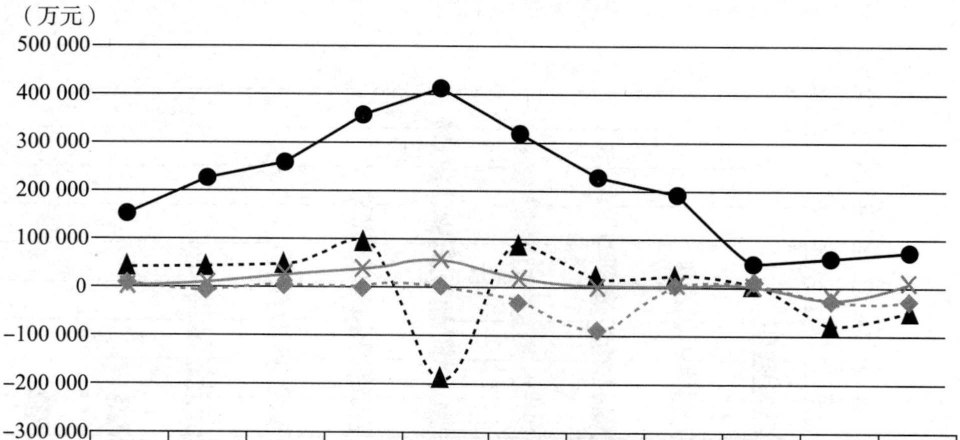

	2012	2013	2014	2015	2016	2017	2018	2019	2020	2021	2022
宇通客车	154 979	229 086	265 263	358 769	410 234	316 785	232 838	196 460	51 808	62 551	76 781
金龙汽车	45 134	44 919	48 664	94 604	−189 440	90 529	20 558	23 449	6 076	−77 605	−45 679
中通客车	5 736	10 275	28 857	39 712	58 550	19 116	3 657	3 307	2 352	−21 953	9 833
安凯客车	9 901	−3 928	4 699	1 094	4 681	−27 658	−87 571	4 784	10 120	−28 311	−25 878

图4-3　2012—2022年四家客车企业净利润规模对比图

（2）客车行业企业净利润变动率对比分析。在评估不同规模企业的财务表现时，相对数更具有可比性。2012—2022年四家客车企业净利润变动率对比如图4-4所示。可知，宇通客车的净利润变动率相对最稳定；中通客车在大多数年份相对于金龙汽车和安凯客车优势较明显，其净利润变动率的趋势与宇通客车基本一致。金龙汽车在2016年和2021年的净利润变动率波动幅度较大；安凯客车的净利润变动率最不稳定，一直处于较大幅度的上下波动之中。其中，2017—2020年客车行业企业普遍净利润下滑、净利润变动率为负值，这在一定程度上体现出了行业共性问题。2018年，四家企业的净利润变动率均为负值，但宇通客车的降幅最小。2021年，除宇通客车以外的三家企业的净利润变动率均出现明显下降，其中金龙汽车和中通客车的净利润降幅均出现极端值，高达1 000%以上，而宇通客车却保持平稳增长状态，这说明宇通客车2021年净利润的增加并非行业因素所致。2022年，四家企业的净利润变动率均为正值。总体而言，宇通客车净利润变动率的稳定性高于其他三家企业，表明其净利润的质量相对较高。

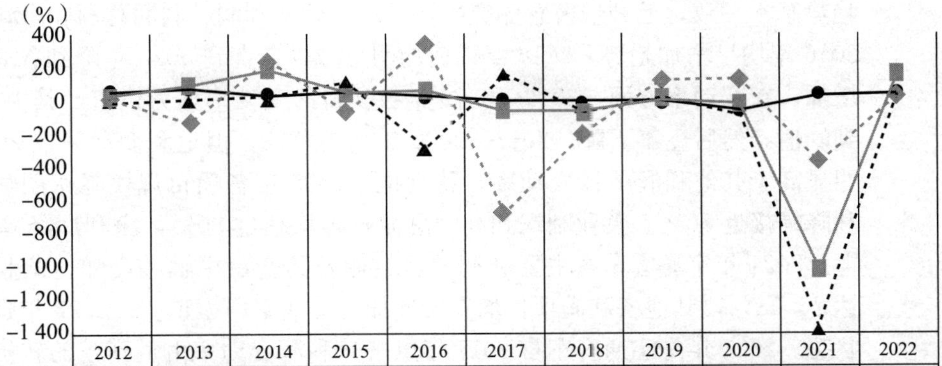

	2012	2013	2014	2015	2016	2017	2018	2019	2020	2021	2022
宇通客车	31.07	47.82	15.79	32.25	14.34	-22.78	-26.50	-15.62	-73.63	20.74	22.75
金龙汽车	-8.32	-0.48	8.34	94.41	-300.24	147.79	-77.29	14.06	-74.09	-1 377.19	41.14
中通客车	14.35	79.12	180.86	37.62	47.44	-67.35	-80.87	-9.57	-28.87	-1 033.23	144.79
安凯客车	-6.71	-139.67	219.61	-76.72	327.97	-690.85	-216.62	105.46	111.54	-379.75	8.59

图 4-4　2012—2022 年四家客车企业净利润变动率对比图

(3) 宇通客车与中通客车净利润变动率对比分析。在剔除净利润变动幅度较大的金龙汽车和安凯客车之后，重点对比宇通客车和中通客车的净利润变动率，如图 4-5 所示。可知，宇通客车的净利润变动率变动区间为－74%～48%，中通客车的净利润变动率变动区间为－1 034%～181%。2020 年以后，宇通客车的净利润变动率平稳回升，而中通客车 2021 年的净利润变动率出现异常波动，主要原因是其营业利润为负值，其中营业成本的增加和资产处置收益的减少是关键影响因素。可见，2012—2022 年宇通客车净利润变动率的波动幅度远小于中通客车，这说明宇通客车净利润的稳定性高于中通客车，且净利润质量相对更高。

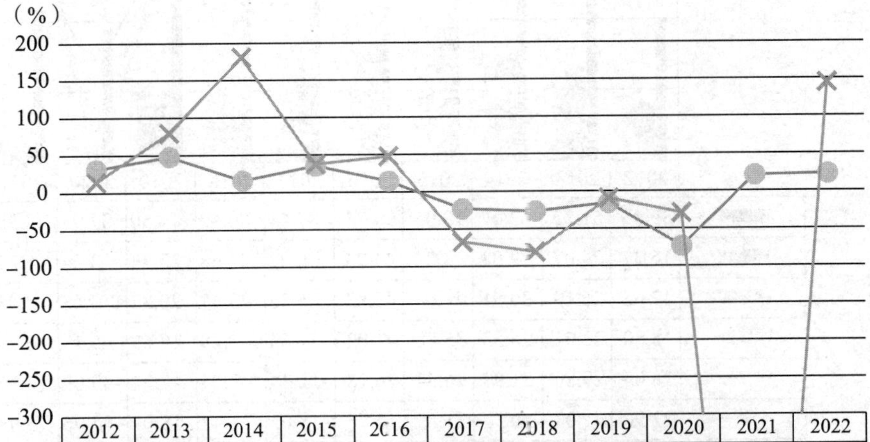

	2012	2013	2014	2015	2016	2017	2018	2019	2020	2021	2022
宇通客车	31.07	47.82	15.79	35.25	14.34	-22.78	-26.50	-15.62	-73.63	20.74	22.75
中通客车	14.35	79.12	180.86	37.62	47.44	-67.35	-80.87	-9.57	-28.87	-1 033.23	144.79

图 4-5　2012—2022 年宇通客车与中通客车净利润变动率对比图

(三) 宇通客车主要利润项目变动原因分析

宇通客车各主要利润项目规模及其变动率趋势如图 4-6 所示。可知，它们的趋势基本一致，毛利规模总体突出，毛利、营业利润、利润总额和净利润在2012—2016年均呈增加趋势，2016年以后均明显减少，直到2020年降到谷底，之后逐年增加。在变动率方面，2012—2016年各项目的变动率均为正值，其中在2013年达到峰值，然后逐年下降，2017—2020年均为负值，但毛利变动率在2016—2020年明显高于其他利润项目变动率。特别地，2020年各项目规模降幅明显，其中，毛利降幅接近50%，营业利润和利润总额降幅均超过80%，净利润降幅也在70%以上。2021年宇通客车各主要利润项目金额及其变动率触底反弹，营业利润增幅高达75.98%，其他各利润项目均有所增加，变动率均为正值；2022年延续保持良好状态。2021年是宇通客车自2017年以来净利润变动率由负到正的转折点，改变了之前净利润持续下降的趋势。总之，宇通客车的净利润、利润总额、营业利润各年绝对额较接近，变动趋势基本一致，变动率也基本重合，这说明宇通客车各利润项目受非经常性损益的影响较小，营业利润是影响宇通客车经营成果的重要因素。需要强调的是，分析营业利润不仅要看结果，更要关注过程，因此，应进一步分析营业利润的变动原因。

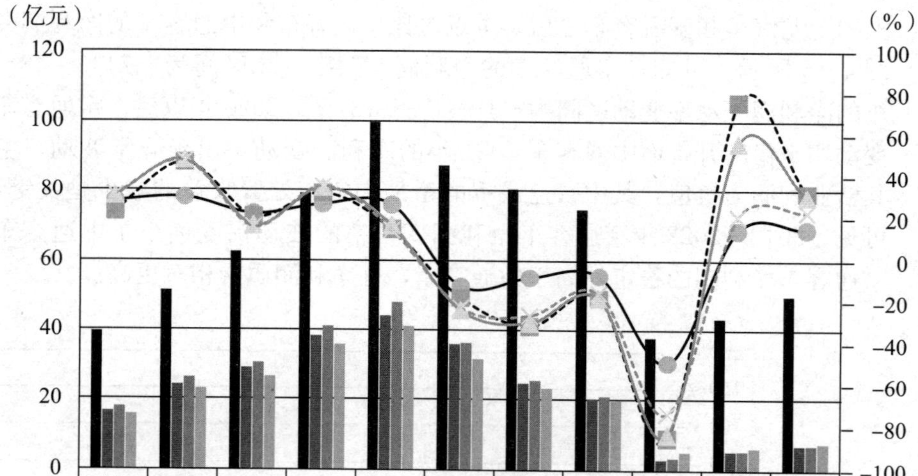

	2012	2013	2014	2015	2016	2017	2018	2019	2020	2021	2022
	39.46	51.22	62.47	79.05	99.74	87.43	80.40	74.50	37.93	43.32	49.76
	16.37	24.07	29.03	38.28	43.93	36.02	24.68	20.22	3.04	5.35	7.06
	17.65	26.19	30.51	41.04	47.82	36.36	25.47	20.87	3.48	5.43	7.08
	15.50	22.91	26.53	35.88	41.02	31.68	23.28	19.65	5.18	6.26	7.68
	28.05	29.80	21.97	26.54	26.18	−12.34	−8.05	−7.34	−49.09	14.22	14.85
	22.96	47.03	20.59	31.89	14.76	−18.02	−31.47	−18.09	−84.96	75.98	31.93
	30.43	48.34	16.51	34.53	16.52	−23.97	−29.96	−18.04	−83.34	56.29	30.23
	31.07	47.82	15.79	35.25	14.34	−22.78	−26.50	−15.62	−73.63	20.74	22.75

毛利（亿元） 利润总额（亿元） 毛利变动率（%） 利润总额变动率（%）
营业利润（亿元） 净利润（亿元） 营业利润变动率（%） 净利润变动率（%）

图4-6　2012—2022年宇通客车主要利润项目规模及其变动率趋势图

（四）宇通客车营业利润变动原因分析

根据年度报告提供的利润表数据资料，编制2021年宇通客车营业利润水平分析表，如表4－2所示。

表4－2 2021年宇通客车营业利润水平分析表　　金额单位：万元

项目	2021年	2020年	变动额	变动率（%）	占营业利润变动额比重（%）
营业收入	2 323 346	2 170 505	152 841	7.04	661.68
营业成本	1 890 101	1 791 198	98 903	5.52	428.17
毛利	433 245	379 307	53 938	14.22	233.51
税金及附加	27 229	18 185	9 044	49.73	39.15
销售费用	169 475	155 333	14 142	9.10	61.22
管理费用	89 359	83 509	5 850	7.01	25.33
研发费用	156 077	155 201	876	0.56	3.79
财务费用	−12 128	7 315	−19 443	−265.80	−84.17
其他收益	41 531	37 788	3 743	9.91	16.20
投资收益	12 477	8 867	3 610	40.71	15.63
公允价值变动收益	4 078	9 365	−5 287	−56.45	−22.89
信用减值损失	3 091	12 668	−9 577	−75.60	−41.46
资产减值损失	−11 714	− 8 843	−2 871	−32.47*	−12.43
资产处置收益	803	10 791	−9 988	−92.56	−43.24
营业利润	53 499	30 400	23 099	75.98	100.00

* 2021年资产减值损失相比上年减少2 871万元，相比基期绝对值降幅达32.47%。

如表4－2所示，宇通客车2021年的营业利润较上年增加了23 099万元，增幅为75.98%。其中，营业收入增加152 841万元、财务费用减少19 443万元是导致营业利润增加的主要原因。此外，营业成本增加98 903万元、销售费用增加14 142万元等是影响营业利润增加的主要不利因素。2021年营业收入变动额占营业利润变动额的比重最高，为661.68%，营业成本变动额占比相对较高，为428.17%，两者相抵后毛利变动额占比为233.51%。结合图4－6中的数据，宇通客车2021年毛利变动率由负转正，是影响当年营业利润的关键因素。可见，通过水平分析法分析营业利润的变动原因，不仅应关注营业利润本身的变动，还应重点分析各项目对营业利润变动的影响，以此判断营业利润的质量和识别出影响营业利润的关键因素，从而为后续分析奠定基础。接下来，将继续分析宇通客车毛利的变动原因。

（五）宇通客车毛利变动原因分析

2012—2022年宇通客车毛利及其影响因素变动率趋势如图4－7所示。宇通客车2012—2016年的营业收入和营业成本均呈增加趋势，且营业收入增幅始终高于营业成本增幅，这导致毛利变动率各年增幅均在20%以上，远高于营业收入和营业成本增幅。2017—2020年营业收入降幅各年均超过了营业成本降幅，这导致毛利变动率各年降幅均超过营业收入和营业成本降幅。2021年营业收入和营业成本与上年相比均有所增加，毛利变动率由负转正。2022 年营业收入和营业成本与上年相比均有所减少，但营业收入降幅低于营业成本降幅，毛利变动率稳定，且 2021—2022 年基本持平。

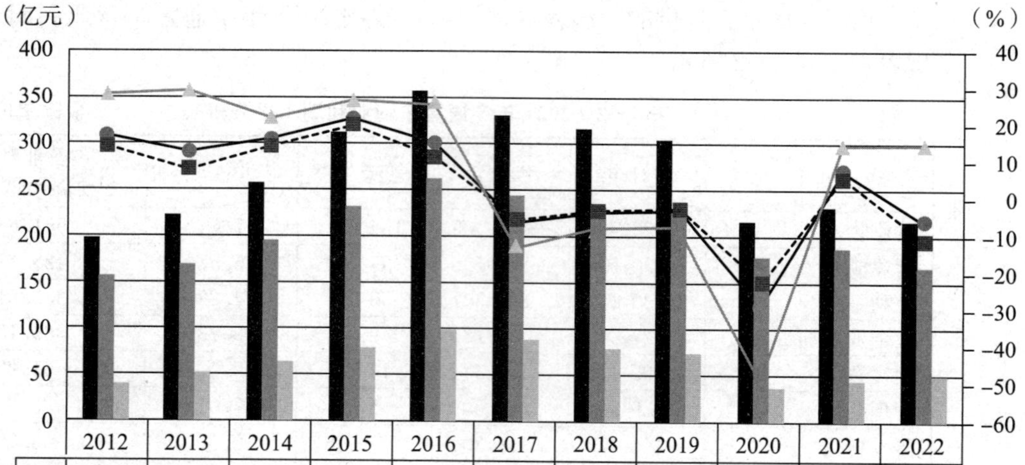

	2012	2013	2014	2015	2016	2017	2018	2019	2020	2021	2022
	197.63	221.98	257.28	312.11	358.50	332.22	317.46	304.92	217.05	232.33	217.99
	158.18	170.76	194.81	233.06	258.76	244.79	237.06	230.42	179.12	189.01	168.23
	39.46	51.22	62.47	79.05	99.74	87.43	80.40	74.50	37.93	43.32	49.76
	16.72	12.32	15.90	21.31	14.87	−7.33	−4.44	−3.95	−28.82	7.04	−6.17
	14.20	7.96	14.08	19.63	11.03	−5.40	−3.16	−2.80	−22.26	5.52	−10.99
	28.05	29.80	21.97	26.54	26.18	−12.34	−8.05	−7.34	−49.09	14.22	14.85

营业收入（亿元）　毛利（亿元）　营业成本变动率（%）
营业成本（亿元）　营业收入变动率（%）　毛利变动率（%）

图 4－7　2012—2022 年宇通客车毛利及其影响因素变动率趋势图

二、利润表结构分析

利润表结构分析，是指通过将利润表中的各项目分别与营业收入进行对比，反映利润表各项目所占的比重，揭示经营成果的结构及其变动的合理性。

（一）利润表结构分析表的编制

根据年度报告中的利润表信息，并运用结构分析法原理，可以从静态和动态两个角度编制利润表结构分析表。这样既可以仅分析报告期的利润表结构，又可以对比分析两期或多期的利润表结构；不仅可以从总体上分析报告期的利润表结构状况，还可以对比不同年份的利润表结构变动状况。2020—2022 年宇通客车合并利润表结构动态分析如表 4－3 所示。

表 4－3　2020—2022 年宇通客车合并利润表结构动态分析表（%）

项目	2020 年	2021 年	2022 年	2020—2021 年结构变动	2021—2022 年结构变动
营业收入	100.00	100.00	100.00	0.00	0.00
营业成本	82.52	81.35	77.17	−1.17	−4.18

续表

项目	2020 年	2021 年	2022 年	2020—2021 年结构变动	2021—2022 年结构变动
税金及附加	0.84	1.17	1.03	0.33	−0.14
销售费用	7.16	7.29	7.52	0.13	0.23
管理费用	3.85	3.85	3.88	0.00	0.03
研发费用	7.15	6.72	7.77	−0.43	1.05
财务费用	0.34	−0.52	−0.36	−0.86	0.16
其他收益	1.74	1.79	1.99	0.05	0.20
投资收益	0.41	0.54	0.70	0.13	0.16
公允价值变动收益	0.43	0.18	−0.08	−0.25	−0.26
信用减值损失	0.58	0.13	−2.03	−0.45	−2.16
资产减值损失	−0.41	−0.50	−0.58	−0.09	−0.08
资产处置收益	0.50	0.03	0.25	−0.47	0.22
营业利润	1.40	2.31	3.24	0.91	0.93
营业外收入	0.28	0.22	0.15	−0.06	−0.07
营业外支出	0.08	0.18	0.14	0.10	−0.04
利润总额	1.60	2.35	3.25	0.75	0.90
所得税费用	−0.78	−0.35	−0.28	0.43	0.07
净利润	2.39	2.70	3.53	0.31	0.83

（二）利润表结构分析思路

利润表结构分析可以从以下两个方面进行。

1. 静态分析

如果从静态角度分析企业经营成果的构成情况，则仅需以报告期利润表为分析对象，从总体上分析利润表的结构，计算各项目金额占营业收入的比重，分析其对利润的贡献。如表 4-3 所示，如果仅针对 2022 年宇通客车的利润表数据编制结构分析表，并针对其中数据进行分析就属于静态分析。数据显示，2022 年宇通客车的营业利润、利润总额和净利润占比均在 3%左右，营业成本占比为 77.17%，销售费用、研发费用和管理费用占比分别为 7.52%、7.77%和 3.88%，其他收益占比为 1.99%，信用减值损失占比为−2.03%，这些因素共同作用导致营业利润占比为 3.24%。在考虑营业外收支的影响后，利润总额占比为 3.25%；由于所得税费用占比为−0.28%，最后导致净利润占比达到 3.53%。综上所述，营业利润是计算利润的第一步，是盈利的基础。

2. 动态分析

从动态角度分析不仅可以了解不同时期企业利润表的结构，还可以通过对比各期利润表结构的变动状况，对企业利润结构的稳定性做出评价。如表 4-3 所示，2020—2022 年，宇通客车的营业利润、利润总额和净利润占营业收入的比重逐年增加，其中，营业利润占比在 2021 年相比上年增加 0.91 个百分点，2022 年相比上年则增加了 0.93 个百分点；利润总额占比变化与营业利润相似；净利润占比 2021

年相比上年增加 0.31 个百分点，2022 年相比上年增加 0.83 个百分点。2022 年，营业成本占比同比减少 4.18 个百分点，这是当年营业利润、利润总额以及净利润占比增加的主要原因，说明营业成本是通过利润表结构分析发现的需要重点分析的项目；信用减值损失占比同比减少 2.16 个百分点，但由于其占比较小，对利润表结构影响较小；研发费用占比同比增加 1.05 个百分点，考虑到其占比相对较高，需要重点关注其对利润表结构的影响；其他影响利润的项目，其占比结构变动均低于 1%。以上数据说明 2020—2022 年宇通客车的利润结构基本稳定。

第二节
即测即评

第三节　利润质量分析

利润质量是指企业利润的形成过程以及利润结果的合规性、真实性、效益性及公允性。利润质量分析主要是针对企业利润表中重要项目的增减变动或结构变动进行深入、具体的分析，进而揭示利润形成的主要原因。在进行利润质量分析时，应结合案例对象的特点，对利润表中的重点项目进行具体且有针对性的分析，如营业收入分析、营业成本分析、分部报告分析、期间费用分析、投资收益分析等。

一、营业收入分析

（一）营业收入构成分析

宇通客车在 2021 年年度报告中披露，2022 年，面对“需求收缩、供给冲击和预期转弱”的三重压力，以及疫情的持续影响，公司计划实现收入 256.17 亿元。而实际上，宇通客车 2022 年实现的营业收入为 217.05 亿元。宇通汽车为何未能实现上年制订的收入计划呢？

（1）宇通客车营业收入构成分析。对于企业的营业收入，不仅要分析其规模，还应分析其结构及变动情况、主要来源等，以判断企业的经营方向、方针以及会计政策选择等，进而预测企业的持续发展能力。企业营业收入构成分析主要包括主营业务收入分析与其他业务收入分析。

2021—2022 年宇通客车营业收入结构如图 4－8 所示。2021—2022 年宇通客车的营业收入均以主营业务收入为主，两年占比均在 90%左右，这说明宇通客车的主营业务突出，营业收入来源稳定。然而，2022 年主营业务收入占比相比上年略有下降，降幅为 0.71 个百分点。

（2）宇通客车主营业务收入构成分析。一般来说，主营业务收入是企业最稳定的收入来源，在营业收入中所占比重也最大。如果企业主营业务收入逐年下降，而营业收入却呈现上升趋势，那么，一种可能的原因是该企业正在调整经营战略和经营方式；另一种可能的原因是企业正处于衰退阶段，同时其营业收入上升的持久性不强。此外，企业的主营业务收入较少或不断下降，说明其发展潜力和前景堪忧。

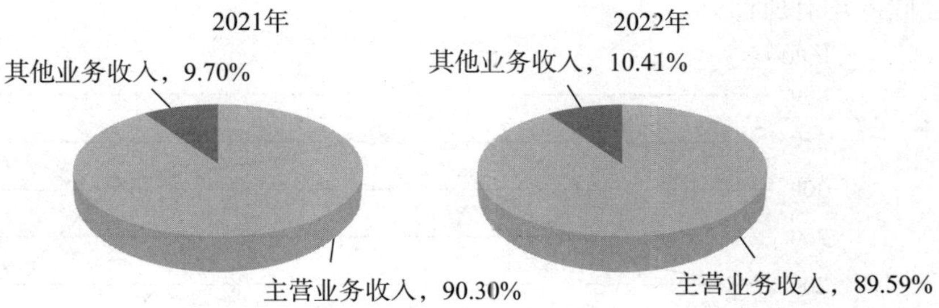

图 4-8 2021—2022 年宇通客车营业收入结构图

2021—2022 年宇通客车主营业务收入（按产品）结构如表 4-4 所示。从表中可以看出，客车产品占比两年均在 94%以上，说明其主营业务收入主要来自客车产品。尽管 2022 年客车产品的占比与 2021 年相比下降了 0.05 个百分点，但总体来看，占比相对稳定。

表 4-4 2021—2022 年宇通客车主营业务收入（按产品）结构表 金额单位：万元

项目	2022 年		2021 年	
	营业收入	占主营业务收入比重（%）	营业收入	占主营业务收入比重（%）
客车产品	1 846 496	94.55	1 984 636	94.60

（3）宇通客车营业收入相关项目对比分析。2022 年宇通客车主营业务收入相关项目（按产品）变动的情况如表 4-5 所示。从表中可以看出，宇通客车 2022 年客车产品的营业收入和营业成本同比分别下降了 6.96%和 11.88%，毛利率却增加了 4.32 个百分点。整体来看，宇通客车 2022 年的综合毛利率相比上年增加了 1.22 个百分点（20.60%－19.38%），其主要原因在于客车产品毛利率提高。2022 年宇通客车主营业务收入相比上年减少，是企业自身的问题，还是客车行业共性问题？

表 4-5 2022 年宇通客车主营业务收入相关项目（按产品）变动表 金额单位：万元

项目	营业收入		营业成本		毛利率（%）		营业收入变动率（%）	营业成本变动率（%）
	2021 年	2022 年	2021 年	2022 年	2021 年	2022 年		
客车产品	1 984 636	1 846 496	1 621 636	1 428 953	18.29	22.61	－6.96	－11.88
合计	2 097 930	1 953 015	1 691 379	1 550 693	19.38	20.60	－6.91	－8.32

（4）客车行业企业营业收入对比分析。2012—2022 年四家客车企业营业收入规模变动趋势如图 4-9 所示。可知，宇通客车的营业收入规模一直在其余三家企业之上。其次是金龙汽车，其在 2012—2015 年与宇通客车的营业收入规模相近，但自 2016 年起两家企业的营业收入差距逐渐拉大。中通客车和安凯客车的营业收入规模相近，且相对较小。除安凯客车的营业收入在 2017 年达到峰值之后总体呈减少的趋势，其他三家企业 2017 年的营业收入同比均有所下降，且下降趋势一直延续至 2020 年。但从 2021 年起，这三家企业的营

2017 年宇通客车营业收入变动原因分析

业收入均有所回升。

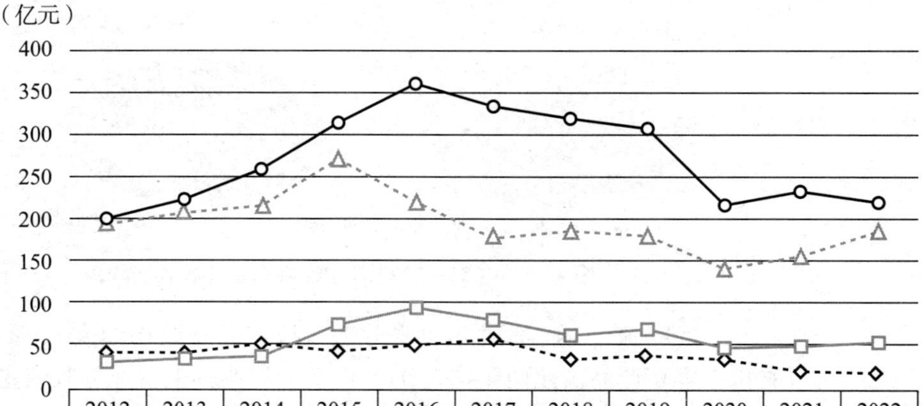

	2012	2013	2014	2015	2016	2017	2018	2019	2020	2021	2022
宇通客车	197.63	221.98	257.28	312.11	358.50	332.22	317.92	304.92	217.05	232.33	217.99
金龙汽车	191.69	208.12	214.31	268.35	218.28	177.36	182.91	178.91	139.58	154.18	182.40
中通客车	28.68	32.17	36.12	71.14	92.57	78.52	60.79	67.41	44.08	45.87	52.76
安凯客车	38.41	35.39	48.35	40.22	47.57	54.49	31.471	33.76	32.60	17.81	14.88

图4-9　2012—2022年四家客车企业营业收入规模变动趋势图

2012—2022年四家客车企业营业收入变动率对比如图4-10所示。可知，金龙汽车在这10年间的营业收入变动率最为平衡，范围为－22%～26%；宇通客车次之，范围为－29%～22%；安凯客车的变动相对较大，范围为－46%～37%；中通客车的变动最大，范围为－35%～97%。四家企业自2017年以来营业收入变动率大多为负值，特别是2020年相比上年降幅明显，且全部为负值。

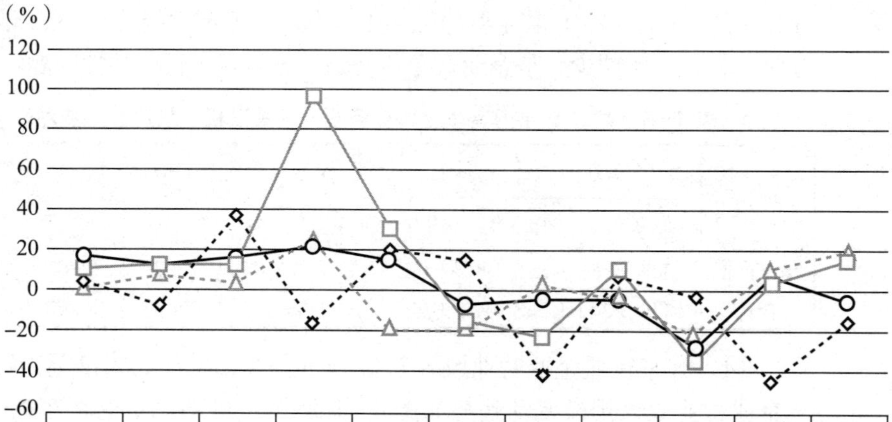

	2012	2013	2014	2015	2016	2017	2018	2019	2020	2021	2022
宇通客车	16.72	12.32	15.90	21.31	14.87	−7.33	−4.44	−3.95	−28.82	7.04	−6.17
金龙汽车	1.27	8.57	2.97	25.22	−18.66	−18.75	3.13	−2.19	−21.98	10.46	18.30
中通客车	10.17	12.14	12.29	96.96	30.13	−15.18	−22.58	10.90	−34.62	4.06	15.03
安凯客车	2.81	−7.87	36.63	−16.82	18.28	14.54	−42.25	7.28	−3.44	−45.38	−16.44

图4-10　2012—2022年四家客车企业营业收入变动率对比图

（二）新能源汽车国家推广补贴对客车行业企业营业收入影响分析

2013 年 9 月，国家四部委联合发布了《关于继续开展新能源汽车推广应用工作的通知》（财建〔2013〕551 号），明确提出将继续对新能源汽车销售给予补贴。这一补贴政策从 2015 年开始对客车行业企业产生了重大影响。根据 2017 年修订的《企业会计准则第 16 号——政府补助》的规定，企业从政府取得的经济资源，如果与企业销售商品或提供劳务等活动密切相关，且是企业商品或服务的对价或者是对价的组成部分，适用《企业会计准则第 14 号——收入》等相关会计准则。根据新能源汽车国家推广补贴政策的相关规定，补助对象是消费者。宇通客车等生产企业是按照扣除补贴后的价格与消费者进行结算的，然后中央财政按程序将企业垫付的补贴资金再拨付给生产企业。对于宇通客车等生产企业而言，如果没有政府提供的新能源汽车国家推广补贴，它们是不会以低于成本的价格进行销售的。因此，宇通客车等企业从政府取得的新能源汽车国家推广补贴，与其销售新能源汽车的业务密切相关，且是新能源汽车对价的组成部分。因此，该款项在满足收入确认条件时，宇通客车等企业会按照会计准则将其确认为营业收入。

《关于继续开展新能源汽车推广应用工作的通知》

自 2015 年起，宇通客车开始公开披露各年收到的新能源汽车国家推广补贴，其与营业收入的关系如图 4－11 所示。可见，作为客车行业的龙头企业，宇通客车 2015—2016 年收到的新能源汽车国家推广补贴占营业收入的比重均超过 20%，2016 年达到峰值 27.77%。随着 2017 年补贴退坡，该占比直线下降，直至降到 10%以下，2022 年降至最低，仅为 1.97%，这说明新能源汽车国家推广补贴从 2017 年开始对宇通客车营业收入的影响逐年减弱。

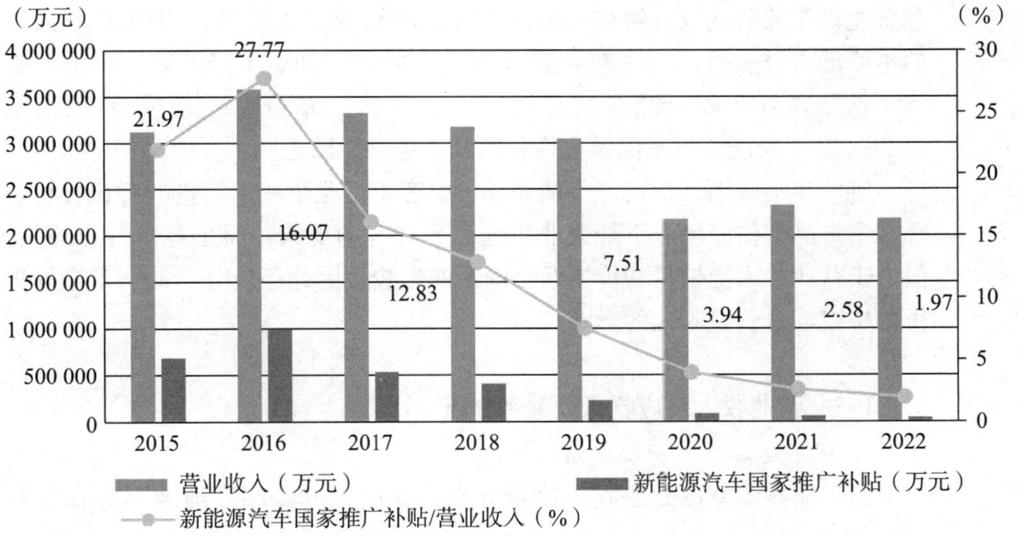

图 4－11 2015—2022 年宇通客车新能源汽车国家推广补贴占营业收入比重图

金龙汽车也是从 2015 年开始披露收到的新能源汽车国家推广补贴相关信息。2015—2022 年宇通客车与金龙汽车新能源汽车国家推广补贴占营业收入比重对比①如图 4-12 所示。可以看出，除 2016 年两家企业的补贴占比差距较大外，其他各年大体相近。2016 年的差距主要是由于当年金龙汽车的子公司苏州金龙发生骗补事件，导致补贴被收回。自 2017 年起，受新能源汽车骗补事件等因素的影响，补贴缩减，两家企业所获得的补贴占比均明显下降。2015—2020 年宇通客车的新能源汽车国家推广补贴占比均高于金龙汽车，说明宇通客车营业收入中来自新能源汽车国家推广补贴金额比金龙汽车更多。2020 年以后，金龙汽车的新能源汽车国家推广补贴占比则略胜一筹。

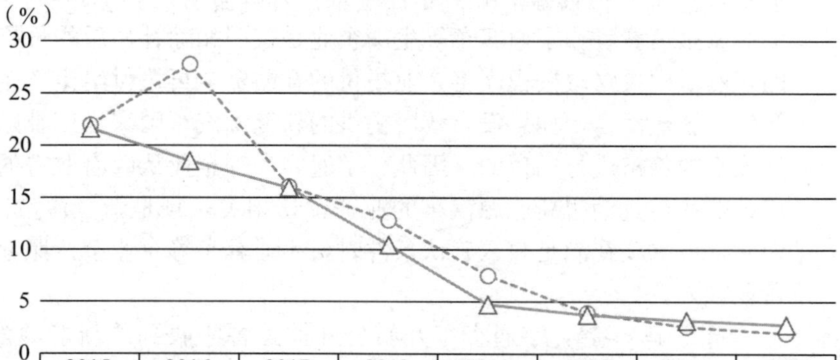

	2015	2016	2017	2018	2019	2020	2021	2022
宇通客车	21.97	27.77	16.07	12.83	7.51	3.94	2.58	1.97
金龙汽车	21.63	18.52	15.96	10.46	4.72	3.73	3.18	2.78

图 4-12　2015—2022 年宇通客车与金龙汽车新能源汽车国家推广补贴占营业收入比重对比图

综合上述分析不难发现，2015—2022 年新能源汽车国家推广补贴对宇通客车和金龙汽车的营业收入均有一定的影响，也是宇通客车 2016 年营业收入达到峰值的主要助力。然而，2017 年宇通客车的营业收入开始下降，除了产量、销量同时下降是导致营业收入减少的原因之一（见第二章资产负债表分析图 2-27 和图 2-32），新能源汽车国家推广补贴减少也是原因之一。

进一步结合第二章资产负债表分析中客车行业企业产销量的对比分析，可以发现客车产品整体产销量下降并非宇通客车独有的现象，而是客车行业的整体趋势。但由于营业收入受销量和价格两个因素的影响，因此还应分产品、车型等进一步分析价格变动对营业收入的影响。

（三）营业收入与应收账款关系分析

1. 从宇通客车自身趋势看

（1）应收账款占营业收入比重分析。2012—2022 年宇通客车应收账款占营业

① 安凯客车和中通客车只在 2020 年披露了新能源汽车国家推广补贴金额，其余年份仅提供了期末余额，故本部分只对宇通客车和金龙汽车进行了对比分析。

收入比重如图 4-13 所示。2012—2022 年宇通客车的营业收入和应收账款金额以及应收账款占营业收入比重，均呈先升后降之势，营业收入和应收账款分别在 2016 年和 2017 年达到峰值。应收账款占营业收入的比重于 2018 年达到峰值，为 54.41%，2016—2020 年该占比均在 40%以上，并且 2017 年和 2018 年均超过 50%，说明在宇通客车的营业收入中有近一半的应收账款不能及时收现。从 2021 年开始，该占比明显下降，2022 年已降至不足 20%。

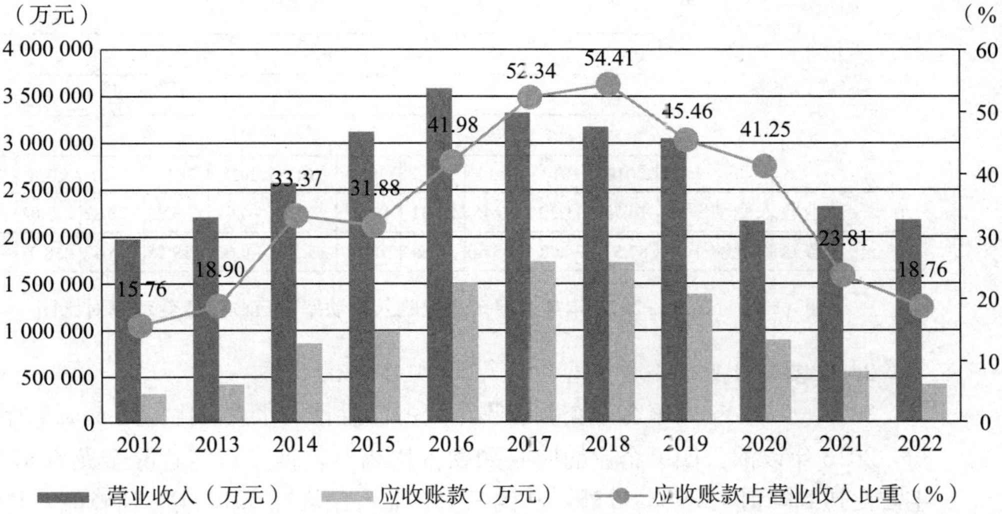

图 4-13 2012—2022 年宇通客车应收账款占营业收入比重图

（2）宇通客车应收账款变动率与营业收入变动率对比分析。2012—2022 年宇通客车营业收入变动率与应收账款变动率对比如图 4-14 所示。2012—2018 年，宇通客车的营业收入变动率仅在 2015 年高于应收账款变动率，其他年份均明显低于应收账款变动率；从 2018 年开始，营业收入变动率和应收账款变动率在大多数年份为负值，应收账款变动率总体呈下降趋势；从 2019 年开始，营业收入变动率各年均高于应收账款变动率。

由于 2016 年我国对新能源汽车国家推广补贴标准进行了调整，变更为依据已售新能源汽车的累计里程数发放补贴，2017 年又取消了补贴预拨方式，这一系列政策变化导致新能源汽车国家推广补贴回收周期拉长。结合第二章资产负债表分析中对宇通客车应收账款的分析可知，自 2015 年以来，宇通客车各年应收账款中均含有 20%以上的新能源汽车国家推广补贴欠款（见图 2-15）。同时，通过对应收账款账龄进行分析（见表 2-4），可以进一步了解这些补贴欠款的回收情况。上述分析说明，宇通客车的营业收入与应收账款之间的关系受我国新能源汽车国家推广补贴政策的影响，只要国家政策不变，符合要求的、与营业收入相对应的新能源汽车国家推广补贴收回只是时间早晚的问题。

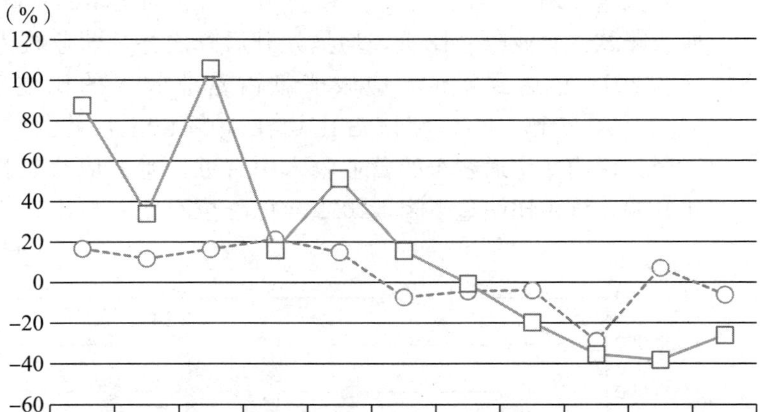

	2012	2013	2014	2015	2016	2017	2018	2019	2020	2021	2022
营业收入变动率	16.72	11.79	16.45	21.31	14.87	−7.33	−4.44	−3.95	−28.82	7.04	−6.17
应收账款变动率	87.54	34.02	105.60	15.89	51.27	15.54	−0.66	−19.75	−35.42	−38.21	−26.07

图4－14　2012—2022年宇通客车营业收入变动率与应收账款变动率对比图

2. 从客车行业企业趋势看

2012—2022年四家客车企业应收账款占营业收入比重对比如图4－15所示。可知，2015年以前，四家企业的应收账款占比相对较低且稳定；除金龙汽车在2017年占比达到峰值72.08%以外，其他三家企业占比均在2018年达到峰值，其中中通客车占比最高，达到了117.31%，宇通客车峰值最低，但也达到了54.41%。客车行业企业每年要提交上期新能源汽车国家推广补贴的申请，而国家审核时间一般在一年内。2017年因金龙汽车骗补等，补贴审核时间延长至一年半，这一政策变化对客车企业的应收账款占比产生了直接影响。通过对比分析，可以发现四家企业各

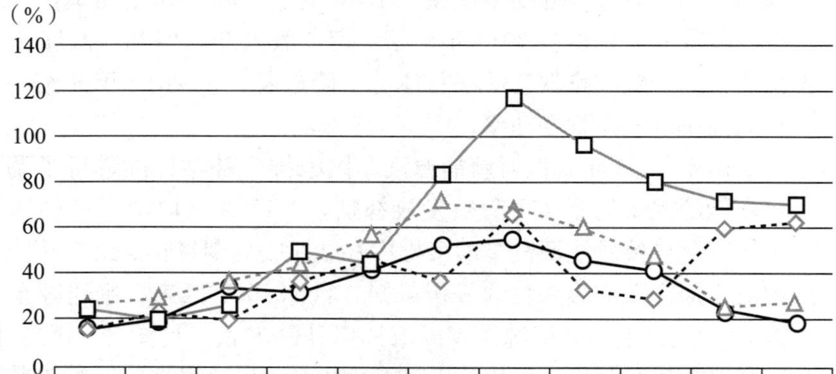

	2012	2013	2014	2015	2016	2017	2018	2019	2020	2021	2022
宇通客车	15.76	18.90	33.37	31.88	41.98	52.34	54.41	45.46	41.25	23.81	18.76
金龙汽车	25.82	29.34	36.48	44.05	57.01	72.08	68.29	60.40	48.09	25.76	27.69
中通客车	24.35	20.21	26.36	49.90	43.60	83.79	117.31	96.77	80.72	72.28	70.23
安凯客车	15.16	23.18	19.40	36.01	46.44	36.86	66.19	33.55	29.46	59.96	62.15

图4－15　2012—2022年四家客车企业应收账款占营业收入比重对比图

年应收账款占营业收入比重的变化与新能源汽车国家推广补贴政策的开始时间、政策变化时间以及该政策对企业影响的时间段基本吻合。在四家企业中，宇通客车的应收账款占比相对较低且总体平稳，说明宇通客车的营业收入质量较高，受政策的影响相对较小。

（四）营业收入操纵分析

党的二十大报告强调，弘扬诚信文化，健全诚信建设长效机制。本部分主要介绍上市公司操纵营业收入的典型造假案例，以起到警示性作用。

稳定增长的营业收入是上市公司经营良好的象征，也是股价攀升的有力依托。许多上市公司在粉饰财务报表时，常常利用营业收入的确认来操纵利润，说明营业收入操纵是上市公司最常用的手段和伎俩。

1. “造假大户”康得新退市

2019 年 1 月，康得新因无力偿还 15 亿元的短期融资券而引发市场对其 2018 年三季报披露财务信息真实性的广泛质疑。对此，证监会立即展开调查，并于 2020 年 9 月 22 日下发处罚决定，对康得新及相关责任人员采取了罚款、市场禁入等处理措施。2021 年 2 月 28 日，康得新对其 2015—2018 年的财务报表进行了追溯调整，更正后的财务报表显示公司连续 4 年净利润为负，触及重大违法强制退市的条件。

经证监会查明，康得新的造假手段之一是通过虚增营业收入进而虚增利润总额。康得新通过虚构销售业务等方式虚增 2015—2018 年的营业收入，导致这 4 年年报中的利润总额虚增 115.3 亿元。为了掩盖这一造假行为，大股东康得集团与相关银行签订现金管理协议，以累计归集金额混淆视听，并利用体外循环将其伪装为销售收入回款，增强了造假手段的隐蔽性。在扣除虚增部分后，康得新 2015—2018 年连续 4 年亏损，这是其退市的主要原因。

上述造假手段被曝光后，一些别有用心的人利用网络散布谣言、抹黑监管政策和稽查执法、攻击退市制度改革等方式，向政府和监管部门施压，企图拖延和干扰康得新退市进程，从而牟取不当利益。对此，证监会表示坚决依法推进康得新退市工作，打击不正当维权行为，完善常态化退市机制，以提高上市公司质量，切实维护良好的市场秩序。

2. *ST 金正虚增利润和营业收入

2021 年 5 月 20 日，*ST 金正发布公告称，公司已收到证监会的《行政处罚及市场禁入事先告知书》。经证监会查实，确认公司 4 年累计虚增收入近 231 亿元、虚增利润近 20 亿元。公告详细披露了 *ST 金正涉嫌的 3 项违法事实。

第一，*ST 金正通过虚构贸易业务虚增收入和利润。2015 年至 2018 年上半年，*ST 金正及其合并报表范围内的部分子公司通过与供应商、客户和其他外部单位虚构合同，空转资金，开展无实物流转的虚构贸易业务，累计虚增收入 2 307 345.06 万元，虚增成本 2 108 384.88 万元，进而虚增利润 198 960.18 万元。上述情况导致 *ST 金正披露的 2015 年、2016 年、2017 年年度报告和 2018 年半年度报告均存在虚假记载。

第二，*ST 金正未按规定披露其与诺贝丰（中国）农业有限公司的关联关系及关联交易，同时，未按规定披露其与富朗（中国）生物科技有限公司、诺泰尔（中国）化学有限公司的关联关系及关联交易。

第三，*ST 金正的部分资产、负债科目存在虚假记载，其披露的 2018 年、2019 年年度报告和 2019 年半年度报告均存在虚假记载。

（五）营业收入预测分析

营业收入是企业盈利能力的直接体现，也是利润表分析的起点。因此，选择合理的方法预测营业收入非常重要，这也是财务报表分析的内容之一。

1. 营业收入预测方法的选择

营业收入预测是根据以往的数据对未来一定期间内可以实现的营业收入的定量，通常使用时间序列预测方法。

在进行营业收入预测之前，首先应明确时间序列包含的不同成分，如趋势、季节性、周期性和随机性等。一个具体的时间序列可能只包含一种成分，也可能同时包含几种成分。含有不同成分的时间序列所用的预测方法不同，如图 4-16 所示。

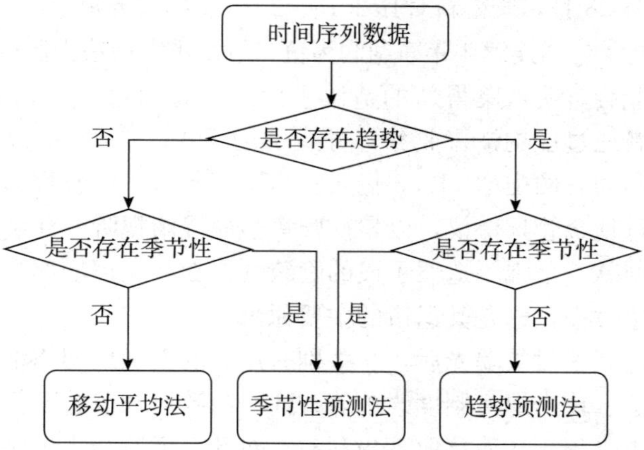

图 4-16　不同成分的时间序列数据采用的预测方法图

2. 营业收入预测步骤

（1）确定企业时间序列数据所包含的成分。为了判断趋势成分是否存在，可以利用回归分析对回归系数进行显著性检验。如果回归系数显著，就可以得出线性趋势显著的结论，反之亦然。2011—2022 年宇通客车营业收入数据如表 4-6 所示。

表 4-6　2011—2022 年宇通客车营业收入数据表　　金额单位：万元

年份	自变量	营业收入
2011	1	1 693 192.59
2012	2	1 976 345.92
2013	3	2 219 797.87
2014	4	2 572 829.95

续表

年份	自变量	营业收入
2015	5	3 121 087.39
2016	6	3 585 044.20
2017	7	3 322 194.88
2018	8	3 174 584.46
2019	9	3 049 174.35
2020	10	2 170 504.84
2021	11	2 323 346.32
2022	12	2 179 896.06

使用Excel对2011—2022年宇通客车营业收入数据进行回归统计，结果如表4-7所示。可见，在本次营业收入预测中，自变量为年份x，因变量为营业收入Y，回归系数检验的P值为0.501 487 666、R^2值为0.046 372，表明年份与营业收入之间的线性关系不显著，宇通客车的营业收入不存在线性趋势。

表4-7　Excel输出的回归分析结果表

回归统计输出结果				
相关系数			0.215 341	
R^2			0.046 372	
调整后的R^2			−0.048 99	
标准误差			624 251.8	
观测值			12	
方差分析结果				
	系数	标准误差	t值	P值
截距	2 379 051.698	384 200.405 3	6.192 215 481	0.000 102 492
斜率	36 402.287 94	52 202.555 45	0.697 327 7	0.501 487 666

此外，关于季节性成分的判断，至少需要两年的数据，并且这些数据需要按季度、月份、周或日等记录。由于宇通客车的营业收入数据是按年记录的，并不涉及季度、月份、周或日等数据，因此不考虑其季节性问题。

(2) 确定适合企业时间序列数据的预测方法。宇通客车2011—2022年的营业收入数据既不存在趋势性，也不存在共线性，因此选择移动平均法作为预测营业收入的方法。

(3) 营业收入最佳预测方案。使用Excel的数据分析功能进行移动平均预测，得出2023年宇通客车营业收入移动平均预测值，如表4-8所示。从预测结果来看，二期移动平均的均方误差为2 535（25 350÷10）、三期移动平均的均方误差为3 950（35 548÷9）。就本序列而言，宇通客车二期移动平均的预测误差更小、预测效果更好。因此，选择二期移动平均预测值作为2023年宇通客车营业收入的预测值，即225.16亿元。

表4-8　2023年宇通客车营业收入移动平均预测表　单位：亿元

年份	营业收入	移动平均预测 $k=2$	预测误差	预测误差平方	移动平均预测 $k=3$	预测误差	预测误差平方
2011	169.32						
2012	197.63						
2013	221.98	183.48	38.50	1 482			
2014	257.28	209.81	47.48	2 254	196.31	60.97	3 718
2015	312.11	239.63	72.48	5 253	225.63	86.48	7 478
2016	358.50	284.70	73.81	5 448	263.79	94.71	8 971
2017	332.22	335.31	−3.09	10	309.30	22.92	525
2018	317.46	345.36	−27.90	779	334.28	−16.82	283
2019	304.92	324.84	−19.92	397	336.06	−31.14	970
2020	217.05	311.19	−94.14	8 862	318.20	−101.15	10 231
2021	232.33	260.98	−28.65	821	279.81	−47.47	2 254
2022	217.99	224.69	−6.70	45	251.43	−33.44	1 119
2023		225.16		25 350	222.46		35 548

2011—2023年宇通客车营业收入与二期、三期移动平均拟合效果对比如图4-17所示。可知，营业收入曲线与二期移动平均趋势线基本重合，说明拟合效果较好。基于这一良好的拟合效果，进一步确认宇通客车2023年营业收入预测值为225.16亿元，比2022年略有增加，总体上仍保持了自2020年以来营业收入在200亿～250亿元之间的规模。

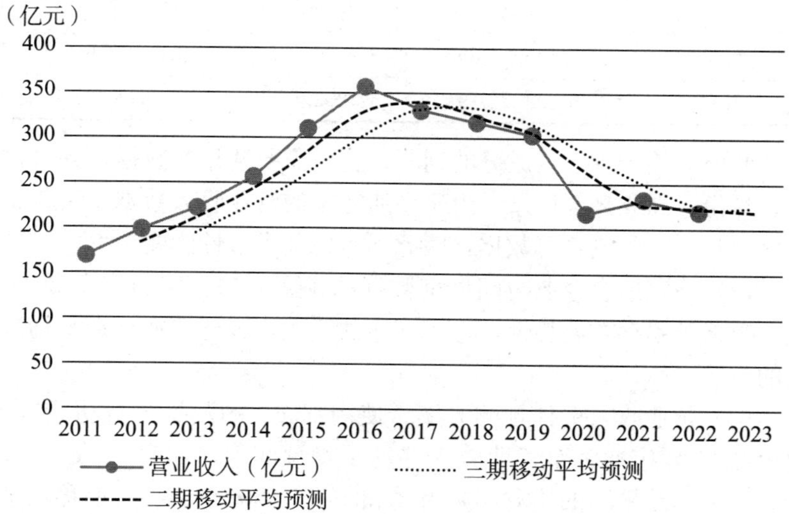

图4-17　2011—2023年宇通客车营业收入与二期、三期移动平均拟合效果对比图

二、营业成本分析

（一）宇通客车营业成本分析

根据表 4－3 动态分析的结论，进一步对 2022 年宇通客车产品成本项目进行综合分析，如表 4－9 所示。可知，在 2021 年和 2022 年宇通客车的产品成本项目中，占比最高的均是原材料成本，分别为 78.72％和 78.90％。2022 年产品营业成本较上年减少 192 683 万元，降幅达 11.88％，其中原材料、人工和其他成本较上年均有所减少，但原材料成本减少最为显著，达到了 149 081 万元，降幅为 11.68％，这是导致产品营业成本减少的主要原因。与上年相比，2022 年宇通客车各成本项目结构变动均未超过 2 个百分点。

表 4－9　2022 年宇通客车产品成本项目综合分析表　金额单位：万元

成本项目	2022 年		2021 年		2022 年变动额	2022 年变动率（％）	2022 年结构变动（％）
	金额	结构（％）	金额	结构（％）			
原材料	1 127 425	78.90	1 276 506	78.72	－149 081	－11.68	0.18
人工	75 498	5.28	105 536	6.51	－30 037	－28.46	－1.23
制造费用	131 164	9.18	126 733	7.82	4 431	3.50	1.36
其他成本	94 866	6.64	112 861	6.96	－17 995	－15.94	－0.32
合计	1 428 953	100.00	1 621 636	100.00①	－192 683	－11.88	0.00②

注：①各项目占比合计为 100.01％，是四舍五入造成的，下同。
②各项目占比合计为－0.01％，是四舍五入造成的，下同。

（二）金龙汽车营业成本分析

2022 年金龙汽车主营业务分产品成本项目综合分析如表 4－10 所示。可知，在 2021 年和 2022 年金龙汽车主营业务分产品成本项目中，占比最高的均是原材料成本，分别为 90.48％和 91.05％。2022 年金龙汽车主营业务分产品营业成本同比增加 184 615 万元，增幅达 13.95％，主要是原材料成本增加所致：原材料成本增加了 175 659 万元，增幅达 14.67％；其他成本项目对营业成本的影响较小。与上年相比，金龙汽车 2022 年各成本项目结构变动幅度均不足 1 个百分点。

表 4－10　2022 年金龙汽车主营业务分产品成本项目综合分析表金额单位：万元

成本项目	2022 年		2021 年		2022 年变动额	2022 年变动率（％）	2022 年结构变动（％）
	金额	结构（％）	金额	结构（％）			
原材料	1 372 865	91.05	1 197 206	90.48	175 659	14.67	0.57
人工	57 681	3.83	59 145	4.47	－1 464	－2.48	－0.64
制造费用	77 292	5.13	66 871	5.05	10 421	15.58	0.08
合计	1 507 838	100.00	1 323 223	100.00	184 615	13.95	0.00

（三）宇通客车与金龙汽车营业成本对比分析

2012—2022年宇通客车与金龙汽车成本项目结构对比如表4-11所示。可知，两家企业的成本项目中，原材料占比均为最高。2020年以前，宇通客车的原材料占比均在85%以上，从2020年开始，占比降到78%左右；而金龙汽车原材料占比各年始终在90%以上，说明金龙汽车原材料占比更高。在人工成本占比方面，宇通客车和金龙汽车的水平相当，但宇通客车略高一筹。在制造费用占比方面，与金龙汽车相比，宇通客车的占比较高，在6%～11%之间呈波浪式变动，而金龙汽车的占比在3%～6%之间波动。宇通客车从2020年开始在成本项目中增加了其他成本，其占比从8.34%降到2022年的6.64%，但这一变化未在附注中详细披露。

表4-11　2012—2022年宇通客车与金龙汽车成本项目结构对比表（%）

成本项目		2012年	2013年	2014年	2015年	2016年	2017年	2018年	2019年	2020年	2021年	2022年
宇通客车	原材料	87.89	85.57	85.53	87.55	88.44	89.17	87.25	87.85	78.45	78.72	78.90
	人工	2.89	3.60	4.20	4.53	5.17	4.71	5.37	5.55	5.86	6.51	5.28
	制造费用	9.22	10.83	10.27	7.92	6.39	6.12	7.38	6.60	7.35	7.82	9.18
	其他成本	—	—	—	—	—	—	—	—	8.34	6.96	6.64
	合计	100.00	100.00	100.00	100.00	100.00	100.00	100.00	100.00	100.00	100.00	100.00
金龙汽车	原材料	91.63	92.35	92.31	93.31	92.16	90.56	90.59	90.75	90.32	90.48	91.05
	人工	3.42	3.44	3.59	3.48	3.84	4.54	4.48	4.55	4.71	4.47	3.83
	制造费用	4.96	4.22	4.09	3.21	4.00	4.91	4.93	4.71	4.97	5.05	5.13
	合计	100.00	100.00	100.00	100.00	100.00	100.00	100.00	100.00	100.00	100.00	100.00

（四）宇通客车与金龙汽车结合销量、营业成本对比分析

2022年宇通客车与金龙汽车营业成本及其影响因素对比分析如表4-12所示。可知，2022年宇通客车的营业成本同比减少11.88%，而金龙汽车同比增加13.95%。2022年宇通客车和金龙汽车的单位成本同比均有所增加，增幅分别为22.05%和25.13%；销量同比均有所减少，降幅分别为27.80%和8.93%。2022年宇通客车销量的降幅大于单位成本的增幅，说明销量下降是导致营业成本下降的主要原因。而金龙汽车单位成本的增幅远大于销量的降幅，说明单位成本上升是导致营业成本上升的主要原因。

表4-12　2022年宇通客车与金龙汽车营业成本及其影响因素对比分析表　金额单位：万元

项目		2022年	2021年	变动率（%）
宇通客车	营业成本	1 428 953	1 621 636	−11.88
	销量（辆）	30 198	41 828	−27.80
	单位成本	47.32	38.77	22.05

续表

项目		2022 年	2021 年	变动率（%）
金龙汽车	营业成本	1 507 838	1 323 223	13.95
	销量（辆）	46 172	50 699	−8.93
	单位成本	32.66	26.10	25.13

三、期间费用分析

期间费用是指企业日常为组织和管理整个经营活动所发生的经济利益的流出，是应计入发生当期损益的费用。期间费用与企业计入特定成本核算对象的生产成本没有直接关系。期间费用一般包括管理费用、销售费用、财务费用和研发费用①。

（一）客车行业企业期间费用分析

1. 宇通客车期间费用分析

（1）宇通客车期间费用增减变动分析。2012—2022 年宇通客车期间费用及其变动率趋势如图 4 - 18 所示。可知，宇通客车除 2017 年、2020 年的期间费用规模较上年有所减少以外，其余各年均有所增加；除 2014 年期间费用变动率为 13.08%以外，2012—2016 年期间费用变动率均在 21%以上。2017 年期间费用变动率大幅减少，由 2016 年的峰值 35.68%下降到−2.59%。2018—2019 年期间费用都有所增加，变动率为正值。2020 年宇通客车的期间费用大幅减少，变动率降为最低值−28.79%，随后两年期间费用均有所增加，变动率由负转正，但增幅均未超过 2%。

图 4 - 18　2012—2022 年宇通客车期间费用及其变动率趋势图

① 按照企业会计准则的规定，研发费用于 2018 年开始从管理费用中剥离，在利润表中单独列报。为保持分析内容的一致性，本章依然把研发费用纳入期间费用的范畴进行分析。

2012—2022 年宇通客车期间费用变动率与营业收入变动率对比如图 4－19 所示。可知，两者的整体变动趋势基本相同，波动区间基本一致，期间费用变动率除在 2014 年和 2021 年略低于营业收入变动率之外，其余年份均高于营业收入变动率，这说明期间费用变动与营业收入变动密切相关，且期间费用变动幅度受营业收入变动的影响较大。

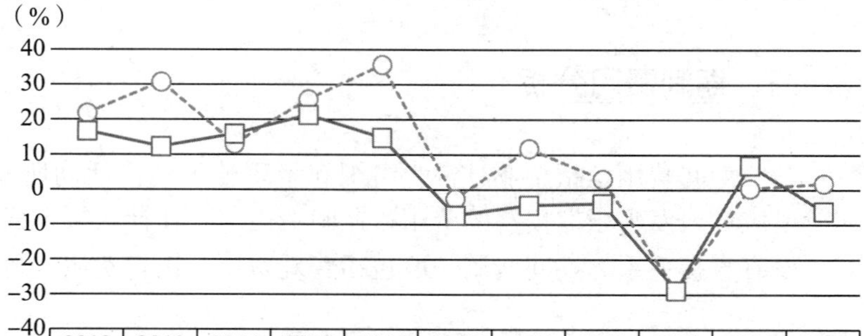

	2012	2013	2014	2015	2016	2017	2018	2019	2020	2021	2022
期间费用变动率	21.81	30.72	13.08	25.78	35.68	−2.59	11.73	3.02	−28.79	0.35	1.82
营业收入变动率	16.72	12.32	15.90	21.31	14.87	−7.33	−4.44	−3.95	−28.82	7.04	−6.17

图 4－19　2012—2022 年宇通客车期间费用变动率与营业收入变动率对比图

（2）宇通客车期间费用结构分析。2012—2022 年宇通客车期间费用占营业收入比重如图 4－20 所示。可知，2012—2015 年期间费用占比较为平稳，四年总体的增幅仅为 1.79 个百分点；2016 年期间费用占比达 14.02%，同比增加了 2.15 个百分点，结合图 4－19 可知，当年期间费用变动率高达 35.68%；2017—2020 年，宇通客车的营业收入逐年减少，但期间费用变动率各年均高于营业收入变动率，这是期间费用占比一直保持在较高水平的主要原因。2021—2022 年，期间费用占比稳定在 17%以上。

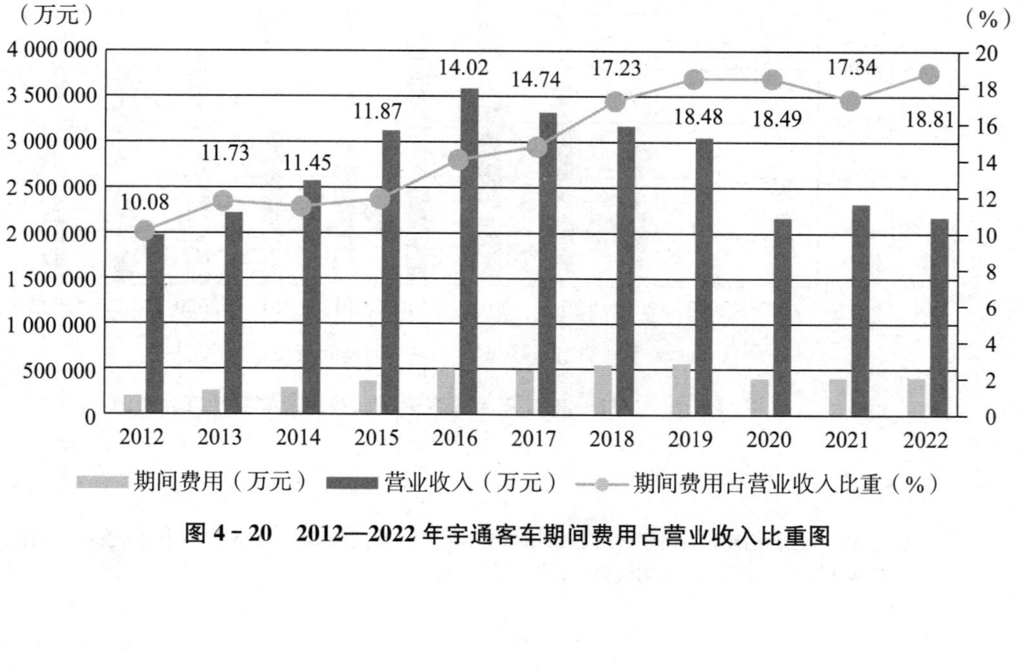

图 4－20　2012—2022 年宇通客车期间费用占营业收入比重图

2012—2022 年宇通客车期间费用（研发费用重溯后）结构及金额对比分别如图 4－21、图 4－22 所示。可知，在这段时间内，销售费用整体占比最高，在 38%～59%之间波动，2016 年达到峰值 58.22%，随后几年呈波浪式下滑。2017 年以前，管理费用占比位居第二，呈先升后降之势，多数年份在 44%以上；2017—2022 年管理费用占比明显下降，在 14%～23%之间波动。宇通客车从 2017 年开始将研发费用单独列报，当年占比为 26.89%，之后占比均在 31%以上，并且在期间费用中的占比始终高于管理费用。特别是在 2020—2022 年，尽管期间费用总体有所减少，但研发费用占比逐年增加，其规模与销售费用不相上下。此外，重溯后的研发费用数据更具有可比性。财务费用金额较小，占期间费用的比重也最小。

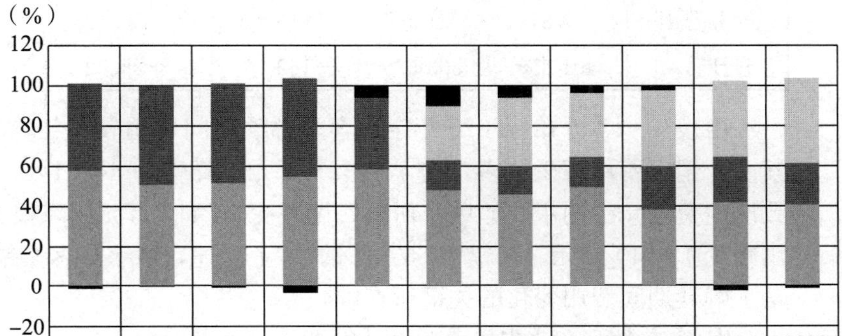

	2012	2013	2014	2015	2016	2017	2018	2019	2020	2021	2022
■财务费用占比	−1.90	−0.11	−0.85	−3.84	5.46	10.05	5.93	3.75	1.82	−3.01	−1.94
■研发费用占比	0.00	0.00	0.00	0.00	0.00	26.89	34.05	31.69	38.67	38.75	42.07
■管理费用占比	44.19	49.30	49.31	48.93	36.32	15.00	14.11	14.89	20.81	22.19	21.01
■销售费用占比	57.71	50.81	51.54	54.91	58.22	48.06	45.91	49.67	38.70	42.08	40.69

图 4－21 2012—2022 年宇通客车期间费用（研发费用重溯后）结构图

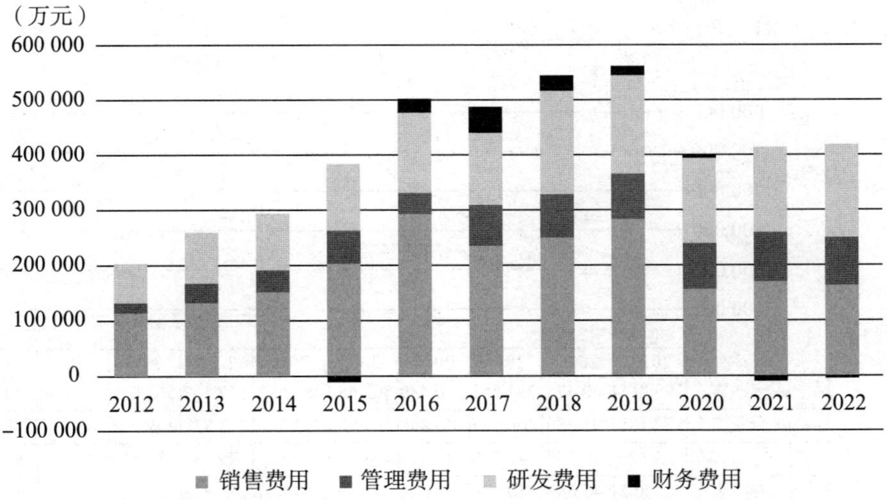

图 4－22 2012—2022 年宇通客车期间费用（研发费用重溯后）金额对比图

（3）宇通客车期间费用项目分析。从图4-19中可以发现，2020年宇通客车期间费用变动率降幅高达28.79%，其变动原因是什么呢？可以根据2020年宇通客车期间费用构成项目水平分析表（见表4-13）进行分析。

表4-13　2020年宇通客车期间费用构成项目水平分析表　金额单位：万元

项目	2020年	2019年	变动额	变动率（%）	对期间费用变动额的影响（%）
销售费用	155 333	279 954	−124 621	−44.51	76.80
管理费用	83 509	83 898	−389	−0.46	0.24
研发费用	155 201	178 618	−23 417	−13.11	14.43
财务费用	7 315	21 155	−13 840	−65.42	8.53
合计	401 358	563 625	−162 267	−28.79	100.00

由表4-13可知，2020年宇通客车各项期间费用较上年均有不同程度的减少。其中，销售费用减少最多，为124 621万元，降幅为44.51%，销售费用减少是导致期间费用减少的主要原因；研发费用减少23 417万元，降幅为13.11%；财务费用减少13 840万元，降幅为65.42%。综上所述，对宇通客车销售费用的深入分析是了解其期间费用变化的关键所在。

2. 客车行业企业期间费用对比分析

（1）客车行业企业期间费用规模对比分析。2012—2022年四家客车企业期间费用规模对比如图4-23所示。可知，宇通客车的期间费用规模远超其他三家企业，金龙汽车排在其后。2016年以前，宇通客车与金龙汽车的期间费用规模差距较小，从2016年开始两家企业期间费用的规模差距逐渐拉大，多数年份宇通客车的期间费用规模是金龙汽车的两倍以上。中通客车和安凯客车的期间费用规模相近，变动趋势基本一致，2015年以后中通客车的期间费用规模各年均大于安凯客车，2021—2022年差距拉大。

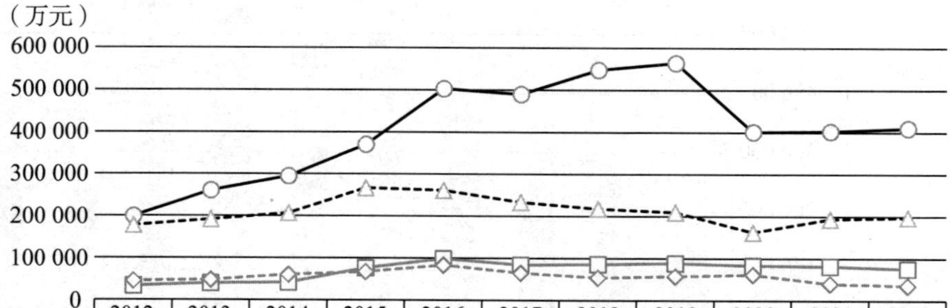

	2012	2013	2014	2015	2016	2017	2018	2019	2020	2021	2022
宇通客车	199 264	260 476	294 553	370 489	502 680	489 682	547 117	563 625	401 358	402 782	410 132
金龙汽车	177 185	191 160	206 937	266 498	261 083	233 386	217 837	209 558	162 194	193 766	197 447
中通客车	33 326	39 587	41 273	76 310	98 549	83 824	85 733	88 518	83 161	81 558	75 469
安凯客车	44 865	47 683	60 199	67 044	83 095	64 883	53 798	57 449	61 421	39 822	35 604

图4-23　2012—2022年四家客车企业期间费用规模对比图

（2）客车行业企业期间费用占营业收入比重对比分析。2012—2022 年四家客车企业期间费用占营业收入比重如图 4－24 所示。除 2016 年和 2017 年中通客车占比最低以外，其他年份都是金龙汽车占比最低。2012—2016 年、2021—2022 年，安凯客车的期间费用占比最高，且波动较大；2017—2019 年宇通客车的期间费用占比最高。总体来看，金龙汽车的期间费用占比表现出色，该公司每创造一元营业收入，所占用的期间费用最少，占比稳定在 9%～14%之间，且波动最小。

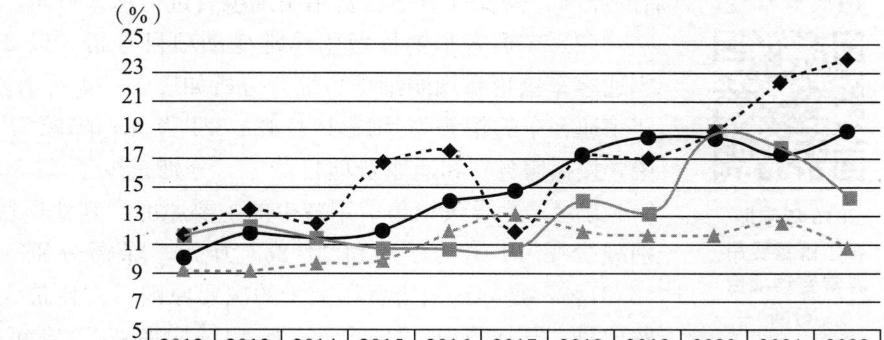

	2012	2013	2014	2015	2016	2017	2018	2019	2020	2021	2022
宇通客车	10.08	11.73	11.45	11.87	14.02	14.74	17.23	18.48	18.49	17.34	18.81
金龙汽车	9.24	9.18	9.66	9.93	11.96	13.16	11.91	11.71	11.62	12.57	10.82
中通客车	11.62	12.31	11.43	10.73	10.65	10.68	14.10	13.13	18.87	17.78	14.30
安凯客车	11.68	13.47	12.45	16.67	17.47	11.91	17.10	17.02	18.81	22.36	23.93

图 4－24　2012—2022 年四家客车企业期间费用占营业收入比重图

（二）客车行业企业销售费用分析

1. 宇通客车销售费用分析

（1）宇通客车销售费用增减变动分析。2012—2022 年宇通客车销售费用及其变动率趋势如图 4－25 所示。两者均呈波浪式变动，2016 年两者均达到峰值，销售

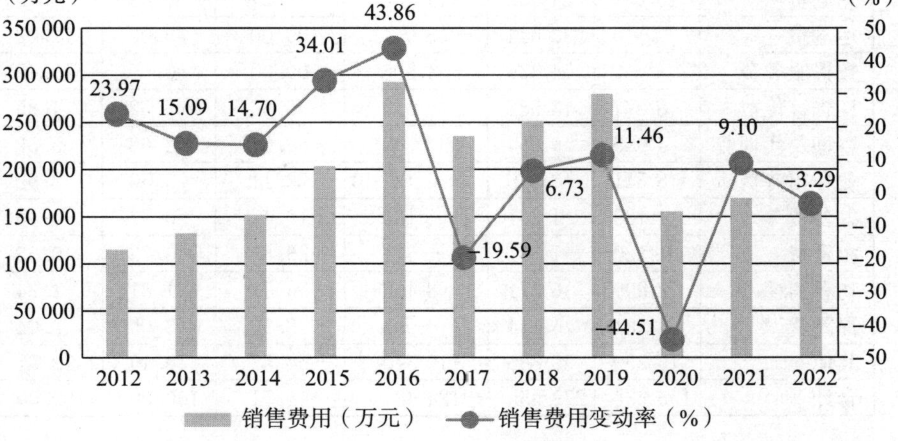

图 4－25　2012—2022 年宇通客车销售费用及其变动率趋势图

费用增幅高达43.86%；2017年和2020年销售费用明显减少，2022年有小幅减少，这三年销售费用变动率均为负值，其中，2020年销售费用降幅最大，为44.51%。值得注意的是，宇通客车的销售费用变动率分别在2016年和2020年达到了最高点与最低点。

通过上述分析，可以发现2012—2022年宇通客车的销售费用存在两个异常变动的年份，即2016年销售费用大幅增加和2020年销售费用大幅减少。为了揭示这两次异常变动背后的原因，需要针对销售费用明细项目进行深入分析。

2016年宇通客车销售费用异常变动项目分析

（2）宇通客车销售费用异常变动项目分析。以2020年为例，宇通客车销售费用明细项目综合分析如表4-14所示。可知，2020年宇通客车的销售费用减少了124 621万元，降幅为44.51%。其中，按揭服务费和运输费项目清零，分别减少了54 306万元和33 644万元，是导致销售费用减少的主要原因。其他项目和差旅费分别减少了19 570万元和14 263万元，降幅分别为54.57%和58.21%，是导致销售费用减少的次要原因。占比最大的售后服务费项目，其比重由2019年的20.14%增加到2020年的37.34%，上升了17.20个百分点，但金额仅增加了1 635万元，增幅为2.90%；占比排名第二的是职工薪酬项目，其金额增加了12 771万元，增幅为40.30%，比重由2019年的11.32%增加到2020年的28.62%，上升了17.30个百分点。除职工薪酬和售后服务费以外，销售费用中的其他各个项目均有不同程度的减少。

表4-14 2020年宇通客车销售费用明细项目综合分析表 金额单位：万元

项目	金额		变动额	变动率（%）	各项目占销售费用的比重（%）		比重变动情况（%）
	2020年	2019年			2020年	2019年	
职工薪酬	44 462	31 691	12 771	40.30	28.62	11.32	17.30
售后服务费	58 004	56 369	1 635	2.90	37.34	20.14	17.20
差旅费	10 239	24 502	−14 263	−58.21	6.59	8.75	−2.16
运输费	0	33 644	−33 644	−100.00	0.00	12.02	−12.02
按揭服务费	0	54 306	−54 306	−100.00	0.00	19.40	−19.40
广告宣传费	8 574	13 587	−5 013	−36.90	5.52	4.85	0.67
咨询及代理费	4 085	9 854	−5 769	−58.54	2.63	3.52	−0.89
业务招待费	8 541	10 965	−2 424	−22.11	5.50	3.92	1.58
办公费	1 129	1 261	−132	−10.47	0.73	0.45	0.28
租赁费	1 120	1 531	−411	−26.85	0.72	0.55	0.17
物料消耗	2 809	6 271	−3 462	−55.21	1.81	2.24	−0.43
保险费	81	114	−33	−28.95	0.05	0.04	0.01
其他	16 290	35 860	−19 570	−54.57	10.49	12.81	−2.32
合计	155 334	279 955	−124 621	−44.51	100.00	100.00	0.00

综上所述，一方面2020年受突发疫情的影响，宇通客车的营业收入大幅减少，使与之相关的销售费用减少；另一方面，新修订的收入准则要求将与销售订单相关

的费用列示在营业成本中，这也是导致销售费用减少的原因之一。

2. 客车行业企业销售费用占营业收入比重对比分析

（1）宇通客车销售费用占营业收入比重分析。2012—2022 年宇通客车销售费用占营业收入的比重如图 4-26 所示。可知，在此期间该占比在 5%～10%之间波动，其变动趋势与期间费用占营业收入比重相似。2012—2016 年宇通客车该占比整体呈上升趋势，2017 年降至 7.08%，随后在 2019 年达到峰值 9.18%，之后大幅回落，2020—2022 年在 7%以上小幅稳定增长。

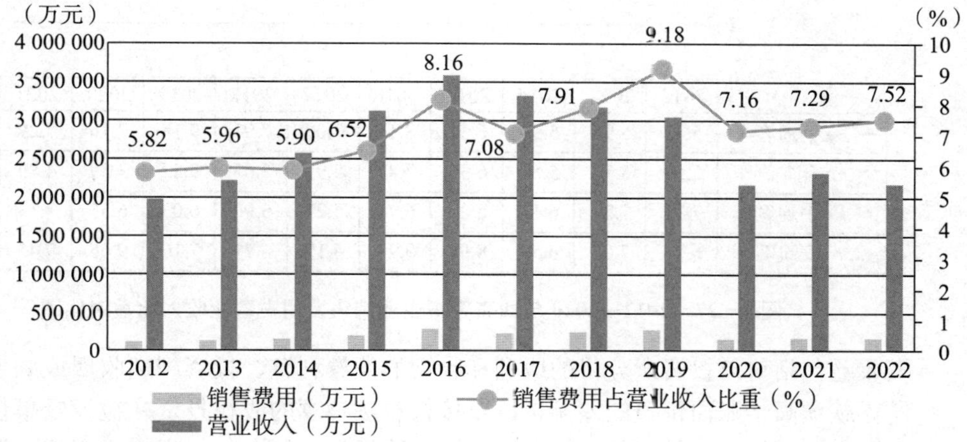

图 4-26　2012—2022 年宇通客车销售费用占营业收入比重图

结合二维码资料“2016 年宇通客车销售费用异常变动项目分析”和上述分析可以得出结论，2016 年销售费用占营业收入比重较高的原因，主要是售后服务费增加导致销售费用大幅增加，其增幅大于营业收入增幅。而 2020 年销售费用占营业收入比重大幅降低的原因则是销售费用大幅减少，销售费用降幅（44.51%）大于营业收入降幅（28.82%）。

（2）客车行业企业销售费用占营业收入比重对比分析。2012—2022 年四家客车企业销售费用占营业收入比重对比如图 4-27 所示。可知，2012—2015 年宇通客车的销售费用占比处于行业较低水平；2016 年四家企业的销售费用占比都有所提高，是行业共性的体现；2017—2019 年宇通客车的销售费用占比在四家企业中最高；从 2020 年开始，宇通客车的销售费用占比大幅减少，但仅低于安凯客车。结合图 4-24 可以看出，四家企业销售费用占营业收入的比重与期间费用占营业收入的比重总体变动趋势基本一致，说明四家企业的期间费用均以销售费用为主。但 2020 年四家企业的销售费用占比出现明显分化：规模较大的宇通客车和金龙汽车的占比呈明显下滑趋势；中通客车和安凯客车的占比出现不同程度的增加。

四、投资收益分析

利润表中的投资收益，是指企业在一定的会计期间对外投资所取得的回报。投

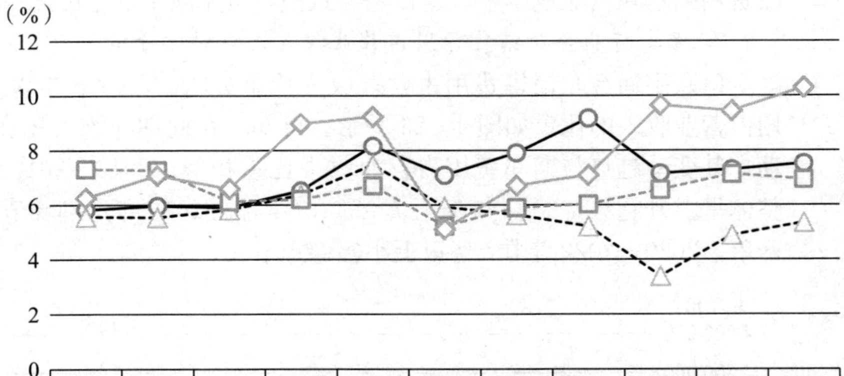

	2012	2013	2014	2015	2016	2017	2018	2019	2020	2021	2022
宇通客车	5.82	5.96	5.90	6.52	8.16	7.08	7.91	9.18	7.16	7.29	7.52
金龙汽车	5.57	5.54	5.82	6.37	7.47	5.93	5.63	5.22	3.39	4.89	5.35
中通客车	7.31	7.27	6.13	6.20	6.71	5.22	5.90	6.03	6.55	7.13	6.94
安凯客车	6.26	7.07	6.59	8.98	9.24	5.12	6.71	7.10	9.65	9.45	10.30

图4-27　2012—2020年四家客车企业销售费用占营业收入比重对比图

资收益包括对外投资所分得的股利和收到的债券利息、投资到期收回或到期前转让所得款项高于账面价值的差额，以及按权益法核算的股权投资在被投资单位增加的净资产中所拥有的份额等。投资也可能遭受损失，投资收益减去投资损失即为投资净收益。利润表中反映的就是投资净收益，它是企业营业利润的重要组成部分。

（一）客车行业企业投资收益分析

1. 宇通客车投资收益增减变动分析

2021—2022年宇通客车投资收益及其变动率趋势如图4-28所示。2012—2022年宇通客车的投资收益总额呈波浪式变动，其变动率波动幅度较大，其中2012年和2017年的投资收益变动率尤为突出，分别高达673.57%和781.26%。2012年投资收益激增主要是由当年处置可供出售金融资产收益的增加所致，当年宇通客车出售其持有的中国平安、中国人寿股份产生投资收益共计5 296万元。由于处置可供出售金融资产获得的收益为非经常性收益，不具有持续性，因而2013年投资收益相比上年下降了41.38%。2016年，宇通客车出现了投资损失，总额达到1 267万元，主要是由于当年处置以公允价值计量且其变动计入当期损益的金融资产产生了高达8 793万元的损失。2016年投资收益基数较低也是导致2017年投资收益变动率高达781.26%的主要原因。2018年以后，投资收益呈先降后升的趋势，变动率也由负转正。2021年投资收益增加主要得益于新增大额存单带来的持有收益和保理业务损失较上期减少。2022年投资收益的变动主要是由于权益法核算的长期股权投资收益增加（1 007万元）以及处置长期股权投资产生的投资收益增加（7 356万元）。

2. 宇通客车投资收益对净利润影响分析

2012—2022年宇通客车投资收益占净利润比重如图4-29所示。2012—2017

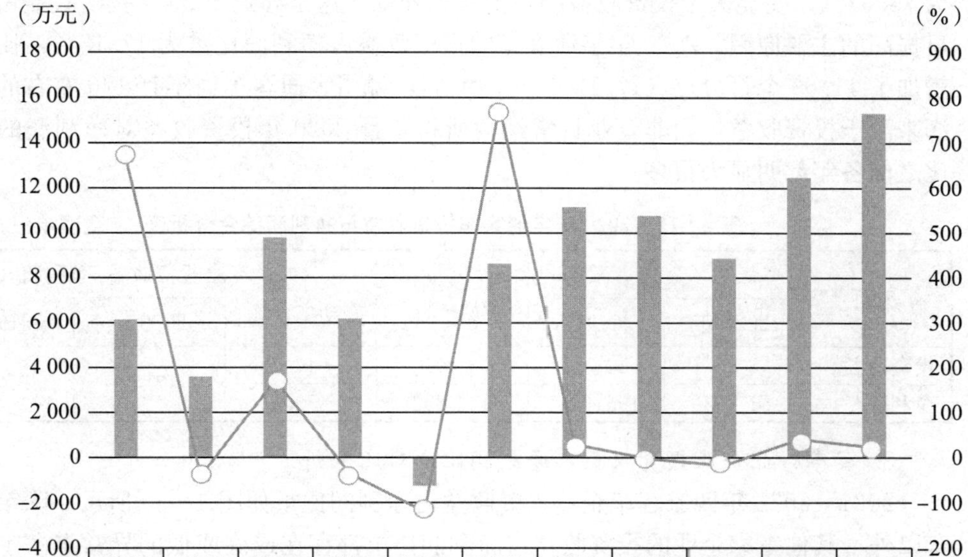

	2012	2013	2014	2015	2016	2017	2018	2019	2020	2021	2022
投资收益（万元）	6 134	3 596	9 790	6 174	−1 267	8 631	11 145	10 777	8 867	12 477	15 325
投资收益变动率（%）	673.57	−41.38	172.24	−36.94	−120.52	781.26	29.13	−3.30	−17.73	40.72	22.83

投资收益（万元） 投资收益变动率（%）

图 4-28 2012—2022 年宇通客车投资收益及其变动率趋势图

年该占比均在 4%以内；2018—2019 年占比增加，但在 5%左右波动；从 2020 年起，占比大幅增加，接近 20%，但投资收益相较于以前年度并无明显变化，这主要是净利润相比以前年度大幅减少所致。

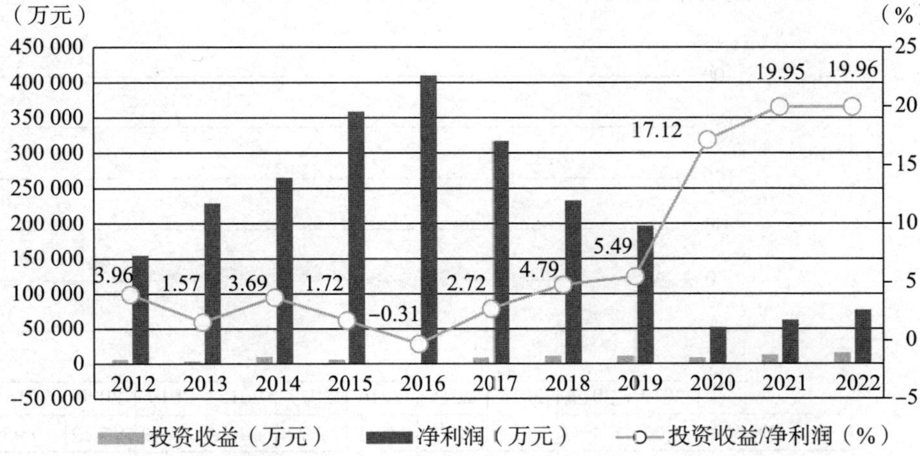

图 4-29 2012—2022 年宇通客车投资收益占净利润比重图

以 2020 年为例，分析宇通客车的投资收益与净利润之间的关系。2020 年宇通客车投资收益与净利润综合分析如表 4-15 所示。可见，2020 年宇通客车的投资收益相比上年减少了 1 910 万元，降幅为 17.72%；净利润减少了 144 652 万元，降幅为 73.63%，明显大于投资收益的减少额和降幅，这是导致 2020 年投资收益占比明显提高的主要原因。2020 年宇通客车的投资收益占净利润比重为 17.12%，比上年增加了 11.63 个百分点（17.12%－5.49%），说明宇通客车当年有 1/6 左右的净利润来源于投资收益，而非企业日常经营所得，且 2020 年投资收益对净利润的影响比之前各年都明显大得多。

表 4－15　2020 年宇通客车投资收益与净利润综合分析表　金额单位：万元

项目	金额		2020 年变动额	2020 年变动率（%）	投资收益/净利润（%）	
	2020 年	2019 年			2020 年	2019 年
投资收益	8 867	10 777	－1 910	－17.72	17.12	5.49
净利润	51 808	196 460	－144 652	－73.63		

3. 客车行业企业投资收益占净利润比重对比分析

2021—2022 年四家客车企业投资收益占净利润比重如图 4－30 所示。除宇通客车以外，其他三家企业的投资收益占净利润比重都存在或高或低的异常点。宇通客车该占比的变动区间为－0.31%～19.96%，相对较平稳，2020 年以前该占比均低于 6%。金龙汽车该占比的变动区间为－5.74%～138.86%，剔除 2020 年的异常点，该占比变动区间为－5.74%～20.03%，且绝大多数年份该占比均低于 14%；2020 年该占比为 138.86%，主要是因为受到了银行理财产品收益增加及远期外汇合约交割收益的影响，如果剔除当年的投资收益，金龙汽车的净利润将由正转负。因此，可以判断 2020 年金龙汽车的净利润主要来源于非经常性损益，不具有可持续性。中通客车该占比的变动区间为－74.22%～77.54%，但大多数年份该占比均低于 2%，且该占比忽高忽低，波动幅度较大。安凯客车该占比的变动区间为－37.23%～176.25%，波动幅度最大，但绝大多数年份该占比均低于 15%。

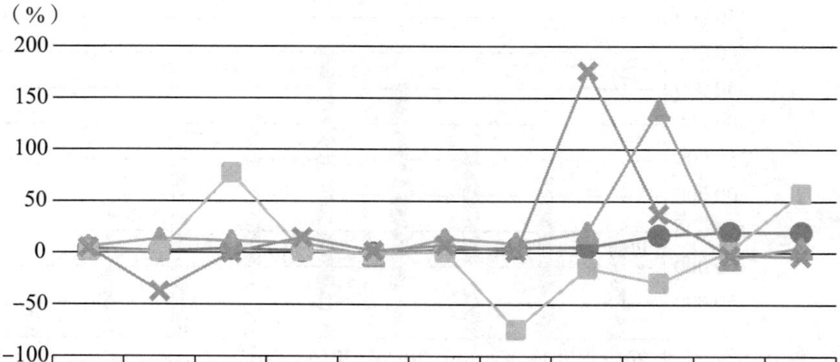

	2012	2013	2014	2015	2016	2017	2018	2019	2020	2021	2022
宇通客车	3.96	1.57	3.69	1.72	-0.31	2.72	4.79	5.49	17.12	19.95	19.96
金龙汽车	5.92	13.21	11.24	8.99	-2.77	13.30	9.00	20.03	138.86	-5.74	4.76
中通客车	1.35	0.98	77.54	1.90	-1.49	0.92	-74.22	-14.84	-28.70	1.14	57.62
安凯客车	4.75	-37.23	-0.06	14.57	1.73	7.13	1.33	176.25	37.69	-2.56	-3.69

图 4－30　2012—2022 年四家客车企业投资收益占净利润比重图

此外，结合表 4-3 可知，2020—2022 年宇通客车的投资收益占营业收入的比重均不足 1%，这表明投资收益不是利润表结构分析中的重点项目和典型项目。然而，通过上述分析可以发现，2020—2022 年宇通客车的投资收益对净利润的影响逐渐增大，尽管投资收益的变动与净利润减少直接相关，但仍然可以针对投资收益的构成进行深入分析。

（二）雅戈尔公司投资收益分析

接下来选择中国知名的男装巨头——雅戈尔集团股份有限公司（简称雅戈尔公司）作为投资收益分析部分的典型案例。据媒体报道，雅戈尔公司 22 年间凭借炒股获利 400 亿元，这一说法是真实的吗？我们首先分析雅戈尔公司的投资收益对营业利润的贡献。

1. 雅戈尔公司投资收益占营业利润比重分析

2016—2022 年雅戈尔公司投资收益占营业利润比重如图 4-31 所示。可知，雅戈尔公司的投资收益占营业利润的比重除 2021 年略低于 50%以外，其他各年均在 55%以上；特别是在 2017 年更是高达 458.12%，这意味着投资收益是营业利润的 4 倍多，若剔除投资收益，营业利润则为负值。由此可见，投资收益不仅是雅戈尔公司营业利润的最主要来源，也是影响利润总额和净利润的重要因素。这说明雅戈尔公司的利润主要来自投资收益而非主营业务。

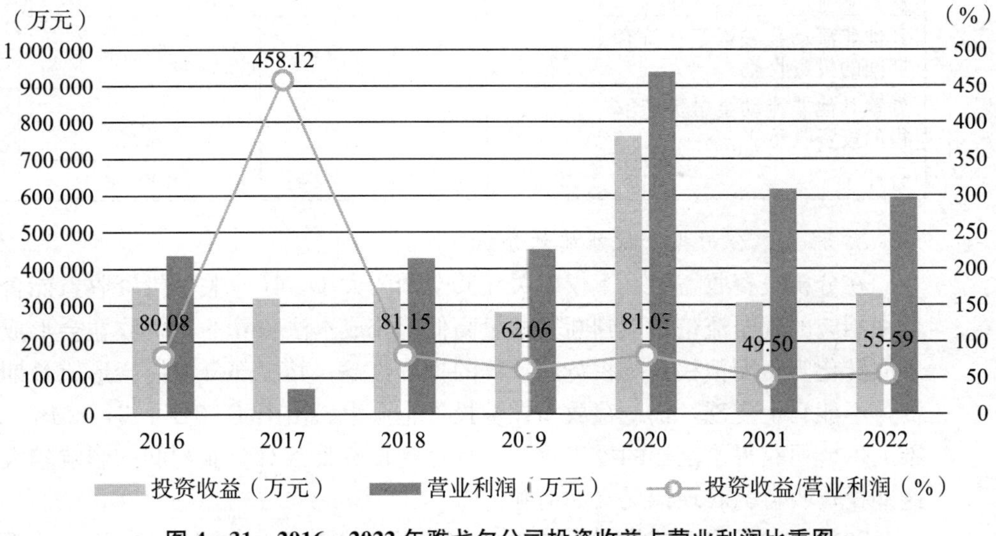

图 4-31　2016—2022 年雅戈尔公司投资收益占营业利润比重图

2. 雅戈尔公司投资收益增减变动分析

根据雅戈尔公司会计报表附注中披露的投资收益信息，编制其 2022 年投资收益水平分析表，如表 4-16 所示。可见，2022 年雅戈尔公司的投资收益比上年增加了 24 942 万元，增幅为 8.16%。其中，按权益法核算的长期股权投资收益增加了 29 217 万元，增幅为 16.02%；其他权益工具投资在持有期间取得的股利收入增加了 16 505 万元，增幅为 26.11%；其他非流动金融资产在持有期间的投资收益增加了9 578万元，增幅为776.18%；处置其他非流动金融资产取得的投资收益增加了7 305万元。这些因素共同推动了雅戈尔公司投资收益的增加。

然而，也有一些因素导致投资收益减少。例如，2022年雅戈尔公司处置长期股权投资产生的投资收益减少了2 691万元，降幅为97.64%；其他债权投资在持有期间取得的利息收入减少了35 404万元，降幅为65.59%。综合各项因素的作用，最终雅戈尔公司2022年的投资收益实现了增长，其中变动额较大且起决定性影响的是权益法核算的长期股权投资收益和其他债权投资在持有期间取得的利息收入。

表4-16　2022年雅戈尔公司投资收益水平分析表　金额单位：万元

项目	2022年	2021年	变动额	变动额占投资收益变动额的比重（%）	变动率（%）
权益法核算的长期股权投资收益	211 612	182 395	29 217	117.14	16.02
处置长期股权投资产生的投资收益	65	2 756	−2 691	−10.79	−97.64
其他权益工具投资在持有期间取得的股利收入	79 721	63 216	16 505	66.18	26.11
其他债权投资在持有期间取得的利息收入	18 571	53 976	−35 404	−141.95	−65.59
处置交易性金融资产取得的投资收益	2 552	2 119	433	1.73	20.43
其他非流动金融资产在持有期间的投资收益	10 812	1 234	9 578	38.40	776.18
处置其他非流动金融资产取得的投资收益	7 305	0	7 305	29.29	—
合计	330 638	305 696	24 942	100.00	8.16

3. 雅戈尔公司投资收益质量分析

在分析投资收益时，不仅要关注其金额的大小，还应关注投资收益能否为企业带来相应的现金流量，以判断其质量高低。按成本法核算的投资收益会形成现金流入或转化为短期债权；按权益法核算的投资收益，其中部分可能会形成长期股权投资，不能马上变现，仍“存放”在被投资企业中。由图4-31可知，2016—2022年雅戈尔公司获得了巨额的投资收益，且这些投资收益对营业利润的影响较大，那么这些投资收益的收现情况又如何呢？

2016—2022年雅戈尔公司取得投资收益收到的现金占投资收益比重如图4-32所示。2016—2022年该占比在15%～49%之间波动，且呈波浪式变动。具体来看，该占比在2018年达到峰值，为48.70%，表明在雅戈尔公司当年确认的投资收益中有近一半能够产生相应的现金流入；2020年该占比下降至15.52%，说明在雅戈尔公司确认的投资收益中有超过80%的部分并不能为企业带来即时的现金流量，投资收益质量明显下降；从2021年开始，该占比上升至30%以上，说明雅戈尔公司投资收益的收现能力有所提升，投资收益质量有所回升。

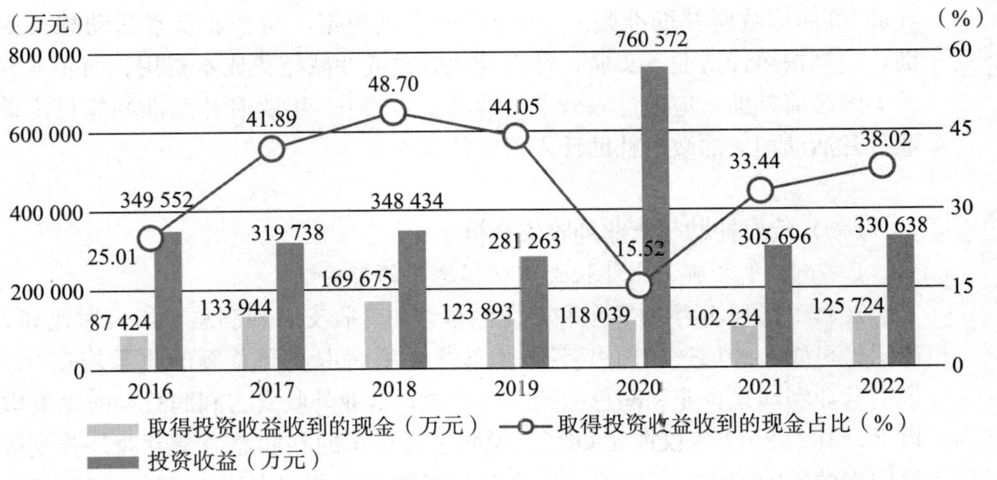

图 4-32 2016—2022 年雅戈尔公司取得投资收益收到的现金占投资收益比重图

五、信用减值损失分析

根据前面对利润表的水平分析可以发现，信用减值损失是导致营业利润变动的重要因素，因此需要对宇通客车 2022 年的信用减值损失进行分析。

信用减值损失主要来自对分类为以摊余成本计量的金融资产、以公允价值计量且其变动计入其他综合收益的金融资产、租赁应收款、合同资产、财务担保等计提的坏账准备。宇通客车 2022 年的信用减值损失主要来自应收账款计提的坏账准备，2021 年和 2022 年宇通客车应收账款计提坏账准备变动情况如表 4-17 所示。

表 4-17 2021 年和 2022 年宇通客车应收账款计提坏账准备变动表 单位：万元

类别	2021 年计提坏账准备	2022 年计提坏账准备	变动额	变动率（%）
单项计提坏账准备的应收账款	2 587	−1 572	−4 159	−160.77
投资组合计提坏账准备的应收账款	−10 213	37 862	48 075	470.72
合计	−7 626	36 291	43 917	575.89

由表 4-17 可知，宇通客车 2022 年单项计提的坏账准备为−1 572 万元，导致当年信用减值损失减少 4 159 万元。投资组合计提的坏账准备从 2021 年的−10 213 万元增加到 37 862 万元，增幅高达 470.72%，这是 2022 年宇通客车信用减值损失大幅增加的主要原因。

此外，还可以根据案例对象的特点，对除上述项目以外的利润表中其他重要项目进行详细、系统、深入的分析，如可进行营业外收支分析、资产减值损失分析、公允价值变动损益分析等。

六、政府补助与利润表分析

财政部于 2017 年 5 月 10 日发布了修订后的《企业会计准则第 16 号——政府

补助》（简称政府补助准则）。政府补助准则规定，与企业日常活动相关的政府补助，应当按照经济业务实质，计入其他收益或冲减相关成本费用；与企业日常活动无关的政府补助，应当计入营业外收支。在2017年政府补助准则修订之前，与企业日常活动相关的政府补助计入营业外收入。

（一）政府补助与营业外收支分析

1. 2017年之前营业外收支对利润总额的影响

2012—2016年宇通客车和金龙汽车营业外收支对利润总额影响对比如表4-18所示。可知，2012—2016年宇通客车营业利润占利润总额的比重均在90%以上，说明营业利润是企业利润总额的主要来源；营业外收支占利润总额的比重均在10%以下，其中2014年仅占4.86%，说明宇通客车的利润总额受营业外收支等非经常性因素的影响较小。相比之下，金龙汽车的营业利润占比在66%～105%之间，波动较大；营业外收支占比最高达33.36%，说明金龙汽车的利润总额受营业外收支等非经常性因素的影响较大。从两家企业的对比结果来看，宇通客车的主营业务更突出，利润来源更稳定，利润质量更高，利润总额受营业外收支的影响更小。

表4-18　2012—2016年宇通客车和金龙汽车营业外收支对利润总额影响对比表

金额单位：万元

公司名称	项目	2012年	2013年	2014年	2015年	2016年
宇通客车	营业利润	163 714	188 397	290 271	382 828	439 333
	营业外收支	12 805	20 332	14 813	27 606	38 896
	利润总额	176 519	208 729	305 084	410 434	478 229
	营业利润占利润总额的比重（%）	92.75	90.26	95.14	93.27	91.87
	营业外收支占利润总额的比重（%）	7.25	9.74	4.86	6.73	8.13
金龙汽车	营业利润	35 012	38 361	46 305	115 815	−157 056
	营业外收支	17 527	15 075	12 338	−5 134	−18 916
	利润总额	52 539	53 436	58 643	110 681	−175 972
	营业利润占利润总额比重（%）	66.64	71.79	78.96	104.64	89.25
	营业外收支占利润总额比重（%）	33.36	28.21	21.04	−4.64	10.75

2. 政府补助与营业外收入关系分析

政府补助准则规定，企业对2017年1月1日存在的政府补助采用未来适用法处理，对2017年1月1日至该准则施行日之间新增的政府补助根据修订后的准则进行调整。2017年宇通客车因政府补助准则修订受影响的报表项目金额调整如表4-19所示。

表 4-19 2017 年宇通客车因政府补助准则修订受影响的报表项目金额调整表

金额单位：万元

会计政策变更内容	受影响的报表项目名称和金额		
	项目名称	资产负债表项目 2017 年年末余额影响 金额增加（+）/减少（-）	利润表项目 2017 年年末余额影响 金额增加（+）/减少（-）
与日常活动相关的政府补助，计入其他收益，不再计入营业外收入	其他收益	—	29 234
	营业外收入	—	-29 234

2012—2022 年宇通客车政府补助重溯前后与营业外收入的关系如图 4-33 所示。可知，2012—2016 年宇通客车计入营业外收入的政府补助占营业外收入的比重均在 84%以上，说明营业外收入大部分来自政府补助。从 2017 年开始，重溯后的政府补助占营业外收入的比重除 2017 年为 1.69%以外，其他年份均为 0，这说明政府补助准则修订以前，宇通客车的营业外收入主要受与企业日常活动相关的政府补助的影响。

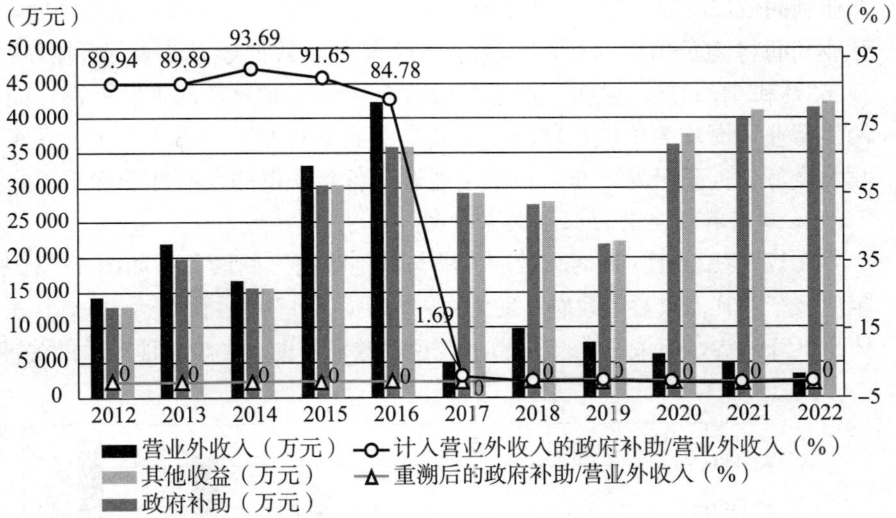

图 4-33 2012—2022 年宇通客车政府补助重溯前后与营业外收入关系图

（二）政府补助与其他收益分析

2017 年政府补助准则修订后，与企业日常活动相关的政府补助计入其他收益。在利润表中，其他收益列示在营业利润之上，对营业利润产生影响。

1. 其他收益与营业利润关系分析

2017—2022 年宇通客车和金龙汽车其他收益与营业利润的关系如表 4-20 所示。可知，2017—2019 年宇通客车的其他收益占营业利润的比重在 10%左右，说明宇通客车的营业利润中仅有 10%左右来自政府补助。对比金龙汽车，除 2017 年其他收益占比为13.58%外，2018年和2019年该占比均在47%以上，说明金龙汽车有近一半的营业利润来自政府补助，而非正常的销售活动。

表4-20　2017—2022年宇通客车和金龙汽车其他收益与营业利润的关系表

金额单位：万元

公司名称	项目	2017年	2018年	2019年	2020年	2021年	2022年
宇通客车	其他收益	29 234	28 058	22 171	37 788	41 530	43 345
	营业利润	360 155	246 800	202 152	30 400	53 499	70 581
	其他收益占比（%）	8.12	11.37	10.97	124.30	77.63	61.41
金龙汽车	其他收益	11 155	9 443	12 876	12 626	10 180	16 078
	营业利润	82 147	19 729	24 397	9 779	−79 365	−52 555
	其他收益占比（%）	13.58	47.86	52.78	129.11	−12.83	−30.59

2020年宇通客车和金龙汽车的其他收益占营业利润的比重均超过了100%，说明营业利润依赖政府补助，并非企业主营业务所创造，如果没有政府补助，两家企业的营业利润将为负值。2021—2022年宇通客车的其他收益占营业利润的比重分别为77.63%和61.41%，说明宇通客车的营业利润大部分来自政府补助；而金龙汽车这两年营业利润均为负值，这凸显了其主营业务的困境。总之，宇通客车各年的其他收益金额均大于金龙汽车，说明宇通客车各年获得的政府补助均比金龙汽车多。

2. 政府补助与其他收益关系分析

2017—2022年宇通客车政府补助与其他收益之间的关系如图4-34所示。可知，宇通客车的其他收益以政府补助为主，其中，2017年占比高达100%，虽然该占比总体呈下降趋势，但依旧在95%以上，说明政府补助是影响其他收益的关键因素。

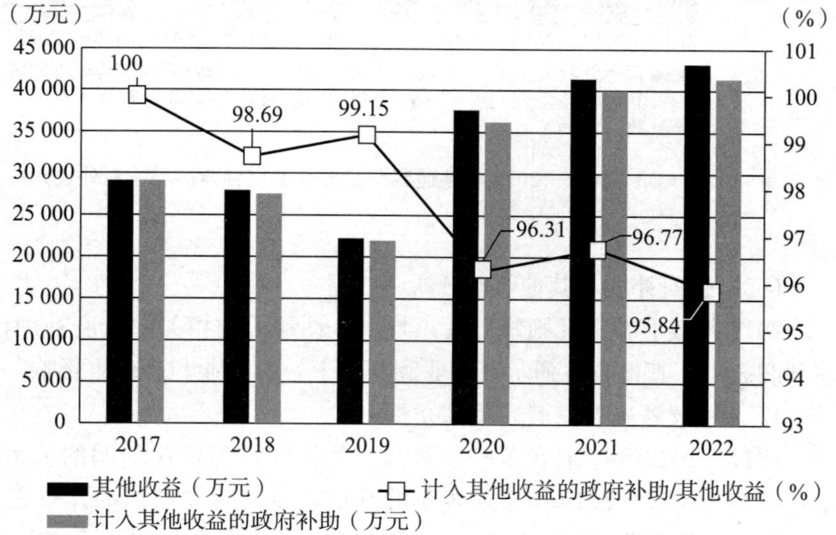

图4-34　2017—2022年宇通客车政府补助与其他收益关系图

(三)新能源汽车国家推广补贴对净利润影响分析

如前所述，在客车行业企业中，营业收入均包含一部分新能源汽车国家推广补贴，那么新能源汽车国家推广补贴对净利润产生了怎样的影响呢?

1. 新能源汽车国家推广补贴对宇通客车净利润的影响

2015—2022 年宇通客车新能源汽车国家推广补贴与净利润的关系如图 4-35 所示。两者的整体变动趋势基本一致，均在 2016 年达到峰值，自 2017 年起整体下滑。新能源汽车国家推广补贴占净利润比重呈波浪式变化，波动区间为 55%～243%。2021 年以前各年占比均超过 100%，说明宇通客车获得的新能源汽车国家推广补贴规模一直大于净利润规模，其净利润主要来源于该项补贴。如果没有新能源汽车国家推广补贴，宇通客车的净利润将由正转负，出现亏损。由于新能源汽车国家推广补贴是对价格的补贴，若无此项补贴，新能源汽车价格自然会提升。可见，新能源汽车国家推广补贴不仅影响了宇通客车的营业收入，而且改变了宇通客车净利润的结构。从 2017 年开始，新能源汽车国家推广补贴退坡，这是导致宇通客车营业收入减少，进而净利润下滑的主要原因。2020—2022 年宇通客车的净利润快速下滑，同时新能源汽车国家推广补贴明显减少，新能源汽车国家推广补贴占净利润比重也降到 100%以下，2022 年甚至降到了 55.92%，其对净利润的影响明显减弱。

图 4-35 2015—2022 年宇通客车新能源汽车国家推广补贴与净利润关系图

2. 新能源汽车国家推广补贴对金龙汽车净利润的影响

2015—2022 年金龙汽车新能源汽车国家推广补贴与净利润的关系如图 4-36 所示。2015—2021 年金龙汽车的新能源汽车国家推广补贴规模逐年减少，但由于金龙汽车各年的净利润规模较小，因此新能源汽车国家推广补贴占净利润比重畸高。2016 年，金龙汽车的子公司因骗补受罚，导致当年金龙汽车出现亏损，再加上 2021 年和 2022 年因经营不善也出现了亏损，因此这三年新能源汽车国家推广补贴占净利润比重为负值，而其他各年该占比则在312.60%～930.37%之间，这说明金龙汽车各年的净利润不仅波动大，且过度依赖新能源汽车国家推广补贴。

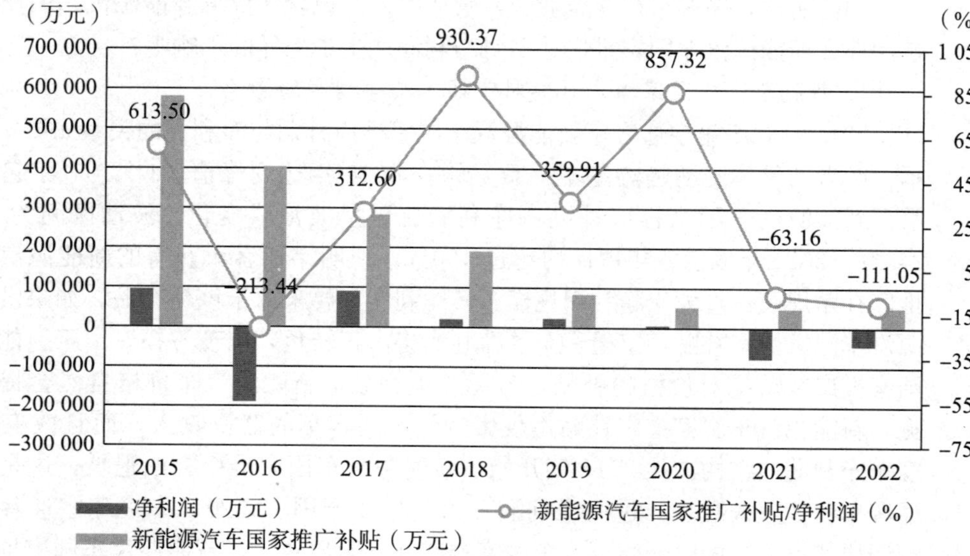

图4-36　2015—2022年金龙汽车新能源汽车国家推广补贴与净利润关系图

第三节
即测即评

3. 宇通客车和金龙汽车新能源汽车国家推广补贴对比分析

2015—2022年宇通客车与金龙汽车新能源汽车国家推广补贴占净利润比重如图4-37所示。可见，除2016年、2021年和2022年金龙汽车因亏损导致新能源汽车国家推广补贴占净利润比重为负值以外，其余各年该占比均高于宇通客车。宇通客车该占比相对平稳，基本呈一条直线，金龙汽车则呈现出大起大落的特点，说明宇通客车受新能源汽车国家推广补贴的影响远小于金龙汽车。

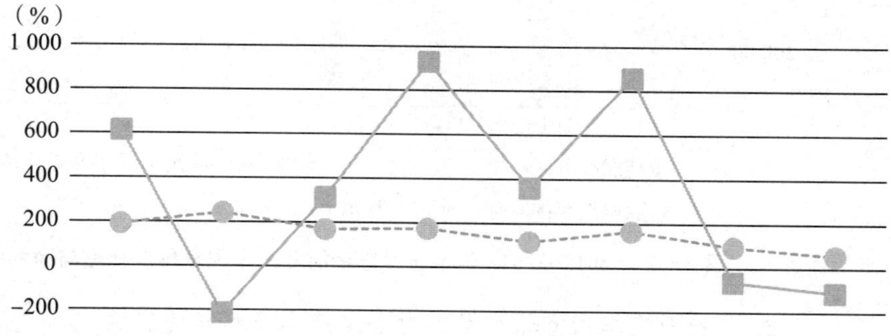

	2015	2016	2017	2018	2019	2020	2021	2022
宇通客车	191.11	242.65	168.52	174.90	116.64	165.05	95.66	55.92
金龙汽车	613.50	-213.44	312.60	930.37	359.91	857.32	-63.16	-111.05

图4-37　2015—2022年宇通客车与金龙汽车新能源汽车国家推广补贴/净利润对比图

第四节　利润表分部分析和产品销售利润分析

一、利润表分部分析

报告分部是指符合经营分部定义、按规定应予披露的经营分部。报告分部的确定应当以经营分部为基础，而经营分部的划分通常是以不同的风险和报酬为基础，不论其是否重要。对于经营多种产品或者跨多个地区经营的企业而言，它们可能会拥有大量规模较小、相对不是很重要的经营分部，而单独披露数量如此之多且规模较小的经营分部信息，不仅会给财务报表使用者带来困惑，还会给财务报表编制者增添不必要的披露成本。因此，报告分部的确定应当考虑重要性原则。通常情况下，只有符合重要性标准的经营分部才能确定为报告分部。

根据宇通客车2022年年度报告，企业按提供不同产品和劳务的业务单元来确定报告分部。由于不同业务需要采用不同的技术和市场战略，因此企业分别独立管理各个报告分部的生产经营活动，分别评价其经营成果，以便更精确地配置资源，并评价其业绩。宇通客车共有四个报告分部，分别是客车制造分部、对外贸易分部、客运分部、其他分部。

（一）报告分部增减变动分析

在宇通客车四个报告分部中，将营业收入占比最大的客车制造分部和对外贸易分部作为分析对象，编制其2022年报告分部水平分析表，如表4-21所示。

表4-21　2022年宇通客车报告分部水平分析表　金额单位：万元

项目	客车制造分部				对外贸易分部				2022年两个分部的差额
	2022年	2021年	变动额	变动率（%）	2022年	2021年	变动额	变动率（%）	
一、营业收入	2 014 087	2 183 713	−169 626	−7.77	500 584	252 857	247 727	97.97	1 513 503
其中：对外交易收入	1 540 806	1 828 479	−287 673	−15.73	500 523	252 573	247 950	98.17	1 040 283
分部间交易收入	473 280	355 234	118 046	33.23	61	284	−223	−78.52	473 219
二、营业费用	1 944 320	2 058 457	−114 137	−5.54	512 188	247 932	264 256	106.58	1 432 132
其中：折旧费和摊销费	84 339	77 559	6 780	8.74	567	332	235	70.78	83 772
三、对联营和合营企业的投资收益	10 042	9 034	1 008	11.16					10 042

续表

项目	客车制造分部				对外贸易分部				2022年两个分部的差额
	2022年	2021年	变动额	变动率（%）	2022年	2021年	变动额	变动率（%）	
四、信用减值损失	−46 864	3 986	−50 850	1275.72	830	1 266	−436	−34.44	−47 694
五、资产减值损失	−9 677	−10 788	1 111	10.30	−454	−595	141	23.70	−9 223
六、利润总额	69 766	125 256	−55 490	−44.30	−11 604	4 925	−16 529	−335.61	81 370
七、所得税费用	−11 181	−16 680	5 499	32.97	663	2 059	−1 396	−67.80	−11 844
八、净利润	80 948	141 936	−60 988	−42.97	−12 267	2 866	−15 133	−528.02	93 215
九、资产总额	2 971 519	3 114 550	−143 031	−4.59	242 163	110 404	131 759	119.34	2 729 356
十、负债总额	1 372 008	1 445 624	−73 616	−5.09	256 880	110 307	146 573	132.88	115 128

由表4-21可知：

（1）客车制造分部变动情况分析。2022年客车制造分部净利润为80 948万元，比2021年减少60 988万元，降幅达42.97%。净利润减少主要是由营业收入减少所致，其中对外交易收入的减少是导致营业收入减少的主要原因。2022年营业收入为2 014 087万元，较2021年减少169 626万元，降幅为7.77%；2022年营业费用为1 944 320万元，较2021年减少114 137万元，降幅为5.54%，二者抵销后，就是净利润减少的金额，说明营业费用的减少是净利润的有利影响因素。从分部资产和负债规模来看，2022年资产总额减少143 031万元，降幅为4.59%，说明客车制造分部的资产规模有所缩减；其负债总额相比上年减少73 616万元，降幅为5.09%。

（2）对外贸易分部变动情况分析。2022年对外贸易分部净利润由正转负，亏损12 267万元，相比2021年减少15 133万元，降幅达528.02%。净利润亏损的主要原因是营业费用的增加，相比2021年营业费用增加264 256万元，增幅达106.58%。2022年营业收入为500 584万元，比上年增加247 727万元，增幅为97.97%，尽管营业收入增加是净利润的有利影响因素，但由于营业收入及其增幅小于营业费用，因此分部仍出现了亏损。从分部资产和负债规模来看，2022年资产总额增加131 759万元，增幅为119.34%，说明对外贸易分部资产规模扩张了一倍多；其负债总额相比上年增加146 573万元，增幅为132.88%。

（3）两个分部变动情况对比分析。2022年客车制造分部营业收入和净利润分别为2 014 087万元和80 948万元，比对外贸易分部的营业收入和净利润分别高1 513 503万元和93 215万元，说明企业当年的营业收入和利润主要来源于客车制造分部。从分部资产规模来看，2022年客车制造分部资产比对外贸易分部高2 729 356万元。可见，客车制造分部不仅资产规模较大，且其创造营业收入和利润的能力也较强。从分部营业费用来看，客车制造分部比对外贸易分部高 1 432 132 万元，原因是客车制造分部的总体规模远大于对外贸易分部，折旧费和摊销费等金额较大，这也说明了分部资产规模与分部营业收入规模相匹配。关于各分部资产的盈利能力和资产的利用效果，还有待进一步分析。

（二）报告分部结构变动分析

报告分部的结构变动及其原因，可运用结构分析法进行分析。将宇通客车的客车制造分部和对外贸易分部作为分析对象，编制其 2022 年报告分部结构分析表，如表 4－22 所示。

表 4－22　2022 年宇通客车报告分部结构分析表（%）

报告分部	项目	2022 年	2021 年	变动情况
客车制造	一、营业收入	100.00	100.00	0.00
	其中：对外交易收入	76.50	83.73	−7.23
	分部间交易收入	23.50	16.27	7.23
	二、营业费用	96.54	94.26	2.28
	其中：折旧费和摊销费	4.19	3.55	0.64
	三、对联营和合营企业的投资收益	0.50	0.41	0.09
	四、信用减值损失	−2.33	0.18	−2.51
	五、资产减值损失	−0.48	−0.49	0.01
	六、利润总额	3.46	5.74	−2.28
	七、所得税费用	−0.56	−0.76	0.20
	八、净利润	4.02	6.50	−2.48
	九、资产总额	100.00	100.00	0.00
	十、负债总额	46.17	46.42	−0.25
对外贸易	一、营业收入	100.00	100.00	0.00
	其中：对外交易收入	99.99	99.89	0.10
	分部间交易收入	0.01	0.11	−0.10
	二、营业费用	102.32	98.05	4.27
	其中：折旧费和摊销费	0.11	0.13	−0.02
	三、对联营和合营企业的投资收益	0.00	0.00	0.00
	四、信用减值损失	0.17	0.50	−0.33
	五、资产减值损失	−0.09	−0.24	0.15
	六、利润总额	−2.32	1.95	−4.27

续表

报告分部	项目	2022 年	2021 年	变动情况
对外贸易	七、所得税费用	0.13	0.81	−0.68
	八、净利润	−2.45	1.13	−3.58
	九、资产总额	100.00	100.00	0.00
	十、负债总额	106.08	99.91	6.17

由表 4-22 可知：

(1) 两个分部结构对比分析。2022 年客车制造分部的净利润占营业收入的比重为 4.02%，相比于 2021 年的 6.50%减少 2.48 个百分点；对外贸易分部的净利润占比为−2.45%，相比于 2021 年的 1.13%减少 3.58 个百分点。可见，2022 年宇通客车两个分部的净利润占比相比上年均有所下降，对外贸易分部净利润占比更是由正转负。

(2) 两个分部营业收入结构对比分析。2022 年客车制造分部营业收入的 76.50%来源于对外交易收入，23.50%来源于分部间交易收入；对外贸易分部营业收入的 99.99%来源于对外交易收入，仅有 0.01%来源于分部间交易收入，说明宇通客车两个分部均同时提供对内、对外服务，其中对外交易收入占比均更大。

(3) 两个分部净利润结构对比分析。2022 年客车制造分部的营业费用占营业收入的比重为 96.54%，相较于 2021 年的 94.26%增加 2.28 个百分点，这一增长导致分部净利润占比减少 2.48 个百分点；而对外贸易分部的营业费用大于营业收入，占比为 102.32%，相较于 2021 年的 98.05%增加 4.27 个百分点，这使得分部净利润占比减少 3 个百分点以上。以上分析说明，营业费用的变化是导致 2022 年宇通客车两个报告分部净利润变化的主要原因。

(4) 两个分部资产负债率对比分析。2022 年客车制造分部的资产负债率为 46.17%，相较于 2021 年的 46.42%减少 0.25 个百分点；而对外贸易分部的资产总额小于负债总额，导致资产负债率高达 106.08%，相较于 2021 年的 99.91%增加 6.17 个百分点，且已超过资不抵债的警戒线，需要企业和分析者予以高度重视。

综上所述，2022 年宇通客车的客车制造和对外贸易两个报告分部的净利润占比下降的主要原因在于营业费用占比增加。至于营业费用中哪一项的增加对净利润的下降起了主导作用，还需要对营业费用明细项目进行深入分析。此外，无论是 2022 年还是 2021 年，客车制造分部的净利润占比均高于对外贸易分部，说明客车制造分部的经营成果要优于对外贸易分部，它是宇通客车的主要报告分部。

二、产品销售利润分析

产品销售利润通常是营业利润最重要的影响因素，而产品销售利润又可能受销售量、品种构成、价格、质量、成本和税率等诸多因素的影响。因此，对产品销售利润进行分析，是企业内部财务报表分析的重要内容。

（一）影响产品销售利润的因素

产品销售利润，也称主营业务利润，能够综合反映企业主营业务最终的财务成果。企业的盈利能力最终取决于主营业务利润。

分析产品销售利润首先应确定影响产品销售利润的因素。根据其计算公式，可以直观地识别出影响产品销售利润最基本的因素，如下所示：

$$产品销售利润=\sum 产品销售量\times(产品单价-单位销售成本)$$

可以看出，影响产品销售利润的基本因素有销售量、单价和单位销售成本。在生产多种产品的企业中，产品销售利润还受产品品种构成的影响；在生产等级品的企业中，由于优质产品通常能以更高价格出售，因此产品等级也是影响产品销售利润的重要因素。

（二）产品销售利润因素分析的步骤和方法

1. 销售量变动对利润的影响分析

销售量是影响利润的重要因素。在产品单位利润一定的情况下，销售量的增减变化直接决定着利润的增减变化。为了精确量化销售量变动对利润的影响，采用以下计算公式：

$$销售量变动对利润的影响=产品销售利润基期数\times(产品销售量完成率-1)$$

式中：

$$产品销售量完成率=\frac{\sum 产品本期销售量\times基期单价(或单位成本)}{\sum 产品基期销售量\times基期单价(或单位成本)}\times 100\%$$

产品销售量完成率主要用于衡量销售量的完成情况。当企业仅生产一种产品时，可直接用实物量计算，但在生产多种产品时，由于不同产品的实物量不能直接相加，因此通常以价格或成本作为参数，以便于汇总。计算产品销售量完成率所用的单价或单位成本，都应为基期数。至于是选择单价还是单位成本，在理论与实践中有不同的观点，一般来说，采用单价进行计算的情况较为普遍，但当不同产品之间的价格比例不合理时，用单位成本进行计算得到的结果更准确。

2. 产品品种构成变动对利润的影响分析

在多元化生产的企业中，必然存在产品品种构成问题。所谓产品品种构成，是指某种产品的生产量或销售量在全部产品的生产量或销售量中所占的比重。产品品种构成变动对利润的影响，是利润分析评价中的难点问题。为什么产品品种构成变动会引起利润变动呢？主要是因为不同产品的利润率不同。企业多生产利润率水平高的产品、少生产利润率水平低的产品，必然会引起综合利润率或平均利润率的提高，从而使企业利润总额增加；反之，则会使利润总额下降。为了精确量化产品品种构成变动对利润的影响，采用以下计算公式：

$$\text{产品品种构成变动对利润的影响}=\sum \text{产品本期销售量}\times \text{产品基期单位利润}-\text{基期产品销售利润}\times \text{产品销售量完成率}$$

3. 销售价格变动对利润的影响分析

价格与利润成正比，即在其他条件不变的情况下，价格越高，利润越高。为了精确量化价格变动对利润的影响，采用以下计算公式：

$$\text{销售价格变动对利润的影响}=\sum \text{产品本期销售量}\times\left(\text{本期销售单价}-\text{基期销售单价}\right)$$

在实践中，销售价格变动的原因多种多样，如国家调整价格、地区差价、批零差价、质量差价等。因此，在分析销售价格变动对利润的影响时，可区分不同情况加以计算与评价。

4. 销售成本变动对利润的影响分析

销售成本变动对利润具有直接的影响，在其他因素不变的情况下，销售成本降低多少，利润就会增加多少，即销售成本与利润成反比。为了精确量化销售成本变动对利润的影响，采用以下计算公式：

$$\text{销售成本变动对利润的影响}=\sum \text{产品本期销售量}\times\left(\text{单位产品基期成本}-\text{单位产品本期成本}\right)$$

需要说明的是，在上述产品销售利润因素分析中，没有考虑税率的变化问题。如果企业生产并销售烟、酒、高档化妆品、贵重首饰及珠宝玉石、鞭炮、焰火、成品油、摩托车、小汽车等应缴纳消费税的产品，消费税税率或单位税额变动将影响产品销售利润。

（三）产品销售利润因素分析案例

以 2021 年和 2022 年宇通客车产品销售利润明细资料为基础进行分析，如表 4－23 所示。

表 4－23　2021 年和 2022 年宇通客车产品销售利润明细表　金额单位：万元

年份	销售量（辆）	单位产品销售价格	单位产品销售成本	单位产品销售利润	产品销售利润
2021	41 828	47.45	38.77	8.68	363 067.04
2022	30 198	61.15	47.32	13.83	417 638.34

首先，确定分析对象。2022 年宇通客车的产品销售利润较 2021 年增加了 54 571.30 万元（417 638.34－363 067.04）。

其次，进行因素分析。

（1）销售量变动对利润的影响。

$$\text{产品销售量完成率}=\frac{30\ 198\times 47.45}{41\ 828\times 47.45}\times 100\%=72.20\%$$

销售量变动对利润的影响＝363 067.04×72.20％－363 067.04
＝－100 932.64（万元）

（2）销售价格变动对利润的影响。

销售价格变动对利润的影响＝30 198×（61.15－47.45）＝413 712.60（万元）

（3）销售成本变动对利润的影响。

销售成本变动对利润的影响＝30 198×（38.77－47.32）＝－258 192.90（万元）

综上所述，2022年宇通客车产品销售利润比上年增加54 571.30万元，这是不同因素共同作用的结果。其中，单位产品销售价格提高给产品销售利润带来了有利影响，而销售量减少和单位产品销售成本增加则给产品销售利润带来了不利影响。三者的变动对利润影响之和与54 571.30万元之间的差异是小数点四舍五入所致。

第四节
即测即评

□ 思考题

1. 简述利润表水平分析的主要思路。
2. 简述利润表结构分析的主要思路。
3. 简述营业成本分析的主要思路。
4. 为什么需要针对宇通客车的净利润变动情况进行多年的趋势分析？
5. 为什么针对四家客车企业既要进行净利润规模对比分析，还要进行净利润变动率对比分析？
6. 简述毛利及其变动率变化的主要原因。
7. 简述营业收入分析的主要思路和内容。
8. 宇通客车利润结构有何特征？其成因和后果是什么？
9. 简述某些年份宇通客车新能源汽车国家推广补贴占净利润比重超过100％的原因。
10. 客车行业企业从国家获得的补贴和补助有哪些种类？分别依据的是哪些会计准则？涉及利润表中的哪些项目？
11. 国家给予客车行业企业新能源汽车国家推广补贴的目的和意义是什么？请分析新能源汽车国家推广补贴对宇通客车和金龙汽车的成效以及可能带来的问题。

□ 分析题

1. 根据宜华生活科技股份有限公司（现已退市）收到的中国证监会发出的

《行政处罚决定书》及《市场禁入决定书》，请结合利润表分析内容，剖析宜华生活存在哪些主要违法事实，及其对利润表有何影响。

2. 根据第一章章后分析题所选案例公司的年度报告及其相关信息，对利润表进行全面分析，并总结通过利润表分析所发现的蛛丝马迹。

第五章 现金流量表分析

Chapter 5

□ 思维导图

- 现金流量表分析
  - 现金流量表分析的目的
    - 揭示企业现金变动情况和变动原因
    - 评价企业的支付能力
    - 评价企业的盈利质量
    - 综合协调财务活动，为财务决策提供依据
  - 现金流量表整体分析
    - 现金流量表水平分析
      - 宇通客车现金流量表水平分析
      - 客车行业企业现金及现金等价物净增加额对比分析
      - 宇通客车现金流量分类分析
      - 基于异常年份的宇通客车经营活动产生的现金流量分析
    - 现金流量表结构分析
      - 宇通客车现金流量结构分析
      - 客车行业企业现金流量结构对比分析
  - 现金流量表主要项目案例分析
    - 经营活动产生的现金流量主要项目分析
      - 宇通客车经营背景分析
      - 经营活动产生的现金流量分析
      - 销售商品、提供劳务收到的现金分析
      - 收到其他与经营活动有关的现金分析
      - 购买商品、接受劳务支付的现金分析
      - 支付其他与经营活动有关的现金分析
    - 投资活动产生的现金流量主要项目分析
      - 收回投资收到的现金分析
      - 购建固定资产、无形资产和其他长期资产支付的现金分析
      - 投资支付的现金分析
    - 筹资活动产生的现金流量主要项目分析
      - 取得借款收到的现金分析
      - 发行债券收到的现金分析
      - 偿还债务支付的现金分析
      - 分配股利、利润或偿付利息支付的现金分析
  - 现金流量与净利润综合分析
    - 从经营活动产生的现金流量净额与净利润的关系看企业的盈利质量
      - 宇通客车经营活动产生的现金流量净额与净利润的趋势对比分析
      - 金龙汽车经营活动产生的现金流量净额与净利润的趋势对比分析
    - 现金流量表附表主要项目分析

□ 学习目标

1. 了解现金流量表分析的目的和内容；
2. 掌握现金流量表水平分析的内容、方法及应用；
3. 掌握现金流量表结构分析的内容、方法及应用；
4. 掌握现金流量表主要项目分析的内容和要点；
5. 掌握现金流量与净利润综合分析的内容、要点和应用；
6. 了解现金流量表附表主要项目分析的内容及其应用；
7. 了解企业“黑字破产”的原因，强化“现金为王”的财务管理理念。

第一节 现金流量表分析的目的

现金流量表是以现金及现金等价物为基础，按照收付实现制原则编制，反映企业经营活动、投资活动和筹资活动的现金流量状况，将权责发生制下的盈利信息调整为收付实现制下的现金流量信息的会计报表。现金流量表能够反映企业整体现金流量的来龙去脉，还能够为分析企业支付能力、正确评价和判断企业的盈利能力和盈利质量提供依据，并有助于预测企业未来的现金流量状况。因此，通过现金流量表分析，可以达到以下目的。

一、揭示企业现金变动情况和变动原因

资产负债表中的货币资金项目反映的是企业某一时点的静态现金存量，即该时点现金变动的结果。现金流量表中的现金及现金等价物净增加额由经营活动、投资活动和筹资活动三类活动共同产生的现金流量净额组成，因此必须进一步分析现金流量是由哪一类活动产生的，各类活动产生的现金流入量、现金流出量以及现金流量净额各是多少，即企业从哪里取得现金，又将现金用于哪些方面。通过现金流量表分析，可以明确现金的来龙去脉、变动情况及原因。

二、评价企业的支付能力

利用现金流量信息可以从现金角度对企业偿还债务的能力进行全面评价。如果一家企业在获取丰厚利润的同时又产生较多的现金流量净额，则说明其具备一定的支付能力；如果一家企业在获取丰厚利润的同时大量进行对内对外投资，则可能会出现现金短缺的情况，企业的支付能力就会较差；相反，如果企业获利不多，但由于处置和变卖固定资产或增加直接融资等增加了现金流量净额，则也可能有一定的

支付能力。因此，对现金流量表中三类活动所产生的现金流入、流出信息进行全面分析，同时结合企业的负债情况，可以对企业的偿债能力和支付能力做出更准确、更可靠的评价。

三、评价企业的盈利质量

利润的确认以权责发生制为基础，而现金流量的确认以收付实现制为基础。利润反映企业当期的财务成果，但并不代表企业实际收到的现金。在某些情况下，企业虽然销售了大量的商品，但货款并没有按时收回，那么利润最终能否转化为现金还取决于应收账款能否及时足额收回等其他因素。因此，盈利的企业仍然有可能发生财务危机。高质量盈利必须以相应的现金流量为基础，这也是现金流量表分析受到重视的原因之一。

四、综合协调财务活动，为财务决策提供依据

企业的财务活动以增加企业价值或股东财富为目标，投资活动、筹资活动和经营活动既相互关联，又相互矛盾。企业为了投资和经营必须筹资；良好的经营活动不仅可以为投资活动提供现金来源，还能使外部筹资更加容易。然而，过度投资会使企业日常营运资金不足而失去盈利机会，过度筹资会提高资金成本并加重经营活动的负担。因此，企业必须统筹兼顾、协调各项财务活动，从而为企业的经营决策、投资决策和筹资决策提供科学依据。

第一节
即测即评

第二节　现金流量表整体分析

现金流量表整体分析是根据企业现金流量表数据对现金流量情况进行全面的分析与评价，包括现金流量表水平分析和现金流量表结构分析。

一、现金流量表水平分析

现金流量表水平分析的相关数据主要来源于企业年度报告中的现金流量表及其附注。在进行水平分析时，将现金流量表的报告期数据与选定的基期数据进行比较，编制出现金流量表水平分析表，并在此基础上进行分析与评价；还可以针对现金流量表的各类项目、各具体项目以及同行业企业的局部项目等，结合趋势分析进行深入分析，以揭示企业现金流量整体或局部、现金流入或流出的变动趋势和原因。

（一）宇通客车现金流量表水平分析

根据2022年宇通客车年度报告提供的现金流量表数据资料，编制其合并现金流量表水平分析表，如表5-1所示。

表5-1　2022年宇通客车合并现金流量表水平分析表　　金额单位：万元

项目	2022年	2021年	变动额	变动率（%）
一、经营活动产生的现金流量				
销售商品、提供劳务收到的现金	2 467 113	2 666 222	−199 109	−7.47
收到的税费返还	40 918	15 383	25 535	165.99
收到其他与经营活动有关的现金	109 154	88 190	20 964	23.77
经营活动现金流入小计	2 617 185	2 769 794	−152 609	−5.51
购买商品、接受劳务支付的现金	1 701 203	2 124 144	−422 941	−19.91
支付给职工以及为职工支付的现金	269 497	295 705	−26 208	−8.86
支付的各项税费	69 816	65 607	4 209	6.42
支付其他与经营活动有关的现金	251 309	212 717	38 592	18.14
经营活动现金流出小计	2 291 825	2 698 173	−406 348	−15.06
经营活动产生的现金流量净额	325 360	71 621	253 739	354.28
二、投资活动产生的现金流量				
收回投资收到的现金	253 029	1 181 798	−928 769	−78.59
取得投资收益收到的现金	5 122	6 929	−1 807	−26.08
处置固定资产、无形资产和其他长期资产收回的现金净额	12 021	2 505	9 516	379.88
处置子公司及其他营业单位收到的现金净额	3 471	—	3 471	—
投资活动现金流入小计	273 644	1 191 232	−917 588	−77.03
购建固定资产、无形资产和其他长期资产支付的现金	97 566	69 180	28 386	41.03
投资支付的现金	215 958	1 167 481	−951 523	−81.50
投资活动现金流出小计	313 524	1 236 662	−923 138	−74.65
投资活动产生的现金流量净额	−39 880	−45 429	5 549	12.21
三、筹资活动产生的现金流量				
吸收投资收到的现金	1	33 900	−33 899	−100.00
其中：子公司吸收少数股东投资收到的现金	1	890	−889	−99.89
收到其他与筹资活动有关的现金	—	7 500	−7 500	−100.00

续表

项目	2022 年	2021 年	变动额	变动率（%）
筹资活动现金流入小计	1	41 400	−41 399	−100.00
分配股利、利润或偿付利息支付的现金	111 680	111 265	415	0.37
其中：子公司支付给少数股东的股利、利润	999	568	431	75.88
支付其他与筹资活动有关的现金	32 040	873	31 167	3 570.10
筹资活动现金流出小计	143 720	112 137	31 583	28.16
筹资活动产生的现金流量净额	−143 719	−70 737	−72 982	−103.17
现金流入总额	2 890 830	4 002 426	−1 111 596	−27.77
现金流出总额	2 749 069	4 046 972	−1 297 903	−32.07
四、汇率变动对现金及现金等价物的影响	−953	2 084	−3 037	−145.73
五、现金及现金等价物净增加额	140 808	−42 461	183 269	431.62
加：期初现金及现金等价物余额	561 918	604 379	−42 461	−7.03
六、期末现金及现金等价物余额	702 726	561 918	140 808	25.06

由表 5－1 可知，2022 年宇通客车的现金流量净额增加了 183 269 万元，增幅为 431.62%，经营活动、投资活动和筹资活动产生的现金流量净额的变动额分别为 253 739 万元、5 549 万元和－72 982 万元，变动率分别为 354.28%、12.21% 和－103.17%，其中经营活动和筹资活动的现金流量变化较大。

经营活动现金流入量与流出量分别比上年减少 152 609 万元和 406 348 万元，降幅分别为 5.51% 和 15.06%。经营活动现金流入量变化的主要原因是销售商品、提供劳务收到的现金减少 199 109 万元，降幅为 7.47%；经营活动现金流出量变化的主要原因是购买商品、接受劳务支付的现金减少 422 941 万元，降幅为 19.91%。尽管 2022 年宇通客车的经营活动产生的现金流量净额增加 253 739 万元，增幅为 354.28%，但通过深入分析发现，这一增长是因为购买商品、接受劳务支付的现金和销售商品、提供劳务收到的现金同时减少，且购买商品、接受劳务支付的现金减少更多、降幅更大所致。这说明企业经营活动产生的现金流量净额大幅回升，主要是因为销售萎缩并同时缩减购买商品、接受劳务等开销而实现了节流，并非企业造血能力增强。

投资活动现金流入量与流出量分别比上年减少 917 588 万元和 923 138 万元，降幅分别为 77.03% 和 74.65%。投资活动现金流入量变化的主要原因是收回投资收到的现金减少 928 769 万元，降幅为 78.59%；投资活动现金流出量变化的主要原因是投资支付的现金减少 951 523 万元，降幅为 81.50%。

筹资活动现金流入量比上年减少 41 399 万元，降幅为 100%，变化的主要原因是吸收投资收到的现金减少 33 899 万元，降幅为 100%；筹资活动现金流出量比上年增加 31 583 万元，增幅为 28.16%，变化的主要原因是支付其他与筹资活动有关的现金增加 31 167 万元，增幅为 3 570.10%。

（二）客车行业企业现金及现金等价物净增加额对比分析

2022 年宇通客车的现金及现金等价物净增加额大幅增长，增幅高达 431.62 %，但是仅分析一年的现金流量表水平可能会忽略某些问题。为了更全面地了解公司的财务状况和现金流变动，应该进行更长时间跨度的分析，图 5－1 展示了 2012—2022 年四家客车企业现金流量表中的现金及现金等价物净增加额的对比情况。

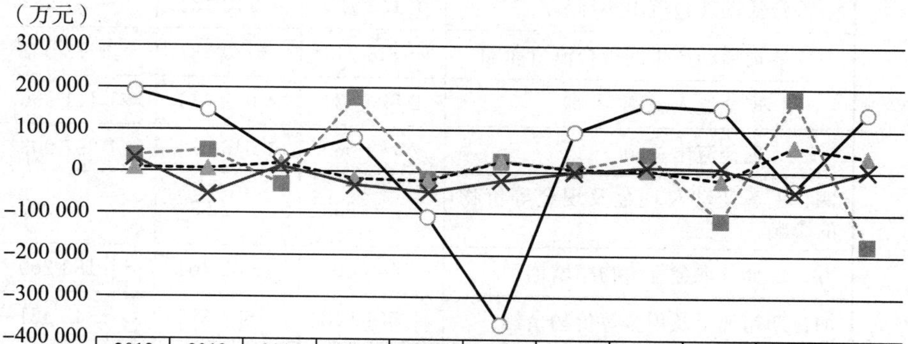

	2012	2013	2014	2015	2016	2017	2018	2019	2020	2021	2022
宇通客车	192 173	146 252	33 333	80 996	−108 743	−364 882	96 297	160 969	152 744	−42 461	140 808
金龙汽车	38 816	50 483	−30 674	176 914	−17 818	25 819	7 756	42 231	−115 592	177 574	−174 427
中通客车	8 820	7 278	19 931	−17 368	−22 061	24 271	6 475	4 236	−19 907	62 328	36 602
安凯客车	31 641	−54 426	13 432	−31 793	−48 723	−21 388	−654	11 431	8 844	−46 561	3 619

图 5－1　2012—2022 年四家客车企业现金及现金等价物净增加额对比图

由图 5－1 可知，宇通客车的现金及现金等价物净增加额在 2012—2017 年整体呈减少趋势，尤其是在 2015—2017 年降幅较大，由 80 996 万元降至－364 882 万元，达到了分析期内的最低点，这一情况值得关注。具体来看，2016 年、2017 年和 2021 年现金及现金等价物净增加额均为负值；从 2018 年开始，逐渐回升到正值，且变动相对平稳。总之，除特殊年份外，宇通客车的现金及现金等价物净增加额有 7 年均高于其他三家企业。从四家企业的整体情况来看，2012—2015 年宇通客车和金龙汽车的现金及现金等价物净增加额呈先降后升之势，而中通客车和安凯客车呈先降后升再降的波动趋势；2016 年四家企业的现金及现金等价物净增加额均下降，且均为负值。四家企业现金及现金等价物净增加额的变动没有明显规律，但各企业均有 3 年以上在不同年份为负值，安凯客车负值出现的次数最多，达到了 6 次。

（三）宇通客车现金流量分类分析

在行业对比分析的基础上，针对 2012—2022 年宇通客车的经营活动、投资活动和筹资活动产生的现金流量净额进行对比，如图 5－2 所示。

由图 5－2 可知，2012—2015 年宇通客车经营活动产生的现金流量净额不断增加，即从 13.72 亿元增加至 60.10 亿元，增幅为 338.05%；2015—2017 年经营活

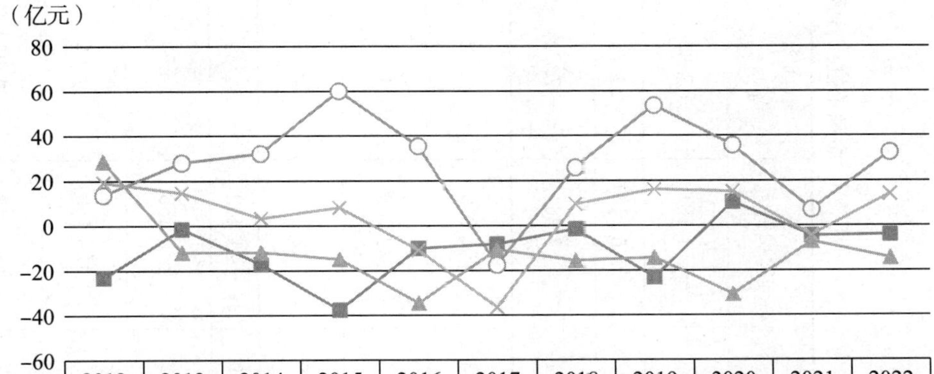

	2012	2013	2014	2015	2016	2017	2018	2019	2020	2021	2022
—○—	13.72	28.02	32.05	60.10	35.32	-17.50	25.78	53.52	35.68	7.16	32.54
—■—	-23.20	-1.53	-17.10	-37.60	-10.10	-8.19	-1.53	-23.10	10.52	-4.54	-3.99
—▲—	28.59	-11.90	-11.80	-14.90	-34.60	-10.70	-15.50	-14.30	-30.70	-7.07	-14.40
—×—	19.22	14.63	3.33	8.10	-10.90	-36.50	9.63	16.10	15.27	-4.25	14.08

—○— 经营活动产生的现金流量净额　—▲— 筹资活动产生的现金流量净额
—■— 投资活动产生的现金流量净额　—×— 现金及现金等价物净增加额

图 5-2　2012—2022 年宇通客车的经营活动、投资活动和筹资活动产生的现金流量净额对比图

动产生的现金流量净额近乎呈直线式下滑，降幅高达 129.12%；2021 年经营活动产生的现金流量净额相比上年减少 79.93%。投资活动产生的现金流量净额除 2020 年以外其他年份均为负值。筹资活动产生的现金流量净额与经营活动的趋势基本相反。现金及现金等价物净增加额的变化趋势与经营活动产生的现金流量净额的整体趋势基本一致。

可见，宇通客车的现金流量净额主要来源于经营活动，经营活动产生的现金流量的变动是导致其现金及现金等价物净增加额变动的主要原因。因此，有必要对 2017 年、2021 年这两个经营活动产生的现金流量净额出现低点的年份进行深入分析。

（四）基于异常年份的宇通客车经营活动产生的现金流量分析

综上所述，2017 年和 2021 年宇通客车现金流量净额大幅减少的主要原因均是经营活动产生的现金流量净额减少所致。因此，需要对 2017 年、2021 年宇通客车经营活动产生的现金流量进行水平分析，如表 5-2 所示。可知，2017 年宇通客车经营活动产生的现金流量净额相比上年减少 528 129 万元，降幅为 149.51%。其中，经营活动现金流入减少 88 219 万元，降幅为 2.87%，主要原因是销售商品、提供劳务收到的现金减少 80 784 万元，降幅为 2.71%。经营活动现金流出增加 439 910 万元，增幅为 16.14%，主要原因是购买商品、接受劳务支付的现金增加 354 677 万元，增幅为 16.63%。可见，销售商品、提供劳务收到的现金巨额减少和购买商品、接受劳务支付的现金巨额增加是造成 2017 年宇通客车经营活动产生的现金流量净额大幅减少的根本原因。

表5-2　2017年和2021年宇通客车经营活动产生的现金流量项目水平分析表

金额单位：万元

项目	2017年	2016年	变动额	变动率（%）	2021年	2020年	变动额	变动率（%）
销售商品、提供劳务收到的现金	2 901 756	2 982 540	−80 784	−2.71	2 666 222	2 817 403	−151 181	−5.37
收到的税费返还	44 255	56 670	−12 415	−21.91	15 383	21 898	−6 515	−29.75
收到其他与经营活动有关的现金	44 788	39 808	4 980	12.51	88 190	95 551	−7 361	−7.70
经营活动现金流入小计	2 990 799	3 079 018	−88 219	−2.87	2 769 794	2 934 853	−165 059	−5.62
购买商品、接受劳务支付的现金	2 487 974	2 133 297	354 677	16.63	2 124 144	1 991 435	132 709	6.66
支付给职工以及为职工支付的现金	269 295	247 845	21450	8.65	295 705	283 390	12 315	4.35
支付的各项税费	125 071	108 735	16 336	15.02	65 607	87 009	−21 402	−24.60
支付其他与经营活动有关的现金	283 356	235 907	47 449	20.11	212 717	216 172	−3 455	−1.60
经营活动现金流出小计	3 165 695	2 725 785	439 910	16.14	2 698 173	2 578 005	120 168	4.66
经营活动产生的现金流量净额	−174 896	353 233	−528 129	−149.51	71 621	356 847	−285 226	−79.93

由表 5 - 2 可知，2021 年宇通客车经营活动产生的现金流量净额同比减少 285 226 万元，降幅为 79.93%。其中，经营活动现金流入减少 165 059 万元，降幅为 5.62%，主要原因是销售商品、提供劳务收到的现金减少 151 181 万元，降幅为 5.37%。经营活动现金流出增加 120 168 万元，增幅为 4.66%，主要原因是购买商品、接受劳务支付的现金增加 132 709 万元，增幅为 6.66%。可见，销售商品、提供劳务收到的现金巨额减少和购买商品、接受劳务支付的现金巨额增加，也是造成 2021 年宇通客车经营活动产生的现金流量净额大幅减少的根本原因，只是减少的金额和幅度均低于 2017 年。

结合第二章资产负债表分析和第四章利润表分析的内容可知，在新能源汽车国家推广补贴退坡、客车市场需求萎缩以及 2020—2022 年突发事件的多重冲击下，宇通客车的经营状况受到了严重影响。2017 年，宇通客车营业收入下降、应收账款增加，回款速度放缓，当期应收账款占资产总额的比重高达 48%，成为 2012—2022 年间的最高值。同时，公司还支付了 214 738 万元的应付材料款，使得应付款项合计金额减少了 169 815 万元。经营活动现金流入减少和经营活动现金流出大幅增加共同作用，导致 2017 年宇通客车经营活动产生的现金流量净额出现异常。因此，宇通客车在 2017 年加大了融资力度，筹资活动现金流入由 2016 年的 31 391 万元增至 840 396 万元，这一举措在一定程度上减轻了公司的资金压力。2021 年宇通客车的销售进一步萎缩，销售商品、提供劳务收到的现金相比上年明显减少，这是导致经营活动现金流入金额减少的主要原因，说明宇通客车的造血能力在进一步下降。

二、现金流量表结构分析

现金流量表结构分析可以反映企业现金流入、流出的渠道及各项目占总额的比重等，其目的在于通过揭示财务活动中现金流入量和现金流出量的结构，抓住企业现金流量管理的重点。此外，现金流量表结构分析还可以结合水平分析，以进一步分析现金流量结构的变动过程及其变动原因。

(一) 宇通客车现金流量结构分析

根据表 5 - 1 中 2022 年宇通客车现金流量表的数据资料，编制 2021—2022 年宇通客车合并现金流量表结构分析表，如表 5 - 3 所示。

表 5 - 3　2021—2022 年宇通客车合并现金流量表结构分析表（%）

项目	流入结构		流出结构		内部结构	
	2022 年	2021 年	2022 年	2021 年	2022 年	2021 年
一、经营活动产生的现金流量						
销售商品、提供劳务收到的现金	85.34	66.62			94.27	96.26

续表

项目	流入结构		流出结构		内部结构	
	2022年	2021年	2022年	2021年	2022年	2021年
收到的税费返还	1.42	0.38			1.56	0.56
收到其他与经营活动有关的现金	3.78	2.20			4.17	3.18
经营活动现金流入小计	90.53	69.20			100.00	100.00
购买商品、接受劳务支付的现金			61.88	52.49	74.23	78.73
支付给职工以及为职工支付的现金			9.80	7.31	11.76	10.96
支付的各项税费			2.54	1.62	3.05	2.43
支付其他与经营活动有关的现金			9.14	5.26	10.97	7.88
经营活动现金流出小计			83.37	66.67	100.00	100.00
经营活动产生的现金流量净额						
二、投资活动产生的现金流量						
收回投资收到的现金	8.75	29.53			92.47	99.21
取得投资收益收到的现金	0.18	0.17			1.87	0.58
处置固定资产、无形资产和其他长期资产收回的现金净额	0.42	0.06			4.39	0.21
处置子公司及其他营业单位收到的现金净额	0.12	0.00				
投资活动现金流入小计	9.47	29.76			100.00	100.00
购建固定资产、无形资产和其他长期资产支付的现金			3.55	1.71	31.12	5.59
投资支付的现金			7.86	28.85	68.88	94.41
投资活动现金流出小计			11.40	30.56	100.00	100.00
投资活动产生的现金流量净额						

续表

项目	流入结构		流出结构		内部结构	
	2022 年	2021 年	2022 年	2021 年	2022 年	2021 年
三、筹资活动产生的现金流量						
吸收投资收到的现金	0.00	0.85			100.00	81.88
其中：子公司吸收少数股东投资收到的现金	0.00	0.02			100.00	2.15
取得借款收到的现金	0.00					
收到其他与筹资活动有关的现金	0.00	0.19				18.12
筹资活动现金流入小计	0.00	1.03			100.00	100.00
偿还债务支付的现金						
分配股利、利润或偿付利息支付的现金			4.06	2.75	77.71	99.22
其中：子公司支付给少数股东的股利、利润			0.04	0.01	0.70	0.51
支付其他与筹资活动有关的现金			1.17	0.02	22.29	0.78
筹资活动现金流出小计			5.23	2.77	100.00	100.00
筹资活动产生的现金流量净额						
现金流入总额	100.00	100.00				
现金流出总额			100.00	100.00		

1. 宇通客车现金流入结构分析

由表 5-3 可知，在 2022 年宇通客车的现金流入中，经营活动、投资活动和筹资活动的现金流入占比分别为 90.53%、9.47%和 0，相比上年分别增加 21.33 个百分点、减少 20.29 个百分点、减少 1.03 个百分点。可见，2022 年宇通客车的现金流入是由经营活动主导的。

在经营活动的现金流入中，销售商品、提供劳务收到的现金占现金流入总额的比重最高，为 85.34%，同比增加 18.72 个百分点；其占经营活动现金流入的比重为 94.27%，同比减少 1.99 个百分点。收到其他与经营活动有关的现金占现金流入总额的比重次之，为 3.78%，同比增加 1.58 个百分点。收到的税费返还占现金流入总额的比重最小，仅为1.42%，同比增加1.04个百分点。可见，2022年宇通客车的经营活动现金流入以销售商品、提供劳务收到的现金为主。

在投资活动的现金流入中，收回投资收到的现金占现金流入总额的比重最高，为8.75%，同比减少20.78个百分点；其占投资活动现金流入的比重为92.47%，同比减少6.74个百分点。处置固定资产、无形资产和其他长期资产收回的现金净额占现金流入总额的比重次之，为0.42%。取得投资收益收到的现金占现金流入总额的比重为0.18%。处置子公司及其他营业单位收到的现金净额占现金流入总额的比重最小，为0.12%。

2. 宇通客车现金流出结构分析

由表5-3可知，在2022年宇通客车的现金流出中，经营活动、投资活动和筹资活动现金流出占比分别为83.37%、11.40%和5.23%，同比分别增加16.70个百分点、减少19.16个百分点、增加2.46个百分点。可见，2022年宇通客车的现金流出主要受经营活动的影响。

在经营活动的现金流出中，购买商品、接受劳务支付的现金占现金流出总额的比重最高，为61.88%，同比增加9.39个百分点；其占经营活动现金流出的比重为74.23%，同比减少4.50个百分点。支付给职工以及为职工支付的现金、支付其他与经营活动有关的现金和支付的各项税费占现金流出总额的比重分别为9.80%、9.14%和2.54%，同比分别增加2.49个百分点、3.88个百分点和0.92个百分点，占经营活动现金流出的比重分别为11.76%、10.97%和3.05%。

在投资活动的现金流出中，投资支付的现金占现金流出总额的比重最高，为7.86%，同比减少20.99个百分点；其占投资活动现金流出的比重为68.88%，同比减少25.53个百分点。购建固定资产、无形资产和其他长期资产支付的现金占现金流出总额的比重为3.55%，同比增加1.84个百分点；其占投资活动现金流出的比重为31.12%，同比增加25.53个百分点。

在筹资活动的现金流出中，分配股利、利润或偿付利息支付的现金占现金流出总额的比重最高，为4.06%，同比增加1.31个百分点；其占筹资活动现金流出的比重为77.71%，同比减少21.51个百分点。支付其他与筹资活动有关的现金占现金流出总额的比重次之，为1.17%，同比增加1.15个百分点；其占筹资活动现金流出的比重为22.29%，同比增加21.51个百分点。

（二）客车行业企业现金流量结构对比分析

为全面反映宇通客车及同行业其他企业的现金流量表结构状况，对四家客车企业2012—2022年三类现金流量活动的现金流入和流出结构进行对比分析。

1. 客车行业企业现金流入结构对比分析

整体来看，2012—2022年四家客车企业经营活动、投资活动和筹资活动的现金流入结构不尽相同。2012—2022年四家客车企业经营活动现金流入占比如图5-3所示。可知，在三大活动中，经营活动现金流入占比在这四家企业中均最高。具体而言，宇通客车在2019年以前的现金流入占比相对偏低，基本在

53%～68%之间，仅有两年的占比超过70%，2019年以后有2年在四家企业中占比最高，2022年达到峰值90.53%；金龙汽车占比相对较高，除2017年达到最低值60.59%以外，其余年份均在70%～99%之间；中通客车占比在58%～82%之间；安凯客车占比在53%～92%之间。尽管四家企业的经营活动现金流入占比存在一定的波动且没有明显的规律性，但占比均高于50%，说明各企业的现金流入均以经营活动为主。

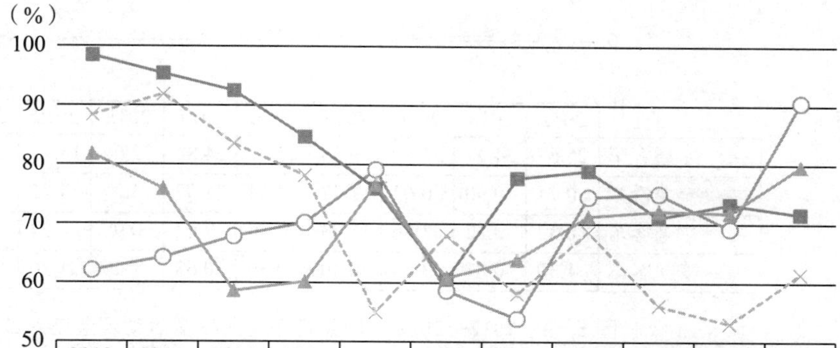

	2012	2013	2014	2015	2016	2017	2018	2019	2020	2021	2022
—○— 宇通客车	62.09	64.23	67.84	70.15	79.12	58.67	53.91	74.54	75.11	69.20	90.53
—■— 金龙汽车	98.45	95.41	92.49	84.63	75.92	60.59	77.68	78.95	71.07	73.31	71.63
—▲— 中通客车	81.75	75.89	58.59	60.18	76.67	60.84	63.92	71.27	72.19	71.85	79.69
--×-- 安凯客车	88.36	91.93	83.49	78.14	54.97	68.03	58.03	68.62	56.10	53.06	61.51

图5-3　2012—2022年四家客车企业经营活动现金流入占比图

2012—2022年四家客车企业投资活动现金流入占比如图5-4所示。可知，宇通客车的投资活动现金流入占比明显高于同行业其他企业，只在2014年被中通客车超过，在2017年、2022年被金龙汽车超过；安凯客车的投资活动现金流入占比最低，且相对平稳，除2020年占比为17.19%以外，其他年份均未超过4%；金龙汽车和中通客车的投资活动现金流入占比波动幅度相对较大，除各自仅有2年占比超过15%以外，其他年份均未超过10%，其中金龙汽车占比近年有增加的趋势。可见，宇通客车的投资活动现金流入在这四家企业中占比最高，在20%～35%之间波动；其他三家企业大多数年份占比均低于10%。2022年除金龙汽车以外，其他三家企业的投资活动现金流入占比均减少，尤其是宇通客车，其占比相比上年减少了20.29个百分点。

2012—2022年四家客车企业筹资活动现金流入占比如图5-5所示。可知，宇通客车和金龙汽车作为客车行业的龙头企业，其筹资活动现金流入占比明显小于其他两家企业。具体而言，宇通客车占比最低，除2012年以及2017—2019年以外，其余年份的占比均在1%左右，说明宇通客车对筹资活动的依赖性较低，仅在个别年份增加了筹资活动的现金流入，其占比相对稳定。金龙汽车各年占比均低于20%。安凯客车和中通客车因企业规模相对较小，筹资活动现金流入在企业现金流入中占比较大，说明它们对筹资活动的依赖性更高。

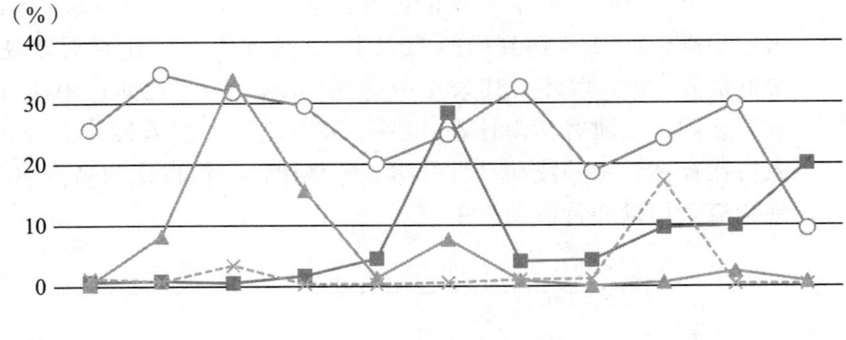

	2012	2013	2014	2015	2016	2017	2018	2019	2020	2021	2022
宇通客车	25.67	34.77	31.81	29.55	20.07	24.84	32.66	18.71	24.12	29.76	9.47
金龙汽车	0.74	0.90	0.62	1.72	4.54	28.37	4.09	4.25	9.60	9.92	20.08
中通客车	0.32	8.22	33.86	15.73	1.39	7.67	0.95	0.04	0.64	2.46	0.81
安凯客车	1.30	0.81	3.45	0.40	0.36	0.63	1.09	1.20	17.19	0.40	0.37

图5-4　2012—2022年四家客车企业投资活动现金流入占比图

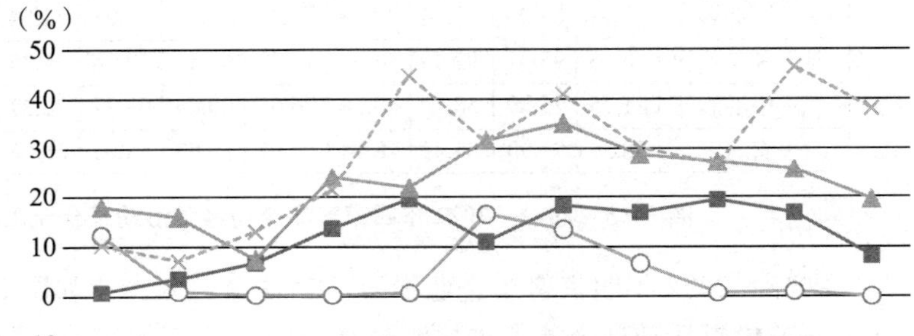

	2012	2013	2014	2015	2016	2017	2018	2019	2020	2021	2022
宇通客车	12.24	1.00	0.35	0.31	0.81	16.49	13.43	6.75	0.76	1.03	0.00
金龙汽车	0.82	3.70	6.89	13.65	19.54	11.04	18.23	16.79	19.33	16.77	8.28
中通客车	17.93	15.88	7.55	24.09	21.94	31.74	35.12	28.69	27.17	25.69	19.50
安凯客车	10.34	7.27	13.06	21.46	44.67	31.34	40.88	30.18	26.71	46.54	38.12

图5-5　2012—2022年四家客车企业筹资活动现金流入占比图

2. 客车行业企业现金流出结构对比分析

2012—2022年四家客车企业经营活动现金流出占比如图5-6所示。可知，大多数年份宇通客车的经营活动现金流出占比在四家企业中最低，除2022年达到峰值83.37%以外，其余年份均在50%～70%之间。中通客车占比较低且相对稳定，波动范围在56%～80%之间。金龙汽车占比较高且波动较大，在63%～96%之间。安凯客车占比波动最大，在49%～85%之间。可见，四家企业的经营活动现金流出与现金流入的趋势大致相似，经营活动现金流出占现金流出总额的比重最高。

2012—2022年四家客车企业投资活动现金流出占比如图5-7所示。由图可知，大多数年份宇通客车的投资活动现金流出占比在四家企业中最高，除2022年降到低谷11.4%以外，其余年份均在20%～40%之间。金龙汽车占比呈波浪式上升趋

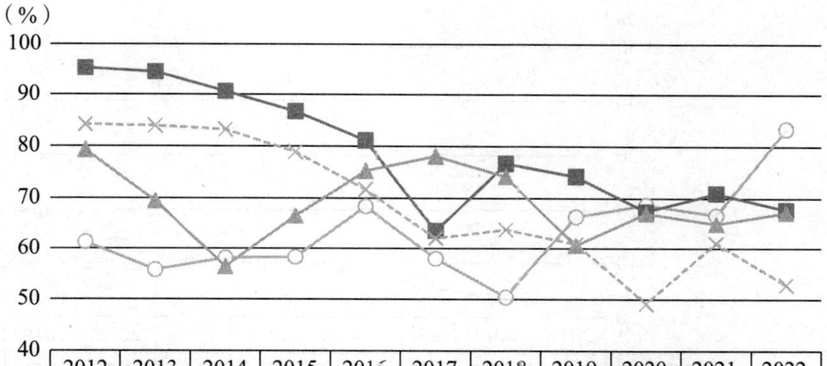

	2012	2013	2014	2015	2016	2017	2018	2019	2020	2021	2022
宇通客车	61.33	55.74	58.11	58.29	68.41	57.96	50.41	66.35	68.71	66.67	83.37
金龙汽车	95.24	94.44	90.62	86.68	81.10	63.55	76.71	74.24	67.43	70.97	67.72
中通客车	79.26	69.47	56.37	66.51	75.29	78.09	74.21	60.61	67.02	64.92	67.20
安凯客车	84.15	83.91	83.18	78.87	71.70	62.03	63.77	60.90	49.15	61.05	52.81

图 5-6　2012—2022 年四家客车企业经营活动现金流出占比图

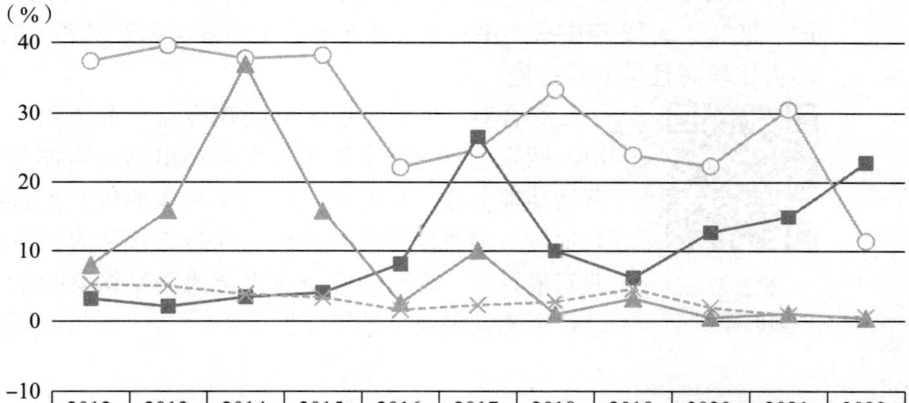

	2012	2013	2014	2015	2016	2017	2018	2019	2020	2021	2022
宇通客车	37.29	39.53	37.71	38.17	22.13	24.69	33.38	23.87	22.32	30.56	11.40
金龙汽车	3.24	2.16	3.49	4.12	8.16	26.49	10.06	6.22	12.68	14.96	22.81
中通客车	7.99	15.90	36.87	15.85	2.63	10.07	1.01	3.28	0.54	1.07	0.42
安凯客车	5.26	5.06	3.90	3.44	1.64	2.33	2.78	4.67	1.97	0.88	0.65

图 5-7　2012—2022 年四家客车企业投资活动现金流出占比图

势，在 2%～27%之间波动。中通客车占比在 2017 年以前波动较大，之后各年占比均低于 4%。安凯客车占比最低且相对稳定，在 0.65%～5.5%之间。可见，四家企业的投资活动现金流出占比与现金流入结构大致相似，2022 年除金龙汽车以外，其他三家企业的投资活动现金流出占比均减少，其中宇通客车占比相比上年减少了 19.16 个百分点。

2012—2022 年四家客车企业筹资活动现金流出占比如图 5-8 所示。可知，大多数年份宇通客车的筹资活动现金流出占比最低，除 2017 年和 2018 年以外，其他

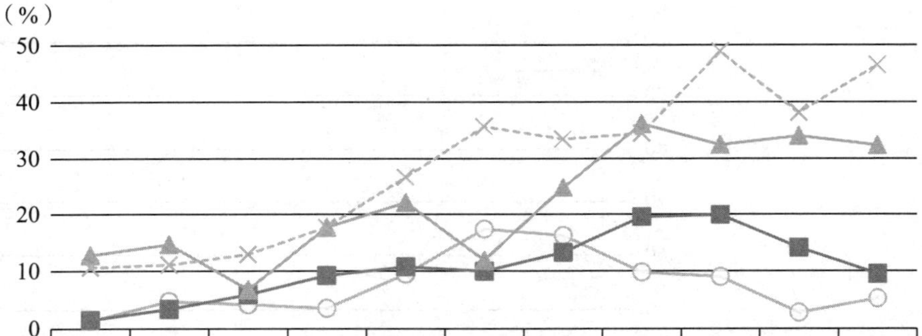

	2012	2013	2014	2015	2016	2017	2018	2019	2020	2021	2022
宇通客车	1.38	4.73	4.18	3.54	9.46	17.35	16.21	9.78	8.97	2.77	5.23
金龙汽车	1.52	3.40	5.89	9.20	10.73	9.96	13.23	19.54	19.89	14.07	9.47
中通客车	12.75	14.63	6.76	17.64	22.08	11.85	24.78	36.11	32.44	34.01	32.38
安凯客车	10.59	11.03	12.92	17.69	26.66	35.64	33.45	34.43	48.88	38.07	46.54

图5-8　2012—2022年四家客车企业筹资活动现金流出占比图

年份均低于10%。金龙汽车占比相对稳定，2015—2022年占比位于9%～20%之间，2012—2022年中有8年高于宇通客车。中通客车和安凯客车的筹资活动现金流出占比较高且呈上升趋势。

第二节
即测即评

综合对比四家企业的分类现金流入和流出的六张图，可以看出，四家企业的现金流入与现金流出结构整体趋势基本一致。经营活动现金流入和流出在这四家企业的现金流量结构中均占据主导地位，宇通客车的投资活动现金流入和流出占比明显高于同行业其他企业。客车行业企业现金流量结构变化的原因，还需要结合现金流量表项目进行分析。

第三节　现金流量表主要项目案例分析

一、经营活动产生的现金流量主要项目分析

经营活动是指企业除投资活动和筹资活动以外的所有交易和事项，是企业取得净利润的主要来源。经营活动产生的现金流量是指企业经营活动中的所有交易和事项所产生的现金流量，主要反映企业在销售商品、提供劳务、购买商品、接受劳务、支付税款等活动中产生的现金流量状况。它不仅是企业现金的主要来源，还是衡量企业自身“造血”能力强弱的重要指标。根据图5-1可知，宇通客车的经营活动产生的现金流量净额在2021年明显下滑后，于2022年实现了大幅回升。但是经营活动产生的现金流量高不一定对应营业收入高，还需要结合企业的经营背景和经营活动产生的现金流量具体项目进行分析。

（一）宇通客车经营背景分析

客车行业被认为是一个周期性较弱的行业，其总体规模不仅受居民出行总量和出行结构的影响，还受国家和地方政策调控的影响。受国内经济下行压力增加、新能源产品提前消费等因素的影响，客车市场面临不小的挑战。根据中国客车信息网的数据，2022 年国内大中型客车行业需求总量同比下降了 10.74%。然而，在公交车领域，受 2023 年新能源汽车国家推广补贴完全退出政策的影响，市场需求提前释放，推动了公交车销量的增长，2022 年大中型公交车的销量为 54 931 辆，同比增长 23.31%。

随着客车行业结构的变化，宇通客车的产品布局也发生了显著变化，其中座位客车及校车结构占比下降，这在一定程度上对宇通客车在大中型客车市场的整体占有率产生了影响。宇通客车 2022 年财务报告显示，其商用车产销量分别为 318.5 万辆和 330 万辆，同比下降 31.9%和 31.2%，均出现了超过 30%的下滑。结合第四章利润表分析可知，2022 年宇通客车全年实现营业收入 2 170 505 万元，未实现年初制订的 2 561 700 万元的计划。新能源汽车国家推广补贴退坡、营业收入未达预期等对宇通客车的经营活动现金流量有何影响？应结合企业经营背景，针对经营活动产生的现金流量进行分析。

（二）经营活动产生的现金流量分析

1. 宇通客车经营活动产生的现金流量净额及其变动率分析

2012—2022 年宇通客车经营活动产生的现金流量净额及其变动率趋势如图 5-9 所示。可知，宇通客车除 2017 年经营活动产生的现金流量净额为负值以外，其他年份均为正值。具体来看，2016—2017 年经营活动产生的现金流量净额变动率持续下滑，且均为负值，其中 2017 年跌入谷底，降幅为 149.51%；2018 年大幅回升，增幅为 247.39%；2019—2021 年经营活动产生的现金流量净额又持续下滑，2020 年和 2021 年经营活动产生的现金流量净额变动率均为负值，其中 2021 年降幅为 79.93%；

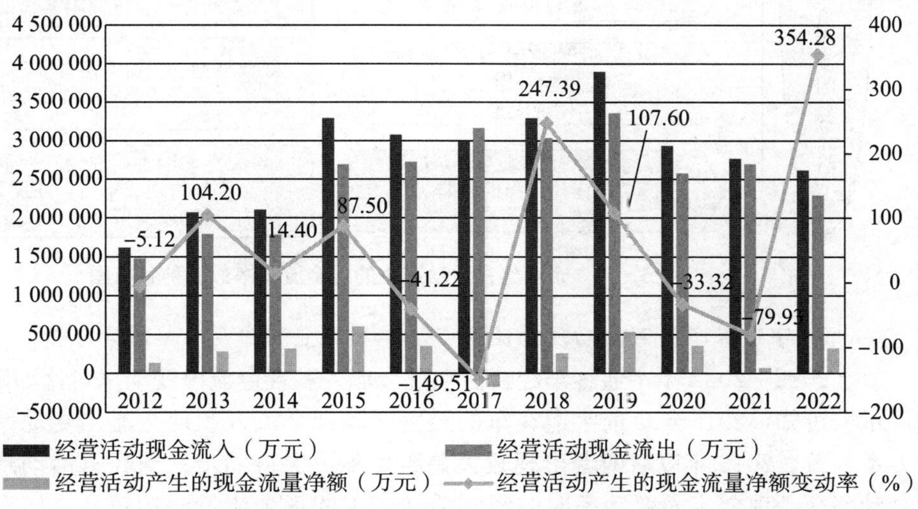

图 5-9　2012—2022 年宇通客车经营活动产生的现金流量净额及其变动率趋势图

2022年又大幅回升，增幅高达354.28%。宇通客车经营活动产生的现金流量净额变动率大起大落的原因，还需要结合具体项目进行深入分析。

2. 宇通客车经营活动产生的现金流量净额质量分析

2020—2022年宇通客车经营活动产生的现金流量净额质量分析情况如表5-4所示。可知，2020年和2022年经营活动产生的现金流量净额均大于0，并在补偿当期的非付现成本（如折旧和摊销）后仍有剩余；而2021年由于经营活动现金流出量增加、经营活动现金流入量减少，虽然经营活动产生的现金流量仍大于0，但不足以补偿当期的非付现成本，说明当年的经营活动“造血”能力不如另外两年。

企业经营活动产生的现金流量净额的五种状况如图5-10所示。

表5-4　2020—2022年宇通客车经营活动产生的现金流量净额质量分析表

金额单位：万元

项目	2020年	2021年	2022年
经营活动产生的现金流量净额	356 847	71 621	325 360
折旧本期增加额	617 09	77 581	82 424
摊销本期增加额	3 974	4 071	4 319
非付现成本合计	65 683	81 652	86 743
扣减非付现成本后差额	291 164	—10 031	238 617

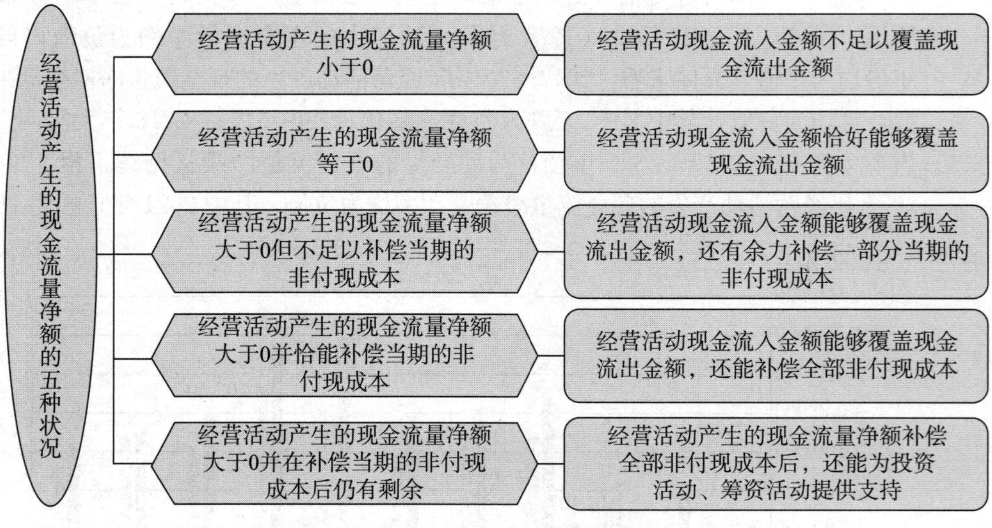

图5-10　企业经营活动产生的现金流量净额五种状况图

3. 宇通客车经营活动现金流入变动率和现金流出变动率对比分析

2012—2022年宇通客车经营活动现金流入和现金流出变动率对比如图5-11所示。可知，2016年以前宇通客车的经营活动现金流入和现金流出变动率的趋势基本一致，2016年以后两者出现较大差距，不再保持同步。当经营活动现金流出变动率高于现金流入变动率时，经营活动产生的现金流量净额较低，如宇通客车在

2017 年和 2021 年就出现了这种情况。反之，当经营活动现金流出变动率低于现金流入变动率时，经营活动产生的现金流量净额较高，如宇通客车在 2015 年、2019 年就出现了这种情况。

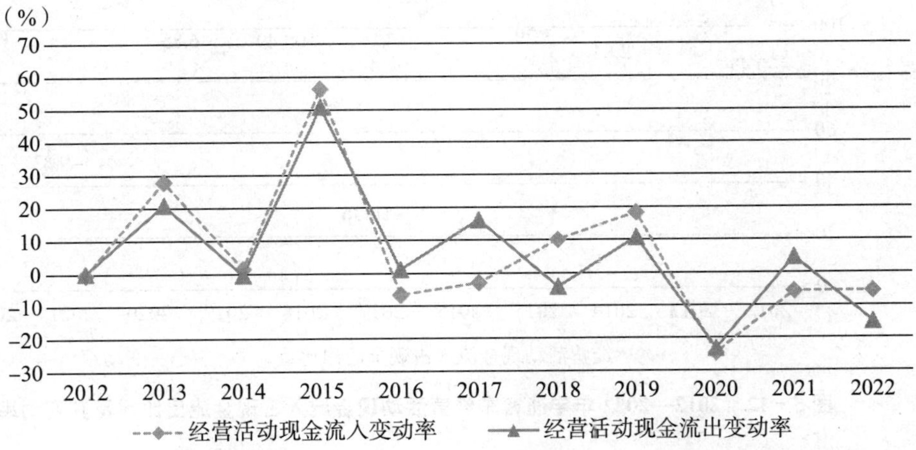

图 5-11 2012—2022 年宇通客车经营活动现金流入和现金流出变动率对比图

4. 经营活动现金流入和现金流出对比分析

在企业经营活动产生的现金流量净额的五种状况中（见图 5-10），最差的一种是经营活动现金流入小于现金流出，这说明经营活动现金流量入不敷出。为了更精确地衡量企业经营活动产生的现金流量的创现能力，采用经营活动现金流入占现金流出的比重这一指标。

（1）宇通客车经营活动创现能力分析。2012—2022 年宇通客车经营活动现金流入占现金流出的比重及其变动率如图 5-12 所示。由图可知，宇通客车该占比除在 2017 年创新低（为 94.48%）以外，其他年份均大于 100%，具体在 102%～123%之间波动，2015 年达到峰值 122.31%，说明宇通客车绝大多数年份的经营活动现金流入都能够覆盖现金流出且有剩余。宇通客车该占比的变动率 2017 年下降至最低点，为 16.36%，除此之外，还有 4 年为负值。那么，同行业其他企业的经营活动创现能力又如何呢？

（2）客车行业企业经营活动创现能力对比分析。2012—2022 年四家客车企业经营活动创现能力对比如图 5-13 所示。可知，宇通客车的经营活动现金流入占现金流出的比重整体上相对较高，且多个年份处于最优水平，说明其经营活动创现能力强于其他三家企业。此外，金龙汽车有 3 年、中通客车有 4 年、安凯客车有 5 年的经营活动现金流量入不敷出，其中安凯客车有 2 年该占比低于 80%，显示出其经营活动现金流入占现金流出的比重既低又不稳定，经营活动“造血”能力堪忧。

（三）销售商品、提供劳务收到的现金分析

销售商品、提供劳务收到的现金项目反映企业销售商品、提供劳务实际收到的现金（含销售收入和应向购买者收取的增值税销项税额），具体包括本期销售商品、

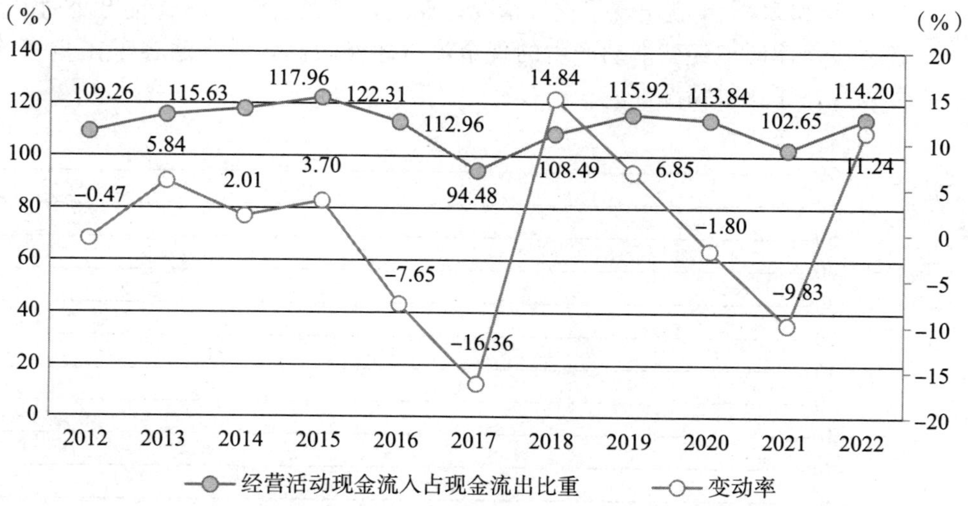

图 5-12　2012—2022 年宇通客车经营活动现金流入占现金流出比重及其变动率趋势图

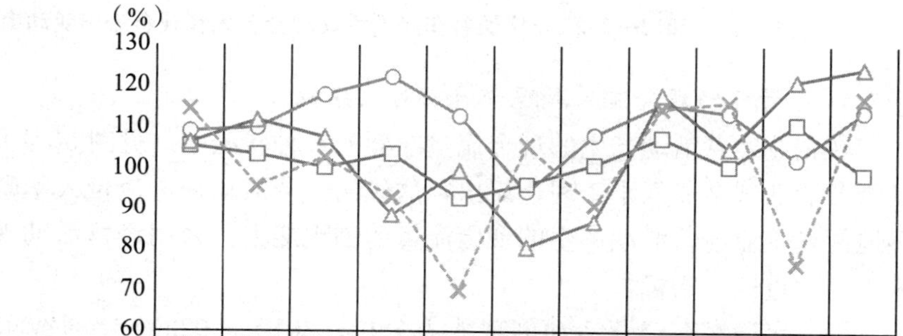

	2012	2013	2014	2015	2016	2017	2018	2019	2020	2021	2022
宇通客车	109.26	110.09	117.96	122.31	112.96	94.48	108.49	115.92	113.84	102.65	114.20
金龙汽车	105.73	103.73	100.60	103.93	92.73	96.44	101.37	107.92	100.97	111.15	99.03
中通客车	106.60	111.90	107.86	88.46	99.81	80.64	86.86	118.12	105.29	121.38	124.53
安凯客车	114.66	96.02	103.13	93.00	70.32	106.16	90.87	114.90	116.38	76.98	117.48

图 5-13　2012—2022 年四家客车企业经营活动创现能力对比图

提供劳务收到的现金，前期销售商品、提供劳务而在本期收到的现金，以及本期预收的款项减去本期销售又在本期退回的商品和前期销售而在本期退回的商品支付的现金后的余额。

1. 宇通客车销售商品、提供劳务收到的现金分析

2012—2022 年宇通客车销售商品、提供劳务收到的现金、变动率及占比如图 5-14 所示。由图可知，销售商品、提供劳务收到的现金及其变动率整体呈波浪式变动趋势，其中 2020 年现金降幅明显，为 25.51%。从项目结构占比来看，宇通客车销售商品、提供劳务收到的现金占经营活动现金流入总额的比重一直保持在 94%以上，说明其主营业务突出，经营活动现金流入以销售商品、提供劳务收到的现金为主。但从 2020 年开始，宇通客车销售商品、提供劳务收到的现金逐年下滑，其变动率均为负值，2022 年占比下降明显，同比减少 2.10 个百分点。

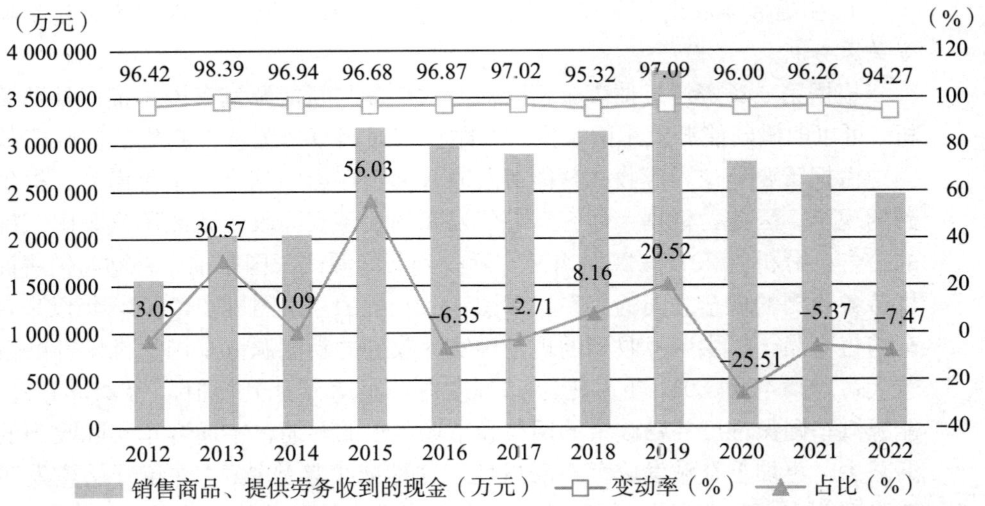

图 5-14　2012—2022 年宇通客车销售商品、提供劳务收到的现金、变动率及占比图

2. 宇通客车销售商品、提供劳务收到的现金相关项目分析

销售商品、提供劳务收到的现金与营业收入、应收账款关系密切，2012—2022 年宇通客车这三者的关系分析如图 5-15 所示。可知，2019 年以前（除 2015 年以外），各年的营业收入均大于销售商品、提供劳务收到的现金，应收账款基本逐年增加。2019 年以后，虽然营业收入明显减少，但应收账款减少幅度更大，导致这几年销售商品、提供劳务收到的现金均大于营业收入。结合宇通客车的资产负债表和利润表分析内容，可知新能源汽车国家推广补贴政策对企业的应收账款和营业收入都产生了显著影响。其是否也影响了销售商品、提供劳务收到的现金呢？

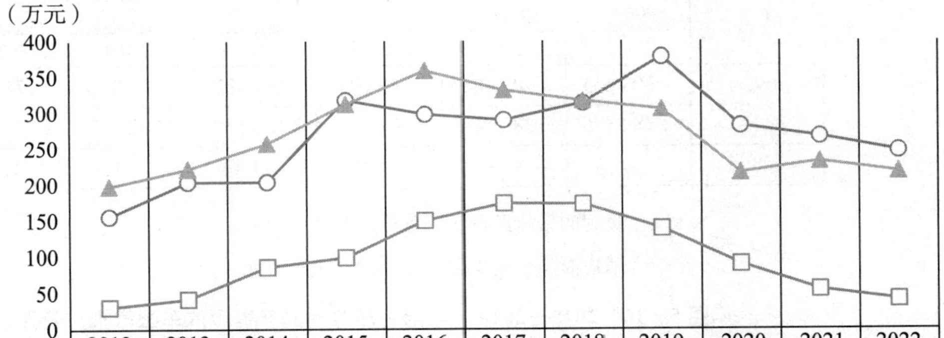

	2012	2013	2014	2015	2016	2017	2018	2019	2020	2021	2022
—○—	156	204	204	318	298	290	314	378	282	267	247
—□—	31	42	86	99	150	174	173	139	90	55	41
—▲—	198	222	257	312	359	332	317	305	217	232	218

—○— 销售商品、提供劳务收到的现金　—▲— 营业收入
—□— 应收账款

图 5-15　2012—2022 年宇通客车销售商品、提供劳务收到的现金相关项目关系图

3. 宇通客车收到的新能源汽车国家推广补贴与销售商品、提供劳务收到的现金关系分析

根据第二章资产负债表分析中对应收账款与新能源汽车国家推广补贴关系的分析，可以明确新能源汽车国家推广补贴在宇通客车按欠款方归集的应收账款期末余额中占据重要地位，应收账款能否及时收回直接影响到企业销售商品、提供劳务收到的现金。因此，根据宇通客车各年发布的关于实际收到新能源汽车国家推广补贴的公告，分析其2015—2020年①实际收到新能源汽车国家推广补贴与销售商品、提供劳务收到的现金之间的关系，如图5-16所示。由图可知，2015年以来，宇通客车销售商品、提供劳务收到的现金中实际收到的新能源汽车国家推广补贴占比波动较大，2015年和2016年占比为10%左右，2018年达到峰值，为21.34%。随着新能源汽车国家推广补贴政策的调整和市场需求的萎缩，宇通客车实际收到的补贴逐渐减少，再加上补贴发放存在滞后性，这种减少趋势从2019年开始愈发明显，占比降到7%以下，说明虽然新能源汽车国家推广补贴政策影响了宇通客车销售商品、提供劳务收到的现金，但其影响力正变得越来越弱。

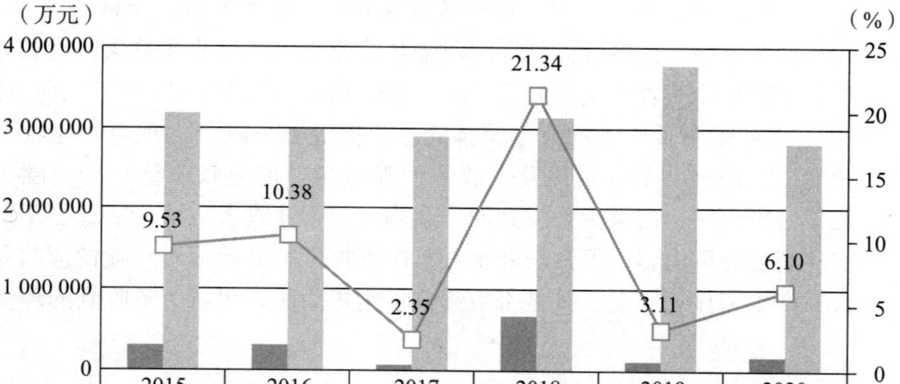

	2015	2016	2017	2018	2019	2020
收到的新能源汽车国家推广补贴（万元）	303 664	309 488	68 093	669 707	117 583	171 743
销售商品、提供劳务收到的现金（万元）	3 184 856	2 982 540	2 901 756	3 138 569	3 782 489	2 817 403
占比（%）	9.53	10.38	2.35	21.34	3.11	6.10

收到的新能源汽车国家推广补贴（万元） 占比（%）
销售商品、提供劳务收到的现金（万元）

图5-16 2015—2020年宇通客车收到的新能源汽车国家推广补贴和销售商品、提供劳务收到的现金关系图

4. 客车行业企业销售收现能力对比分析

销售商品、提供劳务收到的现金占营业收入的比重可用于衡量企业的销售收现能力。2012—2022年四家客车企业销售收现能力对比如图5-17所示。可知，2012—2017年除宇通客车在2015年销售商品、提供劳务收到的现金占营业收入的

① 2020年以后，宇通客车未再公告年度实际收到的新能源汽车国家推广补贴金额。

比重超过100%以外，其他三家企业的该占比均未达到100%，说明在这一阶段，四家企业均有一部分营业收入未能及时收现；从2018年开始，四家企业该占比均有不同程度的上升，2021年四家企业该占比均超过100%，说明客车行业企业的销售收现能力增强。除安凯客车以外，其他三家企业该占比均在2020年达到峰值，但之后连续下滑。在四家企业中，宇通客车和金龙汽车的销售收现能力一直处于领先地位，且不相上下，整体呈增加趋势，特别是从2019年开始宇通客车优势愈发明显。安凯客车和中通客车的销售收现能力不稳定，但从2020年开始安凯客车的销售收现能力变动趋势与其他三家企业相反，呈明显增强趋势。

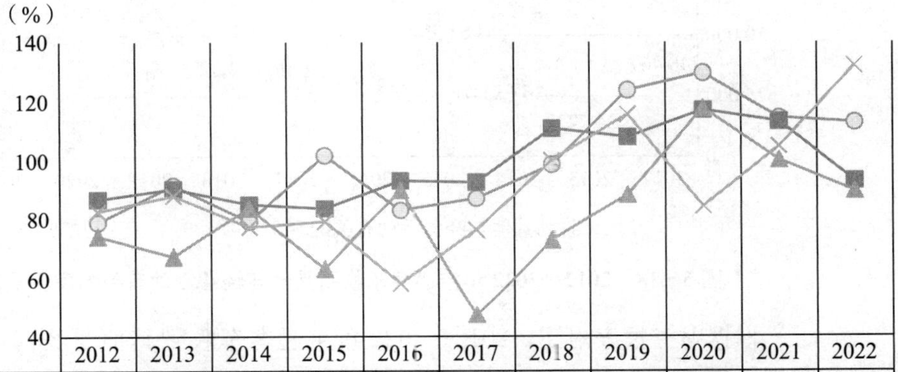

	2012	2013	2014	2015	2016	2017	2018	2019	2020	2021	2022
宇通客车	79.02	91.87	79.34	102.04	83.19	87.34	98.87	124.05	129.80	114.76	113.18
金龙汽车	87.00	90.65	85.28	83.81	93.41	92.85	111.14	108.21	117.37	113.50	93.28
中通客车	74.36	67.64	83.87	63.57	90.05	47.71	73.06	88.49	117.99	100.44	89.78
安凯客车	82.82	88.21	77.41	79.34	58.70	76.49	100.29	115.94	84.50	105.06	132.17

图5-17　2012—2022年四家客车企业销售收现能力对比图

总体来看，2018年以前，销售收现能力低是四家企业的“通病”，其根本原因在于应收账款占比高，尤其是应收新能源汽车国家推广补贴款项较多以及欠款账期的逐渐拉长，导致企业销售资金无法及时回流。随着新能源汽车国家推广补贴的退坡，应收账款规模逐渐减少，补贴款项也逐步收回，四家企业的销售收现能力整体上升。

(四) 收到其他与经营活动有关的现金分析

收到其他与经营活动有关的现金项目反映企业除销售商品、提供劳务收到的现金流入，以及收到的税费返还以外的且与经营活动有关的现金流入，如罚款收入、经营租赁固定资产收到的现金、投资性房地产带来的租金收入、流动资产损失中由个人赔偿的现金收入、除税费返还外的其他政府补助收入等。

2012—2022年宇通客车收到其他与经营活动有关的现金及其占比如图5-18所示。可知，以2017年为界，宇通客车收到其他与经营活动有关的现金及其占经营活动现金流入总额的比重都发生了较大变化。2012—2017年宇通客车该项目金额一直在40 000万元左右波动，2015年达到最高值61 998万元，占比除2012年为2.99%外，其他年份均在1%～2%；2018—2022年，该项目金额明显增加，并呈波浪式起伏，占比在 2%～5%，其中 2022 年金额达到峰值 109 154 万元，占比最高达到 4.17%。

图 5-18　2012—2022 年宇通客车收到其他与经营活动有关的现金及其占比图

根据财务报表附注，2012—2022 年宇通客车收到其他与经营活动有关的现金明细金额及其变动率如表 5-5 所示。可知，宇通客车收到的相关政府补助主要包括递延收益中收到的政府补助、其他收益以及营业外收入收到的其他现金这三部分，它们对宇通客车每年收到其他与经营活动有关的现金均有一定的影响。在各项明细中，有几个年份的变动率尤为突出，超过 100%。具体来说，递延收益中收到的政府补助在 2015 年、2018 年的变动率分别为 146.49%和 1 253.52%；利息收入在 2020 年的变动率为 117.02%。2017 年宇通客车的其他收益突增至 23 702 万元，这是当年会计政策变更所致，即根据修订后的《企业会计准则第 16 号——政府补助》，与本企业日常活动相关的政府补助计入其他收益，不再计入营业外收入。其他收益在 2020 年和 2022 年的变动率分别为 128.10%和 302.10%；营业外收入收到的其他现金在 2015 年的变动率为 128.74%；其他往来项目在 2014 年、2017 年、2018 年的变动率分别为 169.26%、2 516.67%和 205.72%。

值得注意的是，对比表 5-5 和图 5-16 可知，2015 年之后宇通客车实际收到的新能源汽车国家推广补贴金额都大于收到其他与经营活动有关的现金，这与 2017 年修订的《企业会计准则第 16 号——政府补助》第五条的规定密切相关，即企业从政府取得的经济资源，如果与企业销售商品或提供服务等活动密切相关，且是企业商品或服务的对价或者是对价的组成部分，适用《企业会计准则第 14 号——收入》等相关会计准则。因此，宇通客车实际收到的新能源汽车国家推广补贴并不计入本项目，而是作为营业收入计入当期销售商品、提供劳务收到的现金项目。

表 5-5　2012—2022 年宇通客车收到其他与经营活动有关的现金明细金额及其变动率表

金额单位：万元

项目	2012 年	2013 年	2014 年	2015 年	2016 年	2017 年	2018 年	2019 年	2020 年	2021 年	2022 年
递延收益中收到的政府补助	5 949	6 694	6 642	16 372	4 230	3 178	43 015	23 390	21 692	24 406	1
变动率（%）	—	12.52	−0.78	146.49	−74.16	−24.87	1 253.52	−45.62	−7.26	12.51	−100.00
利息收入	5 178	8 467	8 812	10 014	5 002	3 702	4 301	5 152	11 155	6 816	6 178
变动率（%）	—	63.52	4.07	13.64	−50.05	−25.99	16.18	19.51	117.02	−38.90	−9.36
其他收益	—	—	—	—	—	23 702	20 675	12 194	27 815	6 994	28 123
变动率（%）	—	—	—	—	—	—	−12.77	−41.02	128.10	−74.86	302.10
营业外收入收到的其他现金	10 856	6 099	11 901	27 223	30 090	1 488	1 041	1 136	798	357	469
变动率（%）	—	−43.82	95.13	128.75	10.53	−95.05	−30.04	9.13	−29.75	−55.26	31.37
其他往来	26 485	3 464	9 327	8 389	486	12 717	38 879	37 489	34 130	49 616	74 383
变动率（%）	—	−86.92	169.26	−10.06	−94.21	2 516.67	205.72	−3.58	−8.96	45.37	49.92
合计	48 467	24 723	36 682	61 998	39 808	44 788	107 911	79 361	95 551	88 190	109 154
变动率（%）	—	−48.99	48.37	69.01	−35.79	12.51	140.94	−26.46	20.40	−7.70	23.77

（五）购买商品、接受劳务支付的现金分析

购买商品、接受劳务支付的现金项目反映企业本期购买商品、接受劳务实际支付的现金（包括增值税进项税额），以及本期支付前期购买商品、接受劳务的未付款项和本期预付款项。

1. 宇通客车购买商品、接受劳务支付的现金分析

2012—2022年宇通客车购买商品、接受劳务支付的现金及其占比如图5－19所示。由图可知，购买商品、接受劳务支付的现金整体上呈波浪式变动，购买商品、接受劳务支付的现金占经营活动现金流出总额的比重一直维持在74%～80%。

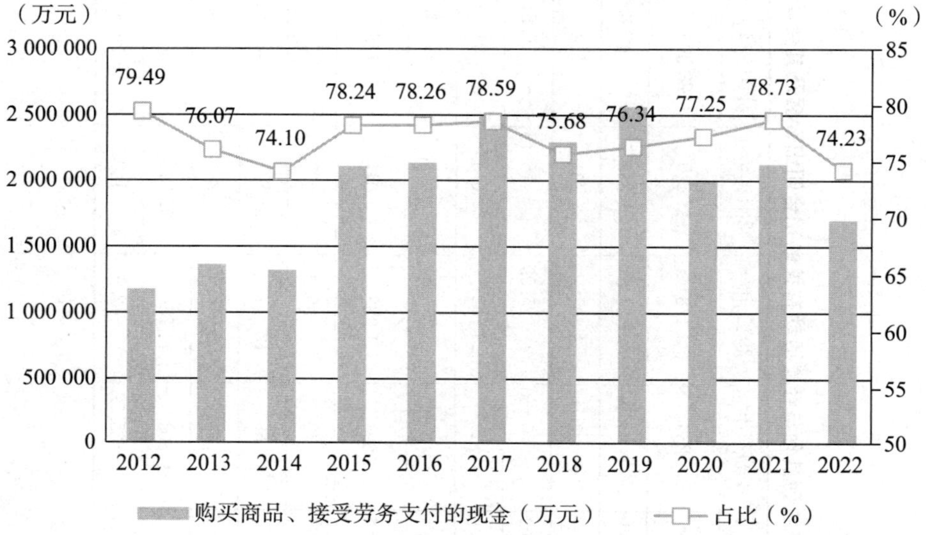

图5－19　2012—2022年宇通客车购买商品、接受劳务支付的现金及其占比图

2. 宇通客车经营活动现金流量主要项目对比分析

2012—2022年宇通客车销售商品、提供劳务收到的现金与购买商品、接受劳务支付的现金对比如图5－20所示。由图可知，这两个现金流量表中经营活动最重要的项目在总体规模、变动趋势上大体一致，说明宇通客车的采购及销售结构比较稳定。然而，在2017年出现了一个异常现象，即销售商品、提供劳务收到的现金规模减小时，购买商品、接受劳务支付的现金反而增加，具体原因已在前面“基于异常年份的宇通客车经营活动产生的现金流量分析”部分做了详细分析。其主要原因是当期应付账款中的应付材料款大幅减少导致应付款项合计减少了16.98亿元，这也是2017年宇通客车经营活动产生的现金流量净额大幅减少的主要原因。2021年也出现了类似现象，可以深入分析其具体原因。

（六）支付其他与经营活动有关的现金分析

支付其他与经营活动有关的现金项目反映企业除购买商品、接受劳务支付的现金，支付给职工以及为职工支付的现金，支付的各项税费项目以外的且与经营活动

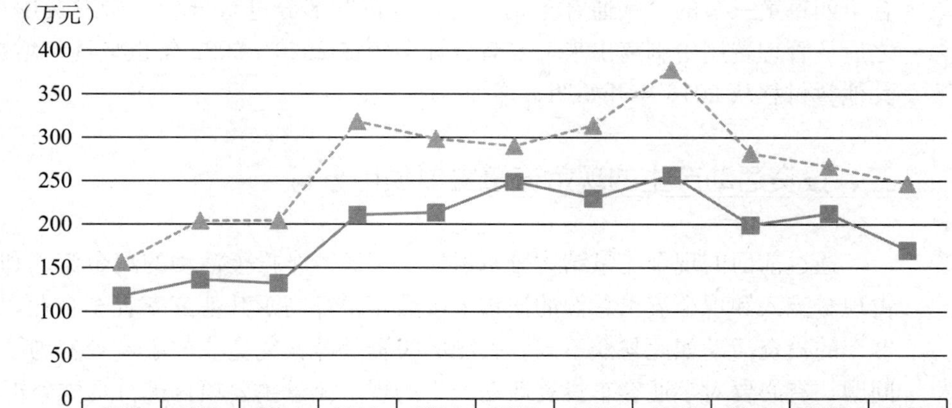

	2012	2013	2014	2015	2016	2017	2018	2019	2020	2021	2022
--▲--	156.18	203.93	204.12	318.49	298.25	290.18	313.86	378.25	281.74	266.62	246.71
—■—	117.84	136.35	132.28	210.72	213.33	248.80	229.68	256.55	199.14	212.41	170.13

--▲-- 销售商品、提供劳务收到的现金　—■— 购买商品、接受劳务支付的现金

图 5-20　2012—2022 年宇通客车销售商品、提供劳务收到的现金与购买商品、接受劳务支付的现金对比图

有关的现金流出，如罚款支出，支付的差旅费、业务招待费、保险费，经营租赁支付的现金等。

2012—2022 年宇通客车支付其他与经营活动有关的现金明细项目构成如图 5-21 所示。由图可知，2012—2019 年宇通客车支付其他与经营活动有关的现金总额呈现不断增加的趋势，但各个明细项目的变化程度并不一致，2020 年各项目均大幅减少。在这些明细项目中，销售费用支付的现金项目金额最大，是最主要的部分，这与第四章利润表分析中的相关结论一致。对于销售费月构成及变动原因，可以结

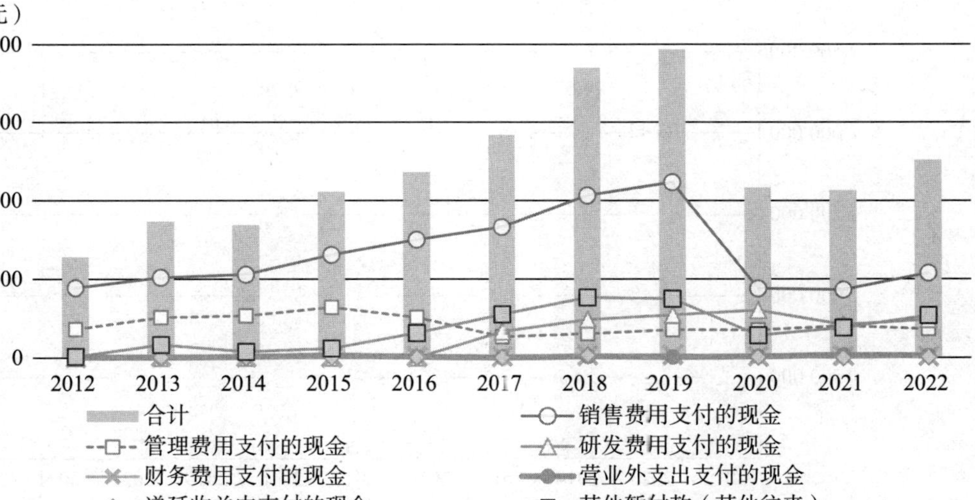

图 5-21　2012—2022 年宇通客车支付其他与经营活动有关的现金明细项目构成图

合第四章第三节的“宇通客车销售费用分析”部分进行分析。研发费用在2018年之后从管理费用中剥离出来，二者合计金额在2020—2022年也呈逐年增加的态势；其他暂付款从2016年开始明显增加。

二、投资活动产生的现金流量主要项目分析

通过前面的现金流量结构分析可知，宇通客车投资活动的现金流入和现金流出占现金流入和现金流出总额的比重大多数年份都高于其他三家客车企业，为何宇通客车的投资活动如此与众不同？大额的投资资金又究竟流向了何处？为了解答这些问题，有必要对宇通客车投资活动产生的现金流量主要项目进行具体分析。

（一）收回投资收到的现金分析

收回投资收到的现金项目反映企业出售、转让或到期收回除现金等价物以外的对其他企业的交易性金融资产、债权投资、其他债权投资、其他权益工具投资、长期股权投资（不包括处置子公司）收到的现金。债权性投资收回的利息、权益性投资收到的现金股利、处置子公司及其他营业单位收到的现金净额不包括在本项目内。

1. 宇通客车收回投资收到的现金分析

2012—2022年宇通客车收回投资收到的现金及其占比如图5-22所示。可知，收回投资收到的现金是投资活动现金流入中最主要的项目，各年占比在90%以上，且大多数年份的占比超过99%，占比高且相对稳定。根据年报信息可知，宇通客车的大多数投资项目为购买银行理财产品，涉及的相关内容将在“投资支付的现金分析”部分进行详细分析。由于收回投资收到的现金规模在各年间存在差异，因此应将其与投资支付的现金项目进行对比分析。

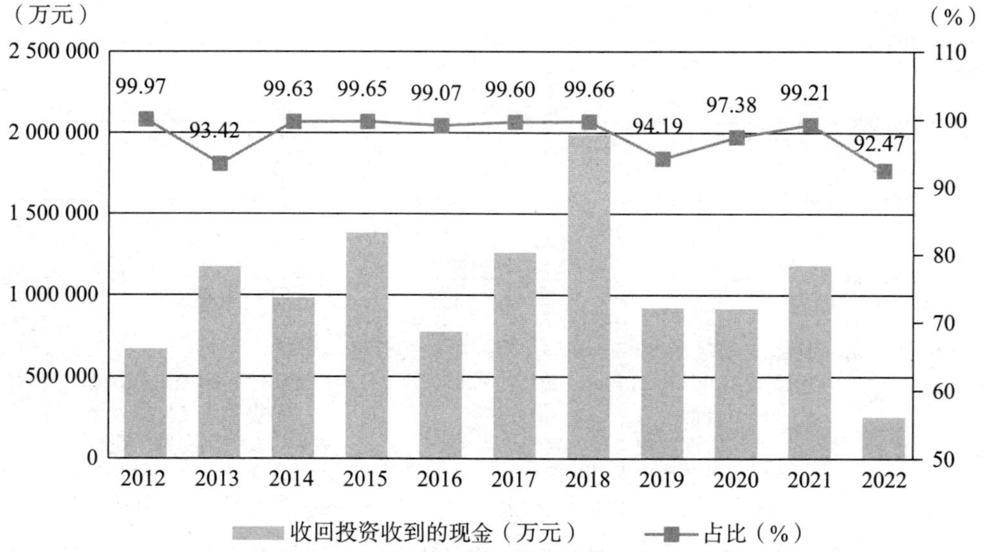

图5-22 2012—2022年宇通客车收回投资收到的现金及其占比图

2. 宇通客车收回投资收到的现金与投资支付的现金对比分析

2012—2022年宇通客车收回投资收到的现金与投资支付的现金规模对比如图5-23所示。由图可知，两个项目的规模波动幅度较大，但总体趋势基本保持一致。除2022年两者规模较小以外，其他年份均在60亿元以上，且均在2018年达到峰值，近200亿元。这些数据表明宇通客车在11年间持续不断地对银行理财产品进行投资和收回，从而保证了企业持有大量流动性较强的金融资产，也说明了企业现金流量充沛。

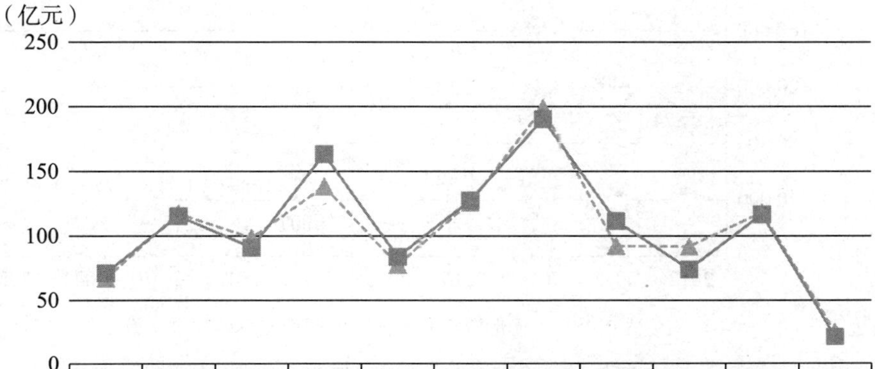

	2012	2013	2014	2015	2016	2017	2018	2019	2020	2021	2022
收回投资收到的现金	66.96	117.32	98.36	138.27	77.39	126.13	198.75	92.10	91.78	118.18	25.30
投资支付的现金	71.18	115.47	90.99	163.35	83.75	127.52	190.39	111.62	74.01	116.75	21.60

收回投资收到的现金　投资支付的现金

图5-23　2012—2022年宇通客车收回投资收到的现金与投资支付的现金规模对比图

（二）购建固定资产、无形资产和其他长期资产支付的现金分析

购建固定资产、无形资产和其他长期资产支付的现金项目反映企业购买、建造固定资产，取得无形资产和其他长期资产支付的现金，不包括为购建固定资产而发生的借款利息资本化的部分，以及租入固定资产支付的租赁费（短期租赁和低价值资产租赁简化处理除外）。借款利息和租入固定资产支付的租赁费在筹资活动产生的现金流量中单独反映。

1. 宇通客车购建固定资产、无形资产和其他长期资产支付的现金分析

2012—2022年宇通客车购建固定资产、无形资产和其他长期资产支付的现金及其占比如图5-24所示。可知，由于2012—2015年企业处于扩张期，因此在2012年和2014年分别投入约19亿元的现金用于购建固定资产、无形资产和其他长期资产。2012年该项目占比最高，为21.03%，资金主要用于投资建设新能源项目。此外，2014年企业还投入38 393万元用于建设职工公寓，并于2015年将这些在建工程转入固定资产。2016年企业对固定资产的投资最少，占比仅为5.04%，主要是因为受到了新能源汽车国家推广补贴退坡的影响，企业开始降低对新能源工程项目的投资，同时企业前期大规模投资所形成的与新能源客车研发、生产相关的

固定资产已经完工并投入使用。2017—2019年宇通客车用于购建固定资产、无形资产和其他长期资产的现金投入逐渐趋于稳定，各年占比均在10%以下。2022年占比突增至31.12%，应结合资产负债表相关内容深入分析哪些项目发生了变动以及变动的原因。

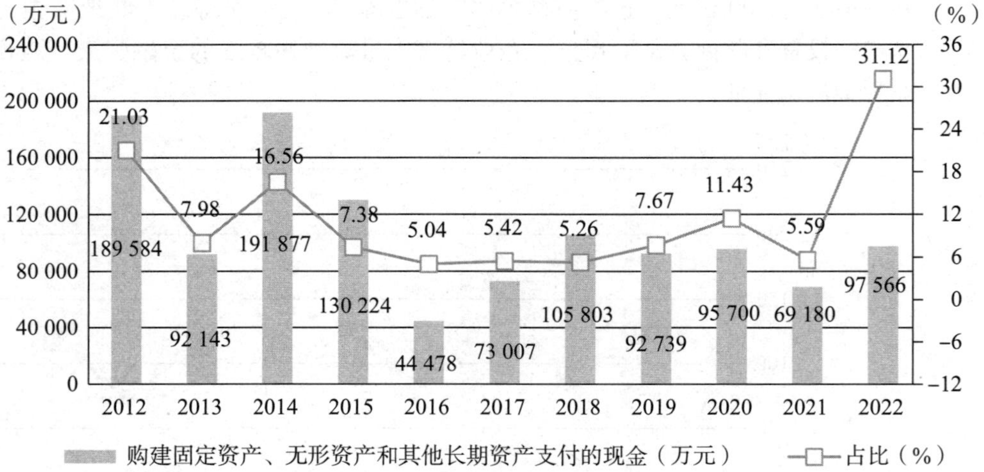

图5-24　2012—2022年宇通客车购建固定资产、无形资产和其他长期资产支付的现金及其占比图

2. 客车行业企业购建固定资产、无形资产和其他长期资产支付的现金分析

2012—2022年四家客车企业购建固定资产、无形资产和其他长期资产支付的现金对比如图5-25所示。可知，宇通客车一直保持行业领先地位，尤其是在2012—2015年新能源前期布局的重要时期，宇通客车投入大量资金用于建设基地、研发技术等。相比之下，其他三家企业的相关投入较少，规模相近且远低于宇通客车。金龙汽车作为仅次于宇通客车的重要企业，其在2012—2015年投入的相关现金不到宇通客车的20%。从2016年开始，宇通客车在购建固定资产、无形资产和其他长期资产方面的现金支出相比以前年份有所减少，而金龙汽车的投入明显增加，两者在投入规模上的差距逐渐缩小，但在2021—2022年又明显拉大，对此可以结合两家企业的扩张策略进一步分析。

3. 客车行业企业购建固定资产、无形资产和其他长期资产支付的现金占比分析

2012—2022年四家客车企业购建固定资产、无形资产和其他长期资产支付的现金占现金流出总额比重对比如图5-26所示。可知，2016年以前，宇通客车、中通客车和安凯客车的占比均较高。金龙汽车的情况较特殊，2018年以前各年占比均不足3%，2012—2015年占比在四家企业中最低。在这种前期建设不足的情况下，金龙汽车在新能源领域的优势自然不突出，错失了在该领域发展的先机。与此同时，宇通客车则展现出了前瞻性的战略眼光。在2015年新能源汽车国家推广补贴政策公布之前，宇通客车就已布局，因此成了政策红利的极大受益者；而金龙汽车则陷入了进退两难的境地，一方面想享受政策红利，另一方面又不具备条件，最终导致了苏州金龙骗补事件的发生。2018—2020年金龙汽车占比较高，可以进一

步分析其背后的原因。

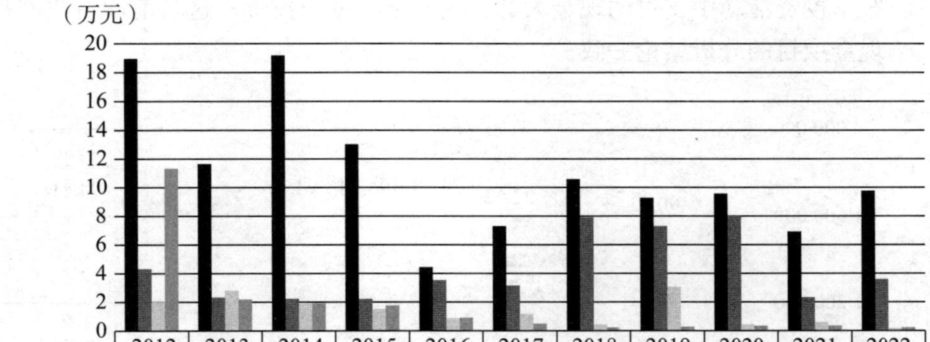

	2012	2013	2014	2015	2016	2017	2018	2019	2020	2021	2022
■宇通客车	18.96	11.65	19.19	13.02	4.45	7.30	10.58	9.27	9.57	6.92	9.76
■金龙汽车	4.32	2.33	2.24	2.22	3.53	3.15	7.92	7.30	8.02	2.33	3.59
■中通客车	2.03	2.81	1.88	1.53	0.87	1.17	0.44	3.05	0.44	0.60	0.17
■安凯客车	11.31	2.20	1.90	1.75	0.91	0.49	0.22	0.27	0.34	0.36	0.23

图 5-25　2012—2022 年四家客车企业购建固定资产、无形资产和其他长期资产支付的现金对比图

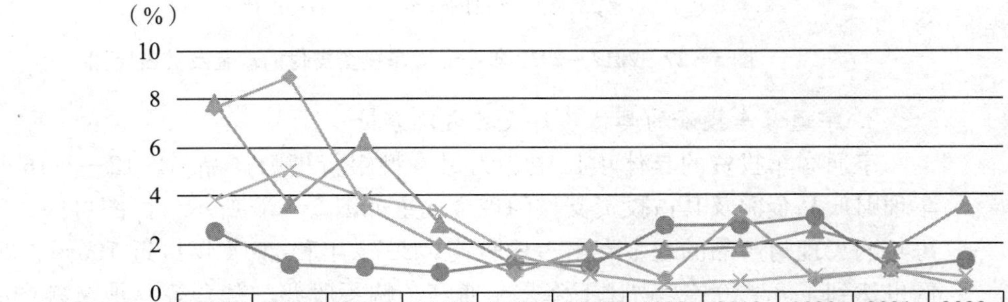

	2012	2013	2014	2015	2016	2017	2018	2019	2020	2021	2022
宇通客车	7.84	3.62	6.25	2.82	1.12	1.34	1.76	1.83	2.55	1.71	3.55
金龙汽车	2.53	1.17	1.06	0.85	1.21	1.08	2.75	2.75	3.06	0.98	1.29
中通客车	7.62	8.93	3.53	1.94	0.77	1.87	0.58	3.24	0.54	0.92	0.24
安凯客车	3.81	5.06	3.90	3.34	1.55	0.74	0.36	0.46	0.68	0.88	0.65

图 5-26　2012—2022 年四家客车企业购建固定资产、无形资产和其他长期资产支付的现金占比对比图

（三）投资支付的现金分析

投资支付的现金项目包括除现金等价物以外的投资，如交易性金融资产、债权投资、其他债权投资、其他权益工具投资、长期股权投资（不包括取得子公司支付的现金），以及支付的佣金、手续费等交易费用。

1. 宇通客车投资支付的现金分析

2012—2022 年宇通客车投资支付的现金及其占比如图 5-27 所示。可知，2012—2022 年宇通客车投资支付的现金呈波浪式变动趋势，其占投资活动现金流出总额的比重除个别年份低于 80%之外，大多数年份一直在 90%以上，说明宇通客车投资活动中支付的现金大部分用于金融资产投资，这与前面对收回投资收到的现金项目的分析结论一致。

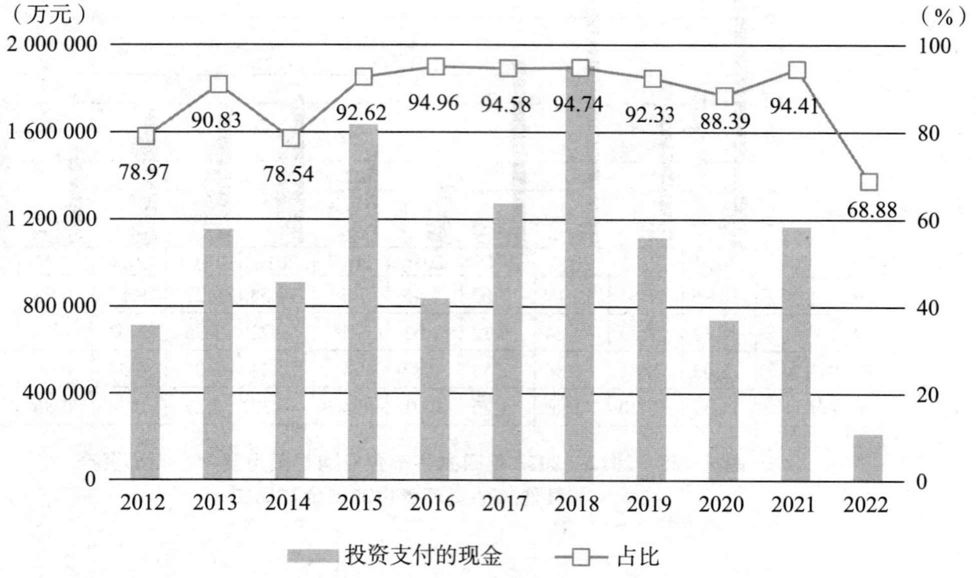

图 5-27　2012—2022 年宇通客车投资支付的现金及其占比图

2. 宇通客车投资的具体项目及其占比分析

宇通客车投资的具体项目主要为保本型银行理财产品。2012—2016 年宇通客车理财产品金额及其占投资支付的现金比重如图 5-28 所示。由图可知，宇通客车每年购买理财产品的现金支出占比较高，2012 年和 2014 年接近 100%，2016 年最低也达到了 87.50%，占比下降是宇通客车购买股票、基金等其他金融产品进行投资理财所致。

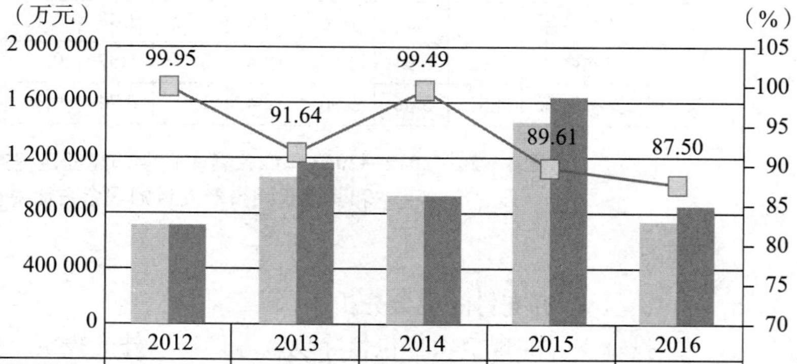

	2012	2013	2014	2015	2016
理财产品金额（万元）	711 500	1 058 088	905 320	1 463 782	732 744
投资支付的现金（万元）	711 833	1 154 656	909 937	1 633 514	837 451
比重（%）	99.95	91.64	99.49	89.61	87.50

图 5-28　2012—2016 年宇通客车理财产品金额及其占投资支付的现金比重图

2016 年以后，宇通客车在财务报告中虽然不再披露委托理财项目的明细，但从其财务报告中可以推断出，2017 年和 2018 年其投资支付的现金增加的主要原因，均是报告期内投资的银行理财产品增加。2019 年和 2020 年投资的银行理财产品减少以及投资国债逆回购等导致宇通客车投资支付的现金降低；2021 年投资活动产生的现金流量净额变动主要是因为公司受到了大额存单投资的影响；2022 年投资活动产生的现金流量净额变动主要是由于理财及权益投资现金净流入同比增加。以上分析可以说明宇通客车多年来一直坚持将巨额闲置资金投资短期理财产品，且几乎没有长期理财产品。

3. 客车行业企业投资支付的现金占比分析

每年数十亿元的理财产品投资额几乎占据了宇逭客车投资活动现金流出的 80%，这样的投资模式是宇通客车独有的吗？2012—2022 年四家客车企业投资支付的现金占比对比如图 5 - 29 所示。由图可知，在四家企业中，金龙汽车在 2016—2017 年和 2021—2022 年、中通客车在 2014—2015 年和 2017 年、安凯客车在 2018—2019 年的投资支付的现金占比均在 80%以上。根据年报信息可知，这三家企业同样投入了大量资金用于购买银行、券商等金融机构的理财产品，但是投资金额和投入比重均未超过宇通客车。在其他年份，三家企业的投资活动现金流出主要用于对内投资，如购建固定资产、无形资产和其他长期资产等。以上数据说明只有宇通客车持续高额地购买并收回理财产品，其他三家企业则更多是在现金充裕时投资短期理财产品。

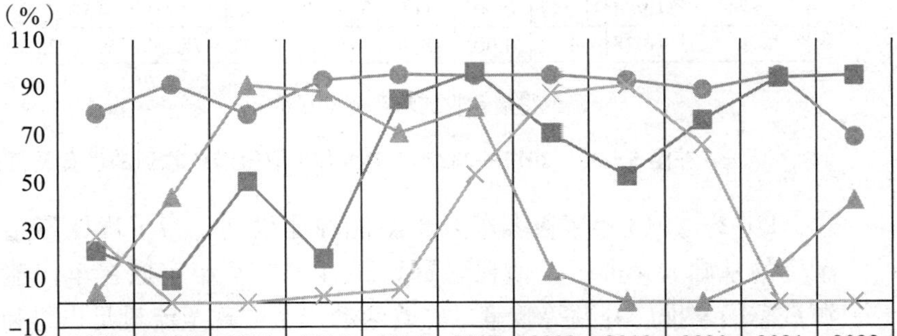

	2012	2013	2014	2015	2016	2017	2018	2019	2020	2021	2022
宇通客车	78.97	90.83	78.54	92.62	94.96	94.58	94.74	92.33	88.39	94.41	68.88
金龙汽车	21.74	9.35	50.49	18.40	84.59	95.92	70.60	52.30	75.83	93.47	94.34
中通客车	4.64	43.87	90.42	87.74	70.76	81.38	12.91	0.00	0.00	14.26	42.27
安凯客车	27.56	0.00	0.00	2.78	5.47	53.23	86.89	90.12	65.48	0.00	0.00

图 5 - 29　2012—2022 年四家客车企业投资支付的现金占比对比图

三、筹资活动产生的现金流量主要项目分析

筹资活动主要以支付股利、利息等形式满足资金提供者对资金的预期收益，以保证企业的筹资能力，为企业的经营活动和投资活动的有序进行保驾护航。可以根

据案例企业的特点，选择筹资活动产生的现金流量主要项目进行分析。

（一）取得借款收到的现金分析

取得借款收到的现金项目反映企业举借各种短期、长期借款收到的现金。

2012—2022 年宇通客车取得借款收到的现金及其占比如图 5－30 所示。可知，宇通客车在这 11 年间有 4 年的借款金额为 0，除 2017—2019 年之外，其他年份的借款金额均较少。2017 年和 2018 年借款金额分别大幅上升至 638 542 万元和 616 573 万元，然而到了 2019 年和 2020 年又连续下降至 351 000 万元和 7 500 万元。为了深入地理解这一变化，需要结合当时的市场背景和宇通客车自身的发展情况来进行探究。

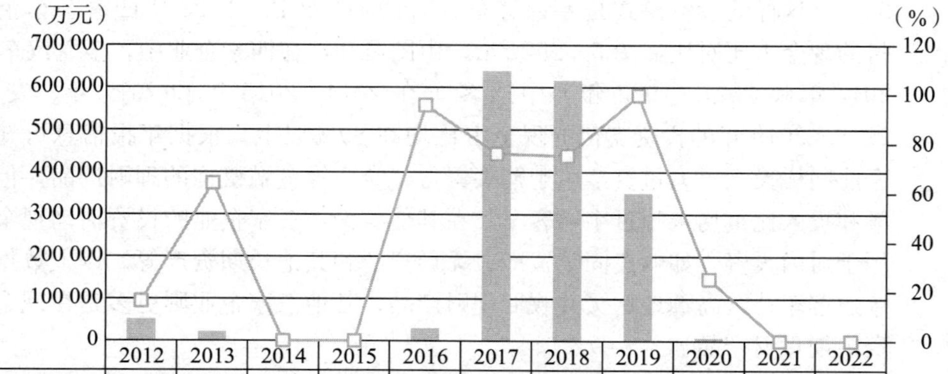

	2012	2013	2014	2015	2016	2017	2018	2019	2020	2021	2022
取得借款收到的现金（万元）	51 984	21 517	0.00	0.00	30 000	638 542	616 573	351 000	7 500	0.00	0.00
占比（%）	16.28	64.22	0.00	0.00	95.57	75.98	75.15	99.52	25.15	0.00	0.00

取得借款收到的现金（万元）　占比（%）

图 5－30　2012—2022 年宇通客车取得借款收到的现金及其占比图

2012—2013 年宇通客车处于新能源建设期，为了确保资金充裕，公司在股权融资的基础上又进行了债权融资。2014—2016 年宇通客车快速发展，得益于新能源汽车国家推广补贴等政策，经营活动产生的现金流量足以维持其正常生产经营以及投资扩产，因此在此期间，公司的融资需求相对较低，取得借款收到的现金占比也较低。2017—2019 年随着补贴退坡和客车市场需求萎缩，宇通客车的营业收入开始下降，但各项现金流出居高不下，导致 2017 年宇通客车经营活动产生的现金流量净额出现负值，再结合 2017 年宇通客车每季度的现金流量表，可以发现如果没有借款的支撑，企业每个季度期末现金余额将很少甚至为负值。因此，尽管宇通客车在此期间依然大量投资理财产品，并获得了 6.8 亿元左右的新能源汽车国家推广补贴，但资金紧张仍是不争的事实。为了缓解资金压力，公司不得不通过高额借款来“输血”。2020 年以后宇通客车经营活动产生的现金流量状况逐渐改善，公司整体现金流量成功“回血”，不再需要通过外部借款来填补资金缺口，筹资活动产生的现金流量规模整体降低，并有能力进行高额股利派现。

（二）发行债券收到的现金分析

发行债券收到的现金项目反映企业发行债券实际收到的现金，即发行收入减去发行手续费的余额。在常规会计处理中，发行债券收到的现金应计入取得借款收到的现金项目，但必要时可以将其单独列示。

2012—2022年宇通客车发行债券收到的现金变化情况如表5-6所示。宇通客车仅在2017年和2018年分别发行了价值10亿元和15亿元的债券。根据财务报表附注可知，这两次发行的债券均为超短期融资券，这类金融工具具有极强的流动性，大幅增加了企业融资管理的弹性，同时在拓宽融资渠道、优化融资结构、降低融资成本方面起到了重要作用。结合前面对宇通客车取得借款收到的现金项目的分析可知，2017年和2018年宇通客车陷入资金周转困境，故而采用了包括发行超短期融资券在内的多种筹资策略。

表5-6　2012—2022年宇通客车发行债券收到的现金变化表　金额单位：万元

项目	2012年	2013年	2014年	2015年	2016年	2017年	2018年	2019年	2020年	2021年	2022年
发行债券收到的现金	—	—	—	—	—	100 000	150 000	—	—	—	—

（三）偿还债务支付的现金分析

偿还债务支付的现金项目反映企业以现金偿还债务的本金，包括偿还金融企业的借款本金、偿还到期的债券本金等。企业偿还的借款利息、债券利息，在分配股利、利润或偿付利息支付的现金项目反映，不包括在本项目内。

2012—2022年宇通客车取得借款收到的现金与偿还债务支付的现金规模对比如图5-31所示。可知，两者基本一致，仅在2018年差异较大，当年偿还债务支付的现金超出借款取得的现金近23亿元，主要是因为公司在报告期内还偿还了债券

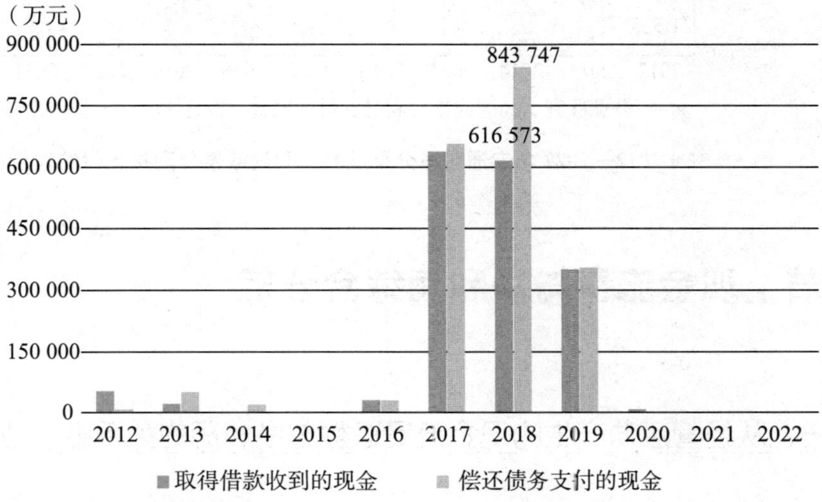

图5-31　2012—2022年宇通客车取得借款收到的现金与偿还债务支付的现金规模对比图

本金。此外，2017—2019 年取得借款收到的现金和偿还债务支付的现金规模均较大，这反映了公司在此期间的筹资和偿债活动较为活跃。根据资产负债表分析的内容，2021—2022 年宇通客车的短期借款和长期借款均为 0，因此取得借款收到的现金和偿还债务支付的现金也相应为 0，这与其负债结构相吻合。

（四）分配股利、利润或偿付利息支付的现金分析

分配股利、利润或偿付利息支付的现金项目反映企业实际支付的现金股利、向其他投资单位分配的利润或用现金支付的借款利息、债券利息。

2012—2022 年宇通客车分配股利、利润或偿付利息支付的现金及其占比如图 5-32 所示。可知，现金规模总体呈波浪式变动，2016 年达到峰值，为 345 158 万元，之后逐年减少，2020 年又再次回升；其占比在 2015 年和 2016 年均超过 90%。在 2012—2016 年宇通客车筹资活动产生的现金流量规模较小的期间，本项目是企业最主要的筹资活动现金流出项目，2017—2019 年偿还债务支付的现金项目成为主要的现金流出项目，本项目占比降至 20%左右，从 2020 年开始又回升至 60%以上。本项目金额及其占比变化的原因应结合宇通客车的股利政策等进行综合分析，详见第三章所有者权益变动表分析。

第三节
即测即评

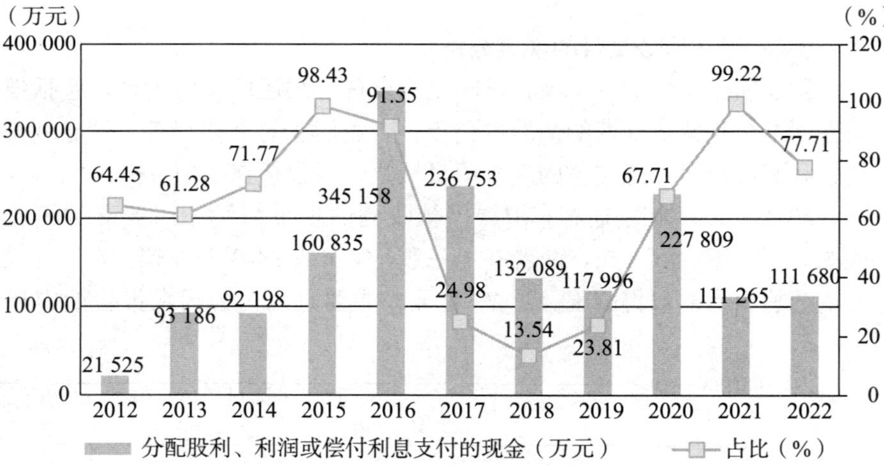

图 5-32　2012—2022 年宇通客车分配股利、利润或偿付利息支付的现金及其占比图

第四节　现金流量与净利润综合分析

一、从经营活动产生的现金流量净额与净利润的关系看企业的盈利质量

利润表按照权责发生制编制，而现金流量表按照收付实现制编制，两者反映的经

济活动相同，但反映的角度不同。与净利润有关的交易或者事项不一定涉及现金的流入或流出，如计提的资产减值准备等；与净利润有关的交易或者事项不一定都与经营活动有关，如财务费用等；有些交易或者事项虽然与净利润没有直接关系，但属于经营活动，如用现金购买原材料。因此，企业的净利润与经营活动产生的现金流量净额在某一期间可能并不协调一致。但从长期来看，二者的累计结果应该趋于一致，即净利润与经营活动产生的现金流量净额在很长一段时间内的累计总额应该趋于一致。如果利润表显示企业盈利，而经营活动现金流量项目中的现金流入不多，说明企业的营业收入并未全部转化成现金，其营业收入和净利润质量将会受到影响。

（一）宇通客车经营活动产生的现金流量净额与净利润的趋势对比分析

通过对经营活动产生的现金流量净额与净利润关系的分析，可以揭示企业的净利润转化为经营活动产生的现金流量净额的过程。为了评估企业的盈利状况和盈利质量，有必要对经营活动产生的现金流量净额与净利润之间的关系进行趋势对比分析。2012—2022年宇通客车经营活动产生的现金流量净额与净利润之间的关系如表5-7和图5-33所示。

表5-7　2012—2022年宇通客车经营活动产生的现金流量净额与净利润分析表

金额单位：万元

项目	2012年	2013年	2014年	2015年	2016年	2017年	2018年	2019年	2020年	2021年	2022年
经营活动产生的现金流量净额	137 216	193 697	320 526	600 974	353 233	−174 896	257 783	535 151	356 847	71 621	325 360
净利润	154 979	182 191	265 263	358 769	410 234	316 785	232 838	196 460	51 808	62 551	76 781
两者差额	−17 763	11 506	55 263	242 205	−57 001	−491 681	24 945	338 691	305 039	9 070	248 579

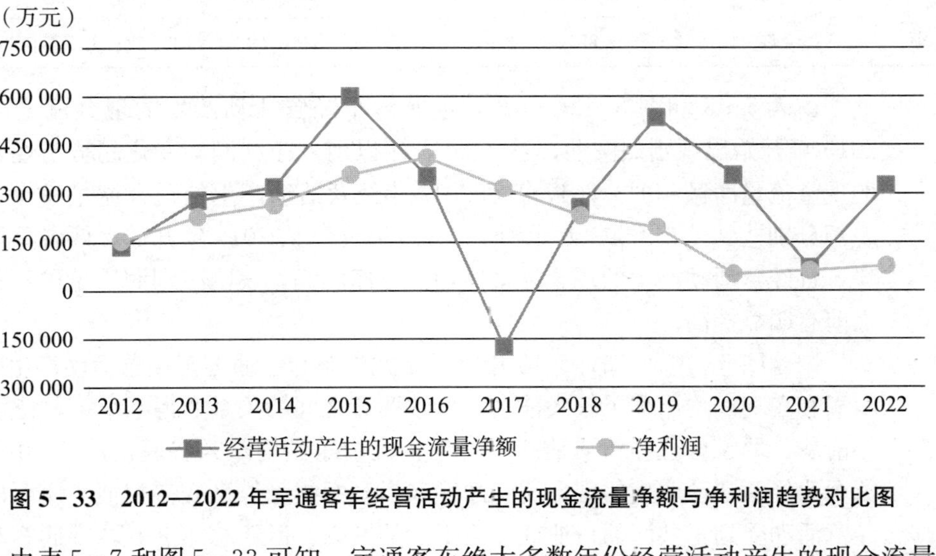

图5-33　2012—2022年宇通客车经营活动产生的现金流量净额与净利润趋势对比图

由表5-7和图5-33可知，宇通客车绝大多数年份经营活动产生的现金流量净额都超过了净利润，两者差额仅有 3 年为负值。具体来看，2012—2015 年经营活动产生的现金流量净额与净利润持续增加，2014 年之前两者的波动情况相似，金额也相当接近，2015 年经营活动产生的现金流量净额达到峰值，说明宇通客车在此期间净利润逐年增加且有相应的现金流入，净利润质量较高。自 2015 年以后，经营活动产生的现金流量净额逐年下滑，至 2017 年跌入谷底，为－174 896 万元；净利润则在 2016 年达到峰值，此后逐年下滑，至 2020 年跌入谷底。特别地，2015 年和 2017 年分别达到了经营活动产生的现金流量净额的最高点和最低点，与净利润的差额分别为 242 205 万元和－491 681 万元，这可能是因为受到了新能源汽车国家推广补贴等外部因素的强烈影响，宇通客车的资金运转出现了显著波动。但公司随后迅速进行了调整，2017 年之后，宇通客车经营活动产生的现金流量净额与净利润重新回到了同步变化的状态，但各年两者的差额不同，说明两者的关系并不稳定。在这段时间内，虽然净利润呈下滑状态，净利润质量也忽高忽低，但总体来看，低质量只是偶然现象，高质量才是常态。

（二）金龙汽车经营活动产生的现金流量净额与净利润的趋势对比分析

对比与宇通客车规模最相近的金龙汽车，2012—2022 年其经营活动产生的现金流量净额与净利润之间的关系如表 5－8 和图 5－34 所示。

表 5－8　2012—2022 年金龙汽车经营活动产生的现金流量净额与净利润分析表

金额单位：万元

项目	2012 年	2013 年	2014 年	2015 年	2016 年	2017 年	2018 年	2019 年	2020 年	2021 年	2022 年
经营活动产生的现金流量净额	93 154	70 227	11 391	89 251	－171 665	－69 064	30 286	155 782	17 045	188 662	－18 281
净利润	45 523	44 919	48 664	94 604	－189 440	90 529	20 558	23 449	6 076	－77 605	－45 679
差额	47 631	25 308	－37 273	－5 353	17 775	－159 593	9 728	132 333	10 969	266 267	27 398

由表 5－8 和图 5－34 可知，金龙汽车经营活动产生的现金流量净额同样从 2015 年开始出现剧烈波动，且在 2017 年以前，净利润的变化趋势与经营活动产生的现金流量净额相似。2017 年和 2019 年经营活动产生的现金流量净额与净利润的差额分别达到－159 593 万元和 132 333 万元。从 2018 年开始，两者呈同步变化趋势，且经营活动产生的现金流量净额大于净利润，表明净利润质量虽不稳定但相比之前有明显提高。

结合图 5－33 可知，2015 年之后金龙汽车和宇通客车经营活动产生的现金流量净额和净利润均出现了较大波动，导致两者之间的关系变得不稳定，特别是在 2017 年前后，两家企业经营活动产生的现金流量净额均跌入谷底；从 2018 年开始，两家企业经营活动产生的现金流量净额和净利润的趋势又变得相似，说明两家企业的经营活动受到了共同的行业或政策因素的影响。但从总体上看，宇通客车的净利润质量优于金龙汽车。

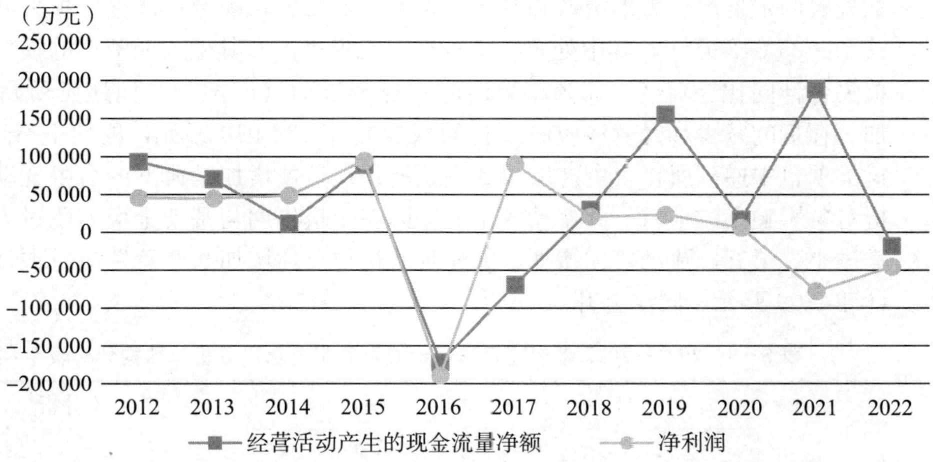

图 5-34 2012—2022 年金龙汽车经营活动产生的现金流量净额与净利润趋势对比图

二、现金流量表附表主要项目分析

会计准则要求企业采用间接法在现金流量表附注中披露将净利润调节为经营活动产生的现金流量的信息。这种方法是以净利润为出发点，通过对若干项目的调整，最终计算确定经营活动产生的现金流量净额。在采用间接法列报将净利润调节为经营活动产生的现金流量净额时，主要需要调整四大类项目，包括：（1）实际没有支付现金的费用；（2）实际没有收到现金的收益；（3）不属于经营活动的损益；（4）经营性应收应付项目的增减变动。

净利润与经营活动产生的现金流量净额之间的关系，可用公式表示为：

$$\text{经营活动产生的现金流量净额}=\text{净利润}+\text{实际没有支付现金的费用和损失}-\text{实际没有收到现金的收益}+\text{不涉及经营活动的费用和损失}-\text{不涉及经营活动的收益}+\text{非现金流动资产的减少}-\text{非现金流动资产的增加}+\text{流动负债的增加}-\text{流动负债的减少}$$

2021—2022 年宇通客车现金流量表附表水平分析与结构分析如表 5-9 所示。由表可知，2022 年宇通客车的净利润同比增加 14 230 万元，增幅为 22.75%；经营活动产生的现金流量净额同比增加 253 739 万元，增幅为 354.28%。形成这种增长差距的主要原因包括：第一，不减少现金的经营性费用增加，如资产减值准备，信用减值损失，固定资产折旧、油气资产折耗、生产性生物资产折旧以及无形资产摊销，相比上年均有不同程度的增加，其中信用减值损失同比增加 47 235 万元，增幅为 1 528.15%，是影响最大的项目。第二，非经营性费用增加，如公允价值变动损失和财务费用共计 8 580 万元，同比增加 247.50%。第三，非经营性收入增加，如处置固定资产、无形资产和其他长期资产的损失，固定资产报废损失和投资损失共计−25 342万元，其中处置固定资产、无形资产和其他长期资产的损失以及投资损失合计同比下降90.48%。第四，非现金流动资产增加，如递延所得税资产增加、存货的减少和经营性应收项目的减少共计122 910万元，同比上升129.69%。这类项目中递延所得税资产减少和递延所得税负债增加是典型的自身变动大但对分析对象影响小的项目，其变动的主要原因在于报告期与基期金额差距过大，基期金额过小。第五，流动负债增加，如递延所得税负债增加和经营性应付项目的减少共计60 809万元，同比上升38.63%。

表5-9　2021—2022年宇通客车现金流量表附表水平分析与结构分析表 金额单位：万元

项目	水平分析				结构分析（%）		
	2022年	2021年	变动额	变动率（%）	2022年	2021年	变动情况
净利润	76 781	62 551	14 230	22.75	23.60	87.34	−63.74
加：资产减值准备	12 609	11 714	895	7.64	3.88	16.36	−12.48
信用减值损失	44 144	−3 091	47 235	1 528.15	13.57	−4.32	17.89
固定资产折旧、油气资产折耗、生产性生物资产折旧	82 424	77 581	4 843	6.24	25.33	108.32	−82.99
无形资产摊销	4 319	4 071	248	6.09	1.33	5.68	−4.35
长期待摊费用摊销	52	110	−58	−52.73	0.02	0.15	−0.13
处置固定资产、无形资产和其他长期资产的损失	−5 399	−803	−4 596	−572.35	−1.66	−1.12	−0.54
固定资产报废损失	−46	−94	48	51.06	−0.01	−0.13	0.12
公允价值变动损失	1 725	−4 078	5 803	142.30	0.53	−5.69	6.22
财务费用	6 855	−1 739	8 594	494.19	2.11	−2.43	4.54
投资损失	−19 897	−12 477	−7 420	−59.47	−6.12	−17.42	11.30
递延所得税资产减少	−13 115	−21 532	8 417	39.09	−4.03	−30.06	26.03
递延所得税负债增加	908	1 815	−907	−49.97	0.28	2.53	−2.25
存货的减少	110 611	−119 157	229 768	192.83	34.00	−166.37	200.37
经营性应收项目的减少	120 186	235 461	−115 275	−48.96	36.94	328.76	−291.82

续表

项目	水平分析				结构分析（%）		
	2022 年	2021 年	变动额	变动率（%）	2022 年	2021 年	变动情况
经营性应付项目的增加	−97 539	−159 255	61 716	38.75	−29.98	−222.36	192.38
经营活动产生的现金流量净额	325 360	71 621	253 739	354.28	100.00	100.00	0.00
现金的期末余额	702 726	561 918	140 808	25.06			
减：现金的期初余额	561 918	604 379	−42 461	−7.03			
现金及现金等价物净增加额	140 808	−42 461	183 269	431.62			

根据表 5－9 中的结构分析可知，在将净利润调节为经营活动产生的现金流量净额的过程中，经营性应收项目和存货的变动影响最大。具体而言，2022 年两者占经营活动产生的现金流量净额的比重分别达到 36.94%和 34.00%，揭示了 2021 年和 2022 年宇通客车经营活动产生的现金流量净额与净利润的差额如此大的原因，这也与本章中“销售商品、提供劳务收到的现金”项目分析得出的应收账款管理状况与宇通客车经营活动产生的现金流量直接相关的结论相一致。

第四节
即测即评

□ 思考题

1. 在案例分析中，如何发现问题？如何以问题为导向针对现金流量表进行分析？
2. 简述客车行业企业无法及时实现销售资金回流的主要原因。
3. 简述新能源汽车国家推广补贴与经营活动现金流入之间的关系。
4. 如何从经营活动产生的现金流量净额与净利润关系看企业的盈利质量？
5. 如何评价经营活动产生的现金流量净额的变化？
6. 现金流量表附表分析主要从哪些项目入手？

□ 分析题

中国国际航空股份有限公司（简称中国国航）是中国唯一载国旗飞行的航空公司。“凤凰者，仁鸟也”“见则天下安宁”，这些古语恰如其分地描绘了中国国航所推崇的凤凰精神，其核心内涵是“传递吉祥，引领群伦，超越自我”。中国国航具有深厚的历史积淀，作为中国民航业的践行者、推动者和引领者，秉承凤凰精神，致力于打造完美航程和“国家名片”，并在创新进取中追求事业的辉煌。

中国国航于2004年12月15日在香港联交所和伦敦证交所同步上市；2006年8月18日在上海证交所（股票代码为601111）上市。中国国航以“成为全球领先的航空公司”为愿景，积极落实“竞争实力世界前列、发展能力持续增强、客户体验美好独特、相关利益稳步提升”的战略目标，致力于为旅客提供“放心、顺心、舒心、动心”的服务。值得一提的是，中国国航拥有中国历史最悠久的常旅客计划——“国航知音”，该计划通过整合控股、参股公司的众多品牌常旅客会员，并统一纳入“凤凰知音”品牌，极大地提升了会员服务的广度和深度。截至2020年年末，凤凰知音会员总数已达6 817.66万人。2011—2022年中国国航净利润与经营活动产生的现金流量净额之间的关系如表5-10和图5-35所示。

表5-10　2011—2022年中国国航净利润与经营活动产生的现金流量净额对比表 单位：亿元

项目	2011年	2012年	2013年	2014年	2015年	2016年	2017年	2018年	2019年	2020年	2021年	2022年
净利润	78.98	53.97	36.70	42.99	72.20	77.64	86.37	82.01	72.52	−158.22	−188.29	−451.76
经营活动产生的现金流量净额	216.40	124.19	174.36	169.02	317.53	307.24	263.89	314.19	383.40	14.08	128.88	−167.62

图5-35　2011—2022年中国国航净利润与经营活动产生的现金流量净额趋势对比图

要求：请根据2011—2022年中国国航净利润与经营活动产生的现金流量净额的数据，分析两者之间的关系以及中国国航的盈利质量。

第六章 盈利能力分析

Chapter 6

思维导图

- 盈利能力分析
  - 盈利能力分析的目的
    - 从企业角度看盈利能力
    - 从股东角度看盈利能力
    - 从债权人角度看盈利能力
  - 以商品经营为基础的盈利能力分析
    - 收入利润率
      - 收入利润率分析指标
      - 以毛利率为例的案例分析
    - 成本利润率
      - 成本利润率分析指标
      - 成本利润率指标案例分析
  - 以资产为基础的盈利能力分析
    - 总资产报酬率
      - 总资产报酬率的内涵和计算
      - 总资产报酬率因素分解
      - 总资产报酬率案例分析
    - 总资产净利率
      - 总资产净利率的内涵和计算
      - 总资产净利率因素分解
  - 以权益资本为基础的盈利能力分析
    - 净资产收益率的内涵和计算
    - 净资产收益率因素分解
    - 净资产收益率案例分析
      - 宇通客车净资产收益率及其变动率分析
      - 客车行业企业净资产收益率对比分析
      - 宇通客车净资产收益率异常变动年份因素分析
  - 专门针对上市公司的盈利能力分析
    - 每股收益
      - 基本每股收益
      - 稀释每股收益
      - 每股收益因素分析
    - 市盈率
      - 市盈率的内涵和计算
      - 宇通客车市盈率分析
      - 客车行业企业市盈率对比分析
    - 股利支付率
      - 股利支付率的内涵和计算
      - 宇通客车股利支付率及其变动率分析
      - 客车行业企业股利支付率对比分析

□ 学习目标

1. 了解盈利能力分析的目的和内容。
2. 掌握以商品经营为基础的盈利能力分析的内涵、指标、计算公式和应用。
3. 掌握以资产为基础的盈利能力分析的内涵、指标、计算公式和应用。
4. 掌握以权益资本为基础的盈利能力分析的内涵、指标、计算公式和应用。
5. 掌握专门针对上市公司的盈利能力分析的指标、计算公式和应用。
6. 能够对重点指标及其变动原因进行深入分析，并进行同行业比较分析。
7. 能够将盈利能力分析与会计报表分析相结合，透视指标背后的管理逻辑。
8. 能够通过盈利能力分析发现企业经营管理中存在的问题。
9. 树立正确的财富观，明确一切财富的本质源自伦理道德，修德即修财富；春不种，则秋不收；一心向善，不求而得。

第一节 盈利能力分析的目的

《优化中央企业经营指标体系推动加快实现高质量发展》

盈利能力是指企业在一定时期内获取利润的能力，通常表现为一定时期内企业利润与资源投入或收入等相比较而计算得出的各种利润率财务指标。盈利能力分析是围绕这些利润率指标所进行的分析，是财务指标分析的重中之重。由于单纯的利润额不能准确地反映企业的盈利能力，且易受企业规模的影响，不便于企业之间的比较，因此，必须对各种利润率指标进行分析。一般来说，利润率越高，盈利能力越强；利润率越低，盈利能力越弱。企业经营业绩的优劣最终都可以通过盈利能力反映出来。无论是企业自身的管理层，还是企业的各利益相关者，都非常关心企业的盈利能力，并存在对盈利能力进行分析与预测的需求。党的二十大报告强调，要传承中华优秀传统文化。《论语》有云："富与贵，不以其道得之，不处也。"这也彰显了中国传统的企业经营之道所秉持的"德本财末"的原则，即通过事业积德从而顺理成章地获取财富，坚守中道，讲究适度，知足常乐，为子孙后代留下一份福德，因此中华文明才能历经五千年而不衰。在盈利能力分析中，我们不仅要关注企业是否盈利、财务指标的高低，还应结合前文的报表分析内容，深入探究企业利润的来源及其质量。

一、从企业角度看盈利能力

企业从事经营活动的直接目的是赚取利润并实现持续稳定的经营和发展。持续稳定的经营和发展是企业获取利润的基础，而获取利润又是企业持续稳定发展的保证。企业只有不断获取利润，才可能发展。同样，盈利能力较强的企业往往更具活力和广阔的发展前景。因此，盈利能力分析是企业管理者衡量业绩、发现问题、改进企业管理的重要工具。

二、从股东角度看盈利能力

在市场经济下，股东往往认为企业的盈利能力比财务状况、营运能力更重要，倾向于将资金投向盈利能力强的企业。因为股东投资的直接目的就是获取利润，他们不仅关注企业赚取利润的多少，而且重视企业盈利能力的强弱。企业盈利能力与股票价格、股利政策紧密相关，是股东获得资本收益的前提。

三、从债权人角度看盈利能力

利润是企业偿还债务的重要资金来源，特别是对于长期债务而言，盈利能力的强弱直接影响企业的偿债能力。企业在举债时，债权人势必会审查企业的偿债能力，而偿债能力的强弱最终取决于企业的盈利能力。因此，对于债权人而言，盈利能力的重要性不言而喻，他们对企业盈利能力的重视仅次于偿债能力。

第一节
即测即评

第二节 以商品经营为基础的盈利能力分析

以商品经营为基础的盈利能力分析，是指利用利润表资料计算得出的财务指标进行的分析。这种分析不涉及企业的筹资或投资问题，只专注于利润、收入和成本之间的比率关系。因此，可以将其分为以下两类指标。

一、收入利润率

"一分耕耘一分收获"，尽管反映收入利润率的各项指标在名称、内涵和计算公式上有所不同，但它们有一个共同点，就是分母都是营业收入。不同的收入利润率指标反映的收入与利润关系不同，在分析评价中的作用也不同。

（一）收入利润率分析指标

1. 毛利率

（1）毛利率的内涵与计算。毛利率是指毛利额（即营业收入与营业成本的差额）与营业收入之间的比率，表明每单位营业收入可以创造的销售盈余，是销售净利率的基础。其计算公式如下：

$$毛利率=\frac{毛利额}{营业收入}\times 100\%$$
$$=\frac{营业收入-营业成本}{营业收入}\times 100\%$$

可见，毛利率越高，说明企业商品在生产过程中增值越多，企业的盈利能力越强。因此，虽然企业的毛利率越高越好，但保持毛利率稳定同样重要。

（2）毛利率的影响因素。

第一，营业收入和营业成本。毛利率的高低直接取决于营业收入和营业成本的大小。在营业收入的构成中，单价占主导地位，而单价的变动受诸多因素的影响，其中最关键的是市场定价权和产品优势；营业成本则主要受企业直接材料、直接人工和制造费用等产品生产成本，生产技术和规模效应等的影响。

第二，产品结构变化。企业的产品种类通常不只有一种，且各类产品的盈利能力也不相同。最新研发的产品往往享有市场先发优势，能够获得市场超额利润，因此毛利率较高；而传统产品的毛利率通常相对较低。如果毛利率高的产品销量也高，就会提升企业的整体盈利能力。

第三，品牌效应。企业的知名度高，产品质量市场认可度高，毛利率通常也比较高；反之，产品质量好，但由于缺少知名度，其毛利率通常不如具有较高品牌价值的产品高。但是不能一概而论，也有一些知名品牌的产品可能采取薄利多销的策略，因此毛利率属于中等水准。

此外，市场状况、企业的运营和销售模式、产品技术含量、客户群体变动、企业各发展阶段所运用的不同策略等都可能影响企业的毛利率。

2. 营业利润率的内涵与计算

营业利润率是指营业利润与营业收入之间的比率，表明企业每单位营业收入创造营业利润的能力。其计算公式如下：

$$营业利润率=\frac{营业利润}{营业收入}\times 100\%$$

可见，营业利润率越高，说明企业商品销售提供的营业利润越多，企业的盈利能力越强；反之，说明企业的盈利能力越弱。

3. 销售净利率的内涵与计算

销售净利率是指净利润与营业收入之间的比率，表明企业每单位营业收入创造净利润的能力。其计算公式如下：

$$销售净利率=\frac{净利润}{营业收入}\times 100\%$$

可见，销售净利率越高，说明企业商品销售提供的净利润越多，盈利能力越强；反之，说明企业盈利能力越弱。需要说明的是，企业销售净利率与净利润成正比，与营业收入成反比，这意味着企业在增加营业收入的同时，必须相应地获得更多的净利润，才能保持销售净利率不变或有所提高。而在企业实际经营中，由于从营业收入到净利润之间存在诸多影响因素，企业在扩大销售规模的同时，期间费用往往也会随之增加，导致企业的净利润与营业收入并不一定同比例增长，甚至可能出现负增长。盲目扩大销售规模未必会为企业带来正的收益。因此，企业在扩大销售规模的同时，应同时注意改善经营管理，提高盈利水平。

4. 销售息税前利润率的内涵与计算

销售息税前利润率是指息税前利润与营业收入之间的比率，表明企业每单位营业收入创造利息、所得税前利润的能力。其计算公式如下：

$$销售息税前利润率=\frac{息税前利润}{营业收入}\times 100\%$$

$$=\frac{利润总额+利息支出}{营业收入}\times 100\%$$

可见，销售息税前利润率是正指标，其数值越高对企业越有利，说明企业的盈利能力越强；反之，对企业不利，说明企业的盈利能力较弱。需要注意的是，销售息税前利润率可以消除同行业不同企业之间或同一企业不同时期之间经营环境差异对利润率的影响。例如，由于股东的投资程度不同，股东投资少的企业可能需要更多的银行贷款补充运营资金，使得该企业比股东投资充足的同行业企业承担更高的利息费用。此外，由于政策环境不同，企业享受所得税优惠政策也有差异，最终影响净利润。因此，销售息税前利润率可以消除利息费用和所得税变动对利润率的影响。

综上所述，以上各项收入利润率指标都是正指标，指标值越高越好。在掌握这些指标的内涵、计算公式和特点之后，关键在于各项指标的具体应用。分析时，应根据不同的分析目的和要求，选择适当的标准，如历史标准、行业标准等进行趋势分析或与同行业企业进行对比分析等。

（二）以毛利率为例的案例分析

在收入利润率指标中，选取最具有代表性的毛利率指标进行案例应用分析。

1. 宇通客车毛利率分析

2012—2022年宇通客车毛利率及其变动率趋势如图6-1所示。可知，宇通客车的毛利率呈先升后降再升之势。具体而言，毛利率从2012年的19.97%增加到2016年的峰值27.82%，随后逐年下降，到2020年降到谷底17.48%，然后逐年回升，2022年为22.83%。毛利率变动率经历了从正到负再到正的过程。具体而言，2012—2016年以及2021—2022年为正值，其他年份均为负值，其中2020年毛利率相比上年减少6.95个百分点，降幅为28.45%。这种毛利率变动是企业自身的特有现象，还是行业整体趋势？

2. 客车行业企业毛利率对比分析

2012—2022年四家客车企业毛利率对比如图6-2所示。可知，宇通客车的毛利率始终处于领先地位，除2013年以外，其毛利率均高于其他三家企业。安凯客车的毛利率始终处于较低水平，尤其是在2015年和2016年，其毛利率均为负值，说明企业在亏本销售，其产品在市场中缺乏优势；金龙汽车和中通客车的毛利率在

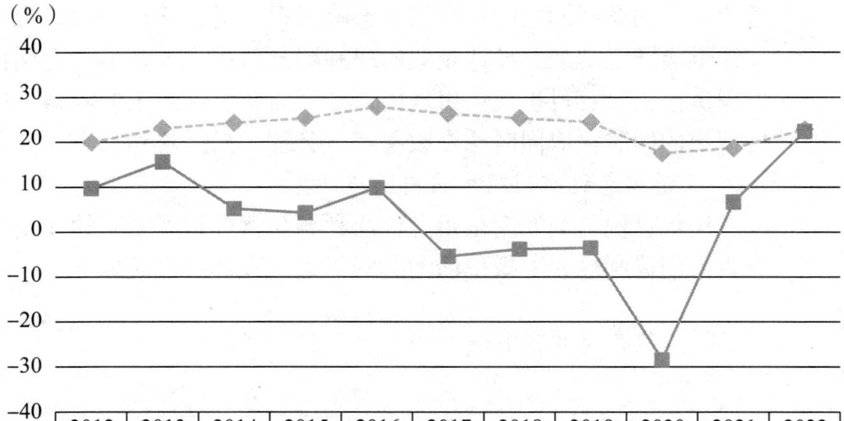

	2012	2013	2014	2015	2016	2017	2018	2019	2020	2021	2022
毛利率	19.97	23.07	24.28	25.33	27.82	26.32	25.33	24.43	17.48	18.65	22.83
毛利率变动率	9.73	15.56	5.24	4.31	9.85	−5.40	−3.77	−3.52	−28.45	6.71	22.41

图 6－1　2012—2022 年宇通客车毛利率及其变动率趋势图

大多数年份较接近，但中通客车略胜一筹，特别是在 2013 年其毛利率达到峰值 27.09％，说明中通客车以毛利率为代表的盈利能力较高。四家企业的毛利率在 2020 年均有不同程度的下降，且比较接近，其中宇通客车的毛利率下降最明显，降幅接近 7 个百分点；11 年间四家企业的毛利率大多在 10％～30％波动，整体趋势基本一致。宇通客车的毛利率能够一直保持较高水平，巩固了其行业龙头地位。

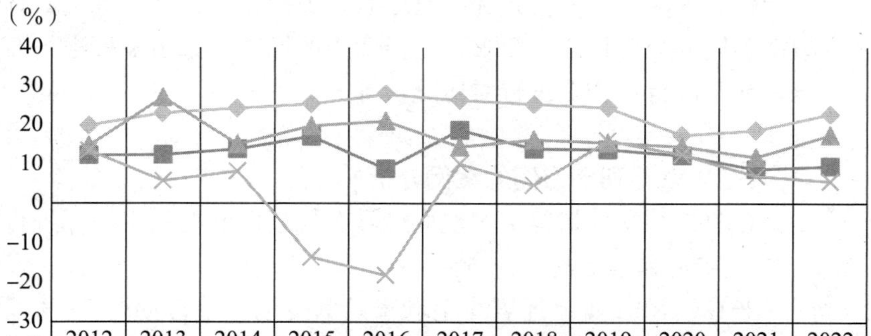

	2012	2013	2014	2015	2016	2017	2018	2019	2020	2021	2022
宇通客车	19.97	23.07	24.28	25.33	27.82	26.32	25.33	24.43	17.48	18.65	22.83
金龙汽车	12.37	12.48	13.91	17.15	8.90	18.74	14.02	13.83	12.37	8.80	9.56
中通客车	14.83	27.09	15.15	19.80	21.01	14.50	16.33	15.59	14.60	11.89	17.46
安凯客车	13.58	5.76	8.28	−13.45	−18.04	10.12	4.72	16.07	12.57	7.03	5.66

图 6－2　2012—2022 年四家客车企业毛利率对比图

3. 宇通客车毛利率影响因素分析

毛利率主要受营业收入和营业成本的影响，2012—2022 年宇通客车营业收入变动率、营业成本变动率和毛利率变动率对比如图 6－3 所示。可知，2012—2016 年宇通客车的毛利率变动率总体呈波浪式变动，但由于营业收入变动率均高于营业成本变动率，因此各年毛利率变动率均为正值。这一现象证明了，当营业收入变动率明显高于营业成本变动率时，毛利率变动率会相应升高。2022 年尽管营业成本变动率和营业收入变动率均为负值，但由于营业成本变动率低于营业收入变动率，因此毛利率变动率为正值并达到峰值 22.41%。2017—2020 年，三者的趋势基本一致，且各年均为负值，说明营业收入和营业成本基本同步变动，且营业成本变动率始终高于营业收入变动率。受两者变动的影响，毛利率变动率持续下滑，2020 年三者均滑到低谷，降幅均在 20%以上。2017 年和 2021 年分别是三者由正转负和由负转正的关键时点。

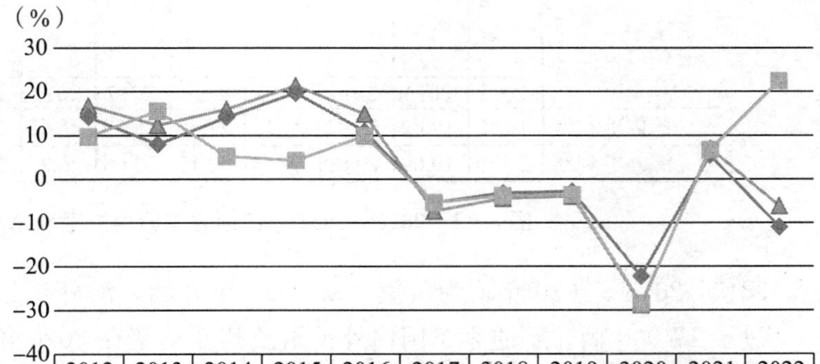

	2012	2013	2014	2015	2016	2017	2018	2019	2020	2021	2022
营业收入变动率	16.72	12.32	15.90	21.31	14.87	-7.33	-4.44	-3.95	-28.82	7.04	-6.17
营业成本变动率	14.20	7.96	14.08	19.63	11.03	-5.40	-3.16	-2.80	-22.26	5.52	-10.99
毛利率变动率	9.73	15.56	5.24	4.31	9.85	-5.40	-3.77	-3.52	-28.48	6.71	22.41

图 6-3 2012—2022 年宇通客车营业收入变动率、营业成本变动率和毛利率变动率对比图

4. 宇通客车分地区毛利率分析

(1) 宇通客车国内外毛利率分析。2012—2022 年宇通客车国内外毛利率对比如图 6-4 所示。可知，除 2013 年宇通客车的海外毛利率略低于国内毛利率以外，其他年份海外毛利率均高于国内毛利率。从整体趋势来看，宇通客车的海外毛利率在 19%～33%之间波动，其中有 8 年在 28%以上，2017 年达到峰值 32.98%；国内毛利率在 15%～28%之间波动，2012—2016 年呈上升趋势，且于 2016 年达到峰值 27.41%，之后逐年下降。除 2020 年、2021 年以外，国内外毛利率各年均在 19%以上。2020 年由于突发疫情，国内旅游、客运细分市场受到重创，宇通客车的国内毛利率大幅下滑，同比减少 8.17 个百分点；而海外毛利率却变化不大，仅同比减少 1.23 个百分点。

(2) 宇通客车国内外销量及其变动率分析。毛利率不仅受营业收入和营业成本的影响，还受销量的影响。2014—2022 年[①]宇通客车国内外销量及其变动率如图 6-5 所示。可知，2014—2022 年宇通客车国内外销量规模变化不尽相同。2021 年之前，国内销量于 2016 年达到峰值 63 867 辆，之后逐年减少，变动率也整体下降，2017—2020 年均为负值。2021 年国内销量猛增，较 2020 年涨了接近一倍。2021 年之前，海外销量在 2017 年达到峰值 8 412 辆，之后逐年减少，变动率波浪

① 关于宇通客车的海外销量数据，目前只收集到 2014—2022 年。

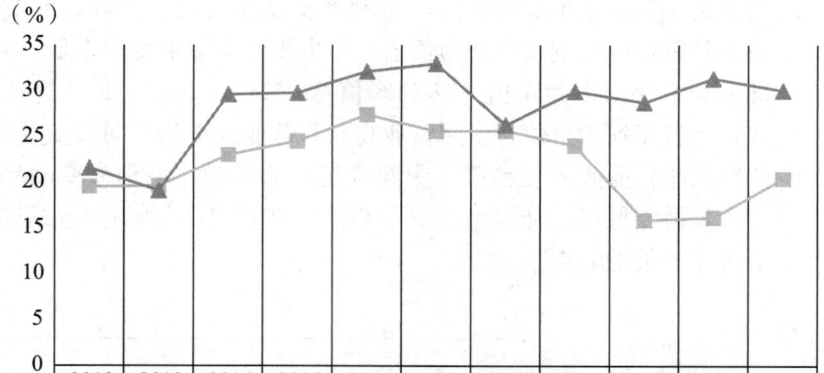

	2012	2013	2014	2015	2016	2017	2018	2019	2020	2021	2022
国内毛利率	19.53	19.62	23.02	24.51	27.41	25.59	25.65	24.02	15.85	16.13	20.40
海外毛利率	21.59	19.09	29.61	29.78	32.12	32.98	26.25	29.96	28.73	31.34	30.03

图6-4　2012—2022年宇通客车国内外毛利率对比图

起伏，2018—2020年均为负值。从2021年开始，海外销量持续大增，连续两年超过了17 000辆。宇通客车国内外销量及其变动率在2020年均大幅下挫，其中海外销量下降幅度更大、更明显，高达为46.63%。显然，2020年宇通客车国内毛利率下降与销量下降有关。然而，尽管国外销量同样出现了大幅下降，但海外毛利率的变化却相对较小，这与海外销量的剧烈变动形成了鲜明对比。此外，2021年国内外销量明显增加，尤其是海外销量变动率高达364.10%，但这一增长并没有带来毛利率的显著增加，说明毛利率变动还受其他因素的影响。

（3）宇通客车国内外单价及单位成本①分析。除销量影响毛利率以外，单价和单位成本也是影响毛利率的主要因素。2015—2022年②宇通客车国内外单价及单位成本如图6-6所示。可知，宇通客车的国内单价和单位成本均呈波浪式变动，单价在22.27万～47.46万元之间波动，单位成本在17.73万～37.44万元之间波动；2020年在单价下降的情况下，单位成本不降反升，这一反常现象直接导致了毛利的压缩，也是毛利率下降的主要原因；2021—2022年单价和单位成本同时下降，毛利率平稳回升。国外单价和单位成本也呈波浪式变动，单价在25.72万～82.60万元之间波动，单位成本在17.66万～58.86万元之间波动；2020—2022年海外单价和单位成本变动趋势基本一致，这是海外毛利率相对稳定的主要原因。

二、成本利润率

“将欲取之，必先与之。”成本利润率指标反映企业投入产出水平，说明企业增加利润以降低成本及费用为基础。

① 由于无法直接获得宇通客车国内外单价及单位成本数据，因此本部分的这些数据用营业收入/销量、营业成本/销量估计得出。

② 关于宇通客车国内外营业成本，目前只收集到2015—2022年的数据。

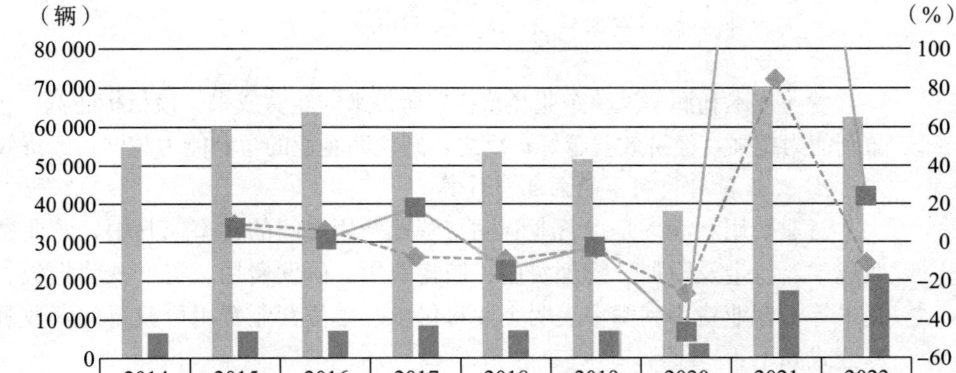

	2014	2015	2016	2017	2018	2019	2020	2021	2022
国内销量（辆）	54 859	60 000	63 867	58 856	53 652	51 643	37 996	70 075	62 547
海外销量（辆）	6 539	7 018	7 121	8 412	7 216	7 045	3 760	17 450	21 655
国内销量变动率（%）	—	9.37	6.45	-7.85	-8.84	-3.74	-26.43	84.43	-10.74
海外销量变动率（%）	—	7.33	1.47	18.13	-14.22	-2.37	-46.63	364.10	24.10

国内销量（辆）　国内销量变动率（%）
海外销量（辆）　海外销量变动率（%）

图 6-5　2014—2022 年宇通客车国内外销量及其变动率图

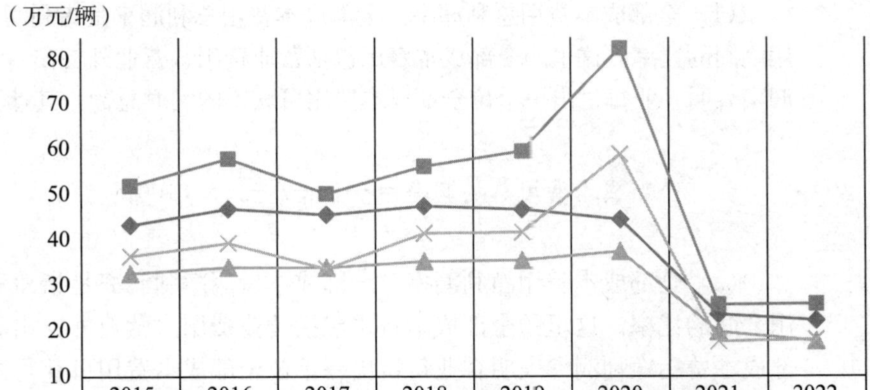

	2015	2016	2017	2018	2019	2020	2021	2022
国内单价	43.26	46.84	45.53	47.46	46.74	44.49	23.53	22.27
海外单价	51.93	57.88	50.20	56.19	59.55	82.60	25.72	25.84
国内单位成本	32.66	34.00	33.88	35.28	35.52	37.44	19.74	17.73
海外单位成本	36.46	39.29	33.64	41.44	41.71	58.86	17.66	18.08

图 6-6　2015—2022 年宇通客车国内外单价及单位成本图

（一）成本利润率分析指标

1. 营业成本利润率的内涵与计算

营业成本利润率是指营业利润与营业成本之间的比率，表明企业每付出一单位营业成本可获得的营业利润。其计算公式如下：

$$营业成本利润率=\frac{营业利润}{营业成本}\times 100\%$$

营业成本利润率反映企业经营耗费所带来的经营成果。该指标越高，说明企业的盈利能力越强，经济效益越好；反之，则说明企业的盈利能力越弱，经济效益越差。

2. 营业费用利润率的内涵与计算

营业费用利润率是指营业利润与营业费用之间的比率。其中，营业费用包括营业成本、税金及附加、管理费用、销售费用、研发费用、资产减值损失、信用减值损失等。营业费用利润率表明企业每付出一单位营业费用可获得的营业利润，其计算公式如下：

$$营业费用利润率=\frac{营业利润}{营业费用}\times 100\%$$

营业费用利润率是在不考虑营业外收支和所得税费用的情况下，反映企业经营业务创造利润的能力的指标。通常企业的净利润主要来源于营业利润，营业费用利润率越高，净利润越多，企业的盈利能力越强。

3. 全部成本费用利润率的内涵与计算

全部成本费用利润率可分为全部成本费用总利润率和全部成本费用净利润率两种形式。

（1）全部成本费用总利润率。全部成本费用总利润率是指利润总额与全部成本费用之间的比率。这里的全部成本费用包括营业费用、营业外支出。全部成本费用总利润率表明企业每付出一单位全部成本费用可获得的利润总额，其计算公式如下：

$$全部成本费用总利润率=\frac{利润总额}{全部成本费用}\times 100\%$$

（2）全部成本费用净利润率。全部成本费用净利润率是指净利润与全部成本费用之间的比率。这里的全部成本费用包括营业费用、营业外支出和所得税费用。全部成本费用净利润率表明企业每付出一单位全部成本费用可获得的净利润，其计算公式如下：

$$全部成本费用净利润率=\frac{净利润}{全部成本费用}\times 100\%$$

全部成本费用利润率是正指标，指标值越高越好，数值越高，表明企业生产和销售产品的每单位全部成本费用取得的利润越多，劳动耗费的效益越高，以商品经营为基础的盈利能力越强；反之，则说明劳动耗费的效益越低，盈利能力越弱。

综上所述，成本利润率是综合反映企业成本效益的重要指标。在分析和评价成本利润率指标时，可将各项指标的实际值与标准值进行对比，比较的标准可以选择企业历史标准、行业标准，也可以与同行业企业进行对比等，具体内容应根据分析目的和管理要求确定。

（二）成本利润率指标案例分析

1. 宇通客车成本利润率指标分析

2012—2022 年宇通客车各项成本利润率指标对比如图 6－7 所示。可知，宇通客车的各项成本利润率指标的变动趋势大体一致，均呈先升后降再升之势。各项指标均在 2016 年前后达到峰值，且均在 13%以上，之后至 2020 年呈持续明显下降的趋势，其中，营业成本利润率从 2016 年的峰值 17.04%下降到 2020 年的最低值 1.70%。从 2019 年开始，各项成本利润率指标均不足 10%，其中 2020 年各项指标均降到 2%以下，说明宇通客车的各项成本利润率指标下滑严重，以商品经营为基础的盈利能力大幅下降。2020 年以后，各项指标开始回升，但均未超过 5%。宇通客车各项成本利润率指标的变化趋势，究竟是企业个例，还是行业的共性？

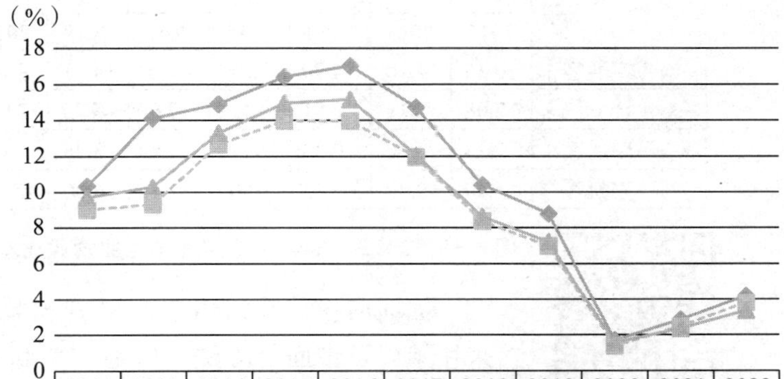

	2012	2013	2014	2015	2016	2017	2018	2019	2020	2021	2022
营业成本利润率	10.35	14.10	14.90	16.43	17.04	14.71	10.41	8.77	1.70	2.83	4.20
营业费用利润率	9.00	9.30	12.65	13.97	13.95	11.96	8.35	6.99	1.38	2.46	3.80
全部成本费用总利润率	9.70	10.30	13.29	14.95	15.16	12.06	8.61	7.21	1.57	2.34	3.34

图 6－7　2012—2022 年宇通客车各项成本利润率指标对比图

2. 客车行业企业营业成本利润率分析

在上述成本利润率指标中，选取营业成本利润率，针对 2012—2022 年四家客车企业的这一数据进行对比，如图 6－8 所示。可知，宇通客车大多数年份的营业成本利润率均明显高于同行业其他企业，且是唯一一家没有出现负值的企业，说明其在行业中处于领先地位。在其他三家企业中，中通客车的营业成本利润率与金龙汽车相近，于 2022 年达到峰值 28.21%。金龙汽车因 2016 年新能源汽车骗补事件出现亏损，导致营业成本利润率为负值，达到最低值－7.90%。安凯客车的营业成本利润率有 8 年为负值，且波动较大，在四家企业中表现最差，说明其主营业务出现了问题，以商品经营为基础的盈利能力堪忧。尽管四家企业的营业成本利润率各年不相同，但 2012—2021 年总体呈下降趋势，其中 2020 年这四家企业的该项指标最接近；2022 年该项指标又都有一定程度的回升，尤其是中通客车上升幅度明显。进一步分析 2017—2020 年的数据，可以发现除安凯客车以外，其他三家企业的营业成本利润率总体呈下滑趋势，说明客车企业以商品经营为基础的盈利能力整体下降是行业趋势。2020—2022 年持续的疫情使客车企业经营雪上加霜，但宇通客车和中通客车的营业成本利润率仍展现出了回升之势。

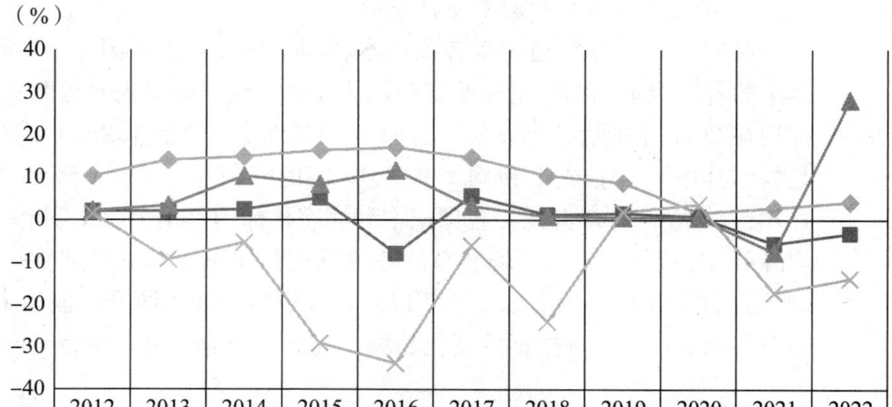

	2012	2013	2014	2015	2016	2017	2018	2019	2020	2021	2022
宇通客车	10.35	14.10	14.90	16.43	17.04	14.71	10.41	8.77	1.70	2.83	4.20
金龙汽车	2.08	2.11	2.51	5.21	−7.90	5.70	1.25	1.58	0.80	−5.64	−3.19
中通客车	2.24	3.42	10.33	8.45	11.64	3.26	0.87	0.64	0.55	−7.60	28.21
安凯客车	1.50	−9.30	−5.32	−29.04	−33.86	−6.00	−23.99	1.93	3.69	−17.15	−13.83

图 6-8　2012—2022 年四家客车企业营业成本利润率对比图

第二节
即测即评

如前所述，在对以商品经营为基础的盈利能力进行分析时，采用了以点带面的方法，以毛利率和营业成本利润率为例进行了案例应用分析。其中，毛利率分析深入且全面，其他指标均可以按照毛利率分析的思路和方法进行趋势分析和对比分析。

第三节　以资产为基础的盈利能力分析

以资产为基础的盈利能力分析，是指对企业运营资产所产生利润的能力进行的分析。这种分析是从企业整体出发，强调全部资源的运营，而不考虑资源的产权归属问题，所计算的财务指标主要包括总资产报酬率、总资产净利率等。

一、总资产报酬率

（一）总资产报酬率的内涵和计算

总资产报酬率是指企业一定时期内息税前利润与总资产平均余额之间的比率。其计算公式如下：

$$总资产报酬率=\frac{利润总额+利息支出}{总资产平均余额}\times 100\%$$

总资产报酬率是评价企业运用全部资产来源获取盈利能力的重要指标。总资产报酬率越高，说明企业以资产为基础的盈利能力越强。在评价总资产报酬率时，需要与企业前期、同行业可比企业、行业标准等进行比较，以找出影响该指标的不利因素，从而提高企业利用全部资产盈利的能力。

（二）总资产报酬率因素分解

根据总资产报酬率指标的经济内容，对其进行因素分解。其分解公式如下：

$$\begin{aligned}总资产报酬率&=\frac{营业收入}{总资产平均余额}\times\frac{利润总额+利息支出}{营业收入}\times 100\%\\&=总资产周转率\times销售息税前利润率\times 100\%\end{aligned}$$

可见，总资产报酬率的高低取决于两个因素：一是总资产周转率；二是销售息税前利润率。总资产周转率表示企业每单位资产能够带来的营业收入，该指标也可以用其倒数表示，即总资产平均余额/营业收入，代表企业每产生一单位的营业收入所需要投入的资产，反映企业全部资产的运营能力，是企业资产经营效率的直接体现。销售息税前利润率表示企业每单位营业收入所能带来的息前、税前利润，反映企业以商品经营为基础的盈利能力。综上所述，总资产报酬率受资产运营能力和以商品经营为基础的盈利能力两方面因素的影响。

（三）总资产报酬率案例分析

1. 宇通客车总资产报酬率及其变动率分析

根据资产负债表和利润表数据，计算 2012—2022 年宇通客车总资产报酬率及其变动率，如图 6－9 所示。可知，2012—2017 年宇通客车的总资产报酬率呈波浪式变动，各年均在 11%以上；自 2013 年达到峰值 17.32%以后，总体呈下降趋势，到 2020 年降到最低值 0.99%，之后有所上升。其中，2017—2020 年该指标持续下降趋势明显，变动率均为负值，且各年降幅均在 20%以上，2020 年降幅更是高达 82.93%。从 2021 年起，该指标逐年增长，变动率由负转正，且增幅明显。这种变动是宇通客车自身的特有现象，还是客车行业的普遍趋势？

2. 客车行业企业总资产报酬率对比分析

2012—2022 年四家客车企业总资产报酬率对比如图 6－10 所示。可知，除安凯客车因亏损年份较多总资产报酬率波动较大以外，其他三家企业的总资产报酬率总体均呈下降趋势，且均在 2020 年以后有所回升。宇通客车的总资产报酬率整体上明显高于其他企业，说明其以资产为基础的盈利能力最强，在同行业中处于领先水平，但从 2020 年开始优势明显减弱。中通客车的总资产报酬率在大多数年份高于金龙汽车，说明其在以资产为基础的盈利能力方面具有成效和优势。金龙汽车的总资产报酬率总体波动较小，其中在 2016 年由于其子公司发生新能源汽车骗补事件，因此当年的总资产报酬率下降明显。总之，2017—2020 年除安凯客车的总资产报酬率先下降后上升以外，其他三家企业均呈下滑态势。以宇通客车为例，2017 年和 2020 年总资产报酬率分别同比下降了 3.79 个百分点和

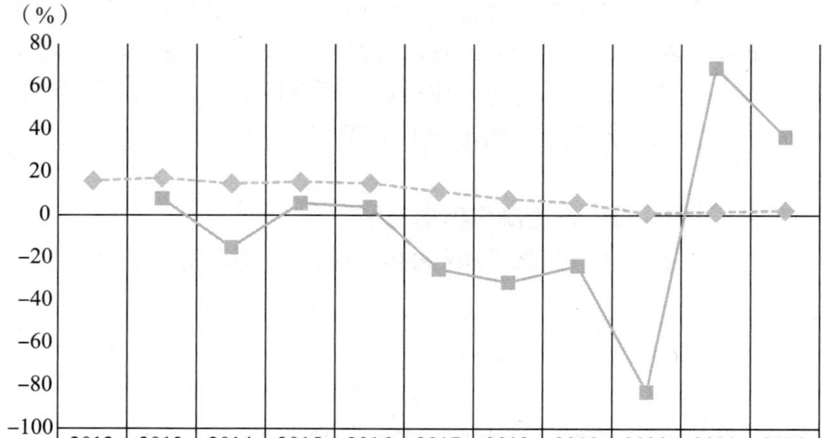

	2012	2013	2014	2015	2016	2017	2018	2019	2020	2021	2022
总资产报酬率	16.07	17.32	14.70	15.53	14.92	11.13	7.61	5.80	0.99	1.67	2.28
变动率		7.78	−15.13	5.65	3.93	−25.40	−31.63	−23.78	−82.93	68.69	36.53

图 6-9　2012—2022 年宇通客车总资产报酬率及其变动率趋势图

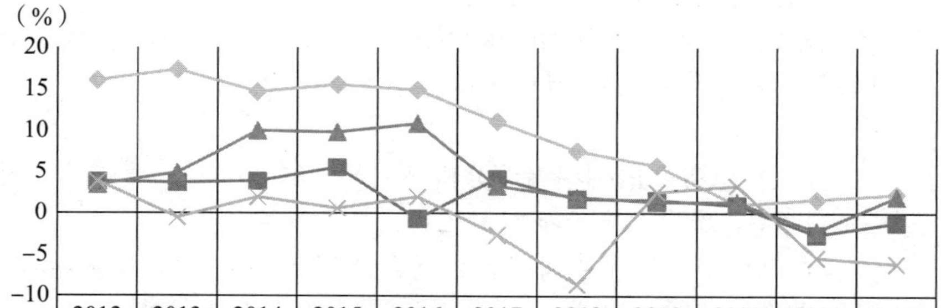

	2012	2013	2014	2015	2016	2017	2018	2019	2020	2021	2022
宇通客车	16.07	17.32	14.70	15.53	14.92	11.13	7.61	5.80	0.99	1.67	2.28
金龙汽车	3.84	3.70	3.88	5.58	−0.65	4.23	1.73	1.57	0.96	−2.61	−1.14
中通客车	3.42	4.92	10.04	9.85	10.89	3.28	1.93	1.36	1.34	−2.16	1.98
安凯客车	3.84	−0.52	1.94	0.60	1.98	−2.59	−8.57	2.54	3.33	−5.33	−6.05

图 6-10　2012—2022 年四家客车企业总资产报酬率对比图

2017 年宇通客车总资产报酬率因素分析

4.81 个百分点，而 2022 年总资产报酬率同比增加了 36.53%（见图 6-9），这些变化都是分析的关键点，因此应对其进行更深入的因素分析。

3. 宇通客车总资产报酬率异常变动年份因素分析

根据宇通客车有关年度报告资料，归纳整理并计算了与 2022 年总资产报酬率因素分析相关的数据，如表 6-1 所示。

表 6-1　2022 年宇通客车总资产报酬率因素分析表　　金额单位：万元

项目	2021 年	2022 年	差异
营业收入	2 323 346	2 179 896	—
利润总额	54 345	70 775	—

续表

项目	2021 年	2022 年	差异
利息支出	301	23	—
息税前利润	54 646	70 798	—
总资产平均余额	3 273 888	3 108 174	—
总资产周转率（次）	0.71	0.70	−0.01
销售息税前利润率（%）	2.35	3.25	0.90
总资产报酬率（%）	1.67	2.28	0.61

宇通客车总资产报酬率分析对象：

2.28%−1.67%=0.61%

连环替代法分析过程如下：

（1）基期指标体系：0.71×2.35%=1.67%

（2）替代第一因素总资产周转率：0.7×2.35%=1.65%

（3）替代第二因素销售息税前利润率：0.7×3.25%=2.28%

各因素的影响程度：

（1）总资产周转率的影响：1.65%−1.67%=−0.02%

（2）销售息税前利润率的影响：2.28%−1.65%=0.63%

最后检验分析结果：

−0.02%+0.63%=0.61%

表 6-1 以及连环替代法的分析结果表明，2022 年宇通客车的总资产报酬率比 2021 年上升了 0.61 个百分点。其中，总资产周转率的下降导致总资产报酬率下降 0.02 个百分点；销售息税前利润率的上升导致总资产报酬率上升 0.63 个百分点。由此可见，2022 年宇通客车的总资产报酬率上升是由总资产周转率下降和销售息税前利润率上升共同引起的，其中销售息税前利润率上升是主要原因。因此，要提高总资产报酬率，增强企业的盈利能力，宇通客车需从提高总资产周转率和销售息税前利润率两方面努力。对于其他各年份总资产报酬率变动原因的分析，可依照此思路进行。总资产周转率下降的原因分析详见第七章营运能力分析。

二、总资产净利率

（一）总资产净利率的内涵和计算

总资产净利率是指企业一定时期内净利润与总资产平均余额之间的比率，反映企业每占用一单位资产平均能获得的净利润。其计算公式如下：

$$总资产净利率=\frac{净利润}{总资产平均余额}\times 100\%$$

总资产净利率是衡量企业运用全部资产获得净利润的重要指标。该指标值越高，表明企业为股东带来的回报越多，企业的投入产出水平越高，资产获利越有效，成本费用的控制水平越高，企业资产盈利能力越强。

第三节
即测即评

（二）总资产净利率因素分解

根据总资产净利率指标的经济内容，对其进行因素分解。其分解公式如下：

$$\begin{aligned}总资产净利率&=\frac{净利润}{营业收入}\times\frac{营业收入}{总资产平均余额}\times100\%\\&=销售净利率\times总资产周转率\times100\%\end{aligned}$$

可见，影响总资产净利率的因素主要有销售净利率和总资产周转率。

第四节　以权益资本为基础的盈利能力分析

以权益资本为基础的盈利能力分析，是指企业的所有者（或股东）通过投入资本（即权益资本）进行经营所取得净利润的能力评估，主要是对净资产收益率指标进行分析。

一、净资产收益率的内涵和计算

净资产收益率也称股东权益报酬率，是指企业一定时期内的净利润与净资产（股东权益）平均余额之间的比率。其计算公式如下：

$$净资产收益率=\frac{净利润}{净资产平均余额}\times100\%$$

净资产收益率是衡量企业所有者投入资金使用效果的财务指标，也是反映企业盈利能力的核心指标。该指标值越高，说明企业的盈利能力越强。

二、净资产收益率因素分解

根据净资产收益率与各影响因素之间的关系，对其进行因素分解。其分解公式如下①：

$$净资产收益率=\left[\begin{matrix}总资产\\报酬率\end{matrix}+\left(\begin{matrix}总资产\\报酬率\end{matrix}-\begin{matrix}负债\\利息率\end{matrix}\right)\times\frac{负债平均余额}{净资产平均余额}\right]\times\left(1-\begin{matrix}所得税\\税率\end{matrix}\right)$$

① 张先治，王玉红．财务分析：理论、方法与案例（微课版）．2 版．北京：人民邮电出版社，2023.

式中，$\frac{\text{负债平均余额}}{\text{净资产平均余额}}$代表净资产负债率。可见，影响净资产收益率的因素主要有总资产报酬率、负债利息率、净资产负债率和所得税税率。

(1) 总资产报酬率。净资产是企业全部资产中的一部分，因此，净资产收益率必然会受到企业总资产报酬率的影响。在负债利息率和资本结构等保持不变的情况下，总资产报酬率越高，净资产收益率越高。

(2) 负债利息率。负债利息率影响净资产收益率是因为在资本结构一定的情况下，当总资产报酬率高于负债利息率时，负债利息率越低，企业获得的杠杆收益越大，净资产收益率越高；当总资产报酬率低于负债利息率时，负债利息率越高，企业的杠杆损失越大，净资产收益率就越低。

(3) 净资产负债率。当总资产报酬率高于负债利息率时，提高净资产负债率，也会提高净资产收益率；降低净资产负债率，净资产收益率也会随之降低。

(4) 所得税税率。由于净资产收益率计算公式中的分子是净利润，因此，所得税税率的变动必然会引起净资产收益率的变动。通常来说，所得税税率提高，净资产收益率下降；反之，净资产收益率上升。

三、净资产收益率案例分析

(一) 宇通客车净资产收益率及其变动率分析

2012—2022 年宇通客车净资产收益率及其变动率如图 6-11 所示。可知，宇通客车的净资产收益率在 2012—2017 年一直在 20%以上，并在 2016 年达到峰值 30.82%，表明宇通客车在此期间所有者投入资本的盈利能力较强。2017—2020 年该指标持续下降趋势明显，变动率均为负值，且各年降幅均在 20%以上；2020 年下降到最低点，仅为 3.13%，降幅高达 72.54%。从 2021 年开始，该指标有所回升，变动率也由负转正，各年增幅均在 20%以上。那么，同行业其他企业的状况如何呢？

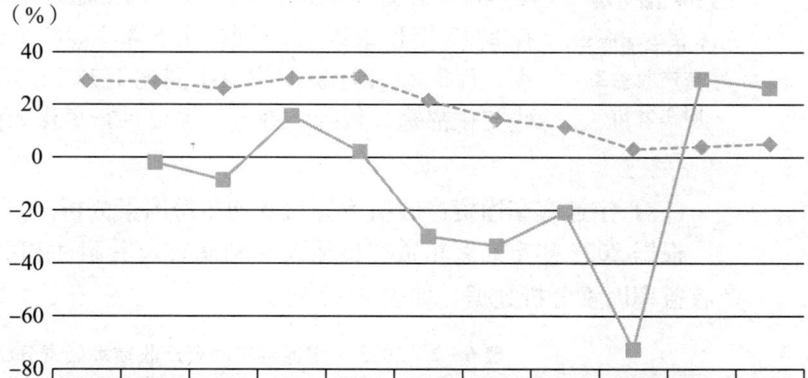

	2012	2013	2014	2015	2016	2017	2018	2019	2020	2021	2022
净资产收益率	29.08	28.50	26.04	30.15	30.82	21.63	14.39	11.40	3.13	4.06	5.13
变动率		-1.99	-8.63	15.78	2.22	-29.82	-33.47	-20.78	-72.54	29.71	26.35

图 6-11　2012—2022 年宇通客车净资产收益率及其变动率图

（二）客车行业企业净资产收益率对比分析

2012—2022年四家客车企业净资产收益率对比如图6-12所示。可知，宇通客车的净资产收益率除在2014年低于中通客车以及2020年低于安凯客车以外，其他年份均高于另外三家企业，是唯一一家在所有年份中净资产收益率均为正值的企业，说明宇通客车在净资产盈利能力方面在同行业中处于优势地位。金龙汽车在2016年净资产收益率大幅下降，主要原因是其子公司新能源汽车骗补事件导致亏损。而安凯客车在此期间有5年发生亏损，因此这5年的净资产收益率为负值，且总体波动幅度较大。中通客车的净资产收益率处于中游水平，虽然低于宇通客车，但相对于其他两家企业而言趋势较平稳。

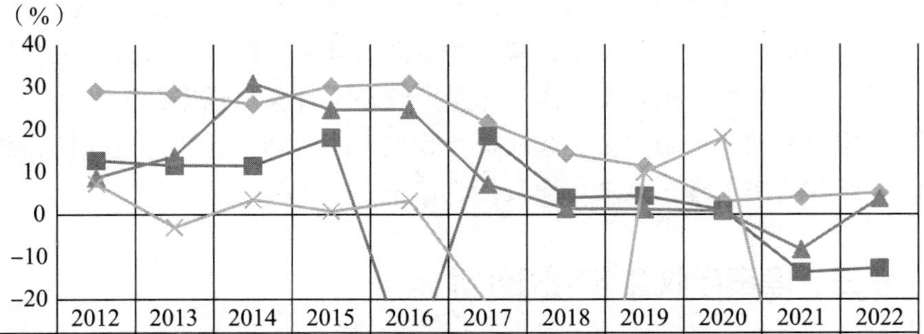

	2012	2013	2014	2015	2016	2017	2018	2019	2020	2021	2022
宇通客车	29.08	28.50	26.04	30.15	30.82	21.63	14.39	11.40	3.13	4.06	5.13
金龙汽车	12.80	11.63	11.57	18.19	-36.36	18.58	4.01	4.42	1.02	-13.63	-12.63
中通客车	8.72	13.81	30.87	24.71	24.77	7.12	1.33	1.21	0.82	-8.24	3.77
安凯客车	7.30	-2.97	3.49	0.76	3.22	-21.18	-109.83	9.96	18.15	-60.32	-163.84

图6-12　2012—2022年四家客车企业净资产收益率对比图

2017年宇通客车净资产收益率因素分析

整体来看，除去偶发事件导致的巨大波动外，四家企业的净资产收益率均呈下降趋势，2022年四家企业的净资产收益率均低于6%，并有2家企业为负数。以宇通客车为例，其净资产收益率在2017年和2020年分别同比下降29.82个百分点和72.54个百分点，而2022年净资产收益率同比上升26.35%（见图6-11），这些变化都是分析的关键点，可以进行更深入的因素分析。

（三）宇通客车净资产收益率异常变动年份因素分析

根据2022年宇通客车资产负债表和利润表及其附注相关资料，整理有关净资产收益率因素分析数据，如表6-2所示。

表6-2　2022年宇通客车净资产收益率因素分析表　　金额单位：万元

项目	2021年	2022年	差异
总资产平均余额	3 273 888	3 108 174	—
净资产平均余额	1 539 287	1 496 960	—

续表

项目	2021 年	2022 年	差异
负债平均余额	1 734 601	1 611 214	—
利息支出	301	23	—
利润总额	54 346	70 776	—
息税前利润	54 647	70 799	—
净利润	62 551	76 781	—
总资产报酬率（%）	1.67	2.28	0.61
负债利息率（%）	0.02	0.00	－0.02
净资产负债率（%）	112.69	107.63	－5.06
所得税税率（%）	－15.03	－8.37	6.66
净资产收益率（%）	4.06	5.13	1.07

注：所得税税率有两种计算方法，一是根据净资产收益率公式倒挤计算而得；二是根据所得税费用/利润总额计算而得，这种方法不仅数据容易获取，而且计算出来的是企业考虑税收优惠、前后期差异调整、境外子公司以及亏损子公司等综合因素后的所得税税率，而非企业法定所得税税率，减少了计算误差。本例采用倒挤方式计算所得税税率，即所得税税率＝1－净资产收益率/[总资产报酬率＋(总资产报酬率－负债利息率)×净资产负债率]。

宇通客车净资产收益率分析对象：

5.13%－4.06%＝1.07%

连环替代法分析过程如下：

(1) 2021 年基期指标体系：

[1.67%＋(1.67%－0.02%)×112.69%]×(1＋15.03%)＝4.06%

(2) 第一次替代（总资产报酬率）：

[2.28%＋(2.28%－0.02%)×112.69%]×(1＋15.03%)＝5.55%

(3) 第二次替代（负债利息率）：

[2.28%＋(2.28%－0)×112.69%]×(1＋15.03%)＝5.58%

(4) 第三次替代（净资产负债率）：

[2.28%＋(2.28%－0)×107.63%]×(1＋15.03%)＝5.45%

(5) 第四次替代（所得税税率）：

[2.28%＋(2.28%－0)×107.63%]×(1＋8.37%)＝5.13%

(6) 2022 年报告期指标体系：

[2.28%＋(2.28%－0)×107.63%]×(1＋8.37%)＝5.13%

各因素的影响程度：

(1) 总资产报酬率的影响：5.55%－4.06%＝1.49%

(2) 负债利息率的影响：5.58%－5.55%＝0.03%

(3) 净资产负债率的影响：5.45%－5.58%＝－0.13%

(4) 所得税税率的影响：5.13%－5.45%＝－0.32%

第四节
即测即评

通过连环替代法可以发现，2022年宇通客车的净资产收益率上升1.07个百分点的最主要原因是总资产报酬率增加，其导致净资产收益率上升1.49个百分点。另外，负债利息率下降导致净资产收益率上升0.03个百分点。所得税税率和净资产负债率变动是拉低宇通客车净资产收益率的不利因素，分别导致净资产收益率下降0.32个百分点和0.13个百分点。

第五节　专门针对上市公司的盈利能力分析

由于上市公司自身的特点，其盈利能力的衡量除了涉及上述一般企业盈利能力分析指标，还涉及一些特殊的财务指标。专门针对上市公司的盈利能力分析，是指对与企业股票价格或市场价值相关的每股收益、市盈率、股利支付率等指标进行分析。

一、每股收益

每股收益（EPS）即每股盈利，是指净利润与当年流通在外的普通股股数的比率，是衡量普通股获利水平及投资风险，据以评价企业盈利能力的重要财务指标之一。每股收益又分为基本每股收益和稀释每股收益。

（一）基本每股收益

1. 基本每股收益的内涵和计算

基本每股收益是指归属于普通股股东的当期净利润扣除优先股股利后的余额与发行在外的普通股加权平均数之间的比率，反映企业发行在外的普通股每股所能分摊到的净收益额。其计算公式如下：

$$\text{基本每股收益}=\frac{\text{净利润}-\text{优先股股利}}{\text{发行在外的普通股加权平均数(流通股数)}}$$

计算基本每股收益的关键是确定分子和分母。当以合并报表为基础计算每股收益时，分子是归属于母公司普通股股东的合并净利润，分母是母公司当期发行在外的普通股加权平均数。采用加权平均数是因为本期新发行的普通股只能在发行以后的一段时间内产生收益，本期减少的普通股股数在减少以前的期间内仍产生收益，所以必须采用加权平均数，以正确反映本期发行在外的股份数额。其计算公式如下：

$$\begin{aligned}\begin{matrix}\text{发行在外的普通股}\\\text{加权平均数}\end{matrix}&=\begin{matrix}\text{期初发行在外的}\\\text{普通股股数}\end{matrix}+\begin{matrix}\text{当期新发行的}\\\text{普通股股数}\end{matrix}\times\frac{\text{已发行时间}}{\text{报告期时间}}\\&\quad-\begin{matrix}\text{当期回购的}\\\text{普通股股数}\end{matrix}\times\frac{\text{已回购时间}}{\text{报告期时间}}\end{aligned}$$

式中，已发行时间、报告期时间和已回购时间一般按照天数计算，在不影响计算结果合理性的前提下，也可以采用简化的计算方法，如按月计算。

例如，某企业2022年年初发行在外的普通股股数为3 000万股，当年7月1日又增发了1 000万股，并且该年内未发行其他股票，也无回购事项，则该年度发行在外的普通股加权平均数应为3 500万股（3 000＋1 000×6/12）。

每股收益越高，说明企业的盈利能力越强，但在判断企业盈利能力时，还应将同一企业不同时期的每股收益进行比较或者与同行业其他企业的每股收益进行对比，才能得出客观和正确的认识。

2. 宇通客车基本每股收益及其变动率分析

2012—2022年宇通客车基本每股收益及其变动率趋势如图6-13所示。可知，2015年宇通客车在实施资本公积转增股本后，其股本达到了221 394万股，此后未发生任何变动。宇通客车的基本每股收益在2016年达到峰值，为1.83元，之后一直呈下降趋势，2020年下降到最低值，仅为0.21元；每股收益变动率在10年间有6年为负值，其中从2017年开始每股收益连续4年呈负增长，2020年降幅高达75.29%。总之，宇通客车的基本每股收益主要受归属于母公司股东的净利润的影响。

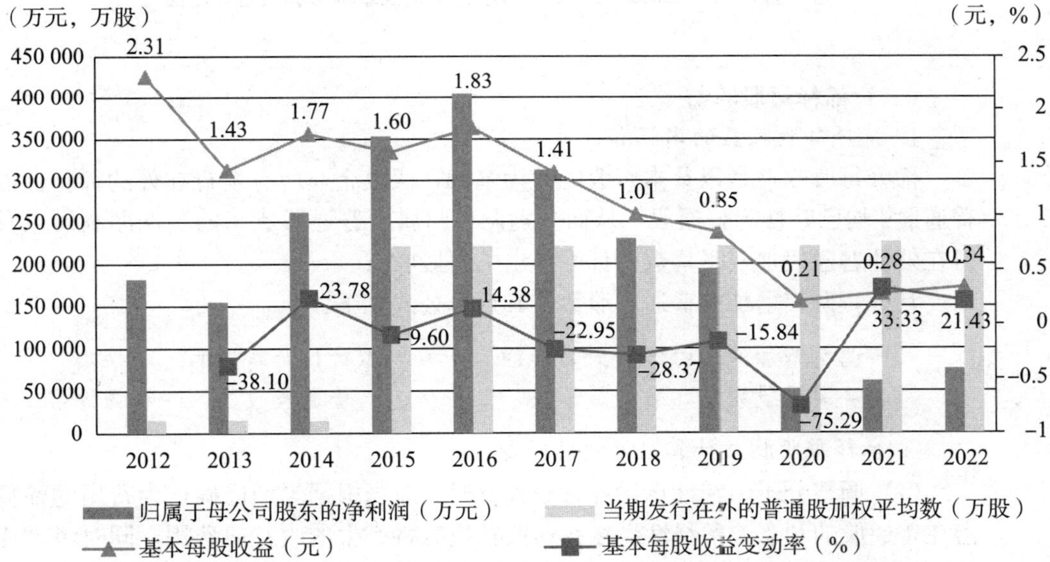

图6-13　2012—2022年宇通客车基本每股收益及其变动率趋势图

3. 客车行业企业基本每股收益对比分析

2012—2022年四家客车企业基本每股收益对比如图6-14所示。可知，在这四家企业中，宇通客车的基本每股收益整体具有明显优势，各年均高于三家可比企业。中通客车的基本每股收益次之，但波动较大，其中2012—2015年呈增加趋势，2015年达到峰值1.58元，之后逐年下降，各年均低于1元，2021年达到最低值，仅为−0.37元。安凯客车因亏损年份较多，其基本每股收益也相对较低，2018年达到最低值−1.25元。金龙汽车的基本每股收益总体优于安凯客车，但在某些年份也出现了负值，如2016年达到最低值－1.18元，2020—2022年连续三年为负值。综上所述，宇通客车的基本每股收益在四家企业中最高，始终处于领先水平。

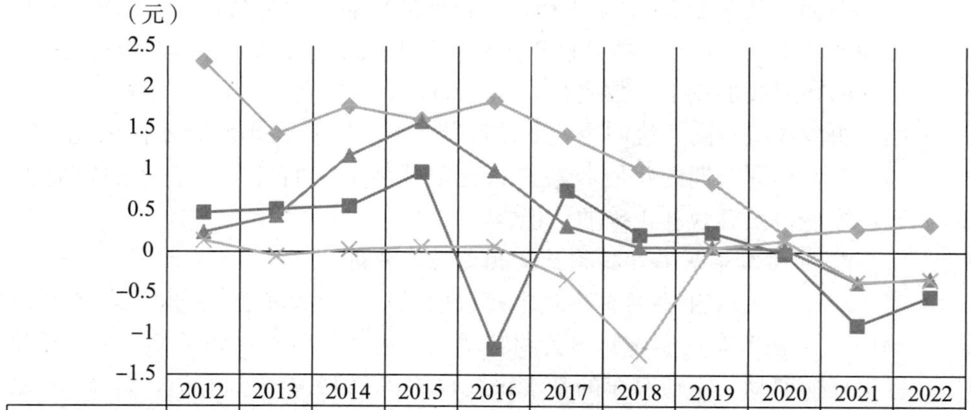

	2012	2013	2014	2015	2016	2017	2018	2019	2020	2021	2022
宇通客车	2.31	1.43	1.77	1.60	1.83	1.41	1.01	0.85	0.21	0.28	0.34
金龙汽车	0.48	0.52	0.56	0.97	−1.18	0.75	0.21	0.24	−0.02	−0.89	−0.54
中通客车	0.24	0.44	1.17	1.58	0.99	0.32	0.06	0.06	0.04	−0.37	−0.32
安凯客车	0.14	−0.05	0.03	0.06	0.07	−0.33	−1.25	0.05	0.14	−0.36	−0.33

图6－14　2012—2022年四家客车企业基本每股收益对比图

（二）稀释每股收益

1. 稀释每股收益的内涵和计算

稀释每股收益是以基本每股收益为基础，假设企业所有发行在外的稀释性潜在普通股[①]均已转换为普通股，从而分别调整归属于普通股股东的当期净利润以及发行在外的普通股加权平均数而计算得出的每股收益。

其中，调整增加的普通股股数，其计算公式如下：

$$\text{调整增加的普通股股数}=\text{拟行权时转换的普通股股数}-\text{行权价格}\times\text{拟行权时转换的普通股股数}\div\text{平均市场价格}$$

2. 稀释每股收益计算应注意的问题

（1）调整分子。在计算稀释每股收益时，应当根据当期已确认为费用的稀释性潜在普通股的利息、稀释性潜在普通股转换时将产生的收益或费用，同时考虑相关的所得税影响等事项，对归属于普通股股东的当期净利润进行调整。

（2）调整分母。在计算稀释每股收益时，应当对当期发行在外的普通股加权平均数进行调整。调整后的股数应当为计算基本每股收益时普通股的加权平均数与假定稀释性潜在普通股转换为已发行普通股而增加的普通股股数的加权平均数之和。

（3）稀释性潜在普通股转换日。在计算稀释性潜在普通股转换为已发行普通股而增加的普通股股数的加权平均数时，以前期间发行的稀释性潜在普通股，应当假

① 稀释性潜在普通股是指假设当期转换为普通股会减少每股收益的潜在普通股，如可转换公司债券和股份期权等。

设在当期期初转换；当期发行的稀释性潜在普通股，应当假设在发行日转换。

假设某上市公司于2022年1月1日发行了利率为4%的可转换公司债券，面值为800万元，每100元债券可转换为1元面值普通股90股。2022年，公司净利润为4 500万元，2022年发行在外的普通股加权平均数为4 000万股，所得税税率为25%，则

基本每股收益＝4 500÷4 000＝1.125(元)

净利润的增加＝800×4%×(1－25%)＝24(万元)

普通股股数的增加＝800÷100×90＝720(万股)

稀释每股收益＝(4 500＋24)÷(4 000＋720)＝0.96(元)

由于宇通客车及其他三家同行业企业各年基本每股收益与稀释每股收益金额均相同，故不单独做案例分析。

(三) 每股收益因素分析

为了分析企业每股收益变动的原因，应确定影响每股收益的主要因素，并对这些因素逐一进行分析，测算各个因素的变动对每股收益的影响程度。为简化起见，以基本每股收益为例进行因素分析。

1. 基本每股收益的影响因素

依据基本每股收益的计算公式，对基本每股收益指标做如下分解：

$$\text{基本每股收益}=\frac{\text{净利润}-\text{优先股股利}}{\text{发行在外的普通股加权平均数(流通股数)}}$$

$$=\frac{\text{普通股权益平均余额}}{\text{发行在外的普通股加权平均数(流通股数)}}\times\frac{\text{净利润}-\text{优先股股利}}{\text{普通股权益平均余额}}$$

$$=\text{每股账面价值}\times\text{普通股权益报酬率}$$

从公式可以看出，每股收益主要取决于每股账面价值和普通股权益报酬率两个因素。

每股账面价值也称每股净资产，是指股东权益总额减去优先股权益总额后的余额与发行在外的普通股加权平均数之间的比率。该指标反映了发行在外的每股普通股所代表的企业股东权益的价值。在投资者看来，该指标与每股市价的差额代表企业的一种潜力，有助于投资者进行投资分析，进而做出投资决策。股票市价高于账面价值，表明市场对企业的未来发展持乐观态度；反之，则说明市场对企业的前景持谨慎态度。该指标值越高，每股收益就越高，反之亦然。

普通股权益报酬率是影响每股收益的另一个重要因素，其变动会使每股收益发生相同方向的变化。

需要注意的是，在运用每股收益判断企业盈利能力时，还应将不同企业或者同一企业不同时期的每股收益进行比较，才能得出正确的分析结论。

2. 宇通客车基本每股收益因素分析

2022年宇通客车基本每股收益因素分析如表6-3所示。

表6-3 2022年宇通客车基本每股收益因素分析表

项目	2022年	2021年	变动情况
净利润（万元）	75 914	61 379	—
普通股权益平均余额（万元）	1 496 960	1 539 287	—
普通股权益报酬率（%）	5.07	3.99	1.08
发行在外的普通股加权平均数（万股）	226 293	221 394	—
每股账面价值（元）	6.62	6.95	−0.33
基本每股收益（元）	0.34	0.28	0.06

宇通客车基本每股收益分析对象：

$$0.34-0.28=0.06(\text{元})$$

差额分析法分析过程如下：

（1）每股账面价值变动对基本每股收益的影响：

$$(6.62-6.95)\times 3.99\%=-0.01(\text{元})$$

（2）普通股权益报酬率变动对基本每股收益的影响：

$$6.62\times(5.07\%-3.99\%)=0.07(\text{元})$$

可见，普通股权益报酬率变动使每股收益增加0.07元，它是影响每股收益变化的主要因素；每股账面价值变动使每股收益减少0.01元。两项因素共同作用使每股收益增加0.06元。

二、市盈率

（一）市盈率的内涵和计算

市盈率也称价格与收益比率，是指普通股的每股市价与每股收益之间的比率。它是最常用来评估股价水平是否合理的指标之一，通常反映资本市场对企业的期望。其计算公式如下：

$$\text{市盈率}=\frac{\text{每股市价}}{\text{每股收益}}$$

市盈率可用来评估企业股票未来的潜在价值，连续几年的市盈率数值趋势能够表明企业盈利能力的稳定性，以及在一定程度上反映企业管理部门的经营能力、盈利能力及潜在的成长能力。一般情况下，股票的市盈率越低，每股市价相对于每股收益的盈利能力越低，表明投资回收期越短，投资风险越小，股票的投资价值就越大；反之，则相反。通常，发展前景较好的企业市盈率较高，发展前景不佳的企业市盈率较低。但如果市盈率过高，则股票价格被高估的可能性比较大。需要注意的是，当企业盈利微薄或发生亏损时，每股收益就会较接近零或为负值，导致市盈率很高或为负值。在这种特殊情况下，市盈率就失去了原有意义，如果依然按照常规思路进行分析，就会错误地判断企业的发展前景，因此必须结合其他指标进行综合分析。

（二）宇通客车市盈率分析

2012—2022 年宇通客车市盈率、每股市价①、每股收益的关系如图 6－15 所示。可知，2012—2019 年宇通客车的市盈率略有波动，但大致在 10～18 倍的区间内，且与每股市价保持大致相同的变化趋势，说明宇通客车的市盈率指标整体较稳定。2018—2019 年由于宇通客车的每股市价和每股收益同步下滑，因此市盈率的变化不大。但 2020 年宇通客车的市盈率激增到 80.57 倍，较上年增长约 3.8 倍，其主要原因是宇通客车受突发疫情的影响，每股收益大幅下降，每股市价小幅上升。2021—2022 年，宇通客车的每股市价较 2020 年有所下降，每股收益小幅上升，市盈率较 2020 年有所下降，但相对于前几年仍然高 2 倍以上。

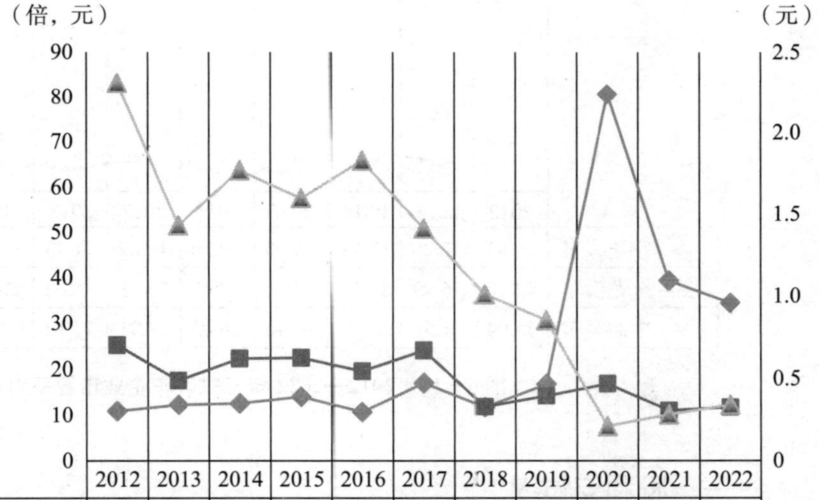

	2012	2013	2014	2015	2016	2017	2018	2019	2020	2021	2022
市盈率（左轴）	10.91	12.28	12.62	14.06	10.70	17.07	11.73	16.76	80.57	39.36	34.41
每股市价（左轴）	25.20	17.56	22.33	22.49	19.59	24.07	11.85	14.25	16.92	11.02	11.70
每股收益（右轴）	2.31	1.43	1.77	1.60	1.83	1.41	1.01	0.85	0.21	0.28	0.34

图 6－15　2012—2022 年宇通客车市盈率、每股市价、每股收益关系图

（三）客车行业企业市盈率对比分析

由图 6－14 可知，在这四家客车企业中，安凯客车在分析期内有 5 年发生了亏损，基本每股收益为负值，因此计算其市盈率没有意义；其他年份的每股收益也一直处于较低水平，计算得出的市盈率会较高甚至异常，不具有参考价值。

在剔除安凯客车后，对比 2012—2022 年三家客车企业的市盈率，如图 6－16

① 此处的每股市价均取年末收盘价。

所示。可知，相对另外两家企业而言，宇通客车的市盈率保持在较低的水平，虽然总体呈波浪式增加趋势，但相对平稳，说明其每股市价相对于每股收益的盈利能力较低，投资回收期较短，投资风险较小，股票价格在未来上升的可能性较大。金龙汽车的每股收益由于在2016年和2020—2022年为负数，因此未计算其市盈率。2017年以前，三家企业的市盈率均低于22倍，且变动相对平稳。2017—2022年，三家企业的市盈率均出现不同幅度的波动，但没有表现出一致的规律性；除宇通客车以外，其他企业均有亏损年份。

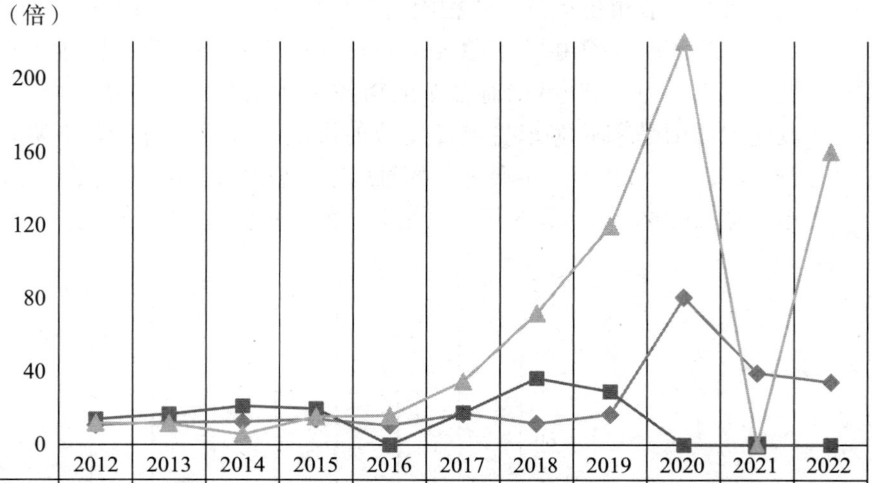

	2012	2013	2014	2015	2016	2017	2018	2019	2020	2021	2022
宇通客车	10.91	12.28	12.62	14.06	10.70	17.07	11.73	16.76	80.57	39.36	34.41
金龙汽车	14.10	16.79	21.29	19.78	0.00	17.73	36.62	29.25	0.00	0.00	0.00
中通客车	11.94	11.59	5.75	15.46	16.03	34.91	72.12	119.53	219.90	0.00	160.10

图6-16　2012—2022年三家客车企业市盈率对比图

三、股利支付率

（一）股利支付率的内涵和计算

股利支付率是指普通股每股股利与每股收益之间的比率，反映普通股股东从每股收益中分得的股利，体现企业的股利分配政策和股利支付能力。其计算公式如下：

$$股利支付率=\frac{每股股利}{每股收益}\times100\%$$

$$=\frac{股利总额}{净利润}\times100\%$$

股利支付率应根据企业对资金的需要量而定，它取决于企业的股利分配政策、经营扩张的资金需求、财务风险高低、最佳资本结构等，没有固定的衡量标准。一般来说，股利支付率越高，对投资者的吸引力越大，越有利于建立良好的企业信誉。同时，高股利支付率也说明管理层对企业未来的现金流状况有信心，企业目前有多余的现金且没有合适的投资项目，因而选择将部分或全部利润以股利的形式分配给股东。但过高的股利支付率会减少企业的留存收益，如果企业为了维持高股利分配政策而大量对外举债，则会增加资金成本，最终必定影响企业的未来收益和股东权益。

（二）宇通客车股利支付率及其变动率分析

2012—2022 年宇通客车股利支付率及其变动率如图 6－17 所示。可知，宇通客车的股利支付率呈波浪式上升趋势，在这 11 年间股利支付率最低值也在 30%以上，且从 2019 年开始连续 4 年股利支付率在 100%以上，2022 年达到峰值 291.64%，说明宇通客车基本每年都将净利润的 1/3 以上，极端年份更是将当年全部的净利润甚至以前年度的留存收益以现金股利的方式分配给股东。宇通客车的股利支付率变动率波动较大，在－42%～138%之间。

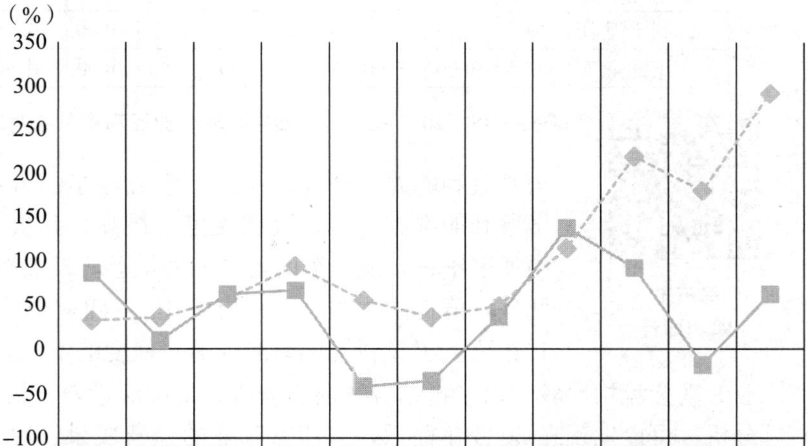

	2012	2013	2014	2015	2016	2017	2018	2019	2020	2021	2022
股利支付率	31.86	34.94	56.55	93.94	54.75	35.38	48.10	114.11	219.28	180.35	291.64
变动率	86.21	9.67	61.85	66.12	−41.72	−35.38	35.95	137.23	92.17	−17.75	61.84

图 6－17　2012—2022 年宇通客车股利支付率及其变动率图

（三）客车行业企业股利支付率对比分析

2012—2022 年四家客车企业股利支付率对比如图 6－18 所示。可知，在这四家企业中，宇通客车的股利支付率相对较高，且每年都进行股利分配，说明宇通客车不仅盈利能力强，而且现金流充沛，能够持续、稳定、高额地向股东分配股利。而在此期间，金龙汽车有 4 年未发放现金股利，股利支付率忽高忽低，整体呈下降趋势，最高的年份也未超过 39%；中通客车只有 4 年发放了现金股利，且股利支付率不稳定；安凯客车仅有 2 年发放了现金股利。除宇通客车以外，其他三家企业在 2021 年和 2022 年均未发放现金股利。

结合本章前述盈利能力各项指标的分析，可知四家客车企业的股利支付率趋势

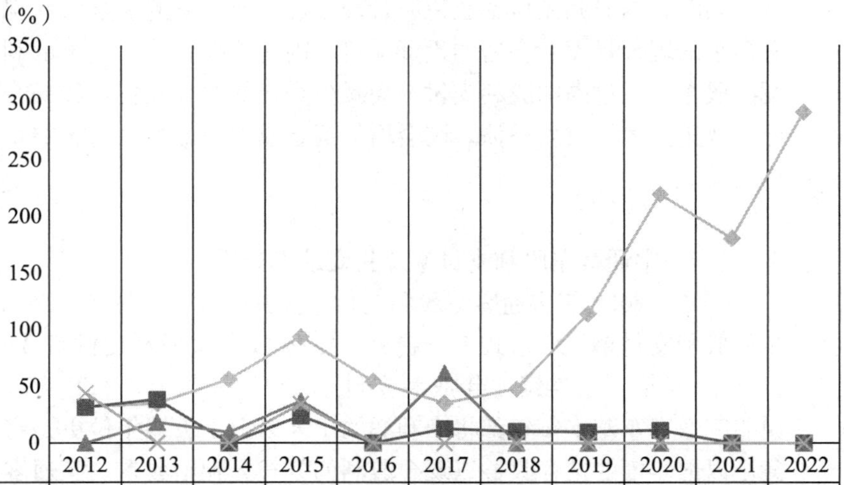

	2012	2013	2014	2015	2016	2017	2018	2019	2020	2021	2022
宇通客车	31.86	34.94	56.55	93.94	54.75	35.38	48.10	114.11	219.28	180.35	291.64
金龙汽车	31.70	38.60	0.00	23.81	0.00	12.67	10.31	9.88	11.24	0.00	0.00
中通客车	0.00	18.26	9.38	37.12	0.00	62.02	0.00	0.00	0.00	0.00	0.00
安凯客车	44.35	0.00	0.00	34.57	0.00	0.00	0.00	0.00	0.00	0.00	0.00

图6-18　2012—2022年四家客车企业股利支付率对比图

第五节
即测即评

与其盈利能力表现高度一致。宇通客车的盈利能力最强，发放现金股利的次数最多、股利支付率最高；其次是金龙汽车；然后是中通客车；安凯客车的盈利能力最差，发放现金股利的次数最少。此外，值得注意的是，只有2015年四家企业都发放了现金股利，且相比上年股利支付率都有不同程度的增加，说明2015年四家企业的现金流均比较充裕。再结合利润表分析、现金流量表分析和盈利能力其他指标分析，可以发现在2016年前后，这四家企业的经营成果、现金流量和盈利能力均呈现出良好的态势，这似乎是行业共性。对于出现这一共性的原因，尚需进一步分析。

□ 思考题

1. 简述影响毛利率的因素和分析思路。

2. 从2017年起，四家客车企业的营业成本利润率大多出现下滑趋势，这是为什么？说明了什么？

3. 2020年受新冠疫情影响，国内旅游、客运细分市场受到重创，宇通客车的国内销售毛利率大幅下滑，但海外销售毛利率变化不大，请分析原因。2020—2022年同样面对疫情，为何宇通客车的国内毛利率各年表现不同？

4. 简述以商品经营为基础的盈利能力指标及其与利润之间的关系，以及在分析评价中的作用。

5. 影响净资产收益率的因素有哪些？为什么净资产收益率是反映盈利能力最重要的指标？

6. 简述宇通客车的大多数盈利能力指标从 2022 年开始回升的原因。

7. 在四家客车企业中，宇通客车各年的股利支付率在大多数年份最高，且每年都进行股利分配，说明了什么？

8. 如何对总资产报酬率和净资产收益率进行因素分析？

□ 分析题

1. 针对第一章章后分析题所选的 A 股上市公司及三家同行业可比公司，根据本章所学内容，对其盈利能力分析进行实操训练。

2. 以化妆品行业企业珀莱雅为主要分析对象，将贝泰妮、水羊股份和丸美作为可比公司，以毛利率为例进行分析，2018—2022 年四家化妆品企业毛利率对比如图 6－19 所示。

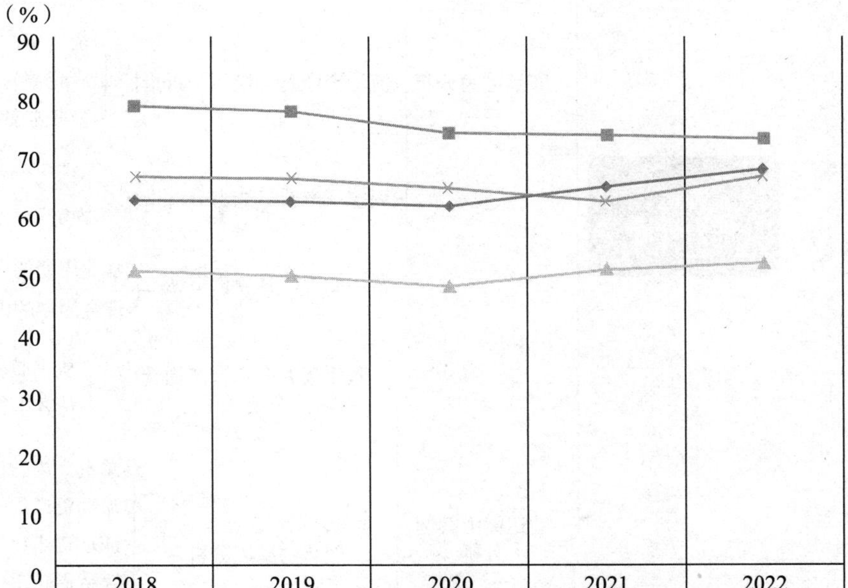

	2018	2019	2020	2021	2022
珀莱雅	64.03	63.96	63.55	66.46	69.70
贝泰妮	81.13	80.20	76.25	76.01	75.21
水羊股份	51.67	51.04	49.21	52.06	53.11
丸美	68.34	68.18	66.19	64.02	68.42

图 6－19　2018—2022 年四家化妆品企业毛利率对比图

要求： 请设计分析思路并说明主要分析内容。

第七章 营运能力分析

Chapter 7

思维导图

- 营运能力分析
  - 营运能力分析的目的
    - 评价企业资产的营运效率和效益
    - 评价企业资产结构的合理性
    - 挖掘企业资产利用的潜力
  - 营运能力分析指标
    - 总资产营运能力分析指标
      - 总资产周转率的内涵与计算
      - 总资产周转率因素分解
      - 总资产周转率分析应注意的问题
    - 流动资产营运能力分析指标
      - 流动资产周转率
      - 存货周转率
      - 应收账款周转率
    - 固定资产营运能力分析指标
      - 固定资产周转率的内涵与计算
      - 固定资产周转率分析应注意的问题
    - 营运能力综合分析指标
      - 营业周期的内涵与计算
      - 现金周期的内涵与计算
  - 营运能力案例分析
    - 从宇通客车总资产周转率分析入手
      - 从宇通客车自身趋势看
      - 从客车行业企业趋势看
    - 宇通客车总资产周转率变化的原因分析
      - 总资产周转率因素分析
      - 流动资产周转率变化的原因分析
      - 流动资产垫支周转率变化的原因分析
      - 存货周转率变化的原因分析
      - 应收账款周转率变化的原因分析
    - 固定资产周转率案例分析
      - 从宇通客车自身趋势看
      - 从客车行业企业趋势看
    - 现金周期案例分析
      - 宇通客车现金周期案例分析
      - 三棵树现金周期案例分析

□ 学习目标

课程思政：
陶朱公商训

1. 了解营运能力分析的目的和内容；
2. 掌握营运能力分析的思路及相关指标因素分析；
3. 掌握总资产营运能力分析的主要指标及其应用；
4. 掌握流动资产营运能力分析的主要指标及其应用；
5. 掌握固定资产营运能力分析的主要指标及其应用；
6. 掌握营业周期和现金周期的内涵、计算及应用；
7. 培养运用中华优秀传统文化智慧理解企业营运能力，借鉴范蠡的经商之道深入理解营运能力分析的目的和意义。

第一节 营运能力分析的目的

营运能力是指企业资产的营运效率与效益，通常用企业资产的周转次数或天数来表示。营运能力分析可以评价企业资产的管理水平和使用效果，发现企业在资产营运中存在的问题，是企业盈利能力分析和偿债能力分析的基础和补充。

营运能力分析的目的主要体现在以下几个方面。

一、评价企业资产的营运效率和效益

“苏州打货杭州卖，不图赚钱只图快”“货不停滞利自增”，这两句俗语生动地揭示了企业经营的实质是获取收益，就是以尽可能少的资产占用，以尽可能短的时间周转，生产和销售尽可能多的产品，以实现销售收入的最大化。资产在企业生产经营的各阶段周转速度越快，营运效率就越高。企业在每一次资产周转中获得收益，资产每次周转占用的资源越少，产出越多，创造的利润和价值就越大。可见，提高资产的营运效率和效益是企业增强盈利能力的前提。提高资产管理水平，加速资产周转，提升资产营运能力，就可以增强企业的盈利能力。

二、评价企业资产结构的合理性

不同行业、不同性质的企业资产结构不同。企业流动资产的数量和质量通常决定着企业的营运能力和偿债能力，非流动资产的数量和质量则决定着企业的盈利能力和发展潜力。在资产总额一定的情况下，流动资产所占的比重越高，企业资产周转速度越快，营运能力就越强。因此，企业应加大资产管理力度，合理安排资产结构与布局，不断提高资产质量，尽可能做到物尽其用，以加快资产周转，提高资产的营运效率。

三、挖掘企业资产利用的潜力

第一节
即测即评

企业的营运资产主要包括流动资产和固定资产。不同行业的资产、同一企业的不同资产，其风险程度、变现能力和周转速度都有所不同。通常，流动资产的经营风险小、变现速度快、周转速度快；固定资产相对而言经营风险大、变现速度慢、周转速度慢。企业的营运能力取决于不同资产的营运能力。因此，通过营运能力分析，可以发现企业资产周转中存在的问题，挖掘利用不充分的资产，及时处理闲置的资产，从而优化资源配置，降低资产风险，提高资产利用效率，进而改善企业的经营业绩。

第二节 营运能力分析指标

营运能力分析主要是对反映企业资产营运能力的指标进行计算与分析。这些指标主要包括总资产周转率、流动资产周转率、流动资产垫支周转率、存货周转率、应收账款周转率和固定资产周转率等。反映资产营运能力的指标通常有两种表示方式，即周转率（周转次数）和周转期（周转天数）。两者的实质相同，但评价标准不同：周转次数是正指标，周转天数是反指标。

一、总资产营运能力分析指标

（一）总资产周转率的内涵与计算

总资产周转率是综合评价企业全部资产周转速度的重要指标，可用于衡量企业全部资产的管理质量和利用效率。

总资产周转率是指企业一定时期的营业收入与总资产平均余额之间的比率，反映企业资产在一定时期（通常指一年）内的周转次数。其计算公式如下：

$$\text{总资产周转率(次数)}=\frac{\text{营业收入}}{\text{总资产平均余额}}$$

总资产周转速度也可以用周转期（周转天数）表示，表明总资产周转一次所需要的时间。其计算公式如下：

$$\text{总资产周转天数}=\frac{\text{计算期天数}}{\text{总资产周转次数}}$$

总资产周转率越高，周转次数越多，周转天数越少，说明总资产周转速度越快，资产利用效果越好，利用率越高，企业的销售能力越强。企业可以采取薄利多销的办法，加快总资产周转速度。通过对该指标的对比分析，企业可以发现总资产营运效率的趋势变化，寻找与同行业企业在资产利用上的差距，挖掘资产潜力，提高资产利用效率，改善经营业绩。

（二）总资产周转率因素分解

在总资产中，周转速度最快的是流动资产。因此，总资产周转速度受流动资产周转速度的影响较大。对总资产周转率进行因素分解，如下所示：

$$总资产周转率(次数)=\frac{营业收入}{流动资产平均余额}\times\frac{流动资产平均余额}{总资产平均余额}$$

可见，总资产周转速度的快慢取决于两大因素：一是流动资产周转率；二是流动资产占总资产比重。企业的流动资产周转速度越快，且流动资产所占比重越大，总资产周转速度就越快；反之，则越慢。

（三）总资产周转率分析应注意的问题

（1）总资产周转率突然上升的不利影响。如果企业的总资产周转率突然上升，而营业收入却无多大变化，则可能是由企业资产处置、减值或报废所引起的，而并非资产利用效率的提高。

（2）总资产周转率长期较低的分析重点。如果企业的总资产周转率长期处于较低水平，应着重分析资产结构是否合理，并及时处置多余、闲置的资产，从而提高总资产周转率。

（3）分母的适当剔除和非主营业务的影响。总资产周转率计算公式中的分母是企业资产总额，包括全部资产，而资产中的对外投资和不能产生营业收入的其他项目，均应考虑适当剔除。同时，还应重点关注企业合并报表中未形成主营业务收入的资产对营运能力的影响。

二、流动资产营运能力分析指标

（一）流动资产周转率

1. 流动资产周转率的内涵和计算

流动资产周转率是指企业一定时期的营业收入与流动资产平均余额之间的比率，反映企业流动资产在一定时期内的周转次数，或每单位流动资产带来的营业收入。其计算公式如下：

$$流动资产周转率(次数)=\frac{营业收入}{流动资产平均余额}$$

流动资产周转速度也可以用周转期（周转天数）表示，反映流动资产周转一次所需要的时间。其计算公式如下：

$$流动资产周转天数=\frac{计算期天数}{流动资产周转次数}$$

流动资产在一定时期的周转次数越多，周转天数就越少，说明流动资产周转速度越快，企业利用流动资产产生收益的效率越高；反之，周转速度越慢，说明流动资产营运能力越差。

2. 流动资产周转率因素分解

流动资产周转率计算公式中的分子有两种表示方式：一是营业收入；二是营业成本。因此，对流动资产周转率进行因素分解，如下所示：

$$\begin{aligned}流动资产周转率&=\frac{营业成本}{流动资产平均余额}\times\frac{营业收入}{营业成本}\\&=流动资产垫支周转率\times成本收入率\end{aligned}$$

可见，影响流动资产周转次数的因素有两个：一是流动资产垫支周转率；二是成本收入率。成本收入率是以商品经营为基础的盈利能力指标，当成本收入率大于1时，说明企业盈利，此时，流动资产周转率大于流动资产垫支周转率；当成本收入率小于1时，说明企业亏损，此时，流动资产周转率小于流动资产垫支周转率；当成本收入率等于1时，说明企业盈亏平衡，流动资产周转率等于流动资产垫支周转率。综上所述，流动资产周转速度不仅受流动资产本身周转效率的影响，还受企业盈利能力的影响。

3. 流动资产垫支周转率的内涵与计算

流动资产垫支周转率是指企业一定时期的营业成本与流动资产平均余额之间的比率。与流动资产周转率相比，流动资产垫支周转率以营业成本作为周转额，反映了企业流动资产在一定时期内真正的周转次数和周转速度。其计算公式如下：

$$流动资产垫支周转率(次数)=\frac{营业成本}{流动资产平均余额}$$

$$流动资产垫支周转天数=\frac{计算期天数}{流动资产垫支周转次数}$$

流动资产垫支周转次数或天数与流动资产周转次数或天数一样，均表示流动资产的周转速度。

4. 流动资产垫支周转率因素分解

在流动资产中，存货往往占据重要地位，尤其是在制造业中。因此，对流动资产垫支周转率进行因素分解具有重要意义。其分解公式如下：

$$\begin{aligned}流动资产垫支周转率&=\frac{营业成本}{存货平均余额}\times\frac{存货平均余额}{流动资产平均余额}\\&=存货周转率\times存货构成率\end{aligned}$$

可见，从流动资产垫支周转率角度来看，流动资产周转速度的快慢取决于存货周转率和存货构成率两大因素。企业存货周转速度越快，存货占流动资产的比重越高，流动资产周转速度就越快；反之，则越慢。

（二）存货周转率

1. 存货周转率的内涵与计算

存货周转率是指企业一定时期的营业成本与存货平均余额之间的比率，反映企业存货在一定时期内的周转次数。其计算公式如下：

$$存货周转率(次数)=\frac{营业成本}{存货平均余额}$$

$$存货周转天数=\frac{计算期天数}{存货周转次数}$$

存货周转率可用来评价企业存货的管理水平和变现能力。如果企业一定时期内的存货适销对路，存货周转次数多，则存货周转天数少，说明存货占用水平低，流动性强，周转速度快；反之，如果存货积压，存货周转次数少，则存货周转天数多，说明存货变现能力差，周转速度慢。

2. 存货周转率偏低的原因

一般情况下，存货周转次数较高（或存货周转天数较少）说明企业的经营状况比较好。可能导致存货周转速度变慢的原因如下：

第一，存货积压。主要涉及两种情况：一是企业经营不善导致产品滞销，加大了存货期末余额，从而降低了存货周转率；二是企业预测原材料或产品将升值，故意囤积居奇，在这种情况下，暂时的存货周转率偏低不能说明企业营运能力下降，而是说明企业未来的盈利能力提高，因为囤积的存货在未来升值后可以带来更高的收益。

第二，企业销售政策发生变化。当企业接受大订单时，通常会先增加存货，在该订单未实现销售以前，可能表现为存货周转天数增加，这种情况并不能说明企业营运能力下降。同样，当企业预见销售可能萎缩时，通常会减少存货，进而引起存货周转天数减少，这种情况也不能说明企业营运能力增强和资产管理水平提升。

3. 存货周转率分析应注意的问题

（1）存货周转率计算公式中分子的选择。在计算存货周转率时，分子使用营业收入还是营业成本，应根据分析的目的进行选择。当主要针对存货管理效率进行分析时，应使用营业成本；当主要针对偿债能力进行分析时，应使用营业收入。分析时，还应注意分子和分母数据在时间上的对应性。

（2）存货计价方法是否合理。存货计价方法对存货周转率的计算结果具有较大影响，企业应根据各类存货的实物流转方式、管理要求、性质等实际情况，合理选择存货计价方法。因此，在分析同一企业不同时期或不同企业的存货周转率时，应注意存货计价方法口径的一致性。

（3）存货构成项目之间的比例关系。由于存货由原材料、在产品、半成品、产成品等项目组成，存货各构成项目的周转效率会影响存货整体周转速度，因此，还可以进一步分析原材料周转率、在产品周转率和产成品周转率等对存货周转率的影响。

此外，在分析存货周转率时，还应考虑行业的周期性、季节性影响，应付账款、存货和应收账款（或营业收入）之间的关系，以及存货减值等。综上所述，任何财务指标的分析都要以了解经营活动的本质为目的，分析评价要有标准，切不可只根据指标值的高低轻易得出结论。

（三）应收账款周转率

1. 应收账款周转率的内涵与计算

应收账款周转率是指企业一定时期的赊销收入净额与应收账款平均余额之间的比率，反映企业应收账款在一定时期内的周转次数。其计算公式如下：

$$应收账款周转率（次数）=\frac{赊销收入净额}{应收账款平均余额}$$

式中：

$$赊销收入净额=销售收入-现销收入-销售退回-销售折让-销售折扣$$

$$应收账款周转期=\frac{计算期天数}{应收账款周转次数}$$

应收账款周转率可以用来评价企业应收账款的管理效率和变现速度。企业在一定时期内的应收账款周转效率越高，周转次数越多，平均收账期就越短，说明企业应收账款回收越迅速，流动资产质量越高。这不仅有利于企业节约资金，还说明了企业信用状况良好，不易发生坏账损失。相反，如果企业的应收账款周转速度慢，周转次数减少，平均收账期延长，则企业的营运资金就会过多地呆滞在应收账款上，影响资金的正常周转，此时，企业应加强应收账款的管理和催收工作。

2. 应收账款周转率分析应注意的问题

（1）应收账款周转率计算公式中分子的选择。理论上，应收账款因赊销而产生，在计算应收账款周转率时，分子应采用赊销收入净额，但由于赊销活动属于商业秘密，企业通常不需披露赊销额，外部分析者难以获取相关数据，因此，一般用营业收入代替。

（2）信用减值准备和应收票据对分母的影响。资产负债表上列报的应收账款是扣除坏账准备后的净额，而实际参与周转的是应收账款原值。如果不考虑坏账准备的影响，则应收账款计提的减值准备越多，周转天数就越少，但这并不能说明应收账款周转率高，反而说明企业应收账款管理欠佳。另外，如果应收账款中包含应收票据，可以考虑将应收票据中变现能力特别强的部分予以剔除，以使指标的计算更具实际意义，更符合企业实际情况。

（3）异常波动的影响因素。对于存在季节性经营特征的企业而言，应收账款周转率并不能客观反映其实际销售情况，应延长计算期以评价该项指标的变化。同时，对于年末销售大幅提高或大幅下降的企业而言，也应特别关注异常波动对指标的影响，避免应收账款周转率被高估或低估，以保证指标的可比性。

（4）企业信用政策的变化。改变信用政策通常会引起企业应收账款周转天数的变化，因此，应收账款周转率分析还应与销售额分析、现金分析相联系。应收账款的起点是销售，终点是现金。正常情况下，销售增加会引起应收账款增加，现金存量和经营活动产生的现金流量也会随之增加。若企业应收账款增加，但销售减少，则很可能是销售出现了较严重的问题，即使企业放宽信用政策发货后，现金仍无法收回，进而导致现金也减少。

(5) 分子和分母口径的一致性。对于应缴纳增值税的企业而言，应收账款周转率计算公式中的分母——应收账款平均余额包括销售价款以及增值税销项税额。为保证分子和分母口径的一致性，应收账款周转率计算公式中的分子——营业收入也应按含税销售额确认，否则会使指标值偏低。

此外，由于不同企业的商业模式、产品生产周期、销售方式各有不同，行业间的应收账款周转率也可能存在较大差异，因此，在同行业、同性质的企业进行对比分析时，不能仅看指标的绝对数值大小，更不能以某一次应收账款周转率的高低来判断企业短期或未来的营运能力，应注重多家企业、多年数据的比较分析，以把握应收账款周转次数或周转天数的变化趋势和规律。这一点也适用于其他所有营运能力指标的分析。

三、固定资产营运能力分析指标

(一) 固定资产周转率的内涵与计算

固定资产周转率是指企业一定时期的营业收入与固定资产平均余额之间的比率，反映企业固定资产在一定时期内的周转次数。其计算公式如下：

$$固定资产周转率(次数)=\frac{营业收入}{固定资产平均余额}$$

$$固定资产周转期=\frac{计算期天数}{固定资产周转次数}$$

固定资产周转率是衡量固定资产运营状况和利用效率的指标。固定资产的周转次数越多，则周转天数越少，说明固定资产周转速度越快，一定时期内企业固定资产提供的收入越多，固定资产的利用效率越高，管理水平越高。反之，固定资产周转次数越少，则周转天数越多，说明固定资产周转速度越慢，利用效率越低，管理水平越低。

(二) 固定资产周转率分析应注意的问题

(1) 固定资产周转率计算公式中分子的选择。企业利用固定资产的直接成果是产品产量或总产值，这些产品在出售后再转化为营业收入。固定资产营运能力主要反映其生产效率，但由于产量不能直接与固定资产平均余额相比较，而总产值目前很少在会计领域使用，故将营业收入作为固定资产周转率计算公式中的分子。

(2) 固定资产周转率计算公式中分母的选择。为避免受企业折旧方法、折旧年限和固定资产减值等因素的影响，固定资产周转率计算公式中的分母可以选用固定资产原值平均余额，这样更有利于不同时期指标的比较。考虑到固定资产在使用过程中会出现正常的磨损，受折旧影响固定资产价值会减少。因此，根据具体的分析目的，分母也可以用固定资产净值平均余额代替。

（3）指标的适用性。当企业固定资产净值率过低（如因资产陈旧或减值等），或者当企业属于劳动密集型行业时，固定资产周转率分析的价值显著降低。以宇通客车为例，其2021年和2022年的固定资产占总资产的比重仅约13%，此时，固定资产周转率就不是分析的重点。而在航空业等固定资产占比较高的行业中，该指标的分析就更具有典型性。以中国南方航空公司（简称南航）为例，该公司是中国领先的航空公司之一，其在国内和国际航线上都有广泛的运营网络。2018—2022年，南航的非流动资产占比一直保持在80%以上，其中固定资产占比除2018年在50%以上，其余四年均稳定在25%～30%，说明固定资产占总资产的比重较高。因此，对南航而言，对固定资产周转率的分析是有意义的。

（4）固定资产的结构是否合理。按照企业固定资产的经济用途，固定资产可以分为生产经营用固定资产和非生产经营用固定资产两大类。企业固定资产结构是否合理，是影响固定资产周转率的决定性因素。因此，在进行固定资产周转率分析时，应结合资产负债表分析部分的固定资产分析，进一步判断固定资产的规模和结构对固定资产周转率的影响。

四、营运能力综合分析指标

（一）营业周期的内涵与计算

营业周期是指企业从购入存货生产商品开始到销售商品所经历的时间。其计算公式如下：

$$营业周期=存货周转期+应收账款周转期$$

（二）现金周期的内涵与计算

现金周期是指企业从生产商品开始到收回支付的现金所经历的时间。营业周期与现金周期的区别是：营业周期是从商品的生产到商品的销售之间的时间差，而现金周期是从商品的生产到商品的支付之间的时间差。其计算公式如下：

$$现金周期=营业周期-应付账款周转期$$

式中：

$$应付账款周转期=\frac{计算期天数\times应付账款平均余额}{营业成本}$$

现金周期及其影响因素的关系如图7-1所示。

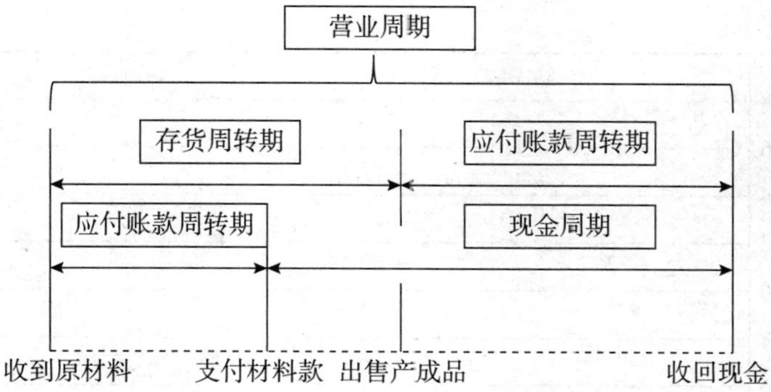

图 7-1　现金周期及其影响因素的关系图

第二节
即测即评

第三节　营运能力案例分析

营运能力分析涉及的财务指标具有明显的因素分解逻辑。因此，本节根据案例对象宇通客车的特点，首先从总资产周转率分析入手，采用因素分析法，层层递进，细致剖析总资产周转率变化的原因；同时，对比同行业企业的数据，在不断发现问题的过程中，明确分析的关键点，进而环环相扣，逐一挖掘各项营运能力指标变动的原因；最终，从财务指标分析又回到会计报表分析，并将两者紧密结合，以进一步验证会计报表分析部分的结论。

一、从宇通客车总资产周转率分析入手

（一）从宇通客车自身趋势看

2012—2022 年宇通客车总资产周转率及其变动率趋势如图 7-2 所示。可知，宇通客车的总资产周转率除 2021 年略有回升以外，其他年份均呈下降趋势，即由 2012 年的 1.79 次逐渐下降到 2020 年的最低值 0.62 次。同时，总资产周转率变动率除 2021 年为正值外，其余各年均为负值。这种变化趋势是宇通客车自身的特有现象还是行业整体趋势？原因是什么？

（二）从客车行业企业趋势看

2012—2022 年四家客车企业总资产周转率对比如图 7-3 所示。可知，四家企业的总资产周转率整体均呈下降趋势，其中最高值为 1.79 次，最低值为 0.39 次，说明总资产周转率的下降并不是宇通客车独有的现象，属于行业共性。具体来看，在大多数年份中，安凯客车的总资产周转率最低，金龙汽车和中通客车居中，宇通客车最高。除了 2014 年、2015 年、2016 年和 2020 年宇通客车的总资产周转率略低于同行业个别企业以外，其余年份均高于或等于其他三家企业，说明宇通客车在总资产的营运效率上优于同行业其他三家企业。

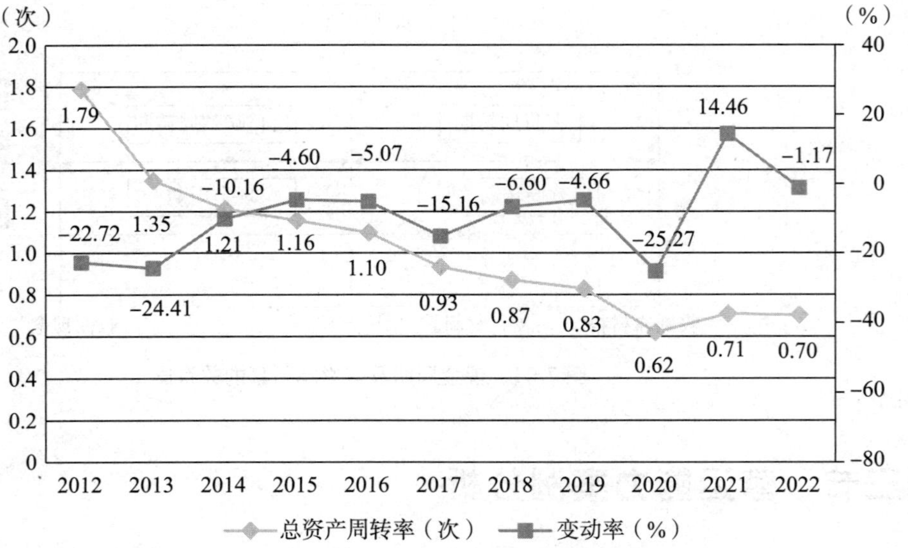

图 7－2　2012—2022 年宇通客车总资产周转率及其变动率趋势图

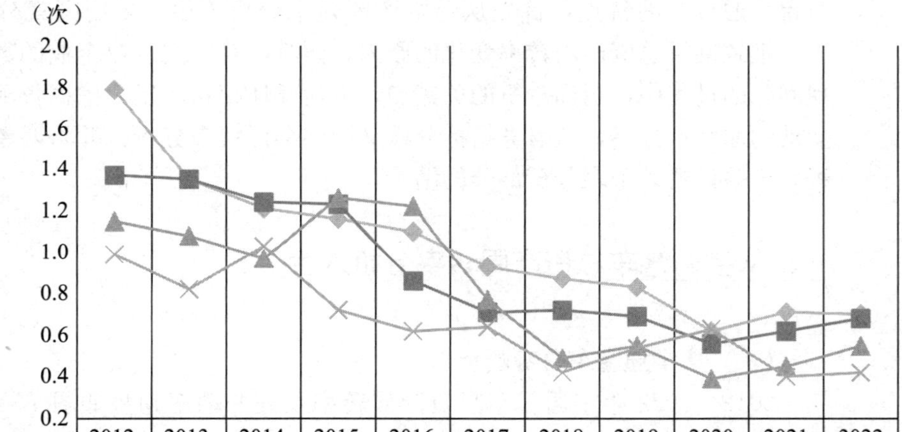

	2012	2013	2014	2015	2016	2017	2018	2019	2020	2021	2022
宇通客车	1.79	1.35	1.21	1.16	1.10	0.93	0.87	0.83	0.62	0.71	0.70
金龙汽车	1.37	1.35	1.24	1.23	0.86	0.71	0.72	0.69	0.56	0.62	0.68
中通客车	1.15	1.08	0.97	1.26	1.22	0.77	0.49	0.55	0.39	0.45	0.55
安凯客车	0.99	0.82	1.03	0.72	0.62	0.64	0.42	0.54	0.63	0.40	0.42

图 7－3　2012—2022 年四家客车企业总资产周转率对比图

二、宇通客车总资产周转率变化的原因分析

（一）总资产周转率因素分析

2012—2022 年宇通客车总资产周转率及其影响因素对比如图 7－4 所示。可知，宇通客车的流动资产占总资产比重是一条相对平稳的直线，整体呈先升后降之势，在 63%～77%的范围内波动，且在 2012—2019 年均在 70%以上；从 2020 年开始，

该占比持续下降，2022 年达到最低值 63.33%。流动资产周转率的变化较大，由 2012 年的 2.55 次一直下降到 2020 年的最低值 0.86 次，然后有所回升。2012—2021 年流动资产周转率与总资产周转率的变化趋势完全一致。这说明 2022 年以前宇通客车的总资产周转率主要受流动资产周转率的影响，2022 年受流动资产占总资产比重的影响更大。

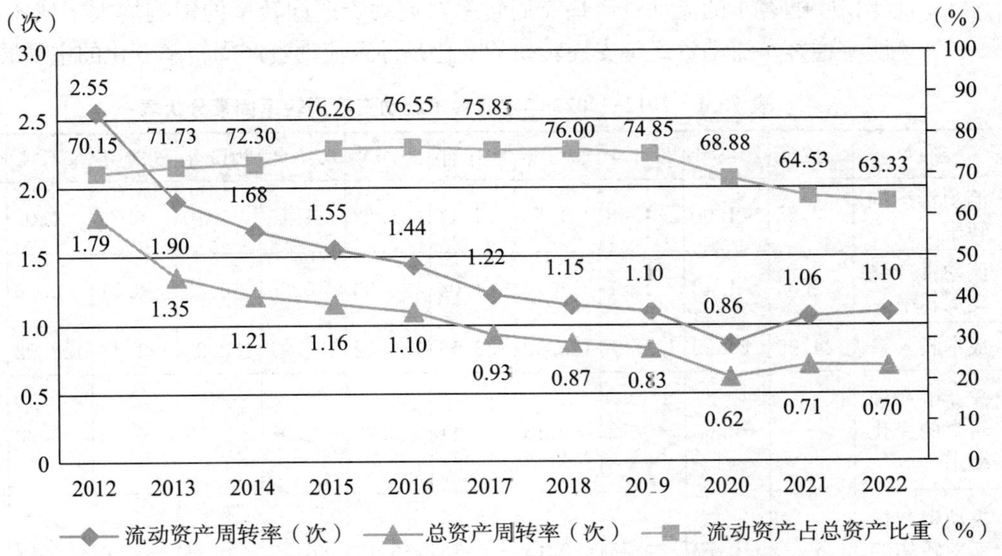

图 7-4　2012—2022 年宇通客车总资产周转率及其影响因素对比图

以图 7-4 中 2020 年的数据为例，宇通客车的总资产周转率比上年下降 0.21 次（0.83−0.62），其原因分析如下：

流动资产周转率下降导致总资产周转率下降：

$(0.86-1.10)\times 74.85\%=-0.18$

流动资产占总资产比重下降导致总资产周转率下降：

$0.86\times(68.88\%-74.85\%)=-0.05$

可见，2020 年宇通客车的总资产周转率下降是流动资产周转率和流动资产占总资产比重共同下降所导致的，且流动资产周转率下降是主要影响因素①。对于流动资产周转率变动的原因，接下来将继续分析；对于资产结构的变化，可以结合第二章资产负债表分析（见图 2-3）进行研究。宇通客车从 2020 年起流动资产占总资产比重明显下降，这表明其资产流动性减弱，进而降低了总资产周转速度。那么，2020 年以后总资产周转率及其影响因素的不同表现，是否还受其他因素的影响呢？

① 2020 年宇通客车的总资产周转率下降 0.21 次，这一数据与流动资产周转率和流动资产占总资产比重两因素影响之和−0.23 次不符，是小数点四舍五入所致，余同。

（二）流动资产周转率变化的原因分析

1. 宇通客车流动资产周转率因素分析

流动资产周转率受流动资产垫支周转率和成本收入率两个因素的影响。2012—2022年宇通客车流动资产周转率因素分析如表7-1所示。可知，除2022年以外，其他年份宇通客车的流动资产垫支周转率对流动资产周转率的影响均大于成本收入率，说明宇通客车流动资产垫支周转率的变化是导致流动资产周转率变化的主要原因。

表7-1　2012—2022年宇通客车流动资产周转率因素分析表　　单位：次

项目	2012年	2013年	2014年	2015年	2016年	2017年	2018年	2019年	2020年	2021年	2022年
流动资产周转率	2.55	1.90	1.68	1.55	1.44	1.22	1.15	1.10	0.86	1.06	1.10
流动资产垫支周转率	2.04	1.46	1.27	1.16	1.04	0.90	0.86	0.83	0.71	0.86	0.85
成本收入率	124.95	129.99	132.07	133.92	138.55	135.72	133.91	132.33	121.18	122.92	129.58
流动资产周转率的变化结果	—	−0.65	−0.22	−0.13	−0.11	−0.22	−0.07	−0.05	−0.24	0.20	0.04
流动资产垫支周转率的影响	—	−0.72	−0.25	−0.15	−0.16	−0.19	−0.05	−0.04	−0.16	0.18	−0.01
成本收入率的影响	—	0.07	0.03	0.02	0.05	−0.03	−0.02	−0.01	−0.08	0.01	0.06

注：以2013年的数据为例，说明各因素的影响：

宇通客车流动资产周转率分析对象：1.90−2.55=−0.65(次)

差额计算法分析过程如下：

(1) 流动资产垫支周转率的影响：(1.46−2.04)×124.95%=−0.72(次)

(2) 成本收入率的影响：1.46×(129.99%−124.95%)=0.07(次)

最后检验分析结果：−0.72+0.07=−0.65(次)

2. 宇通客车流动资产周转率及其影响因素对比分析

2012—2022年宇通客车流动资产周转率及其影响因素对比如图7-5所示。可知，除2022年以外，宇通客车的流动资产垫支周转率与流动资产周转率的变动趋势基本一致，流动资产垫支周转率从2012年的2.04次一直下降到2020年的最低值0.71次，之后略有回升，说明在此期间流动资产垫支周转率是影响流动资产周转率的关键因素。成本收入率整体呈先升后降再升之势，其中2016年达到峰值138.55%，之后逐年下降，到2020年达到最低值121.18%，2021年和2022年又有所上升。2014—2019年成本收入率均在130%以上，说明这六年企业以商品经营为基础的盈利能力较强；2022年流动资产周转率与成本收入率的变动方向一致，说明该年流动资产周转率受成本收入率的影响更大。

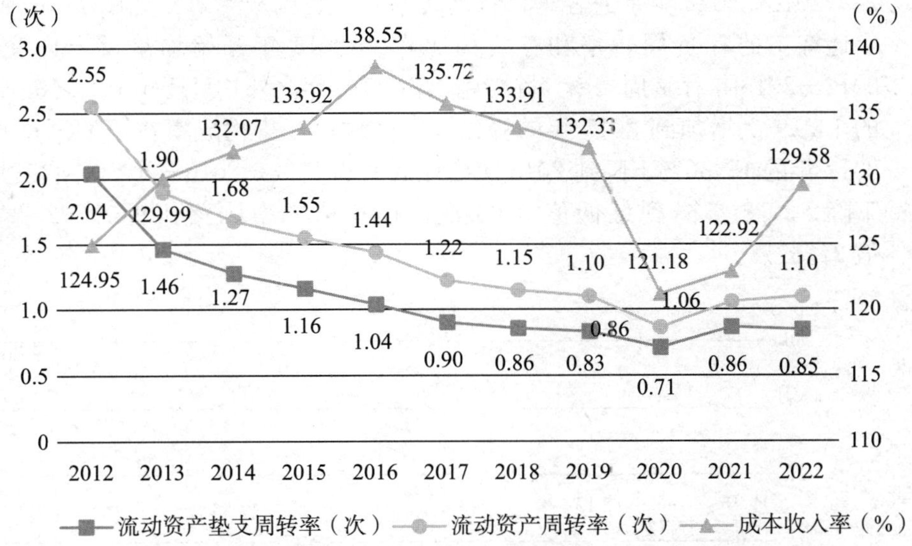

图 7－5　2012—2022 年宇通客车流动资产周转率及其影响因素对比图

（三）流动资产垫支周转率变化的原因分析

1. 流动资产垫支周转率因素分析

流动资产垫支周转率是衡量流动资产实际周转速度的指标，从其变化趋势可以窥探企业的营运效率。2012—2022 年宇通客车流动资产垫支周转率因素分析如表 7－2 所示。可以看到两个主要因素——存货周转率和存货构成率，在不同时间段内对流动资产垫支周转率的影响程度。2015 年是关键时点，2013—2015 年存货构成率的下降是导致流动资产垫支周转率下降的主要原因；2016—2022 年存货周转率的变化是影响流动资产垫支周转率的主要原因。

表 7－2　2012—2022 年宇通客车流动资产垫支周转率因素分析表　　单位：次

项目	2012 年	2013 年	2014 年	2015 年	2016 年	2017 年	2018 年	2019 年	2020 年	2021 年	2022 年
流动资产垫支周转率	2.04	1.46	1.27	1.16	1.04	0.90	0.86	0.83	0.71	0.86	0.85
存货周转率	13.29	12.77	15.13	17.22	14.91	9.80	6.86	5.60	3.81	3.40	3.06
存货构成率(%)	15.36	11.44	8.42	6.73	6.96	9.20	12.47	14.83	18.66	25.45	27.67
流动资产垫支周转率的变化	—	−0.58	−0.19	−0.11	−0.12	−0.14	−0.04	−0.03	−0.12	0.15	−0.01
存货周转率的影响	—	−0.08	0.27	0.18	−0.16	−0.36	−0.27	−0.16	−0.27	−0.08	−0.09
存货构成率的影响	—	−0.50	−0.46	−0.29	0.03	0.22	0.22	0.13	0.15	0.23	0.07

2012—2022年宇通客车存货周转率和存货构成率对比如图7-6所示。可知，宇通客车的存货周转率和存货构成率从2015年开始均呈反方向变化。其中，2012—2015年存货周转率（除特殊年份2013年之外）呈逐年上升之势，从2012年的13.29次增加到2015年的峰值17.22次；存货构成率在该期间逐年下降，从2012年的15.36%下降到2015年的最低值6.73%。2016—2022年存货周转率逐年下降，2022年降到最低值3.06次；存货构成率则逐年上升，2022年达到峰值27.67%。

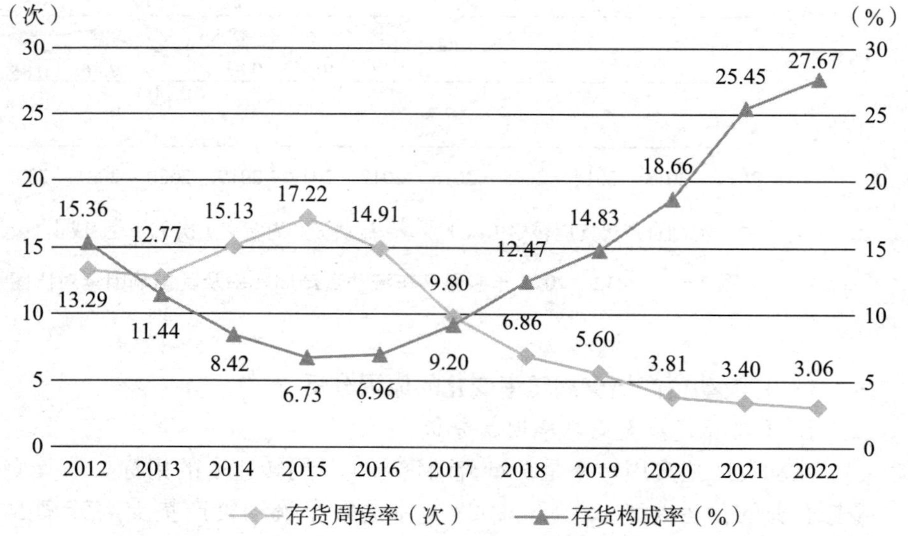

图7-6 2012—2022宇通客车存货周转率和存货构成率对比图

2. 2012—2015年宇通客车存货构成率下降原因分析

2012—2015年宇通客车存货构成率影响因素分析如表7-3所示。可知，宇通客车的流动资产平均余额变动率在30%～51%之间，显著高于存货平均余额变动率，说明在该期间流动资产规模增加，流动资产平均余额增加是导致存货构成率下降的主要原因。

表7-3 2012—2015年宇通客车存货构成率影响因素分析表

项目	2012年	2013年	2014年	2015年
存货平均余额（万元）	118 996	133 693	128 752	135 344
存货平均余额变动率（%）	—	12.35	−3.70	5.12
流动资产平均余额（万元）	774 756	1 168 436	1 528 789	2 010 330
流动资产平均余额变动率（%）	—	50.81	30.84	31.50
存货构成率（%）	15.36	11.44	8.42	6.73

3. 2016—2022年宇通客车存货构成率上升原因分析

由图7-6可知，宇通客车的存货构成率在2015年以后发生了显著变化，即由下降转为上升趋势。同行业其他企业的状况如何呢?

（1）2016—2022 年客车行业企业存货构成率对比分析。2016—2022 年四家客车企业存货构成率对比如图 7－7 所示。可知，除 2016 年宇通客车的存货构成率低于金龙汽车以外，其他年份宇通客车的存货构成率均高于其他三家企业，且呈明显的逐年上升趋势，即从 2016 年的 6.96%上升到 2022 年的 27.67%。而其他三家企业的存货构成率各年均在 14%以下，且大部分年份低于 10%。2017—2022 年金龙汽车和中通客车的存货构成率总体呈直线上升趋势，而安凯客车的存货构成率呈波浪式上升趋势。

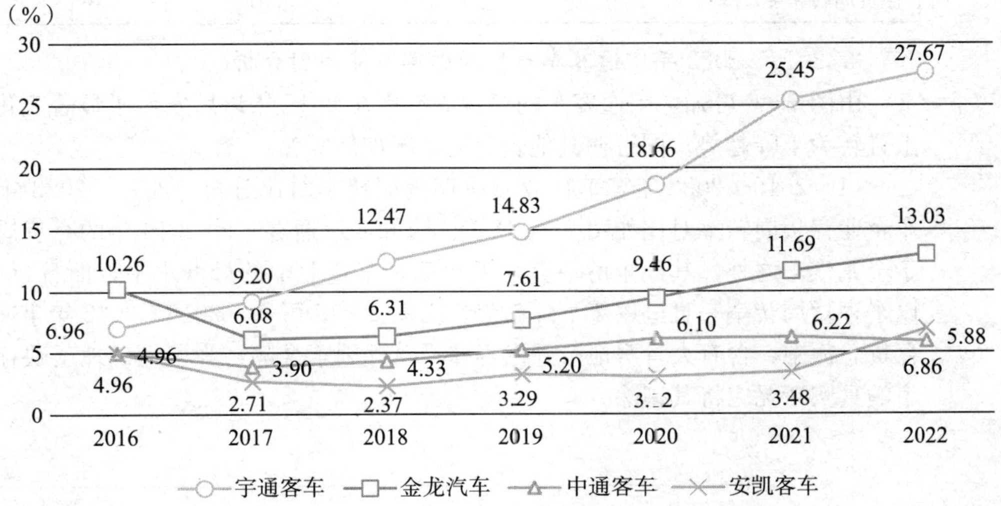

图 7－7　2016—2022 年四家客车企业存货构成率对比图

（2）2016—2022 年宇通客车存货结构分析。2012—2022 年宇通客车存货明细项目结构如图 2－18 所示。可知，在 2016—2022 年宇通客车的存货明细项目中，均有开发成本或开发产品项目，且两者合计占比均在 45%以上，说明宇通客车在编制合并资产负债表时，将子公司的房地产开发存货项目也纳入了存货项目中。因此，自 2016 年以来宇通客车各年的存货构成中，子公司房地产开发产品及开发成本所占的非主营业务金额始终保持在较高水平。这种存货结构的变化导致了企业各年存货平均余额的上升，进而导致了存货周转率的下降，但需要注意的是，这种下降并非由于企业存货营运效率的降低。

（四）存货周转率变化的原因分析

1. 2012—2015 年宇通客车存货周转率上升原因分析

2012—2015 年宇通客车存货周转率影响因素分析如表 7－4 所示。可知，宇通客车各年的营业成本变动率在 7%～20%之间，且除 2013 年以外，其他年份的营业成本变动率均大于存货平均余额变动率，说明营业成本持续增加是推动存货周转率上升的主要原因。

表 7-4　2012—2015 年宇通客车存货周转率影响因素分析表

项目	2012 年	2013 年	2014 年	2015 年
存货平均余额（万元）	118 996	133 693	128 752	135 344
存货平均余额变动率（%）	—	12.35	−3.70	5.12
营业成本（万元）	1 581 766	1 707 639	1 948 136	2 330 590
营业成本变动率（%）	—	7.96	14.08	19.63
存货周转率（次）	13.29	12.77	15.13	17.22
存货周转率变动率（%）	—	−3.91	18.48	13.81

2. 2016—2022 年宇通客车存货周转率下降原因分析

由图 7-6 可知，宇通客车的存货周转率在 2015 年以后发生了显著变化，即由上升转为下降趋势。同行业其他企业的状况如何呢？

（1）2016—2022 年客车行业企业存货周转率对比分析。2016—2022 年四家客车企业存货周转率对比如图 7-8 所示。可知，宇通客车除 2016 年的存货周转率高于金龙汽车之外，其他年份一直处于四家客车企业中的最低水平，而且自 2016 年以来存货周转率一直呈逐年下降趋势。由图 2-18 可知，2016—2022 年宇通客车的存货总额中，含有大量房地产开发等非经营性因素金额，为了准确地反映存货周转率的真实情况应将其剔除。

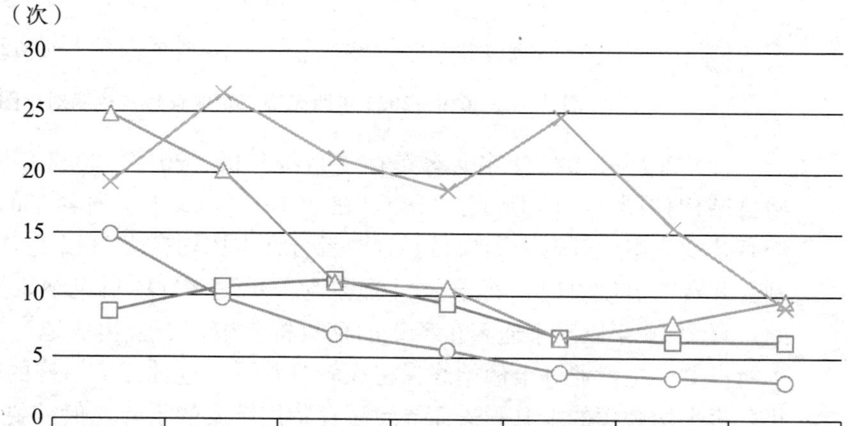

	2016	2017	2018	2019	2020	2021	2022
—○— 宇通客车	14.91	9.80	6.86	5.60	3.81	3.40	3.06
—□— 金龙汽车	8.68	10.72	11.28	9.33	6.64	6.32	6.30
—△— 中通客车	24.83	20.19	11.07	10.60	6.58	7.82	9.61
—×— 安凯客车	19.19	26.52	21.22	18.58	24.61	15.48	9.07

图 7-8　2016—2022 年四家客车企业存货周转率对比图

（2）剔除非经营性因素后客车行业企业存货周转率对比分析。2016—2022 年宇通客车剔除非经营性因素后，四家客车企业存货周转率对比如图 7-9 所示。可知，除安凯客车因计提了大量的存货减值，导致存货平均余额减少，从而使存货周转率较高之外，宇通客车在剔除了非经营性因素后的存货周转率在四家客车企业中处于中等偏上水平。

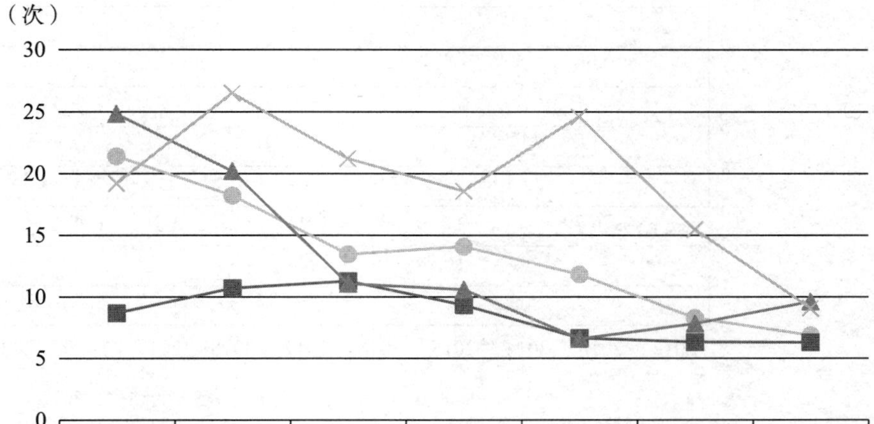

	2016	2017	2018	2019	2020	2021	2022
宇通客车	21.41	18.22	13.46	14.09	11.83	8.28	6.87
金龙汽车	8.68	10.72	11.28	9.33	6.64	6.32	6.30
中通客车	24.83	20.19	11.07	10.60	6.58	7.82	9.61
安凯客车	19.19	26.52	21.22	18.58	24.61	15.48	9.07

图 7-9　2016—2022 年四家客车企业存货周转率（宇通客车剔除非经营性因素）对比图

综上所述，回答本节开篇提出的问题：宇通客车的总资产周转率多年持续下降的原因到底是什么？通过回顾整个分析过程，以宇通客车的总资产周转率分析为切入点，发现其下降的主要原因是流动资产周转率下降。流动资产周转率下降的主要原因是流动资产垫支周转率下降。对于流动资产垫支周转率下降的原因，无论是存货构成率还是存货周转率，都是非经营性因素的影响，并非存货本身营运效率的下降。因此，需要重新寻求宇通客车流动资产周转率下降的原因。

由于在宇通客车的资产结构中，应收账款占比持续多年最高，因此，有必要分析应收账款周转率及其对流动资产周转率的影响。

（五）应收账款周转率变化的原因分析

1. 从宇通客车自身趋势看

2012—2022 年宇通客车应收账款周转率及其变动率趋势如图 7-10 所示。可知，2012—2018 年宇通客车的应收账款周转率呈逐年下降趋势，即从 8.27 次下降到 1.83 次，各年降幅均在 10%以上；2019—2022 年出现回升，尤其是 2020 年之后明显上升。这种趋势是企业自身独有的现象还是行业整体趋势？

2. 从客车行业企业趋势看

2012—2022 年四家客车企业应收账款周转率对比如图 7-11 所示。可知，2012—2018 年四家企业的应收账款周转率均呈下降趋势，表明该趋势并不是宇通客车独有的现象；除安凯客车的应收账款周转率在 2021—2022 年持续下降以外，

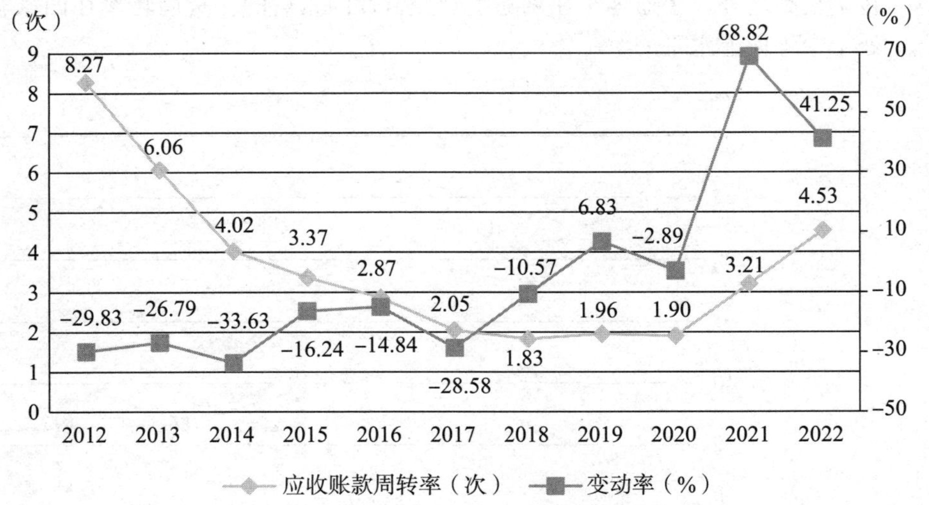

图7-10　2012—2022年宇通客车应收账款周转率及其变动率趋势图

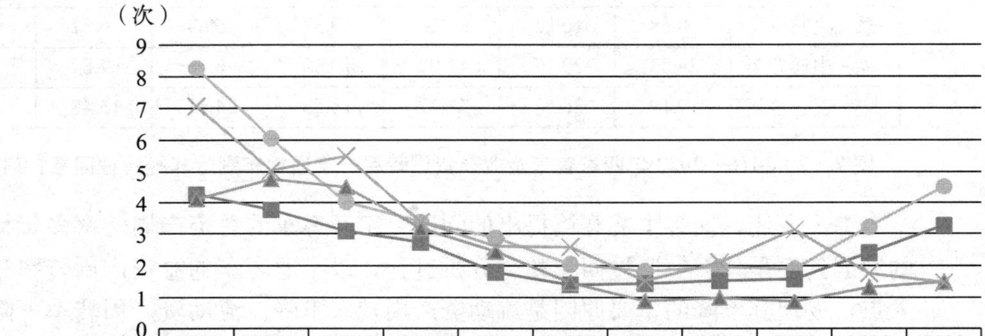

	2012	2013	2014	2015	2016	2017	2018	2019	2020	2021	2022
宇通客车	8.27	6.06	4.02	3.37	2.87	2.05	1.83	1.96	1.90	3.21	4.53
金龙汽车	4.28	3.76	3.08	2.73	1.80	1.41	1.45	1.54	1.59	2.40	3.26
中通客车	4.11	4.77	4.51	3.16	2.44	1.48	0.89	0.99	0.87	1.33	1.50
安凯客车	7.07	5.05	5.50	3.37	2.60	2.58	1.54	2.10	3.12	1.76	1.49

图7-11　2012—2022年四家客车企业应收账款周转率对比图

其他企业从2019年起均略有回升且呈持续上升趋势，同样说明了应收账款周转率的上升不是宇通客车独有的现象。同时，宇通客车的应收账款周转率除个别年份低于中通客车和安凯客车以外，绝大多数年份均高于其他三家企业，尤其是各年均高于规模相近的主要可比企业金龙汽车，说明宇通客车应收账款的营运效率高于其他企业。

3. 对流动资产周转率重新进行因素分解及案例分析

党的二十大报告指出，实践没有止境，理论创新也没有止境。结合第二章资产负债表分析内容，2012—2022年在宇通客车的资产构成中，流动资产占据了主导地位（见图2-3），其中2014—2020年应收账款占比最高（见图2-4）。因此，根据宇通客车的特点，创新性地重新对流动资产周转率进行因素分解，如下所示：

$$流动资产周转率=\frac{营业收入}{应收账款平均余额}\times\frac{应收账款平均余额}{流动资产平均余额}$$
$$=应收账款周转率\times应收账款占流动资产比重$$

可见，流动资产周转率受应收账款周转率和应收账款占流动资产比重两个因素的影响。

根据流动资产周转率重新分解后的影响因素，对2012—2022年宇通客车流动资产周转率进行因素分析，如表7-5所示。可知，2013—2018年应收账款周转率的影响均大于应收账款占流动资产比重的影响，说明流动资产周转率下降主要是由应收账款周转率下降导致的；2019—2020年应收账款占流动资产比重的影响均大于应收账款周转率的影响，说明流动资产周转率下降主要是由应收账款占流动资产比重下降导致的；2021—2022年应收账款周转率的影响均大于应收账款占流动资产比重的影响，说明流动资产周转率增加主要是由应收账款周转率增加导致的。

表7-5 2012—2022年宇通客车流动资产周转率重新分解后的影响因素分析表 单位：次

项目	2012年	2013年	2014年	2015年	2016年	2017年	2018年	2019年	2020年	2021年	2022年
流动资产周转率	2.55	1.90	1.68	1.55	1.44	1.22	1.15	1.10	0.86	1.06	1.10
应收账款周转率	8.27	6.06	4.02	3.37	2.87	2.05	1.83	1.96	1.90	3.21	4.53
应收账款占流动资产比重（%）	30.83	31.36	41.85	46.10	50.10	59.69	62.57	56.21	45.31	33.14	24.20
流动资产周转率的变化结果	—	−0.65	−0.22	−0.13	−0.11	−0.22	−0.07	−0.05	−0.24	0.20	0.04
应收账款周转率的影响	—	−0.68	−0.64	−0.27	−0.23	−0.41	−0.13	0.08	−0.03	0.59	0.44
应收账款占流动资产比重的影响	—	0.03	0.42	0.14	0.11	0.20	0.05	−0.12	−0.21	−0.39	−0.40

2012—2022年宇通客车重新分解后的流动资产周转率及其影响因素对比如图7-12所示。可知，宇通客车流动资产周转率的两个影响因素——应收账款周转率和应收账款占流动资产比重，以2018年和2020年为界限，其影响分三个阶段，且各阶段呈现不同的变化趋势。其中，2012—2018年应收账款周转率逐年下降，从2012年的峰值8.27次下降到2018年的1.83次；由于受新能源汽车国家推广补贴政策的影响，应收新能源汽车补贴款增加，应收账款期末余额逐年增加，宇通客车应收账款占流动资产比重从2012年的30.83%逐年增加，至2018年达到峰值62.57%，这是导致应收账款周转率持续下降的主要原因，进而导致了流动资产周转率下降。2018—2020年应收账款周转率先升后降，而应收账款占流动资产比重持续下降，该占比下降是导致流动资产周转率下降的主要原因。2021—2022年应收账款周转率持续回升，而应收账款占流动资产比重继续保持下降趋势，

但应收账款周转率的回升对流动资产周转率的影响更为显著，是导致流动资产周转率上升的主要原因。

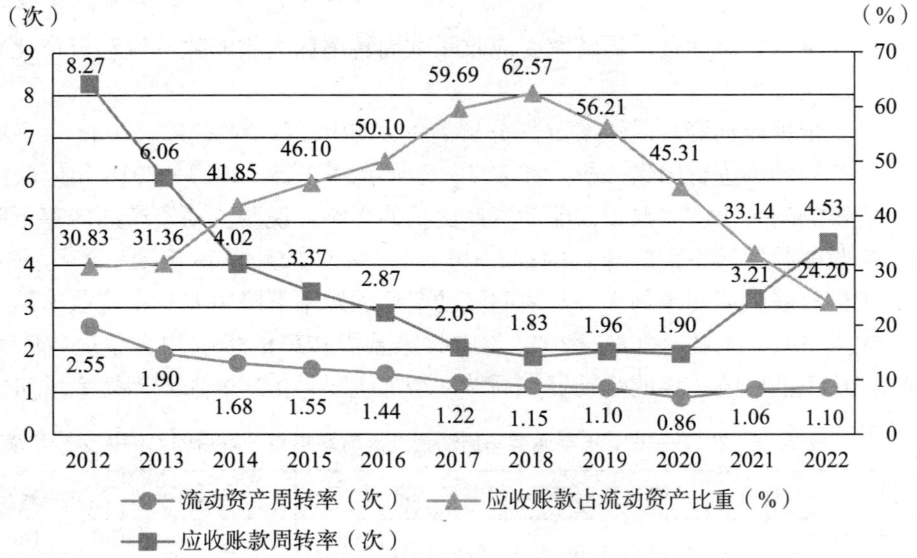

图7-12　2012—2022年宇通客车重新分解后的流动资产周转率及其影响因素对比图

总之，上述分析与第二章资产负债表分析中应收账款分析部分的结论完全吻合，结合图2-14和图2-15，可以看到宇通客车的应收账款金额受新能源汽车国家推广补贴政策影响较大，2018年以前应收账款周转率下降，并非因为应收账款变现能力下降。随着新能源汽车国家推广补贴的逐步退坡，从2018年开始宇通客车的新能源汽车国家推广补贴欠款占应收账款比重逐年减少，这一变化一方面提高了应收账款周转率，另一方面降低了应收账款占流动资产比重。因此，新能源汽车国家推广补贴政策的变化是宇通客车流动资产周转率变化的主要原因。

三、固定资产周转率案例分析

（一）从宇通客车自身趋势看

2012—2022年宇通客车固定资产周转率及其变动率趋势如图7-13所示。[①] 可知，宇通客车的固定资产周转率总体呈波浪式下降趋势，从2012年的9.51次逐渐降至2022年的最低值5.29次。其中，2014—2019年固定资产周转率相对稳定，但在2012—2022年有5年固定资产周转率变动率为负值，尤其是2020年为−31.61。这样的趋势是企业独有的还是行业"通病"？

① 固定资产周转率计算公式中的分母采用固定资产原值平均余额。

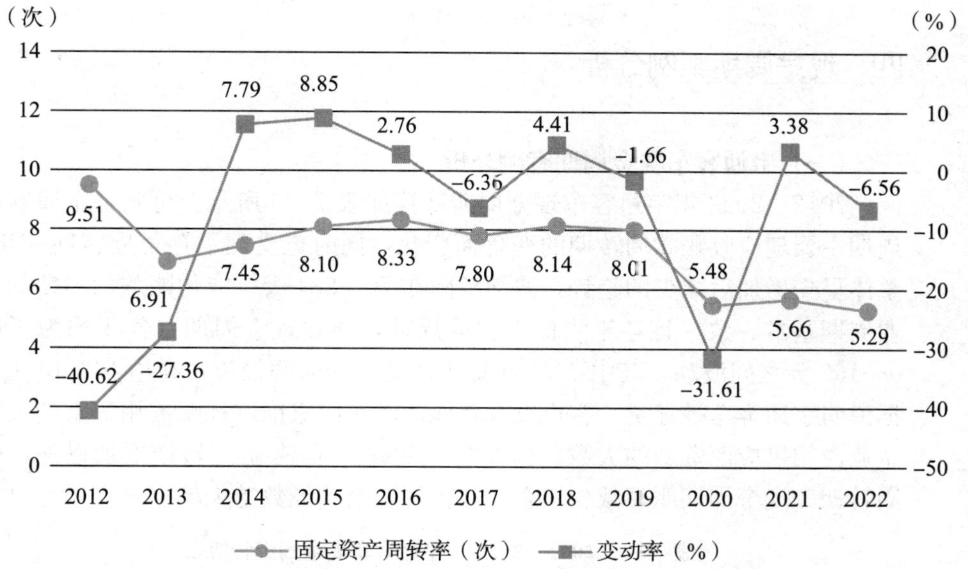

图 7-13　2012—2022 年宇通客车固定资产周转率及其变动率趋势图

（二）从客车行业企业趋势看

2012—2022 年四家客车企业固定资产周转率对比如图 7-14 所示。可知，四家企业的固定资产周转率总体均呈下降趋势，说明该现象属于行业共性，且其他三家企业固定资产周转率的稳定性均不及宇通客车。宇通客车的固定资产周转率水平在行业中处于中上游，低于金龙汽车，但高于中通客车和安凯客车。2017 年之后，四家企业的固定资产周转率差距逐渐缩小。2022 年除安凯客车以外，其他三家企业的固定资产周转率非常接近。

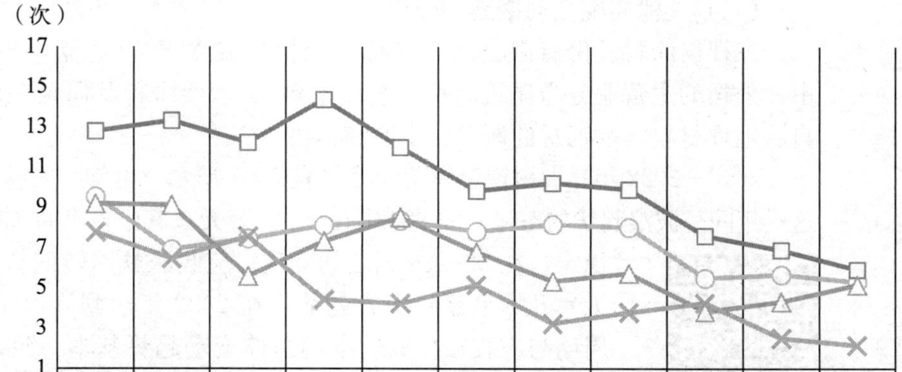

	2012	2013	2014	2015	2016	2017	2018	2019	2020	2021	2022
宇通客车	9.51	6.91	7.45	8.10	8.33	7.80	8.14	8.01	5.48	5.66	5.29
金龙汽车	12.78	13.31	12.22	14.35	11.97	9.80	10.19	9.87	7.59	6.88	5.91
中通客车	9.16	9.10	5.58	7.32	8.49	6.78	5.32	5.72	3.82	4.31	5.15
安凯客车	7.76	6.46	7.56	4.42	4.21	5.13	3.23	3.77	4.25	2.51	2.16

图 7-14　2012—2022 年四家客车企业固定资产周转率对比图

四、现金周期案例分析

（一）宇通客车现金周期案例分析

2012—2022年宇通客车现金周期计算如表7-6所示。可知，宇通客车的营业周期主要随应收账款周转期的变化而变化，同时也受到了存货周转期变化的影响，整体呈先增加后减少的趋势，波动范围在70～284天。应付账款周转期的走势与营业周期基本一致，且各年均低于营业周期，导致现金周期在各年均为正值，且在0～162天之间波动，其中2020年被占用资金的时间最长，高达162.15天。以上数据说明宇通客车被存货、客户以及新能源汽车国家推广补贴占用资金的天数远多于企业占用供应商资金的天数。但2020年以后，除存货周转期增加以外，应收账款周转期和现金周期明显减少，企业被占用资金的天数越来越少。

表7-6 2012—2022年宇通客车现金周期计算表 单位：天

项目	2012年	2013年	2014年	2015年	2016年	2017年	2018年	2019年	2020年	2021年	2022年
存货周转期	27.09	28.19	23.79	20.91	24.14	36.73	52.48	64.29	94.49	105.88	117.65
应收账款周转期	43.53	59.41	89.55	106.82	125.44	175.61	196.72	183.67	189.47	112.15	79.47
营业周期	70.62	87.60	113.34	127.73	149.58	212.34	249.20	247.96	283.96	218.03	197.12
应付账款周转期	60.02	87.34	100.78	109.87	126.88	136.38	130.68	121.68	121.81	101.01	109.38
现金周期	10.60	0.26	12.56	17.86	22.70	75.96	118.52	126.28	162.15	117.02	87.74

（二）三棵树现金周期案例分析

三棵树涂料股份有限公司（简称三棵树）成立于2003年，于2016年6月上市。公司的主营业务为建筑涂料（墙面涂料）、木器涂料及保温一体化板、防水材料、地坪材料、基辅材的研发、生产和销售。

2016—2022年三棵树现金周期计算如表7-7所示。可知，三棵树的现金周期在这七年间呈波浪起伏的态势，波动范围在—44～2天。其中，存货周转期相对较短且稳定，在22～38天之间变现；应收账款周转期从2016年（40.33天）开始呈逐年上升趋势，在2022年达到峰值129.03天；营业周期与应收账款周转期的总体变动趋势基本一致；应付账款周转期呈先增加后减少再增加的趋势，在2022年达到峰值182.08天。三棵树的现金周期除2019年为1.76天以外，其他年份均为负值，说明企业在多数年份中占用供应商资金的能力较强，但稳定性还需要提高。

第三节
即测即评

表 7-7　2012—2022 年三棵树现金周期计算表　　单位：天

项目	2016 年	2017 年	2018 年	2019 年	2020 年	2021 年	2022 年
存货周转期	34.52	36.45	37.87	37.91	33.04	22.53	27.32
应收账款周转期	40.33	52.07	63.21	68.75	94.02	104.93	129.03
营业周期	74.85	88.52	101.08	106.66	127.06	127.47	156.35
应付账款周转期	91.59	90.08	144.74	104.90	134.89	135.80	182.08
现金周期	−16.74	−1.56	−43.66	1.76	−7.83	−8.34	−25.73

□ 思考题

1. 简述总资产周转率、应收账款周转率分析时应注意的问题。

2. 简述总资产周转率、流动资产周转率、流动资产垫支周转率和存货周转率之间的关系。

3. 简述存货周转率偏低的原因，以及分析时应注意的问题。

4. 简述宇通客车营运能力分析的思路。

5. 从 2012 年开始四家客车企业的总资产周转率均有不同程度的下降，其主要原因是什么？

6. 简述总资产周转率、流动资产周转率的影响因素，以及因素分解公式。

7. 一般制造业企业的流动资产周转率受流动资产垫支周转率和成本收入率的影响，流动资产垫支周转率受存货周转率和存货构成率的影响。根据宇通客车的特点，请说明流动资产周转率是否还受其他因素的影响？分析 2012—2022 年宇通客车流动资产周转率的变动原因。

8. 简述宇通客车流动资产垫支周转率下降的原因。

9. 简述营业周期与现金周期的关系，现金周期大于或者小于营业周期说明的问题。

□ 分析题

1. 针对第一章章后分析题所选 A 股上市公司及三家同行业可比公司，根据本章所学内容，对其营运能力分析进行实操训练。

2. 2018—2022 年长安汽车总资产周转率及其影响因素分析如表 7-8 所示。

表 7-8　2018—2022 年长安汽车总资产周转率及其影响因素分析表　　单位：次

项目	2018 年	2019 年	2020 年	2021 年	2022 年
总资产周转率	0.66	0.74	0.78	0.83	0.86
流动资产周转率	1.25	1.52	1.38	1.28	1.26
流动资产占总资产比重（%）	52.80	48.68	56.52	64.84	68.25

续表

项目	2018 年	2019 年	2020 年	2021 年	2022 年
总资产周转率的变化结果	−0.09	0.08	0.04	0.05	0.03
流动资产周转率的影响	0.01	0.14	−0.07	−0.06	−0.01
流动资产占总资产比重的影响	−0.10	−0.06	0.11	0.11	0.04

要求： 运用因素分析法分析 2018—2022 年长安汽车总资产周转率变化的原因，并进行评价。

第八章 Chapter 8 偿债能力分析

思维导图

- 偿债能力分析
  - 偿债能力分析的目的
    - 有利于债权人进行正确的信贷决策
    - 有利于企业经营者进行正确的经营决策
    - 有利于投资者进行正确的投资决策
  - 短期偿债能力分析
    - 影响短期偿债能力的因素
      - 流动负债的规模与结构
      - 资产的流动性
      - 企业的现金流量
    - 短期偿债能力指标分析
      - 流动比率、分析思路及案例分析
      - 速动比率及案例分析
      - 现金比率及案例分析
  - 长期偿债能力分析
    - 影响长期偿债能力的因素
      - 企业的盈利能力
      - 长期债务的规模与结构
      - 非流动资产的规模与结构
      - 企业的现金流量
    - 长期偿债能力指标分析
      - 资产负债率及案例分析
      - 股东权益比率和权益乘数
      - 产权比率及案例分析
      - 已获利息倍数及案例分析

学习目标

1. 了解偿债能力分析的目的和内容；
2. 了解影响短期偿债能力和长期偿债能力的因素；
3. 掌握反映短期偿债能力和长期偿债能力的各项指标的计算、分析与应用；
4. 掌握偿债能力指标分析的思路；
5. 掌握利用资产负债表、利润表和现金流量表信息分析企业偿债能力的方法；
6. 掌握结合资产负债表信息、行业标准信息等客观评价企业偿债能力的思路；
7. 树立正确的价值观和诚信责任意识，了解企业债务危机的严重后果。

第一节 偿债能力分析的目的

偿债能力是指企业偿还自身所欠债务的能力。企业负债是指企业所承担的能以货币计量，需以资产或劳务偿付的债务，也是企业资产的来源之一。偿债能力分析是财务指标分析的重要组成部分，深受企业债权人、经营者和投资者的关注，但由于各自的立场不同，分析目的有所区别。

一、有利于债权人进行正确的信贷决策

企业偿债能力，对于债权人而言至关重要。偿债能力的强弱直接决定着债权人贷出资金及其利息能否收回，这是债权人在做出信贷决策前需要考虑的最基本因素。债权人通常不愿将资金借给偿债能力较弱的企业，因此债权人在进行信贷决策时，必须对借款企业的财务状况，特别是偿债能力进行深入细致的调查分析，否则将可能做出错误的决策，不仅无法收到利息，甚至连本金都难以收回。

二、有利于企业经营者进行正确的经营决策

企业经营者要保证经营目标的实现，就必须使生产经营各环节顺畅运行，其关键在于企业的资金循环与周转速度。偿债能力是对企业经营状况和财务状况的综合反映，既能对企业资金循环状况做出直接反映，又能对企业生产经营各环节的资金循环和周转产生重要影响。因此，通过偿债能力分析，可以揭示企业的财务状况及其变动情况和原因，合理评价企业在经营过程中存在的问题，并采取有效的解决措施，以保证企业生产经营的顺利进行。

三、有利于投资者进行正确的投资决策

投资者在进行投资决策时，不仅要考虑被投资方的盈利能力，也要考虑其偿债能力。这是因为投资者的投资目的在于资本的保值增值，即安全收回投资并获取收益或红利。如果企业短期偿债能力较弱，其支付能力就不强或资产的流动性就较差，投资者可能就无法得到应得的股利；如果企业长期偿债能力较弱，投资者的本金也可能难以收回。因此，对于投资者而言，重视企业偿债能力分析对于其做出投资决策及实现资本保值增值意义重大。

第一节
即测即评

第二节 短期偿债能力分析

短期偿债能力是指企业偿还流动负债的能力，或者说是企业在短期债务到期时，资产可以变现用于偿还流动负债的能力。

一、影响短期偿债能力的因素

在进行短期偿债能力分析时，必须明确影响企业短期偿债能力的因素，这是短期偿债能力分析的基础。影响短期偿债能力的主要因素包括流动负债的规模与结构、资产的流动性以及企业的现金流量等。

（一）流动负债的规模与结构

流动负债，也称短期负债，是指企业可以在一年内或者超过一年的一个营业周期内偿还的债务。流动负债的规模是影响企业短期偿债能力的重要因素，因为流动负债规模越大，短期内需要偿还的债务负担就越重。企业的流动负债具体可以分为以下几类：（1）从企业外部借入的资金，如短期借款，这类负债不仅要求企业偿还本金，而且要支付利息；（2）企业在货款结算中占用的他人资金，如应付票据、应付账款、合同负债等，这类负债有的来自商业信用，有的需用商品或劳务偿还；（3）企业占用的他人或单位的资金，如应付职工薪酬、应付股利、应交税费等，这类负债应按期偿还。企业需要用现金偿付的流动负债对资产的流动性要求更高，企业只有拥有足够的现金才能保证其偿债能力。此外，各种流动负债的偿还期限是否集中、强制性高低等也会对企业偿债能力产生影响，分析时一定要结合各种影响因素，以综合判断企业的短期偿债能力。

（二）资产的流动性

企业资产的流动性是评价短期偿债能力的关键因素，而资产的流动性取决于企业的资产结构，企业的资产结构又往往带有行业特征。资产按照流动性可分为流动资产和非流动资产。流动资产是指满足下列条件之一的资产：预计在一个正常营业周期内变现、出售或耗用；主要为交易目的而持有；预计在资产负债表日起一年内变现；自资产负债表日起一年内，交换其他资产或清偿负债的能力不受限制的现金或现金等价物。企业的流动负债往往需要用在一年内可变现的资产偿还，因此流动资产是偿还流动负债的物质保证。一般情况下，流动资产越多，企业的短期偿债能力就越强。从变现能力看，流动资产通常可分为速动资产和存货两部分。速动资产的特点是变现能力强；存货的流动性相对较差，变现时间较长，有些存货由于品种、质量等问题甚至无法变现。在流动资产中，如果存货占比较大，且存货的变现速度通常又低于其他流动资产，则其偿债能力将会受到一定影响。因此，在分析企业的短期偿债能力时，需要结合具体情况、具体项目进行具体分析。

（三）企业的现金流量

企业的短期债务通常用现金偿还，因此，现金流量是决定短期偿债能力的重要因素。企业的现金流量状况主要受企业经营状况和融资能力两方面影响。当企业经营业绩良好时，就会有持续稳定的现金流入，这从根本上保障了债权人的权益；当企业经营业绩不佳时，现金流入不足以抵补现金流出，就会造成现金短缺、营运资本缺乏，偿债能力也必然下降。如果没有充足的现金流量，即使盈利的企业也可能因无法及时偿还到期债务而陷入信用危机甚至破产倒闭。例如，海尔公司在内部确立了一项原则：没有现金流支持的利润就不算利润，没有利润支持的销售额就不算销售额。实践中，很多企业的破产并不是源于赤字，而是由于“黑字”，实际上就是现金流管理不善。

另外，企业的财务管理水平、母公司与子公司之间的资金调拨、流动资产与流动负债的匹配程度等也会影响短期偿债能力。同时，企业的短期偿债能力也受外部因素的影响，如宏观经济形势、证券市场的发展与完善程度、银行的信贷政策等。

二、短期偿债能力指标分析

短期偿债能力通常用财务比率进行衡量。然而，由于比率本身的缺陷以及时空条件的变化，各种比率所反映的偿债能力也只是综合的、大致的、仅供参考的信息，并非百分之百准确，这是分析时应特别注意的问题。反映企业短期偿债能力的指标主要有流动比率、速动比率和现金比率等。

（一）流动比率、分析思路及案例分析

1. 流动比率的内涵与计算

流动比率是指流动资产与流动负债之间的比率，表示每单位流动负债有多少流动资产作为偿还保证，反映了企业流动资产在短期债务到期时可变现用于偿还流动负债的能力，是衡量企业短期偿债能力的重要指标。其计算公式如下：

$$流动比率=\frac{流动资产}{流动负债}$$

一般来说，从债权人的立场看，流动比率越高越好，因为流动比率越高，债权越有保障，借出的资金越安全，但经营者和所有者并不一定希望流动比率过高，因为在偿债能力允许的范围内，根据经营需要进行适度的负债经营是现代企业的经营策略之一。因此，确定一个合适的流动比率（该比率应能说明企业的短期偿债能力较强，对企业的经营有利）就成为评价短期偿债能力的关键。目前，对流动比率的

评价往往会结合企业历史标准或行业标准，这样更能全面、客观地说明问题且更符合企业实际。

2. 流动比率分析应注意的问题

（1）重视行业标准和历史标准。流动比率虽适合不同规模企业之间的比较，但不同行业的流动比率由于资产、负债占用情况不同又存在较大差异。因此，在运用流动比率衡量企业短期偿债能力时，必须依据企业的历史标准或者结合行业平均标准。有些行业的流动比率达到 1 时就表明其有较强的偿债能力，而有些行业即使流动比率达到或超过 2 也不一定表明其偿债能力强。例如，2022 年信息传输、软件和信息技术服务业的流动比率为 2.09，住宿和餐饮业的流动比率为 0.69，汽车制造业的流动比率为 1.14，医药制造业的流动比率为 2.13。

（2）必须结合流动资产和流动负债的结构分析。企业短期偿债能力的强弱在根本上取决于流动资产与流动负债之间的关系，流动资产与流动负债的变动决定了流动比率的变动。即使在同行业企业中，流动比率较低也不一定意味着其偿债能力较弱。如果企业有充裕的现金、随时能变现的金融资产或具有相当强的融资能力等，那么其实际的偿债能力可能比流动比率指标所反映的偿债能力强得多；反之，即使一个企业的流动比率超过 3，但如果其流动资产中变现较慢的存货或难以收回的债权占相当大比例，也不能说明其偿债能力很强。因此，在分析流动比率时，一定要结合资产负债表信息、流动资产和流动负债的结构做出综合评价。

（3）人为因素对流动比率指标的影响。流动比率是根据资产负债表的数据计算得出的，体现的仅仅是企业账面上的偿债能力。企业管理者出于某种目的可以运用各种方式做出调整，使流动比率表现出来的偿债能力与实际偿债能力产生较大差异。例如，企业可以以本期末还贷、下期初再举债的方式调减期末流动负债余额，或通过举借长期借款增加流动资产等方式调整流动比率，掩盖企业真实财务状况。在分析时，应结合流动资产和流动负债的变动情况及原因，对企业短期偿债能力的真实性做出判断。

（4）与企业未来的现金流量缺少必然联系。流动负债是企业短期内需偿还的债务，流动资产能否在短期内转化为现金则存在不确定性，所以流动比率只反映了企业短期内由流动资产和流动负债产生的现金流入和流出的可能途径，而真正与现金流入和流出有直接关系的因素如销售等并未在计算流动比率时加以考虑。因此，需要结合现金比率进一步分析。

（5）存货对流动比率指标的影响。通常制造业企业的存货在流动资产中占较大比重，企业对存货的计价方式具有选择权，不同的计价方式对存货规模的影响有所不同，因此流动比率的计算带有主观色彩。此外，企业存货积压或在管理方面存在问题，也可能会表现出较高的流动比率。因此，需要结合速动比率进一步分析。

3. 流动比率分析思路及案例分析

对流动比率的分析，可以从静态和动态两方面进行。静态分析就是计算并分析某一时点的流动比率，同时将其与同行业企业的流动比率进行比较；动态分析就是将不同时点的流动比率进行对比，研究其变动的特点及合理性。

（1）流动比率静态分析。2022年四家客车企业流动比率静态对比如图8-1所示。可知，四家企业的流动比率存在差异。其中，宇通客车的流动比率最高，为1.51；安凯客车最低，为0.69；除安凯客车以外，其他三家企业的流动比率均在1以上。那么，其他年份的情况也是如此吗？这四家企业的短期偿债能力是高还是低？

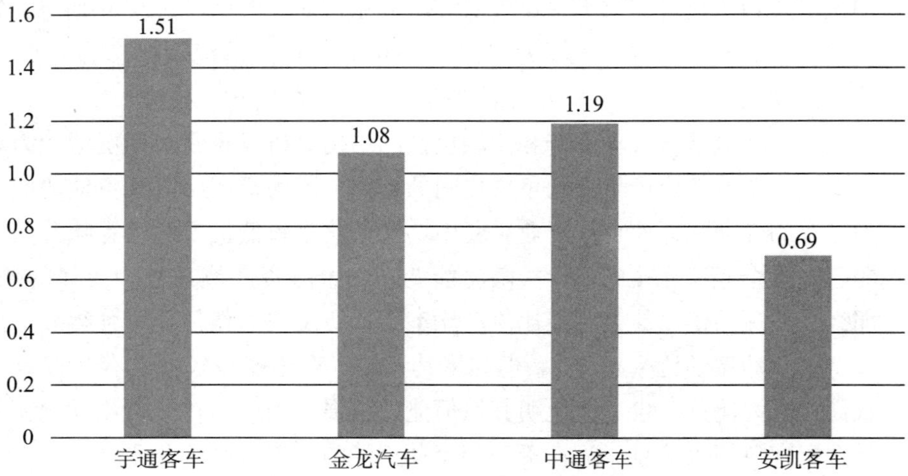

图8-1 2022年四家客车企业流动比率静态对比图

（2）流动比率动态分析。2012—2022年宇通客车流动比率动态趋势如图8-2所示。可知，宇通客车的流动比率虽然呈波浪式变动，但总体上保持在1.35～1.68之间，2013年达到最高值1.68，2016年达到最低值1.35，11年的平均值为1.51。那么，同行业其他企业的流动比率动态趋势又是如何呢？

图8-2 2012—2022年宇通客车流动比率动态趋势图

2012—2022 年四家客车企业流动比率对比如图 8－3 所示。可知，四家企业的流动比率均在 1.70 以下。其中，宇通客车一直处于领先水平，其流动比率各年均高于其他三家企业。2015—2022 年，金龙汽车和中通客车的流动比率较为接近，且在 1.08～1.38 的区间波动，低于宇通客车，但高于安凯客车。在大多数年份，安凯客车的流动比率在四家企业中最低，特别从 2018 年开始各年均低于 1。通过对比四家企业的流动比率趋势，可以看到宇通客车的短期偿债能力最强。那么，是否流动比率越高越好，越低越差呢？实际上，流动比率的高低并不能完全代表企业的偿债能力，还需要进一步分析流动资产和流动负债的结构。

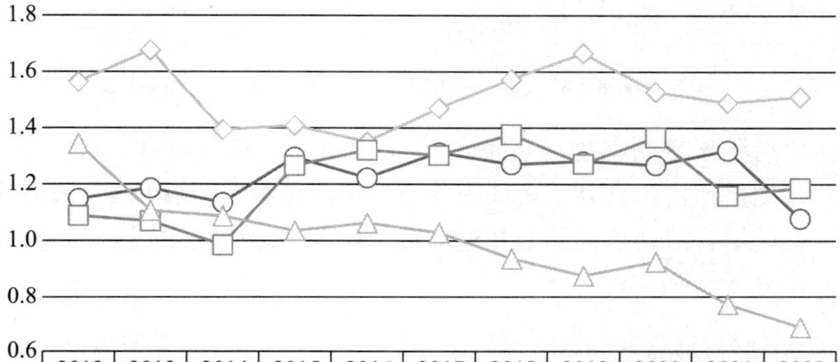

	2012	2013	2014	2015	2016	2017	2018	2019	2020	2021	2022
宇通客车	1.56	1.68	1.39	1.41	1.35	1.47	1.57	1.67	1.53	1.49	1.51
金龙汽车	1.15	1.19	1.13	1.30	1.22	1.31	1.27	1.28	1.27	1.32	1.08
中通客车	1.09	1.07	0.98	1.27	1.32	1.30	1.38	1.27	1.37	1.16	1.19
安凯客车	1.34	1.11	1.09	1.04	1.06	1.03	0.94	0.88	0.93	0.77	0.69

图 8－3　2012—2022 年四家客车企业流动比率对比图

（3）宇通客车资产结构及其变动分析。资产的流动性是评价短期偿债能力的重要标尺，2012—2022 年宇通客车流动资产占比及其变动率趋势如图 8－4 所示。可知，宇通客车在这 11 年间流动资产占资产总额的比重始终维持在 63%～77%，2020 年以前该占比均在 70%以上，其中 2015—2019 年占比相对较高且稳定；从 2020 年开始占比逐年明显下降，2022 年下降到最低点 63.33%。从变动率来看，波动幅度较大，2015 年达到最高值 5.48%，2020 年达到最低值－7.97%，2022 年以后逐年回升。以上数据说明，宇通客车的资产一直以流动资产为主，资产的流动性和变现能力较强。但结合图 8－2 可知，宇通客车的流动比率在 2019 年之后也呈现明显的下降趋势。这是否意味着流动资产的减少是导致流动比率下降的主要原因呢？企业的负债结构又如何呢？

（4）宇通客车负债结构及其变动分析。负债的结构同样是评价短期偿债能力不可或缺的因素。2012—2022 年宇通客车流动负债占比及其变动率趋势如图 8－5 所示。可知，2012—2014 年宇通客车的流动负债占比呈逐年上升趋势，于 2014 年达到峰值 95.34%以后一路下滑，2022 年达到最低值 81.63%，但仍保持在较高水平；2013—2020 年变动率则呈明显下降的趋势，其中 2015 年是由正转负的关键时点，

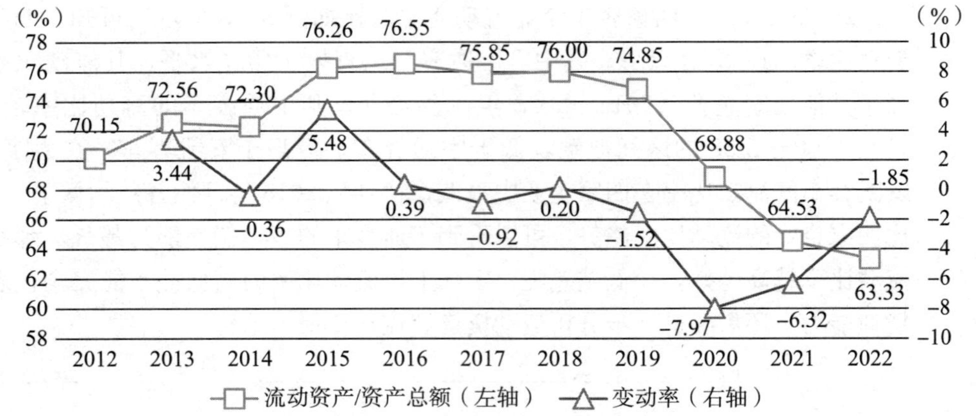

图 8-4　2012—2022 年宇通客车流动资产占比及其变动率趋势图

之后各年变动率均为负值，2021—2022 年略有回升，最高值仅为－1.36%。企业流动负债占比越高，短期内需要偿还的债务负担就越重，短期偿债压力就越大，但还应结合流动负债结构和流动负债偿还期限的集中程度对企业短期偿债能力做进一步分析。

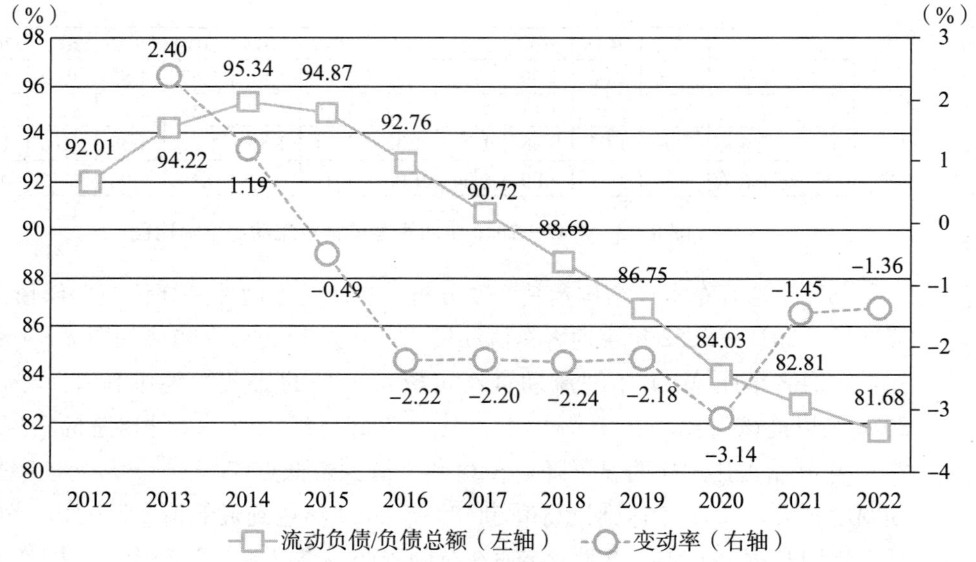

图 8-5　2012—2022 年宇通客车流动负债占比及其变动率趋势图

(5) 2019 年宇通客车流动资产和流动负债结构分析。以 2018—2022 年宇通客车流动比率最高的 2019 年为例，对其流动资产和流动负债主要项目进行结构对比，如表 8-1 所示。可知，在 2019 年宇通客车的流动资产中，应收账款占比最高(50.56%)，占据了流动资产的一半以上。结合第二章资产负债表分析中的图 2-15，可以发现 2019 年应收账款中新能源汽车国家推广补贴欠款占 51.92%，只要国家政策不变，这部分款项就不存在收不回来的风险。货币资金和变现能力较强的交易性金融资产占比合计为 26.44%，而变现能力较弱的存货占比则不到

16%。在流动负债中，占比较高的全部是商业信用，其中应付票据和应付账款两者占比均在30%以上，合计高达70.84%，另外，预收款项和其他应付款占比也均超过了11%，说明宇通客车在产业链上下游关系中处于优势地位，能够占用供应商、客户等的资金，但企业仍要特别注意按期及时还款，以避免影响企业信誉。因此，结合2019年宇通客车的流动比率为1.67，以及流动资产和流动负债的结构分析，可知宇通客车并没有短期偿债的压力和风险。

表8-1 2019年宇通客车流动资产和流动负债三要项目结构对比表

流动资产	金额（万元）	比例（%）	流动负债	金额（万元）	比例（%）
货币资金	475 786	17.32	应付票据	510 120	30.93
交易性金融资产	250 551	9.12	应付账款	658 147	39.91
应收账款	1 389 097	50.56	预收款项	183 785	11.14
存货	439 082	15.98	其他应付款	182 100	11.04
⋮			⋮		
总计	2 747 316	92.98	总计	1 649 245	93.02

（6）2022年宇通客车流动资产和流动负债结构分析。虽然2022年宇通客车的流动资产、流动负债占比均达到了最低点，但流动比率并非降至最低。2022年宇通客车流动资产和流动负债主要项目结构对比如表8-2所示。可知，流动资产中占比最高的是货币资金，高达37.03%，比2019年增加19.71个百分点；其他应收款和应收账款合计占比超过26%；存货占比较2019年有明显增加，达到了25.76%。在流动负债中，宇通客车依然以商业信用为主，在上下游关系中处于优势地位。尽管2022年宇通客车的流动比率为1.51，较2019年有所下降，但结合流动资产和流动负债的结构分析，可以发现宇通客车不存在短期偿债的压力和风险。

表8-2 2022年宇通客车流动资产和流动负债主要项目结构对比表

流动资产	金额（万元）	比例（%）	流动负债	金额（万元）	比例（%）
货币资金	703 462	37.03	应付票据	230 377	18.31
其他应收款	91 617	4.82	应付账款	519 718	41.31
应收账款	408 968	21.53	合同负债	130 957	10.41
存货	489 355	25.76	其他应付款	217 922	17.32
⋮			⋮		
总计	1 899 818	89.14	总计	1 258 018	87.36

（二）速动比率及案例分析

1. 速动比率的内涵与计算

速动比率是指企业速动资产与流动负债之间的比率，用于衡量企业流动资产中可以立即变现偿还流动负债的能力，是对流动比率的补充。其计算公式如下：

$$速动比率=\frac{速动资产}{流动负债}=\frac{流动资产-存货}{流动负债}$$

式中，速动资产是指几乎可以立即变现用来偿付流动负债的资产，一般包括货币资金、交易性金融资产、应收票据、应收账款、应收款项融资、合同资产、其他应收款和其他流动资产。因此，在计算速动资产时，要剔除存货和预付账款等。

可见，运用速动比率来评价企业的短期偿债能力消除了存货等变现能力较差的流动资产的影响，可以部分弥补流动比率指标存在的缺陷。当企业流动比率较高时，如果流动资产中可以立即变现用来偿付债务的资产较少，其偿债能力也未必强；反之，即使流动比率较低，但流动资产中速动资产占比较高，其偿债能力也未必弱。因此，计算速动比率的关键在于确定速动资产。在受存货影响较大的企业中，用速动比率评价企业的短期偿债能力相比流动比率更准确一些。

由于速动资产的变现能力较强，因此该指标越高表明企业短期偿债能力越强。速动比率过低，企业的短期偿债风险较大；速动比率过高，企业的速动资产占用资金过多，会增加企业投资的机会成本。一般认为，在企业的全部流动资产中，如果存货大约占50%，那么速动比率的经验标准为1，但这并不适用于所有的行业和企业，还要结合其他因素进行评价。

2. 速动比率分析应注意的问题

对速动比率的分析还应结合应收款项的收账期。因为速动比率的计算基于一个十分重要的假设条件，即所有的应收款项都能在其回收期内如数转化为现金，即使有坏账损失，数额也非常小，可以忽略不计。但事实并非如此，企业可能有相当一部分应收款项不能按期收回。某些应收款项超过回收期一定期限后，其发生坏账损失的可能性会增大。换言之，按全部应收款项计算的速动比率含有一定的“水分”，不能真实反映企业的短期偿债能力，因此有必要将可能形成坏账损失的应收款项金额从速动资产中剔除，从而对速动比率进行适当调整。

3. 速动比率案例分析

（1）宇通客车速动比率与流动比率对比分析。2012—2022年宇通客车速动比率与流动比率对比如图8-6所示。可知，宇通客车的速动比率与流动比率的变动趋势大致相同，说明宇通客车的存货较少且比较稳定，与第二章资产负债表分析中存货部分的结论相符。宇通客车的速动比率在11年间的平均值为1.29，其中，2013年达到峰值为1.48，2021年降至最低点1.05。2012—2019年宇通客车的速动比率尽管有所波动，但各年均在1.25以上，自2019年以后明显下滑，这一变化与流动比率基本一致。可见，宇通客车的速动比率与流动比率之间的差距较小，说明其短期偿债能力受存货影响较小。那么，同行业可比企业的速动比率与流动比率的状况又如何呢？

（2）客车行业企业速动比率对比分析。2012—2022年四家客车企业速动比率对比如图8-7所示。可知，2020年以前，宇通客车的速动比率明显处于领先地位，除2016年略低于中通客车以外，其他年份均高于其他三家企业。但从2020年开始受新冠疫情影响，财务指标普遍下降，但中通客车和宇通客车的速动比率不降反升，这一异常现象值得关注。由于四家企业的存货在流动资产中占比较小且相对稳定，因此它们的速动比率与流动比率的变化趋势基本一致，除安凯客车从2018年

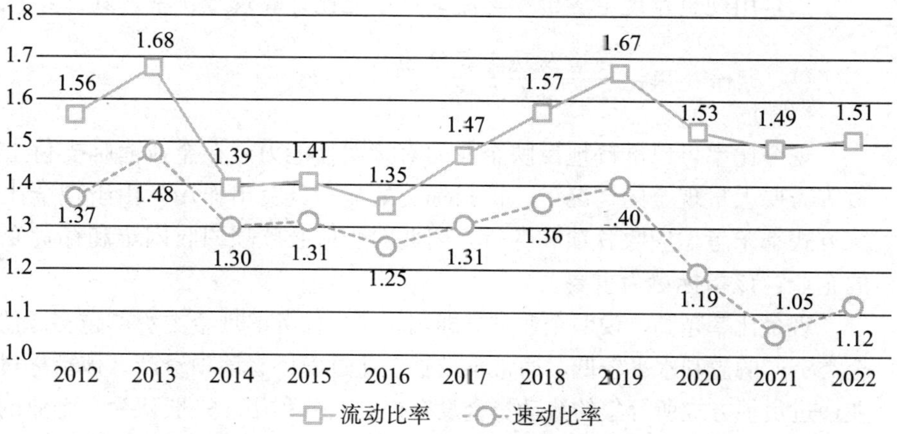

图 8－6　2012—2022 年宇通客车速动比率与流动比率对比图

开始速动比率低于 1 外，其他企业大多数年份的速动比率都在 1 以上，且数值波动不大，说明这些企业均具有较为稳定的短期偿债能力。

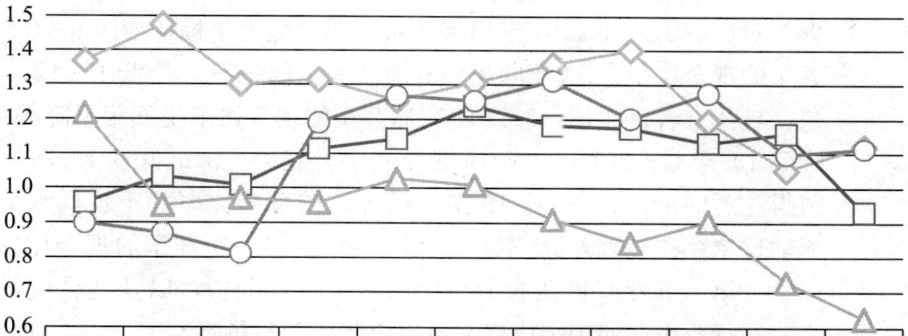

	2012	2013	2014	2015	2016	2017	2013	2019	2020	2021	2022
宇通客车	1.37	1.48	1.30	1.31	1.25	1.31	1.36	1.40	1.19	1.05	1.12
金龙汽车	0.96	1.03	1.01	1.11	1.14	1.24	1.18	1.17	1.13	1.16	0.93
中通客车	0.90	0.87	0.81	1.19	1.27	1.25	1.31	1.20	1.27	1.10	1.11
安凯客车	1.22	0.95	0.97	0.96	1.03	1.01	0.91	0.84	0.90	0.73	0.63

图 8－7　2012—2022 年四家客车企业速动比率对比图

（三）现金比率及案例分析

1. 现金比率的内涵与计算

现金比率是指企业的现金类资产与流动负债之间的比率，通常有两种计算方法。

一是用货币资金与流动负债之比计算现金比率，此时的现金比率也称为货币资金率。其计算公式如下：

$$现金比率=\frac{货币资金}{流动负债}\times 100\%$$

二是用现金及现金等价物与流动负债之比计算现金比率。其计算公式如下：

$$现金比率=\frac{现金及现金等价物}{流动负债}\times100\%$$

现金比率可以准确地反映企业的直接偿债能力。在企业面临支付工资或大宗进货等需要大量现金的情况下，该指标更能显示其突出作用。由于现金比率的两种计算方式都未考虑应收款项和存货，因此对于应收款项回收困难和存货变现存在问题的企业，该指标更为重要。

现金比率越高，说明企业可立即用于偿付债务的现金类资产越多。然而，由于现金类资产的盈利水平较低，通常不鼓励企业过度持有该项资产。该指标过高，表明企业通过负债方式所筹集的流动资金没有得到充分利用。一般认为，企业的现金比率在20%左右较为合适，这样既能确保企业具备足够的直接支付能力，又能避免资金闲置。

2. 现金比率案例分析

（1）宇通客车短期偿债能力指标对比分析。结合流动比率、速动比率和现金比率，对比 2012—2022 年宇通客车短期偿债能力指标，如图 8－8 所示。可知，宇通客车的现金比率在 11 年间虽然有所波动，但只有 2 年低于 20%，这可视为偶然现象。具体来看，2013—2017 年宇通客车的现金比率呈逐年下降趋势，由 60.01%下降到 13.34%；2017—2022 年整体呈上升趋势，由最低点 13.34%增加到 55.92%。值得注意的是，2016—2019 年宇通客车的现金比率处于较低水平，与速动比率和流动比率存在显著差异。对于 2016—2019 年宇通客车的现金比率较低的原因，可以参考第二章资产负债表分析中的货币资金分析，以及现金流量表分析内容。那么，同行业企业的现金比率又呈现出怎样的态势呢？

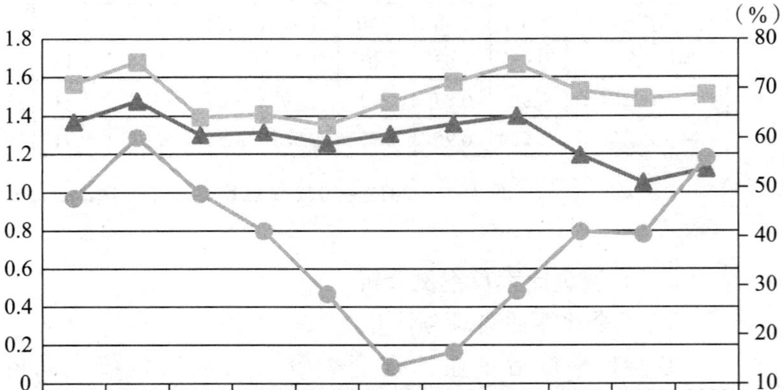

	2012	2013	2014	2015	2016	2017	2018	2019	2020	2021	2022
流动比率	1.56	1.68	1.39	1.41	1.35	1.47	1.57	1.67	1.53	1.49	1.51
速动比率	1.37	1.48	1.30	1.31	1.25	1.31	1.36	1.40	1.19	1.05	1.12
现金比率（%）	47.70	60.01	48.68	41.06	28.19	13.34	16.38	28.85	40.97	40.42	55.92

图 8－8　2012—2022 年宇通客车短期偿债能力指标对比图

注：现金比率的计算公式为现金及现金等价物与流动负债之比，下同。

（2）客车行业企业现金比率对比分析。2012—2022 年四家客车企业现金比率对比如图 8－9 所示。可知，在四家企业中，除金龙汽车的现金比率相对稳定以外，其他企业的现金比率波动均较大；2016—2019 年金龙汽车的现金比率处于领先水平，始终在 28%以上。宇通客车的现金比率于 2013—2015 年、2020 年、2022 年处于领先地位，但 2017 年处于最低水平；中通客车的现金比率仅在 2017 年略低于 20%，其他各年均在 20%以上；安凯客车的现金比率波动较大，最高值为 74.10%，最低值为 12.85%。综合四家企业来看，除安凯客车以外，其他三家企业的现金比率总体表现较好，直接支付能力较强。

第二节
即测即评

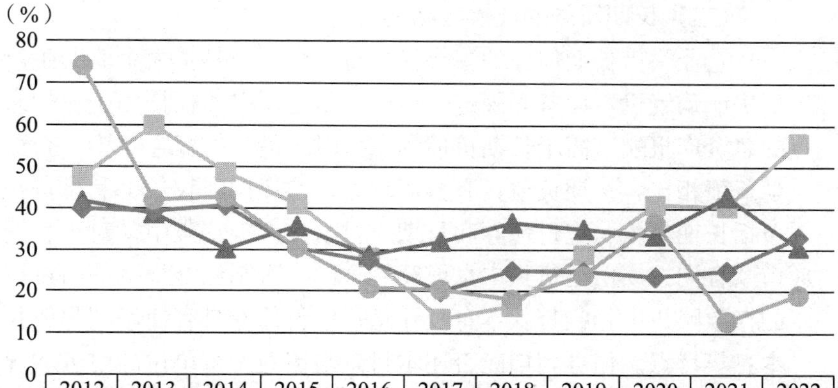

	2012	2013	2014	2015	2016	2017	2018	2019	2020	2021	2022
宇通客车	47.70	60.01	48.68	41.06	28.19	13.34	16.38	28.85	40.97	40.42	55.92
金龙汽车	41.74	38.77	30.22	35.73	28.69	32.01	36.59	35.05	33.52	42.82	30.54
中通客车	39.88	39.33	40.66	30.38	27.29	19.84	24.85	24.67	23.42	24.79	33.12
安凯客车	74.10	42.08	42.74	30.50	20.66	20.31	18.01	23.75	36.77	12.85	19.05

图 8－9　2012—2022 年四家客车企业现金比率对比图

第三节　长期偿债能力分析

长期偿债能力是指企业偿还自身所欠长期负债的能力，或者说是在企业长期债务到期时，企业盈利或资产可用于偿还长期负债的能力。

一、影响长期偿债能力的因素

在分析企业长期偿债能力时，首先必须明确长期债务的内涵以及偿还长期债务的资产或资金来源。企业长期偿债能力分析中的债务包括债务本金和债务利息两部分，企业债务本金及其利息的偿还与企业的非流动资产及盈利能力密切相关。因此，影响长期偿债能力的主要因素包括企业的盈利能力、长期债务的规模与结构、非流动资产的规模与结构以及企业的现金流量。

(一) 企业的盈利能力

由于衡量企业长期偿债能力涉及的时间跨度较长，而对企业未来较长时间的现金流量很难做出可靠的预测，并且影响企业长期偿债能力的因素十分复杂，难以通过资产变现情况做出判断。因此，对于正常经营的企业来说，长期债务的偿还主要依靠企业持续获得稳定的利润；若企业以资产偿还长期债务，势必会缩小生产经营规模，违背企业举借长期债务的初衷。一般来说，企业盈利能力越强，长期偿债能力就越强，盈利能力是长期偿债能力的基础和保障。

(二) 长期债务的规模与结构

企业举借长期债务的主要目的有两个：一是扩大企业的生产经营规模，如建造厂房或购置机器设备等固定资产；二是运用财务杠杆为企业带来利益，因为当企业的总资产报酬率高于长期负债利息率时，借入的资金越多，企业获利就越多。与流动负债相比，长期负债具有数额较大、偿还期限较长、利息负担较重等特点，主要包括长期借款、应付债券和长期应付款三大类。其中，对于长期借款，企业应按照借款合同按期偿还贷款本息或续签合同，否则经办金融部门可按照合同从借款企业的存款账户中扣收贷款本息及罚息；应付债券具有使用期限较长、到期无条件归还本息等特点。债券到期能否还本付息与债券发行单位的财务状况、盈利能力有很大关系。当债券发行单位财务状况不佳或预计盈利能力较差时，往往会指定将某些资产作为债券的抵押物。

(三) 非流动资产的规模与结构

长期来看，企业的资产是负债的偿还保证，尤其是对于长期债务而言，非流动资产的规模和结构对企业长期偿债能力具有重要影响。因为大部分长期债务在形成时，都会以非流动资产作为抵押，抵押资产的规模决定了企业偿还长期债务的能力。一般来说，在企业长期债务规模一定的情况下，企业的非流动资产越多，盈利能力越强，未来偿还长期债务的能力就越强，企业长期债务的安全性就越高。

(四) 企业的现金流量

企业的债务主要用货币资金清偿。虽然企业的盈利能力是偿还债务的根本保证，但是企业盈利并不等同于现金流量充足，企业只有具备较强的变现能力，并拥有充足的现金，才能保证长期债务到期时真正有能力偿债。因此，企业的现金流量状况才是决定最终偿债能力的关键因素。

二、长期偿债能力指标分析

企业的资产、盈利能力等因素从不同角度反映了企业的长期偿债能力。资产是清偿债务的最终物质保障，盈利能力是清偿债务的经营收益保障，只有综合分析这些因素，才能真正揭示企业的长期偿债能力。反映企业长期偿债能力的指标主要有资产负债率、股东权益比率和权益乘数、产权比率、已获利息倍数等。

（一）资产负债率及案例分析

1. 资产负债率的内涵与计算

资产负债率是指企业负债总额与资产总额之间的比率。它是综合反映企业偿债能力的重要指标，揭示了企业全部资产中由债权人提供的资产所占的比重，用以衡量企业利用债权人资金进行经营活动的能力和债权人向企业提供信贷资金的风险程度等。其计算公式如下：

$$资产负债率=\frac{负债总额}{资产总额}\times 100\%$$

可见，资产负债率越高，表明企业的债务负担越重；反之，债务负担越轻。对债权人来说，该指标越低越好，因为企业的债务负担越轻，偿债能力越强，债权人权益的保证程度就越高。特别是在企业清算时，资产变现价值很可能低于账面价值，此时该指标高，债权人蒙受损失的可能性就大。然而，对于企业所有者和经营者而言，他们通常希望该指标高一些，这样虽然会加重企业的债务负担，但有利于扩大企业规模或利用财务杠杆提升获利能力；但若该指标过高，又会反过来影响企业的筹资能力。一般认为，资产负债率在40%～60%较合适，有利于平衡风险与收益；如果超过100%，则表明企业已资不抵债，触及破产的警戒线。

2. 资产负债率案例分析

（1）宇通客车资产负债率动态分析。2012—2022年宇通客车资产负债率动态趋势如图8-10所示。可知，宇通客车的资产负债率在这11年间的平均值为53.42%，其中，2013年达到最低值45.94%，2016年达到最高值61.09%。2013—2016年，宇通客车的资产和负债规模同时增加，且负债的增长速度相对更快，导致资产负债率逐年上升；2017—2019年，虽然资产规模继续增大，但负债规模有所减小，因此资产负债率逐年下降；2020年资产和负债规模同步减小，但资产减少幅度更大，因此资产负债率略有回升；2020－2022年资产和负债的规模继续同步减小，资产负债率再次呈逐年下降的趋势。那么，同行业其他企业的资产负债率状况又如何呢？

（2）客车行业企业资产负债率对比分析。2012—2022年四家客车企业资产负债率对比如图8-11所示。可知，宇通客车的资产负债率在四家企业中各年均最低。金龙汽车和中通客车的资产负债率相对接近，均在68%～84%的区间内，但大多数年份中通客车的资产负债率略低于金龙汽车。安凯客车的资产负债率在大多数年份中最高且波动最大，处于66%～98%，2022年接近资不抵债的警戒线。结合第二章资产负债表分析和本章流动比率分析，可知宇通客车的负债以流动负债为主

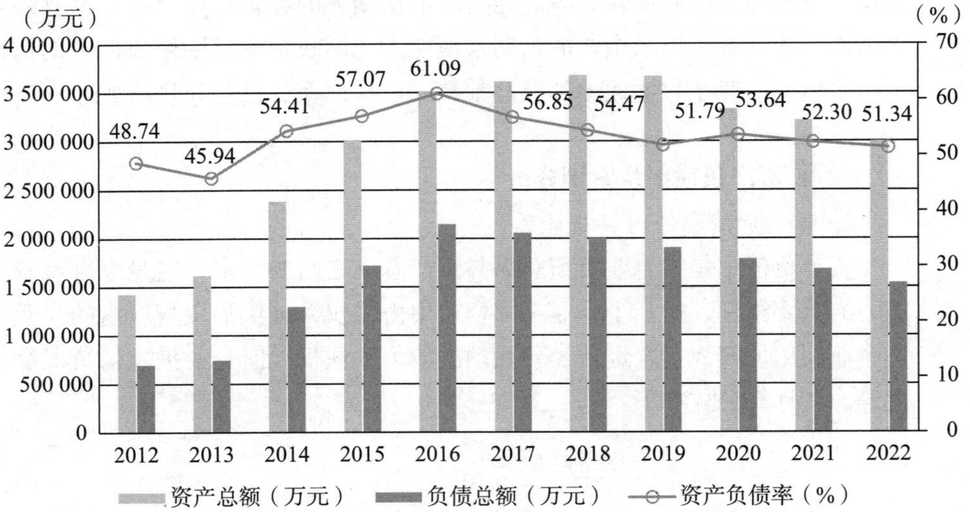

图 8-10　2012—2022 年宇通客车资产负债率动态趋势图

（见图 8-5），2022 年是宇通客车非流动负债占比最高的年份，占比尚且不足 19%，加上非流动负债中以预计负债为主，没有长期借款和应付债券，企业长期无成本负债占比达 94%以上（见表 2-7），这说明宇通客车的资产负债率较低，长期债务风险较小，长期偿债能力较强且没有长期偿债压力。

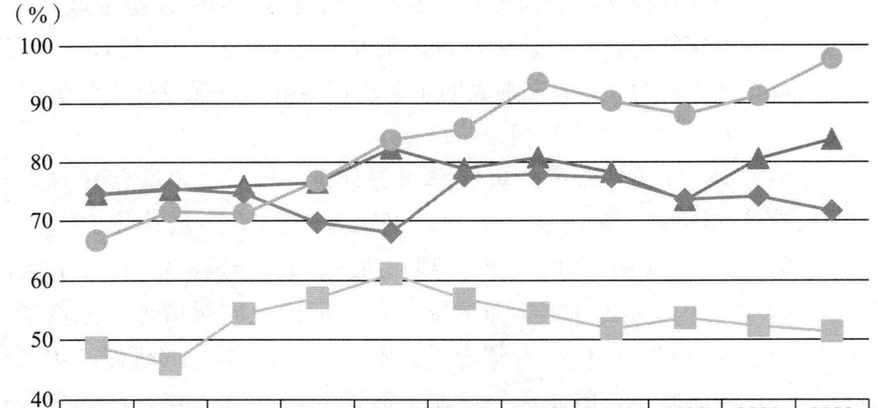

	2012	2013	2014	2015	2016	2017	2018	2019	2020	2021	2022
宇通客车	48.74	45.94	54.41	57.07	61.09	56.85	54.47	51.79	53.64	52.30	51.34
金龙汽车	74.47	75.23	75.98	76.47	82.35	78.89	80.78	78.23	73.36	80.55	83.87
中通客车	74.56	75.48	74.65	69.64	68.01	77.59	77.86	77.31	73.57	74.09	71.58
安凯客车	66.68	71.51	71.19	76.73	83.79	85.71	93.63	90.38	88.08	91.29	97.70

图 8-11　2012—2022 年四家客车企业资产负债率对比图

（二）股东权益比率和权益乘数

1. 股东权益比率的内涵与计算

股东权益比率是指股东权益总额与资产总额之间的比率，反映企业全部资产中所有者投入所占的比重。其计算公式如下：

$$\text{股东权益比率}=\frac{\text{股东权益总额}}{\text{资产总额}}\times 100\%$$
$$=1-\text{资产负债率}$$

股东权益比率是衡量企业长期偿债能力保证程度的重要指标。该指标越高，说明企业资产中由所有者投资所形成的资产越多，偿还债务的保证程度越大。从“股东权益比率=1-资产负债率”这一公式来看，该指标与资产负债率互补，股东权益比率越大，资产负债率越小。债权人非常关注该指标，当债权人将资金借给股东权益比率较高的企业时，由于这些企业有较多的自有资产作为偿债保证，债权人全额收回债权就不会有问题，即使企业清算时资产不能按账面价值收回，债权人也不会有太大损失。由此可见，股东权益比率能够反映企业对债权人的保护程度。如果企业处于清算状态，该指标对偿债能力的保证程度就显得更加重要。

2. 权益乘数的内涵与计算

权益乘数是指资产总额相当于股东权益总额的倍数，它是股东权益比率的倒数，反映了企业的负债程度和财务风险。其计算公式如下：

$$\text{权益乘数}=\frac{\text{资产总额}}{\text{股东权益总额}}$$
$$=1\div(1-\text{资产负债率})$$

权益乘数表示企业的股东权益能够支撑的资产规模。该指标越高，说明股东投入的资本在资产中所占比重越小，企业对负债经营利用得越充分，企业负债程度越高，财务风险也就越大。

由于股东权益比率和权益乘数都与资产负债率有关，因此可以比照资产负债率的分析思路进行具体的案例分析。

（三）产权比率及案例分析

1. 产权比率的内涵与计算

产权比率是指负债总额与股东权益总额之间的比率。该指标表明由债权人提供的资本与由所有者提供的资本之间的相对关系，用于衡量企业自有资本偿还全部债务的能力，反映了企业基本财务结构的稳定性。其计算公式如下：

$$\text{产权比率}=\frac{\text{负债总额}}{\text{股东权益总额}}\times 100\%$$

同为衡量企业长期偿债能力的指标，如果说资产负债率是反映企业债务负担的指标，股东权益比率是反映偿债保证程度的指标，那么产权比率就是反映债务负担与偿债保证程度相对关系的指标。产权比率与资产负债率、股东权益比率在经济意义上有所关联，但该指标能够更直观地表明负债总额受股东权益总额保护的程度，从另一个角度表明了企业负债经营的程度以及安全度，是评估企业财务结构稳健与否的重要依据。

产权比率较低，意味着企业采用了低风险、低报酬的财务结构，说明企业的长期偿债能力越强，债权人权益保证程度越高，债权人所承担的风险就越小。从企业角度来看，在经济繁荣时期，适度举债经营可以获得额外的利润；在通货膨胀时期，举债经营可以将损失和风险转移给债权人；在经济萎缩时期，少借债可以减轻利息负担和降低财务风险。

2. 产权比率案例分析

（1）宇通客车产权比率动态分析。2012—2022年宇通客车产权比率及其变动率趋势如图8-12所示。可知，宇通客车的产权比率呈先升后降之势，于2016年达到峰值156.99%，说明2012—2016年宇通客车的产权比率上升，长期偿债能力减弱，债权人权益的保证程度降低，所承担的风险增加。从2017年开始，宇通客车的产权比率除2020年较上年有所增加以外，其他各年均下降，其中2018—2022年均低于120%，说明企业的财务结构风险下降，股东权益对偿债风险的保证程度增强，长期偿债能力提升。宇通客车产权比率变动率的波动幅度较大，2014年达到峰值40.48%，之后总体呈下降趋势。2017年是变动率由正转负的关键时点，除2020年以外，2017—2022年的变动率均为负值，表明债权人承担的风险正逐步释放。那么，同行业企业的产权比率及其变动率又如何呢？

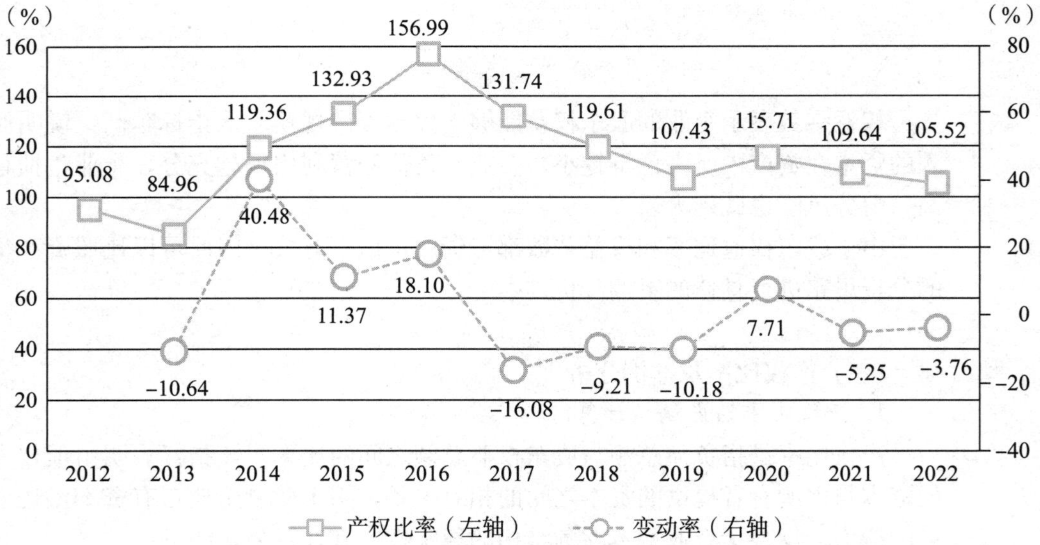

图8-12 2012—2022年宇通客车产权比率及其变动率趋势图

（2）客车行业企业产权比率对比分析。2012—2022年四家客车企业产权比率对比如图8-13所示。可知，在四家企业中，宇通客车的产权比率各年均最低且变动最平稳；金龙汽车和中通客车的产权比率较为接近，且各年均在200%以上，但金龙汽车总体高于中通客车，说明金龙汽车的债权人权益保证程度更低，所承担的风险更大；安凯客车的产权比率极端值最高且波动最大，处于200%～4 300%，说明企业过度运用了财务杠杆，财务风险加剧。综上所述，与其他三家企业相比，宇通客车的财务结构最保守，财务风险最低，长期偿债能力最有保证。

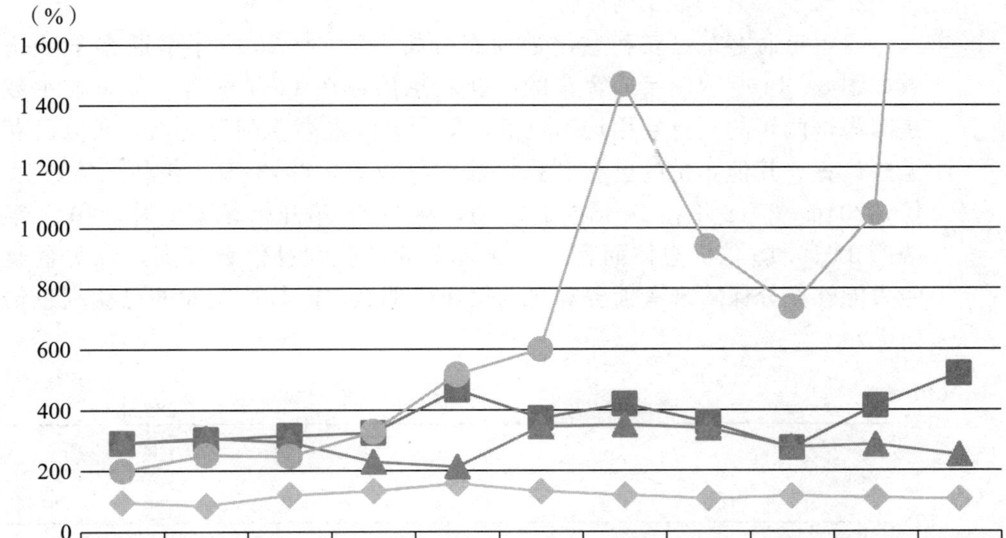

	2012	2013	2014	2015	2016	2017	2018	2019	2020	2021	2022
◆	95.08	84.96	119.36	132.93	156.99	131.74	119.61	107.43	115.71	109.64	105.52
■	291.74	303.71	316.35	324.94	466.42	373.66	420.27	359.34	275.41	414.22	519.86
▲	293.07	307.87	294.43	229.43	212.60	346.21	351.74	340.73	278.36	285.88	251.83
●	200.15	251.04	247.14	329.65	516.83	599.65	1 469.85	939.21	739.10	1 048.45	4 244.21

◆ 宇通客车　■ 金龙汽车　▲ 中通客车　● 安凯客车

图 8－13　2012—2022 年四家客车企业产权比率对比图

(四) 已获利息倍数及案例分析

1. 已获利息倍数的内涵与计算

已获利息倍数也称利息保障倍数，是指企业息税前利润与利息支出之间的比率，反映企业盈利与利息支出之间的特定关系。其计算公式如下：

$$已获利息倍数=\frac{息税前利润}{利息支出}$$

$$=\frac{利润总额+利息支出}{利息支出}$$

式中，分子中的利息支出是指财务费用中的利息费用，分母中的利息支出包括财务费用中的利息费用和资本化利息。在进行财务报表分析时，为简化计算，可以使用利息费用替代利息支出。

已获利息倍数越高，说明企业的长期偿债能力越强；反之，说明企业的长期偿债能力越弱。在运用该指标分析评价企业长期偿债能力时，从静态角度看，一般认为该指标至少要大于 1，否则说明企业的盈利能力不能保障现有的债务规模，无力进一步举债经营；从动态角度看，该指标越高，说明企业偿还利息的能力越强，长期偿债能力越有保障。

2. 已获利息倍数案例分析

（1）宇通客车已获利息倍数动态分析。2013—2022 年宇通客车已获利息倍数如图 8－14 所示。宇通客车的已获利息倍数在 11 年间有 2 年未显示数据，这是因为这两年的利息费用均为负值，即利息收入高于利息支出，所以已获利息数无法计算。其他年份的已获利息倍数差异较大，2013 年已获利息倍数为 266.17 倍，2016—2018 年在 10 倍左右波动，从 2018 年开始显著上升，2022 年达到极端值 3 019.16 倍。总体而言，宇通客车的已获利息倍数较高，说明企业的盈利能力能够充分保障现有债务利息的偿还。那么，同行业企业的已获利息倍数又如何呢？

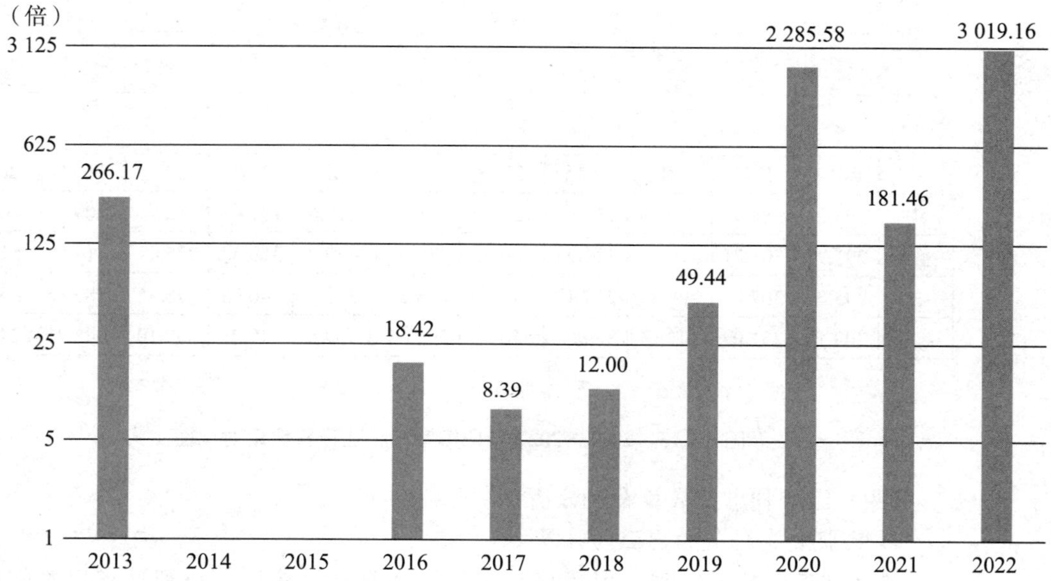

图 8－14　2013—2022 年宇通客车已获利息倍数图

（2）客车行业企业已获利息倍数对比分析。2013—2022 年四家客车企业已获利息倍数对比如图 8－15 所示。可知，四家企业的已获利息倍数存在显著差异，未呈现明显的规律。其中，仅中通客车的已获利息倍数数据较完整，呈先升后降的趋势，2013—2016 年各年均在 10 倍以上，从 2017 年开始明显下降到 1 倍以上，说明企业支付利息的保障程度明显降低，应结合盈利能力进一步分析下降的原因；金龙汽车的已获利息倍数波动性较大，且有 4 年为负值，而 2014 年和 2016 年又均在 16 倍以上；安凯客车的已获利息倍数波动也较大，且有 5 年为负值。总体来看，除宇通客车以外，其他三家企业在 2020 年已获利息倍数均明显下降，说明已获利息倍数与企业经营成果直接相关，各企业利润下滑，盈利能力下降。但四家企业各年（仅考虑图中显示的数据）的已获利息倍数均在 1 倍以上，说明它们均有能力偿还利息。

第三节
即测即评

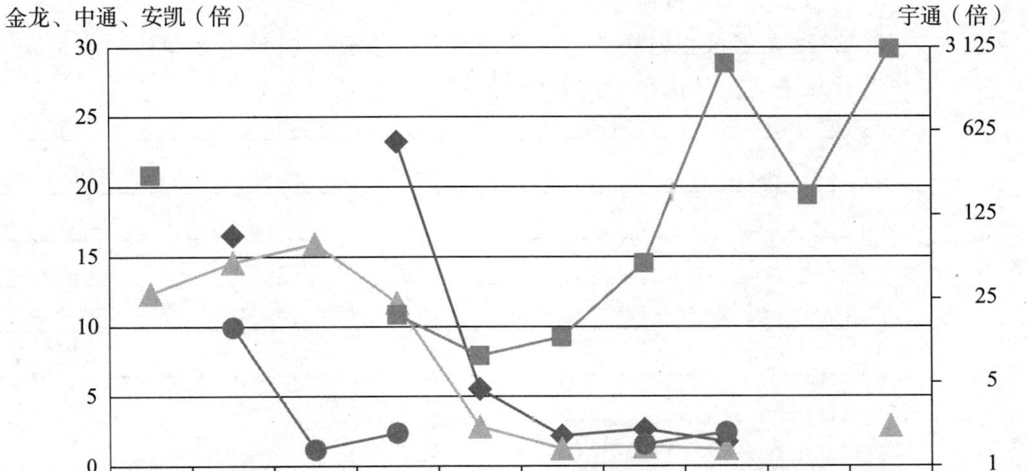

	2013	2014	2015	2016	2017	2018	2019	2020	2021	2022
金龙汽车		16.53		23.22	5.53	2.16	2.63	1.72		
中通客车	12.37	14.58	15.94	11.72	2.82	1.24	1.36	1.20		2.85
安凯客车		9.95	1.16	2.36			1.54	2.40		
宇通客车	266.17			18.42	8.39	12.00	49.44	2 285.58	181.46	3 019.16

图 8-15　2013—2022 年四家客车企业已获利息倍数对比图

注：2012 年四家企业的已获利息倍数数据披露不全，故本部分的分析聚焦 2013—2022 年的数据。在此期间，由于四家企业各年均未披露资本化利息数据，且 2013—2017 年年报中未披露“利息费用”金额，因此使用“财务费用”替代“利息支出”计算 2013—2017 年的已获利息倍数，使用“利息费用”替代“利息支出”计算 2018—2022 年的已获利息倍数。

□ 思考题

1. 简述影响短期偿债能力的因素，并举例说明。
2. 简述短期偿债能力指标分析应注意的问题。
3. 简述流动比率分析如何与资产负债表分析相结合。
4. 企业流动比率高，短期偿债能力就一定强吗？反之，短期偿债能力就一定弱吗？为什么？
5. 简述流动比率与速动比率的优点与不足，并对宇通客车的速动比率与流动比率对比分析进行评价。
6. 简述影响长期偿债能力的因素，并举例说明。
7. 以资产负债率为例，说明长期偿债能力指标分析的思路。

□ 分析题

1. 针对第一章章后分析题所选 A 股上市公司及三家同行业可比公司，根据本章所学内容，对其偿债能力分析进行实操训练。

2. 2022年四家中药企业——东阿阿胶、白云山、天士力和达仁堂的流动比率与中药行业平均流动比率对比如图8-16所示。

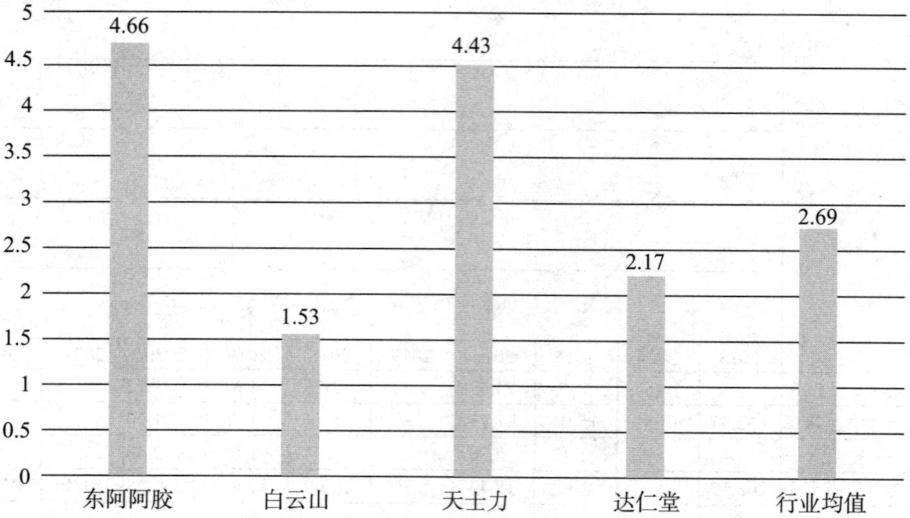

图8-16　2022年四家中药企业流动比率与中药行业平均流动比率对比图

要求：根据图8-16中的数据，是否可以得出东阿阿胶在四家企业中的短期偿债能力最强这一结论？还需要进行哪些分析才能深入探究东阿阿胶及其他三家企业的短期偿债能力？

第九章
Chapter 9 增长能力分析

思维导图

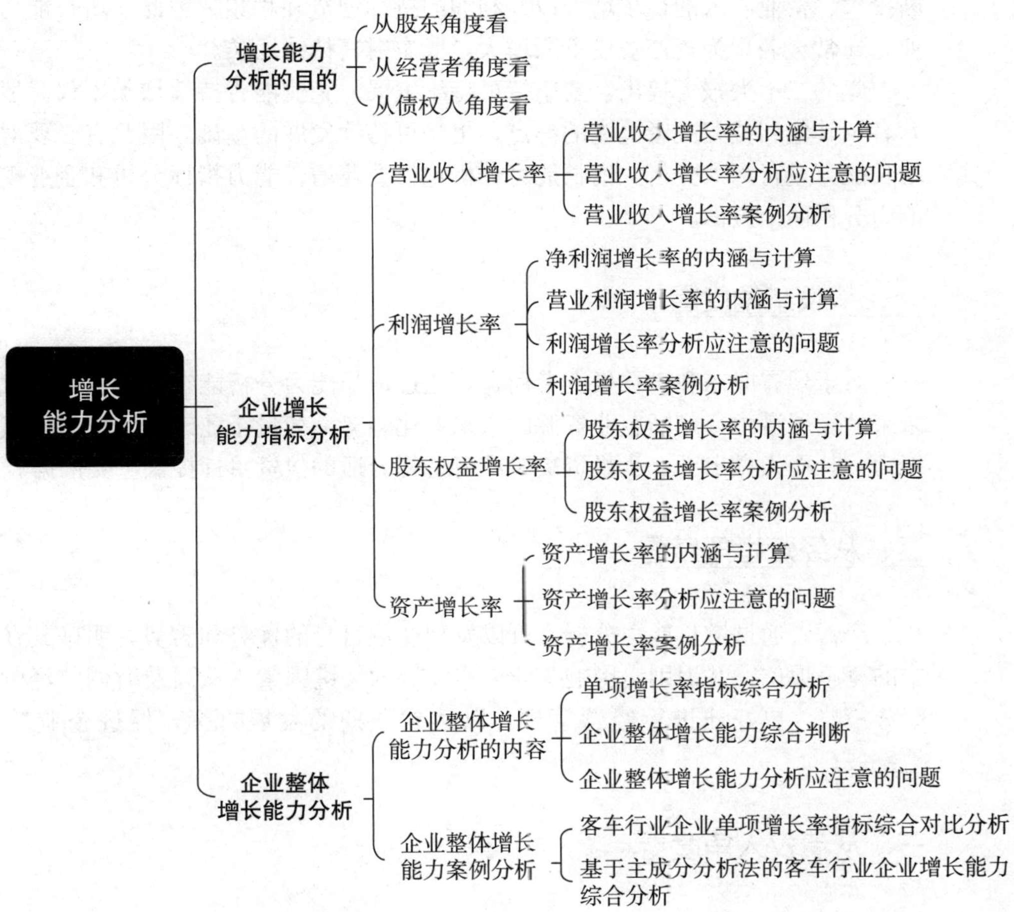

学习目标

1. 了解增长能力分析的目的和内容；

2. 掌握各种增长率指标的内涵以及分析时应注意的问题；

3. 掌握营业收入增长率、利润增长率、股东权益增长率和资产增长率等指标的计算、分析和应用；

4. 掌握企业单一指标增长能力分析；
5. 掌握企业整体增长能力分析框架，并对企业的增长能力做出合理的评价；
6. 树立可持续发展观，形成既重规模又重质量的增长思维。

第一节 增长能力分析的目的

增长能力也称发展能力或增长性，是指企业生产经营活动在未来的发展趋势和发展潜能。从其形成机制来看，增长能力主要源于企业自身的持续经营、资金的不断投入、营业收入的稳步增长以及利润的持续创造和积累。因此，增长能力强的企业，通常会表现为资产规模不断增大，股东财富持续增长。

党的二十大报告提出，要坚持可持续发展。企业能否持续增长不仅是股东、经营者及其他利益相关者关注的焦点，也是可持续发展的基础，因此有必要对企业的增长能力进行深入分析。增长能力分析包括企业增长能力指标分析和企业整体增长能力分析两个方面。

一、从股东角度看

对于现有股东和潜在投资者而言，通过增长能力分析能够评价企业的成长性和未来的发展潜力，判断企业资源的未来变化趋势，衡量企业未来为股东创造价值的能力，从而为做出下一步投资决策或者选择合适的投资目标提供重要依据。

二、从经营者角度看

经营者通过增长能力分析，可以发现企业自身的优势和劣势，明确其在同行业中的竞争地位，并识别出影响企业未来发展的关键因素，从而及时调整经营策略和财务策略，更好地进行经营管理，以达到预期的发展目标，促进企业持续稳定地发展。

三、从债权人角度看

分析企业的增长能力，可以使投资者的投资方向更明确，以保证投资更具有价值。此外，其对于债权人来说也至关重要。由于企业经营策略和财务策略的不同组合与安排能够影响企业未来的增长能力，因此，通过增长能力分析判断企业未来的盈利能力和偿债能力，可以为债权人做出正确的信贷决策提供依据。

第一节
即测即评

总之，如果说前面章节的盈利能力分析、营运能力分析和偿债能力分析是从单一角度进行的财务指标分析，那么增长能力分析就是在正确评价企业单一财务指标的基础上，进一步综合判断和评价企业未来的发展前景和潜力，这符合财务报表分析展望未来的现实意义。

第二节 企业增长能力指标分析

企业价值的增长具体体现在收入、利润、股东权益和资产等四个方面。企业增长能力指标分析，就是通过计算和分析营业收入增长率、利润增长率、股东权益增长率和资产增长率等指标，衡量和评价企业的增长能力，并预测这四个方面未来的发展趋势。

一、营业收入增长率

（一）营业收入增长率的内涵与计算

营业收入增长率是指本期营业收入增加额与上期营业收入之间的比率，它是反映企业在某期间内的整体销售增长情况、衡量企业经营状况和市场占有能力的重要指标。其计算公式如下：

$$营业收入增长率=\frac{本期营业收入增加额}{上期营业收入}\times 100\%$$

营业收入增长率为正值，说明企业本期销售规模较上期增大，且营业收入增长率越高，表明企业本期营业收入增长速度越快，销售情况越好；营业收入增长率为负值，则说明企业销售规模较上期减小，销售情况变差。

（二）营业收入增长率分析应注意的问题

（1）比较营业收入增长率与资产增长率。要判断企业在销售方面是否具有良好的成长性，必须分析销售增长是否具有效益性。通常，企业的营业收入增长率高于资产增长率时，说明企业在销售方面具有良好的成长性；反之，则说明销售增长不具有效益性，同时也反映出企业促进销售增长的能力较弱。

（2）比较企业不同时期的营业收入增长率。要全面且正确地分析和评价企业营业收入的增长趋势和增长水平，必须对比企业不同时期的营业收入增长率。某个时期的营业收入增长率可能会受到一些偶然和非正常因素的影响，无法真实反映企业的实际销售增长能力，因此，通过纵向对比分析可以得出更加客观的结论。

（3）通过分析各项产品的营业收入增长率评价企业营业收入整体的成长性。具体方法是根据企业各项产品营业收入增长率指标，观察并分析产品结构，进而分析企业整体的销售成长性。其计算公式如下：

$$某种产品营业收入增长率=\frac{某种产品本期营业收入增加额}{上期营业收入}\times 100\%$$

（三）营业收入增长率案例分析

1. 宇通客车营业收入增长率分析

2012—2022年宇通客车营业收入及其增长率趋势如图9-1所示。可知，2012—2016年宇通客车的营业收入持续增加，营业收入增长率也始终为正值，且在2015年达到峰值21.31%。2016年营业收入达到峰值，但营业收入增长率下降到14.87%。从2017年开始，营业收入呈下降趋势，除2021年营业收入有所增加、增长率为正以外，其他各年的营业收入增长率均为负值，其中2020年的营业收入增长率降至最低点，为-28.82%。从2017—2022年的整体趋势来看，宇通客车的营业收入增长率下滑趋势明显。那么，同行业其他企业的表现又如何呢？

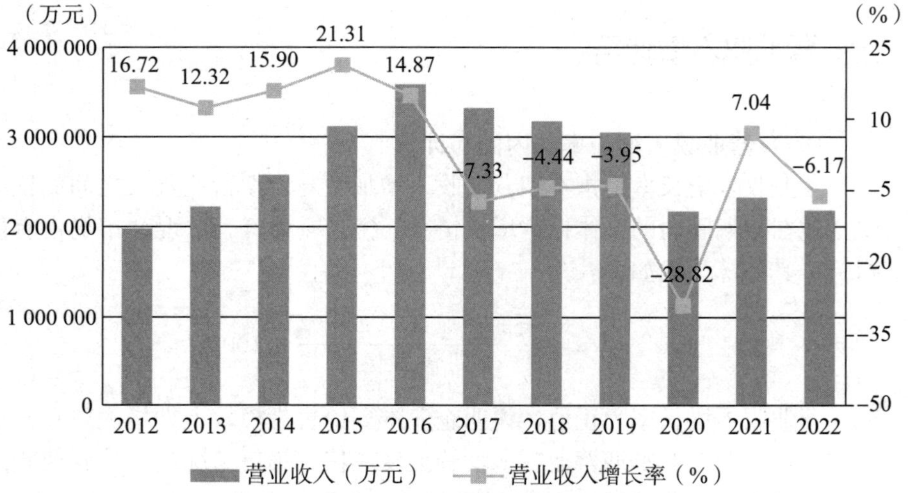

图9-1 2012—2022年宇通客车营业收入及其增长率趋势图

2. 客车行业企业营业收入增长率对比分析

2012—2022年四家客车企业营业收入增长率对比如图9-2所示。可知，2012—2016年中通客车的营业收入增长率表现最为突出；宇通客车的营业收入增长率处于中游水平，但相比其他三家企业更加稳定，始终在12%～22%之间波动；宇通客车和中通客车各年的营业收入增长率均为正值，说明它们相比其他两家企业销售增长能力更强，市场份额不断扩大。2016年之后，四家企业的营业收入增长率整体均呈波动式下降趋势，说明营业收入增长率下滑并非宇通客车所独有，而是整个客车行业企业普遍面临的问题，反映出行业愈发不景气。

3. 宇通客车营业收入增长率与资产增长率对比分析

要判断企业在销售方面是否具有良好的成长性，还需要结合资产增长率进行分析。2012—2022年宇通客车营业收入增长率与资产增长率对比如图9-3所示。可知，除2012年两者相差较大以外，其余各年两者数值相近。2021年以前，营业收入增长率低于资产增长率，说明营业收入的增长依赖于资产的投入，销售增长不具有足够的效益性，营业收入的可持续发展能力不强，未来仍有较大的成长空间。

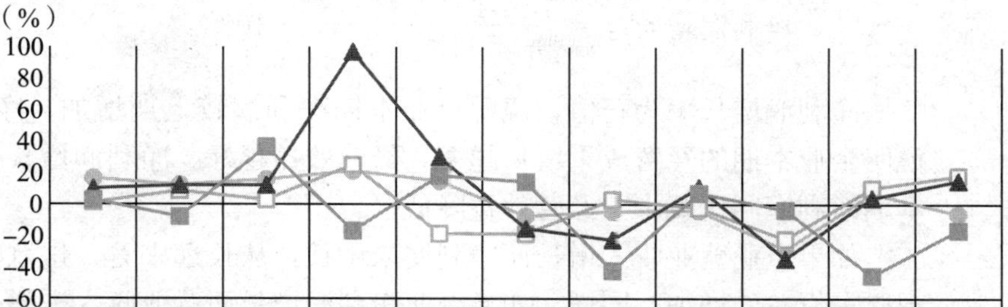

	2012	2013	2014	2015	2016	2017	2018	2019	2020	2021	2022
宇通客车	16.72	12.32	15.90	21.31	14.87	−7.33	−4.44	−3.95	−28.82	7.04	−6.17
金龙汽车	1.27	8.57	2.97	25.22	−18.66	−18.75	3.13	−2.19	−21.98	10.46	18.30
中通客车	10.17	12.14	12.29	96.96	30.13	−15.18	−22.58	10.90	−34.62	4.06	15.03
安凯客车	2.81	−7.87	36.63	−16.82	18.28	14.54	−42.25	7.28	−3.44	−45.38	−16.44

图 9-2　2012—2022 年四家客车企业营业收入增长率对比图

2021—2022 年，营业收入增长率高于资产增长率，说明销售增长具有效益性，营业收入的可持续发展能力有所增强，这也说明了除了资产的增长，还有其他因素在推动营业收入的增长。

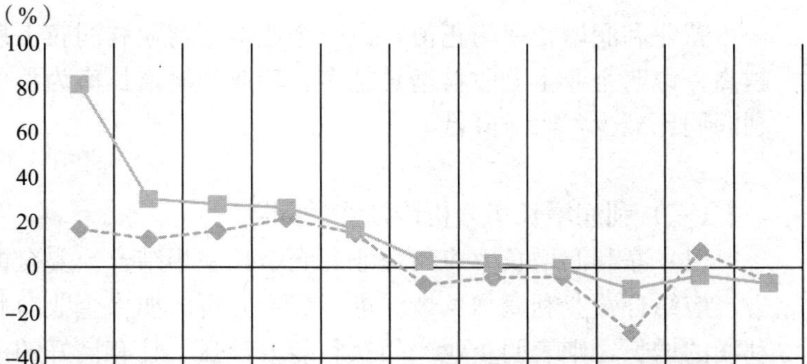

	2012	2013	2014	2015	2016	2017	2018	2019	2020	2021	2022
营业收入增长率	16.72	12.32	15.90	21.31	14.87	−7.33	−4.44	−3.95	−28.82	7.04	−6.17
资产增长率	81.67	30.37	27.98	26.51	16.64	2.88	1.75	−0.25	−9.25	−3.44	−6.74

图 9-3　2012—2022 年宇通客车资产增长率与营业收入增长率对比图

二、利润增长率

由于衡量利润的指标包括营业利润、利润总额和净利润等，因此相应的利润增长率也具有不同的表现形式。比较常用的指标包括净利润增长率和营业利润增长率。

（一）净利润增长率的内涵与计算

净利润是反映企业经营业绩的综合结果，因此净利润的增长能够反映企业的成长性。净利润增长率是指本期净利润增加额与上期净利润之间的比率，反映企业净利润的增长情况。其计算公式如下：

$$净利润增长率=\frac{本期净利润增加额}{上期净利润}\times 100\%$$

净利润增长率为正值，说明企业本期净利润较上期增加。净利润增长率越高，说明企业本期的经营成果增长越多，经营效益越好。净利润增长率为负值，则说明本期净利润同比减少，经营效益降低。

如果企业营业收入增长而净利润未增长，从长远来看，这意味着企业并没有实现股东权益的增加。同样，如果企业净利润增长而营业收入未增长，说明净利润的增长并非源于营业收入的增长，而是源于营业外收入的增长，这种增长通常不具有持续性。因此，通过营业利润增长率可以更好地分析净利润增长的原因，评价净利润增长是否具有持续性。

（二）营业利润增长率的内涵与计算

营业利润增长率是指本期营业利润增加额与上期营业利润之间的比率，反映企业营业利润的增长情况。其计算公式如下：

$$营业利润增长率=\frac{本期营业利润增加额}{上期营业利润}\times 100\%$$

营业利润增长率为正值，说明企业本期营业利润较上期增加。营业利润增长率越高，说明企业本期收益增长越多。营业利润增长率为负值，则说明企业本期营业利润同比减少，收益降低。

（三）利润增长率分析应注意的问题

（1）净利润增长率应与营业利润增长率相结合。要全面评估企业净利润增长能力，应结合营业利润增长情况进行综合分析。如果企业净利润的增长主要源于营业利润的增长，则表明企业产品获利能力较强，具有良好的成长性；如果净利润不是主要源于企业的日常经营业务，而是源于营业外收入或者其他项目，则说明企业净利润的持续增长能力有待进一步观察。

（2）营业利润增长率应与营业收入增长率相结合。在分析营业利润增长能力时，应结合企业的营业收入增长能力。如果营业利润增长率高于营业收入增长率，说明企业正处于成长期，业务不断拓展，盈利能力不断增强；反之，则说明企业的营业成本、税金及附加、期间费用等成本费用项目的增幅超过了营业收入的增幅，企业以商品经营为基础的盈利能力较弱，营业利润的增长潜力值得怀疑。

需要注意的是，应当选取企业连续多期的净利润增长率、营业利润增长率和营业收入增长率等指标进行综合对比分析，这样可以排除个别时期偶然性或特殊性因素的影响，从而更加全面、真实、客观地评价企业利润增长能力。

（四）利润增长率案例分析

1. 宇通客车净利润增长率分析

2012—2022年宇通客车净利润及其增长率趋势如图9-4所示。可知，宇通客车的净利润呈先升后降再升之势，在 2016 年达到峰值，2020 年跌入谷底。宇通客车的净利润增长率从 2015 年的 35.25%逐年下滑，至 2017 年由正转负，且连续 4 年负增长，于 2020 年降到最低值−73.63%，说明宇通客车的净利润长期下滑，公司前景堪忧。2020 年以后，净利润逐年增加，但规模仍处于历史低位；同时，净利润增长率由负转正且呈上升之势，说明宇通客车的净利润增长能力有所提升。

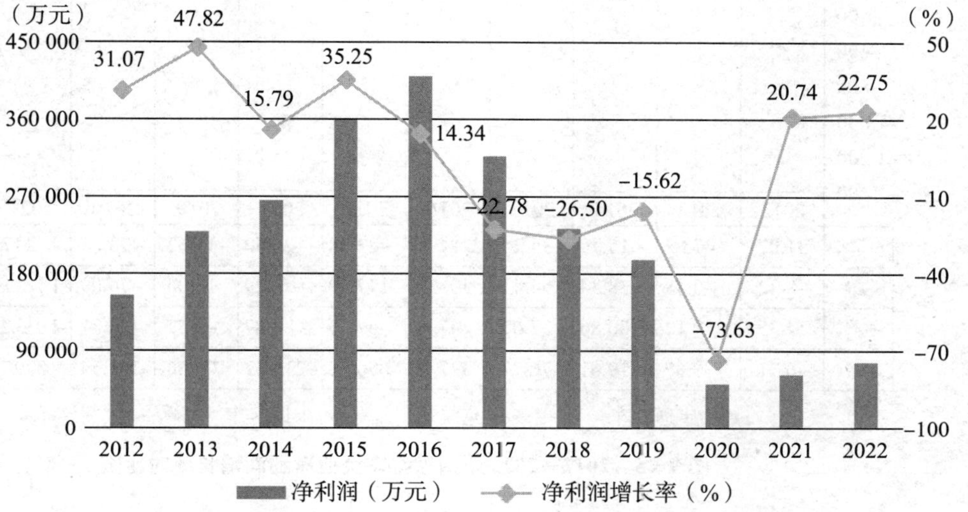

图 9－4　2012—2022 年宇通客车净利润及其增长率趋势图

2. 客车行业企业净利润增长率对比分析

2012—2022 年四家客车企业净利润增长率对比如图 9－5 所示。可知，相比其他三家企业，宇通客车的净利润增长率整体趋势相对平稳，未出现极端值。安凯客车的净利润增长率则呈大起大落的特点，有 7 年为负值，且出现极端值的年份较多，说明其经营状况不稳定，未来发展能力具有较大的不确定性。金龙汽车的净利润增长率在 2016 年大幅下滑，之后一直未能有效恢复，2016—2022 年仅有 3 年为正值，其中 2021 年创历史新低，为−1 377.19%。中通客车的净利润增长率在 2016 年及以前具有明显优势，但 2016 年以后连续 5 年为负值。综上所述，宇通客车的净利润增长率在这四家企业中表现最稳定，但不具有明显优势，仅在 2021 年表现较突出。2016 年以后，新能源汽车国家推广补贴退坡直接影响了客车行业企业的销售与盈利，持续三年的疫情更是雪上加霜，因此企业的净利润增长率明显下滑且不稳定，这是行业共性。

3. 宇通客车净利润增长率与营业利润增长率对比分析

在分析企业净利润增长能力时，还应结合营业利润增长能力进行对比分析。2012—2022 年宇通客车净利润增长率与营业利润增长率对比如图 9－6 所示。可知，2012—2016 年宇通客车的营业利润与净利润均呈逐年增加的趋势，并均于 2016 年达到峰值；2017—2020 年，二者均逐年减少，这一变化与新能源汽车国家推广补贴退坡和市场需求下降密切相关。宇通客车的净利润增长率和营业利润增长率在 2021 年之前，趋势基本一致，数值十分相近，说明净利润增长率受营业利润增长

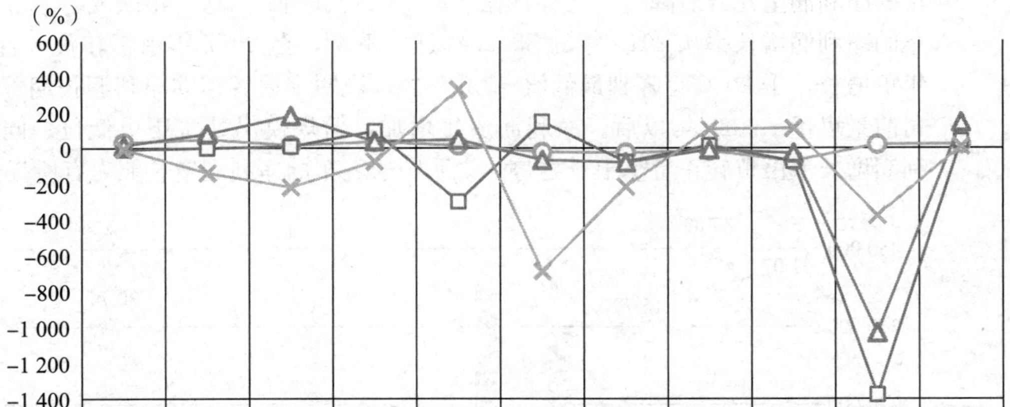

	2012	2013	2014	2015	2016	2017	2018	2019	2020	2021	2022
—○—	31.07	47.82	15.79	35.25	14.34	−22.78	−26.50	−15.62	−73.63	20.74	22.75
—□—	−8.32	−0.48	8.34	94.41	−300.24	147.79	−77.29	14.06	−74.09	−1 377.19	41.14
—△—	14.35	79.12	180.86	37.62	47.44	−67.35	−80.87	−9.57	−28.87	−1 033.23	144.79
—×—	−6.71	−139.67	−219.61	−76.72	327.97	−690.85	−216.62	105.46	111.54	−379.75	8.59

—○—宇通客车　—□—金龙汽车　—△—中通客车　—×—安凯客车

图 9－5　2012—2022 年四家客车企业净利润增长率对比图

率的影响较大；从 2021 年开始，两者均由负转正，但净利润增长率的走势相对更平稳，营业利润增长率波动大且明显高于净利润增长率，说明宇通客车的净利润增长率除受营业利润增长率的影响外，还受其他因素的影响。

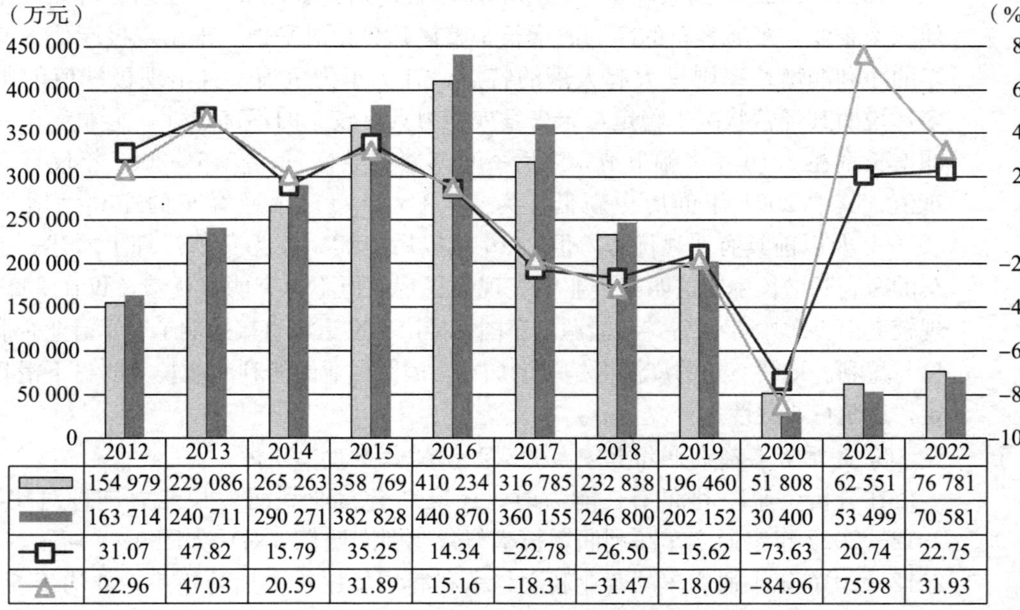

	2012	2013	2014	2015	2016	2017	2018	2019	2020	2021	2022
净利润（浅色柱）	154 979	229 086	265 263	358 769	410 234	316 785	232 838	196 460	51 808	62 551	76 781
营业利润（深色柱）	163 714	240 711	290 271	382 828	440 870	360 155	246 800	202 152	30 400	53 499	70 581
—□—	31.07	47.82	15.79	35.25	14.34	−22.78	−26.50	−15.62	−73.63	20.74	22.75
—△—	22.96	47.03	20.59	31.89	15.16	−18.31	−31.47	−18.09	−84.96	75.98	31.93

净利润（万元）　—□—净利润增长率（%）
营业利润（万元）　—△—营业利润增长率（%）

图 9－6　2012—2022 年宇通客车净利润增长率与营业利润增长率对比图

4. 宇通客车营业利润增长率与营业收入增长率对比分析

在分析企业营业利润增长能力时，还应结合营业收入增长能力进行对比分析。2012—2022 年宇通客车营业收入增长率与营业利润增长率对比如图 9 - 7 所示。可知，2012—2016 年宇通客车的营业利润增长率均高于营业收入增长率，说明企业处于新能源汽车领域的快速发展阶段，业务不断拓展，盈利能力和增长能力持续提升，发展潜力大。2017—2020 年，二者持续下滑，且营业利润增长率始终低于营业收入增长率，说明企业的营业成本、税金及附加、期间费用等项目的增幅超过了营业收入的增幅，企业以商品经营为基础的盈利能力逐渐减弱。2021 年二者均由负转正，但 2022 年又明显下降，且营业收入增长率再次变为负值。值得注意的是，2021—2022 年宇通客车的营业利润增长率均明显高于营业收入增长率，说明企业营业利润增长比销售增长更有效益。

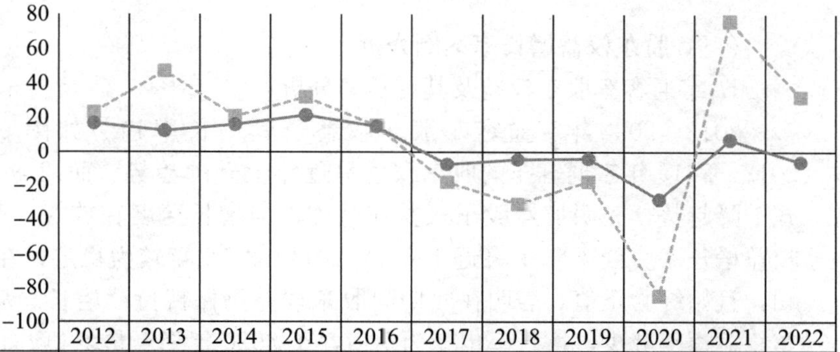

	2012	2013	2014	2015	2016	2017	2018	2019	2020	2021	2022
营业利润增长率	22.96	47.03	20.59	31.89	15.16	−18.31	−31.47	−18.09	−84.96	75.98	31.93
营业收入增长率	16.72	12.32	15.90	21.31	14.87	−7.33	−4.44	−3.95	−28.82	7.04	−6.17

营业利润增长率　营业收入增长率

图 9 - 7　2012—2022 年宇通客车营业收入增长率与营业利润增长率对比图

三、股东权益增长率

(一) 股东权益增长率的内涵与计算

股东权益增长率也称资本积累率，是指本期股东权益增加额与股东权益期初余额之间的比率，反映股东财富的变化情况以及变化幅度。其计算公式如下：

$$股东权益增长率=\frac{本期股东权益增加额}{股东权益期初余额}\times 100\%$$

股东权益增长率越高，表明企业本期股东权益增加额越多，企业的发展能力越强；股东权益增长率越低或者为负值，则表明企业本期股东权益增加额越少，甚至存在损害股东财富的风险。

（二）股东权益增长率分析应注意的问题

（1）比较企业不同时期的股东权益增长率。为正确评价和预测企业股东权益的规模和趋势，应借助趋势分析法将企业不同时期的股东权益增长率进行比较。持续增长型企业的股东权益应保持稳定增长。如果股东权益时增时减，则说明企业发展不稳定，不具备良好的增长能力。

（2）股东权益增长率与净利润增长率相结合。为全面评价股东权益增长能力，应结合净利润增长能力进行综合分析。如果企业股东权益的增长主要源于净利润的增长，则表明企业盈利能力较强，具有良好的增长能力；如果企业的股东权益的增长并非主要源于净利润的增长，而是依赖股东投资投入以及非经营性业务收入，则说明企业股东权益的增长能力并不理想。

（三）股东权益增长率案例分析

1. 宇通客车股东权益及其增长率分析

2012—2022 年宇通客车股东权益及其增长率趋势如图 9－8 所示。可知，2012—2019 年宇通客车的股东权益呈逐年上升的趋势，而股东权益增长率呈波浪式下降趋势，表明虽然股东权益在增加，但增长速度在放缓。其中，2013 年股东权益增长率直线下降了将近 100％，2014—2019 年较为稳定，在 5％～20％之间波动，且始终为正值，表明在此期间股东权益仍保持持续增长。从 2020 年开始，股东权益逐年减少，增长率也变为负值，于 2020 年降至最低值－12.73％，说明宇通客车的股东权益受疫情冲击、股利政策调整等因素的影响增长乏力，其未来的成长性值得关注。

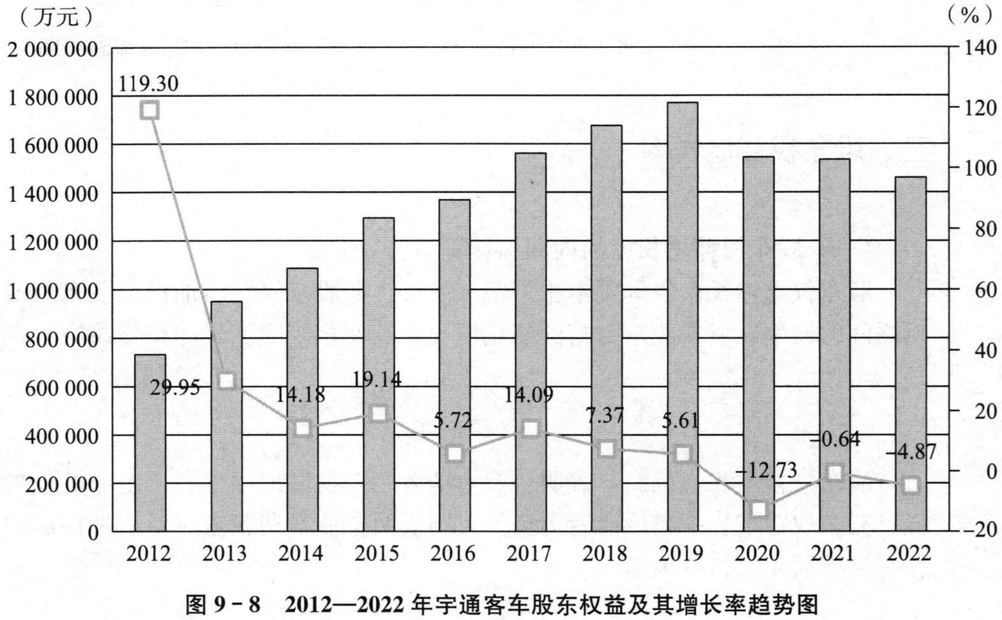

图 9－8　2012—2022 年宇通客车股东权益及其增长率趋势图

2. 客车行业企业股东权益增长率对比分析

2012—2022 年四家客车企业股东权益增长率对比如图 9－9 所示。可知，四家企业的股东权益增长率均出现过大幅变动和负增长。整体来看，股东权益增长率波动明显，说明整个行业的发展不够稳定。尤其是 2020—2022 年，股东权益增长率普遍出现负增长，行业未来的增长能力值得关注和重视。

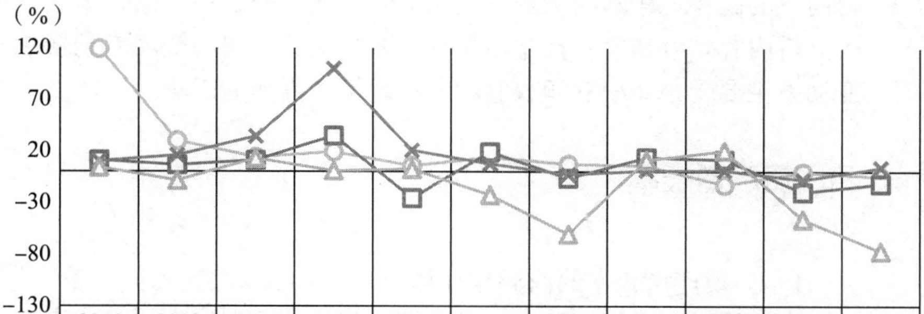

	2012	2013	2014	2015	2016	2017	2018	2019	2020	2021	2022
宇通客车	119.30	29.95	14.18	19.14	5.72	14.09	7.37	5.61	−12.73	−0.64	−4.87
金龙汽车	11.02	6.43	11.07	34.94	−25.54	19.16	−6.33	13.88	11.78	−19.72	−11.73
中通客车	10.07	15.75	34.27	99.95	20.66	7.71	−2.65	1.02	1.20	−7.66	4.04
安凯客车	3.99	−8.57	12.92	0.70	2.39	−22.52	−60.16	11.39	20.40	−45.91	−76.46

图 9－9　2012—2022 年四家客车企业股东权益增长率对比图

3. 宇通客车股东权益增长率与净利润增长率对比分析

2012—2022 年宇通客车股东权益增长率与净利润增长率对比如图 9－10 所示。可知，2012 年宇通客车的股东权益增长率显著高于净利润增长率，说明除了净利润，股东权益增长率还受其他因素的影响，应进一步分析二者之间产生较大差距的

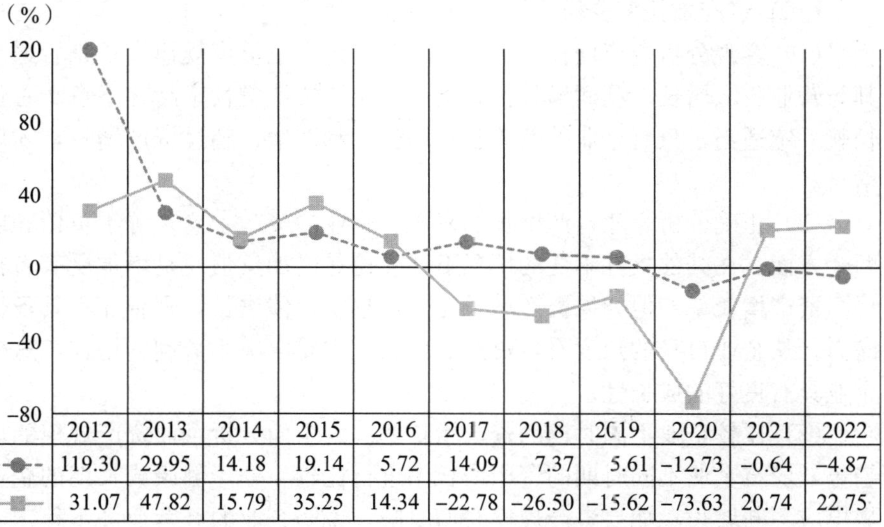

	2012	2013	2014	2015	2016	2017	2018	2019	2020	2021	2022
股东权益增长率	119.30	29.95	14.18	19.14	5.72	14.09	7.37	5.61	−12.73	−0.64	−4.87
净利润增长率	31.07	47.82	15.79	35.25	14.34	−22.78	−26.50	−15.62	−73.63	20.74	22.75

股东权益增长率　净利润增长率

图 9－10　2012—2022 年宇通客车股东权益增长率与净利润增长率对比图

原因。2013—2016年股东权益增长率低于净利润增长率，说明企业股东权益的增长主要源于净利润的增长，这段时期企业具有良好的增长能力。但2017—2020年股东权益增长率持续高于净利润增长率，应针对影响股东权益增长率的其他因素，如企业的股利政策、股东投资、直接计入股东权益的净损益等进一步分析。从2021年开始，股东权益增长率再次低于净利润增长率。整体来看，股东权益增长率呈稳定向下的趋势，净利润增长率呈先下降后上升的趋势。结合第三章所有者权益变动表分析内容，可知股东权益增长率主要受未分配利润变动率的影响，而未分配利润变动率主要受企业净利润和股利分配政策两方面的影响。

四、资产增长率

（一）资产增长率的内涵与计算

资产增长率是指本期资产增加额与资产期初余额之间的比率，它是反映企业在资产投入方面的增长情况、衡量企业当年资本累积能力和发展能力的财务指标。其计算公式如下：

$$资产增长率=\frac{本期资产增加额}{资产期初余额}\times 100\%$$

资产增长率为正值，说明企业本期资产规模较上期增加。资产增长率越高，说明企业资产经营规模扩张的速度越快，但需要关注资产规模扩张质和量的关系，避免盲目扩张。资产增长率为负值，则说明企业资产规模较上期缩减，资产出现负增长。

（二）资产增长率分析应注意的问题

（1）客观分析资产增长的适当性。要评价企业资产规模增长是否适当，必须将其与营业收入增长、利润增长等相结合。企业资产增长率高并不意味着资产规模增长就一定适当，只有企业的营业收入增长、利润增长超过资产增长，才属于效益型增长。

（2）正确分析企业资产增长的来源。企业的资产主要来源于负债和所有者权益两个方面。在其他条件不变的情况下，无论是增加负债还是增加所有者权益，都会提高资产增长率。但如果资产增长完全依赖于负债增长，则企业不具备良好的发展潜力。从企业自身的角度看，资产的增长应主要取决于盈利的增加，这样才能确保企业具有良好的成长性。

（3）比较企业不同时期的资产增长率。为全面分析企业资产规模的增长水平和趋势，应将企业不同时期的资产增长率进行比较。处于健康成长期的企业，其资产规模应不断增长。如果资产规模时增时减，说明企业的经营业务不稳定，企业不具备良好的增长能力。通过长期的资产增长率趋势分析，能够客观地评价企业资产规模的增长潜力。

（三）资产增长率案例分析

1. 宇通客车资产及其增长率分析

2012—2022 年宇通客车资产及其增长率趋势如图 9－11 所示。可知，2012 年宇通客车的资产增长率高达 81.67%，主要原因是企业处于扩张期，对固定资产、在建工程和无形资产的投入大幅增加；此后除 2021 年有短暂回升以外，各年均有所下降，尤其是 2017 年大幅下降至 2.88%。从 2019 年开始，宇通客车的资产增长率持续为负值，表明资产增长后劲不足。

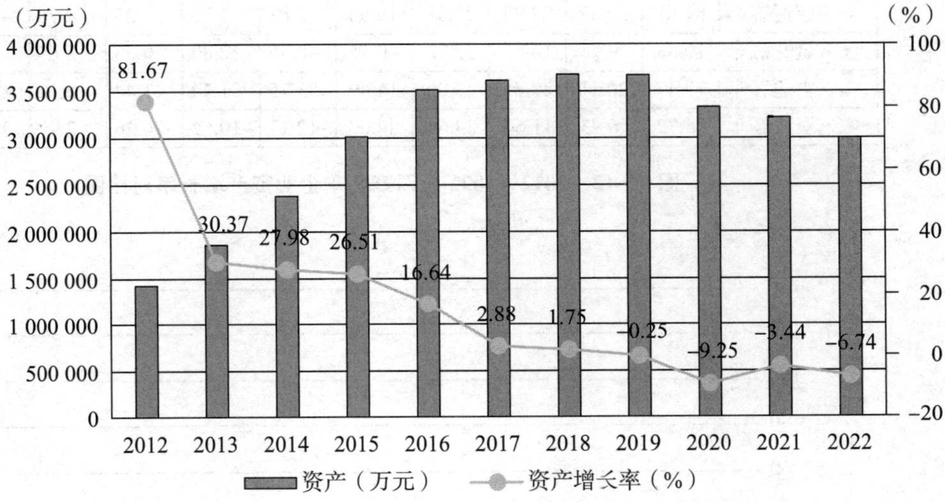

图 9－11　2012—2022 年宇通客车资产及其增长率趋势图

2. 客车行业企业资产增长率对比分析

2012—2022 年四家客车企业资产增长率对比如图 9－12 所示。可知，2012 年宇通客车的资产增长率高达 81.67%，之后整体呈相对平稳的下降趋势，表现平平。2012—2015 年中通客车的资产增长率逐年增加，之后整体呈下降趋势且波动较大，其中 2015 年和 2017 年均超过 50%，但从 2018 年起持续为负值。相比之下，从 2018 年开始，金龙汽车的资产增长率优势明显。2013—2016 年安凯客车的资产增长率呈逐年增加的趋势，之后连续 6 年为负值，说明增长乏力。

3. 宇通客车资产增长率与股东权益增长率对比分析

2012—2022 年宇通客车资产增长率与股东权益增长率对比如图 9－13 所示。可知，宇通客车的资产增长率和股东权益增长率总体呈下降趋势。2013—2016 年宇通客车的资产增长率高于股东权益增长率，应重点关注资产增长能力对于负债增长的依赖程度；2017—2019 年股东权益增长率大于资产增长率，结合第二章资产负债表分析中的图 2－7，可以看到这一变化主要是由股东权益占比逐年增加、负债占比逐年减少所致。同样，2021—2022 年股东权益增长率大于资产增长率，这也是由股东权益占比逐年增加、负债占比逐年减少所致。

第二节
即测即评

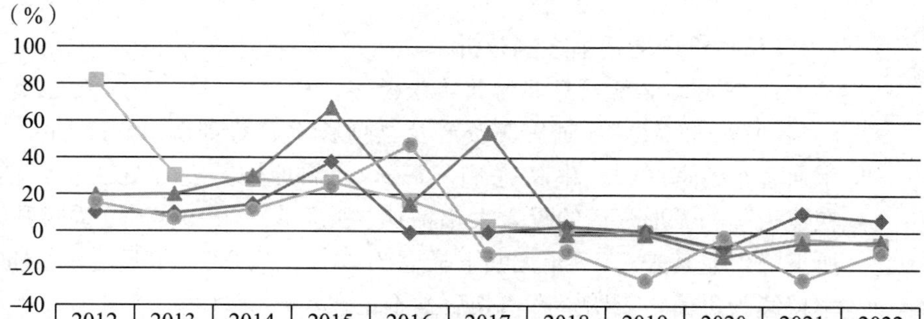

	2012	2013	2014	2015	2016	2017	2018	2019	2020	2021	2022
宇通客车	81.67	30.37	27.98	26.51	16.64	2.88	1.75	−0.25	−9.25	−3.44	−6.74
金龙汽车	10.38	9.75	14.55	37.72	−0.75	−0.36	2.89	0.55	−8.65	9.97	6.41
中通客车	19.47	20.11	29.85	67.00	14.49	53.75	−1.44	−1.44	−13.12	−5.83	−5.14
安凯客车	15.72	6.93	11.67	24.64	47.00	−12.11	−10.62	−26.26	−2.79	−25.97	−10.95

图 9－12　2012—2022 年四家客车企业资产增长率对比图

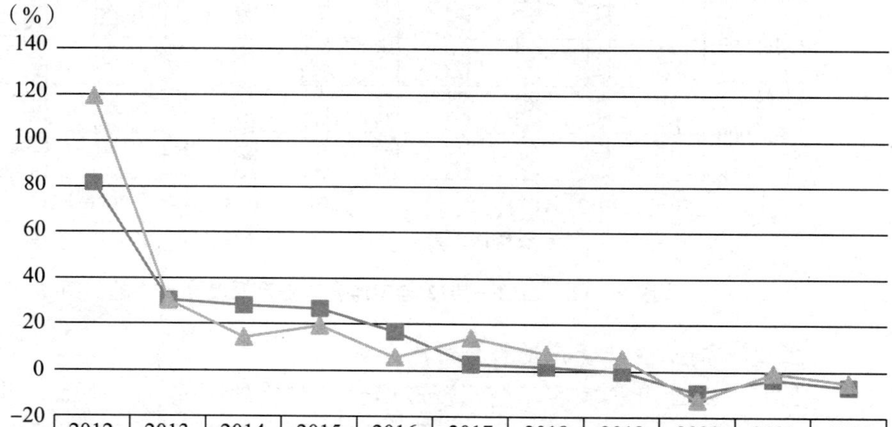

	2012	2013	2014	2015	2016	2017	2018	2019	2020	2021	2022
资产增长率	81.67	30.37	27.98	26.51	16.64	2.88	1.75	−0.25	−9.25	−3.44	−6.74
股东权益增长率	119.30	29.95	14.18	19.14	5.72	14.09	7.37	5.61	−12.73	−0.64	−4.87

资产增长率　股东权益增长率

图 9－13　2012—2022 年宇通客车资产增长率与股东权益增长率对比图

第三节　企业整体增长能力分析

企业要实现可持续增长，必须在收入、利润、股东权益和资产等各方面协调发展。在进行企业整体增长能力分析时，需要结合多项指标进行相互比较与全面分析。此外，还需要通过行业对比分析，了解企业个性和行业共性问题以及企业在行业中的未来成长性，进而综合判断企业的增长能力。

一、企业整体增长能力分析的内容

（一）单项增长率指标综合分析

通过分别计算营业收入增长率、利润增长率、股东权益增长率和资产增长率等指标，并将其与以前不同时期以及同行业对比企业的相应指标数值进行比较，综合分析各增长率指标，进而客观评价企业在营业收入、利润、股东权益和资产等方面的增长能力。

（二）企业整体增长能力综合判断

通过分析营业收入增长率、利润增长率、股东权益增长率和资产增长率等指标之间的关系，能够判断企业各增长能力指标的效益性以及相互之间的协调性。一般而言，只有当企业的营业收入增长率、利润增长率、股东权益增长率和资产增长率保持同步增长，且不低于行业平均水平时，才可以认为企业具有良好的增长能力。

企业整体增长能力分析框架如图 9－14 所示。运用这一分析框架能够比较全面地分析影响企业增长的因素，从而比较全面地评价企业的增长能力，但各因素的增长与企业整体增长能力的关系无法从数量上确定。

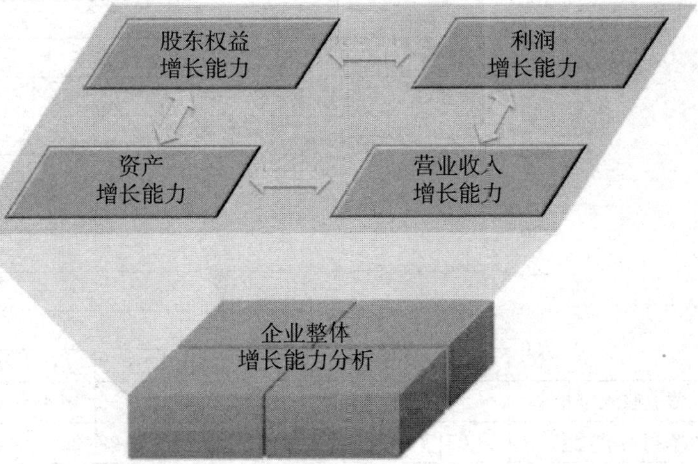

图 9－14　企业整体增长能力分析框架

（三）企业整体增长能力分析应注意的问题

（1）对营业收入增长的分析。营业收入增长是企业价值增长的源泉。企业只有不断开拓市场，保持稳定的市场份额，才能持续增加营业收入，进而提升利润和股东权益；同时，这也为企业进一步扩大市场、开发新产品和进行技术改造提供了资金支持，最终促进企业的进一步发展。

（2）对利润增长的分析。对于持续增长的企业而言，利润增长最终表现为净利润增长，净利润增长应主要源于营业利润增长，而营业利润增长应主要依赖于营业收入增长。

（3）对股东权益增长的分析。股东权益增长一方面源于留存收益增长，留存收益的大小主要取决于净利润和本期股利政策；另一方面源于股东净投资增长，而股东净投资主要受本期股东投资资本变动的影响。

（4）对资产增长的分析。企业资产是取得营业收入的保障。在资产利用效率一定的前提下，要实现营业收入增长，就需要扩大资产规模。扩大资产规模既可以通过负债融资来实现，也可以依赖股东权益的增长。

总之，需要注意各增长率指标之间的相互关系，只有进行综合分析，才能对企业整体增长能力做出正确判断。

二、企业整体增长能力案例分析

（一）客车行业企业单项增长率指标综合对比分析

1. 宇通客车单项增长率指标综合对比分析

2012—2022 年宇通客车各单项增长率指标对比如图 9-15 所示。

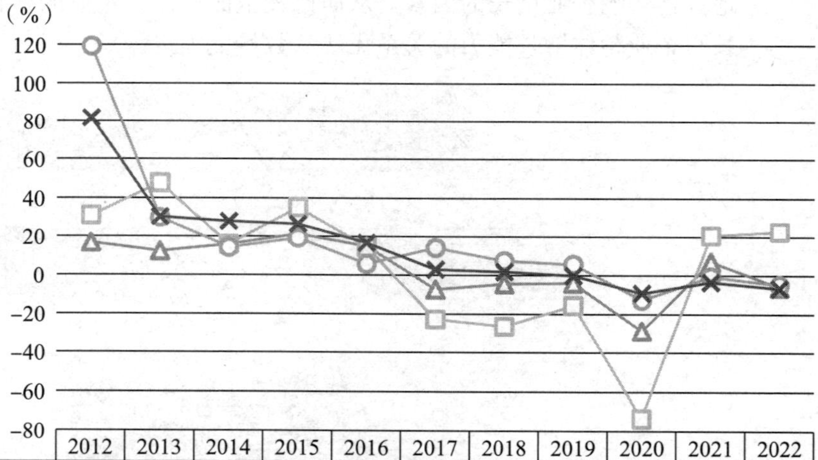

	2012	2013	2014	2015	2016	2017	2018	2019	2020	2021	2022
营业收入增长率	16.72	12.32	15.90	21.31	14.87	−7.33	−4.44	−3.95	−28.82	7.04	−6.17
净利润增长率	31.07	47.82	15.79	35.25	14.34	−22.78	−26.50	−15.62	−73.63	20.74	22.75
股东权益增长率	119.30	29.95	14.18	19.14	5.72	14.09	7.37	5.61	−12.73	−0.64	−4.87
资产增长率	81.67	30.37	27.98	26.51	16.64	2.88	1.75	−0.25	−9.25	−3.44	−6.74

图 9-15　2012—2022 年宇通客车各单项增长率指标对比图

可知，这四项指标在 2015—2020 年的变化具有高度的一致性，整体均呈波浪式下降趋势。2012—2016 年四项指标均为正值，其中净利润增长率普遍高于或接近于营业收入增长率，尤其是在 2013 年和 2015 年净利润增长率均高于其他指标；资产增长率在大多数年份高于股东权益增长率。2017—2020 年四项指标均呈明显下滑趋势，营业收入增长率和净利润增长率连续 4 年为负数，截至 2020 年四项指标均为负值。2021—2022 年资产增长率和股东权益增长率连续为负值，尽管 2021 年各项指标短暂回升，但 2022 年除净利润增长率小幅上升且为正值以外，其他三项指标再次下降。此外，从整体趋势来看，宇通客车的营业收入增加依赖于资产的增加，净利润不再是企业股东权益增长的主要来源。因此，可以判断宇通客车的销售增长不具有效益性，企业未来的增长潜力和可持续发展能力不强。

2. 金龙汽车单项增长率指标综合对比分析

2012—2022 年金龙汽车各单项增长率指标对比如图 9－16 所示。

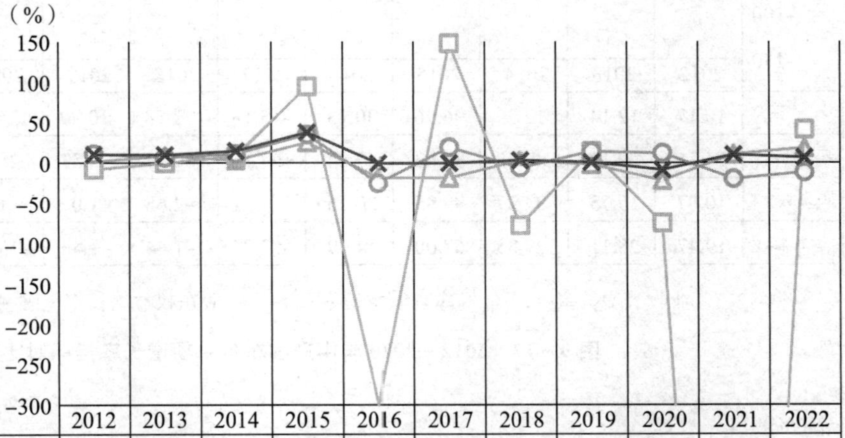

	2012	2013	2014	2015	2016	2017	2018	2019	2020	2021	2022
营业收入增长率	1.27	8.57	2.97	25.22	−18.66	−18.75	3.13	−2.19	−21.98	10.46	18.30
净利润增长率	−8.32	−0.48	8.34	94.41	−300.24	147.79	−77.29	14.06	−74.09	−1377.19	41.14
股东权益增长率	11.02	6.43	11.07	34.94	−25.54	19.16	−6.33	13.88	11.78	−19.72	−11.73
资产增长率	10.38	9.75	14.55	37.72	−0.75	−0.36	2.89	0.55	−8.65	9.97	6.41

图 9－16　2012—2022 年金龙汽车各单项增长率指标对比图

3. 中通客车单项增长率指标综合对比分析

2012—2022 年中通客车各单项增长率指标对比如图 9－17 所示。

4. 安凯客车单项增长率指标综合对比分析

2012—2022 年安凯客车各单项增长率指标对比如图 9－18 所示。

根据图 9－15 到图 9－18 可知，四家企业的各单项增长率指标的变化不尽相同，但大多数指标呈下滑趋势，其中净利润增长率波动最大，表明四家企业均受到了政策调整、市场波动等宏观因素的影响，未来增长能力逐渐减弱。

通过比较四家企业各增长率指标之间的关系，可以得到如下结论：

首先，比较营业收入增长率与资产增长率。除 2018 年、2021 年和 2022 年之外，其他年份金龙汽车的资产增长率均高于营业收入增长率，说明金龙汽车的销售增长主要依赖于企业规模的扩张。此外，中通客车和安凯客车的这两项指标则波动较大，但大多数年份的资产增长率也高于营业收入增长率。以上数据说明，这三家企业的销售增长能力与资产投入关系密切，营业收入增长能力不强。

其次，比较股东权益增长率与净利润增长率。四家企业的净利润增长率均剧烈

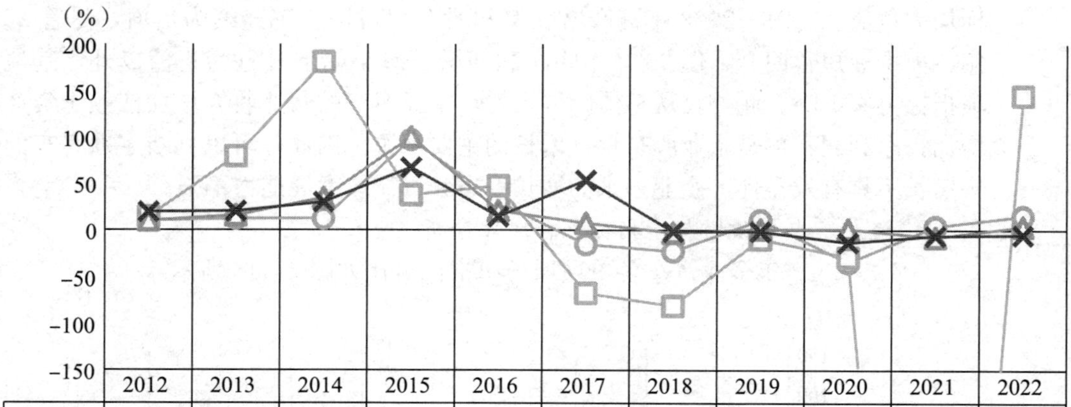

	2012	2013	2014	2015	2016	2017	2018	2019	2020	2021	2022
营业收入增长率	10.17	12.14	12.29	96.96	30.13	−15.18	−22.58	10.90	−34.62	4.06	15.03
净利润增长率	14.35	79.12	180.86	37.62	47.44	−67.35	−80.87	−9.57	−28.87	−1 033.23	144.79
股东权益增长率	10.07	15.75	34.27	99.95	20.66	7.71	−2.65	1.02	1.20	−7.66	4.04
资产增长率	19.47	20.11	29.85	67.00	14.49	53.75	−1.44	−1.44	−13.12	−5.83	−5.14

营业收入增长率　净利润增长率　股东权益增长率　资产增长率

图 9－17　2012—2022 年中通客车各单项增长率指标对比图

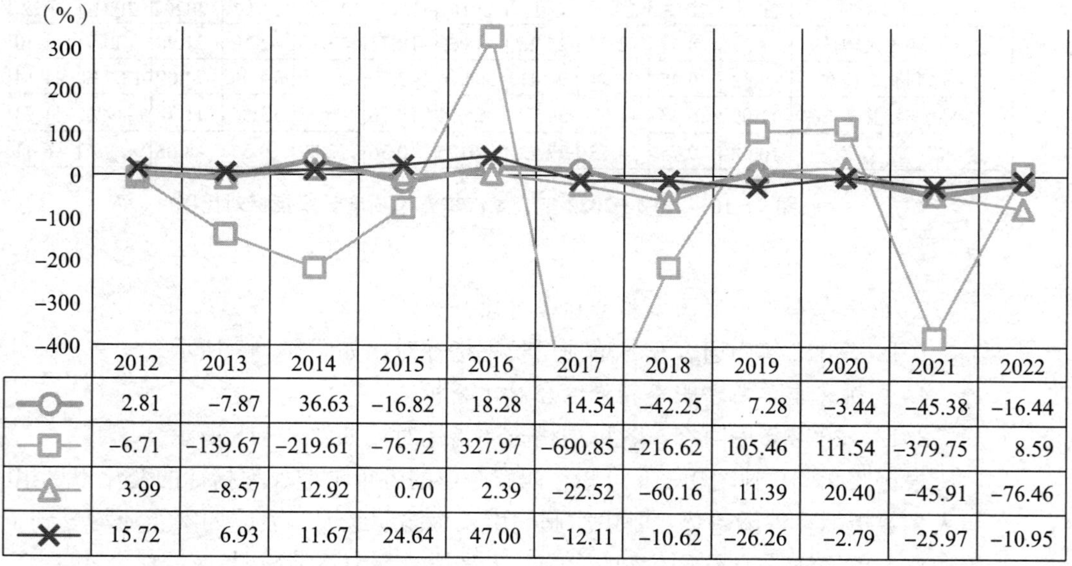

	2012	2013	2014	2015	2016	2017	2018	2019	2020	2021	2022
营业收入增长率	2.81	−7.87	36.63	−16.82	18.28	14.54	−42.25	7.28	−3.44	−45.38	−16.44
净利润增长率	−6.71	−139.67	−219.61	−76.72	327.97	−690.85	−216.62	105.46	111.54	−379.75	8.59
股东权益增长率	3.99	−8.57	12.92	0.70	2.39	−22.52	−60.16	11.39	20.40	−45.91	−76.46
资产增长率	15.72	6.93	11.67	24.64	47.00	−12.11	−10.62	−26.26	−2.79	−25.97	−10.95

营业收入增长率　净利润增长率　股东权益增长率　资产增长率

图 9－18　2012—2022 年安凯客车各单项增长率指标对比图

波动，而股东权益增长率相对稳定，说明企业股东权益的增长并非主要源自生产经营活动创造的净利润，这不利于企业的长期稳定发展。

最后，比较净利润增长率与营业收入增长率。在经历了 2016 年或 2017 年的净利润增长率剧烈波动之后，四家企业的净利润增长率与营业收入增长率逐渐呈相同的变动趋势，但大多数年份的净利润增长率低于营业收入增长率，说明企业收益降低，盈利能力不强。净利润增长能力存在一定的问题，企业的未来发展潜力值得怀疑。

综上所述，四家客车企业在增长能力方面都有待提升。通过分析比较可以看出，宇通客车作为行业龙头企业，在盈利能力、营运能力和偿债能力方面具有显著优势，但增长能力不突出。面对风云变幻的市场和政策环境，宇通客车相对稳定的增长能力成了其重要特点。

（二）基于主成分分析法的客车行业企业增长能力综合分析

本部分旨在对四家客车企业增长能力进行综合分析，采用的分析方法为统计学中的主成分分析法。根据 2022 年四家企业增长能力指标的表现，使用 SAS 9.4 软件计算四家客车企业的综合得分并进行排名。

1. 分析指标的选取

为了评价企业增长能力，选取营业利润增长率、净利润增长率、股东权益增长率、资产增长率和营业收入增长率作为主要指标。

2. 数据分析过程及主要结论

公因子方差检验用于说明所提取的公因子对原本指标的解释程度，其取值越接近 1.0，表明解释程度越高。四家客车企业增长能力指标通过 SAS 9.4 软件进行方差检验后输出的结果如表 9-1 和表 9-2 所示。从表 9-1 中可以看出，资产增长率提取的公因子最低，为 0.024。

表 9-1　公因子方差检验结果表

指标	初始	提取的公因子
营业利润增长率	1.000	0.986
净利润增长率	1.000	0.986
股东权益增长率	1.000	0.489
资产增长率	1.000	0.024
营业收入增长率	1.000	0.479

表 9-2　总方差解释结果表

成分	初始特征值			提取载荷平方和		
	合计	方差百分比	方差累积百分比	合计	方差百分比	方差累积百分比
1	7 905.794	88.866	88.866	7 905.794	88.866	88.866
2	835.864	9.396	98.262			
3	154.661	1.738	100.000			
4	9.530E-13	1.071E-14	100.000			
5	−1.856E-13	−2.086E-15	100.000			

表 9-2 展示了总方差解释结果。第 1 列（成分）是因子旋转后得到的初始解的 5 个序号；第 2～4 列显示了对原始变量进行因子分析的初始特征值。其中，第 2 列（合计）是因子变量的方差贡献值，反映了因子的重要程度，5 个因子变量的特征值和为 5。由于系统默认方差大于 1 的为主成分，因此本分析提取了 1 个主成分，

该主成分解释了原变量88.866%的数据情况，这说明新得到的因子变量能够较好地反映原始变量的绝大部分信息。第4列（方差累积百分比）是运用回归法计算得到的方差累计贡献率。

通过SAS 9.4软件输出的结果，可以得到各主成分在各原始变量上的主成分载荷矩阵，如表9-3所示。

表9-3　主成分系数表

指标	成分
	1
净利润增长率	0.479
营业收入增长率	0.025
营业利润增长率	0.427
股东权益增长率	0.119
资产增长率	0.001

根据表9-3中的数据，可以得出一个主成分计算公式（各指标需进行标准化处理）：

$$F_1 = 0.479X_1 + 0.025X_2 + 0.427X_3 + 0.119X_4 + 0.001X_5$$

利用上述公式可以计算出主成分的得分，进而得到四家客车企业整体增长能力的综合得分及排名，具体如表9-4所示。

表9-4　四家客车企业增长能力综合得分及排名表

项目	F_1	综合得分	排名
中通客车	1.434 64	1.434 64	1
宇通客车	−0.191 95	−0.191 95	2
金龙汽车	−0.363 66	−0.363 66	3
安凯客车	−0.879 04	−0.879 04	4

因此，根据主成分得分结果，2022年四家客车企业在综合增长能力方面的排名为：中通客车第一，宇通客车第二，金龙汽车第三，安凯客车第四。这与前面客车行业企业单项增长率指标综合对比分析的结果基本一致。中通客车在2022年的表现出色，净利润增长率为144.79%，在四家企业中最高，体现了中通客车在利润获取方面的强劲实力，并彰显了其良好的经营能力。宇通客车虽然也有增长，但净利润增长率为22.75%，远低于中通客车；由于销量较2021年大幅减少，宇通客车的营业收入增长率为负值。2022年金龙汽车的净利润增长率为41.14%，在四家企业中均排名第二，表明公司在利润提升方面表现良好；此外，金龙汽车的营业收入增长率为18.30%，在四家企业中排名第一，这显示了公司的销售业绩较好。安凯客车是规模较小的企业，2022年的各项增长率指标表现都相对较差，其净利润增长率为8.59%，而股东权益增长率为−76.46%；安凯客车的资产增长率和营业收入增长率也都为负值，表明公司在资产扩张和销售方面遇到了挑战。

第三节
即测即评

思考题

1. 简述营业收入增长率、利润增长率分析应注意的问题。
2. 举例说明股东权益增长率分析应注意的问题。
3. 举例说明企业整体增长能力分析应注意的问题
4. 为何应将资产增长率与股东权益增长率进行对比分析？
5. 如何利用营业收入增长率指标分析企业的成长性？
6. 要想提高股东权益增长率，企业可以采取哪些措施？
7. 为什么在应用增长率指标分析企业增长能力时应注意指标之间的关系？
8. 简述企业单项增长率指标综合对比分析可以采用的方法。

分析题

1. 针对第一章章后分析题所选A股上市公司及三家同行业可比公司，根据本章所学内容，对其增长能力分析进行实操训练。

2. 2018—2022年中国国航净利润增长率指标计算表及其与可比企业的净利润增长率对比数据分别如表9-5和表9-6所示。

表9-5　2018—2022年中国国航净利润增长率指标计算表　单位：万元

项目	2017年	2018年	2019年	2020年	2021年	2022年
毛利	2 106 462	2 164 258	2 293 484	−612 730	−1 131 193	−2 991 469
本年毛利增加额	—	57 796	129 226	−2 906 214	−518 463	−1 860 276
毛利增长率（%）	—	2.47	5.97	−126.72	84.62	164.45
净利润	863 744	820 054	725 205	−1 582 222	−1 882 937	−4 517 591
本年净利润增加额	—	−43 690	−94 849	−2 307 427	−300 715	−2 634 654
净利润增长率（%）	—	−5.06	−11.57	−318.18	19.01	139.92

表9-6　2018—2022年中国国航与可比企业净利润增长率对比表（%）

项目	2018年	2019年	2020年	2021年	2022年
中国国航	−5.06	−11.57	−318.18	19.01	139.92
南方航空	−49.42	−10.45	−481.91	6.84	206.04
东方航空	−56.88	18.43	−460.44	5.81	200.36
春秋航空	19.12	22.31	−132.16	106.31	−8 241.86

要求： 对中国国航净利润增长率进行分析评价，说明除了净利润增长率还有哪些反映增长能力的指标？如何结合同行业可比企业对中国国航的整体增长能力进行分析？

第十章

Chapter 10 财务效率综合分析体系及应用

思维导图

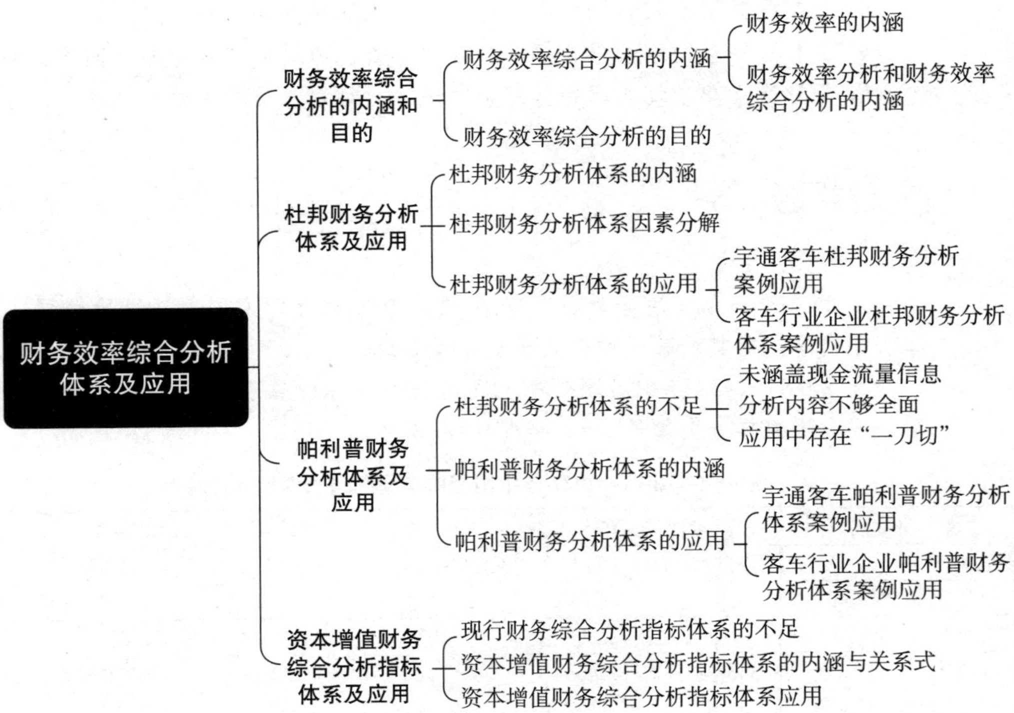

学习目标

1. 了解财务效率综合分析的内涵和目的；

2. 掌握杜邦财务分析体系的内涵、因素分解和应用；

3. 掌握帕利普财务分析体系的内涵、因素分解和应用；

4. 理解现行财务综合分析指标体系的不足；

5. 理解资本增值财务综合分析指标体系的内涵、关系式和应用；

6. 增强创新能力和实践能力、财务报表综合分析和应用能力，以及解决企业实际复杂问题的能力。

第一节　财务效率综合分析的内涵和目的

一、财务效率综合分析的内涵

（一）财务效率的内涵

财务效率是指企业在财务活动中的产出与投入之间的比率。由于财务活动及其成果本身就是价值活动和价值成果，因此，财务效率必然反映以价值为核心的产出与投入关系。

反映财务效率的指标有很多，根据财务效率的内涵及不同的标准，财务效率可以有多种不同的分类角度。例如，根据企业财务活动，财务效率可以划分为投资活动效率、筹资活动效率、经营活动效率和分配活动效率；根据企业盈利与风险，财务效率可以划分为反映盈利能力的效率、反映营运能力的效率和反映偿债能力的效率等。

（二）财务效率分析和财务效率综合分析的内涵

财务效率分析就是通过对财务指标的计算、解析及评价，揭示某项财务活动及其效果的情况。由于财务指标种类繁多、内涵丰富、相互关联，单一指标分析虽然有独特的作用，但往往无法反映企业整体的财务状况及财务成效。因此，财务效率综合分析应运而生，它是将各类财务指标在单项分析的基础上，在企业战略目标的统驭下，按指标的内在联系结合起来进行全面、系统、综合的分析，从而为企业经营管理、决策与控制奠定基础。

二、财务效率综合分析的目的

从某一特定角度来看，仅对企业某一方面的经营活动进行分析，不足以全面评价企业的总体财务状况和财务成效，也很难对企业总体财务状况与经营业绩之间的关联性得出综合结论。因此，财务效率综合分析尤为重要，其目的在于：

（1）明确企业财务活动与经营活动的相互关系，找出制约企业发展的瓶颈。财务效率综合分析是从盈利能力、营运能力、偿债能力和增长能力等角度对企业的筹资活动、投资活动和经营活动状况进行深入细致的分析，可以揭示企业的财务状况、经营业绩和存在的问题，为企业利益相关者进行决策提供参考。

第一节
即测即评

（2）明确企业的经营水平、行业地位及发展方向。通过以企业自身历史数据为标准进行趋势分析，以及对标同行业企业进行对比分析，及时发现企业在经营管理方面的不足，进而不断完善和改进。这种多指标、多企业的对标分析具有较强的针对性和时效性，有利于明确企业在行业中的地位，为完善企业财务管理和经营管理提供依据，为企业未来的生产经营规划和可持续发展指明方向。

本章将以杜邦财务分析体系和帕利普财务分析体系为基础，结合案例特点，对财务效率综合分析体系进行深入探讨与应用。

第二节　杜邦财务分析体系及应用

一、杜邦财务分析体系的内涵

杜邦财务分析体系简称杜邦体系，是指根据各主要财务指标之间的内在联系建立的财务比率分析体系，旨在对企业财务状况及经济效益进行综合系统分析评价。该体系因其最初由美国杜邦公司成功应用而得名。杜邦财务分析体系以净资产收益率（或权益资本收益率）为核心，以总资产净利率和权益乘数为重心，以销售净利率、总资产周转率和权益乘数为代表。它将反映企业盈利能力、融资能力和资产管理效率的指标按照其内在联系有机地结合起来，形成一个完整的指标体系，用于重点分析各指标对净资产收益率的影响，以及揭示各指标间的相互影响和作用关系。

二、杜邦财务分析体系因素分解

杜邦财务分析体系的基本思想是对净资产收益率逐级进行因素分解，进而从财务角度深入分析并评价企业的经营业绩。影响净资产收益率的因素主要有三个，其计算公式可以表示为：

$$
\begin{aligned}
净资产收益率 &= \frac{净利润}{净资产平均余额} \\
&= \frac{净利润}{总资产平均余额} \times \frac{总资产平均余额}{净资产平均余额} \\
&= 总资产净利率 \times 权益乘数 \\
&= \frac{净利润}{营业收入} \times \frac{营业收入}{总资产平均余额} \times 权益乘数 \\
&= 销售净利率 \times 总资产周转率 \times 权益乘数
\end{aligned}
$$

杜邦财务分析体系的因素分解关系如图10-1所示。

由此可见，杜邦财务分析体系层次分明、逻辑清晰。通过代表以商品经营为基础的盈利能力的销售净利率、代表资产管理效率的总资产周转率以及代表融资能力的权益乘数，该体系能够使分析者更加清晰地理解净资产收益率的影响因素，以及销售净利率、总资产周转率和权益乘数之间的相互关系，从而为企业综合业绩评价提供明晰的思路。

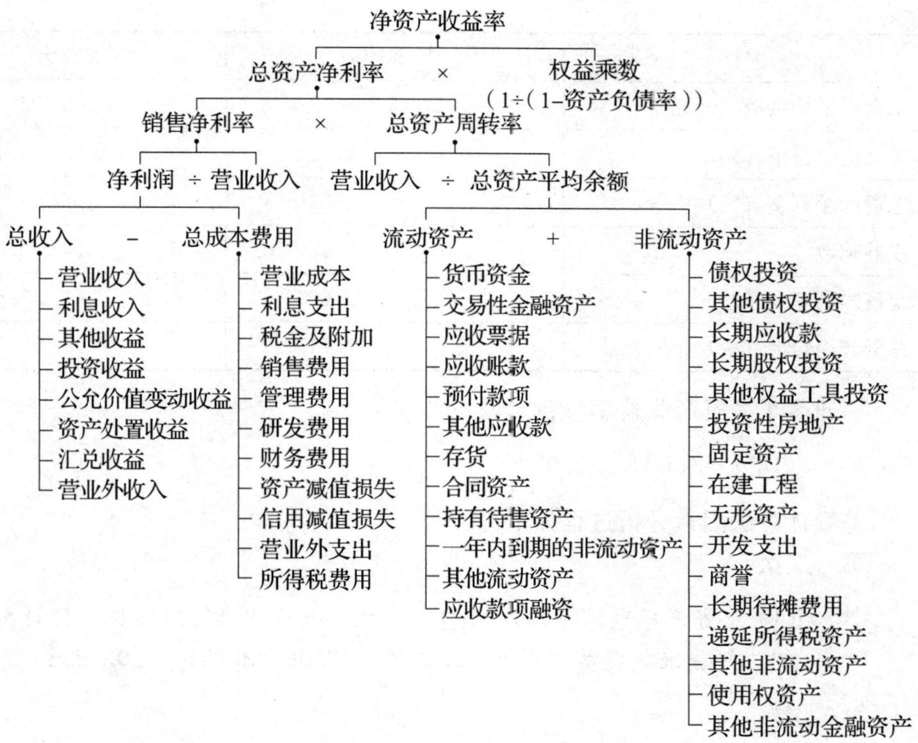

图 10-1　杜邦财务分析体系因素分解图

三、杜邦财务分析体系的应用

美国杜邦公司的创始人爱里迪尔·依涅·杜邦于 1802 年创建了第一个制造火药的工厂。以此为起点，杜邦公司逐渐发展成为一家集服装、食品、家居、保健等产品于一体的综合性化学品生产公司，其总部位于美国的威尔明顿市，至今已有 200 多年历史。2015 年，陶氏化学公司和杜邦公司宣布合并，新公司将成为全球仅次于巴斯夫的第二大化工企业。

（一）宇通客车杜邦财务分析体系案例应用

2021 年和 2022 年宇通客车杜邦财务分析体系应用所涉及的数据资料如表 10-1 所示。

表 10-1　2021 年和 2022 年宇通客车杜邦财务分析体系数据表

项目	2C21 年	2022 年
营业收入（万元）	2 323 346	2 179 896
净利润（万元）	62 551	76 781
净资产平均余额（万元）	1 539 287	1 496 960

续表

项目	2021年	2022年
总资产平均余额（万元）	3 273 888	3 108 174
净资产收益率（%）	4.06	5.13
总资产净利率（%）	1.91	2.47
权益乘数	2.13	2.08
销售净利率（%）	2.69	3.52
总资产周转率（次）	0.71	0.70

宇通客车净资产收益率分析对象：

5.13%－4.06%＝1.07%

差额计算法因素分析过程如下：

第一层次：

(1) 总资产净利率变动的影响：(2.47%－1.91%)×2.13＝1.19%

(2) 权益乘数变动的影响：2.47%×(2.08－2.13)＝－0.12%

第二层次：

(1) 销售净利率变动的影响：(3.52%－2.69%)×0.71×2.13＝1.26%

(2) 总资产周转率变动的影响：3.52%×(0.70－0.71)×2.13＝－0.07%

(3) 权益乘数变动的影响：3.52%×0.70×(2.08－2.13)＝－0.12%

2021—2022年宇通客车杜邦财务分析体系因素分解逻辑框架如图10-2所示（金额单位：万元）。

根据表10-1和图10-2可知，杜邦财务分析体系为投资者对企业进行综合分析提供了极具价值的财务信息。

1. 净资产收益率

净资产收益率是综合性最强的财务指标，也是企业财务效率综合分析的核心指标。2022年宇通客车的净资产收益率相比2021年上升了1.07个百分点。通过分析发现，影响净资产收益率的两个因素——总资产净利率和权益乘数发生了不同方向、不同程度的变化。其中，总资产净利率由1.91%上升到2.47%，导致净资产收益率上升1.19个百分点；而权益乘数则由2.13下降到2.08，导致净资产收益率下降0.12个百分点。可见，总资产净利率上升是导致净资产收益率上升的主要原因，说明宇通客车净资产收益率的变动取决于企业以资产为基础的盈利能力的变化。

2. 总资产净利率

总资产净利率是反映企业以资产为基础的盈利能力的指标，直接影响企业以权益资本为基础的盈利能力。2022年宇通客车的总资产净利率同比上升了0.56个百分点。其中，销售净利率同比上升0.83个百分点，导致总资产净利率上升0.59个

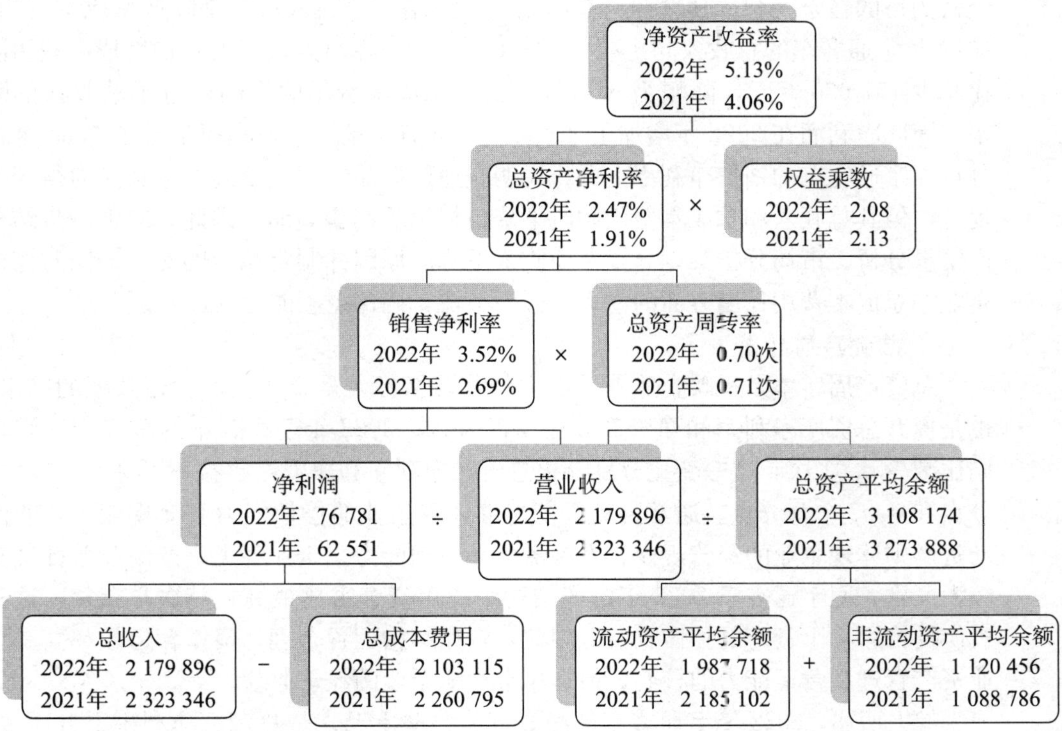

图 10-2　2021—2022 年宇通客车杜邦财务分析体系因素分解逻辑框架

百分点；而总资产周转率同比减少 0.01 次，导致总资产净利率下降 0.04 个百分点①。可见，销售净利率上升是导致总资产净利率上升的主要原因，说明宇通客车以资产为基础的盈利能力受以商品经营为基础的盈利能力影响较大。

2020 年宇通客车杜邦财务分析体系案例应用

3. 权益乘数

权益乘数既是反映企业资本结构的指标，也是反映企业偿债能力的指标，还是企业资本经营即筹资活动的结果，对提高净资产收益率起到杠杆作用。企业适度进行负债经营，并合理安排资本结构，可以提高净资产收益率，但在盈利条件下负债规模并非越大越好。2022 年宇通客车的权益乘数同比减少 0.05，导致净资产收益率下降 0.12 个百分点。尽管权益乘数的减少在一定程度上导致了净资产收益率的下降，资本结构的适当调整也降低了企业的财务风险。

4. 销售净利率

销售净利率是反映企业以商品经营为基础的盈利能力的重要指标，是企业商品经营的结果，也是提升总资产净利率和净资产收益率的基础和保证。企业从事商品

---

①　宇通客车总资产净利率分析对象：2.47%－1.91%＝0.56%。

a. 销售净利率变动的影响：(3.52%－2.69%)×0.71＝0.59%。

b. 总资产周转率变动的影响：3.52%×(0.70－0.71)＝－0.04%。小数点误差是四舍五入的结果。

经营的目的在于获利，其途径只有两条：一是增加总收入；二是降低总成本费用。2022年宇通客车的总收入同比减少143 450万元，降幅为6.17%；而总成本费用同比减少157 680万元，降幅为6.97%。由于总成本费用的降幅超过了总收入的降幅，因此净利润在2022年增加了22.75%，进而导致销售净利率上升了0.83个百分点。宇通客车的销售净利率上升，说明企业以商品经营为基础的盈利能力得到了提升，但其总收入和总成本费用同时下降也揭示了销售萎缩，因此，应进一步结合产销量分析、市场分析等，寻找营业收入下降的原因并制定相应的对策，同时挖掘企业在总成本费用控制方面的潜力，开源节流，确保盈利能力的提升。

5. 总资产周转率

总资产周转率是反映企业营运能力的重要指标，是企业资产营运效率的结果，也是提升总资产净利率和净资产收益率的基础。2022年宇通客车的总资产周转率同比减少0.01次，这一变化分别导致总资产净利率和净资产收益率下降0.04个百分点和0.07个百分点。通常流动资产能够体现企业的偿债能力和变现能力，非流动资产则体现企业的经营规模、发展潜力和盈利能力。企业各类资产的收益性又有较大区别，而宇通客车2022年资产结构中货币资金占比最高，其次是存货，这种资产结构影响了资产的整体收益。因此，资产结构配置合理、资产营运效率高是企业资产管理和营运能力的核心，最终也会影响企业的经营业绩。

综上所述，2022年宇通客车的净资产收益率上升，是总资产净利率上升所致，总资产净利率上升的原因是销售净利率上升。总资产周转率和权益乘数均有所下降，对净资产收益率产生了一定的负面影响。宇通客车所表现出来的这些财务特征，是源于其自身经营管理存在的问题，还是整个行业受外部环境、市场影响所致呢？

（二）客车行业企业杜邦财务分析体系案例应用

以净资产收益率为核心，2022年四家客车企业杜邦财务分析体系指标对比如表10-2所示。

表10-2 2022年四家客车企业杜邦财务分析体系指标对比表

企业名称	净资产收益率（%）	总资产净利率（%）	权益乘数	销售净利率（%）	总资产周转率（次）
宇通客车	5.13	2.47	2.08	3.52	0.70
金龙汽车	−9.57	−1.70	5.64	−2.50	0.68
中通客车	3.77	1.02	3.69	1.86	0.55
安凯客车	−128.33	−7.30	17.57	−17.39	0.42

根据表10-2可知，单纯从净资产收益率指标来看，2022年四家企业相差较大。其中，宇通客车以5.13%的净资产收益率居于首位；中通客车紧随其后，为3.77%；金龙汽车和安凯客车均为负值。通过杜邦财务分析体系对净资产收益率进行分解，发现宇通客车的权益乘数最低，仅为2.08；安凯客车的权益乘数最高，达到了17.57，说明其在四家企业中拥有最高的财务杠杆。然而，2022年安凯客车亏损

严重，销售净利率、总资产净利率分别达到－17.39%和－7.30%，在四家企业中均最低，高杠杆导致净资产收益率大幅下滑，同时也大大增加了财务风险。这一分析表明，无论企业是处于高盈利还是高亏损状态，较高的权益乘数都会通过财务杠杆作用放大对企业盈利能力的正面或负面影响。再来看总资产净利率和销售净利率，宇通客车在四家企业中均最高，中通客车位于第二名，金龙汽车和安凯客车均为负值，说明宇通客车和中通客车在盈利能力方面具有优势。通过进一步分解总资产净利率，可以发现宇通客车和金龙汽车的总资产周转率相差不大，而中通客车和安凯客车则明显低于前两者。总体而言，宇通客车的盈利能力和营运能力在四家企业中均位居第一，同时其未采用高财务杠杆策略，财务风险最小，综合业绩在整个行业中优势明显。

2020 年客车行业企业杜邦财务分析体系案例应用

第二节即测即评

第三节　帕利普财务分析体系及应用

一、杜邦财务分析体系的不足

尽管杜邦财务分析体系自产生以来在实践中得到了广泛应用与高度评价，但随着经济与环境的发展变化，以及人们对企业目标认识的进一步深化，杜邦财务分析体系在应用过程中也逐渐显现出一些不足，主要表现在以下方面。

（一）未涵盖现金流量信息

杜邦财务分析体系所涉及的财务指标主要是基于企业资产负债表和利润表数据构建的，这可能是由于在杜邦财务分析体系诞生之初，企业尚未编制现金流量表，故不涉及现金流量信息。后来有人在此基础上，增加了现金流量分解因素，以补充盈利质量信息，使财务报表分析者不仅考虑企业的账面利润和财务状况，而且更加关注反映企业活力的现金流量信息。

（二）分析内容不够全面

杜邦财务分析体系主要从企业的盈利能力、营运能力和偿债能力三个角度展开财务效率综合分析，忽略了企业的增长能力。因此，其分析通常针对的是企业短期财务结果，这样很容易诱导企业管理者过分关注短期财务目标，而忽视企业的长期价值创造。在信息化时代，顾客、供应商、企业员工、技术创新、无形资产等因素对企业经营业绩的影响越来越大，而杜邦财务分析体系对这些方面的分析显然无能为力。

（三）应用中存在“一刀切”

由于杜邦财务分析体系简单明了、逐步深入，因而在实践中得到了广泛认同。但在实际应用时，该体系往往会忽视一些重要因素，存在“一刀切”的问题。例如，它不区分经营资产与金融资产，对于金融资产占比高的企业来说，这会导致分析结果失去实际意义；同时，它也不区分金融负债与经营负债，从而歪曲杠杆的实际作用，无法直观体现企业的经营风险或财务风险等。

二、帕利普财务分析体系的内涵

美国哈佛大学教授帕利普等在其所著的《企业分析与评价》一书中，提出了以可持续增长率为核心指标的帕利普财务分析体系，其对杜邦财务分析体系做了改进。

可持续增长率是指企业在当前经营效率和财务政策下的内在增长能力，即企业在不发行新股、不改变经营效率（保持销售净利率和总资产周转率不变）和财务政策（保持权益乘数和股利支付率不变）时，企业销售所能达到的最大增长率。其计算公式如下：

$$
\begin{aligned}
\text{可持续增长率} &= \text{净资产收益率} \times \text{留存收益率} \\
&= \text{净资产收益率} \times (1-\text{股利支付率}) \\
&= \begin{matrix}\text{销售}\\\text{净利率}\end{matrix} \times \begin{matrix}\text{总资产}\\\text{周转率}\end{matrix} \times \begin{matrix}\text{权益}\\\text{乘数}\end{matrix} \times \left(1-\begin{matrix}\text{股利}\\\text{支付率}\end{matrix}\right)
\end{aligned}
$$

可见，可持续增长率的高低取决于销售净利率、总资产周转率、权益乘数以及股利支付率四个指标。可持续增长率能够从长远角度评价企业的价值增长，在企业盈利能力、营运能力、偿债能力和增长能力之间建立联系，构建分析框架，还同时消除了同行业不同规模企业之间的比较障碍。该指标经过层层分解后，可用于评价企业在经营管理、投资管理、融资战略和股利政策四个领域的管理效率和效果。因此，以可持续增长率为核心指标的帕利普财务分析体系是将企业的多个财务指标统一起来，以评价企业的增长战略是否可持续。帕利普财务分析体系因素分解如图10-3所示。

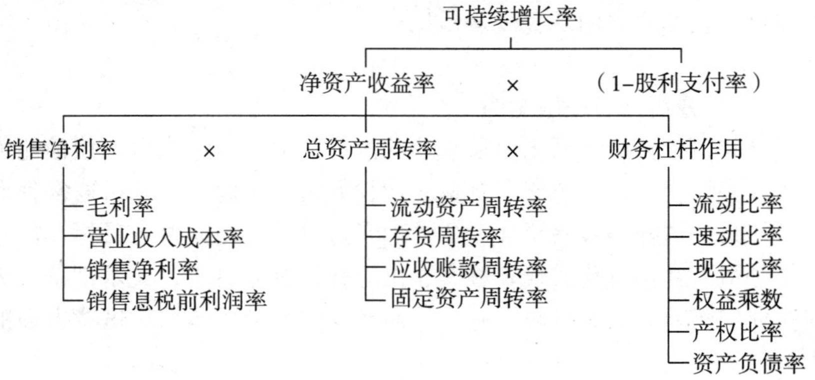

图10-3　帕利普财务分析体系因素分解图

三、帕利普财务分析体系的应用

（一）宇通客车帕利普财务分析体系案例应用

2012—2022 年宇通客车可持续增长率及其影响因素计算如表 10-3 所示，因素分解指标对比如图 10-4 所示。

表 10-3 2012—2022 年宇通客车可持续增长率及其影响因素计算表

年份	销售净利率（%）	总资产周转率（次）	权益乘数	股利支付率（%）	可持续增长率（%）
2012	7.84	1.79	2.08	31.86	19.89
2013	10.32	1.35	1.95	28.14	19.52
2014	10.31	1.21	2.08	56.55	11.27
2015	11.49	1.16	2.27	93.94	1.83
2016	11.44	1.10	2.45	54.75	13.95
2017	9.54	0.93	2.44	35.38	13.99
2018	7.33	0.87	2.25	48.10	7.45
2019	6.44	0.83	2.13	113.99	−1.59
2020	2.39	0.62	2.11	219.28	−3.73
2021	2.69	0.71	2.13	180.35	−3.27
2022	3.52	0.70	2.08	291.64	−9.82

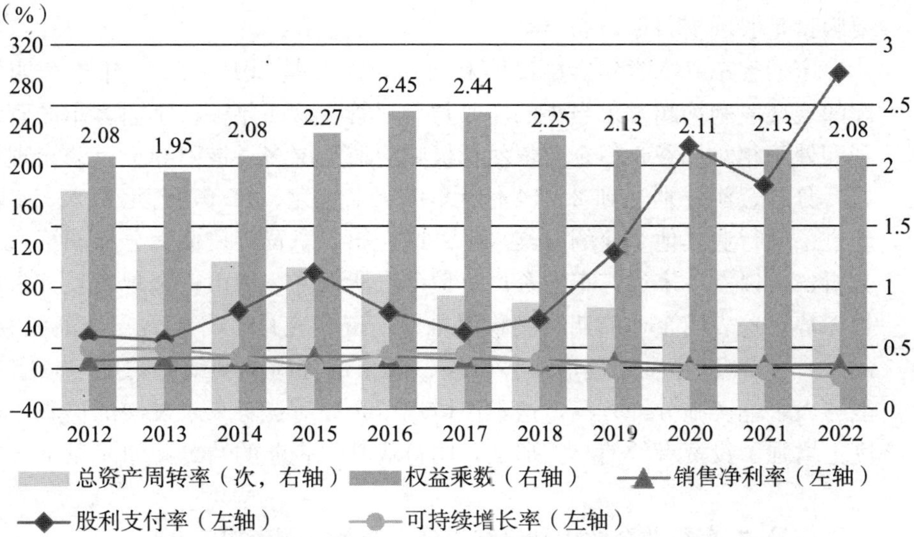

图 10-4 2012—2022 年宇通客车可持续增长率因素分解指标对比图

根据表10－3和图10－4可知，2013年宇通客车的可持续增长率同比下降0.37个百分点。尽管销售净利率上升了2.48个百分点，股利支付率下降了3.72个百分点，这两个因素对企业增长产生了有利影响，但其他影响因素均有所下降，且这些不利影响未被有利影响完全抵消。2014年宇通客车的可持续增长率同比下降8.25个百分点。这一年，除权益乘数增加0.13个百分点以外，其他因素均为不利影响，可见宇通客车在2014年通过提高财务杠杆来弥补因股利支付率提高而导致的现金流出。2015年宇通客车的可持续增长率同比大幅下降9.44个百分点，从两位数降到1.83％。为了应对该挑战，企业通过提升销售净利率和增加财务杠杆来抵消高达93.94％的股利支付率对可持续增长率造成的巨大冲击。2016年和2017年宇通客车的可持续增长率大幅回升，增至14％左右，这主要得益于股利支付率的回调，从而提升了留存收益率。2018—2022年宇通客车的可持续增长率连续下滑，从2019年开始可持续增长率持续为负值，最主要的原因是股利支付率翻倍增加，各年均超过100％，2022年高达291.64％；同时，销售净利率、总资产周转率和权益乘数总体呈下降趋势，说明企业的盈利能力、营运能力在不断降低，财务风险稳中有降。

从经营效率方面分析，一方面，宇通客车的总资产周转率从2012年1.79次降到2022年的0.70次，说明企业的营运能力整体下降，总资产周转速度减慢，资产利用效率降低；另一方面，宇通客车的销售净利率呈先升后降再升的波动趋势，2020年降到最低值2.39％后有所回升，但远低于2020年以前的水平，反映了企业盈利能力明显下降。从财务政策方面分析，宇通客车的权益乘数除2013年有所降低外，整体呈先升后降的趋势，2016年达到峰值2.45后逐年下降，至2021年又回到2019年的水平，随后再次下降。股利支付率呈波浪式变动趋势，但各年均在28％以上，尤其是2019—2022年在110％以上，可见宇通客车一直很重视对投资者的回报。总体来看，宇通客车的财务效率不断下降，影响可持续增长率波动的最主要因素是股利支付率。

宇通客车基本常年实施高股利政策，尤其是2019—2022年连续四年向股东分配的现金股利均超过了当年的净收益。尽管在这四年中，宇通客车的营业收入和净利润处于相对低谷，但企业依然积极响应监管层多举措引导上市公司现金分红的号召，分红金额分别达到22.14亿元、11.31亿元、11.07亿元和22.14亿元，远远超过了同行业其他企业的分红水平。结合第二章资产负债表分析和第八章偿债能力分析，可以发现宇通客车的资产负债率有所下降，货币资金规模及其占比整体呈增长态势，这表明企业前期利润积累雄厚，资金充裕，有能力支持高股利分红政策。此外，在2020年全球疫情形势严峻、未来走势尚不明朗的情况下，宇通客车依然能够大手笔实施分红方案，这不仅体现了企业对自身未来发展的信心，也在一定程度上增强了投资者的信心。那么，同行业其他企业的情况又如何呢？

（二）客车行业企业帕利普财务分析体系案例应用

1. 客车行业企业可持续增长率对比分析

2012—2022年四家客车企业可持续增长率对比如图10－5所示。可知，四家企业的可持续增长率始终处于波动之中，且整体上普遍呈下降趋势，尤其是 2017 年以后下降更为明显。2012—2016 年，当其他三家企业保持良好的可持续增长能力时，安凯客车的可持续增长率却显得相对较低，2018 年更是达到了－110.81%的低值；2019—2020 年，安凯客车的可持续增长率与其他三家企业呈相反的变化趋势，不降反升，之后两年又连续大幅下挫，在 2022 年创历史新低－128.33%。中通客车在 2013—2016 年的可持续增长率始终保持两位数的增长，从 2017 年开始持续下滑，但仅有一年为负值。宇通客车的可持续增长率只有 2012 年、2013 年、2018 年和 2021 年超过了其他三家企业，更多年份处于行业中上游水平，但 2019—2022 年相比以前年份表现欠佳。作为行业龙头企业，宇通客车的可持续发展前景不容乐观，这也从侧面反映了客车行业企业的整体发展水平受行业因素影响而下降。那么，同行业其他三家企业的可持续增长率及其影响因素又如何呢？

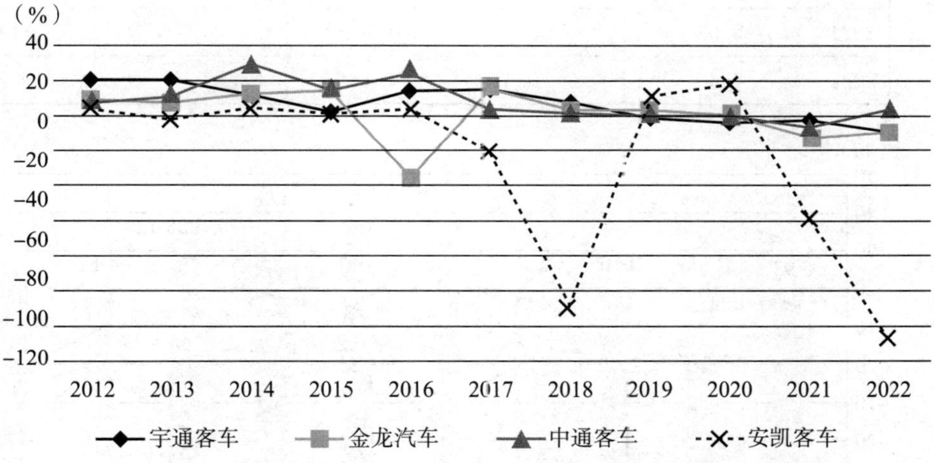

图 10－5　2012—2022 年四家客车企业可持续增长率对比图

2. 金龙汽车可持续增长率分解指标对比分析

2012—2022 年金龙汽车可持续增长率及其影响因素计算如表 10－4 所示，因素分解指标对比如图 10－6 所示。可知，2013 年金龙汽车的可持续增长率由 2012 年的 8.65%下降至 7.13%，下降的主要原因是股利支付率上升了 6.89 个百分点。2014—2015 年金龙汽车的可持续增长率缓慢回升，主要是因为销售净利率和权益乘数上升。2016 年金龙汽车发生亏损，销售净利率骤降至－8.68%，总资产周转率也同比下降了 0.37 个百分点。尽管权益乘数同比上升了 0.64，且企业没有分红，但可持续增长率依然降至最低值－36.20%。从 2017 年开始，金龙汽车的可持续增长率持续下滑，销售净利率、总资产周转率和权益乘数也不断下降，股利支付率先降后升，基本稳定在 10%左右。2021—2022 年金龙汽车的可持续增长率均为负值，尽管总资产周转率略有上升，权益乘数逐年增加，且未进行现金分红，但企业连续两年亏损，导致销售净利率为负值。这些数据表明金龙汽车试图通过提升营运能力和增加财务杠杆等来应对盈利能力下降带来的影响，但效果并不显著。

表 10-4　2012—2022 年金龙汽车可持续增长率及其影响因素计算表

年份	销售净利率（%）	总资产周转率（次）	权益乘数	股利支付率（%）	可持续增长率（%）
2012	2.35	1.37	3.93	31.66	8.65
2013	2.16	1.35	3.98	38.55	7.13
2014	2.27	1.24	4.10	0	11.54
2015	3.53	1.23	4.21	23.81	13.93
2016	−8.68	0.86	4.85	0	−36.20
2017	5.10	0.71	5.16	12.67	16.32
2018	1.12	0.72	4.96	10.31	3.59
2019	1.31	0.69	4.88	9.88	3.98
2020	0.44	0.56	4.15	11.24	0.91
2021	−5.03	0.62	4.37	0	−13.63
2022	−2.50	0.68	5.64	0	−9.59

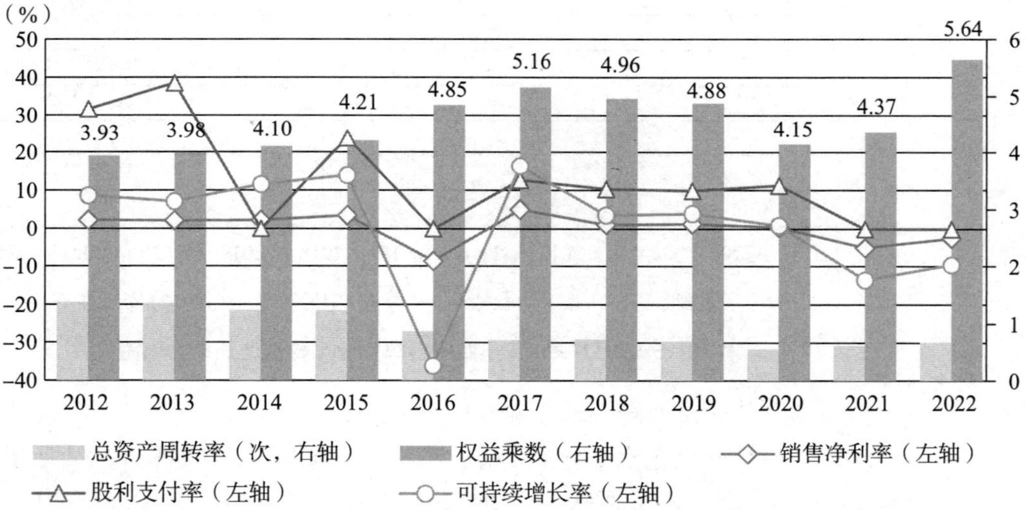

图 10-6　2012—2022 年金龙汽车可持续增长率及影响因素分解对比图

3. 中通客车可持续增长率分解指标对比分析

2012—2022 年中通客车可持续增长率及其影响因素计算如表 10-5 所示，因素分解指标对比如图 10-7 所示。可知，2012—2014 年中通客车的可持续增长率逐年上升，销售净利率和权益乘数是主要影响因素。2015—2016 年中通客车的可持续增长率先降后升，销售净利率略有上升，总资产周转率和权益乘数略有下降。值得注意的是，2016 年未发放现金股利是中通客车可持续增长率上升的主要原因。2017 年中通客车的可持续增长率降幅最大，为 21.96 个百分点，主要原因是该年是现金分红水平最高的一年，股利支付率高达 62.02%，再加上销售净利率同比下降了 3.89 个百分点，总资产周转率持续下降。2018—2021 年中通客车的可持续增长率持续下滑，尽管从2018年开始中通客车一直未发放现金股利，但销售净利率、总资产周转率和权益乘数总体上呈下降趋势，这是可持续增长率下降的主要原因。2021年因亏损，中通客车的销售净利率和可持续增长率均首次由正转负。2022年销售净利率、总资产周转率和可持续增长率均有所回升。

表10-5　2012—2022年中通客车可持续增长率及其影响因素计算表

年份	销售净利率（%）	总资产周转率（次）	权益乘数	股利支付率（%）	可持续增长率（%）
2012	2.00	1.15	3.78	0	8.69
2013	3.19	1.08	4.01	18.26	11.29
2014	7.99	0.97	4.00	9.38	28.09
2015	5.58	1.26	3.51	37.12	15.52
2016	6.32	1.22	3.20	0	24.67
2017	2.43	0.77	3.82	62.02	2.71
2018	0.60	0.49	4.49	0	1.32
2019	0.49	0.55	4.46	0	1.20
2020	0.53	0.39	4.09	0	0.85
2021	−4.79	0.45	3.82	0	−8.23
2022	1.86	0.55	3.69	0	3.77

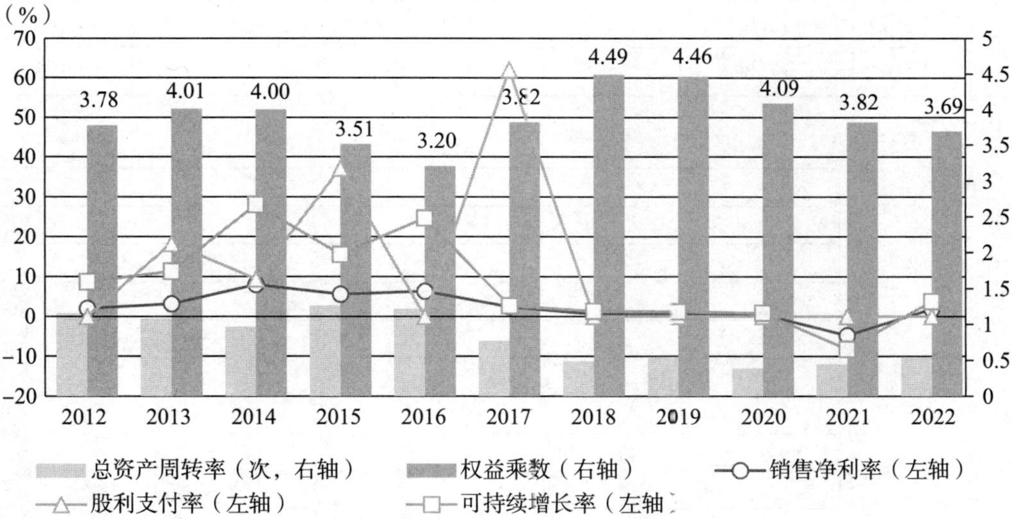

图10-7　2012—2022年中通客车可持续增长率及其影响因素分解对比图

4. 安凯客车可持续增长率分解指标对比分析

2012—2022年安凯客车可持续增长率及其影响因素计算如表10-6所示，因素分解指标对比如图10-8所示。可知，2013年、2017年、2018年、2021年和2022年安凯客车的可持续增长率均为负值，这主要是由企业亏损所致。2019年和2020

年，安凯客车的可持续增长率出现了显著的反转，由 2018 年的 −110.81% 上升至 2019 年的 9.89%，2020 年又进一步上升至 18.16%，远超同行业其他企业，这一变化是销售净利率和总资产周转率上升、通过提高权益乘数来运用财务杠杆以及不发放现金股利等共同导致的。尽管安凯客车只有两年发放了现金股利，但其盈利能力、营运能力持续下降，权益乘数持续增加，导致企业财务杠杆较高，财务风险较大。因此，安凯客车的可持续增长率在绝大多数年份均在 5% 以下，可持续增长能力堪忧。

表 10-6　2012—2022 年安凯客车可持续增长率及其影响因素计算表

年份	销售净利率（%）	总资产周转率（次）	权益乘数	股利支付率（%）	可持续增长率（%）
2012	2.58	0.99	2.85	44.35	4.05
2013	−1.11	0.82	3.24	0	−2.95
2014	0.97	1.03	3.49	0	3.49
2015	0.27	0.72	3.89	34.57	0.49
2016	0.98	0.62	5.24	0	3.18
2017	−5.08	0.64	6.53	0	−21.23
2018	−27.83	0.42	9.48	0	−110.81
2019	1.42	0.54	12.90	0	9.89
2020	3.10	0.63	9.30	0	18.16
2021	−15.90	0.40	9.48	0	−60.29
2022	−17.39	0.42	17.57	0	−128.33

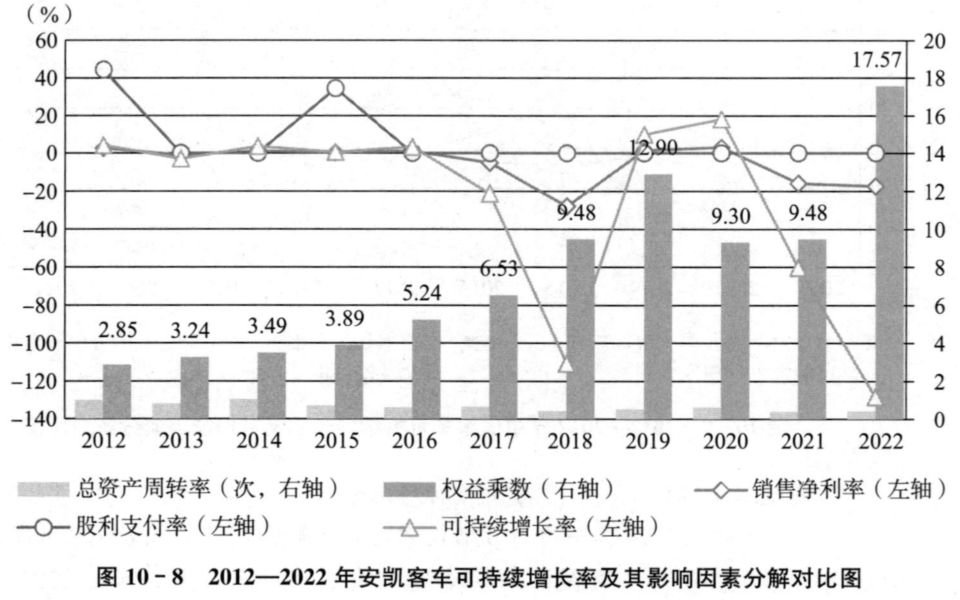

图 10-8　2012—2022 年安凯客车可持续增长率及其影响因素分解对比图

综上所述，通过对比四家企业的可持续增长率及其影响因素，可以发现除了中通客车仅有一年的可持续增长率为负值以外，其他三家企业的可持续增长率均有多年为负值：宇通客车主要是因为高股利政策降低了留存收益率；金龙汽车主要是因为2016年子公司骗补事件导致亏损以及2021—2022年连续出现亏损；安凯客车则主要是因为销售净利率多年为负值。总之，以商品经营为基础的盈利能力是影响企业可持续增长能力的关键，以总资产周转率为核心的营运能力是企业可持续增长能力的基础。在企业盈利的前提下，通过提高权益乘数来运用财务杠杆会增加企业风险，高股利政策会降低企业留存收益率，进而影响企业未来的可持续增长。

第三节
即测即评

第四节　资本增值财务综合分析指标体系及应用

一、现行财务综合分析指标体系的不足

我国现行财务综合分析指标体系在以下几个方面还存在问题：

第一，现行财务综合分析指标体系并未与企业目标和财务管理目标紧密衔接。无论是净资产收益率还是可持续增长率，都不是企业的最终目标。

第二，我国在借鉴国外的财务综合分析指标体系时，虽注重其科学性，但许多指标的计算和表述与我国现行的财务指标存在差异，容易引起误解。

第三，现行财务综合分析指标体系对财务指标的经济实质及其与企业经营状况的联系的解释说明不够充分，在思路上未能体现企业的经营理念。

二、资本增值财务综合分析指标体系的内涵与关系式

资本增值财务综合分析指标体系是指以企业资本增值为根本目标，以提高净资产收益率为核心目标，以分析评价盈利能力、营运能力和偿债能力为基本思路，以会计报表各要素为基础的财务综合分析指标体系。相关计算公式如下：

$$
\begin{aligned}
\text{资本增值} &= \text{净资产} \times (\text{净资产收益率} - \text{股权资本成本率}) \\
&= \text{净利润} - \text{股权资本成本}
\end{aligned}
$$

式中：

$$\text{股权资本成本率} = \text{无风险收益率} + \text{BETA 系数} \times \text{市场风险溢价}$$

无风险收益率可以采用同期的十年期国债到期收益率。BETA系数可通过公司股票收益率对同期股票市场指数的收益率进行回归计算得来。市场风险溢价的计算方法有两种：一是采用历史风险溢价法，即市场风险溢价＝中国股市年平均收益率

一无风险收益率；二是采用国家风险溢价法，即市场风险溢价＝无国家风险的市场风险溢价＋该国国家风险溢价。

$$净资产收益率=\left[总资产报酬率+(总资产报酬率-负债利息率)\times\frac{负债平均余额}{净资产平均余额}\right]\times(1-所得税税率)$$
$$=(总资产报酬率+资本经营贡献率)\times(1-所得税税率)$$

$$总资产报酬率=总资产周转率\times销售息税前利润率$$

$$总资产周转率=流动资产周转率\times流动资产占总资产比重$$

$$资本经营贡献率=(总资产报酬率-负债利息率)\times\frac{负债平均余额}{净资产平均余额}$$

资本增值财务综合分析指标体系因素分解如图 10－9 所示。

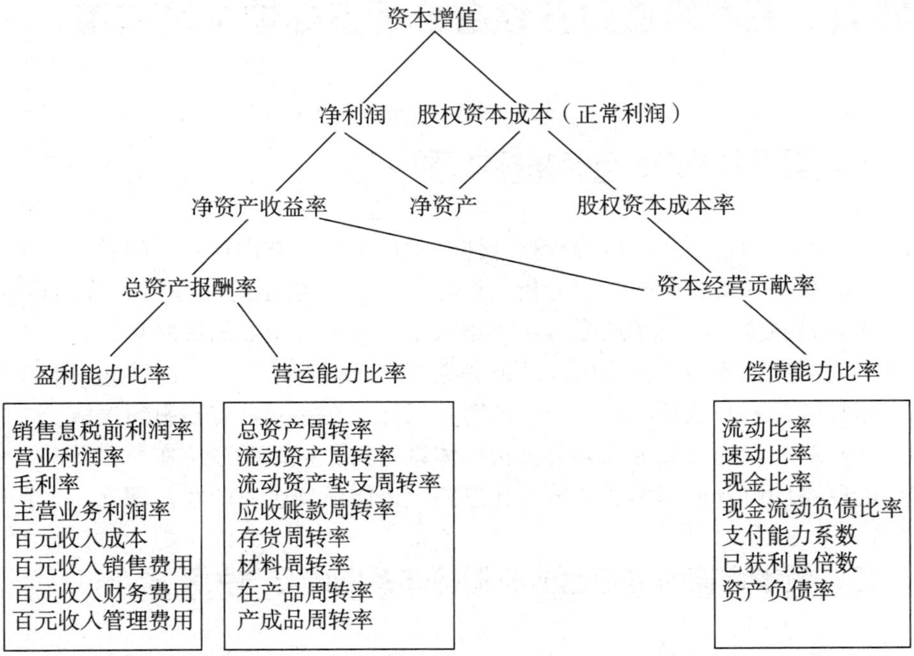

图 10－9　资本增值财务综合分析指标体系因素分解图

三、资本增值财务综合分析指标体系应用

2021—2022 年宇通客车资本增值财务综合分析指标体系因素分解如表 10－7 所示。

表 10－7　2021—2022 年宇通客车资本增值财务综合分析体系因素分解表

项目	2021 年	2022 年	差异
资本增值（万元）	－84 507	－109 428	－24 921
净资产平均余额（万元）	1 539 286	1 496 960	－42 326

续表

项目	2021 年	2022 年	差异
净资产收益率（%）	4.06	5.13	1.07
股权资本成本率（%）	9.55	12.44	2.89
总资产报酬率（%）	1.67	2.28	0.61
负债利息率（%）	0.02	0	−0.02
净资产负债率（%）	112.69	107.63	−5.06
资本经营贡献率（%）	1.86	2.45	0.59
销售息税前利润率（%）	2.35	3.25	0.90
毛利率（%）	18.65	22.83	4.18
百元收入成本（元）	81.35	77.17	−4.18
百元收入销售费用（元）	7.29	7.52	0.23
百元收入管理费用（元）	3.85	3.88	0.03
百元收入财务费用（元）	−0.52	−0.36	0.16
总资产周转率（次）	0.71	0.70	−0.01
流动资产周转率（次）	1.06	1.10	0.04
流动资产垫支周转率（次）	0.86	0.85	−0.01
应收账款周转率（次）	3.21	4.53	1.32
存货周转率（次）	3.40	3.06	−0.34
流动比率	1.49	1.51	0.02
速动比率	1.05	1.12	0.07
现金比率（%）	40.42	55.92	15.50
资产负债率（%）	52.30	51.34	−0.96
已获利息倍数（倍）	181.46	3 019.16	2 837.70

注：①在宇通客车股权资本成本率的计算中，无风险收益率采用十年期国债到期收益率（来自中国债券信息网）年均值，BETA 系数（来自 WIND 数据库）采用 2018—2022 年五年间宇通客车 A 股的月均收益率与上证指数的月均收益率进行回归得到，市场风险溢价（来自达摩达兰网站）利用国家风险溢价法计算。

②净资产负债率数据可用于计算净资产收益率。

根据表 10 - 7 可知，2021—2022 年宇通客车均面临资本减值的情况，2022 年资本减值 109 428 万元，同比减少 24 921 万元，减少的主要原因是这两年的净资产收益率均远低于股权资本成本率，具体而言，2021 年和 2022 年股权资本成本率分别是净资产收益率的 2.35 倍和 2.42 倍，导致净利润无法覆盖股权资本成本，进而引发资本减值。在净资产平均余额同比减少 42 326 万元的情况下，宇通客车 2022 年的净资产收益率和股权资本成本率较 2021 年分别上升了 1.07 个百分点和 2.89 个百分点，这使资本减值同比增加了 24 921 万元。

2022年宇通客车的净资产收益率、总资产报酬率、资本经营贡献率、销售息税前利润率和毛利率都有所增加，说明企业盈利能力整体提升。宇通客车的百元收入成本指标下降，说明企业成本控制效果明显，获得百元收入所耗费的成本下降了4.18元，这是宇通客车2022年以商品经营为基础的盈利能力提升的主要原因。宇通客车的三项百元收入期间费用（销售费用、管理费用和财务费用）指标分别增加了0.23元、0.03元和0.16元，这些因素均会对净资产收益率产生不利影响。通过考察营运能力指标，可以发现应收账款周转率增加了1.32次，流动资产周转率增加了0.04次，但存货周转率减少了0.34次，最终总资产周转率减少了0.01次，这与流动资产占总资产比重下降直接相关。从偿债能力指标来看，短期偿债能力指标均有所增加，说明企业短期偿债能力有所上升；资产负债率稳中有降，显示出企业整体偿债能力稳中有升。

第四节
即测即评

综上所述，不同的评价体系各有其优缺点。因此，应结合案例企业的实际情况，运用多种评价体系对企业财务效率进行综合分析和评价。

□ 思考题

1. 简述杜邦财务分析体系的优缺点。
2. 简述对宇通客车应用杜邦财务分析体系的思路。
3. 简述2022年四家客车企业杜邦财务分析体系的异同点。
4. 简述可持续增长率与企业经营策略和财务策略的关系。
5. 评价2012—2022年四家客车企业的可持续增长率异同点。
6. 评价2012—2022年中通客车的可持续增长能力。

□ 分析题

1. 针对第一章章后分析题所选A股上市公司以及三家同行业可比公司，根据本章所学内容，应用杜邦财务分析体系、帕利普财务分析体系进行实操训练。

2. 2018—2022年徐工集团工程机械股份有限公司（简称徐工机械）可持续增长率及其影响因素计算如表10-8所示。

表10-8 2018—2022年徐工机械可持续增长率及其影响因素计算表

年份	销售净利率（%）	总资产周转率（次）	权益乘数	留存收益率（%）	可持续增长率（%）
2018	4.63	0.73	2.02	78.61	5.01
2019	6.16	0.77	2.30	80.96	5.37
2020	5.06	0.81	2.69	81.66	8.83

续表

年份	销售净利率（%）	总资产周转率（次）	权益乘数	留存收益率（%）	可持续增长率（%）
2021	6.70	0.77	2.96	57.37	9.00
2022	4.58	0.54	3.20	37.01	8.76

要求： 根据2018—2022年徐工机械可持续增长率及其影响因素指标评价其可持续增长能力。

第十一章 Chapter 11 业绩评价及应用

思维导图

- 业绩评价及应用
  - 业绩评价概述
    - 业绩评价系统要素与设计原则
      - 业绩评价和业绩评价系统
      - 业绩评价系统的设计原则
    - 财务报表分析在业绩评价中的地位与作用
      - 财务报表分析是财务决策的依据
      - 财务报表分析是完善激励机制的要求
  - 综合评分法及其在业绩评价中的应用
    - 选择业绩评价指标
      - 财务绩效定量评价基本指标计算公式
      - 财务绩效定量评价修正指标计算公式
    - 确定各项业绩评价指标的标准值及标准系数
      - 财务绩效定量评价基本指标的标准值及标准系数
      - 财务绩效定量评价修正指标的标准值及修正系数
    - 确定各项业绩评价指标的权数
    - 计算各类指标评价得分
      - 财务绩效基本指标得分计算
      - 财务绩效修正指标修正系数的计算
      - 修正后得分的计算
      - 管理绩效定性评价指标的计分方法
    - 计算综合绩效评价得分
    - 确定综合绩效评价等级
  - 经济增加值在业绩评价中的应用
    - 经济增加值理论概述
      - 经济增加值的内涵
      - 经济增加值的计量
      - EVA相比传统财务评价体系的优点及局限性
    - 经济增加值案例应用——以宇通客车为例
      - 宇通客车EVA的计算详解
      - 宇通客车EVA与净利润的比较分析
      - 宇通客车EVA的计算对企业评价的启示
  - 财务报表分析的局限性
    - 财务报告本身的局限性
      - 会计政策和会计估计选择的灵活性
      - 合并财务报表的局限
      - 未体现非货币计量的表外资源
    - 财务报表分析内容的局限性
      - 财务报表分析通常以财务信息为核心
      - 合并报表下财务指标分析有时难以揭示数据背后的本质
      - 通则化财务指标难以体现案例企业的个性化特征
      - 战略分析与会计分析、财务指标分析脱节

□ 学习目标

1. 掌握业绩评价的内涵和业绩评价系统六要素；

2. 理解业绩评价系统的设计原则，以及财务报表分析在业绩评价中的地位与作用；

3. 掌握综合评分法的一般程序，以及该方法在业绩评价中的应用；

4. 了解经济增加值的内涵、计量和优缺点，以及在业绩评价中的应用；

5. 理解财务报表分析的局限性；

6. 提升综合分析能力和综合素质，树立职业理想和远大抱负。

第一节　业绩评价概述

一、业绩评价系统要素与设计原则

(一) 业绩评价和业绩评价系统

1. 业绩评价的内涵

业绩评价是指运用科学且规范的管理学、财务学、运筹学和数理统计等学科的方法，对企业或其分支机构在一定经营期间内的生产经营状况、资本运营效益、财务风险和经营者业绩等进行定量与定性相结合且以定量为主的考核和分析，并且做出客观、公正的价值判断。

2. 业绩评价系统要素

业绩评价作为一个系统，一般包含六大要素，即评价主体、评价客体、评价目标、评价指标、评价标准、评价报告。

(1) 评价主体。评价主体是指“谁”来评价，其决定评价的层次等，主要包括政府、投资者、企业经营管理者和其他利益相关者等。

(2) 评价客体。评价客体是指“谁”被评价，即被评价的对象。评价主体不同会导致评价客体不同，进而使得评价内容等也不尽相同。评价主体可以对整个企业进行评价，也可以对企业的某个部分、某个责任中心，甚至是企业中的某个人进行评价等。

(3) 评价目标。不同评价主体的评价目标各不相同，同一评价主体的评价目标又可分为不同的层次（或子目标）。评价的层次可划分为战略层次的评价、经营层次的评价和操作层次的评价。以往，人们更多地关注操作层次的评价，但随着管理理念的发展，人们日益重视战略层次和经营层次的评价。

(4) 评价指标。业绩评价指标由财务业绩定量评价指标和管理业绩定性评价指标构成。在确定各项具体指标之后，再分别分配以不同的权重，使之成为一个完整的指标体系。财务业绩定量评价指标依据各项指标的功能作用可划分为基本指标和修正指标。其中，基本指标反映企业在一定期间内财务业绩的主要方面，并得出企业财务业绩定量评价的基本结果。修正指标根据财务指标的差异性和互补性，对基本指标的评价结果做出进一步的补充和矫正。管理业绩定性评价指标包括企业发展战略的确立与执行、经营决策、发展创新、风险控制、基础管理、人力资源、行业影响和社会贡献八个方面的指标。

（5）评价标准。业绩评价标准分为财务业绩定量评价标准和管理业绩定性评价标准。财务业绩定量评价标准包括我国国内行业标准和国际行业标准。我国国内行业标准是根据国内企业年度财务和经营管理的统计数据，运用数理统计方法，分年度、分行业、分规模统一测算得出的。国际行业标准是根据居于行业国际领先地位的大型企业相关财务指标的实际值，或者同类型企业相关财务指标的先进值，在剔除会计核算差异后进行统一测算得出的。财务业绩定量评价标准按照不同行业、不同规模及指标类别，划分为优秀、良好、平均、较低和较差五个档次。管理业绩定性评价标准根据评价内容，结合企业经营管理的实际水平和出资人的监管要求等统一测算，并划分为优、良、中、低和差五个档次。

（6）评价报告。评价报告是根据业绩评价结果编制、反映被评价企业业绩状况的文件，由报告正文和附件构成。评价报告正文应当包括评价目的、评价依据与评价方法、评价过程、评价结果、评价结论以及需要说明的重大事项等内容。评价报告附件应当包括企业经营业绩分析报告、评价结果计分表、问卷调查结果分析、专家咨询报告、评价基础数据及调整情况等内容。

上述六个要素相互联系、相互影响，共同构成一个完整的业绩评价系统。企业业绩评价系统基本框架如图11-1所示。

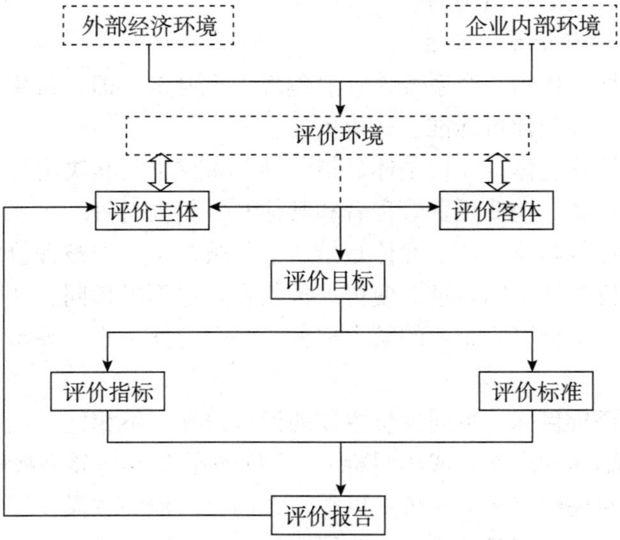

图11-1 企业业绩评价系统基本框架图

（二）业绩评价系统的设计原则

业绩评价系统的设计必须遵循一定的原则。业绩评价系统的设计原则是人们从长期的经济活动中总结出来的，具有普遍适用性，它们集中体现了企业业绩评价活动的共性特征。为确保评价工作取得预期效果，业绩评价系统的构建必须严格遵循这些原则。随着社会经济的发展和对基础理论研究的深入，评价原则的内容也将越来越规范。

业绩评价系统的设计原则具体包括以下内容：

(1) 可理解性原则。业绩评价指标体系只有是可理解的，即能被执行者恰当地理解，才是有用的，难以理解的指标体系很可能会导致错误的评价结论。

(2) 可操作性原则。业绩评价体系必须具有可操作性，缺乏可操作性的业绩评价体系将失去其存在意义。可操作性主要体现为业绩评价有关数据收集的可行性以及指标体系本身的可行性。

(3) 客观性原则。只有以客观公正的立场评估优劣，以公平的态度判断得失，采用合理的方法衡量业绩，才能使企业业绩评价工作不受人为因素（主观偏见、成见以及能力不足等）的影响。因此，在业绩评价时，常常需要引入第三者或专家，凭借其超然的独立性或较高的专业胜任能力给予判断。

(4) 成本效益原则。成本效益原则是任何一个经济信息系统在提供信息的过程中应遵循的普遍性原则，即归集和呈报经济活动信息的成本不得高于使用该信息所能产生的效益，否则，该信息就不值得提供。

(5) 权变原则。一个有效的业绩评价系统的设计必须考虑权变原则。企业应随机制宜，根据自身的特点要求设计业绩评价指标体系，同时，这并不排斥在同类企业中使用通用的指标体系，以促进同类企业间的横向比较，从而全面评价企业业绩基本状况。

二、财务报表分析在业绩评价中的地位与作用

业绩评价是财务报表分析主体在财务综合分析的基础上，运用综合评价方法，对财务活动过程和经营成果做出的综合评判结论。业绩评价与财务报表分析紧密相连：财务报表分析是业绩评价的基础，业绩评价则是财务报表分析的结论。无论是对筹资活动、投资活动、经营活动、分配活动的分析，还是对盈利能力、营运能力、偿债能力的分析，都是在财务报表分析的基础上评价其结果。但是，这些结果只能反映某一方面或某一环节的财务状况或经营成果。要想对整个企业的财务状况和经营成果得出总体结论，就必须在财务报表分析的基础上对企业财务状况与经营成果进行综合评价。

（一）财务报表分析是财务决策的依据

财务决策是财务管理和企业管理的关键环节。财务报表分析为财务决策提供有

用的信息，而业绩评价是财务决策的依据。在投资决策中，业绩评价可以揭示被投资企业在同行业中的竞争水平和市场地位，从而帮助投资者明确其投资潜力与投资风险。在企业重组决策中，业绩评价有助于确定哪些企业应合并、哪些企业应分立、哪些企业应破产等。

（二）财务报表分析是完善激励机制的要求

激励机制是现代企业经营机制的重要组成部分。激励机制包括所有者对经营者的激励机制、高层经营者对部门经营者的激励机制以及经营者对员工的激励机制等。激励机制的实施基础是分析与评价。通过对企业进行财务综合分析，可以明确经营者的经营业绩；通过对部门进行财务分析，可以明确部门经营者的经营管理水平；通过对员工进行责任指标的评价，可以明确员工的职责履行状况。激励机制正是在明确业绩水平的基础上实施的奖励与惩罚，而正确的财务报表分析结论是业绩评价与激励机制顺利实施的前提和保证。

第一节
即测即评

第二节　综合评分法及其在业绩评价中的应用

综合评分法又称功效系数法，是指根据多目标规划原理，对每一项评价指标确定一个满意值和不允许值，以满意值为上限、不允许值为下限，计算各指标达到满意值的程度，并以此确定各指标的分数，再经过加权平均进行综合，从而评价被研究对象综合状况的一种方法。运用综合评分法进行业绩评价，能够系统地整合影响企业业绩的财务和非财务因素、定性和定量因素。

运用综合评分法的一般程序或步骤包括：选择业绩评价指标；确定各项业绩评价指标的标准值及标准系数；确定各项业绩评价指标的权数；计算各项业绩评价指标得分；计算综合绩效评价得分；确定综合绩效评价等级。下面根据 2006 年国务院国资委发布的《中央企业综合绩效评价实施细则》《企业绩效评价标准值（2022）》以及宇通客车 2022 年相关数据，详细阐述综合评分法的具体应用程序和方法。

《中央企业综合绩效评价实施细则》

一、选择业绩评价指标

业绩评价的首要步骤是正确选择评价指标。指标的选择应围绕分析的目的和要求，并考虑评价的全面性和综合性。根据《企业绩效评价标准值（2022）》选择的企业综合绩效评价指标包括 22 个财务绩效定量评价指标和 8 个管理绩效定性评价指标，如表 11 - 1 所示。

表 11-1　企业综合绩效评价指标体系表

评价指数类别	财务绩效定量评价指标		管理绩效定性评价指标
	基本指标	修正指标	
一、盈利能力状况	净资产收益率 总资产报酬率	营业利润率 盈余现金保障倍数 全部成本费用总利润率 资本收益率	战略管理 发展创新 经营决策 风险控制 基础管理 人力资源 行业影响 社会贡献
二、资产质量状况	总资产周转率 应收账款周转率	不良资产比率 流动资产周转率 资产现金回收率	
三、债务风险状况	资产负债率 已获利息倍数	速动比率 现金流动负债比率 带息负债比率 或有负债比率	
四、经营增长状况	营业收入增长率 资本保值增值率	营业利润增长率 资产增长率 技术投入比率	

企业财务绩效定量评价是指对企业在一定期间内的盈利能力、资产质量、债务风险和经营增长四个方面进行定量对比分析和评判。财务绩效定量评价指标依据指标的功能作用可划分为基本指标和修正指标，由反映企业盈利能力状况、资产质量状况、债务风险状况和经营增长状况四个方面的 8 个基本指标和 14 个修正指标构成。

(一) 财务绩效定量评价基本指标计算公式

企业综合绩效评价指标包括 8 个财务绩效定量评价基本指标，具体计算公式分别如下：

$$净资产收益率=\frac{净利润}{净资产平均余额}\times100\%$$

$$总资产报酬率=\frac{利润总额+利息支出}{总资产平均余额}\times100\%$$

$$总资产周转率=\frac{营业收入}{总资产平均余额}$$

$$应收账款周转率=\frac{赊销收入净额}{应收账款平均余额}$$

$$资产负债率=\frac{负债总额}{资产总额}\times100\%$$

$$已获利息倍数=\frac{利润总额+利息支出}{利息支出}$$

$$营业收入增长率=\frac{本期营业收入增加额}{上期营业收入}\times100\%$$

$$资本保值增值率=\frac{年末所有者权益}{年初所有者权益}\times100\%$$

根据上述公式计算的2022年宇通客车各项基本指标数值如表11-2所示。

表11-2　2022年宇通客车财务绩效定量评价基本指标表

基本指标	2022年
净资产收益率（%）	5.13
总资产报酬率（%）	2.28
总资产周转率（次）	0.70
应收账款周转率（次）	4.53
资产负债率（%）	51.34
已获利息倍数（倍）	3 019.16
营业收入增长率（%）	−6.17
资本保值增值率（%）	95.13

（二）财务绩效定量评价修正指标计算公式

企业综合绩效评价指标包括14个财务绩效定量评价修正指标，具体计算公式分别如下：

$$营业利润率=\frac{营业利润}{营业收入}\times100\%$$

$$盈余现金保障倍数=\frac{经营现金净流量}{净利润}$$

$$全部成本费用总利润率=\frac{利润总额}{全部成本费用}\times100\%$$

$$资本收益率=\frac{净利润}{资本平均余额}\times100\%$$

式中：

$$资本平均余额=\frac{(上年年末实收资本+上年年末资本公积)+(本年年末实收资本+本年年末资本公积)}{2}$$

$$不良资产比率=\frac{资产减值准备余额+应提未提和应摊未摊的潜亏挂账+未处理资产损失}{资产总额+资产减值准备余额}\times100\%$$

$$流动资产周转率=\frac{营业收入}{流动资产平均余额}$$

$$资产现金回收率=\frac{经营现金净流量}{总资产平均余额}\times100\%$$

$$速动比率=\frac{速动资产}{流动负债}\times 100\%$$

$$现金流动负债比率=\frac{经营现金净流量}{流动负债平均余额}\times 100\%$$

$$带息负债比率=\frac{短期借款+一年内到期的非流动负债+长期借款+应付债券+应付利息}{负债总额}\times 100\%$$

$$或有负债比率=\frac{或有负债余额}{所有者权益}\times 100\%$$

式中：

或有负债余额=已贴现承兑汇票+担保余额+贴现与担保外的被诉事项金额+其他或有负债

$$营业利润增长率=\frac{本期营业利润增加额}{营业利润期初余额}\times 100\%$$

$$资产增长率=\frac{本期资产增加额}{资产期初余额}\times 100\%$$

$$技术投入比率=\frac{本年科技支出合计}{营业收入}\times 100\%$$

根据上述公式计算的 2022 年宇通客车各项修正指标数值如表 11-3 所示。

表 11-3　2022 年宇通客车财务绩效定量评价修正指标表

修正指标	2022 年
营业利润率（%）	3.24
盈余现金保障倍数（倍）	4.24
全部成本费用总利润率（%）	3.34
资本收益率（%）	19.79
不良资产比率（%）	0.42
流动资产周转率（次）	1.10
资产现金回收率（%）	10.47
速动比率（%）	112.12
现金流动负债比率（%）	24.55
带息负债比率（%）	0.04
或有负债比率（%）	42.51
营业利润增长率（%）	31.93
资产增长率（%）	−6.74
技术投入比率*（%）	7.77

*科技支出是指用于研究开发、技术改造、科技创新等方面的支出，该比率分子采用了 2022 年宇通客车财务报表中的“研发费用”数据。

对企业盈利能力状况的分析与评价主要通过反映资本及资产运营水平、成本费用控制水平和经营现金流量状况等方面的财务指标来实现，以综合反映企业的投入产出水平、盈利质量和现金保障状况。企业盈利能力状况以净资产收益率、总资产报酬率两个基本指标和营业利润率、盈余现金保障倍数、全部成本费用总利润率、资本收益率四个修正指标进行评价。

对企业资产质量的分析与评价主要通过反映资产周转速度、资产运行状态、资产结构以及资产有效性等方面的财务指标来实现，以综合反映企业所占用经济资源的利用效率、资产管理水平与资产的安全性。企业资产质量状况以总资产周转率、应收账款周转率两个基本指标和不良资产比率、流动资产周转率、资产现金回收率三个修正指标进行评价。

对企业债务风险的分析与评判主要通过反映债务负担水平、资产负债结构、或有负债情况、资金偿债能力等方面的财务指标来实现，以综合反映企业的债务水平和偿债能力。企业债务风险状况以资产负债率、已获利息倍数两个基本指标和速动比率、现金流动负债比率、带息负债比率、或有负债比率四个修正指标进行评价。

对企业经营增长的分析与评判主要通过反映销售增长、资本积累、效益变化以及技术投入等方面的财务指标来实现，以综合反映企业的经营增长水平及发展后劲。企业经营增长状况以营业收入增长率、资本保值增值率两个基本指标和营业利润增长率、资产增长率、技术投入比率三个修正指标进行评价。

二、确定各项业绩评价指标的标准值及标准系数

为了准确评价企业经营业绩，确定各项业绩评价指标的标准值，需要根据企业的不同类型及指标分类情况制定不同的标准。

（一）财务绩效定量评价基本指标的标准值及标准系数

基本指标评价的参照水平，即标准值由财政部定期发布，并分为五档。不同行业、不同规模的企业有不同的标准值。以宇通客车为例，该企业属于汽车制造业，根据其主营业务收入来源及其企业规模，应参照汽车制造业大型企业财务绩效定量评价基本指标标准值对其绩效进行评价。2022年汽车制造业大型企业财务绩效定量评价基本指标标准值如表11－4所示。

表11－4　2022年汽车制造业大型企业财务绩效定量评价基本指标标准值表

项目	档次（标准系数）				
	优秀（1）	良好（0.8）	平均（0.6）	较低（0.4）	较差（0.2）
净资产收益率（%）	15.5	11.4	8.5	0.4	－6.0
总资产报酬率（%）	10.7	7.1	4.3	0.7	－6.2
总资产周转率（次）	1.4	1.2	0.9	0.6	0.4
应收账款周转率（次）	15.5	10.5	8.0	4.3	3.6

续表

项目	档次（标准系数）				
	优秀（1）	良好（0.8）	平均（0.6）	较低（0.4）	较差（0.2）
资产负债率（%）	50.6	55.8	58.6	68.6	83.6
已获利息倍数（倍）	8.7	7.6	3.9	1.1	−1.0
营业收入增长率（%）	15.5	11.1	4.7	−0.8	−6.4
资本保值增值率（%）	113.9	109.5	105.1	101.9	96.9

（二）财务绩效定量评价修正指标的标准值及修正系数

基本指标具有较强的概括性，但是不够全面。为了更加全面地评价企业绩效，设置了4类14个修正指标，根据修正指标得分的高低计算修正系数，再去修正基本指标的得分。2022年汽车制造业大型企业财务绩效定量评价修正指标标准值如表11-5所示。

表11-5　2022年汽车制造业大型企业财务绩效定量评价修正指标标准值表

项目	档次（标准系数）				
	优秀（1）	良好（0.8）	平均（0.6）	较低（0.4）	较差（0.2）
一、盈利能力状况					
营业利润率（%）	7.3	5.3	4.2	0.2	−5.4
盈余现金保障倍数（倍）	3.4	1.8	1.1	−0.4	−1.2
全部成本费用总利润率（%）	8.2	5.8	4.3	0.2	−4.4
资本收益率（%）	17.1	11.2	9.0	0.7	−11.1
二、资产质量状况					
不良资产比率（%）	1.1	1.7	2.2	4.3	7.1
流动资产周转率（次）	2.2	1.9	1.7	1.1	0.8
资产现金回收率（%）	9.0	6.4	6.1	0.5	−7.6
三、债务风险状况					
速动比率（%）	113.9	100.8	90.7	69.2	54.9
现金流动负债比率（%）	19.7	13.0	8.2	0.6	−15.4
带息负债比率（%）	2.8	15.9	26.3	38.0	51.9
或有负债比率（%）	0.2	1.0	8.0	13.3	22.2
四、经营增长状况					
营业利润增长率（%）	13.5	7.3	−2.6	−8.4	−10.9
资产增长率（%）	11.3	6.4	4.6	−5.4	−9.6
技术投入比率（%）	4.9	4.2	2.7	1.5	0.4

三、确定各项业绩评价指标的权数

企业综合绩效评价指标的权重实行百分制。指标权重依据评价指标的重要性和各指标的引导功能，通过征求咨询专家意见和组织必要的测试进行确定。其中，财务绩效定量评价指标的权重确定为 70%，管理绩效定性评价指标的权重确定为 30%。在实际评价过程中，财务绩效定量评价指标和管理绩效定性评价指标的权数均按百分制设定，分别计算各项指标的分值，然后按照 70∶30 折算。企业综合绩效评价指标体系中各类及各项指标的权数或分数如表 11-6 所示。

表 11-6　企业综合绩效评价指标及其权数表　　单位：分

财务绩效定量评价指标（权重 70%）					管理绩效定性评价指标（权重 30%）	
指标类别（100）	基本指标（100）		修正指标（100）		评议指标（100）	
一、盈利能力状况（34）	净资产收益率	20	营业利润率	10		
	总资产报酬率	14	盈余现金保障倍数	9		
			全部成本费用总利润率	8		
			资本收益率	7	战略管理	18
二、资产质量状况（22）	总资产周转率	10	不良资产比率	9	发展创新	15
	应收账款周转率	12	流动资产周转率	7	经营决策	16
			资产现金回收率	6	风险控制	13
三、债务风险状况（22）	资产负债率	12	速动比率	6	基础管理	14
	已获利息倍数	10	现金流动负债比率	6	人力资源	8
			带息负债比率	5	行业影响	8
			或有负债比率	5	社会贡献	8
四、经营增长状况（22）	营业收入增长率	12	营业利润增长率	10		
	资本保值增值率	10	资产增长率	7		
			技术投入率	5		

四、计算各类业绩评价指标得分

（一）财务绩效基本指标得分计算

基本指标反映企业的基本情况，是对企业绩效的初步评价。基本指标的计分是按照功效系数法的原理，将评价指标实际值与行业评价标准值进行对照，按照规定的计分公式计算各项基本指标的得分。

1. 单项基本指标得分的计算

单项基本指标得分的计算公式如下：

单项基本指标得分＝本档基础分＋调整分

式中：

本档基础分＝指标权数×本档标准系数

调整分＝功效系数×(上档基础分－本档基础分)

这一步骤的关键是计算功效系数，其计算公式如下：

$$功效系数=\frac{实际值-本档标准值}{上档标准值-本档标准值}$$

式中，本档标准值是指上下两档标准值中居于较低等级的一档。

上档基础分的计算公式如下：

上档基础分＝指标权数×上档标准系数

根据表 11－2 中的 2022 年宇通客车各项基本指标数值、表 11－4 中的 2022 年汽车制造业大型企业财务绩效定量评价基本指标标准值，并结合表 11－6 中的企业综合绩效评价指标及权数，计算宇通客车各项基本指标的得分。

以总资产报酬率为例，其计算过程和步骤如下：2022 年宇通客车的总资产报酬率为 2.28%，超过了较低值（0.7）的水平，因此可以得到较低值档的基础分。同时，它处于平均值档（4.3）与较低值档（0.7）之间，因此还需要根据功效系数进行调整。

第一，计算上档基础分。

$$\begin{aligned}上档基础分&=单项指标权数\times上档标准系数\\&=14\times0.6=8.4(分)\end{aligned}$$

第二，计算本档基础分。

$$\begin{aligned}本档基础分&=单项指标权数\times本档标准系数\\&=14\times0.4=5.6(分)\end{aligned}$$

第三，计算功效系数。

$$\begin{aligned}功效系数&=\frac{该指标实际值-本档标准值}{上档标准值-本档标准值}\\&=\frac{2.28-0.7}{4.3-0.7}=0.44\end{aligned}$$

第四，计算调整分。

$$\begin{aligned}调整分&=功效系数\times(上档基础分-本档基础分)\\&=0.44\times(8.4-5.6)=1.23(分)\end{aligned}$$

第五，计算总资产报酬率得分。

$$总资产报酬率得分=本档基础分+调整分=5.6+1.23=6.83(分)$$

其他基本指标得分的计算方法与此类似，不再举例。

2. 财务绩效基本指标总分的计算

宇通客车单项基本指标得分、分类基本指标得分和基本指标总分如表11-7所示。

表11-7 宇通客车指标得分计算表

单位：分

类别	基本指标（分数）	单项基本指标得分	分类基本指标得分
一、盈利能力状况	净资产收益率（20） 总资产报酬率（14）	10.32 6.83	17.15
二、资产质量状况	总资产周转率（10） 应收账款周转率（12）	4.66 4.94	9.60
三、债务风险状况	资产负债率（12） 已获利息倍数（10）	11.66 10.00	21.66
四、经营增长状况	营业收入增长率（12） 资本保值增值率（10）	2.50 2.00	4.50
基本指标总分			52.91

（二）财务绩效修正指标修正系数的计算

对基本指标得分的修正，是按指标类别得分进行的，需要计算分类的综合修正系数。分类的综合修正系数由单项指标修正系数加权平均求得；而单项指标修正系数的大小主要取决于基本指标评价分数和修正指标的实际值。

1. 单项指标修正系数的计算

单项指标修正系数的计算公式如下：

$$单项指标修正系数=1.0+(本档标准系数+功效系数\times 0.2-该类基本指标分析系数)$$

需要注意的是，单项指标修正系数的控制修正幅度为0.7～1.3。

以宇通客车的全部成本费用总利润率为例，说明单项指标修正系数的计算过程和步骤。

第一，标准系数的确定。宇通客车的全部成本费用总利润率为3.34%，依据表11-5可知该指标的实际值介于平均值与较低值之间，因此，其标准系数应为0.4。

第二，功效系数的计算。

$$全部成本费用总利润率指标的功效系数=\frac{3.34-0.2}{4.3-0.2}=0.77$$

第三，分类基本指标分析系数的计算：

$$某类基本指标分析系数=\frac{该类基本指标得分}{该类指标权数}$$

根据表 11－7 可知，盈利能力状况类基本指标得分为 17.15，其权数为 34，则

盈利能力状况类基本指标分析系数＝17.15÷34＝0.50

根据以上结果，计算全部成本费用总利润率的修正系数：

全部成本费用总利润率指标修正系数＝1.0＋(0.4＋0.77×0.2－0.50)＝1.05

需要说明的是，在计算单项指标修正系数的过程中，可能遇到以下特殊情况：

第一，如果修正指标的实际值达到优秀值以上，则单项指标修正系数的计算公式为：

单项指标修正系数＝1.2＋本档标准系数－该类基本指标分析系数

第二，如果修正指标的实际值处于较差值以下，则单项指标修正系数的计算公式为：

单项指标修正系数＝1.0－该类基本指标分析系数

第三，如果资产负债率≥100％，则指标得 0 分；其他情况按照规定的公式计分。

第四，如果盈余现金保障倍数分子为正数、分母为负数，则单项指标修正系数为 1.1；如果分子为负数、分母为正数，则单项指标修正系数为 0.9；如果分子分母同为负数，则单项指标修正系数为 0.8。

第五，如果不良资产比率≥100％或分母为负数，则单项指标修正系数为 0.8。

第六，对于营业利润增长率指标，如果上年主营业务利润为负数、本年为正数，则单项指标修正系数为 1.1；如果上年主营业务利润为 0、本年为正数，或者上年为负数，本年为 0，则单项指标修正系数为 1.0。

以宇通客车的盈余现金保障倍数为例，宇通客车的盈余现金保障倍数为 4.24 倍，依据表 11－5 可知该指标的实际值在优秀值（3.4）以上，且其分子分母均为正数，符合特殊情况的相关规定第一条，此时单项指标修正系数的计算过程和步骤如下：

第一，标准系数的确定。依据表 11－5 可知，盈余现金保障倍数的实际值在优秀值以上，因此其标准系数应为 1。

第二，分类基本指标分析系数的计算。根据表 11－7 可知，盈利能力状况类基本指标得分为 17.15，其权数为 34，则

盈利能力状况类基本指标分析系数＝17.15÷34＝0.50

根据以上结果，计算盈余现金保障倍数的修正系数：

$$\text{盈余现金保障倍数指标修正系数}=1.2+\text{本档标准系数}-\text{该部分基本指标分析系数}$$
$$=1.2+1-0.5=1.7$$

按照上述方法，分别计算代表盈利能力状况的另外两项修正指标即营业利润率和资本收益率的单项指标修正系数，数值分别为1.05和1.7。其他基本指标得分的计算方法与此相同，不再举例。

2. 分类综合修正系数的计算

分类综合修正指数的计算公式如下：

$$\text{分类综合修正指数}=\sum\text{类内单项指标的加权修正系数}$$

式中：

$$\text{单项指标的加权修正系数}=\text{单项指标修正系数}\times\text{该项指标在本类指标中的权数}$$

例如，盈余现金保障倍数指标属于盈利能力类修正指标，其权数为9，盈利能力类指标总权数为34。

$$\text{盈余现金保障倍数指标的加权修正系数}=1.7\times(9\div 34)=0.45$$

盈利能力类修正指标有4项，已计算出盈余现金保障倍数指标的加权修正系数为0.45，营业利润率指标的加权修正系数为0.31，全部成本费用总利润率指标的加权修正系数为0.25，资本收益率指标的加权修正系数为0.35，则

$$\text{盈利能力类修正系数}=0.45+0.31+0.25+0.35=1.36$$

其他类别指标的综合修正系数计算方法与上述方法相同，不再举例。

（三）修正后得分的计算

修正后得分的计算公式如下：

$$\text{修正后得分}=\sum(\text{分类综合修正系数}\times\text{分类基本指标得分})$$

宇通客车各类基本指标得分、综合修正系数和修正后定量指标总分如表11-8所示。

表11-8　修正后得分计算表

项目	综合修正系数	基本指标得分	修正后得分
盈利能力状况	1.36	17.15	23.32
资产质量状况	1.51	9.60	14.50
债务风险状况	0.88	21.66	19.06
经营增长状况	1.72	4.50	7.74
修正后定量指标总分	—	—	64.62

（四）管理绩效定性评价指标的计分方法

1. 管理绩效定性评价指标的内容

管理绩效定性评价指标包括战略管理、发展创新、经营决策、风险控制、基础管理、人力资源、行业影响、社会贡献八个方面的指标，主要反映企业在一定经营期间内所采取的各项管理措施及其管理成效。

(1) 战略管理评价主要反映企业所制定战略规划的科学性、战略规划是否符合企业实际、员工对战略规划的认知程度、战略规划的保障措施及其执行力以及战略规划的实施效果等方面的情况。

(2) 发展创新评价主要反映企业在经营管理创新、工艺革新、技术改造、新产品开发、品牌培育、市场拓展、专利申请及核心技术研发等方面的措施及成效。

(3) 经营决策评价主要反映企业在决策管理、决策程序、决策方法、决策执行、决策监督、责任追究等方面采取的措施及实施效果，重点反映企业是否存在重大经营决策失误。

(4) 风险控制评价主要反映企业在财务风险、市场风险、技术风险、管理风险、信用风险和道德风险等方面的管理与控制措施及效果，包括风险控制标准、风险评估程序、风险防范与化解措施等。

(5) 基础管理评价主要反映企业在制度建设、内部控制、重大事项管理、信息化建设、标准化管理等方面的情况，包括财务管理、对外投资、采购与销售、存货管理、质量管理、安全管理和法律事务等。

(6) 人力资源评价主要反映企业人才结构、人才培养、人才引进、人才储备、人事调配、员工绩效管理、分配与激励、企业文化建设和员工工作热情等方面的情况。

(7) 行业影响评价主要反映企业主营业务的市场占有率、对国民经济及区域经济的影响与带动力、主要产品的市场认可程度、是否具有核心竞争能力以及产业引导能力等方面的情况。

(8) 社会贡献评价主要反映企业在资源节约、环境保护、吸纳就业、工资福利、安全生产、上缴税收、商业诚信与和谐社会建设等方面的贡献程度和对社会责任的履行情况。

2. 管理绩效定性评价指标的计分

管理绩效定性评价指标的计分一般通过专家评议打分形式完成，聘请的专家应不少于7名。评议专家应当在充分了解企业管理绩效状况的基础上，对照评价参考标准，采取综合分析判断法，对企业管理绩效指标做出分析评议，评判各项指标所处的水平档次，并直接给出评价分数。管理绩效定性评价指标是根据评价内容，结合企业经营管理的实际水平和出资人监督要求统一制定和发布的，并划分为优、良、中、低、差五个档次，与五档评价标准对应的标准系数分别为1.0、0.8、0.6、0.4、0.2。管理绩效定性评价标准不进行行业划分，仅供评议专家参考。以下是一名评议专家给宇通客车各项管理绩效定性评价指标的打分，如表11-9所示。

表11-9　管理绩效定性评价指标打分示例

评议指标	权数	等级（参数）				
		优（1）	良（0.8）	中（0.6）	低（0.4）	差（0.2）
1. 战略管理	18	√				
2. 发展创新	15	√				
3. 经营决策	16	√				
4. 风险控制	13	√				
5. 基础管理	14		√			
6. 人力资源	8		√			
7. 行业影响	8	√				
8. 社会贡献	8	√				

3. 单项评议指标得分

单项评议指标得分的计算公式如下：

$$单项评议指标得分=\frac{\sum(单项评议指标权数\times各评议专家给定等级参数)}{评议专家人数}$$

假设评议专家有7人，对战略管理的评议结果为：优级6人，良级1人。

$$战略管理评议指标得分=\frac{\begin{array}{c}18\times1+18\times1+18\times1+18\times1\\+18\times1+18\times1+18\times0.8\end{array}}{7}=17.49(分)$$

其他指标的计算方法与上述方法相同，不再举例。

4. 评议指标总分的计算

上面已计算出战略管理评议指标分数为17.49分，假设其他7项评议指标的单项得分分别为14.29、15.54、13、13、7、8和8，则

$$评议指标总分=17.49+14.29+15.54+13+13+7+8+8=96.32(分)$$

五、计算综合绩效评价得分

在计算出财务绩效定量评价得分和管理绩效定性评价得分后，应当按照规定的权重，耦合形成综合绩效评价得分。其计算公式如下：

$$综合绩效评价得分=\frac{财务绩效定量}{评价得分}\times70\%+\frac{管理绩效定性}{评价得分}\times30\%$$

根据以上有关数据，宇通客车的综合绩效评价得分的计算如下：

$$综合绩效评价得分=64.62\times70\%+96.32\times30\%=74.13(分)$$

在得出综合绩效评价分数以后，还应当计算年度之间的绩效改进度，以反映企业年度之间经营绩效的变化状况。其计算公式如下：

$$绩效改进度=\frac{本期综合绩效评价得分}{基期综合绩效评价得分}$$

如果绩效改进度大于1，则说明经营绩效上升；绩效改进度小于1，则说明经营绩效下滑。

对于经济效益上升幅度显著、经营规模较大且有重大科技创新的企业，应当给予适当加分，以充分反映不同企业的努力程度和管理难度，激励企业加强科技创新。具体的加分方法如下：

(1) 效益提升加分。企业年度净资产收益率增长率和利润增长率超过行业平均增长水平10%～40%的加1～2分，超过40%～100%的加3～4分，超过100%的加5分。

(2) 管理难度加分。企业年度资产平均总额超过全部监管企业年度资产平均总额的给予加分，其中，工业企业超过资产平均总额每100亿元加0.5分，非工业企业超过资产平均总额每60亿元加0.5分，最多加5分。

(3) 重大科技创新加分。重大科技创新加分包括以下两个方面：企业承担国家重大科技攻关项目并取得突破的，加3～5分；承担国家科技发展规划纲要目录内的重大科技专项主体研究，虽然尚未取得突破，但投入加大的，加1～2分。

(4) 国资委认定的其他事项。

以上加分累计不得超过15分，超过15分按15分计算。对于加分前评价结果已经达到优秀水平的企业，按以下公式计算实际加分值：

$$实际加分值=(1-x\%)\times 6.6y$$

式中，x 表示评价得分；y 表示以上因素合计加分。

对被评价企业在评价期间（年度）发生的以下不良重大事项，应当予以扣分：

(1) 发生属于当期责任的重大资产损失事项，损失金额超过资产平均总额的1%，或者资产损失金额未超过资产平均总额1%，但性质严重并造成重大社会影响的，扣5分。正常的资产减值准备计提不在此扣分范围。

(2) 发生重大安全生产与质量事故的，根据事故等级，扣3～5分。

(3) 存在巨额表外资产，且占合并范围资产总额20%以上的，扣3～5分。

(4) 存在巨额逾期债务，逾期负债超过带息负债的10%，甚至发生严重的债务危机的，扣2～5分。

(5) 国资委认定的其他事项。

对于存在加分和扣分事项的企业，应当与有关部门进行核实，获得必要的外部证据，并在企业综合绩效评价报告中单独进行说明。

六、确定综合绩效评价等级

企业综合绩效评价结果以评价类型、评价级别和评价得分来表示。

评价类型是根据评价得分对企业综合绩效所划分的水平档次，用文字和字母表示，分为优（A）、良（B）、中（C）、低（D）、差（E）五种类型。

评价级别是对每种类型再划分级次，以体现同一评价类型内部的不同差异，采用在字母后标注“+”“-”号的方式表示。

企业综合绩效评价结果以85、70、50、40分作为类型判定的分数线。企业综合绩效评价类型与评价级别一览表如表11-10所示。

表11-10 企业综合绩效评价类型与评价级别一览表

评价类型	评价级别	评价得分
优（A）	A++	A++≥95分
	A+	95分>A+≥90分
	A	90分>A≥85分
良（B）	B+	85分>B+≥80分
	B	80分>B≥75分
	B-	75分>B-≥70分
中（C）	C	70分>C≥60分
	C-	60分>C-≥50分
低（D）	D	50分>D≥40分
差（E）	E	E<40分

在本例中，宇通客车的综合评价得分为74.13分，其综合绩效等级为良（B-）。这一结论没有考虑宇通客车各年绩效改进度的影响。

总体来看，2022年宇通客车的绩效评价结果显示，其综合绩效等级为良，部分绩效指标高于行业的优秀值，但也存在部分指标低于行业较差值的情况。从财务绩效定量评价指标来看，在盈利能力方面，宇通客车的多数指标虽位于行业中间值之下，但盈余现金保障与资本收益均保持在较高的水准。在资产质量方面，宇通客车对不良资产与资产现金回收的处置较好，体现了宇通客车对不良资产的重视；流动资产周转率相对较低，一方面是因为应收账款周转率受新能源汽车国家推广补贴政策的影响，另一方面是因为存货中涉及占比较大的非主营业务。在债务风险方面，速动比率、现金流动负债比率和带息负债比率等指标均反映出宇通客车对现金流量的重视程度较高，具有较强的短期债务偿还能力，但或有负债比率处于行业较低水平，意味着宇通客车未来部分债务具有较大的不确定性。在经营增长方面，在营业利润增长的情况下，总资产出现了负增长，这极大地影响了该类指标的得分，但根据第二章资产负债表分析内容可知，2022年宇通客车的资产规模减少是负债总额和留存收益总额共同减少所致，其中负债减少降低了资产负债率，从而降低了企业风险；而技术投入的较好表现有望为宇通客车的业务发展带来潜在收益。从管理绩效定性评价指标来看，根据专家评分，宇通客车整体表现达到了行业内良好及以上水准，其中，公司的基础管理和人力资源评级为良，

第二节
即测即评

其余指标评级均为优。

第三节 经济增加值在业绩评价中的应用

一、经济增加值理论概述

（一）经济增加值的内涵

经济增加值（economic value added，EVA）是衡量企业在一定期间内所创造的剩余价值的重要指标。它是对投资者承担风险的计量，即投资者的收益应不低于资本市场上类似风险投资回报的收益率。

EVA并不是一种全新的利润概念，其主要理论依据包括经济利润（economic profit）与剩余收益（residual income），是在保障投资者利益、衡量企业资本保值增值活动以及评价企业全面收益的需求环境中发展起来的。

EVA理论由美国思腾思特财务咨询公司（Stern Stewart）于20世纪80年代提出，至今已在国际上得到广泛的应用。思腾思特公司创始人之一——乔尔·思特恩于1964年从芝加哥大学商学院毕业后即在大通曼哈顿银行工作。在实际工作中，他深刻体会到当时会计准则下的会计收益以及每股收益等评价指标在评价企业价值创造方面存在严重缺陷，这成为EVA理论诞生的基础。

（二）经济增加值的计量

1. EVA的计算

EVA是指企业税后净营业利润减去资本成本（包括债务资本成本和股权资本成本）后的余额。如何科学、简便地计算EVA，不仅是实施EVA绩效考核的关键环节，也是提升企业价值创造能力的基础。根据EVA的内涵，以及《中央企业负责人经营业绩考核办法》（国资委令第40号）的规定，并结合中国实际，确定其计算公式如下：

经济增加值＝税后净营业利润－资本成本

＝税后净营业利润－EVA资本投入额×加权平均资本成本率

2. EVA主要项目的计算步骤

根据EVA理论，EVA的计算公式较为复杂，涉及多个项目的精确计算，其主要项目的计算步骤如下。

步骤一：计算税后净营业利润。

税后净营业利润是在不考虑资本结构的情况下，企业经营所获得的税后利润，该指标衡量企业当年全部的经营成果。其计算公式如下：

$$\text{税后净营业利润}=\text{净利润}+\left(\text{利息支出}+\text{研发费用调整项}-\text{非经常性损益调整项}\right)\times(1-25\%)$$

式中，利息支出是指企业财务报表中“财务费用”项下的“利息费用”。若因资料限制无法直接获取利息支出数据，可用“财务费用”替代。

研发费用调整项是指企业财务报表中“管理费用”项下的“研究与开发费”和当期确认为无形资产的研究开发支出。对于为获取国家战略资源，勘探投入费用较大的企业，经国资委认定后，可将其成本费用情况表中的“勘探费用”视同研发费用调整项，按照一定比例（原则上不超过50%）予以加回。

非经常性损益调整项包括以下内容。

（1）变卖主业优质资产收益：减持具有实质控制权的所属上市公司股权取得的收益（不包括在二级市场增持后又减持取得的收益）；企业集团（不含投资类企业集团）转让所属主业范围内且资产、收入或者利润占集团总体10%以上的非上市公司资产取得的收益。

（2）主业优质资产以外的非流动资产转让收益：企业集团（不含投资类企业集团）转让股权（产权）收益；资产（含土地）转让收益。

（3）其他非经常性收益：与主业发展无关的资产置换收益；与经常活动无关的补贴收入等。

EVA理论中涉及诸多对税后净营业利润的会计调整事项，这些调整不仅是计算EVA的关键，也是准确衡量价值创造的基础。理论上，调整项目越多，越能精准衡量企业创造的真实价值，但是实务操作中，根据成本效益原则，会计调整事项并非越多越好，应结合企业的实际情况，一般进行5～10项会计调整。

步骤二：计算EVA资本投入额。

EVA资本投入额是所有投资者投入企业的全部资金的账面价值，包括债务资本和股权资本。在建工程[①]在转化为固定资产之前不产生收益，货币资金是企业经营中的现金剩余，不参与企业价值创造，因此，在计算EVA资本投入额时，应将在建工程和货币资金剔除。调整后的EVA资本投入额的计算公式如下：

$$\text{EVA资本投入额}=\text{股权资本总额}+\text{债务资本总额}-\text{在建工程}-\text{货币资金}$$

式中：

$$\text{股权资本总额}=\text{普通股股东权益}+\text{少数股东权益}+\text{递延所得税贷方余额}+\text{各种资产减值准备余额}$$

$$\text{债务资本总额}=\text{短期借款}+\text{长期借款}+\text{一年内到期的长期借款}+\text{应付债券}$$

步骤三：计算加权平均资本成本率。

加权平均资本成本率既是计算EVA的关键点也是难点。加权平均资本成本率

① 这里的在建工程是指企业财务报表中的符合主业规定的“在建工程”，即未完工的固定资产。

是指税后债务资本的单位成本率和股权资本的单位成本率根据债务和股权在资本结构中各自所占的比重计算的平均单位成本率。其计算公式如下：

$$\text{加权平均资本成本率}=\text{债务资本成本率}\times(1-\text{税率})\times\frac{\text{债务资本}}{\text{总资本}}+\text{股权资本成本率}\times\frac{\text{股权资本}}{\text{总资本}}$$

式中，债务资本成本率通常按照银行贷款 3～5 年期的基准利率确定。

$$\text{股权资本成本率}=\text{无风险收益率}+\text{BETA 系数}\times\text{市场风险溢价}$$

按照思腾思特公司的观点，企业应该根据实际情况来计算资本成本率。而按照国资委发布的《中央企业负责人经营业绩考核办法》中的附件 1《经济增加值考核细则》，中央企业资本成本率原则上定为 5.5%；承担国家政策性任务较重且资产通用性较差的企业，资本成本率定为 4.1%；资产负债率在 75%以上的工业企业和 80%以上的非工业企业，资本成本率上浮 0.5 个百分点；资本成本率确定后，3 年保持不变。这种不区分行业“一刀切”的做法虽然简单易行，但由于它不是建立在市场基础之上，而是行政规定的，因此未能体现不同类型企业所处行业的风险程度和融资成本差异。这可能会影响 EVA 的准确性及其在不同行业与不同企业之间的可比性，导致 EVA 绩效考核的不公平。有的企业可能因资本成本率被高估，EVA 被人为压低；有的企业则可能因资本成本率被低估，EVA 被人为抬高。因此，国有企业在内部深化推行 EVA 绩效考核的过程中，应充分考虑企业的资本结构和所处行业的风险程度，科学设定资本成本率。

（三）EVA 相比传统财务评价体系的优点及局限性

综上所述，可以发现 EVA 相比传统的以利润为核心的业绩评价方法具有如下优点：

（1）更真实地反映企业当期的经营业绩。传统财务指标的计算只考虑债务资本成本率，而忽视股权资本成本率，这实际上隐含了一个假设，即股东的资金可以无偿使用，这显然是不合理的。股东将资本投入企业，实际上是放弃了投资于其他项目可能获得的机会成本。因此，从股东角度来看，只有当企业的盈利超过其机会成本时，财富才真正增加。EVA 本质上阐述的是企业经营产生的“经济”利润，从股东角度定义企业的利润，有助于减少传统财务指标对经济效率的扭曲，从而能够更准确地评价企业或部门的经营业绩，反映企业或部门的资产运作效率。

（2）尽量剔除会计失真的影响。EVA 的计算需要对会计数据进行一系列的调整，这一方面消除了传统会计的稳健性原则所导致的会计数据的不合理现象，使调整后的数据更接近企业真实的经营业绩；另一方面通过将资产的账面价值调整为经济价值，明确了管理者对企业实际投入资本所负有的保值增值责任。因此，调整后的 EVA 能够更真实、客观地反映企业的经营状况和成果。

（3）EVA 绩效评价指标具有综合性。采用 EVA 作为业绩衡量指标能够避免企业使用多种指标相互冲突的情况。大多数企业在业务流程中往往使用多种不一致的衡量指标，如在评估个别产品或生产线时，以毛利率为主要标准；在评价各部门的业绩时，则可能以总资产报酬率或预算规定的利润水平为标准；财务部门通常采用净资产收益率指标等。EVA将企业的所有决策过程连接起来，并将企业的各种经营活动归结为一个目的，即如何使企业价值增值。

(4) EVA体现了新型的企业价值观。EVA业绩的改善与企业价值（或股东财富）的提高相联系。企业经营者一旦获得资本，就要给投资者提供在相同风险下更高的报酬率。如果经营者完成了这个目标，企业投资者投入的资本就会获得增值，现有投资者就会增加投资，其他潜在投资者也会把资金投向企业，从而导致企业股票价格上升，最终提高企业的价值。

纵然EVA在某些方面优于传统业绩评价体系，但其自身也存在一定的局限性，具体表现在以下几个方面。

(1) 计算方法决定了EVA依然是一个会计估计值。EVA是在资产负债表和利润表的基础上，经过若干项目的调整得到的，因此其本身仍属于财务指标，反映的仍然是企业过去的经营业绩。同时，对于EVA计算中需要调整的项目没有形成统一的结论，计算过程比较复杂。

(2) 加权平均资本成本率难以可靠估计。加权平均资本成本率是计算EVA的核心要素，其中，债务成本的计算比较明确，而股权成本的度量方法却不统一。虽然很多学者使用资本资产定价模型，但同时也存在股利增长模型、债券收益加风险溢价法等股权资本成本率的计算方法。此外，即使是在资本资产定价模型中，对于风险溢价的取值也没有统一标准。因此，计算出来的加权平均资本成本率可能存在一定的偏差。

(3) 计算EVA时所进行的必要调整可能并不符合成本效益原则。为了消除会计信息的失真，EVA的计算涉及对会计信息的调整。调整的项目越多，计算结果越精确，但到目前为止，计算EVA可做的调整已达200多种，这无疑大大增加了计算的复杂性和难度，并且妨碍了EVA的广泛应用。因此，在计算EVA时，对税后利润和投资资本的调整有时并不符合成本效益原则。

(4) 不同行业、企业之间的EVA可比性差。不同行业、不同企业的生命周期不同，每个企业需要根据自身的战略目标和实际情况制定适合本企业的EVA绩效考核方法。由于资产基数及其他方面的不同造成的规模差异可能会导致企业间EVA结果的差异，并且EVA是一个绝对数指标，只具有结果导向性，因此，不同行业、企业之间的EVA可比性差。

二、经济增加值案例应用——以宇通客车为例

（一）宇通客车EVA的计算详解

EVA的计算公式如下：

$$EVA = 税后净营业利润 - EVA资本投入额 \times 加权平均资本成本率$$

式中，税后净营业利润是企业税后利润经过调整后得到的；EVA资本投入额，不

是资产负债表上显示的资产总额，而是经过调整后的反映企业全部投入资本的金额。在计算 EVA 时，需要调整的事项并不固定。对于不同的行业和企业，计算 EVA 时的调整内容不尽相同，但是其体现的思想及遵循的基本原则是一致的，这些原则通常包括重要性原则、可控性原则、易理解性原则、简单可操作性原则和平衡性原则。

1. 税后净营业利润的计算

税后净营业利润的计算公式如下：

$$\text{税后净营业利润}=\text{净利润}+\left(\text{利息支出}+\text{研发费用调整项}-\text{非经常性损益调整项}\right)\times(1-25\%)$$

根据上述公式，计算 2018—2022 年宇通客车税后净营业利润，如表 11-11 所示。

表 11-11 2018—2022 年宇通客车税后净营业利润计算表 单位：万元

项目	2018 年	2019 年	2020 年	2021 年	2022 年
净利润	232 838	195 460	51 808	62 551	76 781
利息支出	23 141	4 309	15	301	23
研发费用调整项	186 287	177 360	155 201	156 077	169 431
非经常性损益调整项	7 854	6 545	4 372	847	195
税后净营业利润	384 019	327 803	154 941	179 199	203 725

2. EVA 资本投入额的计算

EVA 资本投入额的计算公式如下：

$$\text{EVA 资本投入额}=\text{股权资本总额}+\text{债务资本总额}-\text{在建工程}-\text{货币资金}$$

根据上述公式，计算 2018—2022 年宇通客车 EVA 资本投入额，如表 11-12 所示。

表 11-12 2018—2022 年宇通客车 EVA 资本投入额计算表 单位：万元

项目	2018 年	2019 年	2020 年	2021 年	2022 年
股权资本总额	1 601 154	1 684 421	1 450 203	1 401 478	1 322 547
普通股股东权益	1 664 091	1 754 032	1 533 358	1 521 864	1 447 263
少数股东权益	11 526	12 549	10 903	12 448	12 346
各种减值准备余额	20 015	10 644	8 843	−3 091	12 609
递延所得税贷方余额	−94 478	−92 804	−102 901	−129 743	−14 9671
债务资本总额	4 266	0	7 500	651	676
短期借款	500		7 500		
长期借款	1 898				
一年内到期的长期借款	1 868			651	676

续表

项目	2018 年	2019 年	2020 年	2021 年	2022 年
应付债券					
在建工程	68 158	75 547	77 387	74 533	27 643
货币资金	291 200	471 852	615 085	563 130	703 462
EVA 资本投入额	1 246 062	1 137 022	765 231	764 466	592 118

3. 加权平均资本成本率的计算

加权平均资本成本率的计算公式如下：

$$\text{加权平均资本成本率}=\text{债务资本成本率}\times(1-\text{税率})\times\frac{\text{债务资本}}{\text{总资本}}+\text{股权资本成本率}\times\frac{\text{股权资本}}{\text{总资本}}$$

结合汽车制造业的市场和行业状况，本案例采用 2018—2022 年 3～5 年期的商业银行贷款利率作为债务资本成本率。商业银行贷款利率数据来源于中国人民银行官方网站。

对于股权资本成本率，采用资本资产定价模型计算，具体计算公式为：股权资本成本率＝无风险收益率＋BETA 系数×市场风险溢价。计算过程和数据来源与第十章第四节股权资本成本率的阐述相一致。2018—2022 年宇通客车加权平均资本成本率的计算，如表 11－13 所示。

表 11－13　2018—2022 年宇通客车加权平均资本成本率计算表

项目	2018 年	2019 年	2020 年	2021 年	2022 年
股权资本（万元）	1 675 617	1 766 581	1 544 262	1 534 312	1 459 609
债务资本（万元）	2 004 285	1 895 368	1 786 926	1 682 277	1 540 151
总资本（万元）	3 679 902	3 661 949	3 331 187	3 216 589	2 999 759
股权比例（%）	45.53	48.24	46.36	47.70	48.66
债务比例（%）	54.47	51.76	53.64	52.30	51.34
股权资本成本率（%）	12.74	10.69	9.96	9.55	12.44
债务资本成本率（%）	4.75	4.83	4.68	4.65	4.44
税率（%）	25.00	25.00	25.00	25.00	25.00
加权平均资本成本率（%）	7.74	7.03	6.50	6.38	7.76

4. EVA 的计算

根据前面的计算，可以得到 2018—2022 年宇通客车的 EVA，如表 11－14所示。

表 11－14　2018—2022 年宇通客车 EVA 计算结果表　　金额单位：万元

项目	2018 年	2019 年	2020 年	2021 年	2022 年
税后净营业利润（1）	384 019	327 803	164 941	179 199	203 725

续表

项目	2018 年	2019 年	2020 年	2021 年	2022 年
EVA 资本投入额（2）	1 246 062	1 137 022	765 231	764 466	592 118
加权平均资本成本率（%）（3）	7.74	7.03	6.50	6.38	7.76
资本成本(4)＝(2)×(3)	96 445	79 933	49 740	48 773	45 948
EVA＝(1)－(4)	287 574	247 870	115 201	130 426	157 777

（二）宇通客车 EVA 与净利润的比较分析

将 EVA 与净利润进行对比，有利于更好地评价企业的价值创造能力。2018—2022 年宇通客车 EVA、净利润及其增长率对比如图 11－2 所示。可知，2018—2022 年宇通客车的 EVA 始终高于净利润。同时，宇通客车的 EVA 与净利润的趋势虽然基本一致，但以 2020 年为界，之前 EVA 增长率大于净利润增长率，之后则相反。

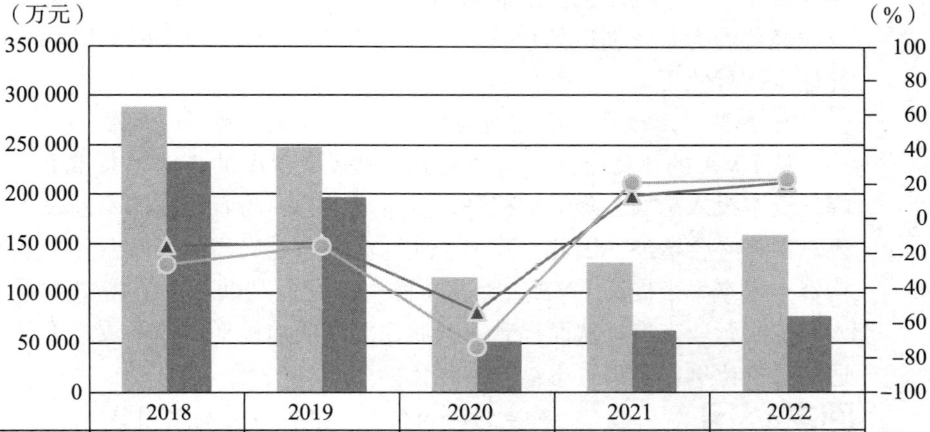

	2018	2019	2020	2021	2022
EVA	287 573	247 482	115 200	130 426	157 776
净利润	232 838	196 460	51 808	62 551	76 781
EVA增长率	−15.42	−13.94	−53.45	13.22	20.97
净利润增长率	−26.50	−15.62	−73.63	20.74	22.75

图 11－2　2018—2022 年宇通客车 EVA、净利润及其增长率对比图

通过表 11－14 可知，2018—2022 年宇通客车税后净营业利润远高于资本成本，因而税后净营业利润对 EVA 的影响更大。由于这五年宇通客车的研发费用始终保持在较高且相对稳定的支出水平，且研发投入能为企业创造真正的价值，因此宇通客车的税后净营业利润远高于净利润，进而使得 EVA 始终高于净利润。此外，资本成本在此期间逐年下降，也进一步助推了宇通客车的 EVA 高于净利润。

2019—2020 年，尽管在新能源汽车国家推广补贴退坡及突发疫情的双重冲击下，宇通客车的净利润持续下滑至谷底，但得益于持续较高的研发投入水平，其税后净营业利润的降幅仍低于净利润的降幅，再加上资本成本的逐年减少，使得

EVA 的降幅小于净利润的降幅，因此 EVA 增长率大于净利润增长率。

2021—2022 年，宇通客车的净利润、研发费用和税后净营业利润均逐年增长。其中，净利润增幅分别为 20.74%和 22.75%，但净利润的规模远低于 2018 年和 2019 年。研发费用的增幅分别为 0.56%和 8.56%；税后净营业利润受研发投入水平的影响更大，其增幅分别为 8.64%和 13.69%，均低于净利润的增幅，也因此影响了 EVA 的增幅，使得这两年 EVA 增长率均小于净利润增长率。

因此，如果仅仅根据净利润来评价企业绩效水平，而忽略企业长期价值投入，可能会导致“明珠蒙尘”，投资者将错失具有未来发展潜力的优秀企业。此外，企业也应根据自身经营情况，合理安排能够为企业带来价值的长期投资。

（三）宇通客车 EVA 的计算对企业评价的启示

1. 企业业绩评价应逐步推行使用 EVA 绩效考核方法

2018 年 12 月，国务院国资委审核通过《中央企业负责人经营业绩考核办法》，并于 2019 年 4 月起施行。在该考核办法中，EVA 被确立为对中央企业进行业绩考核的重要指标。相较于传统的绩效评价体系，EVA 绩效考核方法能够更加真实地反映经营者为企业创造的价值，因此，各大中小企业应重视 EVA 绩效考核方法，并逐步推行使用。

2. 企业可通过提高净利润和优化资本结构进而提高 EVA

从 EVA 的计算公式中可以看出，提高 EVA 的方法有提高税后净营业利润、降低资本投入总额、降低加权平均资本成本率。随着企业的不断发展壮大，资本投入总额势必会增加，因此，我国企业应注重通过提高税后净营业利润和降低加权平均资本成本率来提高 EVA。要提高税后净营业利润，企业需想方设法增加营业收入和控制营业支出，从而提升净利润；要降低加权平均资本成本率，企业需选择合适的融资比例，实现资本结构最优化。

第三节
即测即评

3. 对净利润和投资资本进行差别化调整

EVA 的计算涉及很多调整项目，调整项目越多，计算结果越精确。但各企业在计算 EVA 时，无须进行所有项目的调整，因为调整项目越多所需要的成本越高，且有的项目对整个企业来说并不重要。因此，企业应根据自身的特点，进行不同项目的调整，不能盲目照搬固定的 EVA 计算公式。

第四节　财务报表分析的局限性

本教材前面各章围绕财务报表分析的基本理论框架，以案例为核心，对会计分析和财务指标分析进行了全面、深入、系统的阐述。至此，一般意义上的财务报表分析内容已经基本覆盖完毕。在整个分析过程中，分析资料、分析方法以及分析者知识结构的局限等，都可能影响财务报表分析的结论。

一、财务报告本身的局限性

由于财务报表分析的主要依据是企业对外发布的财务报告，因此，财务报告信息质量影响和决定着财务报表分析的质量。

（1）会计政策和会计估计选择的灵活性。会计政策和会计估计的灵活选择可能导致企业不同时期的会计信息不可比，因此在进行财务报表分析时，应重点区分财务报表数据变化是企业经营的结果，还是会计政策、会计估计变更带来的影响。

（2）合并财务报表的局限。本教材以合并财务报表为分析主体，是因为合并财务报表反映的会计信息更全面、更完整。但由于合并财务报表中的多数数据是合计汇总而来的，剔除了母子公司、集团内部交易的影响，因此在外部交易内部化抵销过程中可能会丧失一部分有用信息。

（3）未体现非货币计量的表外资源。财务报表反映的是企业以货币计量的所有交易和事项，是财务活动的结果。但企业拥有的很多有价值的资源，如人力资源、智力资产、品牌声誉和客户资产等，并未在财务报表中得到体现，而这些资源不仅体现了企业的内在价值、核心优势，甚至在很大程度上决定着企业未来的可持续发展能力。

此外，以历史成本作为会计计量属性并不能反映现时企业的真实价值，通货膨胀也会影响企业财务报表数据的准确性和真实性等。以上所述的财务报告本身的局限性中，除表外资源可以根据分析目的适当纳入财务报表分析范围以外，其他局限性因会计准则的规定，至少目前无法改变。因此，如何通过财务报表分析弥补财务报告本身的局限性，对于财务报表分析而言，既是机遇也是挑战。

二、财务报表分析内容的局限性

（一）财务报表分析通常以财务信息为核心

从国内外同类教材来看，目前财务报表分析多聚焦于财务报表解读和传统的指标分析，已经形成了一套严密的理论体系，并构建了适合中国企业实际的财务报表分析框架。但是，这种体系下的教材内容要么过于简单，要么理论性过强，要么难度比较大。

此外，在现有财务报表分析理论框架下，财务报表分析的核心内容通常以四张主表分析和财务指标分析为主，往往仅限于财务信息，现象描述多，原因分析少，还可能就财务论财务。由于财务报表分析中缺少反映行业或者企业特征的市场数据，无法为企业经营决策提供依据，因此，大量财务报表分析的价值在很大程度上难以体现。如何深度挖掘财务报表项目，使财务报表分析结论更贴近企业的客观实际，是本教材面临的挑战之一。

（二）合并报表下财务指标分析有时难以揭示数据背后的本质

由于财务报告本身存在局限性，以此为主要依据的比率分析法在应用时也会存在一些问题，从而直接影响财务比率分析的应用效果。以合并报表为分析对象，能够更全面地反映包括母公司及其所控制的子公司在内的企业集团整体的财务状况、经营成果和现金流量等。但根据合并报表直接计算的一些财务指标，往往只是一个简单的平均数，若直接进行比较和应用，可能难以揭示数据背后的本质，不能反映母子公司的实际生产经营状况和行业特征。例如，本教材中的主要案例对象为宇通客车，其存货中包括大量的开发成本和开发产品，若在分析时不予以剔除，则会使相关分析内容和结论失去实际意义。

（三）通则化财务指标难以体现案例企业的个性化特征

财务指标分析中的盈利能力分析、营运能力分析、偿债能力分析和增长能力分析等内容，均为比率分析法或因素分析法的具体应用。每一部分所涉及的指标，在各教材中大同小异，导致财务指标分析内容越来越通则化。在针对不同行业、不同案例对象进行分析时，如果采用“一刀切”的方式，就不能体现不同案例的个性特点。因此，如何针对财务指标进行深度挖掘，将财务报表分析转化为对企业个性化特征的分析，通过多指标印证分析命题和目标，进而从更广阔的视角挖掘财务指标，结合其他学科知识，探索指标的因素分解，如毛利率变动的动因解析、流动资产周转率的因素分解等，是本教材的创新之一。

（四）战略分析与会计分析、财务指标分析脱节

目前相当一部分教材在内容构建上借鉴了哈佛分析框架体系，即使未完全采纳该体系，在财务报表分析中也会涉及战略分析的内容。而战略分析通常涉及管理学中的企业所处行业和竞争战略分析，具体包括对行业特征的分析、行业获利能力分析、波特五力模型以及 SWOT 分析等。然而，在教学实践中，战略分析与会计分析、财务指标分析缺乏有效衔接。其主要原因在于，从财务报表分析直接过渡到战略分析非常困难。因此，如何将企业的生产或经营特征融入财务报表分析，在战略分析与财务报表分析之间架设一道桥梁，将综合分析的结果最终转化为企业战略的选择项，是我们在教学实践中一直努力奋斗的目标。

第四节
即测即评

经过多年教学实践的探索，本教材在全面系统的财务报表分析内容基础上，试图通过财务报表数据发现企业存在的问题，同时跳出财务报表分析的理论框架，揭开数据的面纱，“透过现象看本质”，将财务指标与非财务指标相结合，为企业战略决策提供依据。本章就是我们结合管理学理论，在教学实践方面大胆尝试和积极探索的成果。

□ 思考题

1. 简述财务综合分析与业绩评价的关系。

2. 如何运用综合评分法进行企业业绩评价?

3. 如何运用经济增加值进行企业业绩评价?

4. 运用经济增加值进行企业业绩评价有何优缺点?

5. 综合评分法包括哪些步骤?主要的管理绩效定性评价指标有哪些?

6. 综合评分法涉及哪些主要的财务绩效定量评价指标?

7. 为何国务院国资委在对中央企业负责人进行经营业绩评价时要用经济增加值指标取代净资产收益率指标?

8. 简述财务报表分析的优势和局限性。

□ 分析题

针对第一章章后分析题所选A股上市公司,根据本章所学内容,应用综合评分法和经济增加值进行实操训练。

第十二章
Chapter 12 企业战略分析

思维导图

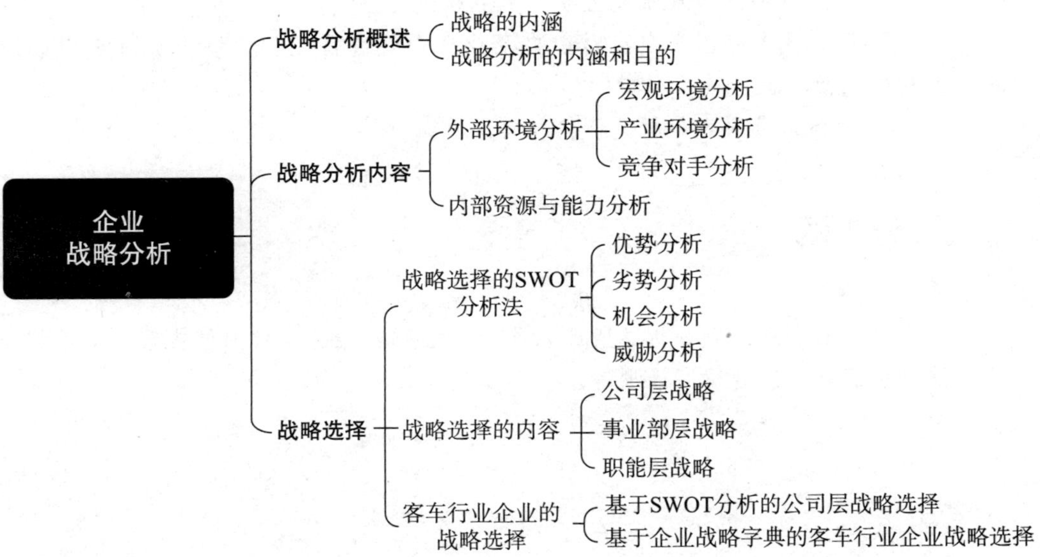

学习目标

1. 明确战略、战略分析和战略选择的内涵及三者之间的关系，以及企业战略分析与财务报表分析之间的关系；

2. 掌握宏观环境分析、产业环境分析和竞争对手分析的内容；

3. 掌握 PEST 分析法及其具体应用；

4. 掌握波特五力分析、SWOT 分析法和波士顿矩阵的内容及具体应用；

5. 能够深刻领会企业使命、愿景及战略目标与财务报表分析内容之间的关系，树立正确的世界观、人生观和价值观。

为避免财务报表分析中的会计分析、财务指标分析与战略分析脱节，本教材将企业战略分析放到最后一章，并结合会计分析和财务指标分析的结论为企业战略分析提供依据，在此基础上判断企业战略选择的合理性，或者为战略选择提供参考。

第一节　战略分析概述

一、战略的内涵

战略，作为军事名词，指对战争全局的筹划和指导。它依据敌对双方在军事、政治、经济、地理等多方面的因素，统筹考虑战争全局的各方面、各阶段之间的关系，规定军事力量的准备和运用，如武装力量的建设，国防工程设施的构建，军事装备与军需物资的生产、储备，战争动员，基本作战方向的确定，战区的划分，作战方针和作战指导原则的制定等。战略泛指对社会政治、经济、文化、科技和外交等领域全局、高层次、长远重大问题的筹划与指导，如经济发展战略、外交战略、海洋战略等。①

《孙子兵法》是中华优秀传统文化在军事方面的杰出代表，该书对战略进行了论述。例如，“夫未战而庙算胜者，得算多也；未战而庙算不胜者，得算少也。”“是故百战百胜，非善之善者也；不战而屈人之兵，善之善者也。”“古之所谓善战者，胜于易胜者也。”“故上兵伐谋，其次伐交，其次伐兵，其下攻城。攻城之法为不得已。”“故善用兵者，屈人之兵而非战也，拔人之城而非攻也，毁人之国而非久也，必以全争于天下。故兵不顿而利可全，此谋攻之法也。”“昔之善战者，先为不可胜，以待敌之可胜，不可胜在己，可胜在敌。故善战者，能为不可胜，不能使敌之必可胜。”这些论述都是战略思想的体现。

二、战略分析的内涵和目的

战略分析是通过资料的收集和整理来分析企业的外部环境和内部环境（内部资源与能力），其实质在于通过对企业所在行业或拟进入行业的分析，明确企业自身地位及应采取的策略，权衡收益与风险，了解与掌握企业的发展潜力，特别是企业在价值创造或盈利方面的潜力。

战略分析的目的不是提供答案，而是帮助我们了解问题。② 战略分析对于企业发展具有非常重要的意义。通过战略分析，管理者可以明确企业的优势和机会，预见企业在未来发展过程中可能遇到的各种问题与威胁，提高企业对环境的应变性和适应性。战略分析为企业指明了发展方向，企业的战略目标应随着环境的变化而不断改变。

第一节
即测即评

① 辞海编辑委员会．辞海．7 版．上海：上海辞书出版社，2022：2849.

② 罗伯特·M. 格兰特．现代战略分析：第 7 版．北京：中国人民大学出版社，2016：23.

第二节 战略分析内容

企业在制定其发展战略之前，需要进行全面分析与评价，以确保制定出适合自身发展且能够指导企业经营管理的战略方向和目标。通常来说，战略分析包括外部环境分析和内部资源与能力分析。

一、外部环境分析

战略分析要了解企业所处的环境正在发生哪些变化，以及这些变化将给企业带来更多的机会还是挑战。

（一）宏观环境分析

宏观环境是指来自企业外部并对企业战略产生影响、发生作用的所有不可控因素的总和。进行宏观环境分析，通常采用PEST分析法，其主要包括四个方面，即政治环境（politics）、经济环境（economy）、社会环境（society）和技术环境（technology）（见图12－1）。

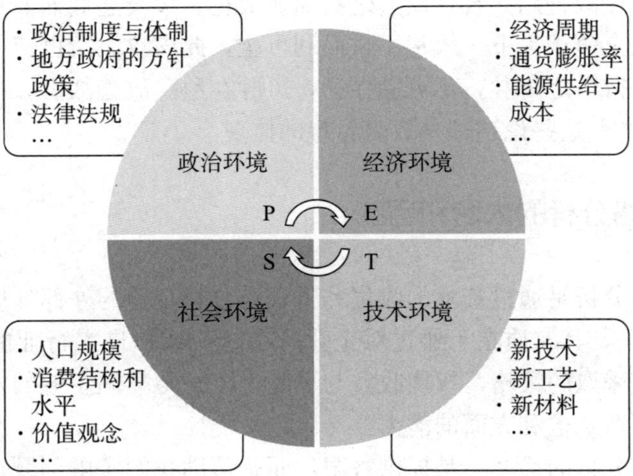

图12－1 PEST分析图

1. 政治环境分析

政治环境是指制约和影响企业的政治要素总和，主要包括政治制度与体制、地方政府的方针政策，以及法律法规。

过去十余年，全面且有力的政策支持不断为中国新能源汽车行业注入“强心剂”，客车行业因此取得了一定的先发优势。其中，行业规划统领目标预期、布局方向等宏观要素；在市场方面，政府从供需两端出台补贴刺激方案，支持供给侧转型的同时对消费者进行引导，从而逐步增强了市场的供需驱动力量。2009年以来我国新能源汽车补贴相关政策及行业重点政策梳理如图 12-2 所示。

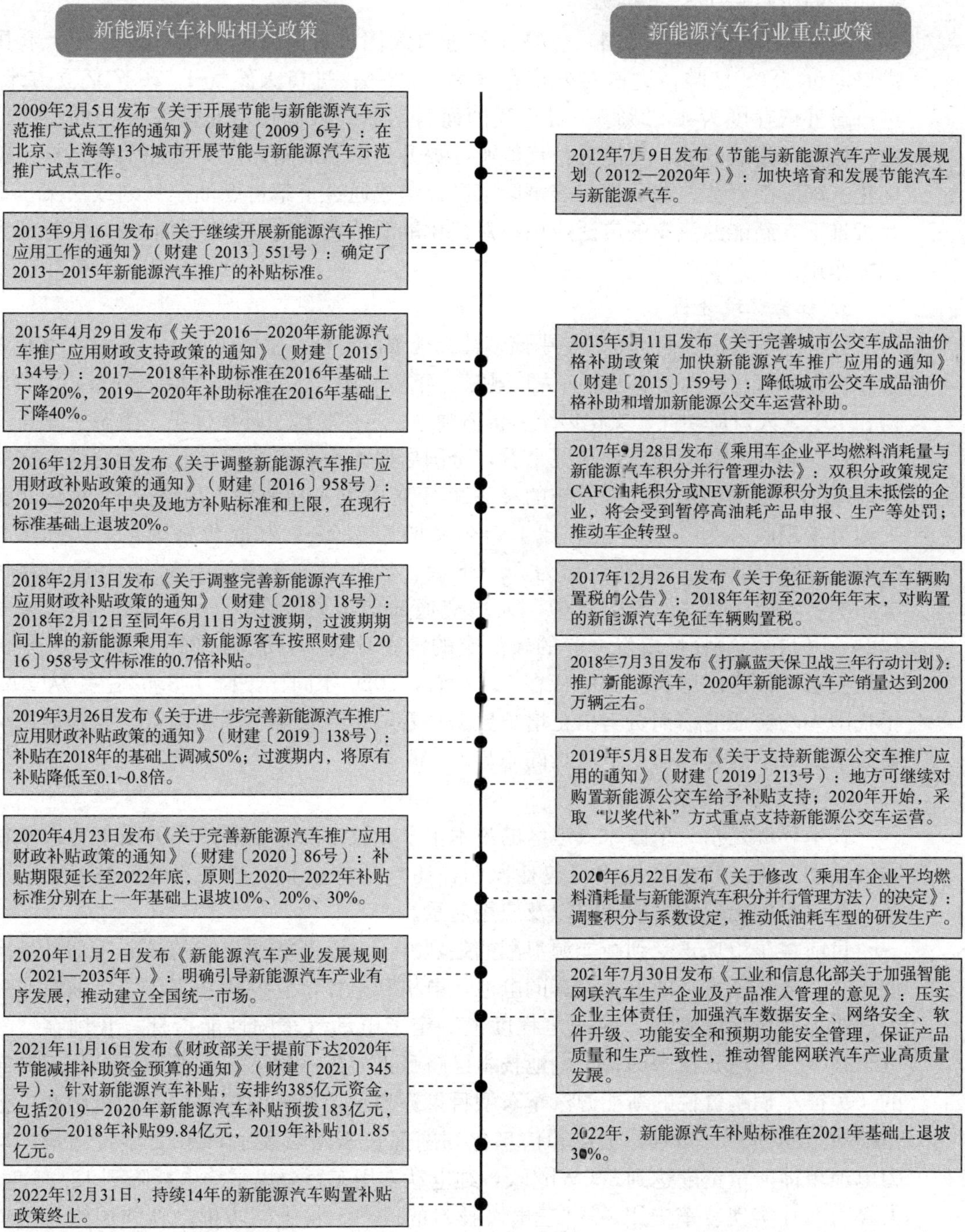

图 12-2　2009 年以来我国新能源汽车补贴相关政策及行业重点政策梳理图

2. 经济环境分析

经济环境是指构成企业生存和发展的社会经济状况及国家经济政策的多维动态

系统，主要包括经济周期、货币政策、财政政策、利率、汇率、通货膨胀率、失业率、能源供给与成本等。

我国既是油气消费大国，也是油气进口大国。有关数据显示，2022年，我国进口原油5.08亿吨，进口对外依存度为71.2%；进口天然气1 520.7亿立方米，进口对外依存度为40.2%。① 对于我国而言，油气资源供应是能源安全的核心问题。目前，发展电能、氢能等替代能源已提升到国家战略高度，能源消费结构亟待优化。国际上，英、法、德等多个国家已提出或通过了禁售燃油车计划或法案。在此背景下，新能源汽车的广泛应用将对优化能源消费结构与减少原油进口依赖起到积极作用。

3. 社会环境分析

社会环境是指企业所处环境中诸多社会现象的集合，主要包括人口环境、文化背景和物质环境，主要影响因素有人口规模、年龄结构、人口分布、收入分布、消费结构和水平、人口流动性、文化传统、价值观念、自然资源、环境保护、生态平衡等。

从居民收支与交通支出情况来看，全国居民人均收支稳定增长，交通消费涨幅逐渐减小。根据国家统计局发布的《2022年居民收入和消费支出情况》，全国居民人均可支配收入为36 883元，比上年名义增长5.0%，扣除价格因素，实际增长2.9%。全国居民人均消费支出为24 538元，比上年名义增长1.8%，扣除价格因素影响，实际下降0.2%。其中，人均交通通信消费支出为3 195元，同比增长1.2%。但在新冠疫情爆发之前的较稳定的消费环境下，我国2018年和2019年的人均交通通信支出增长率均保持在7%左右，2020年同比下降了3.5%。② 从2022年我国人均交通通信消费支出正增长数据来看，排除其他不确定因素，我国居民交通通信消费依然会保持稳步增长的态势。

4. 技术环境分析

技术环境是指一个国家或地区的技术水平、技术政策、新产品开发能力以及技术发展动向等。技术环境不仅包括发明，还包括与企业生产有关的新技术、新工艺、新材料的出现和发展趋势以及应用前景。

目前客车市场正受到新能源浪潮的强烈冲击，而新能源汽车的核心零部件技术便是"三电"技术，即电动汽车的电池、电机和电控，它们代替了传统燃油汽车的内燃机、变速箱等装置，在一定程度上决定了电动汽车的性能指标。我国在"三电"技术方面均有技术储备，电池技术已跻身世界第一梯队。工业和信息化部公布的《免征车辆购置税的新能源汽车车型目录》显示，新能源汽车的续航里程和电池组能量不断提升。同时，工业和信息化部副部长辛国斌表示，2022年我国量产动力电池单体能量密度达到300Wh/kg，纯电动乘用车百公里平均电耗降到12.35度，大算力芯片实现装车应用。③ "三电"技术的成熟，将进一步推动新能源汽车行业

① 中国石油和化学工业联合会．2022年中国石油和化工行业经济运行情况发布．2023-02-16.

② 2018年人均交通通信消费支出为2 675元，增长7.1%；2019年人均交通通信消费支出为2 862元，增长7.0%；2020年人均交通通信消费支出为2 762元，下降3.5%。数据来源于国家统计局网站。

③ http://www.chinanewauto.org.cn/special/154_2171.html。

向好发展。

除此之外，车联网技术的高速发展与广泛应用也不容忽视。车联网是智能交通系统的基础，随着传统汽车厂商、新兴汽车厂商、互联网企业、第三方汽车远程服务提供商（TSP）以及各类服务商的纷纷涌入，车联网行业的市场规模正迅速扩大，技术也不断取得突破。基于车联网平台，汽车、驾驶员与城市基础设施之间的互联成为可能；行驶数据与车况信息可以实时传输至后台云端，为驾驶员及乘客提供及时且多样的服务。在目前市场上，具有互联网基因的新兴新能源汽车厂商尤为注重车联网技术的构建，传统汽车厂商也在积极促进电动化与网联化的深度融合。由此可见，车联网技术借助新能源汽车行业的发展，逐步实现电动化、智能化与网联化融合，是未来客车行业发展的一个必然趋势。

（二）产业环境分析

产业环境是指对处于同一产业的企业都会产生影响的环境因素，是企业所面临的直接环境影响因素。产业环境分析是指企业对特定行业的市场结构和市场行为进行调查与分析，为企业制定科学有效的战略规划提供依据的活动，它是战略分析中十分重要的内容。

1. 波特五力分析

哈佛商学院的迈克尔·波特教授于 20 世纪 80 年代初提出了波特五力分析模型，认为一个行业内部的竞争状态取决于五种基本竞争作用力，如图 12－3 所示。这五种基本竞争力量的状况及综合程度，决定了行业竞争的激烈程度，从而影响了该行业的最终利润潜力，并且最终利润潜力也会随着这种合力的变化而发生根本性变化。供应商可能会变成竞争对手，也可能成为合作伙伴。

（1）潜在进入者的威胁。所谓潜在进入者，可能是新创办的企业，也可能是采用多元化战略、原从事其他行业的企业。潜在进入者会为这个产业带来新的生产能力，并抢占一定的市场份额，这必然会导致与现有企业产生激烈竞争，从而使产品价格下降。潜在进入者对本行业的威胁大小取决于规模经济、进入壁垒、销售与关系网以及法律障碍等因素。

（2）替代产品或服务的威胁。替代品往往是新技术与社会新需求相结合的产物。对于现有产业来说，这种替代威胁的严重性不言而喻。当行业中存在许多替代产品或服务时，竞争相对激烈；而如果替代产品或服务少，则竞争相对缓和。消费者在选择替代产品或服务时，通常会考虑相对性能和价格两个因素，如果替代效用相同或相似，价格竞争就会激烈。但这种替代威胁并不一定意味着新产品会完全取代老产品，多种替代品长期共存也是很常见的情况。以运输工具为例，汽车、火车、飞机、轮船等长期共存；在城市交通领域，公共汽车、地铁、出租汽车等长期共存等。

我国客车市场目前面临的替代品威胁主要来自以下两个方面：

第一，轨道交通的冲击。2014 年以来，随着网约车、共享单车的兴起以及轨道交通新线的陆续开通，加之受堵车等诸多因素的影响，公共汽电车客运量持续大幅下降。2009—2022 年，国内轨道交通总里程从 10 座城市的 838 公里跃升至 55 座

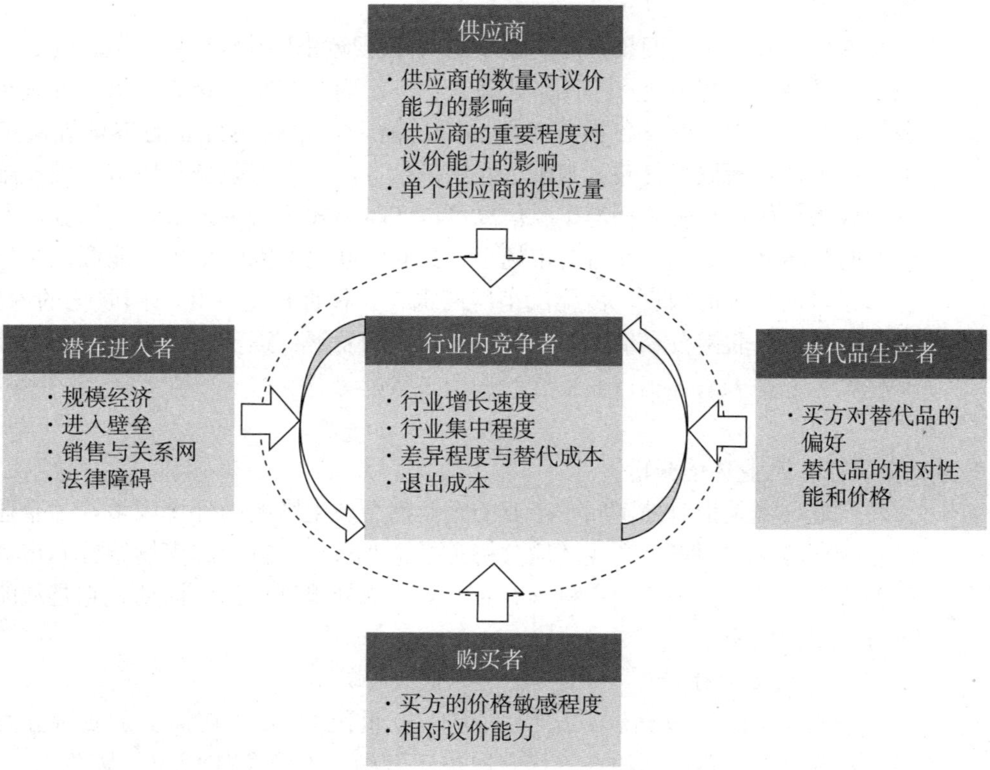

图12-3　波特五力分析模型图

城市的9 575公里，同时还有44座城市的4 800公里正在修建。

1978—2022年全国城市轨道交通情况数据

与之相伴的是，国内各城市轨道交通客运量由2014年的126.66亿人次增至2019年的238.78亿人次，2020年受新冠疫情爆发影响降至175.90亿人次，2021年回升到237.27亿人次，2022年降至193.09亿人次。城市轨道交通客运量的增长导致城市公共汽电客运量减少，由2014年的781.88亿人次降到2022年的353.37亿人次。2014—2022年全国城市公共汽电车客运量与轨道交通客运量及其变动率如图12-4所示。

第二，铁路客运的挑战。2012年，哈大高铁正式运营，同年哈大沿线公路客运量下滑30%左右，长春至大连、哈尔滨至大连和哈尔滨至沈阳的客运班车全线停运。即使在客运高峰的2017年和2018年春运期间，哈大公路客运量也连年下降，降幅分别达18.40%和21.80%。无独有偶，宝兰高铁开通第4天，西安至兰州、西安至天水的所有班车停运。随着全国以"四纵四横"为骨架的1.5万公里高铁网络基本形成，哈大公路客运的惨淡景象也发生在长三角、珠三角、成渝等地的公路客运线上。①

① 周雪莉．受哈大高铁开通影响 哈尔滨到大连沈阳客运班车全部停运．哈尔滨日报，2013-02-08.

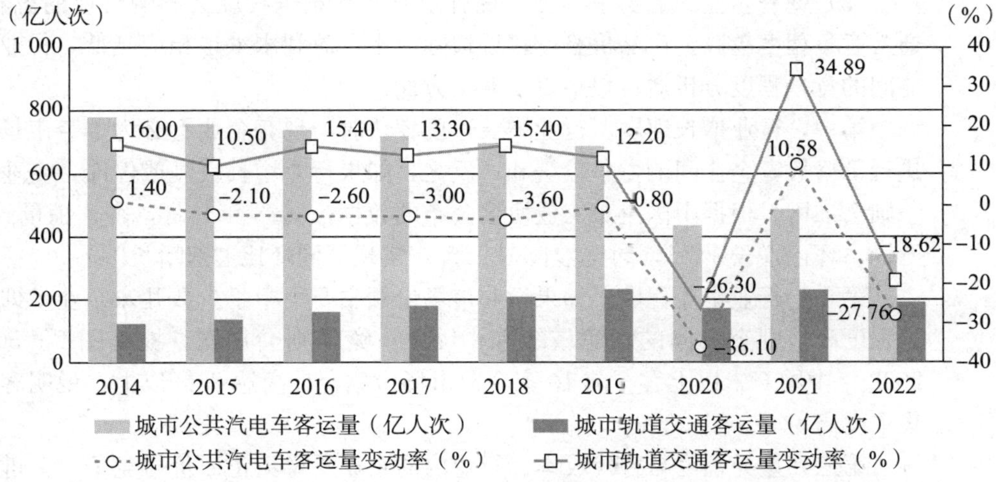

图 12－4　2014—2022 年全国城市公共汽电车客运量与轨道交通客运量及其变动率图

在高铁的冲击下，全国公路营业性客运量自 2014 年起持续下滑，2014—2022 年由 190.82 亿人次下降至 35.46 亿人次。全国铁路客运量从 2014 年起逐年增加，于 2019 年达到峰值 36.60 亿人次，同比增长 8.40％；同年，公路营业性客运量为 130.12 亿人次，同比减少 4.80％。2020 年受新冠疫情影响，全国铁路客运量断崖式下滑，同比下降 39.80％，全国公路营业性客运量降幅更是高达 47％。2021 年随着疫情进入常态化防控，全国铁路客运量有所回升，达到了 26.12 亿人次。但 2022 年全国铁路客运量和公路营业性客运量再次出现下跌，降幅分别达到 35.95％和 30.30％。2014—2022 年全国铁路客运量与公路营业性客运量及其变动率对比如图 12－5 所示。

全国公路相关数据

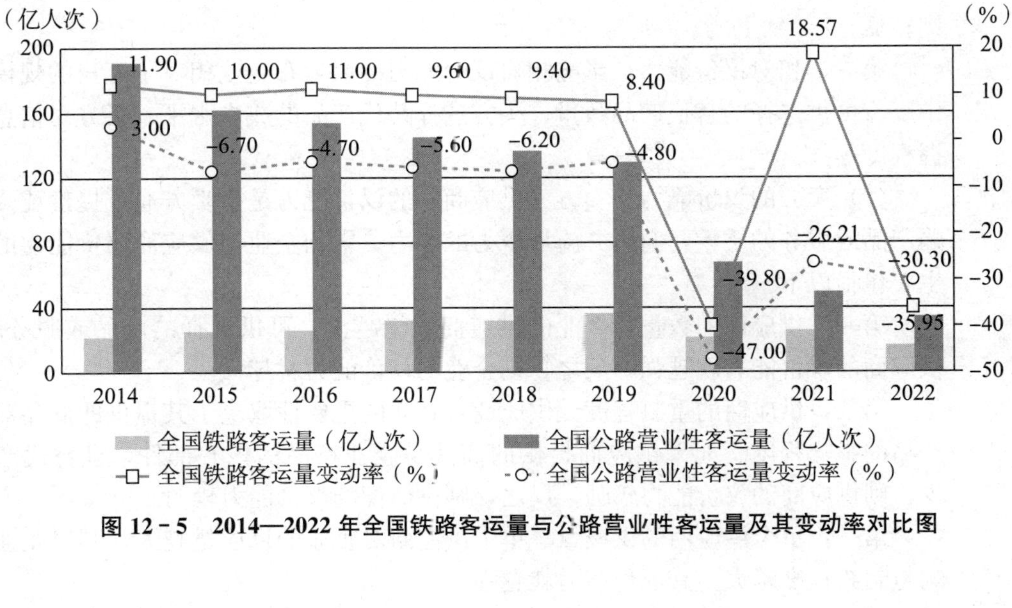

图 12－5　2014—2022 年全国铁路客运量与公路营业性客运量及其变动率对比图

（3）现有企业间的竞争程度。现有企业间的竞争程度会影响行业的盈利水平，通常竞争程度越高，产品价格越接近边际成本，盈利水平也相应越低。行业现有企业间的竞争程度分析通常包括以下四个方面：

第一，行业增长速度。行业增长速度较快时，现有企业不必为争夺市场份额而进行价格战，企业间的竞争较缓和；反之，如果行业增长缓慢或停滞，企业间的竞争则会加剧。根据中国汽车工业协会公布的数据，2023年9月，客车销量约为4.5万辆，环比增长14%，同比增长13.3%，实现了同环比“双增长”。

第二，行业集中程度。如果行业市场份额主要集中于少数几家企业，即行业集中程度高，则企业间的竞争较缓和；反之，竞争则会加剧。根据图2－50可知，2022年中国6米以上客车前10家企业市场份额合计高达83%以上，说明客车行业集中度高。

第三，差异程度与替代成本。行业内的企业要避免正面价格竞争，关键在于其产品或服务的差异程度，差异程度越大，竞争程度越低。当然，差异程度与替代成本相关，当替代成本较低时，企业间仍可能进行价格竞争。

第四，退出成本。当行业生产能力大于市场需求，且行业退出成本又较高时，企业为充分利用生产能力，往往会进行激烈的价格竞争；如果退出成本较低，则竞争将减弱。

（4）买方的议价能力。买方（客户）的议价能力是指买方采用压低价格、要求提高产品质量或增加服务项目等手段，从卖方与竞卖者彼此对立的状态中获利的能力。影响企业与客户议价能力的因素主要有以下两个：

第一，买方的价格敏感程度。价格敏感程度取决于产品差异程度及替代成本水平。产品差异越小，替代成本越低，价格敏感度越高，买方的议价能力越强。此外，买方对价格的敏感程度还受企业产品在买方成本中的占比的影响。如果企业产品在买方成本中占比较大，则买方对其价格的敏感程度会较高；反之，敏感程度则较低。

第二，相对议价能力。影响相对议价能力的因素有企业相对于客户的规模和集中度、可供选择的替代产品数量、买方选择替代产品的成本水平、买方对信息的掌握程度等。

（5）卖方的议价能力。卖方（供应商）的议价能力是指卖方通过提价或降低所购产品或服务的质量，向买方施加压力的能力。影响企业与供应商议价能力的因素主要包括以下三个：

第一，供应商的数量。企业的供应商数量越少，可供选择的产品或服务越少，供应商的议价能力就越强；反之，则企业的议价能力就越强。

第二，供应商的重要程度。供应商对企业的重要性取决于其提供的商品对企业产品的影响程度。如果供应商提供的商品是企业产品的核心部件，且替代产品稀少，则供应商的议价能力较强；反之，则供应商的议价能力较弱。

第三，单个供应商的供应量。单个供应商对企业的供应量越大，其对企业的影响与制约程度越大，其议价能力就越强。

根据表4-11以及宇通客车年报可知，2012—2022年宇通客车成本项目中各年占比最高的都是原材料，波动范围在78%～90%；而金龙汽车原材料占比各年均在90%以上。宇通客车产品的关键零部件如空调、车桥、悬架、线束等主要由其旗下子公司精益达生产，自制比例高于金龙汽车。另外，宇通客车以外购方式获得核心零部件（除车桥以外）的比例，均为100%，核心零部件前五名供应商的采购额占该零部件采购总额的比例，除轮胎为85.97%，其余均在90%以上。宇通客车外购的核心零部件的前五大供应商的采购比例均高于金龙汽车，说明在集中采购和规模优势下，宇通客车对供应商的议价能力更强。

2. 客车行业对新能源汽车国家推广补贴政策的市场反应分析

客车行业市场发展与政策调整息息相关，新能源汽车国家推广补贴政策的变化对客车行业产生了直接且深远的影响。2013—2022年我国新能源汽车国家推广补贴政策对客车行业的影响及市场反应如表12-1所示。

表12-1 2013—2022年新能源汽车国家推广补贴政策对客车行业的影响及市场反应表

年份	新能源汽车国家推广补贴政策对客车行业的影响	客车行业市场反应
2013	《关于继续开展新能源汽车推广应用工作的通知》，确定了2013—2015年新能源汽车推广的补贴标准，继续对新能源汽车销售给予补贴	同年宇通客车生产出第一批新能源客车。金龙汽车新能源客车生产基地项目加速上马，2014年生产出第一批新能源客车
2015	《关于2016—2020年新能源汽车推广应用财政支持政策的通知》，修改补贴指标，明确政府未来5年将继续支持新能源汽车市场	中央和地方政府的双重补贴推动新能源汽车市场爆发式增长。2015年全国新能源汽车销量达到33.1万辆，同比增加342.9%。宇通客车和金龙汽车在2015年分别销售新能源客车20 446辆和18 434辆，同比分别增长176.11%和437.28%
2016	《关于调整新能源汽车推广应用财政补贴政策的通知》，提高推荐车型目录门槛，调整新能源汽车补贴标准，改进补贴资金拨付方式	2016年全国新能源汽车销量同比上升50.7%，但因年初发现多起骗补事件，补贴政策受到社会质疑。宇通客车新能源客车销量同比增长31.36%；金龙汽车由于子公司苏州金龙骗补事件，销量同比下降12.96%
2017	补贴退坡政策正式落地，新能源补贴标准较上年大幅下调，补贴发放方式从预先拨款变更为事后清算	补贴额度大幅下调造成2017年年初销量断崖式下跌，需求略显疲软，宇通客车新能源客车销量全年同比下降7.41%，全国新能源汽车整体销量向好，同比增加53.3%。企业货币资金受政策变化影响，回收周期拉长，补贴以应收账款形式积压的比重明显提升
2018	《关于调整完善新能源汽车推广应用财政补贴政策的通知》，提高技术门槛要求，大幅下调新能源汽车补贴标准，分类调整运营里程要求，过渡期内补贴下滑三成	宇通客车和金龙汽车新能源客车销量保持平稳，应收账款仍居高不下。客车行业企业净利润纷纷下降，新能源客车行业进入优胜劣汰阶段

续表

年份	新能源汽车国家推广补贴政策对客车行业的影响	客车行业市场反应
2019	《关于进一步完善新能源汽车推广应用财政补贴政策的通知》，在2018年的基础上补贴继续下调50%。过渡期内，将原有补贴降低至0.1～0.8倍，过渡期后，不再给予购置补贴，转为用于支持充电（加氢）设施"补短板"	过渡期内，客车企业纷纷抢装、销售新能源客车，希望尽可能多地获得剩余补贴。2019年宇通客车新能源客车销量22 090辆，同比下降10.74%；同年全国新能源汽车销量120.6万辆，同比下降4.0%，有史以来首次负增长
2020	《关于完善新能源汽车推广应用财政补贴政策的通知》，延长补贴期限至2022年年底，平缓补贴退坡力度和节奏，原则上2020—2022年补贴标准分别在上一年基础上退坡10%、20%、30%	2020年宇通客车新能源客车累计销售16 461辆，同比下降25.48%；新能源客车市场累计销售60 430辆，同比下降22.34%，但全国新能源汽车销量136.7万辆，同比增长10.9%
2021	《关于完善新能源汽车推广应用财政补贴政策的通知》要求，2021年，新能源汽车补贴标准在2020年基础上退坡20%	2021年宇通客车新能源客车累计销售12 571辆，同比下降23.63%；全国新能源汽车累计销售352.1万辆，同比增长157.5%，连续7年位居全球第一
2022	《关于完善新能源汽车推广应用财政补贴政策的通知》要求，2022年，新能源汽车补贴标准在2021年基础上退坡30%	2022年宇通客车新能源客车累计销售12 414辆，同比下降1.25%；全国新能源汽车累计销售688.7万辆，同比增长93.4%，连续8年保持全球第一

2015—2022年我国五次新能源汽车国家推广补贴政策调整与新能源汽车月销量变化如图12-6所示。

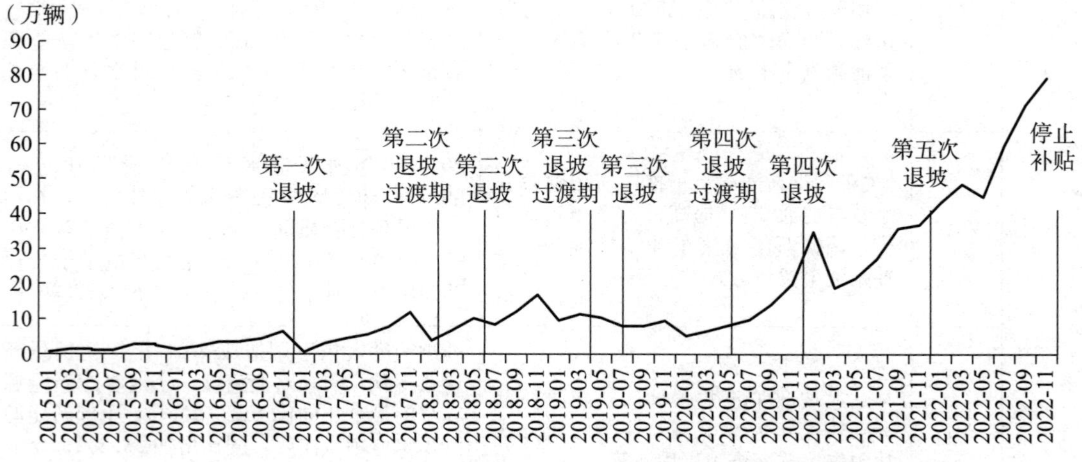

图12-6 2015—2022年我国五次补贴政策调整与新能源汽车月销量变化图

由表12-1和图12-6可知，2015—2022年新能源汽车国家推广补贴政策每一次退坡调整，新能源汽车销量都会在1～3个月内出现大幅下降，市场反应非常迅速且直接。值得注意的是，2020年受突发疫情的影响，补贴退坡力度放缓，新能源客车销量同比下降22.34%，全国新能源汽车销量却增长了10.9%，这说明一方面疫情对客车行业造成了较大影响，另一方面新能源客车市场受补贴退坡的影响远远大于新能源乘用车市场，新能源客车的市场驱动力不足，市场需求有限。

3. 客车行业国内外市场情况分析

（1）客车行业市场总体情况分析。参照行业产品划分标准，客车产品按照长度分为轻型（5米＜长度≤7米）、中型（7米＜长度≤10米）和大型（长度＞10米）客车；按照用途分为座位客车、公交客车、校车和其他车型客车。

2022年客车行业国内外销量及结构分析如表12－2所示。可知，客车市场总销量为84 202辆，降幅为3.80%。其中，国内销量为62 547辆，较上年减少7 528辆，降幅为10.74%，结构占比减少5.78个百分点；海外销量为21 665辆，较上年增加4 215辆，增幅为24.15%，结构占比增加5.78个百分点。可见，2022年我国客车行业国内销量减少，结构占比下降；海外销量增加，结构占比上升。

表12－2　2022年客车行业国内外销量及结构分析表

类别	2022年		2021年		销量变化	
	销量（辆）	结构（%）	销量（辆）	结构（%）	变动额（辆）	变动率（%）
国内	62 547	74.28	70 075	80.06	－7 528	－10.74
海外	21 665	25.72	17 450	19.94	4 215	24.15
合计	84 202	100	87 525	100	－3 323	－3.80

2022年客车行业按车型长度分类销量及结构分析如表12－3所示。可知，大型客车销量为50 324辆，同比增加1 714辆，增幅为3.53%，结构占比增加4.23个百分点；中型客车销量为33 878辆，同比减少5 037辆，降幅为12.94%，结构占比减少4.23个百分点。可见，大型客车的销量和结构占比同时增加；中型客车的销量和结构占比同时下降。

表12－3　2022年客车行业按车型长度分类销量及结构分析表

类别	2022年		2021年		销量变化	
	销量（辆）	结构（%）	销量（辆）	结构（%）	变动情况（辆）	变动率（%）
大型客车	50 324	59.77	48 610	55.54	1 714	3.53
中型客车	33 878	40.23	38 915	44.46	－5 037	－12.94
合计	84 202	100	87 525	100	－3 323	－3.80

根据2014—2022年中国客车产量及其变动率趋势（见图2－26）、销量及其变动率趋势（见图2－31），进一步分析中国客车产销量及产销比趋势（见图12－7）。可知，在市场需求方面，客车的整体销量与产量趋势类似。2015—2020年，两者均呈逐年下降的趋势。其中，2019年客车销量为44.40万辆，同比下降1.38%；受新冠疫情的影响，2020年客车销量大幅下滑，达到43.01万辆，同比下降3.13%。随着疫情步入常态化防控，2021年客车销量有所回升，达到50.50万辆，但2022年又下降到40.80万辆。2014—2022年客车产销比在100%上下波动，基本处于产销平衡状态，但从整体情况来看，除2021年外，客车产销量整体呈缓慢下滑趋势，说明市场需求趋于饱和，客车市场需求不振。

2020年我国客车行业市场销量分析

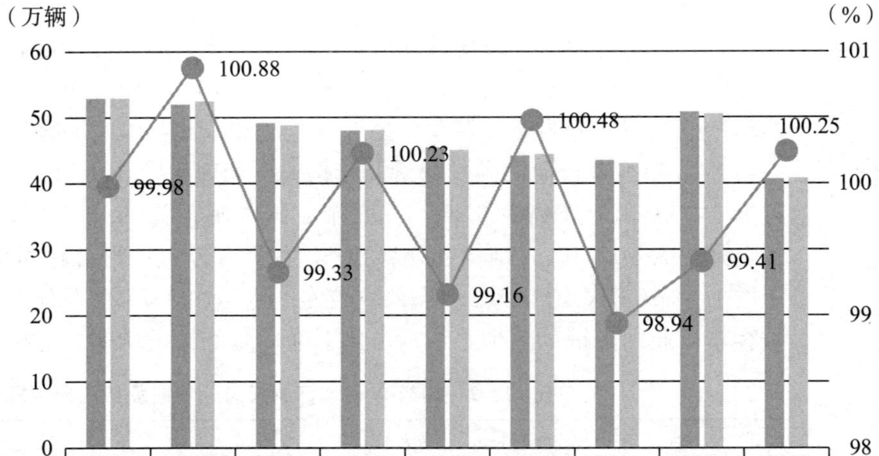

	2014	2015	2016	2017	2018	2019	2020	2021	2022
产量（万辆）	52.96	52.03	49.17	47.97	45.40	44.19	43.47	50.80	40.70
销量（万辆）	52.95	52.49	48.84	48.08	45.02	44.40	43.01	50.50	40.80
产销比（%）	99.98	100.88	99.33	100.23	99.16	100.48	98.94	99.41	100.25

图 12-7　2014—2022年中国客车产销量及产销比趋势图

我国客车企业“走出去”的步伐一直未停止。客车产品竞争力的提升、中高端产品的推广以及新能源客车依托国内市场完善的产业链和大规模商业运营经验所形成的整体优势，都促进了我国客车在国内外市场的协调发展。

2015—2022年大中型客车国内外市场销量及结构占比如图12-8所示。可知，我国大中型客车销售一直以国内市场为主，大多数年份的结构占比均在83%以上，而海外市场结构占比在2016—2019年呈逐年上升趋势，即由9.54%增加到16.91%，2020年受新冠疫情影响有所下降，但在2021—2022年又大幅上升，2022年达到了25.72%。剔除2020年新冠疫情的影响，从长期发展的角度来看，我国客车出口市场潜力较大，未来挖掘海外市场是我国客车行业企业的主要发展方向。

(2) 2022年客车行业国内市场分析。2022年客车行业国内市场按用途分类销量及结构分析如表12-4所示。可知，不同车型的销量呈不同的变化趋势。其中，座位客车销量为15 407辆，较上年减少11 219辆，降幅为42.14%，结构占比减少13.37个百分点；公交客车销量为41 710辆，较上年增加5 248辆，增幅为14.39%，结构占比增加14.66个百分点；校车销量为3 417辆，较上年减少2 164辆，降幅为38.77%，结构占比减少2.50个百分点；其他车型客车销量为2 013辆，较上年增加607辆，增幅为43.17%，结构占比增加1.21个百分点。可见，在2022年国内市场按用途分类的各车型销量结构中，座位客车和校车的比重下降，公交客车和其他车型的比重提升；客车总销量减少7 528辆，降幅为10.74%。

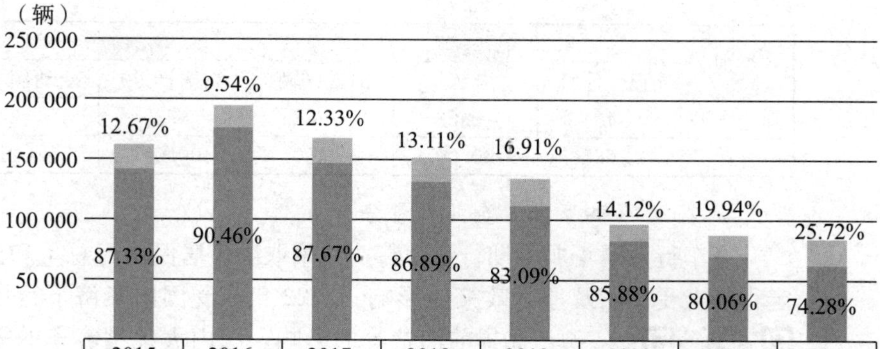

	2015	2016	2017	2018	2019	2020	2021	2022
■海外销量	20 545	18 572	20 666	19 860	22 711	13 605	17 450	21 655
■国内销量	141 558	176 030	146 922	131 609	111 620	82 740	70 075	62 547

图 12-8 2015—2022 年大中型客车国内外市场销量及结构占比图

表 12-4 2022 年客车行业国内市场按用途分类销量及结构分析表

类别	2022 年		2021 年		销量变化	
	销量（辆）	结构（%）	销量（辆）	结构（%）	变动额（辆）	变动率（%）
座位客车	15 407	24.63	26 626	38.00	−11 219	−42.14
公交客车	41 710	66.69	36 462	52.03	5 248	14.39
校车	3 417	5.46	5 581	7.96	−2 164	−38.77
其他车型	2 013	3.22	1 406	2.01	607	43.17
合计	62 547	100.00	70 075	100.00	−7 528	−10.74

（3）2022 年客车行业海外市场分析。2022 年客车行业海外市场按用途分类销量及结构分析如表 12-5 所示。可知，不同车型的销量也呈不同的变化趋势。其中，座位客车销量为 7 819 辆，较上年减少 936 辆，降幅为 10.69%，结构占比减少 14.08 个百分点；公交客车销量为 13 221 辆，较上年增加 5 137 辆，增幅为 63.55%，结构占比增加 14.69 个百分点；校车销量为 131 辆，较上年减少 238 辆，降幅为 64.50%，结构占比减少 1.51 个百分点；其他车型销量为 484 辆，较上年增加 242 辆，增幅为 100%，结构占比增加 0.84 个百分点。可见，在 2022 年海外市场按用途分类的各车型销量结构中，座位客车、校车的比重有所下降，公交客车和其他车型的比重有所提升；客车总销量增加 4 215 辆，增幅为 24.15%。

2020 年客车行业国内外市场分析

表 12-5 2022 年客车行业海外市场按用途分类销量及结构分析表

类别	2022 年		2021 年		销量变化	
	销量（辆）	结构（%）	销量（辆）	结构（%）	变动额（辆）	变动率（%）
座位客车	7 819	36.09	8 755	50.17	−936	−10.69
公交客车	13 221	61.02	8 084	46.33	5 137	63.55
校车	131	0.60	369	2.11	−238	−64.50

续表

类别	2022年		2021年		销量变化	
	销量（辆）	结构（%）	销量（辆）	结构（%）	变动额（辆）	变动率（%）
其他车型	484	2.23	242	1.39	242	100.00
合计	21 665	100.00	17 450	100.00	4 215	24.15

4. 2022年四家客车企业销量分析

客车行业属于弱周期行业，行业总量取决于居民出行总量和出行结构，也在一定程度上受国家及地方政策的影响。2022年，受国内经济下行压力增大以及新能源产品提前消费等的影响，国内大中型客车的需求总量同比下降10.74%。2022年四家客车企业销量水平分析如表12-6所示，2021—2022年销量及其变动率对比如图12-9所示。2022年四家客车企业的销售较2021年均下降，其中，宇通客车的销量减少11 630辆，在四家企业中降幅最大，为27.80%；金龙汽车的销量减少4 527辆，在四家企业中降幅最小，为8.93%；中通客车的销量减少1 091辆，降幅为10.86%；安凯客车的销量减少761辆，降幅为19.85%。

2020年四家客车企业销量分析

表12-6　2022年四家客车企业销量水平分析表

企业名称	2022年销量	2021年销量	变动额（辆）	变动率（%）
宇通客车	30 198	41 828	−11 630	−27.80
金龙汽车	46 172	50 699	−4 527	−8.93
中通客车	8 957	10 048	−1 091	−10.86
安凯客车	3 072	3 833	−761	−19.85

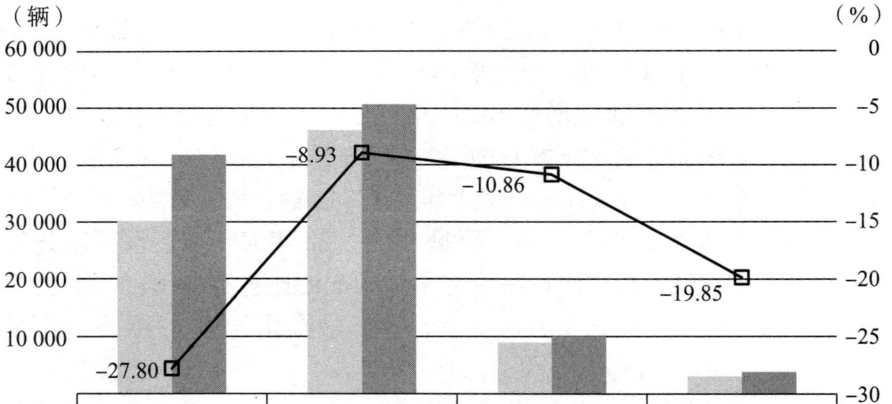

	宇通客车	金龙汽车	中通客车	安凯客车
2022年（辆）	30 198	46 172	8 957	3 072
2021年（辆）	41 828	50 699	10 048	3 833
变动率（%）	−27.80	−8.93	−10.86	−19.85

图12-9　2021—2022年四家客车企业销量及其变动率对比图

5. 客车市场周期性波动且需求有限

客车行业
专题报告

财通证券在 2019 年发布的客车市场行业研究报告中，借鉴日本客车市场的行业特点进行了分析。1945—2017 年日本客车市场客车保有量及其增长率趋势如图 12－10 所示。1945—1975 年是日本客车市场的高速发展时期，此后客车保有量稳定在 22.60 万～24.80 万辆之间，标志着行业进入成熟期。随着客车保有量逐渐接近空间上限，新增需求逐渐减少，销量增长动力不足。行业的年销量由新增需求和更新需求共同决定。但自 1975 年以后，客车保有量一直维持在 22 万～25 万辆的水平，导致日本客车市场的新增需求稀少。因此，在日本客车市场客车保有量见顶后，年销量由更新需求主导，行业呈周期波动特征。

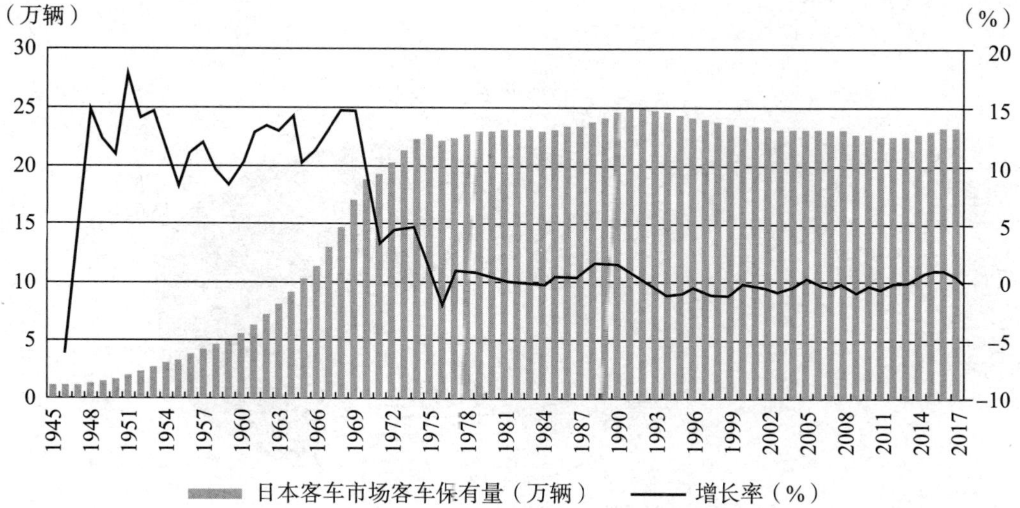

图 12－10　1945—2017 年日本客车市场客车保有量及其增长率趋势图

通过深入分析日本客车市场的特点，财通证券在行业研究报告中指出，我国公交客车的销量高峰可能在 2016 年已经出现，这与我们在第四章利润表分析中对客车行业，尤其是行业龙头企业宇通客车的分析结果不谋而合。2016 年宇通客车的利润表各项目、毛利率等盈利能力指标均达到峰值。行业研究报告进一步指出，2018 年我国万人客车保有量约为 10.6 辆，这一水平与西欧发达国家水平接近，但与日本的 18 辆相比仍有差距。我国公交客车保有空间为 58.9 万～104.8 万辆，公交市场发展较为成熟，且我国客车市场保有量增量空间有限，销量增长面临压力。客车的更新替换周期为 5～8 年。行业研究报告还对我国客车市场空间进行了测算，估计公交客车中值为 72.8 万辆，座位客车中值为 75 万辆，加上校车及其他车辆，年度总保有量约 172.80 万辆。在客车市场成熟后，为了保持保有量不变，需要一定比例的销量来维持。按 12%的比例计算，在中性假设下，销量中枢约为 20.7 万辆，其中大中型客车长期销量中枢为 13.5 万辆。总之，以上客车行业市场分析数据说明，未来客车市场整体需求有限。

（三）竞争对手分析

竞争对手是指对企业现有市场地位构成直接威胁或对企业目标市场地位形成主要挑战的竞争者。进行竞争对手分析是为了了解竞争对手所采取战略行动的实质和成功的原因，以及竞争对手对可能发生的行业变迁和更广泛的环境变化可能做出的反应。它是对宏观环境和产业环境分析的必要补充。

1. 2022年宇通客车及其主要竞争对手市场份额分析

2022年客车行业企业市场份额（营业收入占比）如图12-11所示。可知，宇通客车的行业龙头地位明显，市场份额位居行业第一，为43.62%，是第二名金龙汽车（市场份额为36.50%）的1.20倍。

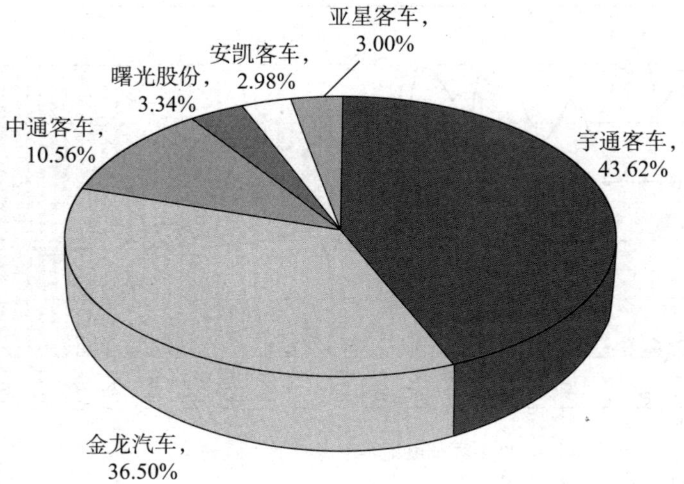

图12-11　2022年客车行业企业市场份额（营业收入占比）

2. 宇通客车市场分析

（1）2021—2022年宇通客车销量分析。2021—2022年宇通客车分车型销量及结构分析、销量及变动率趋势分别如表12-7和图12-12所示。可知，宇通客车的主要目标市场是大中型客车市场。2022年宇通客车整体销量为30 198辆，同比减少11 630辆，降幅为27.80%。其中，大型客车销量为11 755辆，同比减少4 566辆，降幅为27.98%，结构占比减少0.09个百分点；中型客车销量为11 978辆，同比减少5 168辆，降幅最大（30.14%），结构占比减少1.33个百分点；轻型客车销量为6 465辆，同比减少1 896辆，降幅最小（22.68%），结构占比增加1.42个百分点。各车型销量同比均下降，除轻型客车结构占比略有增加以外，其他两种车型结构占比均有所减少。

表 12-7 2021—2022 年宇通客车分车型销量及结构分析表

类别	2022 年		2021 年		销量变化	
	销量（辆）	结构（%）	销量（辆）	结构（%）	变动额（辆）	变动率（%）
大型客车	11 755	38.93	16 321	39.02	−4 566	−27.98
中型客车	11 978	39.66	17 146	40.99	−5 168	−30.14
轻型客车	6 465	21.41	8 361	19.99	−1 896	−22.68
合计	30 198	100	41 828	100	−11 630	−27.80

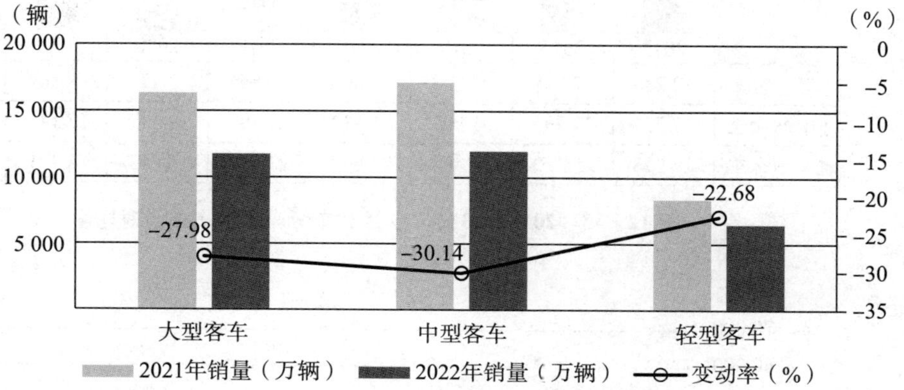

图 12-12 2021—2022 年宇通客车分车型销量及其变动率趋势图

2022 年尽管宇通客车的市场份额和大中型客车的销量均稳居行业第一，但销量下滑明显，这一状况是疫情影响所致，还是受到了其他因素的影响？因此，有必要进行趋势分析。

2020 年宇通客车及其主要竞争对手市场份额分析和宇通客车销量分析

（2）2015—2022 年宇通客车销量分析。

第一，宇通客车分车型整车销量分析。2015—2022 年宇通客车分车型整车销量对比如图 12-13 所示。可知，2015—2022 年宇通客车分车型销量以大中型客车为主。大型和中型客车销量分别在 2017 年和 2016 年达到峰值，之后逐年下滑，2022 年销量均降到谷底，分别为 11 755 辆和 11 978 辆，相比 2015 年分别下降 56.42%和 56.85%。轻型客车销量在 2016—2019 年逐年增加；受疫情的影响，2020—2022 年销量呈“倒 V”走势。由此可见，宇通客车各车型销量在 2022 年下降最为明显，均降至最低值。由于中型客车在宇通客车历年销量中占比最高，因此，各年分车型销量总体趋势与中型客车销量趋势基本一致。

第二，宇通客车分车型整车国内市场销量分析。宇通客车的主营业务以国内市场为主，其 2015—2022 年分车型国内市场销量对比如图 12-14 所示。可知，该图中所示的销量趋势与图 12-13 所示的趋势基本一致，销量在 2016 年达到峰值后逐年下滑。在各车型中，中型客车销量及占比最大，大型客车次之，轻型客车最小。

第三，宇通客车分车型整车海外市场销量分析。宇通客车的销售服务网络已经覆盖欧洲、拉丁美洲、非洲、中东、亚太等海外主要市场，其产品批量远销至英国、法国、俄罗斯、沙特阿拉伯、智利、哥伦比亚、澳大利亚等几十个国家和地

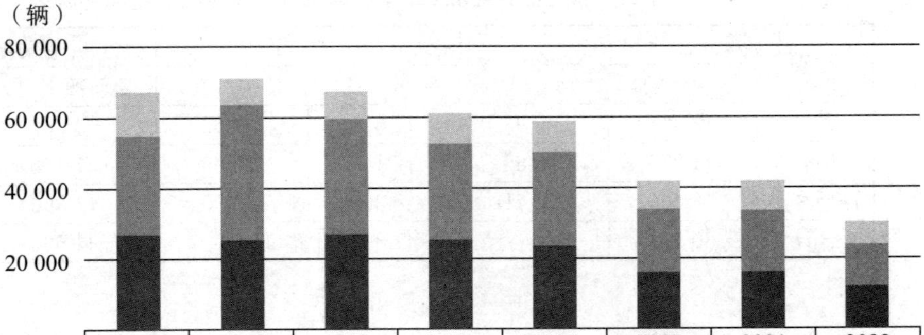

	2015	2016	2017	2018	2019	2020	2021	2022
轻型客车	12 288	7 648	7 872	8 666	8 862	7 721	8 361	6 465
中型客车	27 757	37 990	31 992	26 532	25 897	17 392	17 146	11 978
大型客车	26 973	25 350	27 404	25 670	23 929	16 643	16 321	11 755

图 12－13　2015—2022 年宇通客车分车型整车销量对比图

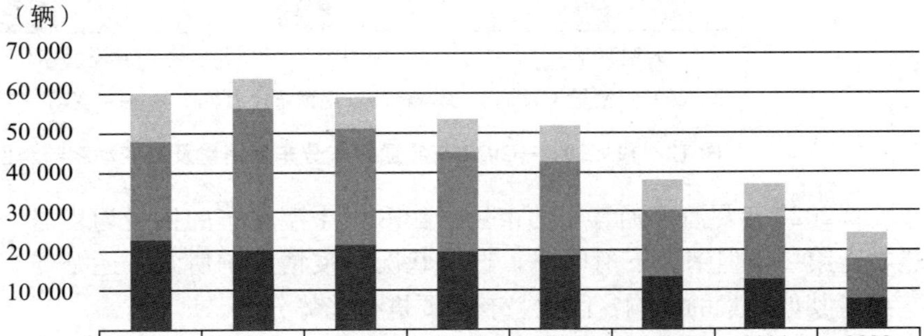

	2015	2016	2017	2018	2019	2020	2021	2022
轻型客车	12 245	7 612	7 817	8 494	8 854	7 713	8 356	6 392
中型客车	24 892	35 809	29 208	24 863	23 776	16 716	15 657	10 158
大型客车	22 863	20 446	21 831	20 295	19 013	13 567	12 899	7 965

图 12－14　2015—2022 年宇通客车分车型整车国内市场销量对比图

区。2015—2022 年宇通客车分车型整车海外市场销量对比如图 12－15 所示。可知，与国内市场有所不同，海外市场销售以大型客车为主，各年大型客车销量占比均为最高，因此，其海外市场销量总体趋势与大型客车销量趋势基本一致。大型客车销量在 2017 年达到峰值（5 573 辆）后，整体呈下滑趋势；中型客车销量呈波浪式变动，2015 年达到峰值（2 865 辆）；2020 年大中型客车销量均降至最低。由于轻型客车销量除 2018 年最高达到 172 辆以外，其他年份均在 80 辆以下，2019—2021 年销量仅为个位数，因此在图 12－15 中基本看不到。

第四，宇通客车分使用能源类型销量分析。按照使用能源的不同，客车可以分为新能源客车和传统燃油客车。2015—2022 年宇通客车两种客车产品销量对比如图 12－16 所示。可知，两种客车的销量整体均呈波浪式下滑趋势，且传统燃油客车销量占主导地位。具体而言，新能源客车销量由 20 446 辆降至 12 414 辆；传统燃油客车销量由 46 572 辆降至 17 784 辆。这两种客车销量的下降直接导致了宇通客车营业收入的下滑，从而影响了企业的利润水平和盈利能力。

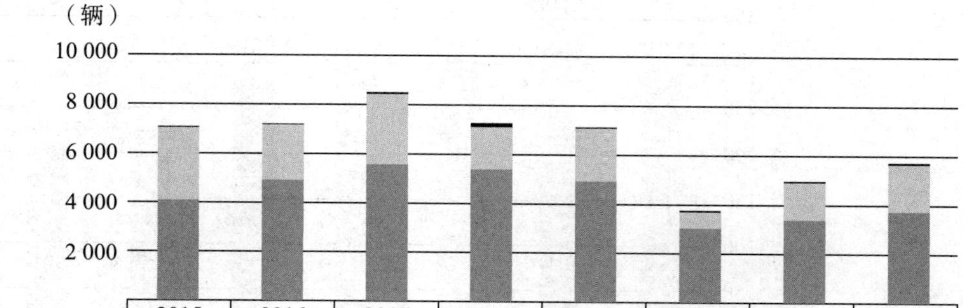

	2015	2016	2017	2018	2019	2020	2021	2022
■轻型客车	43	36	55	172	8	8	5	73
■中型客车	2 865	2 181	2 784	1 669	2 121	676	1 489	1 820
■大型客车	4 110	4 904	5 573	5 375	4 916	3 076	3 422	3 790

图 12-15　2015—2022 年宇通客车分车型整车海外市场销量对比图

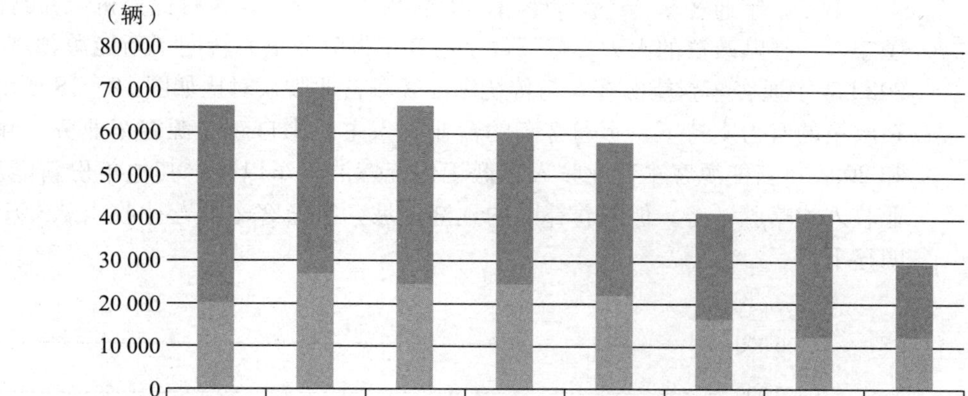

	2015	2016	2017	2018	2019	2020	2021	2022
■传统燃油客车	46 572	44 132	42 403	36 120	36 598	25 295	29 257	17 784
■新能源客车	20 446	26 856	24 865	24 743	22 090	16 461	12 571	12 414

图 12-16　2015—2022 年宇通客车传统燃油客车与新能源客车销量对比图

(3) 2015—2022 年宇通客车营业收入对比分析。

第一，宇通客车国内外主营业务收入对比分析。2015—2022 年宇通客车国内外主营业务收入及其占比趋势如图 12-17 所示。由于宇通客车以国内市场为主导，因此其国内主营业务收入及其占比处于优势地位。国内主营业务收入在 2016 年达到峰值 299.15 亿元，之后逐年减少；国内主营业务收入占比也从 2016 年的 87.89%下降到 2022 年的 71.35%。海外主营业务收入呈波浪式变动，于 2022 年达到峰值 55.95 亿元，其占比从 2016 年开始逐年上升，从 2016 年的 12.11%增加到 2022 年的 28.65%。

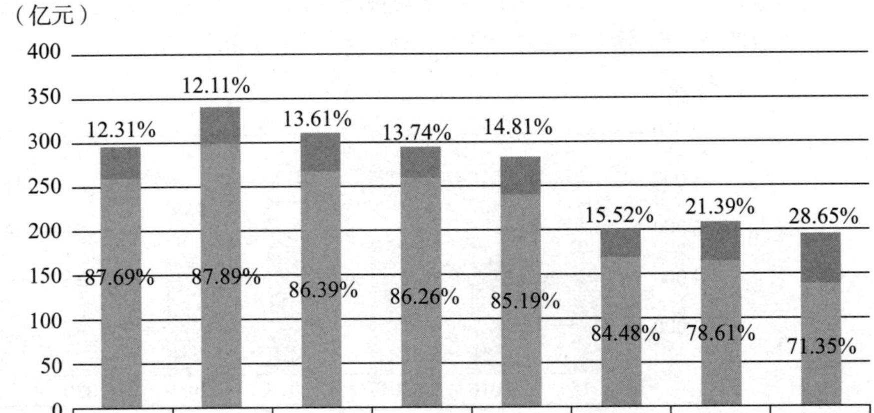

	2015	2016	2017	2018	2019	2020	2021	2022
■ 海外主营业务收入	36.44	41.22	42.23	40.55	41.96	31.06	44.88	55.95
■ 国内主营业务收入	259.55	299.15	268.00	254.62	241.38	169.04	164.92	139.35

图 12 - 17　2015—2022 年宇通客车国内外主营业务收入及其占比趋势图

第二，宇通客车传统燃油客车与新能源客车营业收入对比分析。在新能源汽车国家推广补贴政策的大力支持下，宇通客车将业务重心转向了新能源领域。2015—2022 年宇通客车新能源客车与传统燃油客车营业收入对比如图 12 - 18 所示。可知，在政策的有力支持下，宇通客车的营业收入主要来自新能源客车业务，除 2015 年和 2021 年新能源客车营业收入略低于传统燃油客车以外，其他年份新能源客车营业收入均略胜一筹。但随着补贴的逐渐退坡，宇通客车的营业收入从 2017 年开始明显下滑。

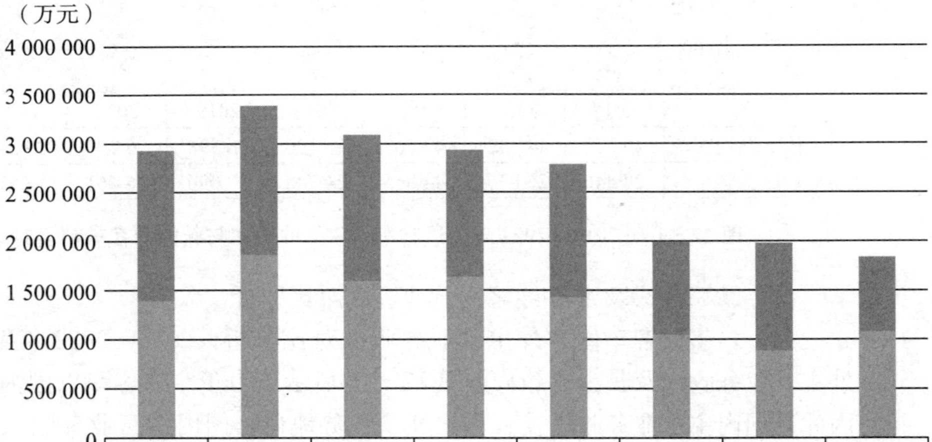

	2015	2016	2017	2018	2019	2020	2021	2022
■ 传统燃油客车	1 553 409	1 519 474	1 489 002	1 300 134	1 349 675	938 408	1 066 333	780 549
■ 新能源客车	1 397 553	1 874 610	1 602 641	1 640 774	1 441 680	1 056 575	918 303	1 065 948

图 12 - 18　2015—2022 年宇通客车传统燃油客车与新能源客车营业收入对比图

3. 金龙汽车市场分析

作为宇通客车的主要竞争对手，金龙汽车在客车行业的地位仅次于宇通客车。金龙汽车的主营业务是客车产品的生产和销售，旗下拥有金龙联合公司、金龙旅行车公司、苏州金龙公司、金龙车身公司等主要子公司。

(1) 2021—2022 年金龙汽车销量分析。2021—2022 年金龙汽车分车型销量及结构分析、销量及其变动率趋势分别如表 12-8 和图 12-19 所示。金龙汽车的主要产品包括大、中、轻型客车，且销量以轻型客车为主。2022 年金龙汽车整体销量为 46 172 辆，同比减少 4 527 辆，降幅为 8.93%。其中，大型客车销量为 12 761 辆，同比增加 1 061 辆，增幅为 9.07%，结构占比增加 4.56 个百分点；中型客车销量为 6 697 辆，同比减少 1 027 辆，降幅为 13.30%，结构占比减少 0.74 个百分点；轻型客车销量为 26 714 辆，同比减少 4 561 辆，降幅最大，为 14.58%，结构占比减少 3.83 个百分点。除大型客车销量增加、结构占比也略有增加外，中、轻车型客车销量均有所减少，且降幅均在 10%以上，结构占比也均有所减少。

表 12-8 2021—2022 年金龙汽车分车型销量及结构分析表

车型	2022 年		2021 年		销量变化	
	销量（辆）	结构（%）	销量（辆）	结构（%）	变动额（辆）	变动率（%）
大型客车	12 761	27.64	11 700	23.08	1 061	9.07
中型客车	6 697	14.50	7 724	15.24	−1 027	−13.30
轻型客车	26 714	57.86	31 275	61.69	−4 561	−14.58
合计	46 172	100.00	50 699	100.00	−4 527	−8.93

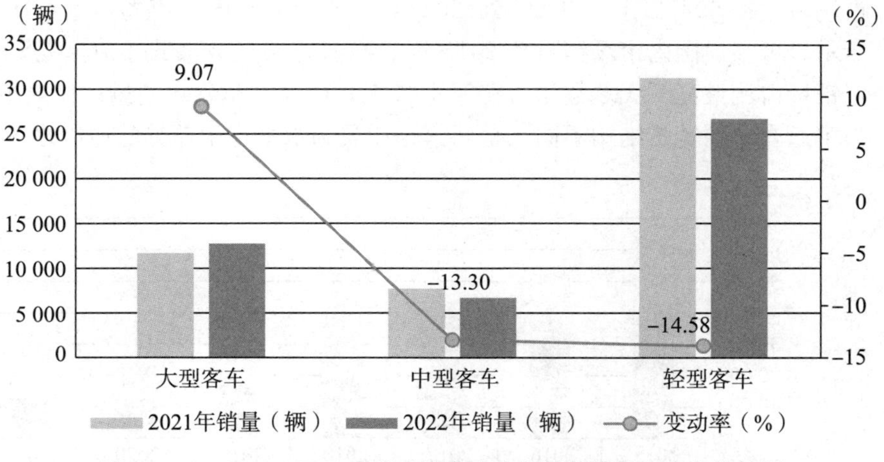

图 12-19 2021—2022 年金龙汽车分车型销量及其变动率趋势图

(2) 2015—2022 年金龙汽车销量分析。

第一，金龙汽车分车型整车销量分析。2015—2022 年金龙汽车分车型整车销量对比如图 12-20 所示。可知，金龙汽车轻型客车的销量在各年份中均最多，2015 年达到峰值 48 577 辆，2022 年销量（26 714 辆）相比 2015 年下降了 45.01%，2017—2022 年各年销量均是大型客车的 2 倍以上、中型客车的 3 倍以上。大型客车销量在

2015 年达到峰值 25 481 辆，其变动趋势与轻型客车基本一致，但 2022 年销量相比 2015 年下降幅度最大，为 49.92%。中型客车销量在 2016 年达到峰值 14 184 辆，2022 年销量相比 2015 年下降 47.68%。观察金龙汽车各车型销量的变化，各车型销量从 2015 年起均呈波浪式下降趋势，且均在 2020 年达到最低值。由于金龙汽车各年轻型客车占比最高，因此其分车型销量总体趋势与轻型客车销量趋势基本一致。

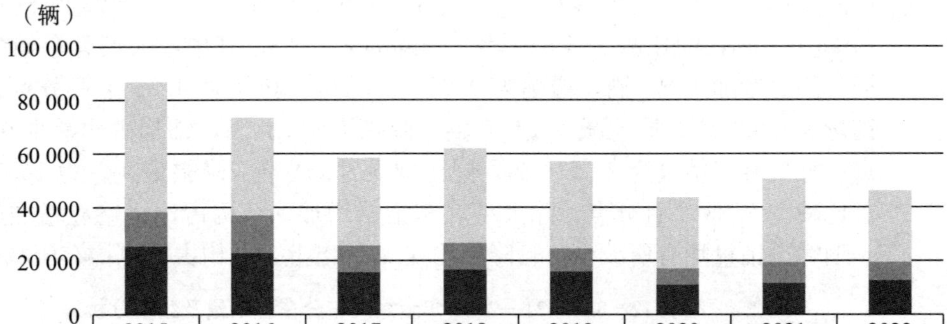

	2015	2016	2017	2018	2019	2020	2021	2022
轻型客车	48 577	36 356	32 768	35 330	32 670	26 524	31 275	26 714
中型客车	12 800	14 184	9 917	9 934	8 589	5 985	7 724	6 697
大型客车	25 481	22 847	15 717	16 663	15 995	11 085	11 700	12 761

图 12－20　2015—2022 年金龙汽车分车型整车销量对比图

第二，金龙汽车分车型整车国内市场销量分析。金龙汽车的主营业务中，国内市场占比在 60%以上，其 2015—2022 年分车型整车国内市场销量对比如图 12－21 所示。可知，国内市场销量从 2015 年的峰值开始呈波浪式下降趋势；轻型客车各年销量占比最高，大多数年份在 50%以上；中型客车各年销量占比最小。金龙汽车与宇通客车的销量结构不同，是两家企业盈利水平产生差异的原因之一。

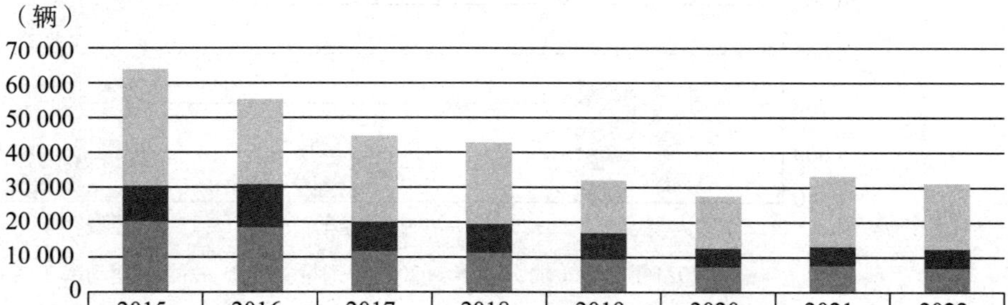

	2015	2016	2017	2018	2019	2020	2021	2022
轻型客车	33 402	24 409	24 588	23 324	15 039	14 861	20 136	18 819
中型客车	10 243	12 528	8 535	8 243	7 639	5 432	5 563	5 568
大型客车	20 152	18 374	11 600	11 258	9 311	7 197	7 599	6 850

图 12－21　2015—2022 年金龙汽车分车型整车国内市场销量对比图

第三，金龙汽车分车型整车海外市场销量分析。金龙汽车既是我国最早开拓海外市场的客车企业，也是客车行业中“走出去”战略的成功典范。2015—2022 年金龙汽车分车型整车海外市场销量对比如图 12－22 所示。与国内市场有所不同，海外市场以轻型客车为主导，各年轻型客车销量占比最高，大多数年份在 60%以上，2020 年高达 72.42%。其中，轻型和大型客车在 2020 年以前的销量趋势基本一致，均呈先降后升之势，两者均在 2019 年达到峰值，分别为 17 634 辆和 6 684 辆；从 2020 年起，轻型客车销量持续下滑，2022 年降至最低值（7 895 辆），而大型客车销量则在 2020 年降到谷底（3 888 辆）之后持续增加。中型客车销量呈波浪式下滑趋势，从 2015 年的峰值（2 557 辆）下滑至 2020 年的谷底（553 辆）。

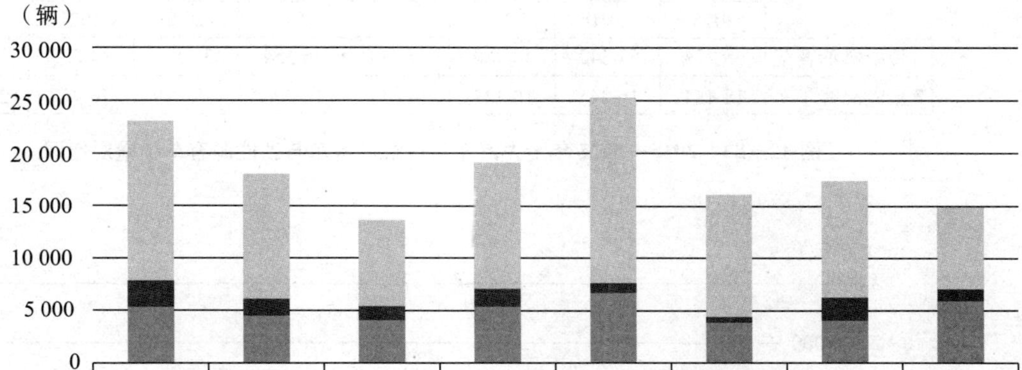

	2015	2016	2017	2018	2019	2020	2021	2022
轻型客车	15 175	11 947	8 180	12 006	17 634	11 663	11 139	7 895
中型客车	2 557	1 656	1 382	1 691	950	553	2 161	1 129
大型客车	5 329	4 473	4 057	5 405	6 684	3 888	4 101	5 911

图 12－22　2015—2022 年金龙汽车分车型整车海外市场销量对比图

第四，金龙汽车分使用能源类型销量分析。2015—2022 年金龙汽车传统燃油客车与新能源客车销量对比如图 12－23 所示。可知，传统燃油客车销量除 2021 年有所回升以外，整体呈不断下滑趋势，由 2015 年的 68 424 辆降至 2022 年的 21 739 辆；而新能源客车销量整体则呈波浪式上升趋势，由 2015 年的 18 434 辆增至 2022 年的 24 433 辆。但总体来看，除 2022 年新能源客车销量占据优势以外，其他各年金龙汽车的销售均以传统燃油客车为主。

（3）2015—2022 年金龙汽车传统燃油客车与新能源客车营业收入对比分析。2015—2022 年金龙汽车传统燃油客车与新能源客车营业收入对比如图 12－24 所示。可知，除 2020 年和 2021 年新能源客车营业收入略高于传统燃油客车以外，其他各年新能源客车营业收入均低于传统燃油客车。金龙汽车传统燃油客车营业收入变化趋势与其销量基本一致，但新能源客车营业收入变化趋势与其销量有所不同。

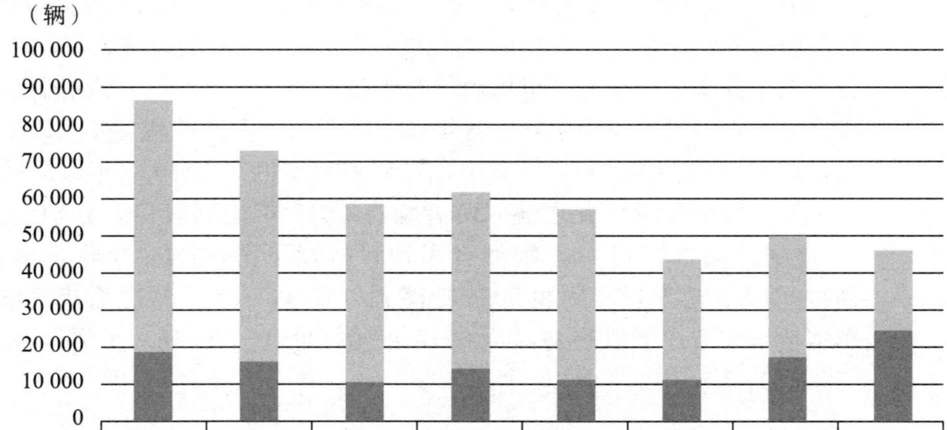

	2015	2016	2017	2018	2019	2020	2021	2022
传统燃油客车	68 424	57 342	48 080	47 914	46 354	32 595	34 232	21 739
新能源客车	18 434	16 045	10 322	14 013	10 900	10 999	16 467	24 433

图 12-23　2015—2022 年金龙汽车传统燃油客车与新能源客车销量对比图

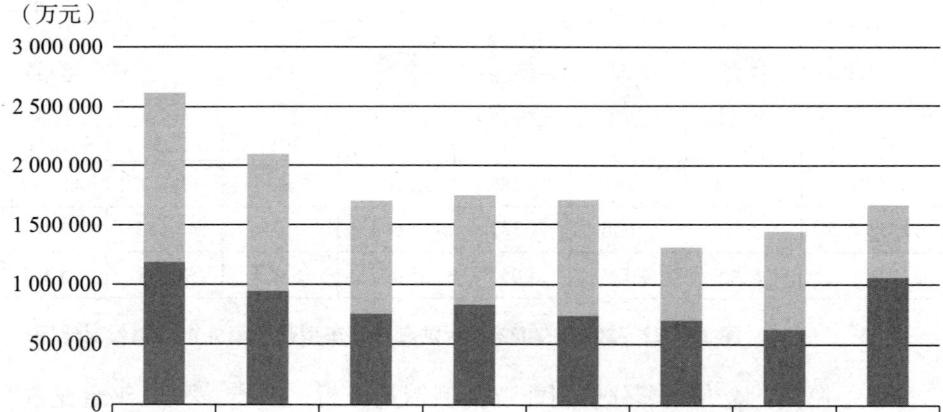

	2015	2016	2017	2018	2019	2020	2021	2022
传统燃油客车	1 429 946	1 148 300	949 109	916 962	972 825	611 692	818 214	601 282
新能源客车	1 185 848	945 548	755 076	832 246	737 984	699 509	623 374	1 059 843

图 12-24　2015—2022 年金龙汽车传统燃油客车与新能源客车营业收入对比图

4. 宇通客车与金龙汽车国内外市场对比分析

2015—2022 年宇通客车与金龙汽车国内主营业务收入占比对比如图 12-25 所示。可知，2021 年以前，宇通客车国内主营业务收入占比各年均在 84%以上，2021—2022 年占比下降到 80%以下，且自 2016 年以来逐年下降。而金龙汽车国内主营业务收入占比在 65%～82%之间波动，2021—2022 年下降到 70%以下。以上数据说明宇通客车和金龙汽车的主营业务均以国内市场为主，但金龙汽车国内主营业务收入占比各年均低于宇通客车。

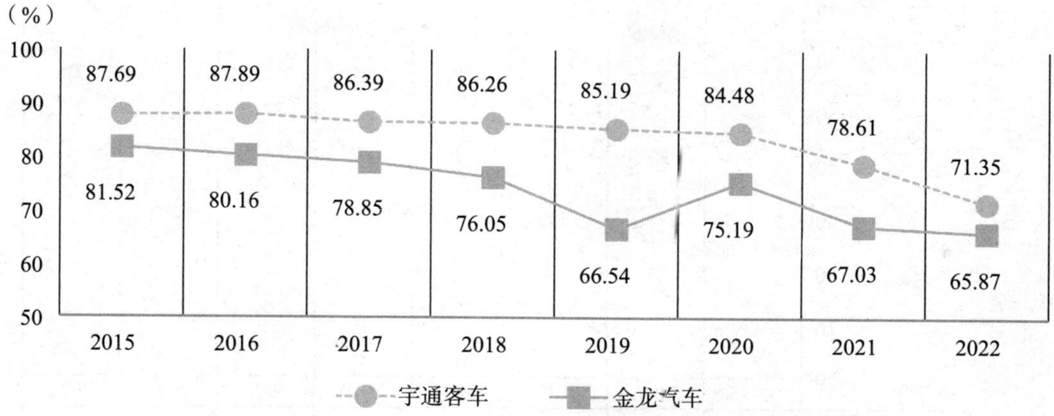

图 12-25 2015—2022 年宇通客车与金龙汽车国内主营业务收入占比对比图

2015—2022 年宇通客车与金龙汽车海外主营业务收入占比如图 12-26 所示。2015—2022 年宇通客车海外主营业务收入占比呈逐年上升的趋势，从 2015 年的 12.31%上升到 2022 年的 28.65%，而金龙汽车海外主营业务收入占比则在 18%～35%之间波动，因此，金龙汽车在海外市场更有优势。宇通客车海外主营业务收入占比各年虽低于金龙汽车，但差距在逐渐缩小。

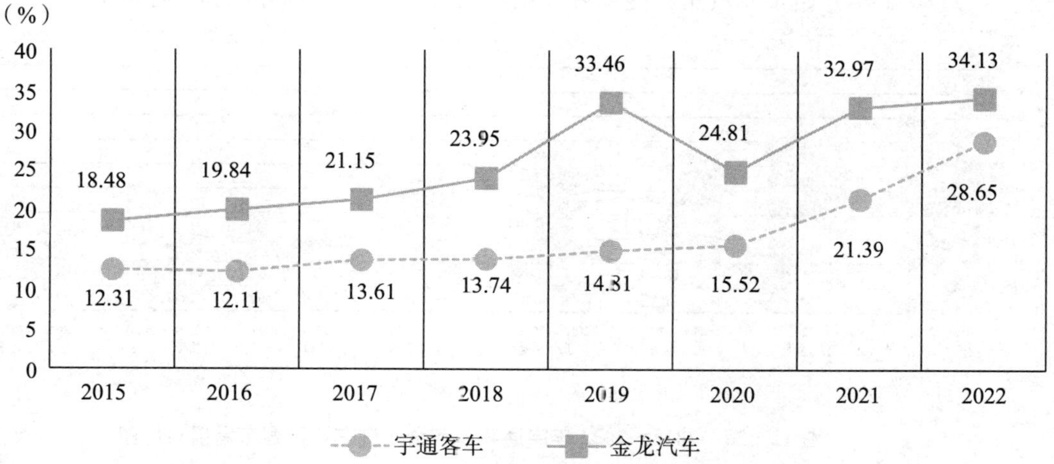

图 12-26 2015—2022 年宇通客车与金龙汽车海外主营业务收入占比对比图

宇通客车深耕客车行业多年，拥有成熟的技术与优势，以后起之秀的身份逐渐开拓海外市场，并占据了较大的市场份额。2015—2022 年宇通客车与金龙汽车海外营业收入对比如图 12-27 所示。可知，宇通客车海外营业收入仅在 2017 年高于金龙汽车，说明金龙汽车海外营业收入规模整体高于宇通客车。然而，自 2020 年开始，宇通客车与金龙汽车海外营业收入规模之间的差距逐渐缩小，二者越来越接近。

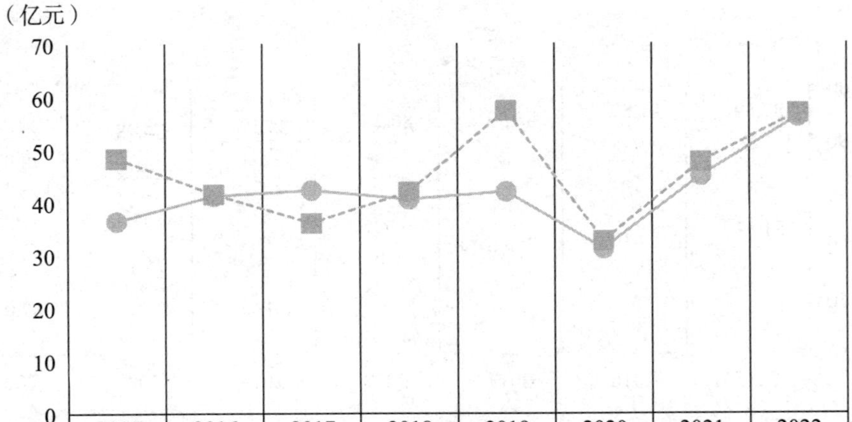

	2015	2016	2017	2018	2019	2020	2021	2022
宇通客车	36.44	41.22	42.23	40.55	41.96	31.06	44.88	55.95
金龙汽车	48.34	41.54	36.05	41.89	57.25	32.53	47.52	56.69

图 12-27　2015—2022年宇通客车与金龙汽车海外营业收入对比图

5. 宇通客车与金龙汽车分使用能源类型对比分析

2015—2022年宇通客车与金龙汽车两种客车销量对比如图12-28所示。可知，两家企业销量均以传统燃油客车为主，但宇通客车各年的传统燃油客车销量均低于金龙汽车；在新能源客车销量方面，2021年以前宇通客车各年均高于金龙汽车，从2021年开始金龙汽车新能源客车销量明显增加，各年均高于宇通客车。

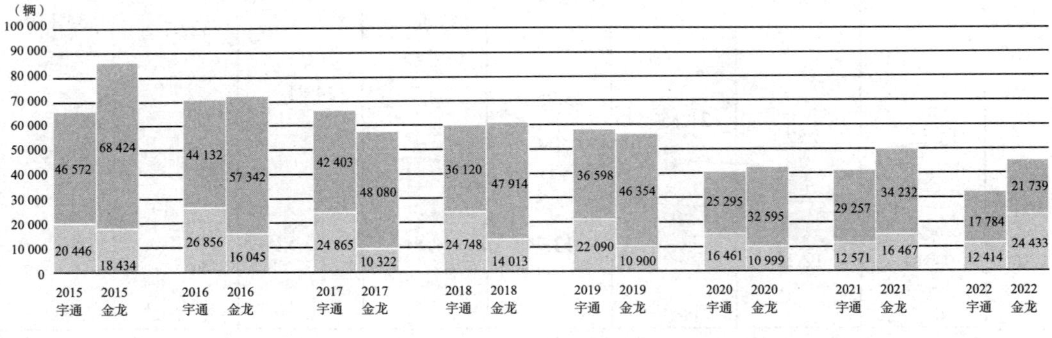

图 12-28　2015—2022年宇通客车与金龙汽车两种客车销量对比图

2015—2022年宇通客车与金龙汽车两种客车营业收入对比如图12-29所示。可知，在大多数年份，宇通客车的营业收入主要来自新能源客车，而金龙汽车的营业收入主要来自传统燃油客车。宇通客车的新能源客车营业收入各年均高于金龙汽车，除2021年和2022年外与销量情况相同。宇通客车传统燃油客车营业收入各年也均高于金龙汽车，与销量情况恰好相反，这与两家企业产品结构不同有关。

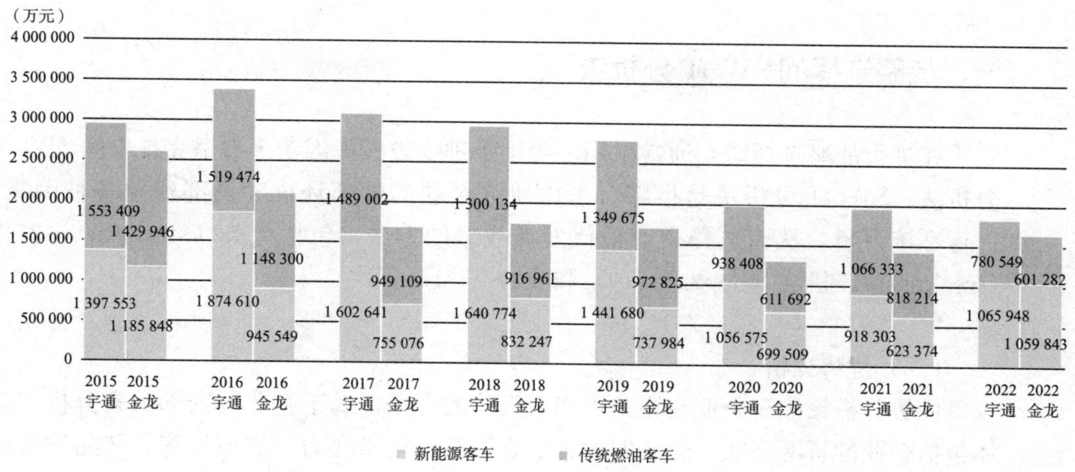

图 12-29　2015—2022 年宇通客车与金龙汽车两种客车营业收入对比图

二、内部资源与能力分析

战略分析不仅要了解企业所处的外部环境，还要了解企业自身所处的相对地位、具有哪些资源以及何种战略能力；与企业有关的利益相关者的利益期望，在战略制定、评价和实施过程中，这些利益相关者会有哪些反应，这些反应又会对企业行为产生怎样的影响和制约。① 不断变化的外部环境给企业带来了潜在的可利用机会，但企业只有具有能够利用这种机会的资源和能力，这种机会才是企业现实的机会。通过内部环境分析，企业可以认识到“自己能够做什么”，即企业所拥有的独特内部资源与能力所能支持的行为。

第二节
即测即评

前面各章节中涉及的宇通客车的各种数据，就是宇通客车内部资源和能力通过财务活动在财务报表上的具体体现。

第三节　战略选择

企业战略的效果通常是长期的、连续的和累加的，不同的案例企业各具特色，其战略也不尽相同。战略分析是判断企业战略选择合理性的前提。战略选择是指企业对其发展方向所做出的重大战略、规划及策略决策。具体而言，战略选择是管理者在综合考虑企业外部环境、优劣势、内部资源和能力等因素后，从可能的多种备选方案中选定一种合理战略方案的决策过程。

① 邹昭晞．企业战略分析．4 版．北京：首都经济贸易大学出版社，2011.

一、战略选择的SWOT分析法

在进行战略选择时，通常采用由美国管理学教授海因茨·韦里克提出的SWOT分析法。SWOT分析法是指综合考虑研究企业的外部环境和内部资源各种因素，进行系统评价，从而选择企业最佳发展战略的方法，包括优势（strength）、劣势（weakness）、机会（opportunity）和威胁（threat）。

（一）优势分析

优势分析聚焦于企业在竞争中相对强势的方面，属于企业的内部因素分析，具体包括企业的资源禀赋、经济实力、良好形象、技术实力、规模经济、产品质量优势、市场份额、成本优势等。

（二）劣势分析

劣势分析聚焦于企业在发展中存在的问题和相对弱势的方面，属于企业的内部因素分析，具体包括设备老化、管理混乱、缺少关键技术、研究开发落后、资金短缺、经营不善、产品积压、竞争力弱等。

（三）机会分析

机会分析属于企业的外部因素分析，具体包括新产品开发、新市场开拓、新需求出现、市场壁垒破除、竞争对手失误等。

（四）威胁分析

威胁分析属于企业的外部因素分析，具体包括新的竞争对手进入、替代产品增多、市场紧缩、行业政策变化、经济衰退、客户偏好改变、突发事件等。

二、战略选择的内容

对于拥有一种以上业务的企业而言，其战略可以分为三个层次，即公司层战略、事业部层战略和职能层战略（见图12-30）。

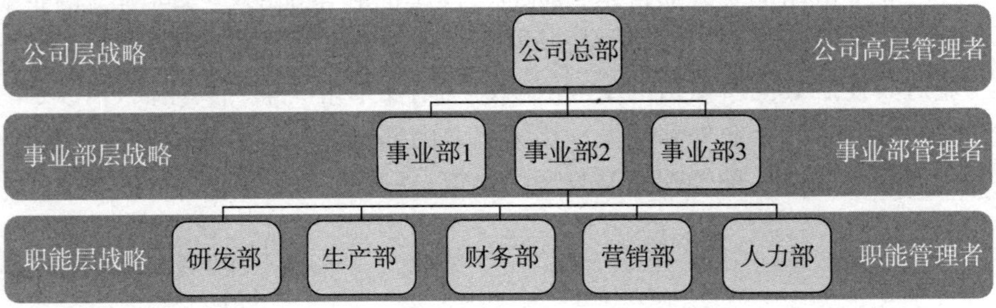

图12-30 企业战略层次图

(一) 公司层战略

公司层战略是指根据企业的目标选择企业可以竞争的经营领域，确定企业的总体发展方向，合理配置企业经营所需的资源，使各项经营业务相互支持、相互协调。公司层战略可以分为四大类，即增长型战略、稳定型战略、收缩型战略和业务组合战略（见图 12－31）。

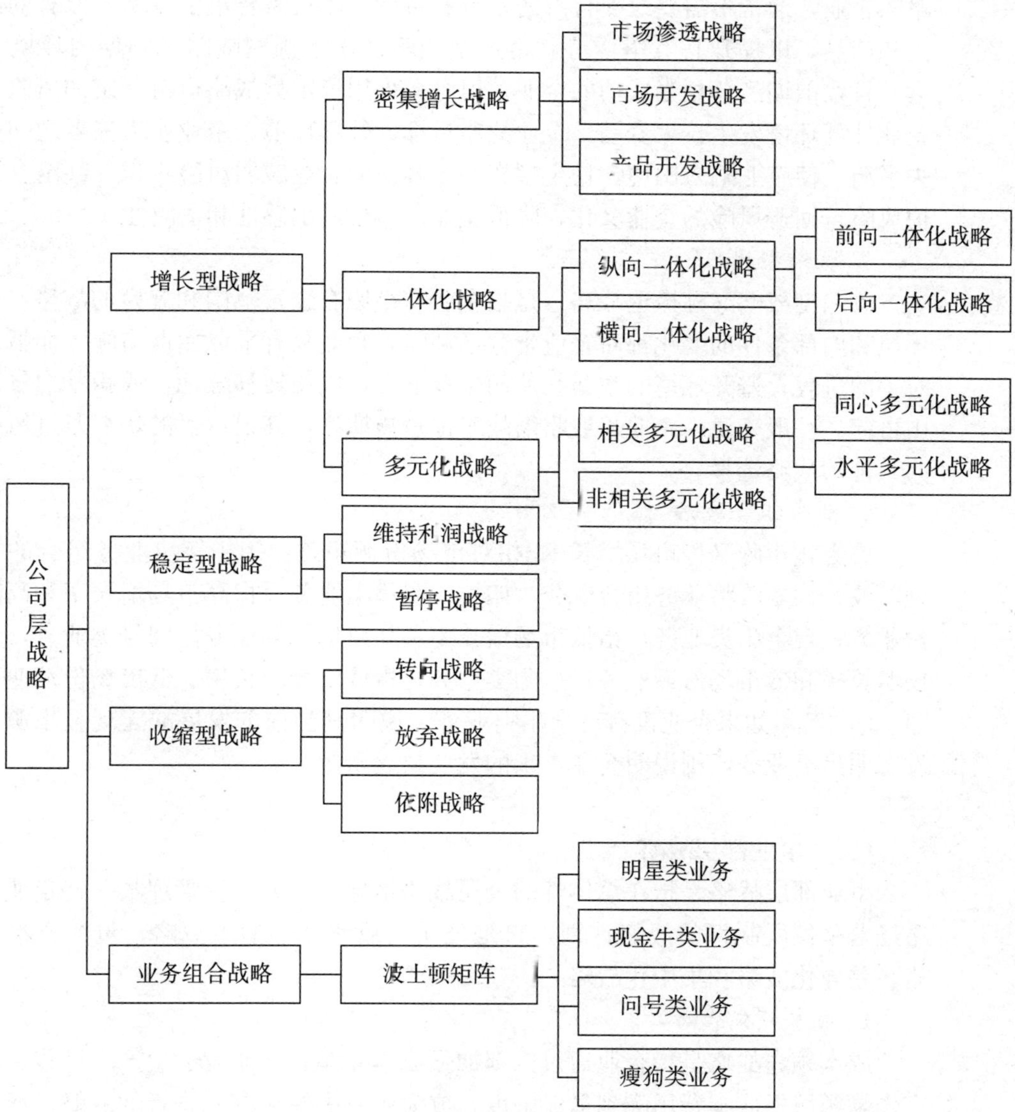

图 12－31 公司层战略构成图

1. 增长型战略

增长型战略又称扩张型战略或发展战略，是指充分利用外部环境的机会，充分发掘企业内部的优势资源，以推动企业在现有的基础上朝更高一级的方向发展。与简单地适应外部条件不同，采用发展战略的企业倾向于通过创造以前本身并不存在的某物或对某物的需求来改变外部环境并使之适合自身。[①] 增长型战略使企业从弱小发展成为实力雄厚的大企业，并关注市场开发、产品开发、技术创新以及企业合并等内容。

2. 稳定型战略

稳定型战略又称防御性战略，是指在内外部环境的约束下，企业计划在战略规划期使其经营状况和资源配置基本保持在目前状态和水平上的战略。采用稳定型战略的企业，通常不需要改变自身的宗旨和目标，而只需要集中资源于原有的经营范围和产品，以提升其竞争优势。稳定型战略适用于预测战略规划期内环境变化不大，且在前期经营相当成功的企业。但是，采用稳定型战略也有一定的风险。一旦企业外部环境发生较大变动，企业战略目标、外部环境、企业实力三者之间就会失去平衡，使企业陷入困境。稳定型战略还容易使企业减弱风险意识，甚至会形成惧怕风险、回避风险的企业文化，降低企业对风险的敏感性和适应性。

3. 收缩型战略

收缩型战略又称撤退战略，是指企业缩小原有经营范围和规模的战略。当外部环境和内部条件的变化都对企业十分不利时，企业只有采取撤退措施才能抵御竞争对手的进攻，避开环境的威胁，从而生存下去，以便转移阵地，或积蓄力量准备东山再起。一般来说，企业采取收缩战略都是短期的，其根本目的是在避过风险后转向其他的战略选择。

4. 业务组合战略

波士顿矩阵又称市场增长率-相对市场份额矩阵，用于解决业务组合的平衡问题。波士顿矩阵将业务组合划分为四类：明星类业务，指高市场增长率和高市场份额业务；现金牛类业务，指低市场增长率和高市场份额业务；问号类业务，指高市场增长率和低市场份额业务；瘦狗类业务，指低市场增长率、低市场份额业务（见图12-32）。如果企业没有现金牛类业务，说明其当前的发展缺乏现金来源；如果没有明星类业务，则说明企业未来的发展缺乏希望。

（二）事业部层战略

事业部层战略是指在总体性的公司战略指导下，为经营管理某一特定业务的战略经营单位所制订的战略计划，它是公司层战略之下的子战略，包括成本领先战略、差异化战略和集中化战略。

1. 成本领先战略

成本领先战略是指企业通过内部加强成本控制，在研发、生产、销售、服务和广告等领域把成本费用降到最低限度，成为产业中的成本领先者的战略。成本领先战略应该体现为产品相对于竞争对手而言的低价格。但是，成本领先战略并不意味着仅仅获得短期成本优势或者仅仅削减成本，它是一种“可持续成本领先”的理念，即企业通过其低成本地位来获得持久的竞争优势。

---

① 高良谋，郑文全，李品媛．管理学．4版．大连：东北财经大学出版社，2014.

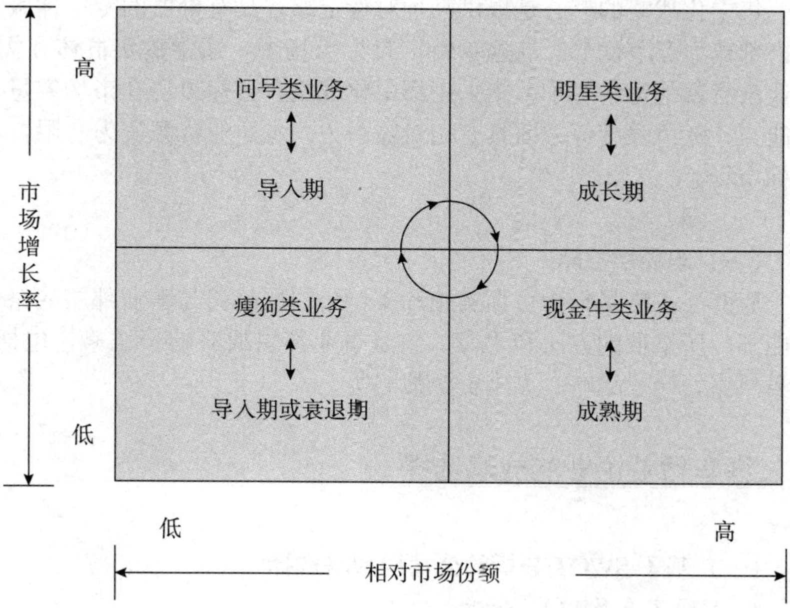

图 12-32 波士顿矩阵图

具体而言，企业可以通过强化管理控制，降低各项费用；提高企业与供应商的议价能力，降低采购成本；优化企业规模，提高资产营运能力；运用价值工程等，降低生产成本。企业采用成本领先战略是为了给行业的潜在进入者设置较高的进入门槛，提高企业与供应商及购买者的讨价还价能力，凭借其低成本的产品和服务吸引大量的顾客，降低或缓解替代品的威胁，获得高于行业平均水平的利润，最终使企业处于有利的优势地位。

2. *差异化战略*

差异化战略是指企业通过提供与众不同的产品或服务，满足顾客的特殊需求，形成竞争优势的战略。

采用差异化战略的企业由于产品或服务独具特色，顾客对该产品或服务具有很高的忠诚度，从而使该产品或服务市场具有强有力的进入障碍。此外，由于顾客具有很高的忠诚度，当该产品或服务的价格发生变化时，顾客对价格的敏感度不高，同时还增强了企业的讨价还价能力，降低了替代品的威胁。

3. *集中化战略*

集中化战略是指企业把经营战略的重点放在一个特定的目标市场上，为特定的地区或特定的购买者提供特殊的产品或服务的战略。由于避开了在大范围内与竞争对手的直接竞争，因此对于一些还不足以与实力雄厚的大企业抗衡的中小企业来说，实施集中化战略可以增强其相对竞争优势。即使是对于大企业来说，实施集中化战略也能帮助它们避开与竞争对手的正面冲突，使企业处于竞争的缓冲地带。①

① 中国注册会计师协会．公司战略与风险管理．北京：中国财政经济出版社，2021.

集中化战略的核心是提供某种对特定顾客具有价值的专一性服务，侧重于从企业内部建立竞争优势。在这一特定目标市场中，通常购买群体在需求上存在差异，企业没有其他竞争对手试图采用集中化战略，目标市场在市场容量、成长速度、获利能力、竞争强度等方面具有相对吸引力；本企业资源实力有限，不能追求更大的目标市场。

（三）职能层战略

职能层战略是指为贯彻实施和支持公司层战略与事业部层战略，在企业特定的职能部门所采取的方法和手段，它是事业部层战略的子战略，包括市场营销战略、财务战略、研发战略、人力资源战略等。

三、客车行业企业的战略选择

（一）基于SWOT分析的公司层战略选择

1. 宇通客车SWOT分析

根据前面各章的分析内容，基于SWOT分析法，宇通客车的优势、劣势、机会和威胁总结如下。

第一，宇通客车的优势。自2016年以来，宇通客车的市场占有率持续保持在28%以上①，市场份额稳定，行业龙头地位稳固，主业突出。2022年，宇通客车加强了价格管控和订单风险管理，国内订单产品毛利率提升；同时，海外销量增长也为企业业绩带来了积极影响。宇通客车采用新能源产品的技术路线，自主掌握了高比能电池、轻量化电机、大功率无线充电等关键核心技术，新能源技术全球领先。宇通客车新能源产品竞争优势明显，拥有完善的研发体系。截至2022年年底，公司拥有研发人员2 823人，占公司总人数的21.65%，其中博士22人，硕士508人。宇通客车拥有领先的研发成果，如整车节能与控制技术、高压隔离电源变换技术、高密度电驱动控制技术等均处于国际领先水平，并拥有国内最完备的节能与新能源客车产品型谱。截至2022年年末，公司拥有有效专利及软件著作权2 132件，其中，发明专利585件，软件著作权230件。宇通客车承诺严格按照国家相关政策、标准法规的要求，开发符合规定、适应市场需求、竞争力领先的产品。2012—2022年宇通客车的各项盈利能力、营运能力、偿债能力指标等均处于客车行业优势地位。宇通客车对供应商具有较强的议价能力，供应链管理效率较高。

第二，宇通客车的劣势。通过财务报表分析发现，从2017年开始，宇通客车的销量以及利润表主要项目明显下滑，且呈负增长，利润过度依赖新能源汽车补贴和政府补助，盈利能力持续下滑并维持在较低水平；股东权益增长率自2016年起呈波浪式下降趋势；增长能力指标处于行业中上游水平，可持续增长乏力；股利政策激进，留存收益过少。由于宇通客车原材料在成本项目中占比较高，核心零部件

① 该数据来源于宇通客车年报。

外购占比高，因此公司通过控制毛利率进而提升利润水平的空间有限。2020 年突发新冠疫情更是让宇通客车的经营雪上加霜，其扣除非经常性损益后的净利润自上市以来首次为负数。受 2023 年新能源汽车补贴退出的预期影响，公交客车需求在 2022 年集中释放，销量增长。然而，行业结构发生变化，座位客车及校车作为宇通客车的优势市场，其结构占比下降，这在一定程度上影响了公司大中型客车市场的整体占有率。

第三，宇通客车面临的机会。在“双碳”目标的背景下，新能源产品市场前景广阔。在国内市场，一二线城市公交逐步实现新能源化，蓝天保卫战三年行动计划的实施推动了传统燃油客车的更新换代，新能源化是大势所趋。随着动力电池成本的下降和续航里程的增加，新能源客车将逐渐进入公路客车领域。随着国家宏观经济复苏、公共出行需求快速释放，客车行业需求稳步回升。预计 2023 年国内客车销量将触底反弹，市场将进入修复期。

在出口方面，受欧洲环境保护政策和要求的驱动，海外新能源客车需求上涨。宇通客车已针对海外市场需求，开发了 U 系列高端纯电公交、T 系列高端纯电公路车等新产品，这有利于其进一步拓展海外市场。此外，2016 年金龙汽车子公司新能源汽车骗补事件也间接为宇通客车提供了增加销量、提升利润的市场机会。在海外市场方面，2022 年由于一些国家或地区的刚性需求释放以及大型赛事的举办等因素，客车行业需求得到恢复。之前被压抑的客运、旅游和团体等市场需求逐步释放。一些国家政府为重启经济和改善民生，将增加对交通基础设施的投资和支持，公交市场需求将呈现复苏态势。并且，随着社会对新能源客车认可度的不断提高、全球环保意识的增强、节能减排政策的推动及新能源技术的进步等，新能源客车需求预计将持续增长，其中欧洲、拉丁美洲、东南亚、中东等市场均展现出良好的增长潜力。

第四，宇通客车面临的威胁。随着新能源汽车补贴的退坡，新能源市场需求下滑，宇通客车正面临政策和市场的双重压力；随着高铁、城际铁路布局的不断完善以及市区轨道交通的建设，加之民航价格的亲民化，以及私家车、共享单车的普及和快速发展，客车市场的需求因遭受挤压会进一步萎缩；校车市场可能面临政策扶持力度不足、需求下滑的风险；出口市场可能面临全球宏观经济下滑，目标市场国家政治和经济状况不稳定、支付能力下滑等风险。另外，尽管宇通客车高度重视研发，但新能源关键零部件依然严重依赖供应商，因此在新能源技术方面的研发和应用上，企业面临资金投入不足和技术落后等挑战。

2. 宇通客车基于 SWOT 分析的公司层战略选择

根据 SWOT 分析得出的四种公司层战略选择结果如图 12 - 33 所示。

通过上述对宇通客车的 SWOT 分析，可以发现宇通客车内部优劣势并存，但优势大于劣势；外部在面临威胁的同时，也存在一定的机遇，但威胁多于机会。结合公司层战略分类，我们认为宇通客车倾向于采取业务组合战略。在波士顿矩阵中，根据宇通客车的增长能力和市场占有率，可以确认宇通客车拥有现金牛类业务。

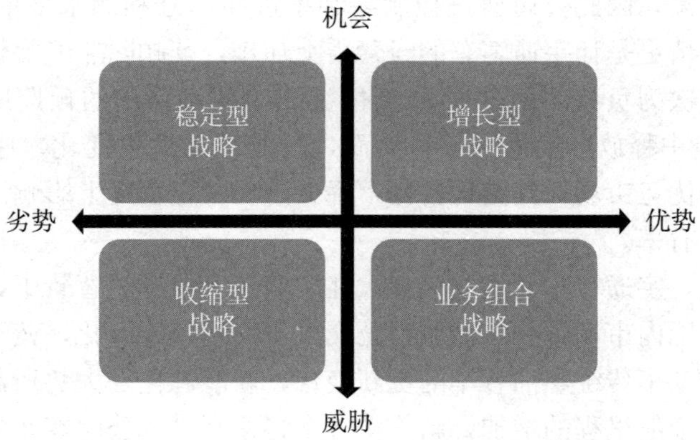

图 12-33 基于 SWOT 分析的公司层战略选择图

（二）基于企业战略字典的客车行业企业战略选择

1. 企业战略字典概述

字典法是一种基于词频统计的文本挖掘方法，在心理学、语言学等基于海量文本分析的领域都有丰硕的研究成果。目前字典法在财经领域的典型应用是财经语调字典，它被用于识别文本语调的积极程度。我们根据沈阳跃客教育科技有限公司提供的信息①，参照字典法在文本挖掘领域的应用，系统梳理了上市公司经营情况讨论与分析中用于描述企业的战略类型和类别的种子词库，建立了企业战略字典。通过检索上市公司对企业战略的文本描述，可以识别上市公司所采取的具体战略类型。

2. 基于企业战略字典的四家客车企业战略选择

基于上述方法，针对2018—2022年四家客车企业的年度报告和半年度报告中关于战略的文本表述，应用企业战略字典进行文本检索，并统计四家客车企业的战略类型，结果如表12-9所示。

表 12-9 2018—2022 年四家客车企业基于企业战略字典的战略类型统计表

战略类型	战略类别	2022年		2021年		2020年		2019年		2018年	
		公司数量（家）	占比（%）	公司数量（家）	占比（%）	公司数量（家）	占比（%）	公司数量（家）	占比（%）	公司数量（家）	占比（%）
竞争战略	低成本	2	50	1	25	1	25	0	0	1	25
	专业化	4	100	4	100	4	100	3	75	3	75
	国际化	4	100	4	100	4	100	3	75	4	100

① 具体信息可登录 VDC 财经大数据应用服务平台查询。

续表

战略类型	战略类别	2022 年		2021 年		2020 年		2019 年		2018 年	
		公司数量（家）	占比（%）	公司数量（家）	占比（%）	公司数量（家）	占比（%）	公司数量（家）	占比（%）	公司数量（家）	占比（%）
行业战略	转型	4	100	4	100	4	100	3	75	3	75
	稳健	1	25	1	25	1	25	0	0	0	0
	扩张	4	100	4	100	4	100	2	50	2	50
产业战略	主业	2	50	2	50	1	25	1	25	3	75
	产业链	3	75	3	75	4	100	2	50	3	75
	研发	4	100	4	100	4	100	2	50	3	75
	渠道	2	50	1	25	1	25	1	25	1	25
数字战略	平台化	3	75	2	50	2	50	0	0	1	25
	数据化	1	25	1	25	1	25	1	25	0	0
	智能化	4	100	4	100	3	75	3	75	2	50

3. 基于企业战略字典的宇通客车战略选择

基于上述方法，统计 2018—2022 年宇通客车的战略类型，结果如表 12 - 10 所示。

表 12 - 10 2018—2022 年宇通客车基于企业战略字典的战略类型统计表

战略类型	战略类别	2022 年	2021 年	2020 年	2019 年	2018 年
竞争战略	专业化	1	1	1	1	1
	国际化	1	1	1	1	1
行业战略	转型	1	1	1	1	1
	扩张	1	1	1	0	0
产业战略	研发	1	1	1	1	1
数字战略	平台化	1	1	1	0	0
	智能化	1	1	1	1	1

以转型战略为例，2022 年宇通客车年报显示，企业正在从“制造型＋销售产品”向“制造服务型＋解决方案”转变。响应国家纯电驱动的技术转型战略，宇通客车坚持电动化、智能化、网联化、轻量化的产业发展方向，确立了“三横五纵”的研发布局，开发插电式、纯电动、燃料电池、自动驾驶系统，重点突破自动驾驶、车联网、智能网联云平台、电动客车智能化、充电/加氢技术等共性核心技术，围绕多源传感器信息融合、决策与协同控制、车载超算平台、云控平台等核心关键技术不断攻关，自主研发的新能源客车综合技术处于国际先进水平，其中整车节能与控制技术、高压隔离电源变换技术、高密度电驱动控制技术等方面处于国际领先地位。宇通客车持续开展技术创新、产品创新、管理创新，不断引领客车行业及相关产业链朝电动化、智能化、网联化、轻量化方向转型。

此外，根据行业分析部分得出的我国客车市场规模有限的结论，可以判断未来客车市场的需求量难以支撑市场渗透战略的实施。因此，宇通客车可以在职能层战略中以提高单位产品的盈利水平为出发点，以提高产品单价、提升资产营运效率为必要保障。

综上所述，与众多企业跌宕起伏的成长历程不同，宇通客车频受命运的眷顾。从初创期“民工潮”带来的公路客车市场增量，到“黄金周”政策引发的旅游客车市场增量，再到 21 世纪初海外市场的需求增量等，宇通客车每次都能抓住机遇，实现快速发展。中国加入 WTO 之后，面对海外汽车集团的挑战，宇通客车采取了双管齐下的战略：一方面积极拓展海外市场、寻求跨国发展，产品远销至 40 多个国家与地区；另一方面，前瞻性地布局新能源产品，组建了由 45 名博士领衔的 1 000 余人的技术开发团队，其早在 1999 年就推出了纯电动客车产品，第一款混合动力客车产品也在 2005 年诞生。在《汽车产业调整和振兴规划》发布后，新能源产业上升为国家战略产业，新能源汽车领域利好政策持续不断。① 2009 年，国家启动了“十城千辆节能与新能源汽车示范推广应用工程”；2011 年，宇通插电混动新能源客车成为第一批获得国家“863 计划”重点支持项目；2012 年 8 月，宇通插电混动新能源客车达到了财政部对节油率超过 10%的混合动力公交车进行补贴的政策要求。诸多表现都说明了宇通客车的战略决策具有前瞻性。在新能源汽车国家推广补贴政策实施期间，宇通客车成了最大受益者。2015—2020 年宇通客车共获得新能源汽车国家推广补贴 293.68 亿元。而在新能源汽车国家推广补贴的高峰期，宇通客车并未盲目跟风扩大产能，其生产能力利用率最高达到了 112.85%，说明宇通客车各层级战略选择既审慎又理性。2022 年年底，新能源汽车国家推广补贴退出历史舞台，新能源汽车消费走向完全市场化已成为必然。

□ 思考题

1. 简述战略分析的内涵及主要内容，以及围绕案例对象进行战略分析的思路。
2. 简述产业环境分析的内容及其在战略分析中的地位。
3. 战略可以分为哪几个层次？各层次之间的关系是什么？
4. 简述 PEST 分析、波特五力分析、SWOT 分析和波士顿矩阵的内容，以及各自的适用范围。
5. 举例说明事业部层战略的内涵及主要内容。
6. 如何基于 SWOT 分析总结案例对象的优势、劣势、机会和威胁，进而判断其公司层战略选择？

① 《汽车产业调整和振兴规划》系国务院于 2009 年 3 月 20 日颁布的。其中的“三、产业调整和振兴的主要任务”中的“（五）实施新能源汽车战略”明确提出了新能源汽车的发展战略。

□ 分析题

1. 2020—2022 年，金龙汽车在年度报告中对公司发展战略的描述如下：公司将围绕“为全球创造更智慧、更美好的出行生活”的使命和“成为全球客车行业领先企业”的愿景，秉持“创新进取、成就客户”的核心价值观，积极拥抱新形势、新挑战和新机遇，全力推进品牌价值、治理结构、核心科技、产业链延伸、智能制造、国际化发展、新型业务布局等“七大升级”，深入部署集团“七大统一平台”建设，丰富新能源汽车产品线，拓展新能源产业链，创新业务发展模式，赋能国内国际双循环，实现核心竞争力的提升，为大众出行生活创造更大的价值。

要求：请基于 SWOT 分析判断金龙汽车的公司层战略选择。

2. 2017—2020 年，宇通客车在年度报告中对发展战略的描述如下：公司将继续围绕“成为全球领先的客车及出行解决方案提供商”的愿景目标，在全球范围内实现规模和竞争力的提升。聚焦“产品升级、技术升级、模式创新、扩展海外、夯实基础、外延发展、升级文化”等七大主题，推动多项战略举措高标准落地，支撑企业完成管理转型和品牌影响力的双提升，为客户、股东、社会等利益相关者创造更大价值。

2021 年宇通客车的公司发展战略描述如下：公司将继续围绕“成为全球领先的客车及出行解决方案提供商”的愿景目标，在全球范围内实现规模和竞争力的提升。通过做好“电动化、智能网联化、高端化、国际化”，做深做透国内、海外、专用车三个“目标市场”，推动多项战略举措高标准落地，支撑企业完成管理转型和品牌影响力的双提升，为客户、股东、社会等利益相关者创造更大价值。

2022 年宇通客车的公司发展战略在 2021 年的基础上，强调继续基于“为客户（社会）创造价值”的使命，做深做透国内、海外两个“目标市场”。

要求：请对宇通客车进行战略分析，并针对公司战略选择提出建议。

图书在版编目（CIP）数据

财务报表分析 / 王玉红编著. --2 版. --北京：中国人民大学出版社，2025. 2. --（普通高等学校应用型教材）. --ISBN 978-7-300-33664-0

Ⅰ. F231. 5

中国国家版本馆 CIP 数据核字第 20254EN416 号

普通高等学校应用型教材 · 会计

财务报表分析（第 2 版）

王玉红　编著

Caiwu Baobiao Fenxi

出版发行	中国人民大学出版社		
社　　址	北京中关村大街 31 号	**邮政编码**	100080
电　　话	010－62511242（总编室）		010－62511770（质管部）
	010－82501766（邮购部）		010－62514148（门市部）
	010－62511173（发行公司）		010－62515275（盗版举报）
网　　址	http://www.crup.com.cn		
经　　销	新华书店		
印　　刷	天津鑫丰华印务有限公司	**版　　次**	2021 年 12 月第 1 版
开　　本	787 mm×1092 mm　1/16		2025 年 2 月第 2 版
印　　张	24.75 插页 1	**印　　次**	2025 年 9 月第 2 次印刷
字　　数	552 000	**定　　价**	59.00 元

中国人民大学出版社　管理分社

教师教学服务说明

中国人民大学出版社管理分社以出版工商管理和公共管理类精品图书为宗旨。为更好地服务一线教师，我们着力建设了一批数字化、立体化的网络教学资源。教师可以通过以下方式获得免费下载教学资源的权限：

★ 在中国人民大学出版社网站 www.crup.com.cn 进行注册，注册后进入“会员中心”，在左侧点击“我的教师认证”，填写相关信息，提交后等待审核。我们将在一个工作日内为您开通相关资源的下载权限。

★ 如您急需教学资源或需要其他帮助，请加入教师 QQ 群或在工作时间与我们联络。

中国人民大学出版社　管理分社

教师 QQ 群： 648333426（工商管理）　114970332（财会）　648117133（公共管理）
教师群仅限教师加入，入群请备注（学校＋姓名）

联系电话： 010-62515782，82501868，82501048，62514760

电子邮箱： glcbfs@crup.com.cn

通讯地址： 北京市海淀区中关村大街甲 59 号文化大厦 1501 室（100872）

管理书社　　人大社财会　　公共管理与政治学悦读坊